MEMORIA DE LA MELANCOLÍA

COLECCIÓN FUNDADA POR
DON ANTONIO RODRÍGUEZ-MOÑINO

DIRECTOR
DON ALONSO ZAMORA VICENTE

Colaboradores de los volúmenes publicados:

MARÍA TERESA LEÓN

MEMORIA DE
LA MELANCOLÍA

Edición,
introducción y notas
de
GREGORIO TORRES NEBRERA

clásicos castalia

Madrid

Copyright © Editorial Castalia, S.A., 1998
Zurbano, 39 - 28010 Madrid - Tel.: 91 319 89 40 - Fax: 91 310 24 42
Página web: http://www.castalia.es

Cubierta de Víctor Sanz

Impreso en España - Printed in Spain

I.S.B.N.: 84-7039-832-6
Depósito Legal: M. 36.967-1999

SUMARIO

INTRODUCCIÓN
BIOGRÁFICA Y CRÍTICA

I. MARÍA TERESA LEÓN. PERFIL DE VIDA Y OBRA

1. Resumen biográfico. Personalidad

En el interesantísimo grupo de mujeres que brillaron con luz propia en el panorama cultural español de los años veinte y treinta de este siglo, y en buena parte de los años del exilio, destaca —por su singularidad— la figura de María Teresa León, autora de una de las prosas más hermosas y cuidadas de su generación (con Zambrano y Chacel forma el grupo más interesante de literatas de esos años en los que la figura de la "femme de lettres" abundó).[1] Su unión sentimental al poeta Rafael Alberti tal vez dejó en un segundo plano —y probablemente así lo quiso la propia María Teresa— su personalidad y su importancia como escritora. Es más, María Teresa procuró —desde muy pronto— que muchos de sus textos fueran un amoroso reflejo de hallazgos previos de Rafael (glosó, en cuentos y en

---

[1] En esta primera parte de la presente introducción me limitaré a esbozar un apretado resumen de mi libro *Los espacios de la memoria (La obra literaria de María Teresa León)*, Madrid, Ediciones de la Torre, 1996. La segunda parte, dedicada estrictamente al libro que se edita, la he redactado ex profeso para esta ocasión.

novelas, poemas previos del autor de *Marinero en tierra*).
Pero eso no fue obstáculo para que su libro de memorias,
que aquí se reedita y se anota, esté a la altura de la excelente
Arboleda perdida albertiana, y aun más, que *Memoria de la
Melancolía* sea, con seguridad, uno de los textos de mayor
calidad entre las abundantes *memorias* del Veintisiete.

Desde su primer texto impreso hasta las últimas páginas
redactadas en Roma, se advierten dos constantes en la personalidad literaria de esta escritora: su notable bagaje cultural, su respeto por una tradición histórica y literaria, por
una parte, y por otra la defensa de un feminismo a ultran-
za, del mejor cuño, con toda la nobleza y toda la contun-
dencia que el asunto, que fue parte de su propia vida, le
mereció siempre.

Una vida que se fue sedimentando en la memoria, antes
de que una sigilosa amnesia la vaciara totalmente; y su
principio se sitúa en Logroño, un 31 de octubre de 1903,
lugar y fecha en los que nació una niña, hija de militar de
húsares y de madre burgalesa.

Madrid, primero, y luego Barcelona y Burgos serán los
lugares por donde transite su infancia, su adolescencia y
su juventud. Los cercos familiares, entre uniformes y fracs
provincianos, ejercen su presión en aquella hija de familia
de la burguesía, con su cúmulo de insalvables derechos y
deberes que la intentan llevar por caminos ya trazados, ya
transitados, y la jovencita que se resiste a aceptar tanta hipócrita conveniencia, tantas conductas postizas, tanto boa-
to apergaminado de buena familia provinciana. Y esa rebeldía empieza a notarse claramente en el colegio de
monjas del barrio de Argüelles, en los primeros asaltos
sorprendentes e inquietantes de la sexualidad, en las primeras ilusiones amorosas... Muy pronto llega el precoz
matrimonio, a los diecisiete años, y la maternidad que
irrumpe como una sorpresa inesperada que asusta tanto
como entusiasma: Gonzalo, el hijo mayor, nació en 1921,
todavía en Barcelona; y tras la superación de una primera

desavenencia con su marido, llega en 1925 el segundo hijo, Enrique ; la muerte del padre como un presagio, el final de una etapa en Barcelona y el comienzo de otra —que sería también el comienzo de la trayectoria de la escritora— en Burgos, en la segunda mitad de los años veinte. Burgos —Castilla y lo castellano— será un referente temático, histórico, vivencial de no pocos de sus textos. Allí, tras el seudónimo d'annunziano de *Isabel Inghirami* primero, y con su propio nombre después, pone su firma al pie de una treintena de artículos aparecidos en el *Diario de Burgos* entre 1924 y 1928 .

La definitiva crisis conyugal devuelve a María Teresa al Madrid de su infancia, frecuentando la compañía de los Menéndez Pidal (tíos de la autora) y rodeándose de un riquísimo ambiente cultural. Y en aquel momento conoce a quien iba a ser su compañero de aventuras vitales y literarias. Aquel encuentro, que Alberti poetizó como el arribo *"al más hermoso puerto del mediodía"* (en un excelente poema de sus no menos excelentes *Retornos de lo vivo lejano*), lo comentó alguna vez la misma María Teresa a Max Aub: sucedió

> en casa de una amiga mía. Estaba leyendo "Santa Casilda". Leía "Santa Casilda" y nadie decía nada. Porque la gente que estaba escuchando era bastante frívola, y la única que empezó a hablar de romances antiguos y todas esas cosas fui yo con él. Y se entusiasmó, claro. Porque hablaba de lo que tanto le gustaba en aquel momento. Además mi familia es burgalesa: todo coincidía.[2]

A partir de ese momento, las vidas de la prosista y del poeta se trenzan fuertemente en trabajos, aventuras,

---

[2] Max Aub, *Conversaciones con Luis Buñuel*, Madrid, Aguilar, 1985, p. 313. El texto de la obra de Alberti *Santa Casilda*, perdido durante mucho tiempo, fue recuperado por la Diputación de Cádiz, editándolo en 1990, al cuidado de Luis García Montero.

espacios, libros, anhelos, exilios y regresos, a lo largo de más de cuarenta años. La primera de las tareas en común llegará con el tercer libro de María Teresa —*Rosa Fría, patinadora de la luna*— para el que Rafael prepara unos deliciosos dibujos que ilustran los cuentos allí reunidos. Pero ese libro tiene ya pie de imprenta de 1934. Y unos meses antes los nombres de Rafael y María Teresa se habían entrelazado en la cabecera de otra singular publicación, la revista *Octubre*, y antes aún, en diciembre de 1932, habían hecho juntos el primero de repetidos viajes, que tuvo por destino la Unión Soviética, pensionados en esa ocasión por la Junta de Ampliación de Estudios para conocer "in situ" el teatro ruso, en el ámbito de un teatro del proletariado. Un viaje que no sólo llevó a María Teresa y a Rafael a la fría Rusia, sino también a diversos lugares del centro y del norte de Europa, y al encuentro por vez primera —la otra sería en 1956, poco antes de la muerte del gran autor alemán— con Bertolt Brecht, en un Berlín en el que empezaban a aparecer las primeras cruces gamadas; una experiencia que, como tantas otras, tendrá su correspondiente registro en su autobiografía.

Regreso a Rusia en 1934 para asistir al Primer Congreso de Escritores Revolucionarios. Y al retorno, primera experiencia de exilio, pues los sucesos de Asturias y la respuesta demasiado represora de la política republicana de derechas, desaconsejan el regreso del matrimonio a España. Escalas obligadas en París y en Roma. Y desde allí el envío a tierras americanas con una misión de compromiso cívico y político muy concreto: informar de los sucesos de Asturias y recabar fondos para las víctimas de la represión.

> *Fue necesario escribir, hablar de lo que ocurría en España* [recuerda María Teresa] *donde se acababa de entregar la joven República del 14 de abril a una ultra-derecha agresiva. Escribí crónicas y crónicas para el "New York Post".*

Aunque no se han localizado hasta el momento tales colaboraciones en dicho diario, en el volumen nonagésimo (1988) del *Bulletin Hispanique* se incluyó el texto en inglés (y su traducción) de un artículo de María Teresa ("*The revolt in Asturias*") aparecido en la revista *The New Republic,* en septiembre de 1935, cuando hacía ya casi medio año que nuestra escritora había abandonado el país americano. En este artículo se comprueba la excelente información que logró María Teresa de unos sucesos que habían ocurrido durante su ausencia de España,[3] al tiempo que se adivina ya en este texto la pasión, la fuerza y la fe en la causa proletaria que después destacarán en sus muchas "crónicas de guerra", tan sólo unos meses después. Incluso se advierte también una insistencia en el ejemplar respeto de los desposeídos por la cultura y el patrimonio artístico, de los que siempre estuvieron alejados, que luego María Teresa enarbolaría ante las insidias europeas en su ensayo *La Historia tiene la palabra.*

Tras la estancia en los Estados Unidos, el matrimonio decide seguir su viaje por Cuba, México[4] y Centroamérica. Ambos nos han dejado sobrados recuerdos de aquellos días y de las tierras y gentes conocidas entonces. Después de casi un año, llega la posibilidad del regreso a España. En el inmediato horizonte, las elecciones generales de febrero del 36 y la colaboración para formar el Frente Popular que se opusiese a la coalición conservadora que había protagonizado las sangrientas represiones del "bienio negro". Aquel verano del 36 se prometía dorado de proyectos, de trabajos: el marido quiere continuar por el camino del teatro que le atrae desde los días de *El hombre*

---

[3] Cfr. Alan Swan, "Un article retrouvé de M. T. León en anglais", *Bulletin Hispanique*, XC, 3-4, julio-diciembre de 1988, pp. 405-417.

[4] De la más dilatada estancia mexicana se ha ocupado —con precisa documentación rastreada en bibliotecas y hemerotecas del país azteca— el profesor Robert Marrast en su libro *Rafael Alberti en México (1935)*. Santander, La Isla de los Ratones, 1984.

deshabitado y *Fermín Galán*, y la mujer piensa en escribir un puñado de cuentos con lo que ha visto y ha anotado en Cuba y en México; o tal vez una novela. Será un verano que se quedará clavado para siempre en los espacios de la memoria de muchos españoles. Un verano que los Alberti vivieron inolvidablemente en Ibiza. Las semanas pasadas en la isla —felicidad y riesgo— han sido contadas con todo lujo de detalles en un reciente libro de Antonio Colinas.[5] La prometedora estancia del matrimonio Alberti en un molino ibicenco se vio interrumpida por la sublevación de unos militares de la isla contra la República. Tras evitar ser apresados por la guardia civil, huyeron al interior, escondiéndose en los montes, y viviendo varias semanas de intensa preocupación, paliada por la ayuda de payeses y amigos correligionarios, cuyo gesto, cuya entrega María Teresa no olvidaría jamás. Tras la liberación de la isla —y el bautismo de fuego de Rafael y María Teresa en los avatares de la guerra— el rápido regreso a Valencia, y luego a Madrid (*"comenzaba la oscuridad de una noche traicionera y larga"*) y enseguida la acción, el compromiso, sin una duda, sin un titubeo, en una ejemplar labor de protección y desarrollo de la cultura desde la "capital de la gloria" y en las peores y a la vez más ardorosas circunstancias posibles. Una historia de apenas tres años en la que cupieron experiencias irrepetibles que protagonizaron el último episodio de esta primera etapa, la que empezó trayéndoles del mar al fuego, para regresar —doloridos y esperanzados— del fuego a los caminos inciertos del mar.

Desde su puesto de secretaria de la Alianza de Intelectuales Antifascistas, fue la teatral la experiencia cultural en la que María Teresa León puso más empeño y absoluta dedicación durante la guerra, pues a su labor como dramaturga —consolidada en los años del exilio— se unió su

---

[5] Antonio Colinas, *Rafael Alberti en Ibiza. Seis semanas del verano de 1936*, Barcelona, Tusquets, 1995.

excelente labor como directora de escena y hasta su oca-
sional intervención como actriz en algunos de aquellos
montajes:[6] así en el espléndido de la *Numancia* cervantina; así en la *Cantata* con música de Leoz, texto de Alberti
y escenografía de Ontañón, para homenajear y agradecer,
en Madrid y en Valencia, la ayuda de los brigadistas internacionales. Y junto al teatro de las tablas, el teatro de las
calles y la metralla, los viajes a los pueblos toledanos y a El
Escorial para salvar libros, pinturas, tallas, y —emotiva experiencia que no se borra— la evacuación de las mejores
joyas del Prado. La actividad era incesante y las fuerzas
de María Teresa parecían inagotables: destacada participación en el II Congreso Internacional de Escritores
Antifascistas, desempeñando la presidencia de la quinta
sesión, con un discurso incluido.

Con la derrota, el segundo y más definitivo exilio. En un
jardín levantino, a la última luz y al intenso olor de una
primavera trágica, la última mirada a la guerra. "*¡Qué
poca tierra nos quedaba y cuántos continentes íbamos a
tener que caminar los españoles leales! Eran los últimos
latidos del corazón de España.*" Un general —Antonio
Cordón—, un ministro —Núñez Mazas— y dos escritores
—María Teresa León y Rafael Alberti— vuelan en una
avioneta de color rojo hacia Orán. Allí empezaba el peregrinaje, llevando consigo el compromiso de no olvidar
nunca, de sobrevivir en los espacios de la memoria. Se cerraba entonces una hermosa etapa que alimentaría buena
parte de la literatura posterior de nuestra escritora. Un
tiempo que resultó enormemente dilatado en la espera del
regreso (que no llegó hasta 1977), que tuvo América e Italia por escenarios —con un breve prólogo en París— y una

---

[6] Para unos detalles que no puedo recoger en esta Introducción, *vid.* el
importante libro al respecto de Robert Marrast (*El teatre durant la guerra
civil espanyola*, Barcelona, Institut del Teatre, 1978) y el trabajo bien documentado de M. Aznar Soler "M. T. León y el teatro español durante la
guerra civil", *Anthropos*, 148, septiembre de 1993, pp. 23-34.

notable dedicación a la literatura, que se tradujo en varios libros que culminan en la presente *Memoria de la Melancolía*. En un barco llamado "El Mendoza" arriban María Teresa y Rafael a la Argentina, Y con los nuevos títulos, llega también la hija con nombre de sierra alicantina, con nombre de nostalgia, de imposible olvido y de difícil retorno, en una quinta llena de pájaros, bautizada "El Totoral". A la vez que los libros, las charlas por radio, los guiones para películas, las escapadas a la URSS, a Rumanía, a Polonia, a China; y a comienzos de los sesenta, el retorno a los paisajes europeos, para pasar todavía quince años más en los barrios de Roma y en las colinas de Anticoli-Corrado. La intensidad luminosa de los años argentinos comienza a oscurecerse en los italianos; la actividad de María Teresa empieza a acompasarse, a ralentizarse. Y a la vez —desde Roma— empieza a recuperar contornos del país melancólicamente añorado a través de continuas visitas de jóvenes españoles que le sirven a María Teresa como proustiano acicate para recordar tanto y tan intensamente (*"Llaman a la puerta de esta casa nuestra de Roma personas que son como sueños que regresan"*). Y cuando llegó el tan esperando regreso en abril del 77, casi de inmediato la oscuridad absoluta, el claustro sin ventanas del alzheimer. Durante once años de demasiado silencio, cedidos al clamor que ya no era suyo, María Teresa, vuelta sobre sí misma, estuvo elaborando su última peregrinación, acompañada de todas aquellas Teresas —la burguesa, la rebelde, la guerrillera, la esposa, la madre, la escritora, la bellísima y elegante mujer— que había sido. Todas se fueron marchando por las bambalinas de los recuerdos, y el espacio de la escena —su espacio de la memoria— quedó definitivamente apagado el 14 de diciembre de 1988. Su cuerpo descansa en un nicho del cementerio de Majadahonda, el mismo lugar en donde la novelista había situado algunas escenas de guerra de la primera de sus novelas sobre aquella tragedia colectiva que tan valientemente vivió y tan intensamente supo testimoniar en su literatura.

II. OBRA

1. Los libros de cuentos

De la quincena larga de libros que publicó María Teresa León, la mitad fue de relatos, faceta en la que nuestra autora destacó sobremanera, siendo prácticamente una constante en toda su obra.

Fue *Cuentos para soñar* (Burgos, 1928)[7] el primero de esos libros que revelaba ya una indudable vocación de narradora, de contadora de cosas y de historias; vocación y dedicación que María Teresa exponía y defendía en un artículo, algo posterior a este libro, aparecido en *Gaceta Literaria* bajo el título "La Narradora" (núm. 85; 1 de julio de 1930).

Una característica clave se deja notar en este libro desde su comienzo, que es a la vez una divisa generalizada en buena parte de la literatura española de los años veinte: la vinculación del libro con una tradición cuentística universal, pero procurando moldes expresivos que acomoden la vieja materia a las modernas estéticas.

Téngase en cuenta que si la primera mitad del libro se centra en el viaje —bajo tierra, en el reino de las hadas— de la protagonista Nenasol, acompañada por su madrina "Blancanieves", la segunda parte de la historia une, en una serie de aventuras, a la inventada heroína de María Teresa —transformada en una especie de "Pulgarcita"— y al sim-

---

[7] En este año de 1999 el Ayuntamiento de Burgos ha realizado una edición facsimilar de aquel primer libro editado en la imprenta burgalesa de los Hijos de Santiago Rodríguez, a expensas de doña María Goyri de Menéndez Pidal.

pático y minúsculo personaje de Perrault. Pues el libro, en su composición, se ahorma al modelo de la sarta de cuentos, "muy usada en las literaturas desde lejanos tiempos, es muy propia para mantener el interés del niño, llevándole, como en el cine, de una en otra aventura", anotaba María Goyri en el prólogo de este primerizo libro de María Teresa.

La bella del mal amor (Burgos, Hijos de Santiago Rodríguez, 1930) es el título global de media docena de "cuentos castellanos" que nos remiten a un conocido motivo del romancero lírico novelesco, el de "la malcasada" o "malmaridada". Por otra parte —y desde un punto de vista más estrictamente literario— estos relatos, no en vano calificados, y clasificados a la vez, por su autora como "castellanos", ubican el libro en una tradición que por uno de sus extremos enlaza con el Romancero y por el otro con la literatura mitad regional, mitad regeneradora, del 98.[8] Y sobre todo interesa la valoración de la mujer como víctima principal de ese desamor, en unas ocasiones, y, en otras, como activa vengadora de esa misma postergación que le supone el error de un emparejamiento equivocado, que le produce engaños, llantos, humillaciones.

En un año tan importante en la cultura y en la sociedad españolas como fue el de 1934, María Teresa León publi-

---

[8] "El estudio de estos *cuentos castellanos* plantea, en primer término, la referencia a un castellanismo literario que contaba con modestos pero significativos antecedentes en los poemas de Enrique de Mesa y Luis Fernández Ardavín, en la prosa bronca de Eugenio Noel (recuérdese *Las siete cucas*) y hasta en los trenos del notario Julio Senador" (J.C. Mainer, 1991, p. 35). En efecto, en el relato titulado "El tizón de los trigos" hay un párrafo de presentación de un grupo de personajes —padre e hijas que podrían malaventurarse— que evocaría de inmediato la novela de Noel citada en el párrafo anterior: "¡Aquellas hijas! Habían sido, las mayores, la cicuta de su corazón. Las llamaban las Linas. Y las Linas sabían bien de las caricias de mozos sudados y de retuestes de siestas camperas. Todos los países recorridos por el antiguo trompetilla trascendían por herencia de aquella carne de su carne" (p. 107).

ca nuevos cuentos —con otros tantos dibujos de Alberti, entre naïfs y surrealistas— que se orientan de nuevo hacia el tono fantástico, vitalista, propio de los relatos infantiles, con no pocos detalles vanguardistas: *Rosa fría, patinadora de la luna* (Espasa-Calpe). En efecto, y siguiendo el camino desbrozado por autores como Antoniorrobles, María Teresa recoge los materiales de una tradición de literatura infantil y teje historias en las que una cosmovisión moderna, que abarca desde los deportes de invierno a unos ecos proletaristas, si bien muy mitigados, se incorpora a unas historias en las que la fantasía se mide con las dosis exactas de una verosimilitud realista, de modo y manera que ambos planos, el real y el imaginativo, se completan y exigen en una mutua correspondencia de claves interpretativas.

Por circunstancias ya referidas líneas atrás, en México, y en 1936, apareció la cruz de esa cara de fantasía que dominaba los relatos de la colección anterior, pues los diez cuentos que integran este nuevo volumen —*Cuentos de la España actual*— vienen a ser (y la frase, tomada del último de los relatos, podría servir de divisa de todos ellos) el testimonio de fracasadas infancias proletarias, de fracasadas vidas de anónimos españoles en un país que vivía en la dialéctica feroz de una peligrosísima y violenta lucha de clases, en el Bienio Negro, enmarcado entre los sucesos asturianos de octubre —circunstancia evocada en el primero de los diez cuentos— y el triunfo del Frente Popular, al iniciarse el año de publicación del libro.[9]

---

[9] Todos los cuentos de esta colección, junto con los de otras posteriores —*Morirás lejos* y *Fábulas del tiempo amargo*— fueron reeditados por Espasa-Calpe, en su colección "Selecciones Austral", en 1979, con un utilísimo prólogo del profesor Joaquín Marco, que en su momento fue el estudio pionero en España sobre esta autora, y el primer paso para su recuperación. Marco ya advierte que tanto *Cuentos de la España actual* como *Morirás lejos* "deben situarse al filo de la literatura revolucionaria que se inicia en la poesía ya alrededor de 1930" y en consonancia con una prosa

Unos cuentos que se emparejan con el espíritu de la revista *Octubre* (1933-34) que codirigió María Teresa, con la primera de sus piezas teatrales, *Radio Sevilla*, y con libros albertianos como *Consignas, Un fantasma recorre Europa*, o *13 bandas y 48 estrellas*.

Este librito de María Teresa León conecta con la literatura social revolucionaria, triunfante en la primera mitad de los años treinta. Estos *Cuentos de la España actual* son, por tanto, directas aportaciones a una literatura de clase, marcadamente orientada a la defensa del proletariado, sin excluir la presencia de la pequeña burguesía (el sector social del que, a fin de cuentas, procedía la propia María Teresa) a través de algunos de sus más jóvenes representantes, aquellos en los que —como a la autora de estos relatos— cabe la posibilidad de una toma de conciencia revolucionaria frente a la conformista aceptación de un estado social escandalosamente injusto. La autora quiere darnos, con esas diez viñetas, diez pequeños "episodios de la España de la República", otros tantos testimonios comprometidos ideológicamente de esas estructuras enfrentadas —la burguesa en el poder, la proletaria en la postergación— en los difíciles años que siguen a la proclamación de la Segunda República y en los inminentes prolegómenos del estallido de la Guerra Civil.

La represión colectiva sirve de trasfondo a unos casos particulares y anónimos —pero significativos, ejemplarizantes— en los que la violencia y la miseria adquieren especiales tintes de dramatismo: así la historia una viuda —otra "mujer brava" de las muchas que pueblan la literatura de María Teresa León— que prefiere machacar la cabeza de la mula que posee (y que es el único medio que tiene a su alcance para paliar el hambre de sus hijos, ali-

---

foránea de compromiso ideológico —sobre todo soviético— que se está empezando a traducir, fundamentalmente, por la Editorial Cenit, desde *El cemento* de Gladkov a las obras de Gorki.

mentados buena parte del año con las bellotas que dispu-
tan a los cerdos)[10] antes que se la lleven los requisidores de
impuestos, ayudados de fusiles amenazantes. Un acto de coraje que no es suficiente, que se agota en sí mismo, si la revolución de los que menos tienen no es unitaria, como la
actuación, a manera de nueva *Fuenteovejuna*,[11] de aquel
mísero villorrio. El titulado "Infancia quemada" me parece
el cuento mejor escrito de todo el conjunto; y no es casual
que lo esencial del mismo proceda de la personal experiencia de la escritora (un dato más que confirma la fuerza
que tiene en la literatura de María Teresa León la recrea-
ción de la memoria de todo lo vivido). Aquel colegio de
infancia, aquel espacio, regresará todavía a alguno de los
cuentos de la colección *Las peregrinaciones de Teresa*. Y
como tantas veces ha recordado el poeta Alberti al evocar
su colegio jesuita de El Puerto, también en este colegio
religioso de María Teresa había alumnas pensionistas, mi-
madas, y las gratuitas, *"las que no pagan, las que se true-
can en indulgencias"*. Por eso alguien había tenido rabia y
razón para quemar el colegio, para quemar una infancia
que ya no servía *"sino para perderla de vista"*.

Una prolongación de esta colección mexicana es la siguiente —ya en espacio y tiempo de exilio— titulada *Morirás lejos* (Buenos Aires, Editorial Americalee, 1942),
pues en realidad tan sólo ocho de los títulos enumerados
en su índice son nuevos, y los diez restantes no son sino reedición —con algunas variantes estilísticas, con algún

---

[10] Un poema albertiano de Consignas —"Romance de los campesinos
de Zorita"— podría tener un común referente con el cuento de María Teresa:"Campesinos de Zorita / fueron a los encinares / a coger esas bello-
tas/ que ni los cerdos ya pacen [...] / Los llevaba el hambre."
[11] En los poemas revolucionarios que escribe Alberti en esos años
aparece la figura de Lope a manera de "enseña popular, democrática, revolucionaria". Y en el canto de siega "Si Lope resucitara" podemos leer,
en su penúltima estrofa: "Contigo, todos a una, / siegan cabezas y manos, / en cuadrilla, los villanos / del Val de Fuente Ovejuna./ ¡Qué buenos
mozos de brega! / Siega, siega, / que la hoz es nueva."

título cambiado— de los anteriores *Cuentos de la España actual* . Esos nuevos cuentos son fruto, por un lado, de la estancia mexicana del 35, y por otro de la tremenda —y tan fértil, sin embargo— experiencia de la Guerra Civil, pero ya redactados bajo el desgarrón de la lejanía. Lo que María Teresa ya había narrado en la segunda mitad de la novela *Contra viento y marea* —publicada el año antes— y luego contará en su excelente libro *Juego limpio*, tiene sus primeros brotes en algunos cuentos de esta colección, como el que sirve de título al conjunto o el llamado "Luz para los duraznos y las muchachas". En efecto, ambos relatos nos hablan del alto precio que la crueldad se cobró en las inermes retaguardias con los trágicos bombardeos: arrastrar la propia vida a la deriva del exilio o malograr —cabecitas machacadas entre adobes— las ternuras en granazón de los hijos con tanta fuerza esperados.

El último cuento de *Morirás lejos...* presenta una peculiaridad, pues se remonta a un tiempo del pasado, y enlaza con las circunstancias del exilio americano desde el que se escribe. Se titula "La hora del caballo" y recrea una página cualquiera de la intrahistoria de aquel primer desplazamiento del español pobre a la tierra prometida de América. La yegua Rabona y su amo Juan Sedeño esperan en la bodega del barco comandado por Cortés la llegada a Nueva España. Como si de un cuento infantil se tratara, la autora recrea, como en un juego didáctico, la víspera inmediata de aquel momento histórico, con los primeros testigos anónimos, intrahistóricos —animales, enseres, semillas de rosas, de naranjas— porque ellos también van a ser la Nueva América. A partir de lecturas del cronista Bernal Díaz del Castillo,[12] María Teresa León nos evoca

---

[12] Es prácticamente seguro que al escribir este cuento su autora estaba pensando en un pasaje del cronista Díaz del Castillo que ya había sido recordado por Alberti en una serie de tres artículos aparecidos en *El Sol* (15, 22 y 29 de marzo de 1936) bajo el título común "Encuentro en la Nueva España con Bernal Díaz del Castillo" (texto reeditado por Robert

aquel desembarco en el México precolombino no como la hora de Cortés (que sería la hora de la Historia) sino como la hora del caballo (que sería la hora de la Intrahistoria). Es el trote de la yegua preñada el que verdaderamente inaugura la presencia de los españoles en la tierra azteca.

En 1950 aparece *Las peregrinaciones de Teresa* (Buenos Aires, Ed. Botella al Mar). Esas "peregrinaciones" de un mismo —y distinto— personaje, que es Teresa, habría que considerarlas como otras tantas excursiones al espacio de la memoria que tiene guardadas escenas, figuras, horas, sensaciones, que es necesario rescatar. Por ello, vuelven a esta colección de relatos el barrio de Argüelles, y el hospicio de la calle del Desengaño (escenarios de la infancia) y los antepasados que emigran a América, y la capital burgalesa, con su histórico y legendario puente para el paso de los peregrinos leprosos en el medievo, y la atrabiliaria mendiga que los traviesos chiquillos bautizaron como "Madame Pimentón" (figura que es todo un acierto de la escritora, incorporado al elenco de una interesantísima pieza teatral, *La libertad en el tejado*) y las viejas historias castellanas tantas veces oídas. En todos estos relatos se atisba algo de su autora, y especialmente son todas ellas ejemplos de esas mujeres —de esa mujer, Teresa, que las suma y las unifica— que eligen un día un camino y saben defenderlo hasta el final, contra cualquier impedimento.

Marrast en su impagable recopilación de olvidados originales albertianos *Prosas encontradas (1924-1942)*, Madrid, Ayuso, 1973², pp. 165-186), y que es una emotiva crónica del "descubrimiento" del país mexicano por los viajeros María Teresa y Rafael. Allí, en efecto, se alude al capítulo XXIII de la *Historia verdadera de la conquista de la Nueva España*, y en concreto a este pasaje: "Y todo esto ordenado, nos mandó apercibir (Cortés) para embarcar, y que los caballos fuesen repartidos en todos los navíos; hicieron una pesebrera y metieron mucho maíz y tierra seca. Quiero aquí poner por memoria todos los caballos e yeguas que pasaron: Capitán Cortés, un caballo castaño zaino, que luego se le murió en San Juan de Ulúa [...] Joan Sedeño, vecino de La Habana, una yegua castaña, y esta yegua parió en el navío." Un pasaje del que también se hace eco María Teresa en su *Memoria de la Melancolía*.

La última de las colecciones —*Fábulas del tiempo amargo* (*Revista de Poesía Universal Ecuador 0º, 0', 0*, México 1962)— es la más corta, pero también la más ambiciosa. Cinco relatos —o mejor, cinco fábulas— que se interrelacionan en una unidad de sentido más amplio: son historias de un tiempo histórico y existencialmente dolorido, trágico, cruzado de sangre, exilios y soledades. Cinco breves historias en las que el arte narrativo de María Teresa alcanza un pleno grado de madurez. Las dos primeras recrean otros tantos motivos "legendarios" ajenos, hasta cierto punto, a las coordenadas de la escritora (probablemente basados en leyendas americanas) en tanto que las tres siguientes, sin abandonar ese aire de "fábula", son fácilmente entendibles a la luz de un punto de partida de desarraigo, y de un viaje hacia un punto de llegada, en aquel momento todavía imposible; pues el "tiempo amargo", al que se refieren todas las historias, no es otro que el tiempo del destierro, la inquietante espera de recuperar el espacio amado y perdido.

En los años en los que escribe las *Fábulas del tiempo amargo* María Teresa ya está inmersa en la tarea de salvar su propia memoria, reconstruir —antes de que se borre— la historia personal que acabaría dejándonos, magistralmente, en su *Memoria de la Melancolía*. El regreso es un intento de recuperar todo eso que se ha quedado huérfano e indefenso *"por aquí, por allá"* (título de otro cuento de la colección) Pero como a Ulises cuando arribó a Ítaca y el Cid cuando había de abandonar Burgos y Vivar, nadie reconoce a los peregrinos que regresan, nadie —salvo la sufrida piedra del camino (resuena la voz de León Felipe) o los esquiloncillos que se olvidan las cabras junto a un árbol— les da posada, responde al saludo, extiende la mano de bienvenida.

Pero la patria que los incógnitos viajeros contemplan es la patria de la represión, del miedo, de la ignominia, es *"la noche de la patria"*, que aunque sea *"dulce de ver"*, resulta también profundamente dolorosa. Y se sorprenden ahora de que el tiempo haya pasado imparable en aquel lugar que había quedado, como detenido, en la memoria el día de la marcha. Y lo peor es que todo *"ha sucedido sin que participemos"*, hurtando a los sigilosos visitantes una historia a la que tenían pleno derecho. Se ha regresado a intentar el rastreo de lo que se conoció, se vivió, se amó y se perdió finalmente. Sólo los reconocen los seres inertes, las cosas, los muertos, lo que está fuera del tiempo, encerrado en una urna del no tiempo. Un viaje que quiere atajar el gran problema de la soledad, *"lo único estéril"*. El choque entre el ayer que se dejó a la fuerza y el hoy irreconocible es deprimente, desesperanzado (*"La vida cae fachada abajo y todo aquel presente es polvo, cascote descuajado, hierro retorcido. Aúlla la calle."*). Como el afantasmado caballo que la acompaña —quijotisa de un tiempo que ya no es el suyo— la narradora se siente presencia absurda, incongruente, en un entorno que la niega, que no la puede ni la quiere reconocer, en el que ya estorba con su molesto testimonio y sus recuerdos un mucho peligrosos y desestabilizadores. Y advertimos también los ecos de los poemas albertianos en éste y otros cuentos de la colección *Fábulas del tiempo amargo*. Así en el poema "Nocturno español" (del libro *Signos del día*) se vierten consideraciones de un país sumido en sombra, dolor y espanto, que coinciden con el que se vislumbra a través de la visión alucinada de María Teresa:

> Porque, en verdad, allí nadie reposa,
> nadie cierra la luz sin que despierte
> viendo al alba otra cosa
> que el calculado rostro de la muerte.
>
> (...)
>
> Todo es nocturno allí, todo está herido,
> todo allí son banderas
> de luto, es allí todo desamparo.[13]

[13] R. Alberti, *Obras Completas II: Poesía (1939-1963)*, edición al cuidado de Luis García Montero, Madrid, Aguilar, 1988, p. 383.

2. LAS NOVELAS

2.1. *Contra viento y marea*

Con esta larga novela (Buenos Aires, Ed. AIEPE, 1941) dividida en dos partes claramente diferenciadas, la primera situada en la isla de Cuba sometida a la tiranía de Batista, y la segunda en el Madrid en guerra, desde el mes de julio del 36 a los duros días novembrinos de aquel mismo año, María Teresa León se pone al frente, como pionera, de aquellos novelistas del exilio que, ya en él y desde él, narraron las todavía calientes, recentísimas impresiones y los sucesos de la guerra vivida, sufrida y perdida tan dolorosamente.

De antemano cabe afirmar que estamos ante lo que en un principio se gestó como dos novelas distintas, una novela sobre la represión y la resistencia cubanas, y otra sobre los días del asedio madrileño en medio de la feroz guerra civil. Dos discursos hilvanados con el leve hilo de imaginar que unos personajes, importantes en la primera historia, se traspasan, a modo de personajes episódicos, a la segunda, evitando así una solución de continuidad y al mismo tiempo pretendiendo aproximar, casi identificar, el sentido de fondo de ambas historias, de ambas resistencias de dos pueblos que se parecen en algo más que en compartir un idioma, porque luchan, frente al mundo, para ejemplo del mundo, contra un enemigo común, el opresor de siempre contra la libertad que permanentemente se anhela.

Secuencia a secuencia la novela se va centrando en las historias trenzadas de dos mujeres —la morena Asunción Cornejo y la rubia Ana María— alrededor de un mismo hombre, el miliciano (de cajista de imprenta a teniente) Daniel Martín Palomero. Y relacionados con ellas se van encadenando diversos episodios secundarios que dibujan un completo panorama de la vida ciudadana durante los primeros meses de lucha y dificultades. Esta primeriza visión de los efectos de la guerra en el Madrid de tan compleja estructura social e ideológica, se pliega a los particulares enfoques de su autora, que defiende, ejemplificadas en el mismo relato, sus tesis acerca de la necesidad de contar con la participación y colaboración femeninas, en pie de igualdad con el hombre. La novelista sabe marcar muy bien la gradación, en escasas semanas de resistencia, de un pueblo que vive los hechos de guerra (primeras escaramuzas en la sierra, en el Alto del León) como una fiesta, como un atisbo de liberación alejado de todo drama, de cualquier sombra de derrota, con alegría casi verbenera (*"La libertad se había incorporado al pensamiento de los hombres después de un sueño"*) y que posteriormente los empieza a experimentar como señales de un sufrimiento, de un desaliento, de un peligro que apenas se puede conjurar, de una ocasión hermosa y dolorosamente puesta en el tablero, como sus propias vidas.

Pero la autora, que escribe ya desde el amargor de la derrota, que sabe en qué había de parar tan exultante algarabía de puertas abiertas y prohibiciones quebradas, no puede ocultar el sino cainita que parece no abandonar el ser íntimo e histórico de España, que ya en aquel palacete de los marqueses de Spínola —destinado a ser improvisada sede de un regimiento de milicianos empleados en la cultura— empieza a manifestarse, como un pequeño, sutil, brote del encontronazo que ha abierto *"el ancho y profundo abismo que parte la historia de España"*.

Así, entre lo que narra la escritora y las reflexiones de varios de sus personajes arrebatados por el irresistible remolino de violencias, la novela va dibujando una imagen de la ciudad heroica y sitiada, ejemplo de coraje y de fortaleza, frente al peligro fascista que pretende aniquilarla a cualquier precio. En muchos párrafos de esta segunda mitad se glosan por extenso los versos de poemarios de guerra, como *Capital de la gloria* de Rafael Alberti. Y como en tantos poemas de aquellos días, el reconocimiento y el homenaje a las Brigadas Internacionales (una página especial de ese homenaje, en su despedida, saldrá a colación en la siguiente novela). En la secuencia vigésima encontramos un hermoso piropo a los combatientes foráneos recién llegados *"desde todos los rumbos con la sencillez de una palabra dada"*, que es perfecto correlato de un hermoso soneto albertiano en ceremoniosos alejandrinos dedicados a los mismos soldados extranjeros.

2.2. *Juego limpio*

Una segunda versión de los hechos de guerra, vividos en la capital de España, y a la vez una prolongación de la crónica de aquellos hechos tomados a partir de cuando se dejan en el libro anterior, es lo que encontramos en esta novela (Buenos Aires, Goyanarte, 1959) en la que lo testimonial y autobiográfico alcanza su mayor y mejor registro literario, pues esta novela de la guerra se centra en una aventura tan extraordinaria como desusada en el marco de esa misma guerra: las andanzas y experiencias de las "Guerrillas del Teatro del Ejército del Centro".

En efecto, al hilo de lo contado en *Memoria de la Melancolía* podemos comprobar que la mayoría de los personajes de la novela y casi la totalidad de sus episodios tienen una base real en la que sustentarse, hasta el punto de que la misma autora, con su nombre y su cargo de secretaria de la Alianza, se hace presente en la novela y aporta su propia voz a un relato básicamente polifónico, en el que se alternan hasta siete narradores distintos.[14] Dos "guerrille-

---

[14] Esto explica que varios pasajes de *Memoria* se anoten con pasajes de esta novela, pues una parte considerable de lo referido en el libro de memorias —la historia de la perrilla *Niebla*, los peligros vividos en la isla

ros" —Claudio (en el que la autora probablemente proyectó al actor Edmundo Barbero) y Camilo (el sacerdote camuflado que se ha visto sorpresivamente implicado dentro del elenco de "guerrilleros teatrales")— comparten la focalización narrativa de la mayor parte de las secuencias, a las que se suman las narradas (en escaso número) por el guerrillero traidor Juanito Monge, la actriz Angelines —que acaba muerta en un ametrallamiento en plena carretera— el falangista Xavier Mora (que aporta el contrapunto de los días de guerra desde la bien conocida Burgos por la autora), el antiguo portero del palacete de los Heredia Spínola, en donde se ha instalado la Alianza (espacio y circunstancia ya referidos en la novela anterior, y ampliamente evocados en *Memoria de la Melancolía*) y el viejo militar enloquecido que permanece escondido en los altos de aquella casona. Estas dos últimas voces —y los personajes a las que pertenecen— junto con la del mencionado Monge representan el conjunto de ciudadanos que en los días de la guerra madrileña vinieron a representar las actividades de traidor sabotaje y amenazante derrotismo de la llamada "quinta columna" (circunstancia sobre la que se expresó ampliamente el teatro de aquellos meses —Hemingway, Ontañón, Pablo de la Fuente, Miguel Hernández—) grupúsculo en el que la autora deposita el ejercicio de un negativo "juego sucio" frente al noble y hermoso "juego limpio" (que da título a la novela) en un doble sentido: la lealtad en el compromiso y el ejercicio del teatro (el "juego" enlazado con el vocablo francés *jeu* 'modo de representar').[15] Por ello, tras el antecedente del falso

de Ibiza, el salvamento de los "grecos" toledanos, la evacuación de las grandes pinturas del Prado, etc., se adelantó en esta novela, amén de otras memorables actividades teatrales en las que intervino María Teresa, como los montajes de la *Numancia* y de la *Cantata* en honor de los brigadistas internacionales.

[15] Ya en el capítulo XIX de la segunda parte de *Contra viento y marea* se perfilaba la situación del militar escondido y el portero que le sirve de

guerrillero Castaños, el cura Camilo se va convirtiendo en el ejemplo de "guerrillero converso" a una causa que no era la suya en un principio, entregado definitivamente al "juego limpio" de sus fingimientos teatrales, frente a otro guerrillero, Juanito Monge, en quien María Teresa encarna el ejercicio del "juego infame" de pasarse a las tropas enemigas, pero sin conseguir arrastrar en su deserción al agustino, ganado por la causa de la República y la hermosa experiencia de su enamoramiento de la "guerrillera" Angelines.

He sugerido la cercanía de esta novela con el libro de memorias de María Teresa, y no sólo porque en ambos textos se cuentan experiencias gemelas, sino también porque *Juego Limpio* se presenta, desde sus primeras líneas (*"De muchas cosas he de hablaros. Quiero decirlas a tapadas en estas hojas que nadie leerá"* p. 7)[16] como el testimonio del agustino Camilo que en el exilio interior de una celda de El Escorial, y en las primeras semanas de la posguerra (*"Es hoy una resplandeciente tarde de junio de 1939, si queréis precisiones"*), escribe la memoria de aquellos tres hermosos y terribles años, o algo parecido (*"y vuelan mis pensamientos hechos lárgalo de la acariciada cometa de mi infancia"*, p. 9), de modo que podría afirmarse que *Juego limpio* es la "memoria de la melancolía" intensa e íntima del cura Camilo: *"En mi memoria de hoy suben altas las yedras del jardín o llueve sobre los cristales con la brus-*

---

enlace. Allí Humanes, el portero de la finca colindante con el palacete de la calle Marqués del Duero (que en la novela de 1959 se llama Cayetano) visita al militar Don Antonio, camuflado en una casa próxima, quien —al igual que el loco enclaustrado de *Juego limpio*— se enorgullece de las campañas militares en las que había intervenido y confía en la entrada en Madrid de las tropas facciosas. Un argumento, entre otros posibles, para conjeturar con bastante probabilidad que María Teresa León aprovechó bastantes materiales de la primera novela para construir —con mucho mejor resultado— la segunda.

[16] La paginación de las citas corrresponde a la reedición de la novela en Barcelona, Seix Barral, 1987.

quedad del mal invierno de 1938" (p. 124). Camilo, como la novelista en su libro de memorias, asocia instantes del presente de la escritura con secuencias de la memoria suscitadas por circunstancias de ese presente: "*He vuelto a sorprenderme de los ruidos y golpes inesperados que suenan fuera de nuestro alcance y cuya causa no conocemos*" (p. 57). Y desde ese exilio interior reconstruye y valora la experiencia existencial, ética y amorosa que le llevó a elegir el "juego limpio" compartido con aquellos abnegados "guerrilleros" y rechazar el "juego sucio", el papel que desde el otro lado se le había asignado en el elenco de los traidores y de los cobardes.

El tiempo de lo relatado, en la novela, coincide con el final de la guerra en Madrid —las escaramuzas entre los casadistas (otros que "juegan sucio") y los que se resisten a claudicar y entregar las armas sin condiciones (los del juego leal) se recoge en las últimas secuencias—, cuando se avecina el momento de la vengativa victoria y la temida derrota. El cura (menos cura que antes) y guerrillero (más guerrillero que nunca) Camilo, que había entrado en aquel caserón de la calle madrileña de Marqués del Duero de manos de alguien que representaba a una mitad de los españoles, los perdedores de aquella guerra, salía definitivamente de aquel espacio de su iniciación, de su transformación en otro hombre, llevado por quien venía a representar —Xavier Mora— la mitad de los que habían ganado con la prepotencia y los deseos de revancha. Para Camilo empieza un largo encierro intramuros del "robusto monasterio de ordenadas ventanas", y para cientos de españoles que apostaron por el *juego limpio* sin desfallecimientos, el exilio y la esperanza de la espera, de la vuelta algún día a las tierras, a las casas de donde fueron echados. Este *leitmotiv,* constante como hemos visto en los cuentos de la colección que le sigue a este libro en la bibliografía de María Teresa (*Fábulas del tiempo amargo*) es lo que queda latente en las últimas reflexiones del narrador Camilo, referidas a la puerta del palacio de los Heredia Spínola: una puerta que se niega a cerrar del todo —como piensa María Teresa respecto de la puerta/frontera de la patria perdida— *"porque volveremos, Xavierito, volveremos. Esta puerta no debe dejarse más que entornada"* (p. 284). La confesión —la novela— es la llave que meses después, años después, Camilo podría utilizar para abrir de nuevo el espacio de su paraíso perdido, y hacer suyas aquellas palabras de María Teresa León —que es quien le presta realmente su voz y su deseo— y que figuran en el breve prólogo a *Memoria de la Melancolía*:

> Feliz el pueblo que puede recuperarse tantas veces para sobrevivir. Es el orgullo del desdichado, lo sé. Tal vez pretendiéramos lo imposible, pero seguiremos andando hasta que todo se desvanezca o se ilumine.

2.3. *Menesteos, marinero de abril*

La figura del mítico personaje Menesteos, descendiente de Erecteo, rey de Atenas y capitán en Troya, es el personaje principal de la tercera y última novela de María Teresa León (México, Ed. Era, 1965). Es, por otra parte, un explícito ejemplo del paralelo que voluntariamente la autora fue tejiendo entre su obra y la de Rafael Alberti, pues este Menesteos, fundador de El Puerto de Santa María, no es otro que el glosado y poetizado en el libro un poco anterior *Ora Marítima*.[17] Y de hecho el poema al respecto "Menesteos, fundador y adivino" se reproduce al frente del libro de María Teresa.

---

[17] Alberti utiliza para título de su libro (que es, en cierto modo, una prolongación de los *Retornos*) el mismo que había puesto el escritor latino Avieno a su inacabado libro de viajes por aquellas tierras de Tartesos, donde señala en un momento determinado: "aquí está la ciudad de Gádir". *Vid.* mi edición de ese libro junto con *Retornos de lo vivo lejano* en la colección Letras Hispánicas de Ed. Cátedra, 1999.

De esa fundación legendaria —que Estrabón en su *Geografía* explica de otro modo— trata *Menesteos, marinero de abril*, de la fundación de un llamado "puerto de Menesteos". Pero también la novela es la biografía imaginaria (y con ella, una deliciosa historia de amor) de ese personaje del que poco sabemos, y escasas referencias hay de su figura en las fuentes literaria homéricas. Y a partir de tan exiguos datos, María Teresa León se inventa la navegación del osado marinero en pos de Eneas, su arribada a las costas de Tartesos, el abandono de sus compañeros y de sus naves, y su deambular por las costas y la montaña de las tierras onubenses y gaditanas, a la búsqueda del Hades, de la región de los muertos y del olvido, hasta morir —vencido y vencedor de su propio destino, en la inmortalidad gloriosa inherente al héroe— al pie del nuevo templo que será punto de origen de la Gadir-Cádiz que se asoma al mar y se abre al levante.

Desde la trayectoria literaria de la autora anterior a este texto entendemos todas las posibilidades que se concitan en este *Menesteos, marinero de abril*: es un relato que se asemeja al modelo clásico del relato griego (luego recogido por la novela bizantina española) con el consabido peregrinaje de amor,[18] al que se unen otros motivos muy queridos en la literatura y en la cosmovisión de María Teresa: la evocación del espacio perdido, y por ello, mitificado; el sentimiento del desarraigo, del exilio, del aventurarse por

---

[18] Este motivo, fundamental en la construcción de una parte de la novela griega, luego novela bizantina en el Renacimiento, ha sido analizado con precisión por el profesor Antonio Vilanova en un trabajo, ya clásico, al que pertence este párrafo (que también puede aplicarse al Menesteos de la novela de María Teresa): "La peregrinación como suma de los trabajos y aventuras que experimentan los protagonistas hasta lograr la paz y la felicidad, constituye el eje común de la narración novelesca y la descripción de costumbres exóticas y países remotos la escenografía que enmarca su culto a todo lo sorprendente y maravilloso" ("El peregrino andante en el *Persiles* de Cervantes", *Boletín de la Academia de Buenas Letras de Barcelona*, XXII, 1949).

extrañas tierras y gentes extrañas; el deseo de volver; el
castigo de la guerra que todo lo desbarata, la paz y el paraíso recién hallado; la soledad que va persiguiendo quime-
ras que no son otra cosa que soledades y huecos.

Menesteos, marinero de abril es la biografía de un mito,
es la fabulación de un mito que se hace sustancia misma
con la autora. Si *Contra viento y marea* y *Juego limpio*
eran las novelas de una España concreta en una historia
concreta (la última *historia* compartida con su piel de
tierra y agua, de montañas y puertos), *Menesteos* es la
historia enmarcada en un viejo mito (Alberti ya los había
utilizado en su trilogía teatral del exilio),[19] el deseo de
reencontrar el lugar arrancado, negado, volviéndolo a fun-
dar en la palabra, en la invención, en la peripecia del marinero en tierra Menesteos, que da nombre, ser e historia a lo
que está cerca del quicio del olvido: El Puerto de Santa
María, Cádiz, la España insistentemente, fielmente nunca
olvidada.

Y fábulas de un *tiempo amargo* (del tiempo de exilio),
pero fábulas como ésta de Menesteos, había escrito y editado María Teresa tres años antes para encontrar un consuelo a la ausencia que se prolongaba atenazante y peligrosa para la memoria tantas veces puesta a prueba. Sólo
que en *Menesteos* es la bahía de la infancia del compañero
—por ello mismo, "la bahía donde todos los mitos son
posibles"— la que centra este relato de un peregrinaje,
primero hacia el abandono en el olvido, después hacia la
vividura en el recuerdo de nuestro propio mito personal,
de nuestra propia infancia —niña de arena caliente que se
nos hace pequeña entre los dedos y grande en el corazón—:
la Gadir que ocupa el comienzo de un *finis terrae* en Occi-

[19] El de Venus y Adonis, mezclado con el mito personal de mar frente
a tierra en *El trébol florido;* el de las tres gorgonas y el encierro de Andró-
meda en *El Adefesio*, y el de Pasifae y el toro en *La Gallarda*. Y son tres
mitos para hablar de una misma víctima con nombre de mujer, y que no es
otra, en el fondo, que la España perdida.

dente, es el norte continuamente acariciado, recreado, mitificado, desde la lejanía que se resiste a ser olvido y silencio.[20]

3. LAS BIOGRAFÍAS NOVELADAS

María Teresa León se interesó por varias figuras de la
historia española y por diversas razones, y a ellas rindió su
personal homenaje del mejor modo que supo hacerlo, bio-
grafiándolas con el impecable arte de su prosa; pero escribiendo esas biografías a su modo, dejando ir la pluma hasta
hacer de las vidas de aquellas grandes personalidades es-
bozos de novelas. Dos de esas cuatro figuras vienen empa-
rejadas de antemano como marido y mujer, y María Teresa
las siente cercanas porque están necesariamente unidas a la
tierra burgalesa de su juventud y a la literatura romanceril
que tanto gustó cerca de don Ramón Menéndez Pidal; el
Cid Campeador —siguiendo la obligada pauta del gran investigador de la figura cidiana— y su esposa Jimena Díaz
de Vivar (mujer sobre la que María Teresa se recrea en
uno de sus más hermosos libros).

Junto a los esposos y su historia de destierro, dos autores en cuya personalidad quiso penetrar también nuestra
escritora: Bécquer y Cervantes; el primero, con motivo
de una edición de las *Rimas* que realizó Alberti (el texto
de María Teresa sirvió de prólogo a aquella edición) y el
segundo, porque Cervantes y su gran novela fueron desde siempre —y sobre todo desde los años italianos— un
referente continuo en el pensamiento literario de María
Teresa León.

En el libro *Sonríe China* podríamos hallar una explicación del interés que la llevó a la novelización de la vida del

---

[20] Hay reedición española de esta novela: Barcelona, Seix Barral,
1972.

héroe de Vivar (*El Cid Campeador*, Buenos Aires, Ed. Peuser, 1954) alineándose así, y por dos veces, en los ecos de una literatura cidiana no escasa en títulos desde la misma aparición del *Cantar*: "*Pasar una frontera —la de España— puso a los españoles del destierro en trance de repetirse todos lo días, al levantarse, las palabras de Rodrigo Díaz de Vivar"*: ¡Ánimo, Alvar Fáñez, ánimo. De nuestras tierras nos echan pero cargados de honra hemos de volver a ellas". *Y por esa esperanza, y para acumular honra, los españoles han cubierto, en los países donde fueron recibidos, su cuota de conducta y de trabajo"* (p. 212).

El libro divide sus veintiún capítulos en tres fases, las que se corresponden con el itinerario tópico del héroe: las mocedades (caps. 1-7), la madurez (caps. 8-14) y la vejez, muerte y conversión en mito (caps. 15-21). Y a lo largo de esas tres fases el trenzado de dos historias —y de dos acciones, por consiguiente—: la que se deriva de los avatares del Cid militar, con la Jura de Santa Gadea, la enemistad con el rey Alfonso, el injusto destierro, los primeros éxitos en tierras de moros, la conciliación con el monarca, la conquista de Valencia, el poder y la gloria; y la que nos muestra a Rodrigo como hombre, esposo y padre: su casamiento con Jimena, los hijos, la dolorosa separación en San Pedro de Cardeña, el gozo del definitivo reencuentro, la indignación de la afrenta de Corpes, la soledad, la muerte, la amargura de tanto tiempo perdido en la forzosa separación. En este primer acercamiento al mito cidiano, en el que la inventiva personal de la autora, al margen de las fuentes utilizadas, es mínima, a diferencia del libro que sigue, se tiene la impresión de que María Teresa ha querido contraponer ambas caras del personaje, presentar una a expensas de la otra: el molinero burgalés Rodrigo Díaz es, llega a ser, el Cid Campeador en la medida en que se frustra su yo más íntimo y familiar, ese Rodrigo Díaz infanzón de Vivar, superado finalmente por su propio mito, y a su merced también —esto le importa todavía más a la escritora— su esposa Jimena, la gran desconocida de esa historia.[21]

Pero donde realmente María Teresa recrea, libérrimamente, el mundo cidiano, o mejor, el mundo que rodeó y arropó al héroe, es en la biografía novelada de la esposa del guerrero. En *El Cid Campeador* todo lo que pertenece a la esfera de lo cotidiano, o es realmente marginal a la figura central del mito (vale decir, todo lo que es estricta *invención*) está casi totalmente soslayado o apenas sugerido, muy al contrario de lo que ocurre en el libro sobre la hija del conde Lozano (*Doña Jimena Díaz de Vivar, gran señora de todos los deberes*. Buenos Aires, Losada, 1960).

Pocas ocasiones, por no decir ninguna,[22] hemos tenido, en la historia literaria del Cid, de escuchar de labios del mismo soldado el elogio —con encendido y apasionado realismo— de la Jimena que tantas veces hemos imaginado sombra inseparable del gran soldado, pero sombra sólo. Por ello María Teresa decidió hacer justicia de una vez a la figura que podría dar vida —a la vez que a hijos de guerreros— a otro mito, el de la "querida y ondrada mugier" que dice el v. 1604 del *Cantar*. Y lo hace desde una identificación feminista total con aquella castellana también compañera, como ella, de exilios y avatares de toda especie.

María Teresa recrea la andadura y los sentimientos de su personaje desde que aparece en el texto épico, desde la despedida del esposo en San Pedro de Cardeña. Pero la escritora recrea no sólo ambientes, sino también personajes,

---

[21] Hay una segunda edición de esta primera biografía en Buenos Aires, Compañía Fabril Editora, 1962.

[22] Una vez rompe la inercia Vicente Huidobro (*Mío Cid Campeador. Hazaña*, Madrid, CIAP, 1929) imaginando que Rodrigo habla en encendido elogio de la mujer que le acompañó silenciosa y resignada en su impar aventura de mesnadero contra moros y contra el rey castellano: "Tenía ojos de esposa y de madre. Era bella, de toda belleza, de la belleza que yo amo, belleza de España. Cuando yo llegaba, ella abría los brazos de par en par como las puertas del alba. Y bástete con esto para saber lo que era Jimena" (p. 65).

multitud de figuras en torno a la gran figura cidiana, bien para prolongar el trozo de vida que atisbamos en el *Cantar*, bien para darles una nueva que no tenían. En este sentido María Teresa León ha matizado el "aristocratismo" implícito en la exaltación, única, del héroe o de la heroína, y, como moderna juglaresa, ha querido extender también su atención hacia los desheredados de la gloria, y hasta del nombre, en la crónica al uso. De nuevo el amor por lo popular, por lo intrahistórico (como en aquel cuento "La hora del caballo" ya comentado). Y entre esas invenciones no podía faltar una especial, la del mismo juglar llamado a dar noticia del héroe castellano, hijo y nieto de juglar, que asiste a las bodas de Valencia, que se inventa más de lo que ve, con la desgracia de Corpes añadida, y que —sobre todo, aunque eso no lo quiso escribir en sus versos— contempla a la caduca dama durante trece años todavía, ya de vuelta a las soledades de Cardeña, y que —no podía ser de otro modo, sino como el admirado tío sabio lo había concluido— se llama Pere Abad.

Serían numerosos los pasajes del libro que merecerían el oportuno comentario. Quiero ahora, para acabar, sólo referirme al momento en el que María Teresa logra un espléndido retrato moral y psicológico de su personaje (con el que se siente tan identificada) dándole voz en un emotivo monólogo ante el cadáver de su esposo, a punto de atravesar el umbral del mito. En esa escena la mujer que vuelve a saberse sola hace acopio de recuerdos, nostalgias, dolores, alegrías, y de un coraje nuevo y necesario para seguir defendiendo, en solitario, lo que el destino —individual y colectivo— le ha deparado. Si todo el libro destaca por el estilo exquisito de su prosa, las cuatro páginas a las que me refiero serían inexcusables en la más exigente antología de la literatura de María Teresa León que pudiera hacerse.[23]

---

[23] Se trata de las páginas 157 a 160 en la indicada edición de Losada. Y las páginas 190 a 193 en la reedición de Biblioteca Nueva, Madrid, 1968.

María Teresa León escribió un amplio guión cinematográfico acerca de las novelescas relaciones entre Gustavo Adolfo y Julia Espín, guión que posteriormente se convertiría en una interesante biografía del poeta, de la que voy a ocuparme seguidamente: *El gran amor de Gustavo Adolfo Bécquer* (Buenos Aires, Losada 1945), biografía en la que, a diferencia de lo que se señala en la dedicada a la esposa del Cid, y de forma muy similar a lo que comprobaremos en la biografía de Cervantes, María Teresa tiene que sujetar su fantasía de narradora a unos datos fehacientes, que le vienen impuestos por una documentación y una tradición biográfica anterior, si bien eso no impide que recree páginas de la vida becqueriana, como ahora veremos, desde la licitud que le permite una libre interpretación de los textos literarios (en los que siempre hay jirones de la propia vida) del autor de las *Rimas*.[24]

La novelada pasión por Julia Espín ocupa la mayor parte de esta biografía. Con la ayuda de los recuerdos de Nombela y la adaptación de un relato espuriamente atribuido a Bécquer, "La fe salva", María Teresa imagina cómo el poeta sevillano conoció a las dos hijas del compositor Joaquín Espín. Los más acreditados biógrafos de Bécquer concluyen que la cantante Julia Espín mostró muy escaso interés por nuestro poeta y que toda la posible relación entre ambos —pese al indudable interés de Gustavo Adolfo— no pasó de una fría cortesía social. Parece, pues, que la realidad documental está bien alejada de la historia de amor desgraciada —por desigualdades sociales— que María Teresa se inventa (es la parte de la biografía que fundamentalmente se iba a utilizar como guión de una película con no pocas concesiones al folletín, que pensaba dirigir Alberto Zavalía). Pero además de atribuir a la biografía

---

[24] Me extiendo ampliamente sobre este libro en mi artículo "María Teresa León, biógrafa de Bécquer", publicado en el número 7 de la revista *El Gnomo*.

becqueriana lo que la escritora quiso entrever en el relato "La fe salva", María Teresa se hace eco en su relato de una afirmación de J. Nombela, según la cual Julia fue "la que sin sospecharlo, inspiró a Bécquer todas sus rimas amatorias", opinión bastante verosímil, compartida por los modernos biógrafos del poeta. Y en esa novelización de María Teresa no faltan secuencias acertadas, dignas de subrayarse, como la de la noche de ópera en el Real (Julia en la sala, Gustavo en "el paraíso"), en donde a la geométrica descripción del espléndido techo del teatro (*"en ese cielo que se abotona a la tierra por los retratos en medallón de los intocables músicos, redondas musas dejan al descubierto escorzos atrevidos entre peplos azules"*, p. 79) le siguen imágenes muy próximas al humor metafórico de la greguería ramoniana: *"las mujeres, lejanas y menudas, al poner sobre sus ojos los gemelos de nácar, parecen colocarse un antifaz"* (p. 79).

El último lustro de la vida de Bécquer se resume en el último capítulo de esta biografía (pp. 120-139). Es la "sinfonía inacabada" de la que habla Benjamín Jarnés en otra biografía, más literaria, más ensayística, más interpretativa y recreadora que la de María Teresa, escrita y publicada en 1936,[25] al pairo de un centenario que, como el de Garcilaso, no se llegó a celebrar. La historia del balcón de campanillas azules, y de la mujer que cada tarde lo habitaba tras sus cristales, ha quedado sobre la mesa de un ministro, hecha varias decenas de poemas breves, intensos, amargos los más, hermosos todos, porque ese balcón de campanillas celestes fue más una quimera que una doméstica realidad.

Ya en España María Teresa, apareció su última biografía novelada, y su último libro, dedicado a Miguel de Cervantes, *El soldado que nos enseñó a hablar* (Madrid, Altalena,

---

[25] *Doble agonía de Bécquer,* Espasa Calpe (hay edición moderna en la popular colección Austral 1973, núm. 1521).

1978). Y desde luego se advierte pronto que hay algo de
común entre la figura cervantina y las otras tres perfiladas
en las biografías anteriores: sentimientos de frustración,
contratiempos, exilios y cautividades, incomprensiones,
injusticias, profundo sentido de españolidad, conciencia
crítica del momento histórico respectivo. María Teresa
subraya en su libro lo humano y lo novelesco de Miguel
de Cervantes, y sobre todo la honradez y trayectoria de un
hombre de bien. Y desde ese interés va seleccionando episodios de la azacaneada vida de aquel alcabalero de Felipe II, que —aunque probablemente sólo imaginadas—
pudieron ser reales. Y así va pasando revista a las mujeres
que habitaron la vida de Cervantes, desde la joven romana
Gina a la cómica Ana Franca que supo alimentar en Miguel la gloria que más deseó y menos obtuvo, la del teatro,[26] hasta que llega al encuentro de la que vendrá a ser
la sin par Dulcinea. Son inolvidables las páginas en las
que se cuenta el conocimiento que tuvo el funcionario de
hacienda de la moza ciudarrealeña, en el ejercicio de su
función de requisar impuestos para la guerra: una cría de
cerdo se esconde bajo las patas de su caballería y una voz
de mujer advierte del peligro, arrebatando entre sus more-
nos y jóvenes brazos, como si fuera un hijo propio, al tierno lechoncillo escapado de la piara. Miguel la mira, y no la
olvida.

4. OTROS LIBROS COMPLEMENTARIOS

Se completa esta apretada síntesis de la obra literaria de
María Teresa León con unas breves notas valorativas

---

[26] ¡Qué gracia tiene el pasaje —pp. 68-69— en el que la autora imagina el fortuito encuentro en un corral de comedias de Cervantes y Lope,
cuando éste no era más que un decidido y apuesto joven enfrascado en
amoríos con la cómica Elena Osorio!

de tres libros diversos entre sí y al mismo tiempo complementarios de los fundamentales, ya comentados. Los dos primeros recogen dos sucesivas experiencias de María Teresa: la inolvidable aventura de la evacuación y salvamento del patrimonio artístico durante la Guerra Civil, tarea en la que se sintió tan decididamente implicada, y el viaje a la República de China en los años cincuenta; y un tercero cuyo contenido se entiende tanto desde cotidianas exigencias económicas como desde el militante feminismo que siempre caracterizó el pensamiento y la acción de María Teresa.

Editado el primero (*La Historia tiene la palabra*) en 1944 (Buenos Aires, Patronato Hispano-Argentina de Cultura), habría que entenderlo como la primera contribución literaria de María Teresa León a la memoria de los hechos vividos. Este folleto —su primer trabajo editado en el exilio y subtitulado precisamente "Noticia sobre el salvamento del Tesoro Artístico"— se incardina con una larga lista de trabajos de mayor o menor enjundia sobre el mismo tema. En sus poco más de cincuenta páginas se intenta mostrar y argumentar una emocionada defensa de las actuaciones que durante la guerra el gobierno republicano llevó a cabo para la evacuación de parte del patrimonio artístico, comprometido en un grave peligro de deterioro y sobre todo de destrucción ante las circunstancias bélicas inmediatas. Y a la vez este texto es un alegato y una llamada de atención hacia esos otros gobiernos europeos, acerca de la obligación que también tenían (en 1944, en plena Guerra Mundial) de proceder a la empresa que los españoles republicanos —y ella, entre sus responsables— habían intentado con bastante éxito, aun con todas las circunstancias en contra, unos años antes.

María Teresa destaca, de entre ese patrimonio celosamente protegido por todo el pueblo republicano, por los entendidos y por los ignorantes, el patrimonio pictórico sobre todo, contando con bastante detalle las tres ocasiones en las que se vio directa y significativamente comprometida con su evacuación y salvamento:[27] los grecos de Toledo e Illescas, el traslado a Madrid del gran cuadro del mismo pintor *San Mauricio y la legión tebana* desde su ubicación en el Monasterio de El Escorial, y, finalmente, el encargo más importante, la evacuación de algunos cuadros del Prado hasta la Torre de Serranos, en Valencia, tras los bombardeos de noviembre del 36, cuando el edificio de la pinacoteca había corrido el máximo riesgo, con varias bombas incendiarias que habían hecho blanco a cien metros de su vulnerable techumbre.

Con siete aguafuertes de Rafael, a varias tintas, y todos (menos uno) de los poemas que luego formarán la segunda parte de su libro *La primavera de los pueblos*, el libro *Sonríe China* (Buenos Aires, Jacobo Muchnick, 1958) es un hermoso volumen, de bella y cuidada impresión, en el que María Teresa nos dejó las imágenes —muy documentadas en bastantes momentos— de su viaje a la "China de Mao", en 1957, viaje del que también se hace apretado resumen en dos páginas de *Memoria de la Melancolía*, y pormenorizada crónica-testimonio en este libro. Siguiendo el diseño de lo que es —de alguna manera— un libro de viajes, la autora lo divide en tres partes, que se corresponden con otras tantas etapas en la visita a la legendaria e inmensa China y a su profunda transformación social: la primera estancia en la capital de la República; la visita —siguiendo el curso del Yangtsé-Kiang— de otros enclaves importantes del país, y finalmente el regreso a Pekín y la marcha definitiva al lugar de origen, la Argentina, del otro lado del Pacífico.

Además de ofrecernos el presente chino —el que surge, a partir de 1948 con la toma del poder por Mao y la puesta

---

[27] "En tres ocasiones estuve en contacto con la Junta de Protección del Tesoro Artístico. ¡Cuánto más que yo podrán contar los que tuvieron a su cargo la tarea perseverante de todos los días!" (p. 55).

en marcha del primer plan quinquenal, la incipiente reforma agraria y la profunda revolución cultural que la
identificó sobre todo— María Teresa, siempre que puede,
nos comenta, nos recuerda algunos hechos claves de la
historia de aquel milenario pueblo, hasta los años recien-
tes y prologales a la revolución social que ella viene a
constatar en su visita; porque la transformación que María Teresa testifica —un tanto ingenuamente seducida por
el milagro chino, como antes se había impuesto el mito de
la revolución rusa— es la derivada exclusivamente del radical cambio político que el antiquísimo imperio había re-
gistrado en aquellos nueve últimos años (1948-1957). Y
fiel a su preocupación feminista, la autora destaca, al lado
de otras trascendentales conquistas sociales, el definitivo
cambio de la consideración de la mujer en China.

Por último, el titulado *Nuestro hogar de cada día* (Buenos Aires, Compañía General Fabril Editora, 1958) es un
libro peculiar en sí mismo, pero en el que su autora no ce-
ja, sino al contrario, en su permanente preocupación feminista, lo que se advierte desde el mismo subtítulo del
volumen, que es toda una definición por adelantado: "Bre-
viario para la mujer de su casa". Pertenece a la colección
"Mucho gusto", y procede de unas colaboraciones previas
en la revista del mismo título, dirigida por el editor Jacobo
Muchnick, y probablemente de unos guiones de radio ela-
borados y emitidos durante la estancia argentina de los
Alberti, que la censura peronista acabó por impedir, si in-
terpretamos bien unas referencias al respecto que se leen
en *Memoria de la Melancolía*.

El propósito que persigue el libro y que le facilita su carácter de ameno manual de consulta para resolver los mil
problemas de índole diversa que se le presentan al ama de
casa, se declara explícitamente en el breve prólogo del mismo: el espacio próximo y complejo del hogar, y, entroniza-
da en él, la mujer en su triple dimensión de madre, esposa
y salvaguarda de la cotidianidad del hogar. Y en coheren-

cia con ese objetivo, variedad y amenidad se conjugan en sus páginas, organizadas en once capítulos que introducen otros tantos comentarios amplios sobre diversas facetas globales de la mujer en el marco del hogar,[28] ocasión que se brinda a sí misma la autora para recrearse en la buena prosa que siempre practicó.

5. SU INTERÉS POR EL TEATRO

El teatro fue para María Teresa León una actividad amada y practicada en sus diversas vertientes, desde la de actriz o directora de escena a la de escritora de textos para verlos representados en un escenario. Nunca lo logró con los tres que escribió; ni siquiera, salvo uno, los vio editados en vida.

El primero se remonta a los años y circunstancias de la literatura comprometida que se vertía desde la revista *Octubre*. Allí se publicó *Huelga en el Puerto* (núm. 3, agosto/septiembre de 1933) uno de los mejores, si no el mejor ejemplo, de "teatro proletario" en la escena española de los años treinta, pues la pieza se enmarca claramente en la definición de "teatro político" señalada por el alemán Piscator y difundida en el ámbito español de la República por Sender en su libro *Teatro de masas* (Valencia, Orto, 1962). El texto de María Teresa —inspirado en un enfrentamiento entre piquetes sindicalistas de la CNT y afiliados del Sindicato de Transportes de la Unión Sindical (vinculada al PC) ocurrido en el puerto fluvial sevillano, en noviembre de 1931— tiene los aciertos y los defectos propios de un teatro que perseguía el inmediato mensaje

---

[28] "Cuanto aquí encuentres —advierte la autora a sus lectoras— viene de la tradición doméstica de varios países, es la experiencia de años o de siglos. También encontrarás, a modo de bancos de jardín donde descansar tus preocupaciones, todo lo que se me ha ido ocurriendo —poesías, biografías, etc.— podía entretenerte" (pp. 9-10).

sociopolítico y de toma de conciencia del proletariado (un objetivo parejo al que subyacía en muchos de los relatos de la colección *Cuentos de la España actual*).

Si esta pieza se corresponde claramente con la literatura comprometida que escribía María Teresa en los años treinta, la muy interesante pieza *La libertad en el tejado* enlaza con el clima y sentido de los cuentos que se reúnen en la última colección de la escritora (sobre todo con el relato titulado "El viaje") pues esa pieza, inédita hasta hace escaso tiempo,[29] podría considerarse como una "fábula amarga" más acerca de la imposible recuperación de una patria perdida y entrevista (con indudables tintes negros y tristes) en el exilio. Si en la colección del 62 se abordaba la ansiada vuelta a la patria, ahora se imagina una sostenida vivencia en ella, una especie de "exilio interior" en el que se encierran todos los personajes, los que sobreviven en el tejado y los que aparecen en él procedentes de la calle, desde otros lugares. Es una "fábula" sobre EL HOMBRE (casi un *auto sacramental* moderno) que un día luchó por reconquistar su libertad amenazada y que perdió la razón cuando las pasiones —y la pasión cainita entre ellas— y el instinto agresivo lo arrebatan en una sangrienta tempestad de la que sale errante y arrepentido.

Todavía permanece inédita la adaptación teatral que hizo María Teresa León de la novela de Galdós *Misericordia*. Se trata de una fiel versión de la conocida novela de don Benito (que también llevó a la escena el dramaturgo Alfredo Mañas) y en la que llega a acentuar sabiamente algunas facetas que, sin estar ausentes en el original, sólo fueron apuntadas por Galdós.

---

[29] *La libertad en el tejado* ha sido cuidadosamente editada, y prologada, por Manuel Aznar, San Cugat del Vallès, Cop d' Idees —GEXEL—, 1995, con un apéndice en el que se recoge los artículos sobre teatro soviético que publicó María Teresa en *El Heraldo de Madrid* en 1933. Hubo una primera edición, llena de erratas, de este texto teatral de María Teresa en un encarte de 36 páginas de la revista segoviana *Encuentros*, núms. 9-10, 1989.

¿Por qué le interesó a María Teresa la adaptación teatral de esta novela, amén del personal gusto por la figura y la obra de don Benito? Pienso que por dos razones fundamentales: el madrileñismo del original y el "socialismo" evangélico, tan cercano a los menesterosos y desposeídos, por el que apuesta decididamente su autor, además de confirmarse en la novela el motivo tan cervantino (otra permanente admiración de León) de la invención que invade y supera los límites de la insuficiente realidad, algo que María Teresa había sugerido en varios momentos de *La libertad en el tejado*.

III. EL TEXTO AUTOBIOGRÁFICO: CONSTRUCCIÓN Y SENTIDO DE *MEMORIA DE LA MELANCOLÍA*

Con el libro que se edita en esta colección de Clásicos Castalia, María Teresa León consiguió su mejor logro, pues no en vano es la síntesis de todas sus inquietudes, es el punto de encuentro de muchos de sus temas preferidos, se hace permanente crónica en él de lo que fue su vida y su obra, se retratan amigos presentes y desaparecidos, se habla de sí y —generosamente— de los otros, mucho de los otros con los que compartió andaduras, alegrías, sinsabores, y son permanente materia de melancolía. Si la memoria, como se ha dicho líneas atrás, es un componente fundamental de la literatura de María Teresa, este libro del que ahora voy a tratar, a modo de breve presentación, es el mejor espacio en el que alimentar y desarrollar literariamente esa memoria, cuando su autora intuía que pronto iba a verse deshabitada de ella, desahuciada de todos los recuerdos, vuelta al punto inicial e irrellenable del vacío. Quiso andar en la palabra y con la palabra el camino último antes de sentarse a esperar la llegada del invierno final, pues en invierno tuvo su muerte, se hizo en ella irremisible verdad la cita lucianesca que preside el libro: "*Las cosas de los mortales todas pasan; si ellas no pasan, somos nosotros los que pasamos".*

Pero *Memoria de la Melancolía* quiso ser —desde sus palabras preliminares— no sólo un libro de memorias, sino también y sobre todo un libro de testimonios, no sólo una crónica de sí, sino también un memorándum de lo que fue un pueblo en éxodo para los que aguardaban en la tierra en la que se censuraba la memoria. La fuerza interior de una resignación arrastrada por años y caminos, como una arañada y decrépita maleta manchada y sobada de tantas salas de espera, y de la que no queremos deshacernos porque es parte esencial de la personal aventura de exiliados, porque el tacto de su asa, el chasquido de sus cierres, ha sido el resorte que empujaba a seguir, a recordar, a vivir todavía un poco más hasta el retorno definitivo. En el libro de María Teresa León, que aquí se reedita de nuevo y se anota por vez primera, se palpa por doquier la melancolía por un territorio externo e íntimo que se ha perdido, que ha sido arrebatado, que se hace urgente y preciso recuperar en el espacio de la escritura hasta que llegue a colmar (¿algún día?) las manos que se abren al aire de una ausencia trenzada de pequeñas ausencias sucesivas. Porque —declara María Teresa al iniciar su texto, su viaje por la melancolía y los recuerdos— *"feliz el pueblo que puede recuperarse tantas veces para sobrevivir. Es el orgullo del desdichado, lo sé. Tal vez pretendiéramos lo imposible, pero seguiremos andando hasta que todo se desvanezca o se ilumine".*

El libro, aunque editado en las prensas del fraternal amigo argentino Losada, se escribió en los años de Roma (*"puede que esté inventando o que pinte sin saberlo y con ansia un muro, como hacen los niños de las calles de Roma"*) y al hilo de la datación de diversas referencias que se hacen en él, puede aquilatarse que se empezó a redactar hacia 1966, coincidiendo con los treinta años del comienzo de la Guerra Civil y con los sesenta y tres de su autora, y se terminó no más allá de mediados del 68: por ejemplo la referencia a la muerte de la novelista chilena Marta Brunet (*"acaba de morir por los días en que escribo estas líneas"*) sucedida en 1967, la evocación de la figura del investigador don Ramón Menéndez Pidal cuando aún vivía (el sabio español falleció en noviembre de ese año 68) o se alude igualmente a la muerte de León Felipe, que se data también ese mismo año.

Memoria de la Melancolía se enmarca en el interesante capítulo de la rica y abundante literatura autobiográfica del Veintisiete, pues han sido muchos los miembros de esa generación de escritores que nos han dejado sus vivencias y experiencias —más o menos elaboradas, a veces inconclusas, en alguna ocasión simplemente grabadas en cinta magnetofónica— para información y disfrute de quienes se acercan a tan valiosos testigos de una época excepcionalmente rica en acontecimientos, sobre todo en sus tres grandes hitos de la República y sus expectativas, la violencia de la guerra y el trauma —en ocasiones tan largo y ancho— del exilio. Ahí están —sin ánimo, por supuesto, de agotar la lista— los *Recuerdos y olvidos* de Francisco Ayala (1982), *Mi último suspiro* de Buñuel (1982), *Los pasos contados* de Corpus Barga (1979), la *Automoribundia* de Ramón (1974), los *Diarios* de Zenobia Camprubí y su vida compartida con Juan Ramón (editados completos en 1990 por Graciela Palau), las dos *Alcancías* de Rosa Chacel (1982) y su autobiografía de la infancia *Desde el amanecer* (1972), los *Testimonio y homenajes* de Rafael Dieste (1983), la *Crónica general* de Gil-Albert (1974), las *Memorias (1921-1936)* de Madariaga (1974), las *Memorias habladas, memorias armadas* de Concha Méndez (ordenadas por su nieta en 1990) que complementan perfectamente las inconclusas de Manuel Altolaguirre tituladas *El caballo griego* (transcritas y editadas por Valender en 1986) o la espléndida *Vida en claro* de Moreno Villa (1944) modelo de casi todas las anteriores, por su temprana fecha de aparición y su ajustada composición,[30] o el testimonio de una interesante mujer a la que llegó a conocer María Teresa, Constancia de la Mora, esposa del militar republicano Hidalgo de Cisneros, en su libro *Doble esplendor* (editado en México en 1944 y reeditado en Barcelona en 1977). Y por supuesto las tres entregas de *La arboleda perdida* de Rafael Alberti, que tan de la mano —sobre todo a partir del libro tercero— transitan con esta *Memoria de la Melancolía*, hasta complementarse mutua y frecuentísimamente, como se pone de manifiesto en las notas que acompañan a la presente edición. Es más, el propio Alberti reconoce en algún momento de la segunda entrega de *La arboleda perdida* que "mucho mejor que yo los pueda hoy contar, ciertos momentos, anécdotas o episodios de nuestra vida, los relata María Teresa en su *Memoria de la Melancolía;* tal vez con la novela *Juego limpio*, su obra más viva y original, paralela a esta mi *Arboleda perdida*".[31]

Aun cuando el libro no sigue una ordenación temporal sucesiva y lineal, recordando la vida vivida desde la infancia a la vejez, pues con frecuencia se alternan tiempos o se repiten momentos entremezclados a secuencias enmarcadas en el presente de la escritura —años vividos en la Roma del Trastevere— es la infancia madrileña y la juventud en la recoleta Burgos y en la populosa Barcelona, la traumática percepción, desde la niñez, de las desavenencias de los padres y el descubrimiento de las primeras inquietudes de la adolescencia, lo que ocupa las páginas iniciales del

[30] Los estudios sobre literatura autobiográfica y el género de las memorias han cobrado notable atención en los últimos años, y en este aspecto debo remitir a varios trabajos de J. Romera Castillo, empezando por el muy informativo "Panorama de la literatura autobiográfica en España (1975-1991)", Suplemento de *Anthropos*, 29 (1991, pp. 170-184). También merece un lugar muy destacado el estudio de Anna Caballé *Narcisos de tinta (Ensayo sobre la literatura autobiográfica en lengua castellana, siglos XIX y XX)*, Málaga, Megazul, 1995.

[31] *La arboleda perdida* II, Barcelona, Seix Barral, 1987, p. 51.

volumen. Pronto se advertirán, en estos recuerdos tan lejanos y prologales, el tono que el libro irá adquiriendo después y el objetivo que principalmente alienta su composición: la recuperación de lo que verdaderamente se siente perdido, la Patria antes que la historia personal, porque esa historia estará flotante, incompleta, hasta que se pose y se reafirme en el territorio sólido que un día fue su asiento y del que otro día fue derribada con violencia, pero con la íntima promesa de no olvidar el camino del regreso, de la recuperación. Así el pasaje en el que se recuerda el incendio en un piso de la casa familiar, un edificio y unos habitantes sorprendidos y amenazados de muerte, enlazará con las páginas terribles de los bombardeos de su barrio madrileño de Argüelles, otra vez el fuego destruyendo sin piedad enseres, techos, vestidos, personas...

Tras las páginas dedicadas al entorno familiar y al tiempo de la infancia, María Teresa saltará muy pronto a la experiencia de la Guerra Civil —incluidas las páginas intensísimas sobre las semanas de Ibiza, al borde de la felicidad, al borde de la tragedia— que ocupa la parte central del texto, desde diversas y complementarias experiencias, todas ellas relacionadas con las actuaciones de la Alianza de Intelectuales Antifascistas, principalmente tres: las actividades teatrales, la preparación y celebración del II Congreso Internacional de Escritores y la evacuación y salvamento del patrimonio artístico; por cierto que el interés personal de María Teresa la llevó a redactar en fecha temprana el folleto ya comentado *La historia tiene la palabra*, texto que podría considerarse, en cierto modo, como un adelanto de no pocas secuencias de esta *Memoria de la Melancolía*. Pero en medio de esas páginas siguen aflorando las que vuelven una y otra vez a los años veinte, a la juventud, a la evocación agridulce de padres, abuelos, profesores; de las presiones provinciales, de la sequedad de los que no quiere ni nombrar, de la separación del hijo, de la enfermedad que la reclama a su lado, de la humillación de sentirse mujer, o sea postergada en todos los órdenes al varón. En una página se evoca la muerte del padre en Barcelona, y treinta y tantas páginas después se enlaza con aquel recuerdo que *"nos llena de rabia melancólica el alma"*. No hay orden frío, reglado, aséptico, sino desorden envolvente, cálido, que se sabe un poco laberinto y un poco eterno retorno, como la vida que se quiere —sobre todo— rescatar lo menos herida posible.

También desde el comienzo del libro advertimos el procedimiento proustiano de la asociación de ideas como esquema organizativo de los recuerdos que fuerzan la mano para encontrar su lugar en el espacio de la escritura. El anuncio de la primera maternidad se funde, casi sin solución de continuidad, con el de la tercera y última —el nacimiento de Aitana en los primeros momentos del exilio argentino— y la visita, en Roma, de alguien que se declara barcelonés levanta fácilmente la nostalgia de la Barcelona de ese momento y el recuerdo de la Barcelona vislumbrada en la primera juventud, la ciudad y sus cuarteles, en donde murió el padre, contrajo matrimonio la muchacha rubia y excesivamente joven y supo de su primera maternidad; un paseo tan habitual por el barrio romano del Trastevere ha de evocar, por fuerza, el otro barrio de Argüelles bajo la metralla, y la guerra también en Cataluña... y así, la cascada de recuerdos entrelazados acaba en la cita del poema albertiano sobre la solidaria actuación de catalanes en la defensa de la "capital de la gloria"; y la visión de las viejas entre patéticas y extravagantes que cuidan de los gatos romanos como si fuesen sus propios hijos (que no han tenido o que han perdido por diversas causas) se enlaza con el retrato del tiempo infantil de la excéntrica madame Pimentón y su chocante y llamativo atuendo (un personaje perviviente en la memoria, que alimenta la escritura de León desde el esbozo de un artículo de 1944 hasta convertirse en un cuento o incluso en un inquietante y atractivísimo personaje teatral, en el "auto" *La libertad en el tejado*). Y en cinco páginas la narradora enlaza la casa en la que vive —y escribe— o sea, el presente, con otras casas en las que había vivido, es decir, la memoria, porque da por supuesto que "*sin querer nos traemos dentro todas las casas donde vivimos*": la casa madrileña de la infancia, la casa barcelonesa frente a los cuarteles, cuyos balcones "*daban a los cielos de la catedral donde el arquitecto Antonio Gaudí levantó sus extrañas agujas*" o la casa madrileña del paseo de Rosales, compartida con Rafael y tantos amigos, con su terraza llena de flores. En otra ocasión se imagina los terribles bombardeos de las ciudades vietnamitas por los aviones americanos, y el salto a otras noches de angustia es tan inmediato como inevitable: "*Nos ha llegado una carta de Vietnam. En ella se explica dulcemente su situación, es como si hubiese llegado un susurro, no un sollozo. Nos desean un año de paz, 1967 [...] Pensamos en nuestras lejanas navidades de guerra. También mandábamos caricias a los amigos sin rostro de otros lugares de la tierra.*" Y el cante jondo del amigo al que se recibe en la casa italiana abre igualmente el portillo de los recuerdos —"*otra vez como entonces*"— a aquellos otros cantes escuchados en la bahía gaditana, cuando era abril del 31 y toda la esperanza por delante. Es el hermoso prodigio del recuerdo, que se produce sin avisar, a cualquier hora, colándose por la menor rendija. Un estímulo, el más leve o el más intenso, el más dulce o el más triste, bastan para hacer verdad el retorno de lo vivo lejano: "*Todo está presente aquí mientras tú, José Meneses, cantas. Nos has dicho al llegar que nos traías la voz que siempre estamos esperando, la que nos dejamos, la que no queremos olvidar jamás. Y te hemos escuchado con el centro del pecho o con las entrañas o con los ojos, no sé. Pero en un instante reparamos todos los olvidos y corrimos hacia ella, madre común, hacia esa playa tan distante donde se hundían tan blandamente nuestros pies en la arena, justo en el borde en que se vuelve azul.*"

Superadas las primeras páginas, la autora tiende a perder pronto el tono confesional y excesivamente personalista, subjetivo, para abrirse a un amplio entorno, de modo que el libro se convierte en la crónica de una época bien poblada de gentes y de sucesos sobre los que la memoria hace la exigida selección y luego la correspondiente interpretación. En ocasiones el relato se pliega al distanciamiento de la tercera persona, a verse como ajena en el espejo de la memoria: *"La niña aquella había nacido cuando aún se vendía el agua en botijos* [...] *La niña sabe que así ha corrido su vida toda y así irá hasta la cruz de la muerte."* Y en otras muchas se demora en recrear la imagen presente y pasada de los que se han cruzado en la vida de la autobiografiada. De modo que, a través de sus vivencias, la autora va trazando un excelente conjunto de retratos, de "imágenes de...", que vuelven a acercar su libro a otro ejemplo de la literatura albertiana. Así van desfilando por estas páginas hermosos y emotivos retratos —en su marco y en uno o varios tiempos sucesivos— de los músicos Acario Cotapos y García Leoz, del pintor y escenógrafo Santiago Ontañón (la memoria se hace detallista en la inolvidable experiencia de representar con el grueso y bienhumorado amigo un texto lorquiano), del escritor Gorki homenajeado por su pueblo, del militar Hidalgo de Cisneros, del escritor Herrera Petere, del mariscal Stalin, del cineasta Einsenstein, del torero Sánchez Mejías, del muralista Rivera, de Unamuno leyendo sus textos y creando sus pájaros de papel, del dramaturgo Brecht en el marco de un Berlín ya sin nazis (y el retrato de un pasado próximo enlaza con las ráfagas cargadas de violencia de un pasado más remoto, aquel Berlín que empezaba a padecer bajo los desmanes hitlerianos); son muchos los escritores —y los libros— que salen retratados y referidos en *Memoria de la Melancolía*: Carlo Levi, Paul Eluard, Ernest Hemingway, Luis Cernuda, Oliverio Girondo, Ilya Ehrenburg, Ramón Gómez de la Serna...; pero las últimas páginas del libro están consagradas a los encuentros, a la amistad, de Pablo Picasso, pues *"llegar hasta Picasso es hoy uno de los milagros de nuestro tiempo que puede pedirse al cielo"*.

En otras ocasiones María Teresa acude al cinematográfico recurso del *flash-back,* a partir de una imagen fija del pasado, como puede ser una foto. Así la sepia cartulina que trae hasta los ojos el perfil de un viejo camión es el pórtico de entrada en el libro (o una de sus puertas) a una de las experiencias más despaciosa y reiteradamente recreadas entre sus páginas, la de los días de convivencia, trabajo y lucha en la Alianza de Intelectuales Antifascistas: *"En la fotografía está lo que en aquella ocasión recibimos como el regalo de los escritores franceses"*. Un mecanismo que lo usa explícitamente María Teresa (*"Cuando esa fotografía vuelve a mis manos, regresan los recuerdos. ¿Dónde terminaría aquel camión? Yo no seguí más que una parte de su recorrido a través de la España en guerra. Os lo voy a contar"*), para, a partir de él, reconstruir durante muchas páginas la interesante aventura de las "Guerrillas del Teatro" (algo así como la experiencia de "La Barraca" de Federico trasplantada a los días de la Guerra Civil) por frentes y carreteras de un país en guerra, que sin embargo seguía emocionándose con la magia del teatro.

Pero este libro, este testimonio de María Teresa es —sobre todo y ante todo— la defensa y la resistencia del exiliado y su derecho a que no le quiten también la memoria de lo perdido; y simultáneamente la defensa ante el imparable paso del tiempo, la última barricada contra la vejez, que en ella se advierte como sinónimo de la desmemoria: *"Es difícil ser vieja. Se necesita un aprendizaje, que es el drama de nuestra vida."* La autora se siente cercana a las ancianas que ve y a aquellas otras que pasaron alguna vez por su vida; son los espejos del pasado y del presente que le recuerdan el umbral de su propia vejez, que ella entiende y teme como anulación del espacio propio, confundido con el común e indiferenciado de "ser una vieja más". Y en esa cruzada personal contra la anulación y el desprecio de los viejos, cobra singular relevancia la Madame Pimenton de sus años niños. Y en su evocación vuelven a solapararse, al hilo de ese estímulo tan reiterado , el pasado y el presente: "*¡Ah!, aquella vieja de mi infancia, la Madama Pimentón con sus colgajos y sus cintas o la vieja rusa que toca el violín en la Piazza di Santa Maria in Trastevere.*" El tiempo y sus caducidades se impone como motor del libro. Las noticias de los sucesivos fallecimientos de quienes compartieron espacio y aventura con la autora van generando las secuencias que luego María Teresa traba en el arco que va y viene del pasado al presente. Así, por ejemplo, la muerte de Ignacio Hidalgo de Cisneros fuera de la patria que tanto admiró desde la atalaya de su aeroplano de guerra, se interpreta como una elegía a la condición de exiliado y como un temor de que esa ausencia también mancille su propia muerte, llegar a ser uno más de "*tantos otros españoles errantes y solos y tercos en su razón que van dejándose sembrar por la muerte en todos los rincones de la tierra...*". Así *Memoria de la Melancolía* se va haciendo testimonio de un acabamiento, "memoria a medio apagar", porque se va dando cuenta su autora de que "*ya no llegan a nosotros los ruidos vivos sino los muertos*". Y para compensar, no siempre son las noticias de los óbitos de los conocidos y amigos las que espolean los recuerdos, sino que también el reencuentro de los que todavía viven sirve para exhumar lo que se creía inevitablemente enterrado.

Y acabo de decir que otra preocupación clave en la génesis del libro, casi su objetivo principal y último, es advertir de la obligada responsabilidad que tienen los exiliados, como ella, de jamás entregarse al derrotismo del olvido, del imperioso deber de ser testimonio vivo —y permanecido en la palabra— para los que no supieron de aquello, pero no deben desconocerlo: "*Sí desterrados de España, contad lo que nunca dijeron los periódicos, decid vuestras angustias y lo horrorosa que fue la suerte que os echaron encima. Que recuerden los que olvidaron."* María Teresa León da ejemplo de su invitación con estas extraordinarias páginas de su *Memoria de la Melancolía,* probablemente de las mejores que testimoniaron el exilio propio y el exilio de otros muchos. Por ello, en varias ocasiones interrumpe el relato de su vida para mirar de frente a los muchos que corrieron igual o peor fortuna, y les insufla el sentimiento del orgullo en el meollo del posible desencanto (*"Habéis pertenecido al mayor éxodo del siglo XX"*) y se yergue con altísima dignidad, para gritar bien alto su condición de desterrada y su decisión de no olvidar jamás y de contarlo una y mil veces, de alimentar la memoria colectiva con la suma de tantas memorias individuales, que nunca debieron quedarse mudas, amnésicas, rotas para siempre: *"Contad vuestras angustias del destierro. No tengáis vergüenza. Todos las llevamos dentro [...] Nos habían sacrificado. Éramos la España del vestido roto y la cabeza alta. Nos rascábamos tres años de hambre y buscábamos una tabla para sobrevivir al naufragio. Contad cada uno el hallazgo de vuestra tabla y el naufragio."*

Las secuencias del libro, y los recuerdos que las habitan, se generan muchas veces a partir de un nombre o de una fecha bien concretos, bien delimitados. Pero no siempre ha de ser así. Basta con el poso de la huella ajena, aunque anónima, para que la memoria se active (*"No puedo recordar algunos nombres, pero sí el surco que dejaron algunas gentes"*): amigas de la infancia, la monja profesora del colegio de la que se decía que había tenido una hija en secreto, las extrañas amistades de familia, tantas cosas que a veces olvidamos, pues *"nos traemos adentro una carga inquietante de gustos y de gestos ajenos que se nos van quedando enganchados".* El libro —y la vida que lo anima— se sabe deudor de la suma de muchas pequeñas vidas que tienen allí, en el espacio fértil y huidizo de la escritora, su última hilacha de pervivencia. María Teresa creyó en la acción solidaria que nos acompaña y cree en la conjunción de muchas vidas ajenas, de cuyo roce nos hemos ido haciendo; y por ello mismo hace de este libro —y en el momento de sentirse con el papel casi agotado— su último y definitivo agradecimiento antes de esconderse entre las bambalinas del silencio: *"Somos lo que nos han hecho, lentamente, al correr tantos años. Cuando estamos definitivamente seguros de ser nosotros, nos morimos. ¡Qué lección de humildad!"*

Naturalmente que son varias las ocasiones en las que María Teresa León evoca, en el libro, su decisivo encuentro con el poeta Rafael Alberti, el intenso amor que anudó sus destinos, la fe ciega en el arte de Rafael, su deseo de ser "la estela del cometa". Habla de Alberti, de su marido, de su obra, de su trabajo, de sus proyectos, con intenso cariño, con absoluta admiración. Además de reconocer sus dotes inmensos de poeta, alienta sus cualidades innatas de pintor: *"Tienes la pintura en los dedos, le digo. Y me muestra sus manos casi de muchacho, difíciles, con los dedos algo desbandados, algo artesanales y tan sabias, llenas de una memoria prodigiosa que recobra al cabo de tantos, tantos años, como si saliera de su casa de Madrid para ir a dibujar al Casón."* En justa correspondencia a lo que fue un intenso amor de esposa y admiradora, Alberti escribía en uno de los mejores momentos —si no el mejor— de su última entrega de la *Arboleda perdida* este recuerdo a modo de homenaje-epitafio a quien ya era un muerto más en el cementerio de Majadahonda, en el día de su sepelio, y había sido durante bastante tiempo un silencio sostenido al que se le había negado —revés del destino— el gozo de sentir y expresar el regreso por el que tanto se había peleado, con la memoria ya perdida: "Hace más de seis años que dejaste de hablar, en los que pronto inclinaste la cabeza, casi cerraste los ojos y apenas mínimos murmullos dejabas escapar por tus labios. ¿Por dónde anduviste? ¿Qué

selva de árboles, flexibles, con hojas y ramas como de nubes, crearon tu vivienda? Yo no podía seguirte. Mis manos
no llegaban a tocarte. Pero ahora sí, aunque seas impalpable y esta noche quizá desaparezcas para siempre." [32] Y Alberti convoca a la compañera ida para siempre a recorrer
de nuevo el guión de tantos días compartidos, en la guerra, en la marcha después de la derrota, en la Italia con
huellas de compatriotas, en el amor compartido más allá
de la muerte, porque "empiezas de nuevo a revivir". Y ese
misterio, o milagro, quiere ser el libro que el lector tiene
en sus manos, la reviviscencia de una excepcional mujer,
ovillada en su palabra, venciendo el silencio que la sepultó
en vida antes de sepultarla en muerte.

Con relativa frecuencia el discurrir de las cosas de la
memoria se interrumpe para que la escritora intercale sus
pequeños paréntesis de reflexiones personales que en de-
terminados momentos alcanzan una notable calidad lírica
de poema en prosa. Así, por citar un ejemplo ampliable a
otros casos, la hermosa consideración sobre las manos (la
actividad que siempre acompañó a la inquieta mujer que
fue María Teresa León) y el destino de cada cual, a modo
de íntima práctica quiromántica (así dibujó a la Jimena del
Cid, así a las varias Teresas de su libro de cuentos, así a
cuantas mujeres se perciben en sus dos novelas largas; por
cierto que en *Contra viento y marea* el sucio juego de la
traición y el sabotaje lo encabeza una mujer que se gana la
vida leyendo falsos destinos en las manos de sus crédulas
clientes): *"en las manos no se nos ven los años sino los
trabajos"*, empieza afirmando la escritora, para continuar
contemplándose las suyas y reflexionando que en esas manos, y en las ajenas, se cifra tanta vida, tanta experiencia,
tanto ritual, tanto código, pues son *"esa máquina de la alta tensión humana"*. Por la mano, con la mano, en la mano

---

[32] Rafael Alberti, *La arboleda perdida. Quinto libro*, Barcelona, Anaya-Mario Muchnik, 1996, p. 14.

se comunica el amor, la amistad, la despedida, la promesa, el ánimo, la amenaza... María Teresa esboza —¿verdad?, ¿invención?— lo que podría haber sido un precioso cuento relacionado con la quiromancia, con el oculto significado de las manos, como esfinges con las que manoteamos o escribimos o nos aferramos a la vida como a un hierro ardiendo: *"desde entonces las manos son para ella el libro secreto que no debe mirarse"*.

El último tramo del libro se centra, aunque no exclusivamente (nunca domina la linealidad temporal) en los años del exilio americano, adelantado ya en ocasionales párrafos desde el comienzo: el vuelo hasta Orán, la escapada a Francia, las noches de tensión y trabajo en París, el arribo del "Mendoza" a las costas americanas, los días y los años con nuevos amigos y renovados afanes. Pero basta el reencuentro con alguien que fue partícipe de los días anteriores a la diáspora, para que retorne la inolvidable experiencia española. Y de ese exigido "desorden", que viene configurado por el desorden de la vida misma, es consciente la autora, que llega a detener el fluir de la memoria para dedicar un paréntesis a la propia escritura del texto que se rebela contra el paso de los años, ese peligro de la desmemoria que le añade "desorden" a su orden disperso: *"Dirán las hojas que me faltan manos para agarrar mi verdadera vida o dientes la cabeza cuando comienzan los otoños. Miro como corren hasta los papeles creyéndose pájaros o ese mensaje por el cual se ha pagado más para que llegue como el viento [...] En esta poco arrulladora vida, ¿volarán las hojas de mi recuerdo hasta que alguien las aplaste por inútiles?"*

Estamos ante un verdadero libro resumen —como lo calificó Aurora de Albornoz— pues en él encontramos todos los registros literarios que María Teresa León nos había ido anunciando en el conjunto de sus textos anteriores, de modo que en sus páginas "la voz lírica está presente, pero sin duda, la narración —con frecuencia unida a la reflexión—, la voz narrativa, es la dominante".[33] En *Memoria de la Melancolía* encontramos un espléndido ejemplo de la literatura autobiográfica en un tiempo en el que estos libros abundan en el panorama literario español. Un libro en el que se siente la sensibilidad y la sinceridad a la par, en el que no hay un asomo de impostura, en el que el ejercicio de recordar se expresa como una ineludible exigencia, como el compromiso que la autora ha contraído con los lectores y ante todo consigo misma: *"Escribo con ansia, sin detenerme, tropiezo, pero sigo. Sigo porque es una respiración sin la cual sería capaz de morirme. No establezco diferencias entre vivir y escribir"*. Ahora que el calendario nos dice que hace ya más de diez años que María Teresa León dejó de existir, prosigue su palabra cálida y siempre dispuesta a revivir lo que fue y vuelve a ser en cada acto de lectura. Una vez más la palabra depositada en el espacio de la literatura supera la empinada cuesta del tiempo.

GREGORIO TORRES NEBRERA

[33] Aurora de Albornoz, "El lugar de María Teresa León", en el volumen *María Teresa León*, Junta de Castilla y León, 1987, p. 44.

BIBLIOGRAFÍA SELECTA

A lo largo de la Introducción se han ido indicando las primeras ediciones, y otras posteriores en su caso, de los diversos libros de María Teresa León. A esa relación puede añadirse el conjunto de artículos sueltos que la autora publicó a través de diversos años y en diferentes publicaciones españolas y americanas, relación que detallo en las páginas 216-219 de mi libro *Los espacios de la memoria*.

Respecto a *Memoria de la Melancolía*, son éstas las ediciones anteriores a la presente:

a) Buenos Aires, Losada, 1970;

b) Barcelona, Laia, 1977;

c) Barcelona, Bruguera, 1979 y 1982;

d) Barcelona, Círculo de Lectores, 1979 y 1987. Esta segunda cuenta con un prólogo de Rafael Alberti ("Cuando tú apareciste...") y un epílogo de María Asunción Mateo ("Memoria del olvido").

ESTUDIOS SOBRE LA FIGURA Y LA OBRA DE MARÍA TERESA LEÓN

Albornoz, Aurora de: "El lugar de María Teresa León", *María Teresa León*, Junta de Castilla y León, 1987, pp. 41-48.
Aznar, Manuel: "María Teresa León y el teatro español durante la guerra civil", *Anthropos*, 148, septiembre de 1993, pp. 23-34 (monográfico sobre "Guerra civil y producción cultural".

Blanco, Alda: "Las voces perdidas: silencio y recuerdo en *Memoria de la Melancolía* de María Teresa León", *Anthropos*, 125, octubre de 1991, pp. 45-49.

Ciplijauskaité, Biruté: "Escribir entre dos exilios: las voces femeninas de la generación del 27 (Ernestina de Champourcin, María Teresa León y Concha Méndez)", *Homenaje al Profesor Antonio Vilanova* II, Barcelona, Universidad, 1989, pp. 119-126.

Colinas, Antonio: *Rafael Alberti en Ibiza. Seis semanas del verano de 1936*, Barcelona, Tusquets, 1995.

Estébanez Gil, Juan Carlos, *María Teresa León. Estudio de su obra literaria,* Burgos, La Olmeda, 1995

Mainer, José Carlos: "Las escritoras del 27 (con María Teresa León al fondo)", *Homenaje a María Teresa León,* Madrid, Universidad Complutense, 1990, pp. 13-40.

Marco, Joaquim: Prólogo a la edición de *Una estrella roja*, Madrid, Espasa-Calpe, Selecciones Austral, 1979, pp. 9-23.

Marrast, Robert: *El teatre durant la guerra civil espanyola. Assaig d' Història i documents,* Barcelona, Institut del Teatre, 1978.

——: *Rafael Alberti en México,* Santander, La Isla de los Ratones, 1984.

——: "La obra del exilio de María Teresa León: novela y autobiografía", *Homenaje a María Teresa León,* Madrid, Universidad Complutense, 1990, pp. 75-87.

Nieva de la Paz, Pilar: *Autoras dramáticas españolas entre 1918 y 1936,* Madrid, CSIC, 1993 (especialmente pp. 177-180).

Pochat, María Teresa: "María Teresa León, memoria del recuerdo del exilio", *Cuadernos Hispanoamericanos*, 1989, núm. 473-474, pp. 135-142.

Pope, Randolph D.: "La autobiografía del exilio: el ser previamente preocupado de Rafael Alberti y María Teresa León", en Naharro Calderón, J. M.: *El exilio de las Españas de 1939 ("¿Adónde fue la canción?")*, Barcelona, Anthropos 1991, pp. 369-378.

Rodrigo, Antonina: *Mujeres de España. Las silenciadas,* Barcelona, Círculo de Lectores, 1989, pp. 207-224.

Torres Nebrera, Gregorio: *Los espacios de la memoria (La obra literaria de María Teresa León)*, Madrid, Ediciones de la Torre, 1996.

Torres Nebrera, Gregorio: "María Teresa León: cinco cuentos recuperados", *Anuario de Estudios Filológicos,* XIX, Universidad de Extremadura, 1996, pp. 457-512.

——: "María Teresa León, biógrafa de Bécquer", *El Gnomo* (Universidad de Zaragoza), VII, 1999.

NOTA PREVIA

S E sigue el texto de la primera edición del libro (Buenos Aires, Losada, 1970) corrigiendo algunas erratas evidentes y suprimiendo una larga lista de militares republicanos "fusilados o muertos en destierro", que facilita la autora en una nota a pie de página (pp. 207-208) y que realmente no tiene demasiado sentido que figure en un texto como el presente.

En las anotaciones del texto se hace referencia muy frecuentemente a otros libros de memorias que se indican con abreviaturas que corresponden a las siguientes referencias bibliográficas:

Rafael Alberti: *La arboleda perdida* (*Libros I y II de memorias*), Barcelona, Seix Barral, 1975 (*AP* 1); *La arboleda perdida (Libros III y IV de memorias)*, Barcelona, Seix Barral, 1987 (*AP* 2); *La arboleda perdida (quinto libro)*, Barcelona, Anaya-Mario Muchnik, 1996 (*AP* 3). *Poesías Completas* al cuidado de Luis García Montero. Madrid, Aguilar (*PC* y el volumen correspondiente).

Pablo Neruda: *Confieso que he vivido* (Barcelona, Seix Barral, 1974) (*CV*).

Santiago Ontañón: *Unos pocos amigos verdaderos* (Madrid, Fundación Banco Exterior, 1988) (*AV*).

José Miguel Velloso: *Conversaciones con Rafael Alberti*. Madrid, Sedmay, 1977) (JMV).

MEMORIA DE LA MELANCOLÍA

Todos son palabras y colores dentro de mí que ya no sé muy bien qué representan. Me asusta pensar que invento y no fue así, y lo que descubro, el día de mi muerte lo veré de otro modo, justo en el instante de desvanecerme.

Puede que esté inventando o que pinte sin saberlo y con ansia un muro, como hacen los niños de las calles de Roma donde dejan manos sueltas o bocas o caras espantadas o mensajes de amor entre estrellas. Lo cierto es que todo lo que estoy escribiendo no tiene ni deseo de perfección ni de verdad. Lo que yo vi es el jardín cerrado de lo que yo sentí. A veces me da vergüenza no decir nada mejor o más, no gritar con rabia porque la ira se me quita como si de pronto la lluvia me lavase los recuerdos o alguien me dijera: ¿Para qué la venganza?

Yo sé que se han escrito muchos libros sobre los años irreconciliables de España. La guerra dejó su historia cruda y descarnada. Las batallas se cuentan ya fríamente e igual sucede con las diferencias políticas. Se han evitado las palabras tristes en los libros para dejar las heroicas. No sé si esta sequedad la encontraréis justa. Yo me siento aún colmada de angustia. Habréis de perdonarme, en los capítulos que hablo de la guerra y del destierro de los españoles, la reiteración de las palabras tristes. Sí, tal vez sean el síntoma de mi incapacidad como historiador. Pero no puedo disfrazarme. Ahí dejo únicamente mi participación en los hechos, lo que vi, lo que sentí, lo que oí, todo pasado por una confusión de recuerdos. No he evitado cuando lo creí necesario llamar pobre a mi España ni desgraciado a mi pueblo ni desamparados a los que padecieron persecución ni desesperados a los que sufrieron tantas enfermedades de abandono. Es mi pequeño ángulo visual de las cosas. Somos los que quedamos gentes devoradas por la pasión de la verdad. Sé que ya en el mundo apenas se nos oye. Siempre habrá quedado el eco, pues el único camino que no hemos hecho los desterrados de España es el de la resignación.

Pero feliz el pueblo que puede recuperarse tantas veces para sobrevivir. Es el orgullo del desdichado, lo sé. Tal vez pretendiéramos lo imposible, pero seguiremos andando hasta que todo se desvanezca o se ilumine.

Nos dirán que somos obstinados. Pero ¿quién se atrevería a hacer la crítica de los sentimientos que nos ayudaron a vivir? Tal vez yo no debería haber escrito este libro, pero escribir es mi enfermedad incurable. Puede que los españoles tengamos la pasión de la desdicha. Subimos descalzos por las piedras —"unos cayéndose y otros levantándose"—. ¿Conseguiremos —o conseguirán los que nos siguen— llegar al lugar donde el aire libre suprime la cruz y el calvario?

Las cosas de los mortales todas pasan, si ellas no pasan somos nosotros los que pasamos.

LUCIANO DE SAMOSATA

Llegaba decidida a todo, a abrazar las esquinas, a besar el asfalto, a encontrar hermosas las miradas, las sonrisas, los pasos, los maniquíes de las tiendas, las puertas rotas, los remiendos de las fachadas caducas y vencidas, olfateadas de perros, frotadas de gatos y ausentes de palomas. Había decidido dentro de sí la urgencia de agarrarse con las dos manos a todo lo que había huido desde tiempo remoto, pues todo para ella había consistido en llegar, cambiar, echar a andar, encariñarse e irse. "Las cosas de los mortales todas pasan..."[1]

Desde niña, desde muy pequeña la habían zarandeado bien con aquel padre militar que se cansaba de todo y pedía un nuevo destino y estaba contento unos años y luego languidecía y se iba agriando. Niña de militar inadaptada siempre, no niña de provincia ni de ciudad pequeña con catedral y obispado y segunda enseñanza... con amigas de paso y primaveras acercándose cada año a la niña, coloreándola, obligándola a crecer y a estirarse. La vida parecía hecha para acomodar los ojos a cosas nuevas: veraneos, parientes y luego a comparar: esto es mejor que lo otro. Aquí las nubes pasan más deprisa. Tonta, es el viento. Llueve menos. Las iglesias se caen de feas. No me gusta rezar. ¿Y los chicos?

Los chicos eran siempre iguales, torpes, engreídos de serlo, audaces, candidatos inexpertos al premio mayor. Bah, nada. Manos largas. Ya no los recuerda. Los rostros

[1] Repite aquí la autora, parcialmente, una cita de Luciano de Samosata que sirve de lema para presidir todo el libro. Se trata de la traducción de uno de los epigramas contenidos en el Libro X, 35 de la *Antología Palatina* del mencionado autor.

han huido. Eran los chicos, el beso, la punta del pezón apretada, la mano por la pierna... ya no recuerda nada: apenas algún temblor, el viento que miraba desde lo alto de los árboles, los ojos de las cosas reprochándole al regresar a casa... Y los relojes que la madre detenía para esquivar el tiempo y la abuela los ponía en marcha uno después de otro, para mortificar. Se han disuelto las imágenes pero no las voces. La niña sigue oyendo frases enteras, están ahí las lamentaciones por el padre fiel, la lucha contra la polilla del rostro que va avanzando y se ve en los espejos, el grito de la ira, la disputa... ¡No vayas! Voy. ¡Es peor! No puedo soportarlo. Todas lo hemos soportado. Yo, no. Imbécil.

Las voces solas se le han quedado dentro. Mejor no oírlas. Tapizarse los oídos, subirse las sábanas hasta los ojos, huir de aquello que amorató su vida. Por favor, cierra la puerta. No quiero oír mi infancia. ¡Qué lástima no haber sido retrato mudo como los de aquellas lejanas señoras con plumas de avestruz, que saludaban como los caballos de las carrozas en los desfiles que nos llevaban a contemplar! Álbum viejo, roto, deslucido, húmedo de lágrimas, lágrimas de errores castigados, palabras indiscretas y la mala fe que rodea a los niños para evitarles sufrimientos... dicen. Aquella muñeca grande, grande, que rompieron ellos al discutir y me aseguraron que aquellos ojos, caídos dentro de la cara de porcelana rosa, eran mi culpa por haberme dormido, abrazándola... ¡Mi culpa! Entonces no existían perros de terciopelo y sí únicamente servilletas con las que un tío, de cuando en cuando, fabricaba conejos que yo creía eran los que cría el campo, tan vivos eran, con sus orejas, su piel, su rabito y hasta los ojos, dos alfileres negros. ¿Cómo podían ser de otro modo los vivos? Se dejaban acariciar en fila todas las servilletas-conejo sobre la mesa mientras el tío desordenaba platos y cubiertos, asomando con la risa sus dientes idénticos como las teclas del piano que mi madre no tocaba ya. Los conejos estarán unidos para siempre a la bulla, a la risa, al olor de la buena cocina y a la doncella que se ruborizaba cada vez que servía al señorito, que era militar. Detrás de ese olor quedaba el de mi madre, heliotropo o violeta,[2] o el de mi abuela, sándalo o madera orientales o el del mirador abierto sobre unos jardines y una iglesia y un hospital donde los oficiales del ejército convalecían. Era hermoso ver tanto cielo los días de tormenta, metidos los chicos en el cajón de agua que resbalaba el mirador, sentados, silenciosos, graves, casi viejos, contemplando la ira de las nubes y dentro del almita una ligera duda de si nuestros pobres pecados pequeñitos no habían sido los desencadenadores de aquel zig-zag de fuego que arrastraba un trueno en cada cola. Aquella imagen del misterio celeste con todo su complejo de culpa, regresaba a ella cada vez que debía enfrentarse con la encarnizada batalla de las nubes los días de tormenta. Tata María prendía la vela de los trisagios al fondo de la alcoba, sobre un mueble, al pie de un San José que nos habían asegurado era milagroso como un buen hombre pobre que no tiene nada que dar. Los chicos recibíamos el beneficio de la humedad por las naricillas tiernas, sensibles a los grados eléctricos de los rayos y las centellas, sabiendo que, si los truenos se espaciaban de la chispa, llegando después del deslumbramiento del relámpago, ya no podrían hacernos ningún daño.

Era una calle que terminaba bien. Los declives bajaban hasta un río minúsculo y por las cuestas iban plantando árboles y poniendo césped. En las tardes, el sol cruzaba el chorro de las mangas de riego y nosotros contemplábamos atónitos el arco iris. Poca vida pequeña. Paseos. Un cestillo con algo para comer a media tarde. Un poco de reposo en algún banco. Conversaciones en francés, niños que no

[2] El motivo del recuerdo proustiano de su madre a través del perfume del heliotropo es el arranque de un espléndido cuento de María Teresa, recogido en su colección *Morirás lejos*.

se atrevían a acercarse a nosotros. Juegos tontos, olvidados. No era de buen tono detenerse a mirar cómo jugaban los otros chiquillos, empeñados en meter bolillas de colores en un hoyo. Ni desear los refrescos de los puestos de horchatas, que en verano se multiplicaban por el paseo. A veces conseguíamos detener al barquillero. ¡Oh, ces enfants! Y regresábamos con un larguísimo bastón de obleas en equilibrio. Decididamente no sé hablar de felicidad ni de desgracia. Todo ha naufragado. Lejanamente una muchacha vuelve a casa con los ojos turbados por lo que vio, y la mano, oculta dentro del guante, le parece de plomo. No sabe cuándo ha sucedido el encuentro ni cuándo ha crecido ni cómo ocurrió algo tan brusco, tan inesperado. ¿En qué azotea? ¿Entre ropa tendida o trastos viejos amontonados? No sabe. ¡Qué mal te has peinado esta noche para venir a la mesa! No me gustan hoy tus ojos. ¿Tienes fiebre? Sí tenía fiebre. Le dolía la mano, la córnea de los ojos. Como no podía pensar, bajaba la mirada. El plato debía estar lleno de una sopa excelente pues todos la celebraban y su madre iba diciendo su contenido. Excelente, pero tenía que comerse con la cuchara agarrada con la mano derecha... ¡Dios mío! ¿No había una mano especial para ciertos descubrimientos? La cuchara de plata le daba náuseas. ¿No te gusta la sopa? Está exquisita. Ojalá estuviera tan buena a diario. ¿A diario? No, no por Dios. A diario, no. ¿Qué le pasa a esta niña? Y la muchacha nueva apretó los muslos. ¿No quieres comer? ¿Estás mala? Ya habrás comido en el parque castañas pilongas. Se llevó la mano a la cabeza. La cuchara cayó sobre el plato haciendo gritar la porcelana. A ver si, además, rompes el plato. ¿Me puedo levantar? Sí, vete. Nadie intervino. Todos andaban ocupados en sus cosas. Yo también. Yo me fui derecha al baño a vomitar mis descubrimientos. Fue una protesta contra lo que no entendía. Se me aligeró la mano. Me metí en la cama, junté bien los muslos... ¿Cómo se llamaba el muchacho? Poco a poco no me importó como se llamaba.

Aquella calle tenía cocheras. La chica rubia del 4.° duplicado hacía volver la cabeza a los cocheros y a los que almohazaban los caballos. A veces esos hombres sucios se vestían de gala y montaban en los pescantes orgullosamente. Un poco más allá estaba el palacio de una infanta. Se oían toques de cornetas cada vez que se le ocurría salir. La calle confinaba en el horizonte con una finca real. Abajo de los desmontes corría el tren, se echaban los residuos de la ciudad y se agrupaban los mendigos. Cuando los mendigos subían las cuestas hacia las casas del paseo y las calles rectilíneas, llamaban por el amor de Dios a unas puertas difíciles de abrir. A veces se detenían en los atrios de las iglesias a tender la mano que ya no les servía para trabajar ni para comprobar las primeras gotas de la lluvia ni para acariciar a una mujer... Eran manos únicamente buenas para pedir, recibiendo unas monedas sobadas de valor escaso. El ciego las mordía para probar que no le estaban engañando...[3] Más lejos había una fábrica de luz. Producía un ruido de oleaje. Los obreros tenían el descaro de piropear a las criadas, mientras los albañiles en los andamios de las casas en construcción piropeaban, desde su altura, a las señoritas. Eran los días en que los guantes del colegio parecían más azules y se iban quedando cortos en los dedos. No venga así. Esa falda no le tapa ni dos dedos por debajo de la rodilla. Debe llegar hasta el filo de la bota. ¿Entiende? Sí, madre.[4] El colegio tenía una puerta dispuesta a tragarnos. Nos dejaban ante ella y la hermana de turno tiraba de una cuerda y se abría misteriosamente. Entrábamos y aún había una cancela de cristales que cerraba

---

[3] La escena recuerda sobremanera aquella de los mendigos agolpados en una de las puertas de la iglesia madrileña de San Sebastián, de la novela galdosiana *Misericordia*, novela de la que María Teresa hizo una adaptación teatral que permanece inédita.

[4] Casi con palabras idénticas se recoge este reproche a la alumna por parte de la monja en el cuento "Infancia quemada" (de la colección *Cuentos de la España actual*).

un zaguán enorme de palacio, pues un palacio era. Echábamos a correr para no sentirnos chicas, chicas y solas, miradas por los cuadros negros de santos y santas heroicos, capaces de soportar el frío. Alcanzábamos las escaleras, los corredores, llegábamos a la sala de estudio. Todo el palacio de la princesa se había convertido en colegio. La princesa era tuerta. Tenía un ojo tapado con un trocito de terciopelo negro sujeto por cintas.[5] La habían retratado en toda su belleza estricta y justa. De pie, tal como era. Yo levantaba mis ojos y la veía como una campanilla preciosa recamada de lujo y una carita pequeña, interrogante: ¿Y Felipe? Allí la página de la Historia de España se cerraba para nosotras. Nadie nos quería contar el secreto de la princesa. ¿Y eso de Felipe? Calla, me susurraron. Y misteriosamente me pasaron un papelito de pupitre a pupitre. Tonta, no. Piensa en Antonio Pérez. ¿Pérez? ¿Y Felipe? No, en un plebeyo. Parece broma. ¿Qué? Que parece broma. Pero no lo era... Otras veces los ojos se le apartaban de las matemáticas, para ir subiendo hasta la golilla de la princesa. ¡Qué bien recamado estaba el traje! Mujer digna de un rey. ¿Qué dices? Esa señora del cuadro no puede ser lo que tú insinúas. Volaba el papelito y regresaba. Cretina, me lo ha dicho mi padre, que es de la Real Academia. Entonces era cuando a la muchacha se le subía el rubor al rostro. Ese rubor que no vuelve a sentirse. ¡Ah! ¿Conque así eran las princesas? El papelito pasaba a otras manos y a otras y a otras con la honra de la princesa de Éboli. La chica sabihonda se reía con su hociquito de conejo y escribía como si copiase lo que la monja profesora escribía en el pizarrón. Mes chères enfants, un peu de silence. Car-

<hr>

[5]   Alusión a doña Ana Mendoza de la Cerda, la Princesa de Éboli (1540-1592) casada con el noble portugués Ruy Gómez de Silva. El palacio en cuestión —que hoy ya no existe— estaba situado muy cerca del Palacio Real, próximo a la calle de la Almudena, en la callejuela del Arco de Santa María. Este edificio pasó al dominio de la leyenda, al relacionarlo con el asesinato de Escobedo.

mencita, prennez bien les notes. Sí, sí. Cuando el papelito volvió al cobijo de mi mano estaba escrito: era una puta.

Llegaba la tarde. El murmullo de las acompañantes llenaba el zaguán. Salíamos llamadas por el número que nos clasificaba. Sentíamos miedo. ¿Y si hoy no me viniesen a buscar? ¿Si se hubiesen olvidado de mí en mi casa? ¿Dónde está el reloj? ¿Todas van saliendo? ¿Y yo? Cuando salga, iré corriendo por la calle. Quiero descalzarme, ponerme... ¿Me llaman? Ya no hará sol. Por Dios, que llegue esa mujer. 82. Yo, yo, soy yo. ¡YO! El 82 sale con la cabeza alta y, sobre ella, un sombrerillo de fieltro azul, contra la cara, dos largas trenzas rubias, una cartera en la mano, al correr le chillan las botas, los ojos de la muchacha son grandes, más dorados, más grandes cuando llega esta hora de la tarde y la sonrisa es transparente y de felicidad distinta. Andando, mademoiselle. ¡Está libre! Se abre la puerta. Ni siquiera dice: adiós. Enfrente del palacio hay una parada de carros. En la esquina... En la esquina, recortado por la luz de la tarde, el muchacho que la espera siempre... Baja los ojos al cruzarse con él, agarrada al brazo de la acompañante. Vous me faîtes du mal. Sin querer... Sí, sin querer... Y sigue por la calle inventando el nombre del que la mira. ¿Se llama Manuel? No, no, es horrible si se llamase Manuel. Y se echa a reír sin dar cuenta de qué a la señorita que sigue protestando: *Mais voyons! Vous ne faîtes que des sotisses ce soir.* Eso no le hace gracia.

Todo sumergido en pequeños fragmentos que a veces no fraguaban bien. Únicamente los sonidos regresaban a ella: voces, palabras, murmullos, acentos, músicas. Cuánto ruido guarda la memoria. Más que imágenes. Las imágenes se le han desordenado, encimándose unas a otras. Cambia los nombres, los acontecimientos, las fechas... no tiene juicio sobre nada de lo que ocurrió, solamente una gran piedad. No le gusta sentirla, ni que se le llenen los ojos de lágrimas...

Había llegado a la ciudad decidida a besar las fachadas...

Años y años sin hacerlo. Años y años sintiéndose expulsada, rechazada, herida por los aleros y los balcones y los filos de las puertas y las calles asfaltadas nunca suyas y todo siempre huyéndola... Se le había caído el alma, la había perdido, la encontró diseminada y rota. Recogerla no era cosa de minutos ni de horas ni de vida... Se llenó de bilis hasta el borde. Ya tenía bastante con eso de la compasión o de la piedad. No quería que nadie le tuviese lástima. ¿Por qué no se acababa todo, se olvidaba, se abrían las puertas, se rayaban las fechas históricas con un lápiz definitivo como en su colegio, igual que se pasa de una lección a otra? El último grano de la tierra española se le había caído de los zapatos. Ya no conservaba nada, ni el largo pelo rubio ni los ojos brillando en la libertad de la tarde ni las calles ni aquellas casas en donde te respondían al llamar: adelante, ni la ciudad resbalada por dentro ni el contorno de una geografía... ¡El último granito de tierra! Poco a poco las imágenes de su memoria se le volverían huidizas, blandas. Memoria para el olvido, por favor. No me dejen ante una ventana extranjera, mirando. Entre ellos y ella había algo incomunicable como una noticia que ha dejado de serlo. Bah, de eso ni se habla. Pero ella quería hablar y no sentirse flotando levemente sobre las aceras de las ciudades extrañas concurridas y menos borrarse para los ojos de los transeúntes y que ya no la viera nadie. Sintió terror de que le hubieran cerrado los postigos de la ventana, de las ventanas de la vida y que hasta su nombre fuese dicho con cierta precaución, pues se arriesgaba el buen concepto de una clase social a la que no gustan los interrogatorios policiales. Durante años, únicamente sus amigos judíos comprendieron su soledad y hubo un momento en que creyó podría fabricarse un mundo de esperanzas, teja a teja. Luego...

Luego, sintió que la expulsaban de la sociedad como un objeto maligno debajo de la piel de los muy bien sentados. Era para que sintiera cómo se detenía su corazón. ¿Otra vez andar? ¿Hacia dónde? ¿No había sido ya bastante?

Por eso, cuando apareció la ciudad, sintió deseos de besar
las fachadas y las esquinas y el asfalto y los vidrios de los
balcones y acercar su sed de justicia al agua de las fuentes,
acariciar el gato transeúnte y encontrar el hueco del olvido
dejado para ella en las calles menos transitadas. Una patria, Señor, una patria pequeña como un patio o como una
grieta en un muro muy sólido. Una patria para reemplazar
a la que me arrancaron del alma de un solo tirón. Si eso su-
cediese, mis ojos llorarían como recién nacidos el llanto
más cálido que los ojos humanos pueden proporcionar. Y
pasaría después entre las gentes y las cosas porque... Dejé
en el suelo mis cansancios y me senté. ¡Una patria! Agarré
la mano siempre amada. Temblaba un poco. Nos quedamos mirándonos. Y nada más...

Ahora atravieso todos los días en Roma una puerta al-
menada, luego saludo a Pietro, a Ferrucio, los dueños del
bar y, antes de tomar la cuesta de Vía Garibaldi, vuelvo los
ojos hacia una casita pequeña, intocable donde está hoy el
restorán Rómolo.[6] Retrocedo muy lejos hasta Madrid, un
Madrid grande para mis ojos pequeñitos y voy hacia la
calle de la Princesa por donde pasaba un tranvía que nos
llevaba a los chicos a patinar a Parisiana. Recuerdo vaga-
mente que Parisiana era un lugar donde se patinaba de día
y se bailaba por la noche. En no recuerdo qué altura nos encontrábamos con la Historia de España representada por
una estatua donde dos buenos mozos, Daoíz y Velarde,[7]

[6] Alberti comenta en *AP* 3, p. 137: "Mi casa estaba sobre un altillo de la
calle, cerca del bar Settimiano, frente a la *trattoria* de Rómulo, donde había
vivido la Fornarina, la bella amante del pintor Rafael Sanzio de Urbino."
Esa circunstancia la refiere líneas más adelante la propia María Teresa.

[7] Grupo escultórico de Antonio Solé (1822) ubicado en la plaza del
Dos de Mayo, ante el arco del Parque de Monteleón, y que representa a
dos famosos militares que intervinieron en el levantamiento popular madrileño del 2 de mayo de 1808.

creo que nos guiñaban el ojo para decirnos: Somos los héroes. ¡Mira que quedarnos aquí mientras los otros van a bailar a Parisiana! Claro que yo aún no tenía noticia del 2 de Mayo. Pero una tarde, al ir a patinar, una señora me acarició, besándome. ¿Y esta niña de quién es? El tranvía se balanceaba demasiado y yo caí sobre ella mientras mi acompañante daba el nombre de mi padre. Pues felicite usted al padre y a la madre, dijo graciosa la señora. Luego mi padre y mi madre repetían vanidosamente que aquella señora era una cupletista famosa a quien llamaban la Fornarina, por la que un poeta, Enrique de Mesa, había voceado su entusiasmo sin suerte por las cumbres del Paular.[8] Hoy, cuando entro en la casita pequeña del restorán romano, la imagen de la cupletista española, bellísima, dicen, y muerta en flor, se me cruza con la Fornarina que ayudaba al tahonero su padre en este lugar, mientras Rafael Sanzio de Urbino amasaba pintura con sus pinceles mágicos y nos dejaba a la panadera fija en los museos para siempre.

Es como si yo no perteneciese a ese país del que leo los periódicos y, sin embargo, no han variado el formato ni el papel ni, seguramente, los lectores. Siento todo fuera de mí, arrancado, como si hubiera sido un sueño puesto sobre la mesa, impreso en hojas. Las mismas letras, el mismo idioma que se mezcla como si yo fuera aquella misma que aprendió a juntar las sílabas en ese lugar don-

---

[8] La *otra* "Fornarina", Consuelo Vello Cano (1884-1915), fue una famosa intérprete de cuplés, que debutó en 1906 en el Centro Kursaal de Madrid, después de haberse iniciado en el coro del teatro de la Zarzuela. A raíz de su actuación en el Salón Japonés, con el sobrenombre de "La Flor de Té", el periodista Javier Botegón le sugirió el nombre artístico de "La Fornarina", en recuerdo de la famosa modelo de Rafael de Urbino. Estuvo unida sentimentalmente al periodista J. J. Cadenas, y no he documentado ninguna relación especial entre ella y el poeta y crítico Enrique de Mesa (1878-1929).

de aún se estampa el mismo periódico. Estoy como separada, mirándome. No encuentro la fórmula para dialogar ni para unirme. Una muchacha se me aleja. ¿Sabe adónde va? Siento angustia. He sentido muchas veces angustia al mirar, sentados junto a mí, a seres que dicen son mi gente y no los reconozco. Bien quisiera reencontrarlos, recibirlos como si fueran los miembros que me faltan para agarrar la vida, pero no puedo, se resbalan hacia lo que ellos conocen y yo no, tan distinto es todo de lo que a mí me dejaron las horas de la vida. Me encuentro como paralizada. Mi parálisis se comenta, se critica y hasta se canta.

Es que es la de tantos... Doy un golpe seco sobre mi corazón y todo enmudece. Entonces no sé si es la mano o el corazón lo que me duele o si los que me miran se ríen al comprender lo que yo no comprendo de mí misma. Han pasado gentes, ríos, tiempos, mares, lluvias y soles sobre mí. Me asusta mirarme a los espejos porque ya no veo nada en mis pupilas y, si oigo, no sé lo que me cuentan y no sé por qué ponen tanta insistencia en reavivarme la memoria. Pero sufro por olvidar y cuando se me despeja el cielo o me abren la ventana, siento que me empujan hacia adelante, hacia la pena, hacia la muerte. Entonces prefiero ir hacia lo que fue y hablo, hablo con el poco sentido del recuerdo, con las fallas, las caídas, los tropiezos inevitables del espejo de la memoria.

Y otra vez empiezo a andar hacia los lugares donde estuve y que se me presentan tan sin orden como a la gente al despertar y veo a la muchacha que baja la escalera y abre el portón y sale a la noche. ¡Alerta!, escucha. Y oye que responden: ¡Alerta está!, y la detiene esa voz que se pasea toda la noche por la cárcel, interrumpiendo el sueño de la pobre gente y quitando el aliento a la muchacha que conoce lo que son las mazmorras medievales y el veneno y la copa ardiente y la rueda y las horcas y el empalamiento. Le han enseñado hasta donde vive el verdugo. Pasaron santiguándose. No se le ve nunca, le contaron. Sale de noche, avergonzado, cuida gallinas y todas son negras...[9] Cuando ella llegó, la pasearon. Era una muchacha con trenzas largas. No parece de aquí. ¡Qué rubia, y sin pintarse el pelo! Casi milagroso. Así se pasea junto a su familia, bajando los ojos cuando la miran demasiado. Ya se acostumbrarán, dice el padre. No, porque irá mejorando y cada año nos dará un susto, replica la madre. Así se puede pasear una niña, comentan otros. La niña va hasta el puente Malatos con sus tíos.[10] Pareciera que la sacaban en procesión. El tío exalta su barba blanca como diciendo: ¡Qué familia! Y luego aparece la rabia de la tía: Veremos en qué acaba. Pero más allá encuentran la ternura de los soldados que saludan al coronel, deteniéndose, firmes, como si pasara la custodia. ¡Esto sí que tiene gracia! ¡Qué vivos! Y la niña sigue su paseo flanqueada por los bigotes y las barbas, por los sombreros a la moda que su madre trajo de la capital, tan cubierta de miradas que si fuesen hormigas hubiesen devorado a la niña. Pueblo pequeño. Treinta mil habitantes, catedral y cartuja. También los canónigos miran a los recién llegados. La madre conserva viejas amigas que se extasían al mirarla y luego deletrean

---

[9] María Teresa traspasa esa experiencia —con la nota de marginación social que conlleva implícita— a los recuerdos del falangista Xavier Mora, refugiado en Burgos durante la Guerra Civil: "Como un jubilado cualquiera me voy a veces a pasear hasta el Puente Malatos o recojo mis pensamientos, yéndome con ellos hacia la Vuelta de los Cubos. Allí vive el verdugo. Siendo muy niño supe por primera vez que existía un hombre singular encargado de la horca, bueno, del garrote" (*Juego limpio*, p. 215). También se recoge el mismo recuerdo en otro pasaje del final de la novela *Contra viento y marea*.

[10] Puente sobre el río Arlanzón por donde pasaban los leprosos o malatos. En el cuento "El noviciado de Teresa" (de la colección *Las peregrinaciones de Teresa*) se puede leer: "Esto que aquí ves estaba siempre bullendo de peregrinos. Por este bosque pasaban los que iban hacia Compostela a cumplir su voto de adorar a Santiago. Por aquel puente cruzaban el río Arlanzón los malatos o leprosos. Te aseguro que no sé de cuáles había más" (p. 73).

los vestidos, los modales, la forma esbelta de llevar junto a su hombro una niña casi casi tan alta como ella. ¿No tiene tus ojos azules? No. La niña se siente humillada. Eso echan de menos las amigas de su madre, el azul. Pero ¿no han visto que los tiene verdes? La abuela se lo dijo siempre: Azules los tiene cualquiera, pero ¡verdes! El paseo de provincia no se acaba nunca. Cuántas inclinaciones de cabeza, cuántos sombrerazos, y esa forma de tocarse con el codo los hombres...

La niña ha paseado en grande. Está cansada. Han ido hasta el puente por donde pasaban los leprosos de la Edad Media. ¡Cuántos debían ser! Han llegado hasta unos jardines vedados, hasta unos conventos. ¿Hubiera sido mejor venir en el coche? Sí. Los zapatos nuevos atenazan sus piececillos. Mejor volver. Al fin, ya la hemos presentado a lo mejor y a estas horas las monjas no nos recibirían. ¡Cómo que no! ¡Con dar tu nombre! El tío, halagado, mueve la cabeza feliz de la interrupción de su mujer. Hay que decirlo claro a éstos que llegan: aquí, en este pueblo, el importante es él. Y regresan todos con la sonrisa sobre los labios, abriéndolos de cuando en cuando, como esas flores que se aprietan y ríen y hasta hablan... Sí, los conejitos. ¿Cómo? Los conejitos. Se aprietan y hasta tienen lengua. ¿Tú crees? Una lengüecita pequeña, dorada. ¡Qué precioso! ¿No los has visto nunca? El jardín de mi casa está lleno. ¿Vendrás a verlo? Y la niña después de aquella mirada del muchacho, agarró la mano de su madre. ¿Me dejarás ir, mamá? ¿Adónde? A su jardín. La mamá dijo distraída: Sí, sí. Mamá, hay unas flores que abren la boca. Con tal de que no muerdan. ¡Qué graciosa y qué linda era su madre! Luego, pasearon los dos niños juntos en medio de la multitud que caminaba, hombro con hombro, entre dos muros de curiosos, unos sentados y otros de pie. Sí, cuando comienza el paseo no se puede dar un paso. No se da un paso, se dan muchos, cortitos, chiquitos y hasta se podía, entretejiéndose entre los que caminaban, quedarse sola

con el muchacho. De buena familia, claro es. Los de mala
familia paseaban por el centro del paseo y parecían una
manifestación. Los más jóvenes se atrevían a mirar los
bocks de cerveza, las botellas de vino, los tés, los cafés y
esos pasteles que traían de un pastelero de la plaza Mayor, esa plaza donde se asomaban los tamborileros a llamar a Consejo. La especialidad era el chantilly. Mejor
que los pastelitos de Madrid, ¿no encuentras? Encontró
la niña que era una nueva manera de andar por el mundo
esta de sentirse acompañada y sola mientras la banda del
regimiento de infantería atacaba un pasodoble. La niña
giró la cabeza para ver si la sorprendía su madre. Luego,
miró al muchacho y pensó que le acababan de dar la al-
ternativa.

Después todo se hizo silencio. ¿Cómo pueden barrerse
con tanta perfección de la memoria las horas que se viven?
Cuando miro las fotografías de aquellos lugares, no me entusiasmo ni grito: ¡Estuve allí, conozco todo eso, aquellas
puertas se abrieron para que yo pasara y a caballo! Hoy me
gustaría recordar los ojos de aquel potrillo alazán que re-
galaron a la niña y que trotaba con tanta gracia en el grupo
de oficiales del regimiento de su padre. ¿Cómo es posible
que no se haya detenido ninguna de aquellas primaveras
para acompañarme en el invierno? Pero es así. Se desgra-
naron una a una como un rosario mágico, ese que decían
traía suerte rezarlo por la tarde. En mi casa no se rezaba el
rosario. ¿Para qué? Mi padre era incrédulo y mi madre ¡tenía tanto que reprochar a su marido! Realmente los santos
que invocaba no habían amparado su belleza y su gracia
dándole un marido fiel, entonces... Esa infelicidad hacía a
mi madre preciosa. Llevaba su belleza sobre los hombros
como los cautivos las cadenas. La niña se asombraba. ¿Eso
era ser un marido infiel? La madre, con la María, con la ni-
ñera de la niña, salían bien tapadas a la caza del infiel, justo a esa hora que el amor estaba esperándole al pobre. No
lo hagas, es rebajarte. Pero no podía, aunque le daba ver-

güenza taparse los ojos azules con la mantilla, como las mujeres del pueblo cuando sienten celos. Sí, los celos la llenaban de saliva la boca. Y la niña, desvelada, miraba absorta el regreso de los cazadores sin la presa en la mano, burlados siempre por la impunidad que la ley española no escrita concede al adulterio. Claro que luego la niña no dormía. Una noche oyó bien clara la palabra: ¡fuego! Y se levantó solita y abrió la puerta y vio a los bomberos subir de dos en dos la escalera hacia las guardillas. Los vecinos corrían. ¡Pobres gentes! Sí, fuego en lo del empleado en el ayuntamiento. ¿Y los chiquillos? ¿Salimos? No, está localizado. Así cree que fueron las cosas. El señor que tocaba la pianola para no enterarse del llanto de sus hijas cuando lloraban, se apoyó en la puerta. ¡A él con fuegos! ¿Fuego? ¿Este humo sucio era el fuego? De pronto apareció por la escalera un ser huyendo con la cabeza en llamas. ¿Eso era el fuego? La bordadora había intentado salvar algo, vaya usted a saber, un retrato, la mantelería que estaba haciendo... fue un descuido. La vio envuelta en llamas. Los ojos de la niña se quedaron muy serios. Regresó la madre. Entró como una culpable, avergonzada de que todos la vieran con su disfraz de celosa y corrió hacia la niña tan ausente, tan calladita. La llevaron a acostar entre suspiros. Tardó muchos días en volver a reír, en recuperarse. Preguntó: ¿Cómo sabe el mirlo que es mediodía? Regresó para reconocer al ruiseñor del jardín vecino y el arrullo de las torcazas. Este regreso daba argumentos a la madre para hablar de la precocidad de su hija. Cuando se fue acostumbrando a que los ojos de los hombres la siguieran, olvidó el canto de los pájaros. Pasó mucho tiempo entre saludos y reverencias, aplicando a la vida diaria las lecciones del colegio, sabiendo cuándo debía decir su ilustrísima y besar la mano o cuándo pasaban por delante los títulos de conde, de marqués o cuándo trataba de poner de acuerdo sus lecturas con aquella capital de provincia, orgullosa porque a las doce en punto un muñeco en lo alto de una pared de la catedral abría la boca para recordar cómo pasaba el tiempo...[11]

Pasaba el tiempo. Paseó entre uniformes y fracs provincianos en algunas fiestas dadas en ese salón tan rojo y tan dorado que desvanecía todos los rosas y azules de los vestidos de las muchachas. ¡Baile! ¿Cuándo fue que la mano del bailarín se escondió en su escote? Era un oficial de la escolta del rey, ¿no? Buen bofetón recibió el muchacho de su pareja. Aquella noche se acostó llorando, remordida porque no había querido hacerlo. ¡Estaba tan contenta! ¿Por qué le pareció que el gesto del muchacho atentaba contra la vida misteriosa que la estaba aguardando? ¡Qué cómodo era saltar a la comba, patinar! Le gustaba el estudio. Estudiaba al salir del colegio en casa de unos tíos famosos que tenía.[12] Le gustaba sentarse en el suelo escuchando un gramófono de cilindro que cantaba romances con la voz del tiempo cascada y rota. Aquella casa que era como su casa era más que una casa. El encanto mayor estaba en la compañía de su prima, chica diferente, morena que andaba sola por Madrid, que iba al colegio sin acompañante, colegio sin monjas, a la que dejaban leer, como a ella su tío el loco de Barbastro, todos los libros. La prima había cruzado el límite hacia la juventud y la niña dudaba que hubiera en el mundo nadie a quien se desease tanto ver. La niña repetía sus palabras, sus gestos, se desesperaba al mirarse el pelo rubio, la avergonzaba ir a un colegio de monjas... ¿Ustedes se dan cuenta? Había una abuela en

---

[11] Se alude a la figura que en el interior de la catedral burgalesa se conoce popularmente como "el Papamoscas": el busto de una figura humana, de tamaño natural, que asoma de un círculo cuadrilóbulo, junto al rosetón que ilumina la nave a la que da entrada la fachada principal de la catedral, con cara grotesca y aparentemente gruñona y sobre la esfera de un reloj gótico. Con el nombre de este personaje se publicó un periódico satírico hacia finales del siglo pasado.

[12] María Teresa León, como se informa en la Introducción a esta edición, era sobrina carnal de doña María Goyri, esposa de don Ramón Menéndez Pidal.

aquella casa y una madre capaz de contestar a la niña todas sus preguntas. La madre llevaba el pelo oscuro tirante hacia atrás, recogido en un moño parecido al que entonces usaban las mujeres sencillas del campo, miraba con una expresión triste, algo que había quedado sin completar en ella... ¿Por qué repetían tanto en casa de la niña que había sido muy guapa? ¿Cuándo? Un día, con modestia, nos indicó un retratito chico entre otros muchos retratos. Era su promoción universitaria. La hija aclaró: Mira, es la única mujer, y le brillaron orgullosamente los ojos verdes. Doctora en filosofía y letras. ¿Qué te parece? Ninguna mujer lo había sido en España antes que mi madre. Miró la niña sin comprender bien lo que significaba. ¿Por qué antes ninguna mujer lo fue? Tonta, porque en España estaban atrasados y, además, aquí la mujer no cuenta. ¡Ah! Y miró mejor aquella cabecita joven, con el pelo cortito casi de muchacho. ¡Y tan guapa! Y con toga, ¿no? Abrieron la puerta que daba a la biblioteca y entró el antiguo retrato llevando en los brazos un montón de libros que cambiaba de estantes. No tenía rizado el pelo, lo llevaba aún más tirante que otras veces, más envejecida que nunca, pero la niña vio cómo la joven doctora depositaba los libros y saludaba a quienes la felicitaban. ¡Qué triunfo! ¿verdad? Sí, son otros tiempos. Veremos adónde nos llevan estas novedades, señora. Se cubrió los ojos. ¿Te pasa algo? Aquella tarde la niña supo mal sus lecciones, preocupada por un descubrimiento: envejecer.

Tocó a la abuela Amalia Goyri contarles cómo había sucedido esa ascensión hacia la igualdad. Cuando María Goyri[13] apareció en la puerta de la universidad para dar su primera clase, un portero estaba esperándola. La condujo,

---

[13] Doña María Goyri (1868-1955) fue una importante pionera en el estudio de la filología moderna, que colaboró intensamente con su marido, el profesor e investigador Menéndez Pidal. Fue doña María la primera mujer que asistió a una facultad universitaria. Como investigadora centró su labor en el estudio del romancero tradicional.

entre la sorpresa de los estudiantes, hasta la sala de profesores. Allá el decano de Filosofía y Letras se acercó ceremoniosamente a la muchacha. Señorita, quedará usted aquí hasta la hora de clase. Yo vendré a recogerla. La cerró con llave y se fue a sus ocupaciones. Cuando sonó la campana, el profesor regresó, abrió el encierro y ofreciéndole el brazo la hizo caminar lentamente entre dos filas de estudiantes que entre asombrados e irónicos veían la irrupción de la igualdad de los sexos instalada en la universidad. Sentada junto a su profesor, comenzó su trabajo. Todos los días se repetía la escena. Entre los estudiantes estaba uno que se llamaba Ramón. ¿Cuándo consiguieron encontrarse? María no está ya y Ramón Menéndez Pidal va a cumplir noventa y nueve años, y yo estoy tan lejos, tan lejos... No puedo preguntarle nada.

También a la mesa de mi madre, tan sabrosa, se sentaba otro tío. Era el tío que no miraba si eran feas o bonitas las muchachas que servían. Le importaba muy poco. Pero llevaba flores. Un día llegó con un meloncito rubio atado con cintas. ¡Encantador! Un melón o una mujer, son las dos cosas que un hombre puede llevar del brazo por la calle, dijo. Rieron todos. Se hizo un ligero frío, porque conocían sus costumbres. Bajaron, divertidos, la cabeza. Mi madre ordenó que sirvieran el almuerzo. Las criadas reían. Me contaron después: ¡Pero si a ese tío no le gustan las mujeres! ¡Si hubiera dicho un melón y un guardia civil!

No entendió la niña. Se rió. Empezaba a darle vergüenza el no saber. Quería saberlo todo. Escuchaba. A veces la madre le indicaba que se fuese. Entre las visitas había generales, claro es. Uno con bigotes largos, rubio, palaciego, casado con la hija de una novelista famosa. Cuando la niña hizo la primera comunión, le hicieron ir a verla. La novelista le regaló un libro, una novela. "A la niña María Teresa León, deseándole que siga el camino de las letras", Condesa de Pardo Bazán. La niña leyó el título: *El tesoro de Gastón*.[14] Gracias. Dicen que era fea. La niña la encontró siempre redonda y riendo, como un gran perro sentado, bueno y amable. Le gustaba desafiar a los hombres, pero no los venció. Jamás pudo entrar en la Academia de la Lengua Española. Su hija Blanca era afable. A todos ellos les gustaba huir hacia Galicia.

¿Y el médico? El médico de la familia de la niña hablaba siempre de Palacio. Así, con mayúscula. Le gustaban a rabiar los reyes. La niña tuvo la sensación de que en los palacios siempre se necesitan muchos médicos. Sí, la monarquía dormía muy enferma, pero la niña estaba entre las muchachas que se inclinaban con una graciosa reverencia ante su majestad la Reina cuando ésta venía a recibir lo que las niñas habían cosido y tejido durante el año para los pobres. El colegio del Sagrado Corazón cumplía con los preceptos de la caridad cristiana. ¿En qué escalón social estaba? ¿No éramos todos iguales? ¿Quiénes eran los pobres? ¿Y si un día nos despojásemos, como hicieron los santos? ¡Tonta, fíjate San Francisco de Asís lo que hizo y mira ahora lo que sus descendientes hacen! ¿Entonces? Sus amigas del colegio, a veces, llevaban a la niña a su casa. Algunas vivían en palacios. Las escaleras eran todas suyas. No había que compartir nada. En uno de estos palacios, fuera de Madrid, unas amigas suyas, un día que la llevaron, le dijeron que besase la mano a una señora viejecita. Era la emperatriz Eugenia.[15] Las amigas María y Araceli

[14] *El tesoro de Gastón* es el título de una novela corta que editó la Pardo Bazán en 1897: ambientada en la Galicia rural, y en la que de nuevo doña Emilia recurre al motivo del hijo ocioso y pródigo que vuelve por amor al buen camino del orden y del trabajo. Esta novela fue severamente criticada por Clarín y defendida por Valera.

[15] Eugenia de Montijo (1826-1920) llegó a ser emperatriz de los franceses, al contraer matrimonio con Napoleón III en 1853. Fue mujer de ideología muy conservadora y católica. Llegó a ser regente del imperio francés durante las ausencias del emperador. Desde 1879 residió en España y Gran Bretaña.

la llevaron otra vez en un coche muy grande. Un mail-coach, dijeron. ¡Qué maravilla ir tirada por tantos caballos! Un duque sonreía dentro. ¡Qué fascinación estar entre tanta gente vestida como para una gran fiesta! La fiesta era ver correr caballos. Allá estaba su padre. El padre de la niña de uniforme. ¡Qué bien inclinaban las señoras sus cabezas coronadas de plumas! ¿Y las plumas arrolladas a la garganta? ¿Marabú, avestruz? Su padre se acercó a charlar con el duque. Se tuteaban. ¡Ah, las comidas de cuaresma en casa del buen señor! ¡Qué delicia! Los pescados sabían a pavo, a cerdo, a lo que ustedes quisieran. Sí, todo aderezado con grasa, con pizquitas de jamón, de chorizo. Todos, todos en pecado mortal. ¡Cuánto se rieron aquel Viernes Santo! La niña se quedó muy seria. Y mientras, Jesucristo en la Cruz... muriéndose. ¿Por qué había dicho eso, estropeando el cuento de su padre? Empezaba pronto su rebelión. A la niña se le iba a desarrollar junto con las trenzas un principio de crítica. Esta niña terminará mal. No, no. Quería a las chicas, a sus amigas, le gustaba subir escaleras solemnes, jugaban a que arrastraban colas. La mía es la más larga. No... Sí, era la más larga. La cola de la amiga rica era más larga y la niña sentía cómo entraba en su alma cierta inseguridad. Ahora tenía la niña que invitar a las amigas del colegio. ¿Cómo hacerlo si no tenía un palacio? ¿Cómo invitarlas al comedor de un departamento a tomar un chocolate, aunque fuese traído de Biarritz? No las invitó nunca. ¡Ah, si hubiese tenido un palacio como aquel de su bisabuela! Estaba en una plaza provinciana. Lo llamaban de la Flora. Se lo enseñaron cuando fue a ver la otra bisabuela, la bisabuela que se calentaba los pies en un braserillo y recordaba la belleza de su hija Rosario, casada bien. ¡Cuánto les costó ese matrimonio a los burgueses iluminados e inteligentes, capaces de mandar a sus dos hijas a estudiar al Sagrado Corazón de París! ¡Las bisabuelas! Aún se miran en sus retratos. Una parece toda hecha de tierra burgalesa, la otra sonríe con sonrisa de corte. Supo mucho. Fue dama de la reina Cristina[16] y dicen que favorecía sus amores ilícitos. Una obra buena. Cuando la niña llegó a aquella capital provinciana, ninguna de las dos existía. Estaban enterradas en los sitios previstos. Todos, todos menos un tío que quiso quedar tendido en la entrada del cementerio bajo una losa para que todo el mundo la pisara, como al caballo del Cid. Los más antiguos, los más previsores fueron los desafortunados, pues durante una epidemia abrieron la puerta de la capilla donde estaban sus huesos y tiraron a la fosa los muertos. ¿Para qué sirven los huesos de nadie cuando hay cólera?

Cuando ahora abro los periódicos que me llegan de aquel país pienso que todo se ha petrificado. El mismo papel, la misma tinta, idénticos artículos, los mismos retratos, la misma manera de colocar los grupos los fotógrafos... Yo quisiera verlo todo diferente para que se levantasen en mí amores nuevos, cosas que me sacaran el pasado de la memoria. Todo está distinto, dicen unos. Todo está igual, contestan otros. Me golpeo el pecho. Tengo rabia en mi corazón que ya no se conmueve. ¿Por qué nada contesta? Y la niña vuelve a pasar el dedo por las hojas que le han traído, deletreando, y en ninguna de ellas encuentra los relieves de la palabra Patria.

Me duelen las sienes. Ante mis ojos, los techos de Roma. No sé si debo tenderme en estas tierras. Debe ser incómodo que nuestros pobres huesos sientan tantas civilizaciones, pinchándoles. Prefiero que me dejen tenderme en la pobreza de Castilla, sobre el poco humus de aquellos campos oscuros donde apenas nace el trigo. Allí oiré galopar caballos aunque la civilización mecánica los desprecie.

[16] María Cristina de Habsburgo y Lorena, esposa de Alfonso XII y regente del reino hasta la mayoría de edad de su hijo Alfonso XIII.

¡Mi caballo! ¿Cómo se llama mi caballo? Era un potrillo, ¿no? Mi potranca se llamaba la Reja. Le dieron a la niña el caballo y una montura especial para que no siguiera montando como un chico, a horcajadas. Una muchacha como tú no puede montar así. Y dieron a la niña una falda hasta los pies y le prohibieron montar como los hombres, en esas monturas chiquitas de piel tirante que le gustaban tanto, pero sobre las que hay que abrir las piernas y apretar las rodillas, y eso no está bien... La madre, para consolarla de su desilusión de crecimiento, hizo poner una chapita de plata con su nombre escrito en la montura. Esa posesión la tranquilizó. ¡Qué difícil era saltar obstáculos con las dos rodillas separadas por esos cuernos que hacían colgar sus piernas a un solo lado de la montura! En vez de sus talones para mandar le dieron una fusta, luego le dijeron que si saltaba bien tomaría parte en los concursos hípicos de aquel año. Mientras tanto corría por el monte. Se internaba por el robledal, los ciervos voladores le zumbaban en su galope, las ramas amenazaban la frente de la amazona. ¿Cómo se llamaban aquellos muchachos de uniforme impecable que la ayudaban a tirarse del caballo, tomándola de la cintura? ¡Qué miedo tenían del coronel, padre de aquella chica que se echaba las trenzas a la espalda! ¿Cómo era? ¿Será verdad que yo fui así? Cuando me di cuenta exacta de la libertad de un caballo, estaba ya en América. Otra vez miré sus ojos tan abiertos, tan parados. Otra vez sentí cómo se inquietan sus orejas cuando se les acaricia la piel. No, montarlo, no. ¿Cómo vas a tomar ese caballo si esperas un hijo? ¿Yo? ¿Sería cierto? ¿No estarían todos equivocados? Me dijeron que aquello de tener hijos no se repetiría en mí jamás.

Pero... el milagro americano se había producido. Sus entrañas eran otra vez suaves y fecundas y felices.[17] ¿Sería

---

[17] Alusión al nacimiento de Aitana en agosto de 1941, tercer hijo de María Teresa, fruto de su matrimonio con Rafael Alberti: "Al cabo de po-

verdad? Esta vez sus amigos eran dos: un médico y su mujer. Él era alto y su mujer, bajita, ella cantaba con una maravillosa técnica cada canción que le subía por la garganta. Llegaron a pasar la tarde. La Quinta de los Aráoz Alfaro estaba en las estribaciones de la Sierra de Córdoba, en la Argentina.[18] El patio tenía limoneros, un molino de viento, rosales... Toda la casa parecía construida para tener niños, muchos niños para que jugasen del jardín al patio o al río. Aquella española, sentada en un banco, miraba al matrimonio amigo con la boca abierta. Llegaba del cansancio, del fuego, de la derrota de una guerra. Gregorio Berman la miraba. Durante meses, los que llegaban de lejos temblaron al oír pasar un avión o al cerrarse una puerta, bruscamente. Isa Kremer tomaba la mano de la nueva amiga. Sí, llegaban del miedo. Eran los derrotados. Les habían marcado con hierro al rojo como a las ovejas del rebaño. Gente marcada. Te daremos pronto noticias y si es un hijo... Se habían asomado juntos los dos a la borda del *Mendoza*[19] durante días y días, las mejillas tropezándose, enfermos de la misma enfermedad de millares de seres. Les parece mentira estar allí, Córdoba, Argentina, en un pueblecito que se llama El Totoral, en un patio que la amistad les presta... ¿Cómo sucedió todo? A veces no escucha

---

co más de año y medio en Argentina, escondidos en aquella quinta cordobesa de nuestro amigo Rodolfo Aráoz Alfaro, se anunció un acontecimiento algo más importante que la publicación de mi nueva obra poética *Entre el clavel y la espada*. Y lo anunció María Teresa, hablando de la llegada de alguien que traería la paz después de tantos años de guerra y ya casi dos de exilio" (*AP* 2, p. 112).

[18] La Sierra argentina de Córdoba es una de las sierras pampeanas situadas al NO de la capital, Buenos Aires, prácticamente en el centro de país, en un eje norte-sur. El pueblo elegido fue, como se dice más abajo, El Totoral (de "totora" = cañizo) por razones de seguridad, pues los Alberti se instalaron en la Argentina sin haber regularizado todavía su situación.

[19] *Mendoza* era el nombre del barco en el que María Teresa y Rafael hicieron la travesía Marsella-Buenos Aires en el mes de febrero de 1940.

lo que le están diciendo y piensa que se salvaron así, sin saber cómo, solamente porque el destino te condena o te salva. Han hablado de los últimos días de Madrid. El doctor Berman estuvo combatiendo en España, en la España que ardía, Isa Kremer, no. Cuando llegue el niño, verás como te barre los recuerdos. ¿El recuerdo último de mis últimos pasos en Madrid? No, no, eso no. Aún las consignas atravesaban de lado a lado los muros. ¡NO PASARÁN! Aún los carteles seguían pegados, vivos aún sus gritos. El fervor de Madrid había enmudecido aquellos días. El cañoneo parecía más lejano. Todo aquello dentro de mí, quieto, inmóvil, grabado viejo de valor y majeza, había sido nuestra angustia. Y nuestra victoria. Una victoria sobre nosotros mismos, sobre nuestro miedo, nuestra angustia diaria. Los días más luminosos de la vida fueron aquellos tres años de ojos brillantes, cuando la palabra camarada sustituyó al señor y la vida generosamente dada sustituyó a la mezquina. Isa Kremer canta como nadie canta, me decían. Cuando la oigas, tendrás ganas de escribir una conferencia sobre las canciones de cuna y que ella las ilustre. Creo que miré a aquella mujer pequeñita que cantaba canciones de todos los países, con mi ansia de ser puesta en salvo. El doctor Berman me besó la mano. Espera. ¿Serán posibles los milagros? Así, entre la duda y la esperanza, volvimos a nuestra soledad campesina. Volaron los murciélagos de la tarde, se escondió la araña que tiene tanto miedo a las avispas inmensas, a los sanjorges que las persiguen para inmovilizarlas y ponerles las crías sobre el dorso, se cerraron las estrellas federales... A la mañana siguiente llamó una mujer. Traía en brazos un enorme pájaro color de rosa, un flamenco con el pico de madera negra. Cómprelo, sea buena. Me han dicho que aquí les gustaban mucho los animalitos. Ahí se lo dejo. Se cayó de la bandada... ¿Qué mensaje nos traía aquel arcángel rosa, capaz de destruir medio jardín con su pico? Aún pasaron los días. Llegó un telegrama. ¡Enhorabuena! ¿Se dan cuenta de cómo se inflamó el aire? El flamenco se perdió hacia el río. Ya no hacía falta.[20]

Un día dejamos el río, el patio, la acequia, el pueblecito, la casona de los Aráoz Alfaro, el tílburi, los caballos, la Sierra de Córdoba y corrimos a recibir una niña pequeñita a quien llamamos audazmente: Aitana.

Estoy cansada de no saber dónde morirme. Ésa es la mayor tristeza del emigrado. ¿Qué tenemos nosotros que ver con los cementerios de los países donde vivimos? Habría que hacer tantas presentaciones de los otros muertos, que no acabaríamos nunca. Estoy cansada de hilarme hacia la muerte. Y sin embargo, ¿tenemos derecho a morir sin concluir la historia que empezamos? ¿Cuántas veces hemos repetido las mismas palabras, aceptando la esperanza, llamándola, suplicándola para que no nos abandonase?

Porque todos los desterrados de España tenemos los ojos abiertos a los sueños. León Felipe aseguró que nos habíamos llevado la canción en los labios secos y fruncidos, callados y tristes.[21] Yo creo que nos hemos llevado la ley que hace al hombre vivir en común, la ley de la vida diaria, hermosa verdad transitoria. Nos la llevamos sin saberlo, prendida en los trajes, en los hombros, entre los dedos de las manos... Somos hombres y mujeres obedientes a otra ley y a otra justicia que nada tenemos que ver con lo que vino y

---

[20] En su libro de memorias Alberti refiere el mismo detalle del sanjorge y la araña y la anécdota del flamenco que destrozó el jardín, aunque con alguna pequeña diferencia: (*AP 2*, p. 120).

[21] Escribió León Felipe en su poema "Hay dos Españas" (de *Ganarás la luz*): "Hay dos Españas: la del soldado y la del poeta. La de la espada fratricida y la de la canción vagabunda. Hay dos Españas y una sola canción. Y ésta es la canción del poeta vagabundo: *Soldado, tuya es la hacienda,/ la casa, / el caballo,/ y la pistola. / Mía es la voz antigua de la tierra..." (Obras Completas*, Buenos Aires, Losada, 1963, pp. 193-194).

se enseñoreó de nuestro solar, de nuestros ríos, de nuestra tierra, de nuestras ciudades. No sé si se dan cuenta los que quedaron por allá, o nacieron después, de quiénes somos los desterrados de España. Nosotros somos ellos, lo que ellos serán cuando se restablezca la verdad de la libertad. Nosotros somos la aurora que están esperando.

Un día se asombrarán de que lleguemos, de que regresemos con nuestras ideas altas como palmas para el domingo de los ramos alegres. Nosotros, los del paraíso perdido.

¿No comprendéis? Nosotros somos aquellos que miraron sus pensamientos uno por uno durante treinta años. Durante treinta años suspiramos por nuestro paraíso perdido, un paraíso nuestro, único, especial. Un paraíso de casas rotas y techos desplomados. Un paraíso de calles deshechas, de muertos sin enterrar. Un paraíso de muros derruidos, de torres caídas y campos devastados. Un paraíso donde quedó la muchacha, el muchacho, la sonrisa, la canción, la flor, el amor, la juventud, los ojos, los labios tensos para besar, la mano amiga en la mano, los dedos entre el pelo, la gracia, la palabra, la camaradería, la promesa, el gesto, el aliento, todo, todo, todo... Nada tenemos que ver nosotros con las imágenes que nos muestran de España ni el cuento nuevo que nos cuentan. Podéis quedaros con todo lo que pusisteis encima. Nosotros somos los desterrados de España, los que buscamos la sombra, la silueta, el ruido de los pasos del silencio, las voces perdidas. Nuestro paraíso no es de árboles ni de flores permanentemente coloreadas. Dejadnos las ruinas. Debemos comenzar desde las ruinas. Llegaremos. Regresaremos con la ley, os enseñaremos las palabras enterradas bajo los edificios demasiado grandes de las ciudades que ya no son las nuestras. Nuestro paraíso, el que defendimos, está debajo de las apariencias actuales. También es el vuestro. ¿No sentís, jóvenes sin éxodo y sin llanto, que tenemos que partir de las ruinas, de las casas volcadas y los campos ardiendo para levantar nuestra ciudad fraternal de la nueva ley?

María Teresa León.

Rafael Alberti y María Teresa León.

Aitana Alberti.

Aquel perro era la estampa de la gratitud. Agradecía que le hubiésemos abierto la puerta y, después de recibirle con Neruda, hubiésemos acogido a aquel amigo peludo y serio que llegaba con la pata partida. Le llamamos *Niebla*.[22] Venía de la niebla de una de esas noches españolas de disparos y angustia. No eran aún días de guerra, pero a Rafael lo habían amenazado de muerte, y ya habían atentado contra algunos políticos, entre ellos, el doctor Luis Jiménez de Asúa.[23] Aceptamos el perro como a un camarada herido sobre el que hay que tender una red de embustes para protegerlo si preguntan por él en la puerta. ¡Cuánto le dolió aquella pata, al poner sobre ella la mano aquel veterinario jorobadito, tan pequeño!

Ya nuestra casa era la de la amistad, la casa donde todos tenían asiento. Era grande la casa de la calle Marqués de Urquijo. Una terraza que miraba a las montañas y, a sus pies, el templete de la música y un puesto de horchata. Aquel paseo era como el de cualquier ciudad. Se llamaba Rosales. En aquel paseo se había decidido mi vida. ¿Por qué paseamos juntos, nada más conocernos, bajo la noche dulce, propicia a los amantes? No lo sabe la muchacha aquella que había regresado a casa de sus padres después de un matrimonio frustrado. Nunca se explicó por qué sus ojos se detuvieron en los del muchacho. ¡Estaba tan cansada! Le dolían las córneas, no podía seguir mirando a

---

[22] La historia del perro *Niebla,* que un día llegó al hogar madrileño de los Alberti de la mano de Pablo Neruda, y que les acompañó durante la guerra, hasta morir como una víctima más de aquel enfrentamiento, ha sido referido por Alberti en varios momentos de sus prosas y de sus versos: *Capital de la gloria, Retornos de lo vivo lejano.*

[23] Político español (1889-1970). Miembro del Partido Socialista durante la II República y diputado a Cortes por varias legislaturas. Tuvo especial relevancia en la redacción de la Constitución de 1931. Durante la guerra fue ministro plenipotenciario del Gobierno republicano en Praga. En aquellas circunstancias lo recuerda Francisco Ayala en sus *Recuerdos y olvidos* (Madrid, Alianza, 1988, pp. 230 y ss.).

gentes que no le interesaban y su relación con el mundo era misteriosamente oscura. Comenzó escuchando. El muchacho leía una obra de teatro donde se contaba un milagro. Una santa, hija de moros, llevaba pan a los cautivos cristianos. Su padre el rey la preguntó: "Hija, ¿qué llevas en ese delantal?" Y la muchacha contestó, asustada: "Flores, padres."[24] Y flores y sonrisas y lágrimas eran para los cautivos. ¡Ah! si a ella le preguntase la gente: ¿Qué llevas en el alma? Lágrimas. Pensándolo, pasea en la noche junto al muchacho desconocido que ha querido acompañarla. Duda que aquel muchacho sirva para ir con nadie mucho más lejos. Ella se ha quedado tan sola que no desea compañía. ¿Para qué sirve un hombre al lado de una mujer? Le ha servido de tan poco... Cree que tiene el alma arañada con las uñas que algunos hombres usan para tratar con las mujeres. La siente en jirones. ¿Para qué puede servirla ese muchacho que pasea junto a su juventud traicionada? Pero le escucha y siguen hablándose con calma, sacudiéndose los minutos de los hombros para no sentir que van pasando. Son dos siluetas bajo las acacias del paseo donde no hay nadie, nadie, nadie. No recuerda bien si comenzó la luz del día y entonces se miraron trasnochados y resplandecientes antes de separarse. Luego... luego sí que se saludaron ante una puerta que los aisló, los separó, cortándoles las manos al cerrarse.

El perro fue para nosotros una maravilla viviente. Por fin, algo no estático e inmóvil estaba en la casa. Se llamaba *Niebla*. Nos lo había traído la niebla de la noche y de la mano de un poeta. Herido por un camión de guardias de asalto, ¿no te dijeron eso, Pablo? ¡Pobre! Es una víctima

---

[24] María Teresa alude a una primeriza obra teatral de Rafael Alberti, *Santa Casilda* (1930), que estaba todavía perdida cuando escribe este recuerdo. En 1990 la editó la Diputación gaditana, al cuidado de Luis García Montero. Al parecer el poeta la había dado a conocer en la Residencia de Señoritas y probablemente en casa de Menéndez Pidal, en donde la pudo escuchar María Teresa.

de la represión. ¡Qué hermosos los ojitos entre la lana! Lo tengo hoy aún aquí, bajo mi mano. *"Niebla, tú no comprendes."*[25] Sí, no comprendes nuestra ternura que viene de tan lejos y la hemos ido traspasando a todos los perros que se acercaron a nuestra vida. ¡Cómo cojeabas! Nos enseñabas la pata, gemías para ablandarnos, para que te acariciásemos la cabeza de crisantemo pálido y greñudo. ¡Cuánto nos querías! ¡Cuánto te quisimos! La historia de Niebla es como la nuestra. Siguió a nuestro lado. Cuando sonó el primer tiro, el día 18 de julio de 1936, nosotros estábamos en la isla de Ibiza. Dijeron por Madrid que los franquistas nos habían fusilado en la isla. Mi madre, angustiada y sin noticias, regaló la *Niebla* a un basurero. El perro debía hablarle continuamente de nosotros. ¡Pobre! Sí, la regaló. Cuando regresamos, la *Niebla* no salió a nuestro encuentro. Vi la cara pálida de mi madre. ¿Se ha muerto la *Niebla?* No, pero el chico del basurero... Me la pidió, sabes... y ahora no quiere devolverla si no lo recomendáis para que entre en las Juventudes Comunistas.

Así lo hicimos, y una mañana llamó el muchachito a la puerta. Traía la *Niebla.* ¡Cuánto se había oscurecido! Venía sucia y andrajosa de andar debajo de un carro, del carro pobretón de la basura, pero nos perdonaba, perdonaba todo y nosotros le besamos la cabeza sucia y maloliente, explicándole con un suspiro: *Niebla,* es la guerra... Más tarde, la *Niebla* vio de cerca la guerra. La artillería zumbaba a lo lejos y el Palacio del Pardo recibía al Estado Mayor de las Brigadas Internacionales. Allá fuimos a vivir. La Niebla acorraló un día a un ciervo huido, desorientado por los bombardeos. La *Niebla* estaba junto a Rafael el día que una bala perdida se clavó en el tronco del árbol, a la altura de su cabeza, mientras escribía versos para las bocas

---

[25] "No comprendes" el horror de la guerra, ni lo que pasa entre los hombres que llegan a matarse. Así empieza el poema de Alberti "A Niebla, mi perro", del libro *Capital de la gloria* (*PC* I, p. 681).

rabiosas de los combatientes. Luego... Luego era tan difícil comer... Se la llevaron lejos de la ciudad sitiada, hacia el mar. Mi madre, mi abuela, mi tía Concha y las dos muchachas, Meli y Victorina, que las acompañaban siempre, se instalaron en Castellón de la Plana. Allá, en un jardín cerca del Mediterráneo, la *Niebla* era reina. Cansada de tanto oír hablar de lo poco que se comía, robó un gran trozo de carne en no sé dónde, depositándolo a los pies de mi madre. Toma, tonta, siempre diciendo que no hay nada que comer. ¡*Niebla, Niebla,* espejo de virtudes, amor limpio, ternura vigilante! ¡Qué mal debes pensar tú de los hombres en tu cielo de felicidad! Sí, *Niebla,* sí, pero los hombres se mataban, se destruían hasta el mismo borde del jardín florido donde tú ladrabas. La guerra arremetió contra el mar, levantó las mesas y tiró los manteles y vertió la sal, y el aceite y el azúcar... La guerra dispersó a los niños que jugaban y a las mujeres que preparaban la comida. Huyeron las que cantaban en la fuente. Todo lo que tú no hubieras hecho jamás lo hacían ellos, se clavaban los dientes, se mordían la carne, la desgarraban... Fue entonces cuando sucedió aquello, que tú ya has perdonado. Te sorprendió que todas las mujeres de la casa saliesen. Pensaste: van de excursión. Me llevarán. Pero, no, te abandonan por la vida huyendo de la muerte. Llegó un camión. Se llenó de mujeres aterradas y tú corriste detrás de él con toda tu maravillosa juventud, con toda tu alegría, con toda tu fuerza, porque creíste que te pedían que jugases... ¡Más, un poquito más, *Niebla*! Se te atragantó el aire, jadeaste. ¡Resiste! Es tan difícil correr detrás de un camión, en una carretera donde todo huye... ¡Resiste! ¡Cómo ayudarte si los niños se quedan abandonados y la madre grita que ha olvidado, con el miedo, al más chico en la cama! ¡Resiste! Todo huye, se lamenta y llora. Tú corres, jadeas... ¡Resiste! Eso le pedían al pobre pueblo español: ¡Resiste! ¿Cómo? No sé, *Niebla,* en qué momento tus cuatro patitas se doblaron y te quedaste tendida en la cuneta, con la lengua de clavel fuera... ¡Cómo son los hombres!, pensarías oscuramente, y te envolviste en tu piel gris de plata, descorazonada de los hombres para siempre.

Llaman a la puerta de esta casa nuestra de Roma personas que son como sueños que regresan. ¿Tú? Y nos quedamos entrecortados porque es como si mirásemos detenido el reloj del tiempo, nuestro propio reloj. Llaman a nuestra casa muchos seres que son como reflejos, como luces. Los vemos por vez primera, pero son ya conocidos nuestros, gentes de España, y entonces nos quedamos sujetos a sus ojos para descubrir en ellos lo que pasó con aquella fuente o con la placita o con la fachada plateresca de la iglesia o si está en pie la tapia que no se acababa nunca o el árbol donde apoyábamos la espalda o aquella calle ancha y pinturera por donde se paseaban los coches, los toreros, las muchachas en flor, los maestros de la política, del arte, de la ciencia para luego entrar en los cafés a pontificar... ¡Ay! Aquella mujer joven que cruzó la calle de Alcalá del brazo de un poeta hoy hace además a los recién llegados para que se sienten. Le cuesta siempre darse cuenta de que vive en la calle del destierro y mira y habla como entonces, con Rafael junto a ella, creyendo que es entonces y han distribuido mal los papeles y le han dado por equivocación el de la vieja. Quisiera preguntarles. No consigue unir las dos partes de su corazón. Unas palabras que dicen los recién venidos la alejan, otras la aproximan a los lugares que se le desvanecen. ¿Existe el río, el trencito de la Sierra? ¿Pueden las manos hundirse en las mentas, como entonces? ¿Entonces? Ella abrió la puerta y él estaba allí. Estaba sentado en el escaloncillo de la casa el muchacho aquel que había leído en casa de sus amigas aquella comedia, sí, el joven poeta interesado en Santa Casilda para que el pobre pan cotidiano de los pobres se convirtiese en rosas. Soplaba el vientecillo del Alto del León. ¿Cómo puede ser ésta la casa del Presidente de la Academia Española?, gritaba el muchacho. He cantado romances desde el alba, y nada. Ni el conde Olinos ni el conde Arnaldos ni Gerineldo, nadie, nadie, me abrió la puerta. ¿Se puede entrar? Sí, se podía entrar. Y entonces comenzó el juego ininterrumpido, el juego bien jugado junto a la fuente, los pinos, las mentas húmedas, las retamas. El lenguaje ceceante levemente iba bien junto a la fuente, los pinos, las mentas... aquellos cabellos largos buenos para peinarlos, mirándose en el arroyo, viendo pasar su vida pobre, maltratada, verla cómo, al besarse, desaparecía.

Sí, cree que la besaron en los hombros o puede que fuera en los labios o en los ojos... Hundieron juntos las manos en el agua helada de la sierra y él se las secó en el pelo de la muchacha, tendido sobre el césped.

¿Mira que si no fuesen verdad estos versillos, estas canciones pequeñitas, estos peinecillos sonoros que estoy escuchando? Se le clavaron para siempre. Aquellas manos que la reclamaban se juntaron a su espalda y jamás supieron separarse de su cuerpo.

Y hoy, ¿cómo preguntar a los que entran en mi casa y se sientan a mirarnos como piezas de museo, si sigue manando la fuente, el arroyito, si los pinos protegen a los amantes? Me corre el alma una melancolía indefinible. ¿Por qué me faltan las palabras claves para dialogar con ellos? No sé. Debo tenerles envidia por lo que tienen y yo no tengo. A veces he pasado la mano por el rostro de algún muchacho. Me hablaba de Balsaín,[26] de sus sombras altas, del sol entre los árboles... Le toqué la mejilla y me besé la mano mientras ellos hablaban de sus ambiciones, de sus fracasos de juventudes recién amanecidas... Hablaban de la angustia española de estar sin voz ni voto y la rabia que les daba la obligación impuesta de realizarse entre toros y football y cantos o nada... ¿Verdad que nosotros tenemos

---

[26] Balsaín es un famoso pinar de la provincia de Segovia, al pie de la laguna de Peñalara y junto a las aguas fresquísimas del río Eresma.

razón? ¡Treinta años! Es casi escandaloso. Ningún reinado dura tanto. Sí, hijo, sí. Y lo más extraño es que vuestra razón es exactamente igual a la razón de nuestra juventud, cuando nos rebelábamos, cuando protestábamos y exigíamos libertad en la voz. Sois catalanes, ¿verdad? Catalanes. ¿Cómo eran las Ramblas? El oído se le va hacia el acento catalán que escucha. ¡Ay, tantas cosas como sucedieron bajo su arrullo! Nació el hijo primero cuando ella era tan joven que enternecía.[27] Seguramente Eva sintió esa misma sorpresa en sus entrañas. El médico se quedó a la cabecera, acariciándole la cabeza. Niño, niño, le balbuceaba mientras ella perdía el conocimiento. Le costó mucho acostumbrarse a que un niño y no una muñeca la esperase en la casa. ¡Quince años! ¡Santo Dios y un deber tan alto! ¿Cómo serán hoy las calles de Barcelona? Los muchachos que tengo delante hablan y yo sonrío porque no atiendo a lo que ellos me dicen, yo sigo a aquella muchacha rubia del niño que nació tan temprano. Toda mi vida catalana se concluyó con un toque de clarín, el toque de silencio, el adiós que un regimiento de caballería daba a su coronel muerto. Lo dejaron enterrado en una colina, frente al mar deslumbrante de vida, de luz apasionada...

Me ven distraída. Deben creer los muchachos catalanes que no me importan sus problemas. Dicen: para nosotros el catalán es un arma. Hablamos catalán valientemente y valenciano y mallorquín e ibicenco. Hablamos a gritos para que nos oigan y sepan que no estamos contentos con lo que sucede en España. Queremos destruir el mito que nos envuelve en su lechoso algodón desde Madrid.

Cambiarlo todo, porque no queremos vivir más sin

---

[27] De su primer matrimonio con el militar Gonzalo de Sebastián y Alfaro, celebrado en Barcelona, el 1 de noviembre de 1920, María Teresa tuvo dos hijos, Gonzalo y Enrique. El primero nació en 1921, cuando la escritora vivía aún en Barcelona, y tan sólo contaba dieciocho años. En Burgos, tras una primera desavenencia conyugal y la consiguiente reconciliación, nacerá en 1925 su segundo hijo, Enrique.

opinión, sin futuro, maniatados, sin palabras, sin derecho a la palabra.

No tienen que esforzarse, lo comprendemos todo. Y comenzamos a repetirles la historia, que ya sus padres les habrán contado, pues para nosotros está invariablemente presente aquel estar Madrid por Cataluña y Cataluña por Madrid. Cataluña mandaba voluntarios a la capital de España amenazada. Eran voluntarios mediterráneos que caían sobre las jaras amargas o los cantuesos del Guadarrama madrileño. Nosotros estuvimos en Barcelona.

Catalanes, Cataluña, vuestra hermosa madre tierra,
tan de nuestros corazones como tan hermana nuestra...[28]

En plena noche de Barcelona subía la voz de Madrid en la de Rafael como esos globos rojos que los niños sueltan de su mano y son mirados por los adultos, súbitamente enternecidos. Enternecidos escuchaban la voz de Madrid, corazón de España, que les tendía la mano llena de sangre popular, suplicando a Cataluña en aquel mitin histórico que comprendiese lo que era la destrucción, el terror, el espanto de la noche española. El horror alcanzaría a todos y se iba acercando a cañonazos. Era la venganza contra el pueblo de los que se sintieron amenazados en sus carteras bien repletas, los que no quisieron dejar ni un terrón del dulce rostro de España a los desheredados. Repetía el aire los llamamientos urgentes. El aire se iba haciendo cada vez más fino, más fraternal.

El Presidente de la Generalitat de Cataluña estaba serio, fijos los ojos. Conmovidos: George Vildrac, Ehrenburg, Tristan Tzara.[29] Algo muy importante para el mundo esta-

---

[28]   Texto de los cuatro primeros octosílabos de la segunda secuencia del romance albertiano de guerra "Defensa de Madrid, defensa de Cataluña"(recogido en *Capital de la gloria; PC* I, p. 675).

[29]   Aunque luego volverá a recordar aquel importantísimo II Congreso de Escritores Antifascistas celebrado en España, en plena guerra, María

ba sucediendo. Comenzaba un llamamiento antifascista que iba a recorrer por toda Europa, gritando a cada pueblo, a cada casa: Defenderse, defenderse primero. "Catalanes, Cataluña..." Cataluña se frotó los ojos azul mediterráneo y corrió a defender a Madrid, que no podía desaparecer. Aquella noche los franquistas bombardearon la bahía de Rosas.

Cuando nos callamos los muchachos de mirada nueva estaban serios. Podían creer que estábamos recitando algún romance antiguo. Era el nuestro, el de ellos está por nacer, es urgente que nazca. Deben callarse las historias del pasado. Son ellos los que deben hablarnos. Dicen: ¿Cómo ser libres? Nosotros cerramos los ojos... ¿Cómo es la España que hemos conocido, casi siempre atada? Procesiones, procesiones. Aún le parece a aquella muchacha lejana ver pasar la procesión del Corpus Christi. Van primero los gigantillos, los danzantes, los gigantones que abren el paso a la custodia y alegran al gentío. La custodia es tan vieja, que las piedras preciosas ya no relucen. Los ornamentos de los obispos y sacerdotes, tan bordados, que parecen campanas de oro. Los incensarios, tan llenos de incienso, que recuerdan el incendio de la fe llevado por la calle. Se ha asomado al balcón. Todos se asoman a los balcones. La muchacha no sabe si rechazar o no esa mano que se le puso audazmente en la cintura. Debe ser un regalo de las fiestas o el precio que hay que pagar al santo o al Cristo o a los sacerdotes o a la banda del regimiento de infantería... No sabe si aquella presión que siente es de ritual

---

Teresa evoca aquí una de aquellas sesiones finales celebradas en Barcelona, el 11 y 12 de julio de 1937, con la presencia del presidente de la Generalitat Lluís Companys y tres grandes escritores franceses: Vildrac (1882-1971), poeta, crítico y dramaturgo; Ilya Ehrenburg, escritor soviético de ascendencia judía (1891-1967) y el dadaísta Tzara (1896-1963) de origen rumano. También intervino como oradora María Teresa, según se recoge en *El Noticiero Universal,* elogiando la generosa entrega de los brigadistas internacionales.

y hasta aquella alegría casi pagana con que los burgaleses aguardan la noche para volver a los ritos mágicos del amor y del baile y de la sombra... ¿Cómo será hoy —me pregunto— aquella plaza y aquel balcón y aquella pequeña ciudad? Los chicos que nos visitan no saben nada de gigantones ni de gigantillos ni de danzantes burgaleses. Nos traen una juventud que vive para que nosotros coloquemos encima la nuestra, casi desaparecida. Pero hemos abierto todas nuestras ventanas para comprenderlos. ¿Dónde sino entre ellos y nosotros va a ligarse la continuidad que necesita la historia? Sí, ha de prender sobre el dulce rostro de España cuando sequemos sus ojos de tanto llanto derramado, cuando borremos las palabras que no debieron nunca decirse, cuando las sentencias de muerte sean de vida, las de cárcel sean de libertad y la amenaza, la injuria, el castigo se desvanezcan, cosas viejas llevadas por el viento del olvido.

Parece difícil que entiendan esto los muchachos que se sientan hoy en nuestra casa de Roma. Sienten enojos, rabias juveniles, son negadores. Viven rodeados de inconvenientes, de negativas, de prohibiciones, de bayonetas. No pueden descuidarse. Se han reunido muchas veces para pensar en su camino y se han comido las uñas de rabia. Nos cuentan cómo los persiguen y los dejan sin voz, cómo llegan a clavarles los ¡No! en la frente. Pero todo acabará, afirman. ¿No oís los estertores?

¿Tendremos siempre que contar con la muerte para solucionar los problemas de España? ¿Nunca con la justicia? ¡Ay, con cuánta pureza nos están mirando! Sí, es a vosotros a quienes toca la Resurrección de España. Pero nosotros llegaremos con nuestros ramos, ¿verdad? Y ataremos lo desatado. Entonces, todo lo hablado se nos sube a los ojos y sentimos ganas de tocar sus mejillas juveniles para saber si están siempre allí el arroyo y aquella fuente y aquellas mentas y aquellos pinos que protegían a los amantes... y la ventana, la placita, el jardín... para luego llevarnos la palma de la mano a la boca y besarla.

En la fotografía está lo que en aquella ocasión recibimos como el regalo de los escritores franceses. La Alianza de Intelectuales de Madrid se abrió para que entrasen Elsa Triolet y Louis Aragon.[30] Eran los últimos meses de 1936. Los escritores amigos nos regalaban un camión para la propaganda. Sí, la cultura debía de andar sobre ruedas.

La guerra a la inteligencia, comenzada por el general Millán Astray en España y seguida por los nazis alemanes, obligaba a los intelectuales del mundo a contestar con sus armas a la agresión.

Nosotros ya vivíamos, entonces, en el palacio de la calle del Marqués del Duero.[31] Abrimos los brazos. Muchas veces los hemos abierto para abrazarlos. Son dos seres aparte. Las medidas sobran. Los quieres o no los quieres. Yo, los quiero. En Moscú o en París. Hemos andado con Louis Aragon las calles nevadas de Moscú y con Elsa por las de París. En una ocasión nos dijeron: ¡Van a detener a Aragon! Era el momento del ataque inminente a Polonia. Aragon, en *Ce Soir,* arremetía contra Alemania con esa inteligencia que clava verdades como cuchillos. Era inminente la invasión de Polonia. Llorábamos los españoles por los campos de concentración franceses. La suerte de Europa se jugaba al azar de cada minuto. Las democracias que traicionaron

---

[30] Matrimonio de escritores franceses: Elsa Triolet (*vid.* nota 34) escritora de origen ruso, cuñada de Maiakovski, y casada en segundas nupcias con Louis Aragon (1897-1982), uno de los más destacados surrealistas hasta su ruptura con Breton. En 1927 militó en el Partido Comunista, y dirigió la revista *Commune.* Alberti que lo evoca —como a Elsa— emocionadamente en *AP* 2, p. 98, tradujo, en colaboración con María Teresa, una selección de poemas de Aragon, en 1950, que no tengo noticias de que se llegara a editar.

[31] El palacete de los Heredia-Spínola, que se halla en la mencionada calle, cerca de la plaza de Cibeles, en donde, tras ser incautado, se instaló la Alianza de Intelectuales Antifascistas. Entre sus muros se sitúa buena parte de la novela de María Teresa *Juego limpio.* Se alude a él más adelante, en diversas ocasiones, y siempre en relación con las actividades de la Alianza.

a España se rasgaban las vestiduras. Pero ¿qué hace ese Hitler? ¿No nos había prometido terminar con el comunismo internacional? Le dejamos las manos libres en las estepas de Ukrania. ¿Qué más quieren? ¡Qué pobres jefes aquellos de las democracias europeas ya cubiertos por la sangre española! ¿Es posible que tanto ciegue el miedo?

Nosotros trabajábamos entonces en la radio de París. Pablo Neruda nos había acogido en su casa del Quai de l'Horloge. Era cónsul de Chile, enviado especial para organizar el traslado de un grupo grande de desterrados españoles a su país. El Sena escuchaba algunas noches el grito cantado de un asturiano amigo que cruzaba hasta nuestros balcones de orilla a orilla. Fueron momentos desconcertantes, rabiosos. Los españoles se consumían en los campos de concentración de St. Cyprien, de Argelès...[32] ¡Ay! cuando los escritores franceses nos mandaron aquel camión para nuestra propaganda por los frentes, nadie podía adivinar todo lo que ocurriría. ¿Quién podía decirnos que una tarde, tres años después, andaríamos por París ayudando a nuestros amigos a encontrar un refugio? Los Aragon vivían en la rue de la Sourdière. Allá llegamos. Todos los papeles fueron recogidos en un baulito y entregados a una embajada amiga. Luego, pasaron tantas cosas... Se aplacó el temporal y un día, Elsa y yo, fuimos a rescatar los papeles encerrados en aquel baulito a la embajada amiga... Siempre, siempre tenemos algo que rescatar los seres mortales, aunque no sea más que los recuerdos. Yo recuerdo a Elsa con su cabeza rubia inteligente, a su hermana Lilí, la que ponía paz en el alma de Maiakovski... Sí, un poeta, el poeta que más ha marcado una generación de intelectuales rusos. Cuando llegamos a Moscú nos precipita-

---

[32] Nombres de los dos campos de concentración en donde fueron recluidos los españoles republicanos, vencidos en la guerra, que a comienzos del 39 pasaron la frontera francesa. Han escrito sobre ellos, y sobre el de Vernet D'Ariège, Max Aub (*Campo francés*), Xavier Benguerel (*Los vencidos*) y Manuel Andújar (*St. Cyprien, Plage...*).

mos a llamar a Lilí Brick.[33] Lilí no ha escrito, no es más que una luz. Alrededor de esa luz, Maiakovski a la cabeza, se estrecharon los escritores de un momento de la Rusia rebelada... Hoy son la leyenda. Y el amor. Lilí cuida sin pausa ni descanso la memoria de su amigo. En el Museo Maiakovski está cuanto de cerca o de lejos tocó el poeta, pero en casa de Lilí Brick está mucho más. Está ella. Es el romanticismo revolucionario lo que preside, extiende los manteles y sirve, generosamente, su amistad.

En París Elsa repite una historia paralela. Otro poeta, Dos poetas grandes de Europa y dos hermanas. Es un destino. Un destino de mujeres frágiles, rubias e inteligentes. Elsa, en cambio, nos ha dejado escritos sus pasos sobre la tierra desde la historia de un collar. A su vez ha recibido el homenaje mayor que un poeta pueda hacer a una mujer. Louis Aragon, en buen surrealista, rebelado y antiburgués, se complace en echar al rostro de la burguesía infiel, caprichosa e inconsecuente, la fidelidad y el amor. Pero los ojos de Elsa no le han quitado la mirada de encima, aunque ahora se hablen de estudio a estudio por teléfono en su casa grande de la rue de Varennes. Excelente manera de no discutir nunca. Pero Louis Aragon, el mayor escritor de Francia, no discute a Elsa.[34]

Cuando esa fotografía vuelve a mis manos, regresan los

---

[33] Lilí Brick, hermana de Elsa Triolet, fue la esposa de Vladimir Maiakovski(1893-1930), poeta iniciado en el futurismo y que luego —comprometido intensamente con la revolución antiburguesa— intentó aglutinar a la vanguardia rusa en torno a su revista *Lef.* Exaltó la figura de Lenin y de las conquistas revolucionarias al tiempo que criticó ferozmente los rebrotes pequeñoburgueses y el excesivo aparato burocrático de la URSS en dos obras satíricas que fracasaron —*La Chinche, El baño*— causando una decepción en el poeta que le llevó al suicidio.

[34] Elsa Triolet (1896-1970) fue una escritora francesa de origen ruso, traductora de Maiakovski, de Gogol y de Chejov. Contrajo matrimonio con Aragon en 1939 y en 1944 fue Premio Goncourt por su libro sobre la Resistencia francesa *El primer desgarrón cuesta doscientos francos.* Otros títulos suyos fueron *El caballo blanco* (1942), *Recuerdos sobre Maiakovski* (1945) y la trilogía *La edad del nylon* (1959-1961).

recuerdos. ¿Dónde terminaría aquel camión? Yo no seguí más que una parte de su recorrido a través de la España en guerra. Os lo voy a contar.

Si a algo estoy encadenada es al grupo que se llamó "Guerrillas del Teatro del Ejército del Centro". Lo hicimos derivar de una gran compañía de teatro con sus coros, su cuerpo de baile, sus ambiciones casi desmedidas, capaz de representar *La destrucción de Numancia,* de Cervantes,[35] bajo un techo bombardeado del Madrid que se mordía los dedos de rabia. El pequeño grupo que se llamó "Guerrillas del Teatro" obedecía a las circunstancias de la guerra. Fue nuestra guerra pequeña. Muchas veces he contado el arrebatado entusiasmo de aquellos días, altos y serenos, de conciencia limpia. La guerra nos había obligado a cerrar el gran teatro de la Zarzuela y también la guerra había convertido a los actores en soldados. Este llamamiento a las armas nos hizo tomar una resolución y la tomamos. ¿Por qué no ir hasta la línea de fuego con nuestro teatro? Así lo hicimos. Santiago Ontañón, Jesús García Leoz, Edmundo Barbero[36] y yo nos encontramos dentro

[35] En diciembre de 1937 se produjo, en el Teatro de la Zarzuela, el más importante montaje escénico en plena guerra: la adaptación de la tragedia cervantina *Numancia* hecha por Alberti y dirigida, con gran arte y eficacia, según todos los testimonios, por María Teresa León. En *El Mono Azul* y en otras publicaciones de aquellos meses se comentó ampliamente esta representación.

[36] Ése fue el objetivo de las "Guerrillas del Teatro del Ejército del Centro", creadas en diciembre del 37, y que dirigió María Teresa. Se citan también otras personas directamente implicadas con aquellas actividades como el pintor y escenógrafo Santiago Ontañón (1903-1989) que nos ha dejado muchos datos —algunos se utilizan en estas notas— en su libro de memorias *Unos pocos amigos verdaderos* (Madrid, Fundación Banco Exterior, 1988), el músico García Leoz (1906-1953), discípulo de Turina, autor de varias zarzuelas y de varios ciclos de canciones sobre textos de Lorca, Juan Ramón, etc., y el actor Edmundo Barbero (1899-1970), autor

de una aventura nueva. Participaríamos en la epopeya del pueblo español desde nuestro ángulo de combatientes.

Bueno, yo, en realidad, no era comedianta. En mi casa habían dicho: ¿La niña, cómica? ¡Jamás! En nuestra familia todas las mujeres han sido decentes. La niña cerró los ojos ante aquella palabra amenazadora de decencia para toda la vida. Pero una vez alcanzó a subir a un escenario y dijo versos. Toda poesía es una nevada, una lluvia fertilizante. Se sintió satisfecha hasta el borde y siguió diciendo versos, declamando lo que deseaba vivir y que ya estaba escrito. En la poesía iba encontrando todo lo que tan insistentemente le había negado la vida. Cerraba los ojos, inundada de sensaciones nuevas hasta colmarse. Era su estado de gracia. Había encontrado aquella muchacha un seguro asilo. Dejaba la pequeñez de su vida tirada a sus pies como un montón de olvidos y decía, casi sollozando, los versos que ella no sabía escribir. Tal vez por aquella transformación un poeta estuviese mirando formarse, en el patio de la Alianza de Madrid, las Guerrillas del Teatro del Ejército del Centro.

Rafael venía con nosotros. El camión regalado por los franceses, nos servía de transporte. El patio de la Alianza resonaba de gritos y advertencias. Acario Cotapos,[37] el inolvidable viejo amigo, repetía, con todas las modulaciones de su gracia, los consejos a los caminantes. ¡Ah, horas

---

también de un libro en el que recogió sus terribles experiencias ante el fascismo (*El infierno azul*) que adelantó en un artículo aparecido en *El Mono Azul* (nov. del 37) y que terminó de profesor de interpretación en la Escuela de Arte Dramático que fundó Margarita Xirgu en Santiago de Chile.

[37] Acario Cotapos (1889-1969) fue un músico chileno que "accionaba, más que escribía, su música, un verdadero juglar innovador, divertidísimo y lleno de sorprendentes ocurrencias" (Alberti, *AP 2*, p. 297). Entre 1927 y 1934 vivió en París en contacto con los escritores vanguardistas del momento. Neruda cuenta en sus memorias (*CV*, pp. 381-383) alguna graciosa anécdota de tan curioso personaje, y Ontañón traza en el libro antes citado (*AV*, pp. 185-186) un retrato de aquel chileno "simpaticón y entrañable".

sin retorno! Zarpamos, por fin, como los cómicos que acompañaban a Agustín de Rojas en su *Viaje entretenido*.[38] Lo he contado muchas veces. Bueno, María Teresa, basta, ya lo has contado veinte veces. Pero yo sigo porque es el regreso de la felicidad que dura un instante. Y vuelvo a reconstruirme como hacen los niños con sus juegos de piececitas de madera, recobrando la dulzura de jugar. Sí, era muy dulce atravesar la España ardiendo que aún nos pertenecía. A veces la aviación nos obligaba a tirarnos al suelo. Tenían la costumbre de tirotear las carreteras que sobrevolaban. Apuntaban a todo lo que se movía. Iban de caza. Una cacería horrenda al hombre solitario que era su igual, su hermano... Encontramos una vez un carro que llevaba sentado, muerto, al carretero, y las mulas seguían, seguían hacia la casa sin equivocarse, con todas las campanillas cantando...[39]

Nuestros guerrilleros eran soldados. Todos éramos soldados. Teníamos nuestra ración de pan. ¡Pan cuando Madrid apenas comía! Y cantábamos. ¡Cuánto hemos cantado durante aquellos años! ¿Verdad, amigos de entonces? Cantábamos para sacudirnos el miedo. Inventábamos letras, las uníamos a las músicas populares y luego volaban, y aún vuelan, sin nombre de autor. ¡Cuántas corren! Nadie se figurará nunca el miedo que sentíamos al escribirlas

---

[38] "—¿Preparados? ¿Listos para zarpar? ¿Tenéis algún impedimento? Os advierto que tardaremos en volver. Estamos de moda y nos reclaman en todas partes" (Son palabras del personaje Claudio en la p. 188 de *Juego limpio*). En la conocida obra de Agustín de Rojas Villandrado, de 1603, el autor emprende el viaje, amenizado de tan variados argumentos, con la compañía de tres actores toledanos: Nicolás de los Ríos, Miguel Ramírez y Agustín Solano.

[39] En la novela de María Teresa *Juego limpio* —p. 231— se recrea tan macabro episodio, coincidiendo con una de las salidas de las Guerrillas para actuar en un pueblo de la carretera de Valencia: "Las ráfagas de ametralladora habían perforado la capota blanca y todo eran estrellitas de sol. El huertano parecía recostado y que así se había traspuesto para vencer el sueño".

sobre las mesas de un café cualquiera, refugiados mientras nos bombardeaban... Caían impunemente bombas sobre Madrid y nuestro refugio era cantar. Cantábamos como en los bosques profundos dicen que cantan los niños extraviados. Y nos queríamos. Cuánto amor a los otros hombres da el destino común de la muerte. García Leoz nos había enseñado a cantar unidos. Era un hombre pequeño, cariñoso, musical, que ya se nos murió. También Acario Cotapos era músico, pero de vanguardia, lleno de sorpresas. El Acario Cotapos que yo tengo en esta memoria pálida que me va quedando es el chilenito extraordinario, inmóvil después de un accidente grave, a quien sus amigos han regalado el departamento donde hoy todos van a encontrarlo. Formamos la cadena que no se rompe. ¿Dónde está Juanita? Era la única verdadera actriz de nuestro grupo, vivía peligrosamente, era agresiva, fuerte.[40] A ella le debo haber escrito *Juego limpio,* después que apareció en Buenos Aires, a pocos años de concluida nuestra guerra, reavivándome la memoria. Santiago Ontañón era otro pilar de nuestra aventura. Sobre mi mesa está su retrato enjugándose la frente. Lo hacía para decirnos que lo matábamos a trabajar. Nuestro decorador, gordo y magnífico, resoplaba: "No me pegues, María Teresa." "Es que estrenamos mañana. Mira que te pegaré patadas en las espinillas si no está todo hecho." "María Teresa, eres doña Isabel la Católica." ¡Cuánto nos reíamos! Con él llegué a ser actriz. La actriz de un solo día, como esas flores que cierran a la noche y no pueden despertarse a la mañana. Era el primer aniversario de la muerte de Federico García Lorca. Rafael daba una conferencia, se cantaban las canciones

---

[40] La actriz Juana Cáceres también forma parte de la mezcla de realidad y ficción (más de la primera que de la segunda) de la novela *Juego limpio,* en donde la autora, por boca de su personaje Claudio, la ensalza y le manifiesta una cariñosa admiración. Actriz experimentada, que ya figuraba en la compañía de la Xirgu en 1921, cuando la gran trágica catalana hizo una triunfal gira por Cuba y México.

que Federico armonizó, se le recordaba porque lo habían asesinado en Granada los que asediaban Madrid. En Madrid representamos, en el salón de la Alianza de Intelectuales, el *Amor de Don Perlimplín con Belisa en su jardín*.[41] Era nuestra manera de que nadie olvidase el crimen. Recuerdo que Santiago-Perlimplín apretaba el brazo de María Teresa-Belisa. ¿No te has olvidado el texto, María Teresa? Yo, sí, Pues yo, no. Ya te conté que el teatro era mi paraíso perdido. Pues lo que yo tengo en la cabeza... y yo le contesté: Cuernos, Perlimplín, cuernos. ¿No te has mirado en el espejo?

Una vez más me asomé a un escenario. Fue al tener que decir adiós a las Brigadas Internacionales. Por una de esas inexplicables confusiones históricas, los países democráticos —excepto Rusia— pidieron el retiro de España de las Brigadas Internacionales. Aún hoy, pasados casi treinta años, todas las explicaciones dejan insatisfechos a los historiadores. A nosotros nos tocó decirles adiós desde la escena, llorarlos. Rafael había escrito para esa ocasión solemne la "Cantata de los Héroes y la Fraternidad de los Pueblos".[42] Decidieron que yo recitase los versos que dice España. Y un día vestí el traje de luces de las campesinas, arreglé sobre mi cabeza las trenzas como la Dama de Elche lo hiciera siglos antes y traté de que mi emoción no me traicionase al decir España su pena a los hombres mejores

---

[41]   Esa representación se llevó a cabo exactamente en el mes de septiembre del 38, para conmemorar el segundo aniversario del asesinato de Federico. María Teresa encarnó el papel de la hermosa Belisa, y Ontañón el de Perlimplín. Se escenificaron también fragmentos de *Doña Rosita* y de *Bodas de sangre* (Marrast, *op. cit.*, p. 96)

[42]   Texto musicado por García Leoz y estrenado en el Auditorio de Madrid el 20 de noviembre de 1938, a cargo de las "Guerrillas del Teatro". En su interpretación intervino la actriz Juana Cáceres en el papel de la Madre y Edmundo Barbero como el Soldado Internacional, objeto del homenaje. La escenografía fue responsabilidad de Ontañón. Esta representación se repitió unos días después en Valencia. El texto de esta pieza albertiana se editó en Madrid, S. Aguirre, 1938.

del mundo, antes de quedarse en soledad. Sucedía esto en Valencia. Acudieron al teatro. ¡Cuántos hombres y qué serios! Comenzó la "Cantata". Los héroes escuchaban. La música de Beethoven me dio la salida. Un ruido inesperado cubrió mis primeras palabras: "Yo soy España"... Lentamente rodándome las lágrimas, las repetí de nuevo. Me afirmé en los pies. Cerré los puños:

> *Yo soy España.*
> *Sobre mi verde traje de trigo y sol han puesto*
> *largo crespón injusto de horrores y de sangre.*
> *Aquí tenéis en dos mi cuerpo dividido:*
> *un lado, preso; el otro, libre al honor y el aire.*

Todos aquellos hombres, combatientes por la libertad del mundo, se habían puesto en pie, cuadrados y firmes ante la figura de España. El general Miaja se levantó también. Un escalofrío constante recorría mi cuerpo. Dejé de llorar. Los internacionales no se sentaron hasta que no concluyó el último verso de aquella "Cantata de los Héroes" que nos uniría ya para siempre jamás con una fraternidad sin fin.[43]

Y sucede que alguna vez me los encuentro por el mundo. ¿Recuerdas, María Teresa? Yo estaba allí. Fue la batalla única donde estuvimos juntos, mano a mano. La ganó para siempre el corazón. Ellos pueden ahora ser ministros, mariscales de un ejército, hasta presidentes de su país.

---

[43] En efecto, María Teresa, que dirigió el espectáculo, encarnó también el simbólico papel de España, recitando los alejandrinos de una larga tirada, cuyo comienzo se reproduce líneas más abajo. Un testigo de aquella ocasión —el actor de las guerrillas Salvador Arias— ha comentado que al empezar su parlamento María Teresa, dirigido a los brigadistas, "aquellos soldados se pusieron todos en pie y, cuadrados militarmente, escucharon inmóviles hasta el fin del último verso de aquella intervención de María Teresa, la cual, con lágrimas en los ojos, tuvo que repetir :"Yo soy España..." ("Testimonio", en *Homenaje a María Teresa León*, 1990, p. 68.)

Cuando se reúnen hablan un español de trinchera. Saben las palabras justas para enfadarse o para convencer a una mujer. Alguno, como el Comandante Carlos Contreras,[44] habla todo veteado de americanismos. Sus cuentos de la fundación del Quinto Regimiento no tienen fin. Aún hay una historia de la guerra española viva por el mundo. Luego... luego se eclipsará, vivirán un momento más los recuerdos de la tradición oral y luego los libros... ¿Contarán las pequeñas historias? ¿Las del amor, por ejemplo? ¡Qué difícil era convencer a las mujeres españolas! Había que pasar por la vicaría o por el comandante de la unidad para que los casara. Sin eso, nada, amigo, por muy soldado o por muy valiente que usted sea. Esto los obligaba a casarse y dio lugar a una poligamia de guerra, porque llegaban y se casaban en un sector del frente y, luego, los trasladaban y se casaban otra vez. El problema sexual estaba bastante difícil en nuestra graciosa España de entonces. Peor aún que el de la alimentación, nos decían sonriendo.

Las naciones nos prohibían comer. Cerraban los ojos cuando nos hundían los barcos que nos traían víveres y decían que eran armas. Aquel país que había dicho ¡NO! al fascismo internacional no tenía derecho a comer, a defenderse, a nada. De ello nos habló Stalin cuando lo vimos en marzo de 1937. Del hambre hablábamos con frecuencia. Javier Farías,[45] uno de los fieles de la Alianza de Inte-

---

[44] Así se conocía al militar Vittorio Vidali, uno de los fundadores del Quinto Regimiento, "bravo italiano cultísimo y amante de los intelectuales, compañero entonces de una bellísima comunista, también italiana, prestigiosa fotógrafa, Tina Modotti, muerta en México en los primeros años de exilio" (Alberti, *AP* 2, p. 93). Vidali es autor del libro *El Quinto Regimiento. Cómo se forjó el Ejército Popular Español*, Barcelona, Grijalbo, 1975.

[45] De este personaje, de origen gijonés, hace Ontañón el siguiente comentario relacionado con el hambre de que habla María Teresa: "¡Aquellas lentejas mexicanas que Farías bautizó, sarcásticamente, como "legumbres con caballero asomado a la ventana!" (*AV*, pp. 169-170 y 197). También Francisco Ayala le dedica un amplio apartado en *Recuerdos y olvidos* (pp. 268-270).

lectuales, soñaba con frecuencia el banquete que daríamos cuando llegase la Paz. Un banquete monstruo, un banquete para todos los defensores de Madrid. Las mesas se extenderían desde el Hipódromo por todo Recoletos y Castellana y Prado hacia adelante hasta llegar a la estación del Mediodía y serviríamos —¿verdad, María Teresa?— huevos fritos y patatas fritas. ¡Qué poca imaginación, Farías! ¿Te parece poco? Hace más de dos años que no veo un huevo frito.

Pero también pedíamos otras cosas, aunque también mis cartas hablasen del hambre de Madrid. Una de ellas llegó a la Argentina. La Argentina ha sido, tal vez, el país de corazón más generoso con nosotros. Verdaderas batallas de café entre sostenedores y adversarios de nuestra causa, matizaban la vida de Buenos Aires. Cuando dijeron que Madrid caería de un momento a otro, por aquellos días de 1936, la gente lloraba por las calles. Era un duelo nacional. Cuando de verdad entregaron Madrid, hubo periódicos que jamás publicaron la noticia. Estando allí nosotros se dijo que el general Franco había muerto. Se contaron por millares las llamadas telefónicas para darse uno a otro la noticia, pero... no era verdad. Pues fue a un amigo de ese país a quien yo escribí sobre nuestras necesidades. Leyeron la carta en una comida de escritores. Yo me lamentaba que nuestras actrices no podían maquillarse ni encontraban nuestras jóvenes muchachas un poquito de rouge para sus labios. Parece ser que olvidé de decirles que comíamos poco, muy poco en unos platos de porcelana espléndidos con coronas de oro de los Marqueses de Heredia Spínola y dentro... dentro unas poquísimas lentejas habitadas por gusanos, gusanos asomados al balcón, como decía Javier Farías. Pero nuestros amigos argentinos subsanaron este olvido y junto a los rouges y el maquillaje teatral llegaron las conservas y la leche en polvo... Gracias, gracias aún hoy desde aquí, desde Roma, pasados tantos años... Gracias porque vuestra generosidad nos ayudó en los últimos días de Madrid. No sé si sabéis que en una de las representaciones de las "Guerrillas del Teatro", todos los guerrilleros saludaban con el puño en alto a los generosos escritores de la República Argentina.

Es difícil ser vieja. Se necesita un aprendizaje, que es el drama de nuestra vida. Por la calle se da uno cuenta de que las viejas son todas del mismo modelo. Lo difícil es diferenciarse. A mí me da miedo que llegue un día en que nadie me vea. Sería un purgatorio eso de andar por la calle sin que ninguna mirada se cruzase con la mía. Yo creo que por eso las viejas muy viejas con personalidad se vuelven borrachas y escandalizan a todo el Mundo. Sí, hay que hacer algo, distinguirse. ¡Ah!, aquella vieja de mi infancia, la Madame Pimentón con sus colgajos y sus cintas o la vieja rusa que toca el violín en la Piazza di Santa María in Trastevere y que de *blanca* no le ha quedado más que el blanco del ojo. O esas enanitas o las gordas o las bigotudas que guardan los automóviles. A veces no tenemos tiempo de mirarlas. Vivir en Roma es salvarse diariamente de morir bajo las ruedas de un coche y eso da alegría, la alegría de sobrevivir. Y está llena de iglesias. Eso lo sabe cualquiera, y de turistas que buscan los monumentos y miran las fuentes. El romano ya no ve. Se conforma con su trabajo, con su café excelente, con su *trattoria* más algún paseíllo "por añadidura" los domingos. Los romanos no se ocupan de Roma. Son los enamorados distraídos a los que pregunta su mujer: ¿A que no sabes qué llevo hoy de nuevo?, y él jamás acierta. Un romano no sabe nada o casi nada de su historia. Tendréis que preguntarle a los estudiosos, a los libros o a los sacristanes que por cien liras os encienden la luz. También a los cocheros de las *carrozzelle*. Ésos son los mejores inventores, pues señalan con la fusta sus sueños y sus imaginaciones, pasándola sobre el Coliseo o San Pedro o las Termas o Santa María la Mayor... Pero preguntadle a un romano dónde se cocinan las mejores *papardelle* o la mejor pizza o el restorán donde, por pocos *soldi,* se coma con decencia. Cada uno de ellos tendrá un amigo preparado para tal ocasión. Nosotros lo tenemos también.

Se llama Pietro, es juvenil y esbelto, ha heredado junto con su hermana un hermoso lugar en la subida hacia el Gianicolo. "La Antica Pesa" tiene hasta un gracioso jardín. Allí se recibe con particular cortesía a los intelectuales. En tiempos lejanos era el lugar donde se pesaban los carros. De ahí su nombre. Antes de la guerra se instaló un club literario. Más tarde se perdió la costumbre de premiar el talento, pero el padre de Pietro seguía sirviendo una buena comida. El niño Pietro corría entre los clientes. Aún lo recuerdan Renato Guttuso.[46] Y Carlo Levi. En "La Antica Pesa" se presentó el libro *Il Mattatore*[47] de Rafael Alberti, porque Pietro quiere resucitar el esplendor literario antiguo. Recitó Vittorio Gassman. Se pensó en crear un premio literario. En Italia, en cuanto llega la primavera, hay una proliferación de premios. Pero este premio debe ser distinto. El jurado será de lectores y no de técnicos en literatura. Será un jurado popular compuesto por el zapatero y el barbero y el vendedor de periódicos... Será la opinión del Trastevere sobre la literatura actual. Se elegirán cuatro libros y cuatro mantenedores. Cada uno de

[46] Renato Guttuso, pintor italiano (1912-1987), partidario de un arte comprometido y realista, que perteneció al Partido Comunista Italiano y llegó a ser senador. El escritor y también pintor Carlo Levi (1902-1975) es autor del libro *Cristo se detuvo en Éboli* (1945), en donde analiza la vida arcaica y miserable de los campesinos del sur de Italia. Al primero Alberti le dedica un poema en su libro *Fustigada Luz* (*PC* III, p. 483).

[47] Edición italiana, en 1964, del libro de Rafael Alberti *Poemas escénicos,* que había aparecido en 1962 en la Argentina, en la imprenta de Losada, aumentado con nuevos textos. A partir de esa edición, el conjunto de "poemas escénicos" ya se conoce con el título de uno de ellos —"El matador"— que recitó en muchas ocasiones el actor Gassman, al que se lo dedica Rafael.

ellos mantendrá, en su discurso, las bellezas de su libro. Cuando jurado y asesores se retiren a deliberar, al público se le obsequiará con los excelentes spaghetti a la manera de la Antica Pesa o, mejor dicho, a la Balanza de Oro, pues ése será el nombre del premio. Pietro, esa noche, invitará a todos a brindar por su juventud y la de la poesía. Cuando la deliberación concluya, un verdadero magistrado de Roma leerá la sentencia del tribunal popular, que será distinta a todas las sentencias, pues por vez primera un tribunal del pueblo va a reunirse, no para castigar, sino para premiar.

Máximo Gorki se secó los ojos y recibió de los niños el ramo de rosas. Hoy he puesto en el cuarto donde trabajo el retrato del gran escritor ruso y recuerdo cómo subían los niños corriendo con su pañuelo tan rojo al cuello a cubrir de flores su serena vejez. Eran los días del Primer Congreso de Escritores Soviéticos,[48] Gorki levantaba los ojos emocionado y le brillaban lágrimas. Fue aquél un Congreso ejemplar. Jamás la unidad pueblo y cultura se dio tan claramente. Llegaban los mineros, los campesinos, las mujeres... Cuántas cosas diferentes a las nuestras oímos y vimos. Cómo reclamaban su puesto en la literatura aquellos ciudadanos soviéticos conociendo ya lo que es la perduración en la palabra escrita. Y qué alegre camaradería se extendió en agua benéfica. Máximo Gorki apartaba con la mano la luz de los reflectores, se encrespaba con los fotó-

---

[48] El Primer Congreso de Escritores Soviéticos se celebró en agosto de 1934 y en él se definieron claramente las consignas que debía respetar y alentar la creación literaria —el realismo socialista como dogma estético— para defender los logros alcanzados por la revolución bolchevique frente al preocupante ascenso del fascismo y del nazismo. En este Primer Congreso Rafael Alberti y María Teresa León representaron a los escritores españoles.

grafos. No sé en qué instante llamó a un muchacho de la primera fila, le alcanzó uno de los ramos. Pocos instantes después el escritor húngaro Matei Salka[49] me lo entregaba con una sonrisa. Yo apoyé la cara sobre los pétalos y mi juventud lloró emocionada...

¡Primer inolvidable Congreso de Escritores Soviéticos! Segunda visita nuestra a Moscú. Después de pasar por la tribuna todos los notables, las fiestas terminaron con un gran baile. Koltsov[50] me agarró por la cintura para bailar un vals. Poco después me dejaba en los brazos de un teniente. Relucían las arañas. ¡Qué lejano y de alta novela rusa era todo aquello! Me pareció extrañísimo no saber hablar ruso como una heroína de Turguenief. Era la primera vez en mi vida que bailaba con alguien que solamente me miraba. Rafael no bailó. No baila nunca. Debía estar aterrado de verme dar vueltas, sin cansarme, después de haber estado en casa más de diez meses sin poder moverme. Las mujeres no escarmentarán nunca: ayer tan enferma y hoy baila.

Durante ese congreso de escritores conocimos a mucha gente, entre ella al inolvidable hispanista Fedor Kelyin y a Tretiakov y a Babel y a Boris Pasternak y a Sholokov...[51]

---

[49] No identifico a nadie con ese nombre en las historias de la literatura húngara. Tal vez María Teresa se refiera (por similitud fónica de los apellidos) a uno de estos dos poetas: Istvan Sinka (1897-1969), autor de baladas populares, en una suerte de neopopularismo magiar que recordaría lo que supuso en nuestra literatura la poesía de Alberti o la de Lorca; o bien a György Sárközi (1899-1945), de estética expresionista e influido también por la poesía popular, y de ideología antifascista.

[50] Mijaíl Koltsov (1898-1942), político y periodista soviético que desde 1920 colaboró regularmente en *Pravda* y fundó el semanario *Ogokek*. Autor de diversos reportajes por los lugares que visitó, y entre ellos España durante su Guerra Civil (entre el 8 de agosto del 36 y el 6 de noviembre del 37), testimonio que dejó plasmado en su interesante libro *Diario de la guerra de España* (1957). *Vid.* nota 324.

[51] Sobre Kelyin, Pasternak y Tretiakov, *vid.* notas 112, 110 y 313, respectivamente. Isaak Babel (1894-1941), cuentista y dramaturgo ruso que desapareció en las purgas estalinianas. Algunos de sus libros más famosos

Entre los extranjeros trabamos amistad íntima con Jean Richard Bloch,[52] pero también estaba André Malraux,[53] verdadera *vedette,* punto central, niño mimado a quien su nerviosismo volvía inquietante de mirar como una luz que se enciende y se apaga continuamente. Luego, viajamos. Compañero de nuestro viaje al sur fue Eisenstein.[54] Recuerdo su cara aureolada y la frente enorme y su mano diciéndonos adiós y su sonrisa. Fuimos a Odessa a embarcarnos. Bajamos despacio, despacio, las escaleras por donde él precipitó el cochecito del niño... Una noche, en Brujas la muerta, la silenciosa, la enlutada de silencio, vimos, de pronto, brillar una luz roja. Nos acercamos a un cartel: *El acorazado Potemkin.* Entraba poca gente. Era un centro socialista. Tomamos nuestra entrada. Nos sentamos. ¡Qué extraño sentarse a ver *El acorazado Potemkin* en Brujas!

---

han sido *Cuentos de Odessa* y *La caballería roja.* Mijaíl Sholokov (1905-1984), novelista afiliado al Partido Comunista, llegó a ser miembro del Soviet Supremo en 1939. Su primer libro fue *Cuentos del Don* (1925) y sus obras más representativas son *El Don apacible* (1928-1940) y *Campos roturados* (1932-1960). Este último fue traducido, parcialmente, por María Teresa León y J. Ledesma (Barcelona, 1936). Alcanzó el Premio Nobel en 1965.

[52] Jean Richard Bloch (1884-1947) participó en la Guerra Civil española, propugnó una literatura proletaria y fue apologista, por tanto, de la literatura surgida de la revolución soviética. Autor de obras como la novela *La nuit kurde* (1925) o el ensayo *Espagne, Espagne* (1936).

[53] André Malraux (1901-1976). Genuino representante de una literatura comprometida, a raíz de la publicación de su novela *Los conquistadores* (1928), que recrea episodios de la revolución china, en la que el autor participó como comisario de propaganda comunista. Su consagración literaria llegó con *La condición humana* (1933). Su novela *La esperanza* (1937) se ambienta en la Guerra Civil española.

[54] Serguéi Mijailovich Eisenstein (1898-1948) fue el fundador del moderno cine soviético, y uno de los nombres míticos de la historia del séptimo arte. Aportó una gran emoción épica al cine de masas revolucionario. Entre sus grandes realizaciones se cuenta *La huelga* (1923), *El acorazado Potemkin* (1925), *Octubre* (1927) y *La línea general* (1929). Utilizó sabiamente el montaje con significación simbólica y metafórica, al servicio de las ideas revolucionarias.

¿verdad? Fuera, todo era noche; dentro, el arrebato de las conciencias, despertando. Nunca nada nos ha comunicado un temblor semejante. Era como si los nervios nos saltasen, gritando. El prodigio del cine soviético nos impulsó a aplaudir. ¡Qué desacato a las costumbres! Nos quedamos cortados y salimos silenciosos, igual que los demás, a las calles enlutadas de Brujas con el alma ardiendo.

Muchas veces he tenido que subir a hablar a una tribuna, o a un balcón o a una silla o a cualquier sitio, porque los tiempos españoles de aquellos años nos hicieron tomar una posición clara en nuestra conciencia política. Muchas veces había tenido delante aquellos rostros profundamente serios y aquellos ojos oscuros de siglos que van heredando los hombres y mujeres de los campos de España. Íbamos por los pueblecitos hablándoles de lo que podía ser su esperanza. Me preocupaba encontrar las palabras justas, pero pronto comprendí que lo que necesitaban era el amor, el contacto de la comprensión de su problema, hablarles de sus derechos a la tierra, a la vida, a la palabra. Era tan fácil. Pero aquel día me acerqué casi temblando. Jean Cassou[55] me ayudó a subir la escalera. Dentro de mí naufragó todo lo que me habían dicho que dijese de la reforma agraria bastante mezquina que ofrecía la República. No encontraba las palabras. Acerté a decirles: Máximo Gorki ha muerto. Nunca me acuerdo exactamente de lo que pasó, recuerdo que hablé de Máximo Gorki, de las estepas lejanísimas, de los bosques inmensos que conocen la

[55] Jean Cassou (1897-1986), escritor e hispanista francés, participante muy activo en la resistencia francesa durante la ocupación alemana, autor de un *Panorama de la literatura española* (1929) y de un estudio sobre Cervantes, de 1936. Fue además uno de los más tempranos críticos de Alberti, pues ya en 1927 publicaba una reseña de *Marinero en tierra* en *Mercure de France*.

nieve, del hombre que había ido sacando, uno a uno, a la escena aquellos personajes oscuros, que antes nadie miraba, para ponerlos frente a los ojos de los descansados y los hartos. Uno a uno los había hecho vivir sobre las páginas de sus novelas, porque era un escritor, uno de esos hombres que ven lo que otros no ven y descubren lo que se encubre y lo presentan con una conciencia diferente. ¿Comprendéis? Máximo Gorki ha sido como un padre. Un padre que levanta la voz para mostrar las llagas de sus hijos. Yo lo he visto así. Ya era viejo. Le caían los bigotes, apagándole los labios. Sobre las tierras de los sin tierra había pasado una revolución triunfante. Habían ganado los sin fortuna, los sin esperanza, esos hombres de las novelas de Gorki. Y los obreros, los soldados, los campesinos de aquellas extensiones sin términos que se llama Rusia. Sí, cuando yo lo vi era como un padre viejo, como un abuelo condescendiente. Recibía el homenaje de su pueblo que había ganado la Revolución de Octubre. Le he visto morderse el bigote y enjugarse las lágrimas y estrechar las manos y oír constantemente repetir su nombre en los discursos. Era su gente la que le conmovía, el triunfo de su gente bajo esa gran bandera roja de Lenin. ¿Comprendéis? Decía yo a los campesinos pobres de mi España, aquella tarde... Ha muerto el escritor que creía en vosotros, los desheredados del mundo. Lo he visto acariciar a los niños. Nos preguntó: ¿Y España? Nosotros le entregamos un álbum con grabados de Don Francisco de Goya. Sí, le dejamos en las manos "Los desastres de la Guerra". Era el año 1934. Hoy, 1936, Máximo Gorki ha muerto. Por eso no puedo casi hablar y lloro. Y es que el mundo de los pobres no tiene fronteras. El dolor y el hambre hablan un solo idioma. Cuando Máximo Gorki escribía en Rusia, eran todos los desheredados del mundo los que tomaba por modelo. Por eso debemos de llorarle. Su alta talla moral es como un árbol que reflorecerá siempre. Y recordé: un día a mí me mandó un ramo de rosas... Era para todas las mujeres de España. Otro día, estábamos en su casa de las afueras de Moscú y llamó a su jardinero. Le pidió que cortara para todas nosotras dalias como soles... Otro día... Yo no sé bien lo que dije, pero vi, de pronto, que todas aquellas mujeres tenían los ojos llenos de lágrimas por Máximo Gorki y se mordían las puntas de los pañuelos negros que les cubren la cabeza, para que cuando trabajan en los campos no las muerda demasiado el sol de la siega...

Jean Cassou volvió a darme la mano. Creo que nadie más habló. Máximo Gorki ha muerto. Yo recordaba dentro de mí que Gorki había escrito unas palabras sobre el cuento que escribió una mujer española. Se llamaba "El barco."[56] Contaba yo en él la historia verdadera de un niño que cruzó media España para llegar hasta el mar a ver un barco soviético, el primer barco soviético que llegaba a un puerto de España. Contaba que cuando el niño llegó a la raya del mar, el barco levaba anclas y solamente quedaba en el horizonte una raya de humo...

Aquel niño se llamaba o lo llamábamos el "Manías". Era el muchachito tonto que vendía a gritos *Mundo Obrero*. Un día que nos gritó: "¡Salud, camaradas!", yo le pregunté: "¿Tienes madre?" El niño me contestó, feliz: "No, tengo tía." Eran los tiempos duros, cargaba la policía, vendíamos nosotros a gritos la revista *Octubre*.[57] Los guardias apalearon al loquito que nos saludaba a gritos por la calle de Alcalá: ¡Salud, camaradas revolucionarios! Máximo Gorki había leído el cuento de ese niño. Yo estaba aquel día en un pueblo de España, sentada sobre unas

---

[56] Cuento aparecido en la colección *Morirás lejos* (1942) y del que había aparecido una versión aligerada en *El Mono Azul* núm. 1, de 27 de agosto de 1936. El argumento ya lo resume la propia María Teresa.

[57] La revista *Octubre. Escritores y artistas revolucionarios* fue fundada en mayo de 1933 por Alberti, María Teresa León y César M. Arconada, y se publicó hasta el mes de abril del año siguiente, con un total de 6 números. Su título aludía a la revolución bolchevique del mes de octubre de 1917.

piedras y Gorki había muerto. Pronto, pocos meses más tarde, aquel pueblecito debió quedarse sin sus mozos y se terminaron los mitines y dejamos de ser aquellos de la capital que hablan de nuestros derechos.

Doblaban las campanas llamando a la defensa de la libertad española. El Manías corrió hacia el Cuartel de la Montaña. El Manías, el niño que cruzó España para ver el primer barco soviético, cayó, muerto, en el Cuartel de la Montaña. ¡Salud, camarada revolucionario![58]

Había comenzado la guerra. ¿Comprendéis?

¿Cuántas tumbas hemos ido dejando por el mundo en estos casi treinta años de vida desterrada que vivimos los españoles? Gentes de España sembradas al voleo de la desdicha, muertos nunca vencidos que nos aprietan el corazón, angustia que nos desvela al no conocer bien qué tierra acogió su muerte.

¡Cuántos, cuántos, y cada día un nombre más, España madre de todos nosotros, cada vez un nombre que añadir a los que no podemos dejar sobre tu suelo!

Esta vez la muerte ha golpeado a uno de tus mejores hijos. ¿Lo recuerdas? Se llamaba Ignacio Hidalgo de Cisneros,[59] lo queríamos todos, nos faltará ya para siempre el encontrarlo inesperadamente en las calles de una ciudad

---

[58] En la novela *Contra viento y marea* (p. 155) se cuenta la muerte del "niño de Sotillo de la Ribera" en el asalto al cuartel madrileño, historia que resulta muy parecida a la del niño "El Manías", el vendedor de periódicos del cuento "El Barco" (incluido en la colección *Cuentos de la España actual*).

[59] Ignacio Hidalgo de Cisneros y López Montenegro (1894-1966) fue nombrado Jefe de las Fuerzas Aéreas de la República al estallar la Guerra Civil. Su amistad con Indalecio Prieto le afianzó en sus ideas republicanas, como refiere en su obra *Cambio de rumbo*. Casó con Constancia de la Mora, nieta de Maura. Tuvo un largo exilio, primero en México y luego en Bucarest, en donde murió.

cualquiera por donde iba y venía con tu recuerdo sin fin, madre. Y cuánto te quería. Antes te había contemplado desde lo alto, volaba y descubría tus ríos, el calor de las laderas de tus montes, la forma de tus valles... Desde el cielo fuiste siempre distinta a los ojos de Ignacio y así fue viéndote mejor y cambió, poco a poco, la impresión juvenil primera tan alegre que de ti tenía por otra diferente. Y empezó a quererte de manera distinta, profunda. Y vio la pobreza de tus hijos, la injusticia de los que decían a tu gente que hablan en tu nombre, la deslealtad de los que debieron ser sostén de tu pueblo y lo traicionaron. Y vio traicionado a tu pueblo e Ignacio permaneció junto a su pueblo.

Su honor militar no había jurado en vano defenderte y te defendió, madre, hasta el último instante, junto a tu pueblo que no se resignaba a morir de traición. Y porque yo vi a Ignacio en aquel último instante de la pena de España, hoy que murió no puedo cerrar los ojos sin ver su rostro limpio, su alta talla de hombre valiente, su lealtad, su fuerza moral, su alegría de estar vivo en la esperanza, su palabra sin doblez, su fe fiel sin quebrantarse nunca.

Ignacio Hidalgo de Cisneros era un ilustre hijo tuyo, madre España, y nos duele tanto, tanto, que tus brazos de tierra maternal no puedan recogerlo, abrazando a quien tan bien conocía desde lo alto tus ríos, el color de las laderas de tus montes, la forma de tus valles... que ya no verá más pues ha muerto desterrado y solo, como tantos otros españoles errantes y solos y tercos en su razón que van dejándose sembrar por la muerte en todos los rincones de la tierra...

Un hombre más, madre, que debemos escribir en ese inmenso cementerio de valientes donde van cayendo tus hijos desterrados. Recuérdalo, madre, y si algún día sientes los ojos de tus fuentes mojados de lágrimas amargas, piensa que estás llorando por los que se fueron llevándote en los hombros y creyeron en ti. No olvides, madre España, este hijo tuyo que se llamaba Ignacio Hidalgo de Cisneros.

La memoria puede tener los ojos indulgentes. Ya no llegan a nosotros los ruidos vivos sino los muertos. *Memoria del olvido,* escribió Emilio Prados,[60] memoria melancólica, a medio apagar, memoria de la melancolía. No sé quién solía decir en mi casa: hay que tener recuerdos. Vivir no es tan importante como recordar. Lo espantoso era no tener nada que recordar, dejando detrás de sí una cinta sin señales. Pero qué horrible es que los recuerdos se precipiten sobre ti y te obliguen a mirarlos y te muerdan y se revuelquen sobre tus entrañas, que es el lugar de la memoria.

A la memoria del sonido sigue la de los olores, la del tacto. Se mezclan para no tener piedad de nosotros. Te arrastran otra vez hacia el lugar donde fuiste testigo, por ejemplo, de las explosiones y de los incendios. Las imágenes actuales de España nos llegan como paralíticas. ¿Era así en tu tiempo? No, eran aceras partidas, casas rotas, huecas, camas desventradas con el sudor del miedo aún, cañerías vomitando. Y todo en una escenografía de catástrofe. Así me quedó todo dentro. Pisé la última hoja que quería quedarse en mi zapato. Aún está aquí María Teresa, gritaron unas chiquillas al conocerme. Se alejaron levantando el puño. Casi les grito: ¡Pero si yo no me voy! Luego leí un ¡No pasarán! que me desolló la cara. Porque nos íbamos. Nos íbamos dejando a los que quedaban en España la escena final. Me iba con todos mis recuerdos anudados en unas bolsas de camino que iba a perder un poquito más le-

---

[60] En la Editorial Séneca, de México, en donde trabajaba, Prados edita en el verano de 1940 una antología con ese título, que compone recordando de memoria sus poemas, porque aún no tiene a mano sus manuscritos, retenidos en París.

jos. Todo huía. Se deslizaban casi tres años de una apasionada aventura humana, la más entrañable aventura española que corrió nuestro pueblo. Y yo quería llevar todo bien atado, para no perder nada por ahí. ¿No hace falta que yo regrese a la Alianza? ¿No? ¿Y cómo dejar todo aquello y esto y lo de más allá...? Tonta, si es para volver. Nos vamos porque el gobierno va a reorganizarse. Ha vuelto el presidente Negrín. ¿No lo sabías? El general Ignacio Hidalgo de Cisneros ha mandado que lo sigáis. Bueno, sí... y seguí hablando: Os quedáis en casa. Vamos por poco tiempo. Mejor así. Ya no está el perro. Ni los pájaros. Ya no tengo nada que me estorbe. Lo que dejo poco importa. Bah... cuatro muebles. Me preocupan un poco aquellos cuadros... el Solana, los Domínguez Bécquer y las esculturas de Alberto.[61] ¿Las cuidarás? Nos sentamos en la terraza con Arturo y Rosa.[62] Comimos. Pasaron aviones, obuses... Seguimos comiendo. Ya no les hacíamos caso. Únicamente un enviado de un diario de París bajó al sótano. Nosotros sabíamos, desde hace tres años, que la muerte no se equivoca.

Rafael llevaba puesto su uniforme. Yo, el mío. Otra vez

---

[61] Alberto Sánchez (1895-1962), escultor de origen humilde, autodidacta, que se inició en las formas artísticas de la vanguardia de la mano del uruguayo Rafael Barradas. Sus primeras esculturas estaban influidas por el cubismo y el futurismo, y a partir de 1925 evolucionó hacia el surrealismo, dándole una gran importancia al espacio vacío. Participó junto a Picasso y J. González en la exposición internacional de París, en 1937, con la escultura hoy destruida "El pueblo español tiene un camino que conduce a una estrella". En 1938 se trasladó a Moscú, en donde permaneció hasta su muerte, dedicándose entre otros menesteres a la decoración teatral, faceta que ya había practicado en España con el grupo "La Barraca".

[62] Probablemente se refiere María Teresa al escritor Arturo Serrano Plaja (1909-1978), muy activo durante los años republicanos (en 1936 escribió el libro *Destierro infinito*) y durante la guerra. Su primer libro de exilio fue *El hombre y el trabajo*, cuyo primer poema ya había figurado en la revista de Neruda *Caballo verde para la poesía*. Otros libros de poesía significativos fueron *Galope de la suerte* (1958) y el muy original *La mano de Dios pasa por este perro* (1965).

la carretera. ¿Cuántos kilómetros recorrimos así, la mano en la mano, lealmente? Y ya sin miedo corríamos hacia el final. ¿Por qué nuestro coche no podía ir ya hacia Toledo o hacia Talavera o, más cerca, hacia el Teatro de la Zarzuela, por favor? Y entré en un teatro grande, destartalado con solera. Chirriaban las tablas. Había ecos de todas las épocas pasadas, esos murmullos interminables que los visten, y voces y música. Te lo dan para que hagas teatro. Es preciso hacer un teatro para el pueblo, ¿comprendes? Llegaba yo de ver teatro durante varios años por el mundo: Piscator, Meyerhold, Tairof...[63] A Rafael no le gusta ver cocinarse las escenas, a mí, sí. Toma, trabaja. Ahí tienes. ¿Cómo estás, Justi,[64] y tú, Santiago Ontañón, y tú, Leoz, y tú, Edmundo Barbero...? Se formó la compañía. Sí, aquí. Por primera vez en España se representó una obra soviética: *La tragedia optimista,* de Vishnievski[65] y subió ahí, a ese hueco oscuro, la *Numancia* de Miguel de Cervantes. Ahora pienso que los bombardeos resonando en la techumbre no asustaban al pueblo, comedor de semillas de

[63] Tres nombres importantes en la búsqueda de un teatro político, revolucionario y de masas. Piscator (1893-1966) expuso sus teorías en el libro *Teatro político* y buena parte de sus propuestas fueron asumidas y llevadas a plena realización por Brecht. Meyerhold (1874-1942) fue discípulo de Stanislavsky en el Teatro de Arte de Moscú, instaurando en Rusia un teatro antinaturalista que incidió sobre el comportamiento del actor en el escenario. Finalmente, Tairov (1885-1950) fue el fundador del teatro de cámara soviético.

[64] Tal vez se refiera María Teresa al actor Ricardo Juste, que intervino, en septiembre de 1938, en el montaje escénico de la novela de Eça de Queiroz *El crimen del Padre Amaro,* adaptada por César García Iniesta, en el Teatro Ascaso, y dirigido por el actor Emilio Thuillier.

[65] En octubre de 1937, y dentro de un homenaje a la Unión Soviética por el vigésimo aniversario de su Revolución de Octubre, se representó en el Teatro de la Zarzuela la obra revolucionaria de Vsevolod Vishnievskii (1900-1951) *La tragedia optimista* (1933), dirigida por María Teresa León, con escenografía de Ontañón e ilustraciones musicales de Leoz. La obra trata del sacrificio de una comisaria política que ayuda especialmente al triunfo de la revolución bolchevique. Algunos intérpretes fueron Mejuto, María A. del Olmo, Edmundo Barbero o Luis Peña.

girasol, apretadas las parejas que pronto iban a separarse, abrazados los hijos a las madres que se quedaban solas... Había un heroísmo en la sala tan atenta que correspondía a los personajes. Era todo un grito, un combate, una razón de vida heroica lo que se escuchaba, lo que se veía. Nunca hubo mayor correspondencia entre una sala y un escenario. Allí los numantinos, aquí los madrileños. Cervantes nos resultó el mejor sostenedor de nuestra causa, como nos dijeron en los manuales de historia que ya lo probaron durante el sitio de Zaragoza, cuando los franceses atacaban y Palafox, el general que entendía las reacciones populares, dijo que se representara la *Numancia*.[66] En aquel teatro conocí el pacto secreto que los escenarios dan a los que allí trabajan, pacto que se parece al que las trincheras enseñan, pues es el del peligro común. El combate es diario y diario el trance, la agonía y el miedo. Nos sentimos todos ligados, ligados y felices. Ya podían los aviones franquistas hacer temblar los tejados viejos del teatro de la Zarzuela, dentro estábamos nosotros, el grupo que en versos clásicos dominaba la escena, haciendo llorar a un público extraordinario que llegaba de los frentes por diez céntimos, abrazaba a la novia, a la madre y era tal vez su primera experiencia teatral porque en su pueblecito, eso de teatro...

¡Ah, los defensores de Madrid! ¡Ah, mis muchachos! ¿Cómo nos llamábamos? He olvidado los nombres de muchos. Eran tantos. El cuerpo de baile, el coro, los actores, la orquesta... Ese Santiago Ontañón que hacía los decorados a empujones, ese Jesús García Leoz que nos obligaba a

---

[66] Respecto a la posible escenificación de la tragedia cervantina en el sitio de Zaragoza, durante la Guerra de la Independencia, habría que remitir —a falta de mayor constatación— al testimonio del historiador Fitzmaurice Kelly, en su *Historia de la Literatura Española* (p. 205), en donde escribe: "Cuando los franceses sitiaron Zaragoza en 1809, *La Numancia* se representó en la ciudad para animar a sus defensores, que aplaudieron la obra con entusiasmo."

cantar, ese Justi que añadía su experiencia y aquella Juanita y las viejas actrices estupendas y las jóvenes bailarinas y
Andrés Mejuto y Nela Conjiu y Ángela del Olmo,[67] la in-
trépida comisaria de *La tragedia optimista*... ¿Cómo serán
todos hoy? Y si me vieran ¿cómo sería yo para ellos? Hemos separado los caminos. ¿Y si diera dos palmadas? ¡Ensayo, ensayo! ¿No han leído en la tablilla que hay ensayo?
Sube hasta mí el olor a cola, a gato nocturno, a telones no
todavía secos, a cuerdas, a perfumes de actriz, a saludos
de actores sudados, rendidos, a ese último aplauso que se
quedó el último en el cordaje como si fuera el ruiseñor del
último verso o la paloma herida de nuestra paz con las alas
quebradas... Otra vez los focos, la mirada a los trajes, al
peinado de los bailarines, la recomendación. ¡Silencio!
Telón, por favor. ¡Luces! Y mi juventud aguardando la palabra primera con un lápiz entre los dientes, temiendo la
falta de ritmo en las respuestas o la entrada un segundo
tarde del canto de los numantinos...

> *Triste España sin ventura,*
> *Todos te deben llorar,*
> *Despoblada de alegría,*
> *Para nunca en ti tornar...*[68]

---

[67]   La representación de *Numancia* tuvo lugar en los últimos días de
1937 en el Teatro de la Zarzuela. Los tres actores que se citan intervinieron en aquellas "guerrillas del Teatro" de la Alianza y en la citada y memorable representación de la tragedia cervantina. La actriz M. Ángela del
Olmo interpretó también el papel de la comisaria soviética en *La tragedia
optimista*. Para Mejuto, *vid.* nota 408.

[68]   Cuatro primeros versos del romance elegíaco de Juan del Enzina
por la muerte del príncipe don Juan, hijo de los Reyes Católicos, hecho
acaecido en Salamanca en octubre de 1497. Tal vez María Teresa sólo conocía la versión del *Cancionero Musical de Palacio*, en donde figuran únicamente los cuatro versos citados; la versión entera (30 octosílabos) se
encuentra en un pliego suelto custodiado en la biblioteca de la Hispanic
Society of America, según nota de R. O. Jones, en su edición de la *Poesía
Lírica* de Enzina (Clásicos Castalia, 1975, p. 212).

Sin ventura, sí. ¿Sin ventura? ¿Por qué? ¿Sin ventura este país en armas, este pueblo capaz de revolverse contra las decisiones del fascismo como otros no lo hicieron? No, no. Venturoso un pueblo que saca fuerza de su flaqueza y se tira a la calle apretados los puños y los dientes para avisar en todas las encrucijadas del mundo: ¡Atención, lo que a mí hoy me ocurre, os ocurrirá mañana a vosotros! Sí, todos te deben llorar, eso sí, llorar es diferente. Llorar de emoción por ver a España, magnífica y alta y escuchar el lamento de la canción de Juan de la Encina que los numantinos nuestros cantaban mientras iban despojándose de sus bienes antes del sacrificio total de sus vidas. Eso, sí. Muchas noches, mientras representábamos *Numancia,* María Teresa León lloraba entre bastidores viendo subir a su pueblo hacia la hoguera de la muerte común. Luego, llegaban los aplausos, nuestro público se secaba los ojos. El corazón se calmaba. Saludábamos los vivos y los muertos al pueblo de Madrid que teníamos delante. Se abrían de par en par las puertas del Teatro de la Zarzuela y todos un instante escuchábamos los duelos de la artillería, el bombardeo de la aviación a alguno de los barrios y salíamos hacia las calles de Madrid, reconociéndolas a tientas en medio de las sombras que iban, poco a poco, tragándose a nuestro público.

Petere[69] ha llamado a la puerta, a la puerta de nuestra casa de Roma. Petere no es un torero, se llama José Emilio Herrera, pero, como a un torero de fama, se le ha engan-

[69] José Herrera Petere (Guadalajara, 1909-Ginebra, 1977), hijo del general Emilio Herrera, al que nombra María Teresa. Poeta y narrador, autor de una obra considerable, próxima inicialmente al surrealismo; luego militó en el Partido Comunista y durante la Guerra Civil fue uno de los fundadores de la Alianza de Intelectuales Antifascistas, participando en las actividades de "Altavoz del Frente". Esas experiencias las recogió en los libros *Acero de Madrid* (1938) y *Cumbres de Extremadura* (1938).

chado el nombre desde su infancia, ese Petere pinturero. Creo haberle oído que en los días de sus juegos primeros se vendía en España un peterete, una cosilla graciosa y divertida que tal vez sacase la lengua o lanzase agua o cosas así. La madre decía a sus amigas, ya antes que su hijo apareciera: Esperamos un peterete, y el capitán de aviación, que luego iba a subir a la estratosfera, el hoy para nosotros venerado General Herrera, reía al pensar que iban a recibir a un peterete, a un chiquillo divertido como un juguete. Llegó José Emilio Herrera el 27 de octubre de 1909. Lo sé porque yo nací el día 31 de ese mismo mes algunos años antes y nos protege Escorpio. Al chiquillo lo llamaron cariñosamente Petere, que equivalía a juguete y el niño se quedó hasta su mayoría de edad actual con ese Petere, añadiendo ese nombre a la literatura española.

Cuando Petere era muchacho, yo lo conocí y me enteré que se había abierto las puertas de la atención literaria dando un título espectacular a una revista de poesía: *En España ya todo está preparado para que se enamoren los sacerdotes.*[70] Creo que la vendía por la calle, junto con Juan Manuel Caneja. Poco después, y creo que con el hoy embajador en la Argentina, entonces republicano, José María Alfaro,[71] había lanzado al viento otra hojilla rebel-

[70] Revista de humor vanguardista, próxima al dadaísmo, codirigida por Díaz-Caneja y Herrera Petere, de la que se publicó un único número fechado en mayo de 1931, al precio de cincuenta céntimos, de contenido vario, heterogéneo, pero satírico en general. Díaz-Caneja (1905-1988), pintor y poeta palentino, que vivió algún tiempo en la Residencia de Estudiantes, en donde entabla amistad con Alberto o Benjamín Palencia (con los que se inscribe en la "Escuela de Vallecas") y participó como poeta en la revista *Parábola* en 1928. Toda su poesía se ha recopilado en el libro *Versos ocultos* (1991).

[71] José María Alfaro (1906-1994) fue redactor de la revista *Parábola*, que destacó bastante durante los finales años veinte y los primeros treinta, cuando *La Gaceta Literaria* lo censaba entre los vanguardistas de entonces. Desde un republicanismo inicial derivó hacia una ideología pro-fascista y acabó siendo uno de los fundadores de Falange Española. En 1942 publicó la novela *Leoncio Pancorbo*.

de: *Extremos a los que ha llegado la poesía española.*[72]
¡Qué graciosa manera de colarse por las rendijas de la fama! El primer poema que capté de Petere decía así:

> *La comprobada Marcelina,*
> *no se había oído llamar marta cibelina*
> *hasta que vino a mi casa.*

A Petere le gustaba trepar los montes del Guadarrama, o decir que los trepaba, atrayéndole esa sierra que, más tarde, los defensores de Madrid mirarían como los límites de su nostalgia. Cuando en 1933, al regresar de la Unión Soviética, fundamos la revista *Octubre,* aquel chiquillo surrealista que ya había escrito *La Parturienta,* unió a nosotros su risa limpia.[73] Petere era uno de esos seres con quien deseas encontrarte en las mañanas tristes. Gracias porque estás junto al proletariado español, por tu manera de reírte, por esos dibujos que estás haciendo para *La Parturienta,* porque luego perteneciste al Batallón de Acero, porque escribiste *El acero de Madrid,* porque perteneciste al batallón del talento durante nuestra resistencia loca de pueblo despertándose.[74]

---

[72] También fue sólo de un número, y del mismo año 31, la existencia de esta otra revista de mayor tinte surrealista, en la que colaboraron, junto a los mencionados fundadores (Herrera y Díaz Caneja) Díaz Berrio, R. Escohotado, Agustín Espinosa, y Luis Felipe Vivanco.

[73] No es exacta la fecha que sugiere María Teresa para ese libro de Herrera, sino que se editó en 1936 (Madrid, Plutarco) con prólogo de Alberti y cuyo título completo fue: *La parturienta y otros cuentos o poemas en prosa satíricos sobre las clases reaccionarias españolas, con treinta dibujos.* No constato que Petere publicara en *Octubre.*

[74] En el libro *Acero de Madrid* (título que juega a la vez con la sugerencia bélica de la compañía militar en la que se enroló y con el título de una conocida comedia "madrileña" de Lope de Vega) dedica Petere un largo capítulo al "Quinto Regimiento" y allí un epígrafe a "las compañías de acero", que se definían como "compañías de choque". Sender narró la primera de las acciones llevadas a cabo por estas compañías en su relato "Primera de acero" (Ediciones del Quinto Regimiento, 1936).

Puede que Petere haya sido el verdadero escritor surrealista de España. Su manera de sentirse soldado fue escribir *Niebla de cuernos*. Está furioso y triste. Su hermanillo, tan joven, ha caído con su avión sobre la tierra que defendía. Petere adivina el silencio que va a precipitarse sobre nuestra España y presiente que sus cumbres de Extremadura, su Guadarrama, van a ser su geografía del recuerdo. Se irá como todos. "Yo a Colombia. Yo a México. Yo a México con J. Bergamín...", escribirá Rafael Alberti,[75] mordiéndose las uñas en París. Petere se fue a México. Un general ha abierto las fronteras del país americano que nos llamaba gachupines.

¡Qué doloridos llegan los gachupines y cuánta gratitud hacia el general Cárdenas guardan los españoles leales! Que entren, dijo. A los valientes, México no les cierra jamás las puertas. Y entre tantos llegó Petere del brazo de Carmen, apoyados el uno en el otro. Creo que a nadie ha dolido como a José Emilio Herrera este andar español sin geografía propia, este considerarse árbol sin tierra. Y seguiría escribiendo sin preocuparse de nada, ni de la crítica, que a él le molesta como molestan las abejas que unas veces pican, pero otras hacen miel. Ahora, en Ginebra, escribe teatro. Seguramente le gustaría volver y encontrarse con nosotros una mañana madrileña, él vendiendo su revista a las señoritas que van saliendo de las Calatravas,[76] después de la novena: Señorita, compre para aumentar su educación religiosa esta revista: "En España ya todo está preparado para que se enamoren los sacerdotes." Y aquí cae el telón.

---

[75] Cita de un fragmento del primer poema del libro albertiano *Vida bilingüe de un refugiado español en Francia*.
[76] Situado en la calle de Alcalá, de estilo barroco, y con un convento anexo, hasta 1868, en que fue destruido. El nombre se debe a que en tal convento se acogían las damas de los caballeros calatravos cuando enviudaban o estaban ausentes sus maridos.

Cuando regresamos de Ibiza, aquel agosto de 1936, encontramos la puerta de nuestra casa de Marqués de Urquijo 45 cruzada por una banda de papel donde se leía: Requisada para la Contraguerra. ¿Qué era aquella broma? Rompimos el precinto y entramos. ¡Qué rabia nos dio! Todo estaba revuelto como cuando entraron los policías y detuvieron a mi madre. Los libros tirados, las plantas secas, las camas volcadas... Empezamos a hacer inventario de lo que faltaba. ¡Qué inteligentes habían sido! Hasta los libros dedicados se llevaron. Como soy impulsiva me tercié el mantón y me fui a la calle Miguel Ángel donde estaba el comité anarquista. No recuerdo hoy el nombre de un amigo de la dirección que conocíamos. Estaba allí y salió. Cuando le conté lo ocurrido meneó la cabeza: "Son esos muchachos, esos muchachos." "Pues ya es hora de que los llaméis hombres y soldados, porque en el frente hay mucho más trabajo que hacer que en la retaguardia." Trató de calmarme. Saludé a los compañeros reunidos. Les advertí que habíamos vuelto y estábamos decididos a no dejar entrar a nadie en nuestra casa. Rieron de mi enfado, amablemente. Tomamos café. Yo, por preguntar algo, les dije: "¿Por qué habéis cambiado el nombre de esta calle que era tan bonito?" Uno de ellos me contestó, dulcemente: "Porque no queremos nada con los santos." ¡Si les hubiese escuchado Miguel Ángel!

No puedo recordar algunos nombres, pero sí el surco que dejaron algunas gentes. Pasaron y marcaron. Hasta hemos podido perder sus nombres, pero están ahí en esa marca que nos dejaron, y a veces nos duele, nos duele el haberlos dejado de ver o el no haber acertado la palabra justa para que permaneciesen. Los hemos perdido. ¿Cómo encontrarlos? Algunos se han separado de nosotros despreciándonos porque no supimos retenerlos. El recuerdo nos huye. Sí, es como si al descuido hubiésemos abierto las manos y todo lo que en ellas escondíamos hubiera volado de un soplo.

Recuerdo algunas amigas mías. Tres de ellas son culpables de mi gusto por la selección, por lo extraño, por lo maravilloso. Sus zapatos eran siempre más bonitos que los míos. Sabían lo que debe desecharse para alcanzar lo que está más arriba. Aprendí cómo se selecciona. Siempre en la última raya del buen gusto. No les importaba más que lo diferente. Y lo conseguían. Una era vasca, las otras dos, burgalesas. ¿Dónde estarán hoy? ¿Rodeadas de nietos? ¿En Inglaterra aún una de ellas? Les debo mi gusto por lo impar, mi inclinación a lo diferente. Porque siempre necesitamos quien nos abra el camino del conocimiento, quien nos indique con su ejemplo dónde se han de ir colocando nuestros pasos.

Y ya he hablado de mi amistad con aquella hija del almirante que asistió desde su puesto de mando al eclipse total de España. Ahora, cuando me veo junto a Rafael, me hace gracia pensar que entró en mí por tradición oral, en forma de estribillo, apoyándome en él sin conocerlo, sin saber que había escrito *Marinero en tierra,* y menos, que era del Puerto de Santa María, y mucho, mucho menos, que hace hoy treinta y siete años que nuestras huellas por el mundo van paralelas.

¿Y aquella monja del Sagrado Corazón que me enseñó la melancolía? Ella era la azucena tronchada por algún desacierto de su existencia. Inclinaba siempre la cabeza como la princesa de Lamballe[77] aguardando la caída de la guillotina, decíamos las chicas. Una princesa de Lamballe

---

[77] En estas alusiones se trasluce el clima del colegio infantil recreado en el cuento "Primera peregrinación de Teresa", del libro casi homónimo *Las peregrinaciones de Teresa.* Marie Thérèse Louise de Saboya-Carignan, princesa de Lamballe (1749-1792), amiga de la reina María Antonieta, pereció en las matanzas masivas de nobles, habidas a raíz de la Revolución Francesa, y su cabeza guillotinada fue expuesta en las ventanas del Temple.

condenada a mirar diariamente a niñas vestidas de jerga azul y a revisar cuadernos. No sentíamos por ella misericordia sino envidia. Envidiábamos su tristeza, ¿verdad?, ese amor melancólico, roto en mil añicos por alguna tragedia que se nos escapaba. ¿Enamorada, no? Enamorada, sí, de un obispo. ¡Qué cosas se te ocurren! Tonta, de aquel obispo que vino a dar la primera comunión a las pequeñas. ¡Jesús! Lloraba, porque entré las pequeñas estaba su hija. ¿Su hija? Eres una blasfema. Blásfema, blásfema, con acento, como lo escribiste la semana pasada. ¿Yo? Y la inventora de cuentos añadió: te digo que es la hija, por eso la madre ha llorado tanto. Yo he visto las listas y todas las chicas que han comulgado tienen apellido. ¿Y las gratuitas? Bueno, ésas... Urdimos la novela. El secreto podía estar en aquellas niñas gratuitas que se deslizaban como sombras de la caridad ante nosotras. Y a uno le han hecho obispo y a la otra monja. ¿Verdad? Calla, no me cuentes. Has armado un folletón infame. ¿Y los de Dumas? Pero ¿tú lees a Dumas?

Asombro y consternación. Pasó a segundo término la novela de nuestra madre. Lo importante fue que la chica contó que María Teresa León leía libros prohibidos. ¡Pero, no! ¡Pero, sí! ¿Y Víctor Hugo? También lo he leído. Claro, como tu madre te vigila tan poco... Y ese tío tuyo. Yo les grité: ¡Y tía! Mi tía fue la primera mujer de España que estudió en una universidad. Peor para ti. Por ahí entra el diablo. No digas estupideces, monja. Aún no lo soy, pero lo seré. Bonito porvenir. Y tú serás... ¡Madre, madre, venga! Esta chica... Impusieron silencio. Se acercó la maestra. "¿Por qué llora usted, María Teresa?" Yo me levanté como una dolorosa: "Porque leo a Alejandro Dumas." ¿A quién? "A Alejandro Dumas." "Bueno, siéntese." Le preguntaron al confesor si era pecado.

Poco después lloré por cosas diferentes. La vida comenzaba a ponerse correosa, como dijo Sancho Panza que estaba Dulcinea cuando Don Quijote le rogó que le explicara

su encuentro con la sin par hermosura.[78] Sí, sudada y correosa se presentaba la vida de la niña. De poco le sirvieron sus trenzas tan largas, había comenzado a expiar
pecados ajenos. Su madre decidió que la paz de su vida no
estaba en Madrid sino en Burgos y el padre pidió el traslado. De coronel del regimiento de húsares de la Princesa,
de Madrid, pasó a serlo del regimiento de Borbón, de Burgos. Pocos meses antes, María Teresa León había sido expulsada suavemente del Colegio del Sagrado Corazón, de
Leganitos, de Madrid, porque se empeñaba en hacer el ba-
chillerato, porque lloraba a destiempo, porque leía libros
prohibidos...

El principal culpable de las lecturas de la chica había
sido un tío viejo encerrado en una ciudad de Aragón. Varios veranos anteriores a la confesión pueril de sus lecturas, ya había estado en aquella casa que daba mitad sobre
el paseo de Barbastro y mitad sobre el monte. Había un
jardín subiendo hacia lo alto por escalerillas temblorosas
y una gruta tapizada de musgo y hasta una bodega donde
esconderse. La puerta alta que daba al campo permane-
cía cerrada hasta que la familia no la abría solemnemente
para dar el paseo de la tarde. Era un lugar maravilloso para soñar una niña, para crecer. El tío aquel, que no recibía más que a las monjas cuando venían a pedirle dinero
para alguna caridad y jamás a los frailes, era un desilusionado de todo menos de la lectura. Cree recordar que había sido militar, pero su comportamiento era de civil
ilustrado, leía todo el día hasta secársele el cerebro. Era
la sombra solitaria del caserón que vagaba sin ruido, buscando sorprender a las criadas. Un día tocó a la niña sus
pequeños senos minúsculos. Vamos, vamos, aún tienen
que crecer. Luego la apretó contra su ropón oscuro y la

[78] "Lo que sé decir —dijo Sancho— es que sentí un olorcillo algo hom-
bruno; y debía ser que ella, con el mucho ejercicio, estaba sudada y algo
correosa" (*Quijote* I, 31).

besó en los labios. La niña corrió, corrió a lavárselos en la fuente, se los restregó contra la yerbabuena, se quedó mirando los musgos de la gruta... Fue entonces cuando apareció el chico tonto que jugaba con ella tan guapo, tan rubio, tan esbelto. Trece años perdidos, porque era tonto. Balbuceaba tonterías, se tiraba a los pies de la niña, ladraba como un perro para atraer sus ojos. Vendía pájaros. Silbaba como todas las especies de pájaros que conocía y con ese señuelo los engañaba hasta verse alguna vez cubierto de alas como los santos de la leyenda dorada. Esa era toda su información sobre la vida. La madre lo miraba con lástima: de diez hijos que tuve, uno, tonto. Vagaba el tonto por la ciudad provinciana tan ricamente, bueno, todos los hermanos vagaban porque eran pobres y vivían junto al río en una casita de adobes donde casi de pie no se cabía. Al tonto, como tonto, le gustaba dormir bajo las estrellas.

La niña se frotaba los labios cuando apareció Salvador. Le traía un jilguero. La niña no miró el pájaro sino la boca entreabierta de dientes impecables y se abrazó a su cuello y le besó en los labios. ¡Ay, el niño tonto no sabía que lo que le regalaban tan largamente era el beso de un viejo! Separó a la niña y se echó a reír, como tonto que era, enseñándole el jilguerillo que le traía de regalo.

Pero aquella casa fue para la niña la silenciosa casa de la lectura. Todos los libros fueron para ella. No hubo selección para proteger sus ojos virginales. Vio estampas donde mujeres impúdicas se sentaban descaradamente en enaguas sobre las rodillas de los caballeros y vio desnudos que se llamaban Venus. Aquella biblioteca guardaba detrás de sus cristales libros en francés y en español, dos lenguas que la niña conocía, libros que quisiera tener hoy. A veces se aburría porque eran largas las descripciones que el autor hacía antes de llegar al amor. ¿El amor? No sabía exactamente de qué se trataba, era una investigación secreta. Comenzó un libro que le pareció pesadísimo: *Les liaisons*

dangereuses.[79] Y otro que entendió menos: *La religieuse,*
de Diderot. No pudo seguirlos y se precipitó en *Los Mise-*
rables, de Victor Hugo. Esa niña se va a quemar los ojos,
decía la tía. Prefirió a Dumas, pero su gran descubrimiento fue *Trafalgar,* de don Benito Pérez Galdós. Se lo contó a
su tío, a su tía, a las criadas, al tonto... ¡Yo conozco al autor! Va al Parque del Oeste a pasearse, ¿verdad, madre?
Nos acercamos a saludarle siempre. Sí, estaba medio ciego. Nos acariciaba la cara. ¿Y esta niña? ¿Quién es? Es la
hija del teniente coronel, ya te lo hemos dicho, le explicaba el sobrino que se llamaba Hurtado de Mendoza. ¡Ah,
sí, sí!, decía don Benito, volviendo a su silencio. El sobrino
miraba a las chiquillas. Las chiquillas se dispersaban jugando y él tenía que quedarse junto a su tío ilustre, ya ta-
llado como si fuera de piedra. Más tarde, en Buenos Aires,
me he encontrado con el sobrino de Galdós. Se ocupaba
de la obra de su ilustre tío, que iba publicando Losada. Le
atraían siempre los libros. Volvimos a reírnos juntos. ¿Recuerdas que tú no podías jugar?

Sí, el contacto con los libros sucedió en Barbastro, ciudad chica de Aragón que cultivaba viñedos y olivos. Tiene
obispado y una catedral que no recuerdo. En la familia de
aquel tío abundaban las hermanas viejas. La tía Concha,
hermana de mi abuela, las miraba con lástima, pero la cruz
la llevaba ella, anclada junto a aquel marido viejo retirado
a los huertos de la melancolía después de una batalla, que
ya no sé dónde sucedió. Las hermanas vivían en una casona sorprendente, toda llena de consolas y estantillos. Donde había un saliente, allí estaba trepado un muñeco de

---

[79]   La famosa novela epistolar de Choderlos de Laclos (1741-1803), de
compacta estructura y penetrante estudio psicológico, editada en 1782.
Diderot escribió *La religieuse* en 1760 pero no la publicó hasta 1796, y no
se trata tanto de una sátira anticlerical como de un ataque contra el abuso
social de la época acerca de las vocaciones ficticias, interesadas o forza-
das. Finalmente, la novela *Los miserables* (1862) fue uno de los últimos
títulos de Hugo, de marcado carácter social.

cuerda, uno de esos juguetes que giraban y cantaban y se movían. Pájaros cantores, el vals, el nigromante, la iglesita que tocaba las campanas, el jugador de dados, todo un mundo que una ligera vuelta de tuerca hacía salir de su estatismo, trocándolo en gestos y canciones y saludos que a la niña le parecían milagrosos. ¡Ah, aquellas dos viejecitas rodeadas de una colección de juguetes, qué juvenilmente locas estaban! Aparecían con su mantoncillo de Indias sobre los hombros. No dejaban abrir los balcones. Siempre tenían frío. ¡Esa corriente! Y sobre la mesa sus manos aburridas desplegaban la baraja, haciendo solitarios. Una bordaba para la iglesia. Como eran terratenientes, la otra hacía las cuentas cuando venían los medieros a rendir el estado de la cosecha. Los recibían en las salas de abajo, jamás en las de arriba. En los salones no entraban más que el señor obispo, el párroco y algunas monjas. El señor obispo las tenía en mucho porque eran las sobrinas de un obispo Soldevila, que ya no sé quién fue. Iban muy vestidas de negro. A la niña, acostumbrada a la ciudad, le parecían campesinas. Una de ellas no se reía jamás, la otra se reía siempre a destiempo y su hermano la fulminaba con la vista. Aquello le había quedado de una vez que tuvo la debilidad de decir al párroco que se quería casar. "Me quiero casar, me quiero casar", repetía como si jugase al coro: "La viudita, la viudita se quiere casar..." "Pero, mujer, ¿a tu edad?" "¿A mi edad?" "Soy virgen." Y se lo repitió al párroco, bajando los ojos: "Soy virgen, debe usted tener eso en cuenta y, además, soy rica." El párroco movió la cabeza dándole la razón. Sí, sí, para tenerla en cuenta. Y una tarde apareció con su sobrino. Bajó la señorita. El imbécil le besó la mano. "No se besa la mano a las señoritas", le corrigió la solterona. Se miraron sin hablar. ¡Qué feo era! Tiene pelo hasta en las orejas. Habló y dijo ahiga. ¿Yo con ese mastuerzo? El párroco insistía. La señorita pensaba: se le ven las mulas. Sí pero es un hombre, le decía su pobre corazón abandonado. Mejor casarme, lo desasnaré. No atendía al párroco que hablaba. ¿Qué me dice? El párroco pedía unos miles de reales para la parroquia. La señorita se echó a reír. ¿Así que usted me vende a este zángano por unos cuantos reales para cirios? Y rió más, mucho más porque se encontró ridícula. Al pobre pretendiente se le cayó la copa de la mano, manchó el tapiz. "Don Julián, no cierro el trato. Mejor será que ustedes se vayan. El empleo de marido se lo daré a Cristo. Sí, a Nuestro Señor le consagraré mi vida." Y les dio a los dos con la puerta en las narices. Desde entonces este cuento se cuenta burlonamente en la familia.[80] Ella debió de guardarse la aventura en su corazón de anciana virgen y mártir, y por eso se reía histéricamente cuando la conoció aquella niña que jugaba con los juguetes mecánicos almacenados por ella en la provinciana Barbastro.

Creo que conservo el gusto por las paredes de cal blanco desde entonces. Ahora daría algo por encontrar, al girar la mirada en mi casa del Trastevere, alguno de aquellos pájaros cantores encerrados en jaulas o la pareja saludando o el nigromante levantando los cubiletes de la suerte... o aquella bailarina en un pie solo, solo y minúsculo.

Nos traemos adentro una carga inquietante de gustos y de gestos ajenos que se nos van quedando enganchados. Y es que pasamos, pasamos constantemente sin detenernos entre cosas y gentes que nos cruzan y tampoco se detienen porque van de camino y seguimos andando y apenas nos dejan la manera de sonreír, la frase hecha, la superstición, la manía, el gesto de la mano... A veces así recogemos cosas tontas, basuras, cristales, agua o maravillas. Somos el producto de lo que los otros han irradiado de sí o perdido, pero creemos que somos nosotros. ¡Qué equivocados vamos hacia la muerte! Yo siento que me hice del roce de tanta gente: de la monjita, de la amiga de buen gusto, del tío

---

[80] Sobre argumento parecido escribió la autora otro cuento de *Las peregrinaciones de Teresa*, el titulado "El diluvio de Teresa".

abuelo casi emparedado, del chico de los pájaros, del beso, de la caricia, del insulto, del amigo que nos insinuó, del que nos empujó, del que nos advirtió, del que callado apretó los dientes y sentimos aún la mordedura... Todos, todos. Somos lo que nos han hecho, lentamente, al correr tantos años. Cuando estamos definitivamente seguros de ser nosotros, nos morimos. ¡Qué lección de humildad!

El recuerdo que yo tengo de mi abuelo materno Don Hipólito de Goyri, es que era un play boy. No sé si lo he conocido. Murió en Madrid, vivió en París, lo abandonaron casi viejo en Celada del Camino, Burgos. Mi abuela Rosario jamás hablaba de él, mi madre, sí, pero con cierta sonrisa de perdón. Había sido Don Hipólito el calvario de la mujer más hermosa de Burgos, según cuentan las crónicas no escritas y las escritas por María Cruz Ebro.[81] Mamá —preguntaba yo—, ¿pero es verdad que no vino a casa la noche de sus bodas? Verdad, apareció a las 8 de la mañana, mandó preparar el coche de camino, comprado en Lyon, levantó a la que aún no era del todo su mujer y así, entre llantos, comenzó el viaje a Andalucía. De este viaje mi madre no recordaba haber oído más que mi abuela lloró mucho y un día, al entrar en una tienda, cuando preguntaba en buen castellano por el precio de una seda, le contestaron asombrados de verla tan blanca, tan alta, tan rubia: Aquí no hablamos inglés, señora. Recordaba siempre esto y sus lágrimas, que continuaron en París. Tu abuela lloraba

---

[81] María Cruz Ebro (1881-1967) fue escritora y reconocida intelectual en la sociedad burgalesa. Colaboró, como María Teresa, en el *Diario de Burgos*, mantuvo también una valiente actitud feminista y solidaria (fue secretaria de la Cruz Roja española) y estuvo muy interesada en tareas pedagógicas, a través de sus contactos y colaboraciones con el P. Manjón, en Granada, y en el Instituto-Escuela (*vid.* nota 511). Entre 1931 y 1936 escribió algunas obras como *La niña (novela feminista)* y sobre todo la titulada *Un pecadillo de amor* (sobre el motivo del cura enamorado), que supuso un tremendo escándalo en la sociedad burgalesa de su tiempo. En 1952 la Diputación Provincial publicó un libro de recuerdos de esta escritora, titulado *Memorias de una burgalesa*.

hasta en la Ópera detrás de su abanico de plumas mientras
su marido cortejaba bailarinas. ¿Y después?, insistía yo.
Después yo crecí y me pusieron en un colegio interna, unas
monjas del Corazón de Jesús que creo hay aún entre Hendaya y Biarritz. La superiora de hoy es esa Madame Marie
Thèrese que tú has conocido. ¿Y después? Después creció
mi hermano Federico y lo llevaron a la academia de Caballería de Valladolid, ¿no te acuerdas? ¿Y el abuelo?
El abuelo se fue solo a vivir a Celada del Camino, ese pueblecito de Burgos donde sus campesinos le bailaban las
entradillas y le cantaban algún domingo. Era todo su en-
tretenimiento. ¿Solo, solo? Con sus vinos especiales, con
sus botellas de marca... No le gustaba más que beber, tal
vez hablaría de mostos con el cura o con el médico o con
algún amigo que viniera a verlo, no lo sé. Dicen que los domingos atravesaba el arco que pasaba sobre la calle desde
su casa al altar mayor, y allí, donde junto a él había siempre un reclinatorio vacío, el de tu abuela, oía la misa. No se
arrodillaba nunca. ¿Y luego? Luego, no sé si por un movimiento de piedad, tu abuela, muerta de una pena que la
avergonzaba tanto, lo llevó a Madrid. Los médicos no le
dejaron volver a beber pero él se arreglaba con el alcohol
puro, la colonia... ¿Y era guapo? Mi madre entonces me
contestaba llevándose las manos a la cabeza: era estupendo. ¡Un hombre así tirar de esa manera su vida! Mientras
su hermano Nicolás, embajador en Portugal escribía sobre
Camoens,[82] él se iba deshaciendo. ¿Y después? Después...
pues siguió dando disgustos hasta después de muerto.
Cuando habíamos concluido de arreglar las flores y las velas, un poco antes de comenzar el velatorio, aparecieron

---

[82] En efecto, este antepasado de María Teresa tuvo preocupaciones fi-
lológicas comparatistas y publicó en 1880 un *Estudio crítico analítico sobre las versiones españolas de Os Lusiadas*, en el que además de estudiar
detenidamente el canto primero del poema, facilita —comparándolas y
anotándolas— las diversas versiones de Tapia, Lamberto Gil, Benito Cal-
dera y el conde de Cheste.

unos señores enchisterados que, después de darle el pésame le dijeron: Señora, nos apena tener que molestarla en estas circunstancias pero quisiéramos, antes de que vengan los curas, que nos permitiera retirar las insignias masónicas de su marido, alto grado entre nosotros. Dicen que mi pobre abuela casi se cae al suelo. ¿Masón? ¿Entonces aquellas reuniones en París adonde jamás la dejaban participar y que ella creía que eran juergas y bailes eran los entretenimientos de una logia masónica? Oyó casi desvanecida: "Fue una alta dignidad don Hipólito." Luego revolvió arcas y armarios sin encontrar más que dos pistolas de duelo. Quería echar pronto al diablo de casa, que se fueran, pero creo que entre ellos estaba hasta un ministro. Aguardaron un rato y, ante la evidencia de que nada había, hicieron una reverencia a la viuda, que no les dio la mano, y se fueron cruzándose con la iglesia a la que habíamos pagado un gran entierro. ¿Y esas insignias?, preguntaba siempre yo a mi madre. No encontré más que esto. Y me enseñaba una sortija donde la escuadra y el compás estaban grabados detrás de una piedra preciosa y se veían cuando se hacía girar el anillo. Poco era para poder escribir la historia política de un hombre rodeado de mujeres y de secretos. ¿Dónde lo enterraron? ¿Lo volvieron a Celada del Camino? Creo que quisieron olvidarlo pronto, más por francmasón que por mujeriego. Cuando yo de mayor fui a ver la casona de Celada, me sorprendió encontrar en una galería muchos cuadros de la guerra de la Independencia. ¿Y esto? Esto, me dijeron, es que el señor que vivía aquí fue el que dio al Empecinado los caballos para que reclutase los voluntarios de Burgos contra los franceses. Más tarde, y con cierta emoción, leí que los había dado el Marqués de Barriolucio y que este señor se había casado con una Baronesa de Aragón emparentada con Erruces, Padillas y Bardajíes, que ahora resulta que es mi bisabuela. Fue dama de honor de la reina Gobernadora, doña Cristina, y con las vueltas que da el mundo no sé si

está enterrada en su pueblecito de Ateca. Seguramente
hoy me hubiera repudiado, pero...

Y estaba Jimena. Jimena era la síntesis de lo que un ser
humano puede conseguir de su envoltura carnal. Algo mayor que yo, saliendo sola, yendo sin acompañante al colegio, que no se llamaba colegio sino Institución Libre,[83]
colegio laico sin monjas reticentes que dan la señal de levantarse o sentarse todas al unísono, con dos trocitos de
maderas golpeados. Jimena, a quien Julio Antonio[84] había
dejado inmóvil en bronce verde sobre la librería giratoria
de su casa, en verde oliva como era ella, con los ojos verdes, con el halo verde de su resplandor. Yo era la chica pequeña que nada sabía aún, pero que miraba. Y aquella
prima mía era mi primer tropiezo con la belleza. ¡Qué fea
estaba yo con las trenzas rubias, repeladas en las sienes!
Creía entonces que jamás podría mirarme en un espejo.
Tardé mucho, mucho en hacerlo como se debe, pensando
el pro y el contra. Lo hice mucho más tarde, inesperadamente y estaba desnuda. De pronto pensé que no era yo.
¿Yo? Y me fui acercando despacio, despacio a la imagen

[83] La Institución Libre de Enseñanza, fundación pedagógica de educación secundaria, de ideología krausista, fundada por los hermanos Giner
de los Ríos, Gumersindo Azcárate y Montero Ríos, entre otros, y que estuvo vigente desde 1876 a 1939. A la muerte de Francisco Giner de los
Ríos le sucedió Manuel B. Cossío. Fue el centro educativo preferente de la
burguesía liberal durante la Restauración, frente a la denostada educación estatal. Directas derivaciones institucionistas fueron, entre otras, la
Junta para Ampliación de Estudios, la Residencia de Estudiantes y el Instituto Escuela.

[84] El escultor Julio Antonio Rodríguez Hernández (1889-1919) se
consagró en los primeros años de este siglo con una serie de bustos de tipos característicos de Castilla que tituló "La raza" (Museo Español de Arte Contemporáneo). Alberti nos ha dejado una semblanza del escultor en
su *AP* 1, pp. 127-129, en vísperas de su muerte, cuando ultimaba el monumento a Ruperto Chapí, hoy en el Retiro madrileño.

sorprendentemente blanca y rubia hasta tropezar con el cristal frío y aplastarme contra él para borrarme, para quitarme aquel ansia de llorar de gozo.

Algunos lugares se nos van alejando hacia el lugar donde melancólicamente se adormecen. Otros, como aquella casa de la calle Ventura Rodríguez donde me aguardaba Jimena, no se han adormecido nunca. Aprendí en ella que los libros pueden tapizar de sabiduría las paredes, que las yedras viven en el interior y van hacia los techos y que ha de contestarse a todas las preguntas para que las niñas puedan seguir creciendo y que todo en el mundo puede comprenderse y admirarse. La abuela de aquella casa, siendo yo muy pequeña, me había enseñado la primera coquetería femenina. ¡Ah, doña Amalia! Doña Amalia era la línea por donde llegaba hasta Jimena la belleza. En casa contaban la historia de su amor. Una romántica historia de lágrimas. Cuando se murió, la llevaron a enterrar, ¡y con qué poco cortejo!, a un pequeñísimo cementerio solitario, como solitaria había sido su vida, cuando apagaron su juventud de un soplo.

En aquella casa aprendí los primeros romances españoles. A veces sacábamos un viejo gramófono de cilindro. Allí escuchábamos las canciones recogidas por María Goyri y Ramón Menéndez Pidal, durante su viaje de novios, siguiendo la ruta del Cid hacia su destierro. Por primera vez oí la voz del pueblo. Por primera vez tomé en cuenta a los inteligentes y a los sabios. Aquella casa y más tarde la de la Granja de San Ildefonso, que no recuerdo, y, luego, la de la Cuesta del Zarzal y la de San Rafael, son las casas donde fui siguiendo los pasos de Jimena y cierto aprendizaje para mi vida. Comprendí que los pasos de Jimena y los míos eran divergentes. Ella no iba a misa y yo, sí. En la Institución Libre de Enseñanza, donde se educaba, nadie le enseñaba el catecismo. No bajaban la voz para hablar del arte, aunque estuviesen llenos de desnudos los museos. Cuando alguno de aquellos amigos de la casa

hablaba, por ejemplo, don Francisco Giner de los Ríos, se
le escuchaba con veneración. Era tan suave con nosotras.
Un día de 1913, don Francisco murió y un poeta, Antonio
Machado, escribió un poema para decir la pena común.[85]
Cuando subíamos las cuestas de San Rafael lo recitábamos. No lo han enterrado en sagrado, me dijeron cuando
lo conté en el colegio. Recuerdo que aquel verano aprendimos a jugar al tenis. Américo Castro[86] nos enseñaba. En
mi recuerdo lo veo guapo, fuerte, gorjeando un poco de
alegría cuando hablaba. Luego me han dicho que no era
así, pero yo lo creo, y cuando leo sus libros sonrío, pensándolo desde tan lejos. Pasaba mucha gente. Un día abrí
la puerta de la calle Ventura Rodríguez a unos franceses.
Corrí a avisar. Era Henri Merimée. Luego vi en Burgos a
Merimée y a sus hijos que venían a organizar los Cursos de
Verano, y a monsieur Pierre Paris.[87] Y también guardo una
lejanísima imagen de don Bartolomé Cossío.[88]

---

[85] El poema de Machado (educado en la Institución) a Giner abre la
sección "Elogios" de *Campos de Castilla*. Está fechado en 1915.

[86] Américo Castro (1885-1972) fue colaborador con Giner y Menéndez Pidal en el Centro de Estudios Históricos y cofundador de la *Revista
de Filología Española*. Ejerció la docencia en la Universidad de Madrid y,
tras la guerra, en la de Princeton. Su obra sobre *La realidad histórica de
España* (1954) fue la base de su famosa polémica con Sánchez Albornoz
acerca del sentido esencial del concepto histórico de España, que para
Castro surge de la convivencia fructífera de las tres culturas, la judía, la
árabe y la cristiana.

[87] Henri Merimée (1878-1926), hispanista francés, hijo de Ernest, que
fue el fundador del Instituto Francés en Madrid. Continuando la labor paterna, sus estudios sobre la literatura española se centraron en el teatro valenciano anterior a Lope de Vega. El arqueólogo Pierre Paris (1859-1931)
realizó, a partir de 1897, varios estudios de su especialidad en España, que
se plasmaron en libros como *Ensayo sobre el arte y la industria de la España primitiva* (1904) o *Paseos arqueológicos por España* (1910-1921). Por
su mediación, la "Dama de Elche" ingresó en el Museo del Louvre. En sus
artículos en el *Diario de Burgos* (*vid.* nota 98) María Teresa León aludió a
la importancia que tuvieron aquellos incipientes cursos de verano burgaleses, en los que llegó a intervenir con alguna esporádica conferencia.

[88] Manuel Bartolomé Cossío (1857-1935) fue catedrático de Teoría e
Historia del Arte en Barcelona y en Madrid, discípulo de Giner e institu-

Cossío era el puntal fuerte de la Institución Libre. Recuerdo a su mujer, a sus hijas. Sucedió que por aquellos años primeros de mi vida, cuando yo notaba el tironeo entre mi colegio, tan ceñido a preceptos, y aquél tan liberal de mi prima, tan abierto a los nuevos aires, me eligieron para hacer de ángel en un auto de Navidad de Juan del Encina. Esto iba a suceder, no en mi Colegio del Sagrado Corazón, sino en el de Jimena. Aprendí inmediatamente los versos. Me sentí feliz. Me dejaron sola detrás de una cortina. Tenía que esperar que cantaran para que entrara el ángel. Ya estaban los pastores con sus pellicos delante de mí. Todo sucedía como estaba previsto. Yo, subida en la silla, esperaba, tenía que dar con voz vibrante una buena nueva. Descorrieron la cortina.

> Pastores, no hayáis temor,
> que os anuncio un gran plascer.
> Sabed que quiso nascer
> esta noche el Salvador,
> Redentor en la ciudad
> de David.
> Todos, todos le servid,
> que es Cristo Nuestro Señor.[89]

Así lo conservo en la memoria desde entonces, no sé si es exacto. Comencé a recitar suavemente, como un ángel. Poco a poco mi cuerpo sintió, no que se transformaba en un espíritu puro de alas grandes, sino que todo, todo el cuerpo me pesaba horriblemente, me dolían los hombros,

---

cionista por tanto. En 1922 propuso enviar misiones culturales ambulantes por las zonas rurales de España (antecedente de lo que se conoce como las Misiones Pedagógicas de la República). Su gran aportación fue la revalorización del Greco, en un libro de 1908, que influyó enormemente en la cultura literaria y artística del momento.

[89] Égloga IX de Juan de Enzina (vv. 193-200) tomada del *Cancionero* de 1509.

el esqueleto, las piernas... ¡Qué dolor espantoso, jamás
sentido, me apretaba las articulaciones! No pude levantar
los brazos. Se acabó la llama lírica, era solamente un pobre dolor infantil y humano pegado a las sienes. Terminó
todo en un sollozo. Corrieron la cortina. Me encontraron
cubierta de lágrimas, sin poderme valer de mis piernas ni
de mis brazos. Así quedé por varios meses. Seguramente
las monjitas de la calle de Leganitos pensarían, cuando mi
madre les contó el suceso: claro, por dejar ir a la niña a
esas escuelas laicas, por dejar que intervengan en esos actos recreativos blasfemos donde se ofende a Dios.

Crecí un poco más y fui con Jimena a una clase de dibujo. La daba don José Masriera,[90] pintor catalán, junto con
su mujer. El lugar era la Biblioteca Nacional. Entrábamos
por la puerta de la Junta de Ampliación de Estudios Históricos. Recuerdo no lo que allí aprendí sino cómo eran los
patios inmensos. La Biblioteca Nacional tiene unos patios
cuadrados que entonces estaban cubiertos de yerbas tan
altas, que desaparecíamos. Era fantástico mirar la luz de
acuario reflejada en el cielo y soñar. A veces pasaba una
paloma. Es la primera vez que me he tumbado junto a un
muchacho. Agarró una espiga loca, me acarició el brazo
y... me besó la mano. El cielo azul era un cuadrado perfecto y ninguno de los dos necesitábamos más.

¿Y el camaleón? Por aquellos patios, alguno encontró
un camaleón. Lo llevaron a casa de Jimena. Se paseaba un
poco sobre la mesa llena de libros, se detenía y nos miraba.
Durante horas lo seguíamos nosotros a él. Cambiaba del
gris al ceniciento cuando lo colocábamos sobre un paño
azul oscuro. Hacía vibrar larga, larga su lengüecilla, y se ali-
mentaba de ilusiones y seguía viviendo. ¿Lo abandonamos

---

[90] Josép Masriera (1841-1912), pintor y platero, miembro de una conocida familia de artistas catalanes. Paisajista renombrado (sobre todo de
parajes de la comarca de Llavaneres), participó en varias exposiciones y
presidió el Círculo Artístico de Cataluña.

o nos abandonó? No sé. Siguió la vida, crecimos. Jimena se casó con un aragonés, Miguel Catalán, físico. Era el hombre que aquella casa necesitaba, tan feliz, tan alegre, tan agradecido de vivir. Entró en casa de los Menéndez Pidal trayendo la voz impostada de manera distinta, más sonora, más alta. Lo encontré en San Rafael, aquella casa de la sierra de Guadarrama que tanto me dice. Fuimos amigos. Un día, pasado mucho tiempo, nos encontramos en Buenos Aires. Conservaba la vivacidad inteligente que yo recordaba. Pocas veces me he sentido tan cerca de mi juventud. ¿Y Jimena? Junto a Diego. Ya sé, vuestro hijo. ¡Qué grandes son! Ésta es Aitana. Comentó con amargura lo que le ocurrió durante nuestra guerra. ¿Qué hiciste? Me dieron a conducir un camión militar. Menos mal que eres un buen chofer. Sí, sí, para ellos la física o la literatura... ¿No seguiste tus investigaciones? Casi, no. Nos separamos con la seguridad de encontrarnos. ¿Verdad, Miguel? No sé dónde se decidieron las cosas de otro modo, y murió. ¿Verdad, Miguel?

Los recuerdos, a veces, nos llenan de rabia melancólica el alma. ¡Barcelona! Allí, frente al mar quedó enterrado mi padre. Le gustaba pasear conmigo. Un día me dijo: "Ése es el Noi del Sucre."[91] Nadie sabrá hoy, aparte de algunos anarquistas españoles y algunos eruditos en política de los

---

[91] "Noi del Sucre" fue el sobrenombre con el que se conoció a Salvador Seguí (1890-1923), anarcosindicalista catalán que intervino activamente en la Semana Trágica y después se distinguió como orador, organizando y difundiendo la CNT y alcanzando la secretaría general de la organización en Cataluña. Definió sus ideas en la obra *Anarquismo y sindicalismo*. Fue asesinado en pleno apogeo del pistolerismo catalán. A poco de morir, la colección La Novela de Hoy, núm. 46 (dirigida por Artemio Precioso) publicó un relato de Salvador Seguí, *Escuela de rebeldía (historia de un sindicalista)*, de considerable contenido autobiográfico.

años veinte, quién era el Noi del Sucre. Personaje de la España descontenta, hombre fuerte del anarquismo catalán. Creo que fue el primer personaje político que conocí, vamos, que vi: algo esbelto, la boca irónica, despreciativa. A mí me pareció así, tal vez fuera distinto. Las bombas estallando eran la noticia diaria. El gobernador Martínez Anido[92] se mordía las uñas, el bastón de mando... ¿Qué haré para que se vayan estos de aquí? Ni siquiera son catalanes, son murcianos. ¿Por qué murcianos? Porque la gente más pobre del sudeste de España se viene a Barcelona. Son emigrantes. Palabras todas por primera vez escuchadas. Mientras, en esa ciudad paseada por los guardias con mosquetes, se iba al Teatro Liceo. Jamás vi joyas más fabulosas. No era tan importante la ópera que se cantaba como la riqueza que se exhibía. Fuera, en algún barrio lejano, estallaba una bomba. ¿Por qué?, se preguntaban las señoritas. Señorita, se ha acabado la guerra en Europa y ha venido la desocupación de las fábricas textiles. ¿Entiende? Tal vez, si visitasen los Reyes Cataluña... ¿Y si Cataluña regalase un palacio a Alfonso XIII? Puede que eso detuviese la multiplicación de los separatistas. Pero ¡si lo son todos! ¡Ah, ese Macià![93] Cuántas palabras nuevas para mí. ¿Luego había el mundo de los contentos y el de los descontentos? ¿Cómo eran de verdad esos anarquistas tan temidos? Pues como la cocinera de mi casa. La cocinera de mi casa era la mujer de un anarquista muy conocido por sus ideas de

---

[92] Severiano Martínez Anido (1862-1938) fue gobernador civil de Barcelona en los años de virulento anarquismo que recuerda María Teresa. Anido intentó acabar con el movimiento obrerista, si bien fue destituido por Sánchez Guerra, acusado de extralimitarse en sus funciones. Alcanzó el Ministerio de la Gobernación durante la dictadura primorriverista.

[93] Francesc Macià (1859-1933) fundó en 1922 el partido Estat Català, de fuerte sentido catalanista y combatió firmemente la dictadura del general Primo de Rivera. A partir de 1931 Macià y su partido se integraron en Esquerra Republicana de Catalunya. Fue el primer presidente de la Generalitat y logró la aprobación del estatuto de autonomía en agosto de 1931. Fue sustituido, a su muerte, por Companys.

igualdad total, comenzando por el rasero del más pobre. La mujer me contó dulcemente: ¡Es tan bueno! Figúrese que cuando se apoderaron del dinero del banco se vinieron andando desde Sabadell a Barcelona porque no tenían para comprar el billete del tren. ¿Y el del Banco? No, ése era el dinero de la organización.

Me atraían los anarquistas. Hablé con el marido de la cocinera. Nos sentamos en la cocina. Luego le he vuelto a ver en algún franciscano viejo y triste. Era igual. Con una centella de desilusión en los ojos. Después habló. Creo que abrí la boca ante el cuadro de las bienaventuranzas que para el futuro ofrecía a los hombres. Mis poquísimos años estaban conmovidos. Él fue quien me habló del Noi del Sucre. Luego, mi padre me lo señaló. ¿Y todos son así? Tonta.

Mi padre había seguido al general Primo de Rivera en su aventura dictatorial y había sublevado su regimiento. Mi madre contaba con gracia que uno de los oficiales había subido a preguntarle cómo se hacía el engrudo para pegar carteles, pues tenían que ir por la ciudad pegando el bando. Yo no entendía mucho. Me gustaba salir con mi padre, ir a las carreras de caballos, sentarme con él en las Ramblas. Éramos tan felices cuando nos íbamos juntos a conquistar el mundo. Decían que nos parecíamos. Mi madre entornaba sus ojos azules, mirándonos: pienso como te dijo el rey: ¡qué ejército tendría si todos los coroneles fueran como tu hija! Mi madre no creía mucho en el ejército español, creo que le había desilusionado su matrimonio y luego todos los desastres de África. Su inteligencia se negaba a aceptar "las gloriosas derrotas". Discutía lo de Silvestre,[94] lo que ocurrió con el cautiverio de los soldados

---

[94] El general Manuel Fernández Silvestre (1871-1921) estuvo presente en las campañas de Cuba y de Marruecos, alcanzando una cierta fama

españoles, tenía una respuesta para todo. Sus claros ojos azules se enturbiaban de rabia. ¿Por qué los hombres serán tan poco inteligentes? Agarraba la mantilla y se iba a rezar. Más tarde, cuando llegó la República, agarró la mantilla y se fue a votar. Cuando llegó a poner su voto la detuvieron. No, no ese nombre con *de* no está en el padrón. No puede votar, declararon los comunistas allí sentados. Sí puede, porque yo soy el médico de la casa y la conozco desde hace muchos años y el apellido puede ponerse con *de* o sin *de*. Pues no votará. Pues sí. Creo que mi madre se divirtió mucho aquella mañana. ¡Tontos, pero si voy a votar por el Partido Comunista!

El voto era secreto y únicamente sonreía. Las derechas la apoyaron con toda su fuerza. ¿Vota? No vota. Vota. Y votó. Arregló su mantilla y se fue a la iglesia. A la iglesia, sí, fui a rezar un poco para que Dios diera el triunfo al Partido Comunista. ¡Mamá!

¿Cómo será la Barcelona de hoy? ¿Por qué me siento siempre ligada a ella? ¿Será por ese barquito de plata que colgó ante la Virgen de la Bonanova un antepasado mío al que la Virgen salvó de un naufragio? ¿Será por aquella abuela que cantó a mi padre las nanas que los niños catalanes escuchan para poder dormir? ¿Qué le habrá parecido eso de estar casada con un andaluz de Sevilla que se dejó matar en una batalla siendo —creo— general? ¿A quién se le ocurre morir en la batalla de Montejurra,[95] siendo cristino, justo cuando la ganan los cristinos? ¡Mala suerte! ¿Y qué hace una viuda con tantos chiquillos? Trabé conciencia de esta parte de mi familia cuando llamó a

---

de militar audaz. En 1920, como hombre de confianza del rey, estuvo en Marruecos, pero su intrépido plan de avanzar hasta Alhucemas se vio trágicamente cortado por el desastre de Annual, en el que Silvestre perdió la vida junto con miles de soldados españoles.

[95] La batalla de Montejurra, a la que tal vez se quiere referir la autora, ocurrió en febrero de 1876 (la tercera de tal nombre) y en ella las tropas gubernamentales, o cristinos, alcanzaron la plaza de Estella.

nuestra puerta un caballero que preguntó, ceremoniosamente, por mi padre. Era el pariente, el tío de América que
todos los españoles tenemos. Arquitecto. Había construido casas en Buenos Aires. Casas Modern-Stile que yo vi
luego, con mujeres sosteniendo los balcones y balaustra-
das con corolas de lirios. Supe que había sido discípulo de
Gaudí y que... no sé. Ya no puedo preguntar a nadie. Mi
curiosidad de hoy se queda sin respuesta. Únicamente una
fotografía con mi prima, la hija del arquitecto, hecha en
Buenos Aires mientras metíamos los pies en un arroyo.
1927.[96] Hoy no sé por dónde andan... ¡Cómo es posible!
Yo he vivido veintitrés años en Buenos Aires y ni ellos vinieron a verme ni yo fui... ¡Cómo nos alejó a todos la guerra de España con sus frentes irreconciliables! Hoy me da
pena. De cuando en cuando los exiliados españoles nos
encontramos con amigos que nos dicen: me voy a España.
Les tiembla la voz. Tengo miedo de morirme al pisar la
frontera. Debe ser todo tan distinto...

Sí, distinto. España ha soñado un mal sueño. A mucha
gente le gusta dormir una siesta muy larga. Baja las cortinas, se tapa los oídos, quisiera vivir sin vivir, olvidar, ale-
targarse como los lagartos, creer que el principio y el fin se
unen y recomienzan. ¿Se puede recomenzar? ¡Ojalá! ¿No
será algo así como morir? No, los muertos tienen su vida.
Algo oirán. Se han tumbado con todas sus horas vivas sobre la muerte. A su lado pasean los vivos que no están ni
muertos. Esto es serio. Tiene la seriedad del sueño. Da escalofrío.

Cuando aquella muchacha escribió su primer artículo, lo
firmó: Isabel Inghirami.[97] No se atrevió a poner su nombre.

---

[96] Los últimos artículos que María Teresa León publicó en el *Diario de
Burgos,* en los primeros meses de 1928, dan cuenta de su viaje a la Argentina el año anterior.
[97] "Isabel Inghirami", el seudónimo utilizado por María Teresa León
en sus primeras colaboraciones en el *Diario de Burgos,* está tomado del
personaje Isabella Inghirami (que representa el tipo de mujer rebelde y

Mejor que tomasen a la autora por una de las estudiantes de los cursos de verano del Instituto de Burgos. Isabel Inghirami. ¿Y por qué una heroína d'annunziana? ¡Bah!, el primer nombre que le cayó bajo los ojos. Se le agrandó el corazón cuando Pedro Salinas, el poeta que se paseaba por el Espolón seguido por sus admiradores, escribió: "Como dice María Teresa León, tan amiga de Isabel Inghirami." Le gusta recordar a Pedro Salinas. Nunca había admirado a nadie tanto. Ni siquiera a Federico García Lorca, a quien escuchó en el Ateneo de Valladolid. No, a nadie. Durante una conferencia de Salinas se había quedado inmóvil desde el principio hasta el final. Supo por primera vez lo que eran los pregones, cómo se vendían el agua, las flores, las frutas. Era una manera nueva de oír la vida, sí, de verla del revés y del derecho. Ese revés popular la llevó tan lejos, que aún lo recuerda aquella muchacha. ¿En la calle se gritaba *eso* y con esa música y nosotros sin darnos cuenta? ¿Era esa la manera de decir y con ese ritmo en la frase y esa gracia musical para advertirnos que algo pasa y se aleja...? Nunca nada le había abierto más los ojos. Nadie le dijo que tenía que admirarlo. Hizo sola el descubrimiento de Pedro Salinas. Se puso muy contenta y siguió escribiendo.

Como le publicaban en el *Diario de Burgos,* creyó que podía dar cuenta de una terrible historia tristísima. En la acequia que cerraba el jardín de su casa, una pobre sirvienta había ahogado a su niño recién nacido. ¡Qué horror! Lo encontraron entre las ranas. Isabel Inghirami salió en defensa de la pobre criatura jovencísima que había creído posible entregar su culpa a las ranas del arroyo. Dijo Isabel Inghirami lo que pensaba de la sociedad que permite la ignorancia y la desesperación que llevan al crimen.

---

hasta suscitadora de escándalo) de la última novela de Gabriele D'Annunzio *Forse che sì, forse che no* (1910, traducida al castellano en 1920 por Julio Gómez de la Serna.

Defendió a la muchacha, afrontó los prejuicios que ataban tan fuerte las correas sobre las infelices indefensas. El hombre, claro es, había huido. La pobrecita agotó día a día de su embarazo el calvario hasta la decisión final. Hubo discusiones sin fin. Albarellos, el director del *Diario de Burgos*,[98] era uno de los mayores intelectuales burgaleses de aquellos años y siguió publicando a Isabel Inghirami.

Pasó el tiempo. Como la hermana de aquella pobre mujer estaba casada con un hombre que fue ordenanza del padre de la escritora novel, cuando la infeliz cuñada salió de la cárcel, le dieron una paliza, porque la pena aplicada les pareció muy poca, y a trastazos la metieron en un barco y toda la familia *deshonrada* emigró a Buenos Aires. Cuando llegaron a la aduana, Felisa dijo que iba a buscar su maleta y desapareció. Claro que la encontraron. Claro que le pegaron otra paliza, pero la muchacha, en cuanto topó a un hombre, se fue con él. Y hasta se casaron, porque eran del mismo pueblo y esas cosas, sin bendición, no se hacen entre vecinos. ¿Verdad, señora? Verdad, verdad.

Existen en el mundo diferentes clases de congojas. Una muy especial, muy oscura y rara es la que sentimos por el prójimo, cuando no es nuestra falta o nuestro dolor sino el del prójimo, transmitido por leves ondas a nuestras células pequeñísimas de comprensión y fraternidad. Mucha gente no ha notado nunca ese estremecimiento. Tan no es capaz de sentir el dolor ajeno, que se inventaron las plañideras para que lloraran suficientemente alto por los muertos y que éstos se enterasen de su congoja. Yo las he oído sollozando, acompasadamente. De cuando en cuando decían el nombre del difunto. Era un difunto pequeñito, vestido de ángel, las alitas de papel rizado. Se había quedado

---

[98] El *Diario de Burgos, de avisos y noticias* empezó a editarse en abril de 1891, dirigido por Juan Albarellos, quien permaneció al frente de la publicación hasta su muerte en 1922, fecha en la que le sucedió en la dirección su hermano Ignacio Albarellos, que lo perfeccionó técnicamente, justo en los días en que empezaba a colaborar en él nuestra autora.

un poco azul, un poco sorprendido de no respirar. Los hermanillos se le acercaban a cantarle de cuando en cuando. No lloraba nadie más que las viejas gritadoras y las cuatro velas consumiéndose. Todo sucedía en la Quinta del Totoral de Rodolfo Aráoz Alfaro. A lo lejos mugían muchas vacas. Iba llegando gente. Algunos se santiguaban, sentados luego en semicírculo por el suelo. Es un angelito, no hay que llorarlo, me advirtieron. Va al cielo derechito. Solamente las mujeres deben gritar para advertir y que le abran pronto las puertas. Sabe Dios si al cruzar las nubes no siente frío. Casi lloro al oírlo. Me senté igual que los demás. Pasaron una bebida. ¿Cuándo el dolor ajeno es como el propio? Lo he sentido muchas veces, cuando aquello de la Felisa y al sentarme a mirar los ojos de aquella madre a la que dijeron: A los ángeles no se les debe manchar con las lágrimas...[99]

Pero otras veces nos defendemos bien y no somos capaces de sentir diariamente el vaho de nuestro propio delito de olvido. Olvidamos si hace frío que hay gente que se hiela. Olvidamos que el hombre que nos cruza necesitaría una buena palabra. Olvidamos bajo nuestro techo que hay otros techos que se llueven. Y que hay pobres, tristes, descorazonados porque no entendieron ni atendieron lo que la vida les pedía. Y están los que se cansaron de obedecer y robaron o mataron o eligieron las diversas maneras de prostituirse, de enfangarse por ese dinero sobre el cual está basada la felicidad de la gente. Cuando aquella muchacha que empezaba a escribir abrió los ojos al pobre delito tristísimo ocurrido en el jardín, quiso entender por qué todos los hombres no comprenden la congoja que nos llega del prójimo. ¿En qué mundo extraño de diferencias y divisiones había nacido?

---

[99] Lo que aquí cuenta la autora pudo inspirarle el cuento "Locos van y vienen", recogido en la colección *Morirás lejos* (*vid.* Introducción)

Ha perdido el nombre de sus amigos más lejanos. Recuerda que la más íntima de un momento de su vida fue la nieta de un almirante. A veces la amiga, cuando sufría apuros económicos, se dirigía al retrato del almirante: Ay, abuelo, ¿por qué no robaste un poquito en Cuba? ¡Mira adónde nos ha llevado tu decencia! Debe a esos amigos su primera inclinación hacia la poesía moderna. Allí fue, sí, y no puede reconstruir por qué unos versos se quedaron siempre yendo y viniendo en la conversación.

> *Si Garcilaso volviera*
> *yo sería su escudero...*

Y el saludo contestaba:

> *¡Qué buen caballero era!*[100]

El nombre del poeta no le decía nada a la muchacha. Había pasado sin tocarla. ¡Tenía tantas cosas acongojándole la vida! Si Garcilaso volviera... Ella iba andando con la boca amarga. ¿De qué pueden servir diecinueve años, veinte años? Vive en una ciudad con catedral, arzobispo y gobernador... ¿Por qué es débil y no dijo que no a un cardenal? Las mujeres españolas no pueden desoír esa voz. Niña, niña, le dijo el cardenal. Esta vida triste prepara la alegría de otra. Niña, niña, tienes que volver con él. Un mal marido es mejor que un buen amante. Niña, niña, regresa junto a tu hijo. Te necesita. Ninguna fuerza del mundo debe separarte de tu obra.

¡Ninguna fuerza del mundo! Habían llegado de madrugada. La muchacha lloraba sin consuelo. Llevaba en la mano el telegrama que le decía que su hijo se estaba

---

[100] Cita del conocido poema albertiano dedicado a Garcilaso de la Vega, e inserto en *Marinero en tierra*. (*PC* I, p. 143).

muriendo. Mamá, ¿te das cuenta? Tiene meningitis. Tuvieron que aguardar a que amaneciera. Luego telefonearon. Una voz desconocida le contestó: ¿Quién? ¿Cómo? ¿Quién dice que es? ¿La madre del niño? Bueno, voy a comunicarlo. Y el tiempo, el tiempo, hasta que alguien de la casa dijo: ¿Quieres venir en seguida? Se lo voy a decir a mi madre. Y luego, después de morirse de rabia, otra voz que le decía: Soy la enfermera. Creo que podría venir a las 10, sí, a las 10. Antes, no. Tienen que consultar al abogado.

¡Qué lejanos, duros y secos fueron! Hoy están muertos. Un cuñado abrió el portón del jardín. Empujó impaciente la puerta. No necesitó que nadie le dijera dónde estaba su hijo. La guió un lamento agudo, un quejido continuo como ella no había oído jamás. Era como una llamada desde una profundidad, desde un vacío. Subió corriendo la escalera. Empujó a alguien. Entró en el cuarto y cayó desmayada, sin ver a su hijo, al niño, tan pequeño, que le habían arrebatado. Después la monja la aproximó suavemente a la cama. Allí estaba el niño, quejándose intermitentemente, perdidas las pupilas, abiertos los ojos hacia el techo.

¿Y para esto habían luchado, arrancándoselo del alma? Le rebasó la hiel, los injurió. Injurió a todos sin dejar uno. Tenía derecho. Les recordó que la separación no vino de la muchacha, que se paseaba del brazo de su padre coronel por las calles de Barcelona, vino de él, él, que temblaba en un pasillo de la casa pidiendo perdón.

Por todo esto que ocurrió, la muchacha está arrodillada ante el cardenal pidiéndole que rompa el nudo de su matrimonio. ¡Niña, niña! Cuánto lloró debajo de su pelo, cubriéndole la cara. Era como si nunca pudiese terminarse aquel dolor y aquel llanto. ¡Niña, niña...! Pero, ¿qué se le puede contar a un cardenal? Nada, nada se le puede contar de la vida íntima de una criatura perdida en su primera juventud. Ni a él ni a las amigas de la madre que vinieron por curiosidad y compasión. ¡Qué sola y qué injuriada por la vida se siente! Todo fueron palabras, palabras, cuentos viejos, razones poco válidas. ¿Después de los insultos?, el abogado no la dejó estar más que dos horas con su hijo moribundo. Y subió temblorosa la escalera de su deber. ¿Se habrá muerto ya? Quería oír ese grito horrible al empezar a subir el escalón primero, porque ese grito era la vida... La monja la hacía entrar. Pronto estuvo de su parte. Comprendió todo y la besaba y le acariciaba la frente. Cuando pasaban las dos horas llegaba el cuñado. Luego el cuñado dejó pasar el tiempo y se olvidó de llamarla. Al salir al jardín, una sombra estaba siempre esperándola entre los árboles. Un día siguió sus pasos. La tomó del brazo. No quiero, no quiero. No había diálogo, solamente unas ganas de terminar con aquello que la afrentaba. ¿No recuerdas todo lo que has hecho contra mí? Pero... Una mañana el niño enfermo bajó los párpados. Levantó la mano, se buscó la naricita... ¡Tontito, si está aquí! Y el niño sonrió. ¿Salvado? Dígame que está salvado. La enfermera se arrodilla. El milagro se había producido. No llamaron a nadie. Apoyó su llanto contra los vidrios de la ventana. Cree recordar que estaba el jardín lleno de nieve, pero todo lo recuerda ya tan mal. Sabe únicamente que los ojos de su hijo le sonrieron y que ya nunca dejaron de mirarla.

Bajó la cabeza y aceptó. Era su vida por la de su hijo. Inútil ver más al cardenal arzobispo de Burgos cuando se va a vivir en su diócesis. ¿Para qué...? Los caminos de la tierra terminaban ante aquella camita, junto a aquel niño.

Luego, sus amigos fueron muchos, unos menos y otros más entrañables. Aquel matrimonio a quien tanto le gustaba la poesía le fue muy cercano. Juntos leían los poetas. Se saludaban:

Si Garcilaso volviera...

Vida de una ciudad española, con catedral, arzobispo, audiencia, gobernador civil... El nombre del poeta no le decía nada a la muchacha que había comenzado a escribir porque sus días eran largos, fríos, solos.

La niña aquella había nacido cuando aún se vendía el agua en botijos. Pasaba el hombre que vendía los botijos para esa agua que, si era serena, eso es, si se dejaba reposar por la noche al sereno de la luna, valía más; mucho más, para la salud, cuando salía el sol. La niña era niña de calle de ciudad y no se llevó dentro para consuelo de su madurez ningún pueblecito donde viviera su infancia entre vecinos ni en los oídos campanas catedralicias que luego ayudasen con su recuerdo a pasar los años. A veces siente envidia de Rafael Alberti con su Puerto de Santa María, sus veleros, sus campos de sal, sus recuerdillos de los toros acosados en las dehesas y los miedos que debió pasar al entrar donde los vinos andaluces se aristocratizan día a día en lo oscuro. La niña hubiera querido algo mejor que aquella calle del Buen Suceso, de Madrid, frente a una iglesia tristona y fea, mirando un hospital para militares atropellados por la enfermedad. Hubiera querido, como Rafael Alberti los tuvo, amigos de cualquier extracción social, chiquillos de alpargatas a los que se les quiere tanto que se reparte con ellos la merienda.

Hubiera querido la niña tener un perro junto a sus pies, pero nada de eso le dejaron. Si tal cosa hubiera sucedido, la niña no se hubiese dado contra las esquinas de la vida con tanto dolor. Por eso, cuando la niña lee ahora *Marinero en tierra,* los versos le parecen suyos porque ha sorbido por contacto de sus venas los esteros y las salinas, la bahía y los puertos. Y se siente inundada de una calma extraña como si pudieran vivirse dos vidas paralelas, dos vidas que corriesen, mirándose, saludándose, sonriéndose. Se ve cubierta de agua, de sal. Se ve sirena, alga. Siente los peinecillos entre las trenzas. Los labios andaluces sobre los suyos de Castilla. Los ojos hacia el cielo de otros ojos deshacerse, irse despacito acurrucándose junto al montón de arena...

La niña sabe que así ha corrido su vida toda y así irá hasta la cruz de la muerte.

Sí, abuela, me voy, sigo el viaje. He regresado para decírtelo: Rafael y yo no desuniremos nuestras manos jamás. Ya sé, ya sé. Adiós, abuela, adiós, madre. Ya no estoy sola, ya no me contesta el eco cuando hablo en voz alta. Empiezo, empiezo por mi cuenta y riesgo la vida. Nos vamos a Francia. Él es un poeta. ¿Lo conoces? Abuela, ¿me recibirás cuando regrese? Y mi abuela Rosario contestó: Vuelve. Tú eres mi nieta. Esta casa es tu casa. Nada más.

Ahora mi casa es blanca, amplia. Sin querer nos traemos dentro todas las casas donde vivimos. Yo tengo conmigo, como postales íntimas, desde aquella casa de la calle de Buen Suceso donde viví, la primera casa de la que me acuerdo. Luego fueron viniendo las otras. Por dos veces viví en lugares no míos, rodeada de voces de mando. Se oían desde el alba las trompetas de la diana que hacía levantarse del sueño a los pobres soldados del regimiento de caballería que mandaba mi padre. En el enorme patio se realizaba el espectáculo matinal de formarse los escuadrones. Subían las voces de mando, se inquietaban los caballos agrupados por colores. ¿Te gustan los caballos? Sí, sí, claro, mamá.

A veces los soldados iban de gala, con lanzas. Lanceros de Santiago. Santiago, el apóstol batallador. Si lo supiera, seguramente le gustaría el homenaje de la caballería española. El otro regimiento se llamaba Lanceros de Borbón. Dos ciudades: Burgos, Barcelona. Pero no era lo mismo. ¡Lanceros de Borbón! Cuánto más bonito tener un apóstol y una cruz como puñal. Eso sí que era un símbolo. Esa otra palabra, Borbón, no era bonita en castellano, pertenecía a otra lengua, era nada más que el apellido del rey de España. Santiago, en cambio, Santiago era un apóstol. El pobre dicen que se vino a morir muy lejos, a Galicia, al extremo de la tierra para evangelizar pescadores, dicen, y campesinos astutos que no se dejaban engañar con patrañas y pedían milagros.

El pobre Santiago debió de pasarlo mal con aquellas gentes pobres enredadas en viejas leyendas druidas,[101] mezcladas con dioses griegos y romanos. Santiago traía consigo un recuerdo de asombro y una cruz. El recuerdo de los milagros de un crucificado. Como sentía rabia por lo ocurrido, cuando no le creían, le brotaban espadas de los ojos. Le gustaban las espadas para convencer. Sí, para evangelizar hay que traer espadas. Y así lo vieron años después de su muerte, por los aires montado en un caballo blanco, evangelizando moros con su espada.

Santiago Matamoros, lo llamaron. "¡Santiago y cierra España!", le gritaban los batalladores españoles medievales, poco seguros de sus espadas terrestres. Compostela fue la patria del apóstol y la tumba. Otros lo contradicen y aseguran que la tumba adorada es la de Prisciliano, un apóstata a quien no hubo manera de convencer. ¿Y los huesos del apóstol? Entonces ¿por qué se llama Camino de Santiago ese toldo de estrellas que cruza el cielo y lleva hasta el sepulcro del santo a los peregrinos? Pues esto nos contaban. No sé más. Lanceros de Santiago. De chicos seguíamos el camino de las estrellas doliéndonos la nuca. ¡Qué maravilla el camino sideral! ¿Sideral? Habíamos aprendido una palabra nueva. ¿Y Santiago? Santiago sigue en Compostela. ¿San Tiago o Sant Yago? La Cruz de Santiago sobre el pecho de los caballeros. Y todo ese regimiento que desfila ante mi padre, ante mi juventud, ¿sol-

---

[101] La voz "druida", de origen celta, designaba a los sacerdotes, a los adivinos, a los bardos, o a otros personajes de relieve en aquel antiguo pueblo, antecedente de los actuales gallegos.

dados de Santiago? Sin apóstol, corregía mi madre, soldados nada más del rey de España. Un poco flacos están.
Creo que tu padre debiera fijarse en lo que comen los po-
brecillos, porque eso de almohazar caballos... ¿No has visto qué bien los visten por las mañanas cuando los enjabo-
nan y limpian? ¿Te gustan los caballos? Sí, mamá, sí.

Los balcones de la casa daban a los cielos de la catedral
donde el arquitecto Antonio Gaudí levantó sus extrañas
agujas.[102] Los arquitectos modernos aprendieron de él a rebelarse contra las reglas establecidas. La muchacha está
feliz de colgarse del brazo de su padre para salir de paseo
hasta las Ramblas, el Paseo de Gracia... ¡Qué jovencita es
y ya casada! Eran los tiempos del golpe militar de Primo de
Rivera. Los hijos de Primo de Rivera estaban entre los soldados del regimiento. Uno de ellos era muy rápido, muy
inteligente. A la muchacha le parecía absurdo no poderles
ya sonreír porque estaba casada y qué diría el teniente coronel del segundo si la viese. Era un buen mozo. ¿Quién
cerraría los ojos del aquel soldado que yo no volví a ver?
¿Y por qué cayó si tal vez...? Sí, tal vez fue una equivocación política. ¿No hubiera sido más acertado mandarlo a
morir a otra parte, por ejemplo, a Burgos? Años de guerra
civil. Aquel soldado que yo nunca más volví a ver estaba
preso, preso político. ¿Qué efecto hubiera producido José
Antonio Primo de Rivera en Burgos, frente a frente con el
Caudillo? Seguramente no hubiera sido trasladado a hombros por toda España para ser enterrado con una sonrisa
de triunfo en el Escorial porque... el eliminador que mejor
eliminare, buen eliminador será.

[102] Antonio Gaudí (1852-1926), innovador arquitecto del Modernis-
mo catalán, inspirado en las arquitecturas gótica y árabe, y al que en 1883
le fue encomendada la construcción del templo de la Sagrada Familia, su
obra cumbre, aunque inacabada, que es la "catedral" aludida por María
Teresa. De las cuatro vistosas torres que rematan la fachada oriental o de
Nacimiento (cuya obras se iniciaron en 1891) sólo una se concluyó en vida del arquitecto.

Otra casa inolvidable miraba al parque del Oeste. Rafael y yo vivimos por poco tiempo en ella, pero su recuerdo trae el de Don Miguel de Unamuno. ¡Cuánto le gustaba hablar! Un día llegó temprano. ¿Quiere usted almorzar con nosotros, don Miguel? Claro, claro. Al terminar comenzó a leernos una de sus obras de teatro. ¡Qué maravillosa tarde! ¿Tomaría usted una taza de té, don Miguel? Sí, sí, té. Y seguimos oyéndole leer y hablar, sin hacer ruido, con las manos juntas para no molestarlo, para no interrumpir el espectáculo de su talento. ¿Don Miguel, cenamos? Y cenamos y seguimos hablando, bueno, siguió hablando con su talento abierto, desplegado, y nosotros, Rafael y yo, con la boca abierta, le acompañábamos con los ojos, felices de que se encontrara feliz. Cuando se levantó para irse, aún se rebuscó en los bolsillos. Creo que tengo algo aquí que le gustará a Alberti. Es para un nieto nuevo.

> *La media luna es cuna, cuna,*
> *¿y quién la mece?*
> *Y el niño de la media luna,*
> *¿para quién crece?*[103]

Nos despedimos de él con el corazón desbordando. ¡Qué maravillosa juventud! Gracias, don Miguel, hasta pronto, hasta pronto. Venga, venga siempre. Sobre la mano nos había dejado, viva, una pajarita de papel.[104]

---

[103] Poemita-canción, a modo de nana, procedente del póstumo *Cancionero* de Unamuno. Se trata de la composición 1347 de tan dilatado poemario, fechada el 24 de noviembre de 1929. El poema en cuestión, que María Teresa sólo cita fragmentariamente, está precedido de la siguiente nota de don Miguel: "Esta mañana, 24 XI, leía en *Haze* de Carl Sandburg, el poeta de Chicago, esto: 'Why do the cradles of the sky rock new babies?' Hoy, 24 nov. 1929, bautizan a mi primer nieto, Miguel Quiroga." En *AP* 1, pp. 313-314, Alberti recuerda la visita que hizo al matrimonio don Miguel, leyéndoles su drama *El hermano Juan* y el poema referido.

[104] En un artículo que María Teresa publicó en la revista mexicana *Los Sesenta* (núm. 2, 1964, pp. 37-42), titulado "El búho de papel de Miguel

Y vivimos en una azotea desde donde se veía el Guadarrama al abrir los ojos, al cerrarlos, siempre los montes, a veces iluminados de nieve. Era la calle del Marqués de Urquijo, con su templete al encontrarse con el Paseo de Rosales, con sus acacias... Había sido antes el estudio de Zuloaga.

Nosotros llenamos la enorme terraza de flores. Cuántos amigos subieron a ella, desde Bergamín a Buñuel, a Serrano Plaja, a Petere... José Bergamín subió con su *Cruz y Raya*[105] y nosotros le recibimos con *Octubre*. Más tarde apareció Pablo Neruda con su *Caballo verde para la poesía*.[106] Nosotros éramos los atrevidos que habíamos subtitulado altivamente nuestra revista: Órgano de los Escritores y Artistas Revolucionarios. Todos los demás nos miraron con desconfianza. Vendíamos la revista por las calles. Algunos amigos, asombrados, dejaban en mi mano unas pesetas con el gesto de decir y para qué me va a servir esto, ¡locos! Sí, habíamos mirado las calles, los campos, las gentes de España. Llevábamos anudada España a la garganta. Habíamos aprendido a cantar en coro con otros hombres y mujeres los himnos. Era como si nos hubiésemos convertido en amigos solidarios y entrañables de todo obrero, de toda pobre mujer mal vestida, de todo necesitado de una

---

de Unamuno", se reproduce el texto del poema y se concreta que la figura de papel fue un búho que don Miguel había hecho en 1925, durante su destierro parisiense, y que tenía escrito un texto en francés, dedicado a Francis de Miomandre, que se traduce. Más adelante María Teresa vuelve sobre este asunto. *Vid.* nota 475.

[105] La revista *Cruz y Raya* (1933-36), fundada y dirigida por José Bergamín, fue una importantísima publicación de orientación católica, pero muy liberal y de alto valor intelectual.

[106] La famosa revista promovida por Neruda, que se publicó entre 1935 y 1936, al cuidado de Altolaguirre y Concha Méndez, en la que colaboraron Aleixandre, Guillén, Lorca al lado de Miguel Hernández entre otros muchos nombres, en un claro deseo de introducir un revulsivo hacia la poesía "impura" y comprometida, rehumanizada después de tantos intentos de formalismo esteticista.

palabra, de toda mano hambrienta. Era como si nos hubiésemos echado al hombro la bolsa vacía y tomado el cayado franciscano de la renuncia. Renunciamos hasta al saludo de los amigos, bueno, los amigos dejaron de saludarnos. Nos criticaban. ¡Qué placidez en nuestro espíritu! Sí, sí, pero para combatir hay que odiar, hay que conocer la causa, la pobreza no es más que un signo, el problema es la división de los hombres en llamados y olvidados, se trata de terminar con una sociedad basada en la desigualdad, en las clases, concluir con la plusvalía... ¿Con qué? Comprendimos que no sabíamos nada. Todo era impulso de nuestro corazón cristianísimo. Había que analizar. Se nos plantearon problemas de conciencia. Los solucionaba nuestra fe. Teníamos fe en los himnos que cantábamos, en las palabras que repetíamos: "Arriba parias de la tierra."[107] ¿Parias? ¿Por qué no tradujeron condenados? Porque era largo, mujer. ¿Y pobres? Porque pobre no quiere decir desheredado. Está bien. La revista *Octubre* desplegaba su tímida bandera roja.

La casa de la calle Marqués de Urquijo se llenó de voces nuevas. España también voceaba con tonos políticos diferentes. Se iban las separaciones, mientras a nosotros, el viento del Guadarrama nos limpiaba los ojos. ¿Se puede ser más feliz? En aquella casa, entre las plantas que habían convertido la terraza en un jardín, las puertas no se cerraban nunca.

A esa puerta llamó Pablo Neruda. Entra. Se detuvo con el dedo en los labios: Chist. Por favor se lo pido. Abajo está mi mujer. Que no se les note el asombro cuando la vean. ¡Es tan alta! Javanesa, sí, pero sus padres holandeses. Vuelvo con ella.[108]

---

[107] Comienzo de la letra del himno revolucionario conocido como *La Internacional,* cuya composición se debe a E. Pottier (1871), como letrista, y la música a P. Degeyter. Fue el himno nacional soviético entre 1917 y 1944 y es el himno elegido por los partidos socialistas y comunistas.

[108] En 1930 Neruda se encargó del consulado chileno en la isla de Java, en donde se casó con María Antonieta Agenaar Vogelzanz, de origen

Homenaje a Luis Cernuda en Madrid, al que asistieron,
entre otros, Aleixandre, Lorca, Salinas, Alberti, Altolaguirre
y María Teresa León.

María Teresa León y
Santiago Ontañón
en una representación
de *El amor de don Perlimpín y
Belisa en su jardín* de Lorca.

Portada de la primera edición de *Memoria de la melancolía*.

María Teresa León y sus hijos Gonzalo y Enrique.

Conocíamos a Pablo Neruda solamente por carta. Las cartas llegaban desde Java, donde él era cónsul de Chile. Rafael había recibido en París el manuscrito de *Residencia en la tierra*. Nos había parecido extraordinario e hicimos lo imposible por que se publicase. Elvira de Alvear, que entonces hacía la revista *Imán,* teniendo como secretario a Alejo Carpentier,[109] prometió publicarlo, prometió mandar el dinero, prometió muchas cosas que no se realizaron nunca, y Pablo Neruda apareció ante nosotros como alguien ya conocido, ya querido y esperado siempre. Pablo nos tendió su mano amiga y nunca más desunimos las suyas de las nuestras.

Sí, era alta la mujer de Pablo, era tan alta, terminando su cuerpo con una bonita cabeza clara que, advertidos y todo, no pudimos dejar de asombrarnos. Se sentó ante nosotros dejando las dos columnas magníficas de sus piernas, enfrentándonos. Le gustaba jugar al tenis. Había conocido a Pablo jugando al tenis, sonriente holandesa rubia, en una aburridísima isla lejana... ¿Dónde está ahora? ¿Dónde está la mujer altísima que dio a luz una niña a quien pusieron el nombre de Malva-Marina? Pablo nos dijo: Mira, no te asombres mucho, vengo con Delia. Su vida corre y corre. Mira, esta es Matilde.[110] Nos cruzamos con

---

holandés. El encuentro que refiere María Teresa hay que retrasarlo hasta 1935, cuando Neruda llega, como cónsul, a Madrid. (Cfr. Neruda, *CV* p. 152).

[109] Lo que refiere María Teresa lo cuenta con más detalle Alberti (*AP* 2, p. 15). Y en *JMV*, pp. 136-137, apostilla el mismo Rafael que [ese libro] "Yo lo llevé a varios sitios. Entonces no entendía nadie este libro y no lo querían publicar. Lo más que logró Pedro Salinas fue que aparecieran unos poemas por vez primera en la *Revista de Occidente*. Más tarde, cuando Pablo apareció en Madrid con la Giganta, Bergamín publicó *Residencia en la Tierra* cuando había publicado ya mi primera antología poética en *Cruz y Raya*".

[110] Delia del Carril y Matilde Urrutia fueron otras dos mujeres unidas sucesivamente a la vida de Neruda. De la primera habla largamente Alberti en su *AP* 2, pp. 294-299. A Matilde Urrutia se une en 1955.

él en algún punto de la tierra. ¡Pablo! Y todo se reanuda, porque somos los de entonces, los de siempre, los de la casa de Marqués de Urquijo, los que hacían la revista *Octubre* cuando él hacía *Caballo Verde,* los del corazón en la mano, los de España en el corazón.[111]

Siempre haciendo algo. ¿Por qué estaremos siempre haciendo algo las mujeres? En las manos no se nos ven los años sino los trabajos. ¡Ah, esas manos en movimiento siempre, accionando, existiendo solas más allá del cuerpo, obedeciendo al alma! Yo miro las manos, las vuelvo, las acaricio un poco para ver la blandura de su temperamento, les busco los nudos que le dejó la vida, la cicatriz del ansia, la desesperación, la credulidad, la amargura de sentirse traicionadas... ¡Qué raras son las manos, esa máquina de la alta tensión humana, esas aspas que solamente se quedan quietas en los retratos! A veces me obsesionan: jugador, mujeriego, falso, intransigente, leal, derrochador, austero, frío, cínico... Manos que estrechamos por costumbre sin saber que van a dejar un rastro en las nuestras. ¡Qué hermoso llamar palma a la mano abierta, al centro y corazón de la mano! Palma, lugar donde se van dibujando en la aguja imprevista de la existencia caminos, valles, surcos, senderos, ríos, lagos, silencios y algarabías. Te la doy por mujer. Esto es, te doy su mano y en la mano, donde hay tantas cosas, han puesto un anillo, y en el anillo una fecha. Te toman de la mano, te atraen, te besan la mano, te conviertes en su propiedad, porque eres, dicen, su propiedad. O sientes un ajeno calor bendito, pequeño como el primer temblor de tu mano y crees que nunca ya más vas a

[111] Alusión evidente al libro de Neruda que el poeta chileno escribió doliéndose de la guerra española y que se incluyó en la *Tercera Residencia.*

dejar de estrechar con tus dedos aquellos dedos tuyos, para siempre. ¡La mano! La ves sola, al decirte: ¡Adiós!, levantándose en el aire. Te la vas a llevar en los ojos. Cuando los cierres, esa mano quedará dentro de ti como signo de tristeza para siempre jamás. Una mañana, mientras navegaba el barco con buen viento, la muchacha se quedó muy sorprendida cuando dijo esto. ¿Está usted seguro de que sea así? ¿Y lo sabe por la mano? ¿Las líneas de la mano? No me diga que cuando estamos muertos desaparecen. ¿Y esta raya profunda que cruza la palma? No puedo creerle. No quiero creerle eso de que vamos registrando nuestros deseos, nuestras decisiones... Me niego a que nadie me escriba en la palma de la mano mi futuro. Si eso fuera verdad ¿para qué vivir? Yo me sentaría a la sombra de los árboles y me negaría a obedecer. ¿No ve que ésa es la obediencia ciega al destino ciego? Por favor, no me diga nada, no quiero saber nada, me gusta la sorpresa, no quiero conocer mis horas futuras. ¿Por qué se calla al oírme? Ahora agarra usted la mano de ese buen hombre. Vamos, dígale usted la buena ventura. ¿Por qué se calla? ¿No tiene nada que decirle? ¿Encontró tigres acechándole en el monte de Venus? ¡Qué divertido! Si fuese tan fácil entregar nuestras manos y seguir en ellas los pasos que vamos a dar... ¿No le dice nada? ¿Por qué le deja al muchacho sin respuesta? Es un oficial del barco y usted debe tenerle respeto. Aquí manda él. ¿Se calla? Bueno, hablará más tarde. La esfinge no habla más que cuando le toca el primer rayo de sol y estamos recibiendo el último.

Aquella noche se bailó. Íbamos llegando a puerto. Al día siguiente cruzaríamos el estuario del Mar de Solís o Río de la Plata. Sintió la muchacha que una mano se apoyaba en la suya. Era la del hombre viejo y flaco a quien le habían dicho en Bélgica que una travesía larga sería buena para su salud. La muchacha sintió cierto miedo. "¿Por qué fue usted anoche tan silencioso con el oficial?" "Va a durar tan poco tiempo", le contestó. Zarpó el barco enfilando

las aguas cenagosas del río. El barco se detuvo de pronto.
¡Hombre al agua!, parece ser que gritaron, pero nosotros
dormíamos. Apenas si alguno creyó en una maniobra de
atraque. Llegamos con retraso. Eso fue todo. La noticia
circuló lentamente en medio de la agitación del desembarco. La muchacha volvió a recordar la voz débil que le
había dicho: ¡Va a durar tan poco! El oficial no había respondido a la llamada. Iba río abajo, hacia donde el agua
dulce se mezcla con la amarga del Atlántico. Había decidido que era mejor así, no llegar...

¿Cómo pudo adivinarlo aquel señor viejo, cansado y
triste? La muchacha esquivó decirle adiós. El señor se
acercó sin darse cuenta. Adiós, María Teresa. Apretó la
muchacha las palmas y no le dio la mano. Nunca había
sentido tanto miedo. Desde entonces las manos son para
ella el libro secreto que no debe mirarse.

Hoy una carta ha dejado en mis manos unos poemas de
Boris Pasternak.[112] Hace pocos días hemos visto el film de
su novela, *El doctor Zivago*. Cuando Boris Pasternak entraba en una sala de Moscú colmada de gente, se llevaba
todos los aplausos. La cara acaballada, la boca grande, la
sonrisa que enseñaba todos los dientes. Se le veía seguro
de su talento, simpático, cordial, amigo. Lo conocimos en
1934, cuando se celebró el Primer Congreso de Escritores
Soviéticos en Moscú. Ya era el poeta más importante de su
patria.

---

[112] Pasternak (1890-1960), autor que estuvo inicialmente muy interesado por la música, publicó su primer volumen de poemas en 1914, y sus
principales libros de versos son de la década de los veinte. Dos poemas
épicos suyos de gran interés fueron "El año 1905" y "Leitenant Shmidt"
(ambos de 1927) y escribió también poemas como apéndice de su famoso
Doctor Zivago. No es fácil identificar —sin más referencias— la cita traducida, y tan escueta, que hace María Teresa de un poema de Pasternak.

¡Si yo hubiera sabido lo que ocurre
cuando empecé:
que las líneas con sangre matan,
suben a la garganta, ahogan!

Esto lo supo más tarde. En 1937 iban los jóvenes detrás de sus versos. Boris Pasternak traducía a Shakespeare. Nosotros llegábamos a Moscú llevando a cuestas nuestra pena, el dolor de España. Me dicen que hay que decir esa pena en pleno Teatro Bolshoi, donde las mujeres rusas celebran su día jubilar, el ocho de marzo. Al entrar al escenario siento que me rodean, me atropellan con un grito: "¡No pasarán!" Era el nuestro. Me siento reducida, pequeña. Una mano me acompaña a mi asiento, otra toma suavemente la mía, que está temblando. Es la de Nadedja Kruskaia.[113] Me quedo prendida un instante en esos ojos que han mirado a Lenin. Me parece que se me hielan los labios. Con las manos heladas me levanto para hablar a las mujeres de la Unión Soviética. ¡Ocho de marzo! El teatro, puesto de pie, repite con ritmo ese ¡NO PASARÁN! que Dolores Ibarruri dejó en nuestra boca. Y hablé con toda la rabia, con la furia que llevábamos entonces en las venas porque nos creíamos combatientes traicionados de la libertad. Debí decir locamente, arrebatadamente lo que era la angustia de nuestras horas defendiéndonos. Los malos fusiles, las pocas municiones, la crudeza del ataque del fascismo internacional a una ciudad como Madrid donde con uñas y con dientes nos defendíamos. Conté cómo se moría de pie, porque no habían podido arrodillarnos. Y la sala, repleta de mujeres, lloró fraternalmente unida al destino de un país lejano del que sabía poco, sólo que cantaba, que estaba cubier-

---

[113] Nasdiezhda Konstantínovna Krupskaia (1869-1939), revolucionaria rusa que casó con Lenin en 1897. Tras la revolución del 17, se consagró fundamentalmente a las tareas educativas. En 1933 publicó *Mi vida con Lenin*.

to de sol, que lo poblaba un pueblo valiente que se había negado a morir.

Año inolvidable para Rafael y para mí ese 1937.

Una tarde, Fedor Kelyin,[114] el amigo que jamás separó su amistad de la nuestra, nos llevó a tomar el té a un salón que habían abierto en Moscú. Amigos míos, creo que hoy será para vosotros un día grande. Cuenta, dinos. No, no. Yo no puedo decir nada. Me lo figuro, solamente. Y seguimos insistiendo, y él, rechazando, divertido de nuestra insistencia.

Pasó cierto tiempo. Kelyin, nos estás engañando. No, no. Y no nos engañaba. Un oficial se acercó a la mesa y saludó correctamente: El camarada Stalin les está esperando. ¿Tienen ustedes los pasaportes? Sí, sí. Nos llevó hasta un automóvil. Nos dimos cuenta que íbamos hacia el Kremlin. Ninguno hablaba. Llegamos a una de las puertas. Enseñamos el pasaporte. Nos saludó el centinela. El coche se detuvo a la entrada de un pabellón.

El color que prevalece en el Kremlin es el verde. Un verde suave y tenue. También las fachadas están muchas veces pintadas de ese color que debía ser el preferido de las emperatrices. Subimos escaleras, atravesamos corredores y salones impecables. Se abrieron puertas. Entramos en un gabinete. Un coronel nos saludó: el camarada Stalin les ruega que esperen un momento. Fuimos presentados a una mujer no muy joven que hablaba un correctísimo francés. Estuve emigrada en Francia. Sí, con Lenin. Sobre el muro se extendía un gran mapa de España lleno de señales; en

---

[114]   Fedor Kelyin (1893-1965) fue hispanista renombrado y al parecer traductor de Lorca al ruso. Además de las referencia sobre este personaje que se puede leer en *AP* 2, p. 21, Alberti ya había redactado una primera semblanza del personaje en una de las crónicas de su primer viaje a la URSS publicadas en el diario *Luz* (28 de julio de 1933). Kelyin fue el delegado ruso en el II Congreso de Escritores Antifascistas celebrado en España en 1937. Juan Chabás le dedicó un artículo en el núm. 29 de *El Mono Azul*.

otra pared, más pequeño, un plano de Madrid. Los puntos de colores eran batallas, bombardeos. Entonces ¿era verdad que se interesaban por nuestra suerte? Se abrió la puerta y José Stalin nos invitó a pasar.

¡Han pasado tantos años!... Creo que era la sala de consejos donde nos recibió. En el centro había una mesa muy larga con carpetas y lápices. Stalin nos preguntó: ¿publicarán nuestra conversación en la prensa? No, no. Nosotros... Sonrió, complacido. Sabía bien quiénes éramos. Le habían dicho que Rafael era un poeta español querido por su pueblo, algo así como un Maiakovski de España. Yo, una mujer. Nos sonrió. Tenía los dientes cortitos, como serrados por la pipa. Nos pareció delgado y triste, abrumado por algo, por su destino tal vez. Sacó su pipa. ¿Le molesta? No, no. Eso me valió un punto de su aprecio. Nos miró fijamente. Tengo una buena noticia que darles. Se calló para aumentar el suspenso. Los italianos han sido derrotados en Guadalajara.[115] Acaba de llegar la noticia. Sentí que mi corazón, que tan fácilmente se desborda, huía hacia mi gente. ¡Qué maravilla esa noticia recién llegada que nadie conocía! Un triunfo de aquel lejano pueblo en armas, ¿verdad? Sí, rendidos, vencidos los fascistas, prisioneros. La primera victoria mundial sobre el fascismo se llamará Guadalajara. Cuando, pasados los años, entre el primer tanque en París liberado, llevará escrito: Guadalajara.

El antifascismo del mundo celebrará para siempre jamás esa fecha. Stalin sonreía. Nos sentimos seguros. Y hablamos. Hablamos de muchas cosas, entre otras del Congreso de Escritores que pensábamos celebrar en España. Escritores

[115] La famosa batalla del Jarama, en febrero de 1937, significativa derrota de los aliados de Franco por las tropas republicanas, dejó libre el camino hacia Valencia, en donde se instaló pronto la capitalidad de la República. A tal victoria se alude —con el ánimo que ello debía suscitar en los combatientes y en la población— en el final de la adaptación albertiana de *La Numancia* cervantina.

de todo el mundo para que vengan y vean. Sesiones en Barcelona y en Valencia y en Madrid sitiado. Una verdad no tiene por qué ocultarse. Que vengan a ver la verdad de España. Nosotros sabíamos que había en Stalin una cierta reserva en dejar ir a los escritores soviéticos a un congreso donde iba a ir, también, André Gide. André Gide había escrito un libro, *Retour de la URSS,* que no había gustado nada en los medios oficiales.[116] Esperamos su respuesta. Sí, sí, que vayan, ¿por qué no? Hablamos de las dificultades que encontrábamos para proteger a los niños. ¡Ah!, si yo dijera a las mujeres soviéticas ¿queréis recibir un niño español?, todas las madres rusas abrirían sus brazos. Pero... es tan difícil. Los inconvenientes los ponen las otras naciones, es el viaje, no tenemos fronteras... pero creo que podemos llegar a algo a través de la Cruz Roja. Y seguimos hablando. ¿Cuánto tiempo? El coronel, cuando salimos, nos dijo: han estado ustedes con el camarada Stalin dos horas y cuarto, nadie estuvo más. Sí, nos dijo muchas cosas sobre la guerra de España. Una que recuerdo siempre: Nosotros estamos muy lejos. La ayuda militar se hace muy difícil. No tenemos frontera. ¡Ah, si la tuviésemos! Es Francia quien debe ayudar a la democracia española. Nuestros barcos tardan en llegar o los hunden en el Mediterráneo. Han de pasar los Dardanelos. Digan al gobierno español que no demoren los pagos que el cónsul debe hacer a Turquía por el paso del estrecho. Hemos mandado armamento. Ustedes lo han visto. Tanques, aviones... Una guerra devora todo. No olviden que cuando uno de esos instructores que enviamos cae en España, desaparece hasta su nombre. Sí, sin nombre. Bajamos la cabeza. Luego le estrechamos la mano. Nos sonrió como se sonríe a los niños a los que hay que animar. Y José

---

[116]   André Gide (1869-1951) manifestó su mezcla de admiración y de reserva por el comunismo en sus libros *Retour de l'URSS* (1936) y *Retouches à mon Retour de l'URSS* (1937).

Stalin se retiró hacia sus problemas, encorvando los hombros.

Salimos de la Unión Soviética por la frontera de Leningrado, hacia Finlandia. Un rompehielos nos llevó a Suecia. Este fue el único paréntesis que hicimos durante la guerra de España. Todo lo que pasó después, la Historia grande de ese momento de la Unión Soviética y de Stalin queda para los historiadores.

He abierto un libro y me he quedado mirando los retratos de los generales que aquella muchacha conociera. Están inmóviles, saludando. Casi siempre los generales están inmóviles y trabajando los soldados. Saludan a una bandera. La muchacha había visto muchas veces paradas militares con reyes y todo. Y había oído hablar, porque en la familia militar, como en todas las familias, la crítica puede ser agria y amarga. Hay incomprensiones e indulgencias.

En su casa había indulgencias y muy profundas hacia Dámaso Berenguer,[117] general, alto comisario en Marruecos y no sé cuántas cosas más. Los hijos, Anita y Dámaso, fueron los compañeros de la niña. Allí pasaron muchas horas felices. La casa de los Berenguer, donde una hermana hacía enmudecer con su belleza a los invitados, estaba presidida por la madre. La madre de los Berenguer era una criolla de abanico y mando. Mandaba con su ceceo dulce cubano, con su abanico. Era cosa de ver cómo los hijos dejaban los grados militares a la puerta para ir a besarla. La niña ríe a sus recuerdos. ¡Cuántos militares conoció! ¿Y

---

[117] Al general Berenguer (1878-1953), presidente del postrer gobierno de la monarquía de Alfonso XIII, cuando era ministro de la Guerra en 1918 se le encargó la Alta Comisaría de Marruecos, y puso en marcha una ambiciosa operación que acabó en el desastre de Annual, por lo que fue procesado y separado del servicio activo. Con el advenimiento de la Dictadura se le amnistió y fue nombrado jefe de la Casa Militar del Rey.

Cavalcanti? ¿Y Burguete? ¿Y Millán Astray?[118] ¿Y Silvestre?... El general Silvestre con su hijo. Claro que todos se le fueron desvaneciendo hasta hoy, hasta hoy cuando abrió un libro: *La Historia de un cautivo,* de Gaya Nuño,[119] un libro excelente. Pero ¿eran así? ¿Estás seguro? Yo creía que Cavalcanti era más alto. Le parece recordar que todos atribuían mal carácter a Silvestre y que cuando el desastre de Annual no murió sino desapareció, vestido de moro... En este libro se cuenta diversamente la historia miserable y triste. Pero una derrota es una derrota, aunque los protagonistas desaparezcan por escotillón y nadie encuentre su cadáver. El responsable de tantas vidas desapareció. En casa de la chica sintieron una gran vergüenza. Annual,[120] Monte Arruit. Sabíamos todos los nombres, hasta el de la Duquesa de la Victoria, el "ángel" de la Cruz Roja, como la llamaron entonces.[121] Se le superponía otro

---

[118]   José Cavalcanti (1876-1937), famoso y muy laureado militar español, nacido en Cuba, en cuya guerra de independencia destacó por su heroicidad, que le permitió obtener tres cruces rojas al mérito militar. También tuvo brillante actuación en la campaña de Melilla de 1909. Ricardo Burguete (1871-1937) combatió en Cuba y Filipinas y en las campañas de Marruecos de 1909; se le encargó la represión de Asturias en la huelga de 1917 y fue nombrado en 1922 alto comisario en Marruecos. Millán Astray (1879-1954) fue profesor de la Academia de Infantería después de haber participado en la guerra de Filipinas; en 1920 fundó el Tercio de extranjeros (Legión española), del que fue el primer jefe.

[119]   Juan Antonio Gaya Nuño (1913-1976), historiador del arte y escritor, con una larga lista de títulos sobre su materia de preferente atención, y además autor de varias novelas, entre ellas la mencionada por María Teresa, publicada en México, en 1966, y que es una amarga evocación de la guerra de Marruecos.

[120]   Junto a la batalla de Annual (localidad en donde estaba establecida la guarnición del general Silvestre, que fue tomada por los rifeños de Abd-el-Krim en julio de 1921) y la del Monte Arruit (a 30 km de Melilla), en donde se hizo fuerte una parte de las tropas españolas después del desastre de Annual, al mando del general Navarro; esta posición también capituló el 9 de agosto del mismo año, originándose otra matanza de soldados españoles.

[121]   Carmen Angolotti y Mesa (1875-1959), duquesa de la Victoria, fue la aristócrata más conocida y popular de su época, porque colaboró

Madrid a otras conversaciones diferentes, las rabias de los militares al recuerdo lejano del mugido de las vacas debajo de los pies. Era la misma niña. Por aquel paseo había una vaquería. Aseguraban las madres que era sanísimo tomar aquella leche llegada de la fuente a la boca. Excelente contra la tuberculosis, explicaban. Olía horriblemente a estiércol y la niña no estaba tuberculosa y todos los ojos se volvían a mirarla, hasta los de los albañiles en los andamios. El coche de la abuela hacía escala en la vaquería para luego dirigirse hacia el barrio de la Guindalera.[122] Allí había algunas quintas grandes. En una de ellas, la cuñada de la abuela de la niña. Allí no se hablaba de Juntas Militares que tomarían venganza de lo ocurrido en África ni de generales poco hábiles ni de las cabilas[123] que se compran o venden ni de los franceses que estimulaban las represalias que tomaban los moros en Marruecos. Allí la guerra de África era demasiado joven, se hablaba de la guerra de Cuba. El hermano de la abuela había pasado allá los mejores años de su vida. Seguía al ejército como médico militar. Le tocó luchar contra el vómito negro, la disentería y las balas. Vivía con ellos una muchacha mulata que agarraba la mano de la niña para ir a buscar albaricoques de un árbol enorme que había en el jardín. Luego la llevaba a mirar a los patos, las gallinas de Guinea, los conejos y, al fin, los automóviles. Había dos. En uno de ellos el tío había

---

intensamente, como enfermera, en los hospitales de sangre de la campaña norteafricana (sobre todo en Melilla) y fue fundadora y primera presidenta de la Damas de la Cruz Roja de España, por directo encargo de la reina Victoria Eugenia de Battenberg.

[122] El barrio de la Guindalera fue (hacia principios de siglo) un barrio popular de Madrid, típico ambiente de los sainetes arnichescos, situado en la actual prolongación de la calle de Alcalá, junto a Francisco Silvela y Diego de León, y atravesado por la calle Cartagena, que es su eje principal.

[123] Las cabilas eran las tribus de beduinos o bereberes, en el Marruecos colonial.

realizado la hazaña de venir desde París a Madrid, de pasar Pancorbo y el Alto del León, vestido de oso, claro es. Así lo mostraba la fotografía. Toda la casa no era más que fotografías y recuerdos; muebles de laca y kakemonos[124] en las paredes. Se oía hablar de las Filipinas y de Cuba. En aquella casa se cruzaban las miserias coloniales de España.

Todo habrá desaparecido. Otras casas estarán tapando los recuerdos, las conversaciones escuchadas mientras se juega. Tíos viejos a los que ni caso se les hace. Cuando de mayor subí las escaleras de mi casa de Marqués de Urquijo, 45, recordé, de pronto, todo lo que había oído hablar de la guerra de Cuba. ¿Por qué? Porque era la casa que construyó el general Weyler.[125] Un general que dejó mal recuerdo en la Isla, un general que era como todos los generales del mundo, nada más, un general. Todo volvió a mí. Ya ninguno de aquella infancia mía estaba sobre la tierra. ¿Y la mulata María, estaría muerta? ¿Le contaron alguna vez su historia? Contaban que en uno de los encuentros entre las bayonetas españolas y los machetes mambises, mi tío, ese señor de los dos automóviles, había entrado en un bohío. Sobre el piso de tierra estaba una mujer muerta; jugando sobre la muerta, una niña cubierta de moscas. De cuando en cuando, sacudía la cara hinchada de su madre y, trepada sobre ella, quería hacerle sonreír... El médico certificó la defunción de la madre y agarró a la niña... Tenía sed y le dio agua, agua con azúcar, miró su piel oscura, sus ojitos... Aquellas manos que habían tocado a la madre

---

[124] La voz japonesa *kakemono* significa 'cosa colgada': pintura japonesa sobre tela, seda o papel que adorna las paredes o que puede enrollarse en un bastón.

[125] Valeriano Weyler y Nicolau (1838-1930), militar español de larga y laureada carrera de armas, cuyo nombre está unido a la guerra hispano-cubana, en donde tuvo una actuación muy dura con los insurrectos y en cierto modo provocó la intervención estadounidense (*vid.* su libro *Mi mando en Cuba*). Ocupó la cartera de la Guerra en los primeros años del siglo y dirigió la represión de la Semana Trágica, como capitán general de Cataluña.

muerta de alguna infección, le acariciaron sin miedo las mejillas. El hombre bueno olvidó de pronto todo lo que había aprendido sobre los contagios y besó a la niña largamente: ¡Hija mía, niña!

La mulata María fue su heredera. La verdad es que yo guardo con cariño dentro de mí tantas cosas como me transmitieron. Creo en esa cadena que nos enlaza. Creo en la canción que se teje con las canciones que llegan de tan lejos. Creo en la memoria ancestral. Me gusta la palabra creer. Es la afirmación más rotunda que usamos los mortales. No me gusta la palabra pensar. Hay que pensar. Piense usted. Se debe pensar bien todo... Nos hemos pasado siglos pensando. ¿Qué hemos pensado? Menos mal que hemos dividido los pensamientos en buenos y malos. Los malos pesan más que los buenos. Así lo decía otra María que influyó en mi infancia. ¿Pensar? ¡Para lo bien que lo han hecho los hombres pensando! Eran sus palabras. Cierro el libro *Historia de un cautivo.* Me ha dado pena el ver que mis recuerdos de infancia están llenos de recuerdos coloniales. Mi padre salió de la Academia de Caballería y lo mandaron a Cuba. Regresó moribundo. El desastre del Barranco del Lobo,[126] en Marruecos, llevó a mi casa a tres huérfanos desolados, hijos de un hermano mayor de mi padre, muerto en acción de guerra... Y así...

Mi madre compraba las primeras violetas que vendían en la calle. Trae suerte. Ponía jacintos en los vasos para que florecieran ante San José. Trae suerte. Ninguna de esas dos cosas le dio ni una pequeña suerte supletoria. Ahora

---

[126] Otra gran derrota del ejército español en tierras marroquíes, en 1909, con casi 1.300 bajas. El desastre obligó al gobierno de Maura a enviar refuerzos militares a Melilla, movilizando a los reservistas, hecho que generó el estallido de la Semana Trágica en Cataluña.

soy yo quien compra las violetas y las pone en los vasos...
Sentada en esta tierra de nadie que es el destierro, veo a
veces alrededor mío un charco de sangre. No puedo incor-
porar de nuevo a mis venas la que voy perdiendo. Ya la
imaginación no trabaja bastante y la memoria olvida. Llegan cartas, libros... Nos llegan quejas. Los que escriben
nos dicen que se sienten ahogados, envueltos en una gasa
impalpable que les quita la respiración libre de la boca. Sí,
pero... ¿Y nuestra soledad? Es como si el agua se hubiera
retirado de nuestras costas, llevándose cuanto nos pertenecía y ante nosotros quedase una extensión estéril de cantos rodados y conchillas rotas. Y ya no tenemos tiempo
para que vuelva la marea... Cuando esto ocurra, cuando el
mar sonoro y libre vuelva, nuestros ojos no estarán para
ver el prodigio. ¡Dormiremos!

Hoy ha muerto un amigo. Ha muerto Giacomo Debenedetti.[127] Es el primer amigo italiano que se nos va. Su casa, llena de sabiduría, se abrió para nosotros. Renata nos
tomó de la mano: Entrad, entrad. Era como si reanudáse-
mos y no como si empezásemos a conocernos. Sí, fue la
continuación de algo ya vivido, porque así de misteriosos
son los encuentros. Por eso hoy estamos enlutados y tristes, serios. Acusamos el golpe. Hemos besado a Renata, a
su hija. Es al primer entierro que asistimos, porque el de
Togliatti era una manifestación. Jamás vimos congregada
una multitud tan conmovida. Palmiro Togliatti,[128] cuando

[127] Giacomo Debenedetti (1901-1967), escritor italiano influido por
el sicoanálisis (Proust, Svevo) autor de *Saggi critici* (1929-1959) e *Inter-
mezzo* (1963)
[128] Palmiro Togliatti (1893-1964), político italiano, dirigente del partido comunista y fundador con Gramsci del semanario *Ordine Nuovo*. Estuvo en España durante la Guerra Civil como comisario político,
momento en que utilizó el seudónimo de "Ercole Ercol". Logró un enorme prestigio, y del partido que lideraba, en la Italia de los años sesenta.

se llamaba Ercoli, nos había dicho en París, poco antes de empezar la guerra en España: Tenéis que ir a América, explicar lo que ha sido la insurrección de Asturias, lo que han sido los mineros asturianos, lo que sucedió en la represión. El Socorro Rojo os manda. ¿Queréis ir? Fuimos. Lo hemos contado muchas veces. En Italia nos hemos inclinado ante él, muerto. Todas las banderas del proletariado del mundo estaban a media asta. No vi jamás duelo semejante a éste. Por Togliatti se paralizó la ciudad de Roma. Lo que hoy quiero decir es que la emoción es distinta. La de hoy, ante Giacomo Debenedetti, se parece más a la que vivimos al acompañar a Mario Alicata,[129] pero es también distinta. Ha cambiado completamente la escena de nuestros primeros días romanos. ¡Campo dei Fiori! Ni el sol es capaz de secarnos los ojos. Arde Giordano Bruno,[130] negro y enlutado sobre nosotros, y los amigos nos estrechamos los unos a los otros para oír esas palabras que los amigos dicen para cerrar el ciclo de una vida. ¡Pero si hace quince días estaba en nuestra casa! Inauguramos el año todos juntos. Renata se quedó con nosotros y él se fue. Cuando Renata llegó a su casa, la puerta abierta y el desorden le avisaron de que algo estaba ocurriendo. Y así ha sido. Ahora se abre un paréntesis de silencio. ¿Dónde se han volado los pregones del Campo dei Fiori? Todo se ter-

[129] Mario Alicata (1918-1966), periodista y crítico literario (especializado en el neorrealismo italiano) y miembro del partido comunista italiano desde 1940, del que fue uno de sus más destacados líderes en los años posteriores a la Guerra Mundial, mientras el partido estuvo en la clandestinidad. Entre el 43 y el 45 participó en la Resistencia, y hasta su muerte dirigió el periódico *Unità*, órgano difusor del comunismo italiano.

[130] Giordano Bruno (1548-1600), filósofo italiano dominico acusado de herejía en 1576, que huyó a Ginebra, en donde se enfrentó con Calvino, y posteriormente a París, en donde obtuvo una cátedra en la Sorbona. Posteriormente se instaló en Venecia, donde alternó con Galileo. Denunciado de nuevo a la Inquisición, fue quemado vivo sin abjurar de su concepción de un universo infinito, teoría en la que la tierra dejaba de ser el centro del mundo.

mina. Las dos banderitas rojas que han estado desplega-
das para decirnos cómo pensaba del mundo Giacomo Debenedetti, se enrollan lentamente. ¿Recuerdan ustedes
cuánto sufrieron los judíos cuando entraron en Italia los
nazis, las tropas amigas alemanas? Pues Giacomo Debenedetti no pudo olvidarlo nunca. Renata lo ha contado.
¡Ay, esas campanas que iban avanzando su repicar por los
valles anunciando la victoria! Esta mañana de enero no
han repicado las campanas. Todo ha sido sencillez y silencio, como si al terminar de leer la vida de un hombre ce-
rrásemos el libro.

No volveré a leer más, lo sé todo. El hombre no tiene escarmiento, decía mi abuela, luego, tiraba el periódico. Eso
me da ganas de hacer a mí, tirar el periódico, todos los periódicos donde las noticias se repiten: el mismo crimen, la
misma sociedad divirtiéndose, los mismos robos, igual ce-
rrazón en los oídos. Y la guerra. ¿Cómo serán las noches
de Vietnam con los aparatos enemigos ultramodernos ace-
chándolas? ¿Cómo se sienten los hombres, aguantando
sobre sus espaldas curvadas todo el peso de la primera potencia mundial? Comprendo que a muchos españoles leales
se nos llenen de lágrimas los ojos recordando. ¿Será posible
que después de treinta años se esté repitiendo la historia,
nuestra historia? ¿Otra vez abriendo la puerta a martilla-
zos, y sobre las espaldas de los muertos? ¿Otra vez ensayando las armas, adiestrando a los hombres, soñando por
la noche con una victoria colosal sobre los muertos? Ahora martillean, abren la puerta a un proyecto lejano. Esto
no es más que el preludio. ¿No se da cuenta el mundo?
Ahora destruyen, esterilizan la tierra, hay armas peores,
pero se trata de lo mismo. El valor se ha centuplicado ante
las armas que el amigo ensaya. ¡Oh! los vietnamitas, ¿cómo encontrar palabras para su elogio? Nos ha llegado una

carta de Vietnam. En ella se explica dulcemente su situación, es como si hubiese llegado un susurro, no un sollozo. Nos desean un año de paz, 1967. ¿Qué hemos hecho nosotros por que el año 1967 sea de paz? El mundo debe tener el corazón remordido, comido por las ratas. Pensamos en nuestras lejanas navidades de guerra. También mandábamos caricias a los amigos sin rostro de otros lugares de la tierra. Creo que las mandábamos a los enemigos. Una de aquellas navidades de Madrid sitiado hasta transmitimos un mensaje a Mistress Roosevelt. ¿Recordáis que su marido era presidente de los Estados Unidos?[131] Pues hasta se dio un pequeño concierto. Se desempolvaron los stradivarius de la Capilla Real de Palacio y las ondas llevaron música sagrada española hacia Norteamérica. Cuando terminó el último acorde, yo leí el mensaje. Creo recordar que pedíamos lo que todo pueblo angustiado pide para sus heridas: comprensión para el caso de España. Y luego contábamos a Mistress Roosevelt, sencillamente, así como las mujeres se hablan entre sí de sus tormentos, que en el frente de batalla las heridas de nuestros soldados se curaban por imposición de las manos caritativas y las operaciones se hacían sin anestesia. Faltaba todo lo que consuela y cura. Habíamos retrocedido a un punto en que los gritos de la desesperación se oían. Y todo porque Norteamérica había detenido en el puerto de Nueva York un buque cargado de medicamentos para la República Española, como si las heridas de los republicanos no entrasen en el plano de

[131] Franklin Delano Roosevelt (1882-1945) tuvo una dilatada carrera política antes de acceder a la presidencia de los Estados Unidos en 1933, en un momento de máxima depresión económica, y alcanzó un éxito sin precedentes que le permitió ser reelegido en las tres elecciones siguientes de 1936, 1940 y 1944, en plena Guerra Mundial, en la que jugó un papel decisivo en sus relaciones con los aliados. Su esposa, Anna Eleanor Roosevelt (1884-1962) —feminista y pacifista— alcanzó gran prestigio en el partido demócrata y presidió la comisión de Derechos Humanos de la ONU entre 1947 y 1951.

la misericordia internacional. No recuerdo nada exactamente. Seguramente dije, como dice hoy Vietnam, que teníamos derecho a defendernos de la agresión, hablaría de
las mujeres españolas y de nuestros niños. No sé si mi voz
llegó hasta el fin o si se rompió o si lloré... de rabia. Comprendí por instinto que todo era inútil y que gritábamos
poco y el mar era tan grande y los vientos políticos tan
fuertes y Norteamérica tan poderosa y estaba tan ocupada
la mujer del presidente de un país lejano que jamás, jamás
tendría un momento para escuchar el llanto de las mujeres
españolas. Agarré el papel del mensaje que había leído y lo
rompí. Inútil, dije a los que me miraban, no hay peor sordo que el que no quiere oír. Salimos a la oscuridad de la
calle. ¿Para quién habían tocado los violines de la Capilla
Real de España en la noche de nuestro sacrificio? Para el
viento, como se vio después.

   ¿Para el viento sollozan las mujeres vietnamitas de hoy?
Pareciera que nos falta valor para ayudar a ese pueblo fa-
buloso que guerrea suavemente con sus guantes de hierro.
¿No es extraordinario que haya sostenido la mirada de la
primera potencia mundial con sus ojos de almendra? Pareciera que la primera potencia mundial siente miedo, un
angustioso miedo feroz al comenzar a declinar histórica-
mente. Son sus primeros años de terror, después vendrán
los hombres negros que tienen en casa y los pobres que
ella cree que alimenta. Se ha quedado a oscuras. Tantea.
¿Me estaré quedando ciega? A veces tengo miedo de un
ratón. Pero si es un ratoncillo lo que tengo delante, ¿por
qué le tengo miedo? Tal vez siento miedo de quedarme en
una soledad infinita. Presiento que me desprecian. Se ríen
de mi pretensión de matar un ratón a cañonazos. ¿Qué
pensarán de mí? Lo que el mundo piensa está escrito y enviado en millones de cartas a la primera potencia mundial.
¿No ven sus generales que las bombas engendran más héroes? Son los príncipes de la eterna primavera y volverán
a crecer siempre, les saldrán ramas, brazos. Por cada uno

se levantarán diez hermosos muchachos hijos de héroes. A sus pies caerán tendidos los pobres seres que tú envías por la fuerza a ese lugar remoto, donde se desarrolla una guerra sin fe ni esperanza, una guerra que avergüenza su virilidad de hombres. ¿Cómo puede morirse en una guerra sin que la razón dé una razón? ¡Pobres muchachos negros y blancos de las trece bandas a quien no protegen las cincuenta estrellas![132] ¡Qué pequeñísimo papel histórico les han dado! ¿Qué pensarán los estudiantes venideros cuando hayan de estudiar la guerra contra el Vietnam? Sentirán vergüenza. ¿Cómo hemos podido atacar a un pueblo que como el nuestro, cuando Washington mandaba sus ejércitos, quería únicamente ser LIBRE?

Hoy, leyendo una nueva carta de Vietnam donde los escritores nos invitan a ir a visitarlos, siento que quisiera estar sentada en cualquier refugio de la selva, junto a cualquier mujer vietnamita, su mano entre las mías. Necesito decirle urgentemente que soy una vieja mujer de España. De nada te valgo. Déjame acariciar tu pelo. Sírvate de consuelo saber que yo lloré como tú el precio de la libertad.

¡Qué sabio es el corazón! Esta tarde cuando el médico lo buscaba, echó a correr, fue a esconderse como una liebre empavorecida, como un conejillo que se acurruca en un rincón para que no lo hallen. El médico buscaba el corazón y el corazón hacía trampas, dejaba de latir, se desenfrenaba. No, no quiero que me toque usted con el oído, no quiero que nadie sepa lo que guardo dentro desde hace tantos años. Sería una traición a los que me acariciaron, a los que me quisieron. No pase usted adelante. Deténgase.

---

[132] Alusión a Norteamérica, haciendo referencia a los dos componentes de su bandera, de forma parecida a como tituló Alberti un libro antiyanqui en los años treinta: *13 bandas y 48 estrellas*.

¿No se da cuenta de que ahí está escrita mi vida? Esos golpes secos que da de cuando en cuando, quieren decir... Bueno, no puedo descubrirle el secreto. Todo, todo lo vivido quedó allí clasificado. Tampoco puedo yo leer lo que a través de la vida quedó en esas tramas sutilísimas que nadie puede descifrar nunca, aunque apliquen toda la ciencia de los descubrimientos viscerales. Es inútil. Únicamente sé que a veces llora. Cuidado, es que ha tocado usted mi infancia. A veces se ríe. No pretenda saber por qué. ¿No siente cómo corre y se escabulle? No quiere que usted conozca la verdad. La verdad... Ya le he dicho a usted que huye, es un animalito que está asustado sólo con suponer que usted note su falla, su desfallecimiento, la llaga, la maceración... Está magullado. Se sabe perdido. Ha extraviado no sabe dónde las claves que lo hacían vivir. Ya no acierta a que su ritmo concuerde con el de los pulmones. ¿Respire usted? No sabe. Se le ha olvidado. Se detiene un mínimo instante. Huye. Se acurruca de nuevo. Corre. Vive en un paisaje extraño. Abunda el rojo, el violeta y hasta el ocre y el azul. Una oscura cinta azul o verde le respira al animalito por dentro y le hace que huya hacia la mar, que es el morir... Un día, ese animalito tierno a quien hemos entregado todos los secretos, esa liebre corredora que sabe tanto como Dios de eso de nuestro vivir, se callará definitivamente asustada, doblará las orejas y se quedará misteriosamente muda —sin darnos explicaciones— para siempre.

Ha cantado junto a nosotros. Ha cantado con los ojos cerrados, apretando los puños como diciéndonos: Traigo esto de allá. Te lo mandan todos. Traigo esto de aquel lugar, tuyo, Rafael, donde tal vez no volverás. Es mi voz. La voz que estás siempre esperando. La que se escucha con el centro del pecho. Te traigo muchas cosas que te dejaste, que os dejasteis olvidadas. Porque sin daros cuenta olvidáis o reemplazáis las cosas. La voz que traigo está sentada de otra manera. Traigo el grito. Te digo que somos irremplazables en la manera de decir el llanto, el amor, la esperanza, la angustia, la desolación, la rabia. Esto se habla con palabras sorbidas, truncadas, rotas o interminables. Te encuentras con ellas y caes a sus pies. A los pies del cante, porque ésa es la manera irreprimible de entregarse a la liturgia, a la vocación de vivir cantando peligrosamente, desangrándose. Sí, hoy nos han cantado todo esto con una voz muy joven, tan irremediablemente joven como el regreso eterno de las generaciones. Sentimos pesarnos la cabeza blanca. Con los ojos cerrados, la boca dolorosamente abierta, cantaba, golpeándonos:

Soy España. He venido. Aquí me tenéis.

Otra vez como entonces. Cantaban batiendo palmas. Junto a nosotros escuchaba como un maestro Ignacio Sánchez Mejías.[133] Ignacio movía la cabeza. Entendía tanto de canto como de toros. Unas veces aprobaba y otras apretaba los tornillos: No, eso no es así. Lo sabía todo. Le podían sacar el dinero del bolsillo, pero no el elogio de la boca.

Un día nosotros estábamos en Rota y él nos propuso ir a Cádiz. Debía buscar bailaoras y cantaores para completar el grupo que la Argentinita,[134] aquella encantadora de multitudes, Encarnación López, pensaba llevar a París.

---

[133] El torero Sánchez Mejías, amigo de Alberti, de Federico, de tantos intelectuales y artistas de los años veinte y treinta, está muy presente en la biografía de María Teresa y Rafael. No hay más que asomarse a las páginas de *La arboleda perdida* para comprobarlo cumplidamente (*AP* 1, p. 307).

[134] Encarnación López, "la Argentinita" (1895-1945), bailarina y coreógrafa española que en 1932, en colaboración con Lorca y asesorada por Sánchez-Mejías, fundó el Ballet de Madrid. Actuó con gran éxito en Buenos Aires en 1935. Su hermana Pilar —también bailarina y coreógrafa— se formó en el ballet de su hermana, cuya estética intentó continuar.

Éramos todo ojos, oídos. Entrábamos en el mundo sagrado del cante hondo y del baile andaluz. Llegaba gente a presentar credenciales. Sí, soy zapatero y andaluz. Estaba dicho todo. Añadía: y cantaor. Había algunos que cantaban sin fondo y para dentro ese cantar del sur al que no daña la boca cascada y vieja. Cuando el lamento increíble terminaba, alguno de los presentes decía, mirándonos: nadie como él. Y así, con el comentario de nadie como ella o nadie como él, íbamos quedándonos fuera del tiempo, en la época del dolor del alma. Cuando llegaba el baile —¡nadie como ella!— las chiquillas y las mujeres maduras levantaban la cabeza maravillosa con siglos de perfección en sus brazos macizos. ¡Qué extraña gente! Algunas viejas parecían estatuas intransportables, que hubieran de cortarse en pedazos para moverlas. Cuando comenzaban a moverse eran signos indescifrables, oráculos, advertencia de los dioses. Ignacio Sánchez Mejías las miraba fijo y decidía luego.

¡Qué feliz viaje al corazón del cante! Cádiz era la ciudad que desde Rota veíamos al amanecer desde nuestras ventanas. Era la ciudad de la libertad, ¿no lo saben ustedes? Allí, en 1812, se reunieron las Cortes para votar la Constitución más adelantada de Europa. Dicen que sus cimientos como ciudad tienen tres mil años de existencia: fundada por los fenicios, parece un barco. Es el barco español que zarpa hacia América. La bahía se abre en redondo. Hay en ella cinco puertos.[135] Nuestras ventanas del puerto de Rota, que es el último y va llevando sus playas hacia Huelva, daban a los terraplenes del fuerte. Luego veíamos la playa, los médanos. En esa playa aprendí a desnudarme detrás de las retamas. Era una soledad solemne. Dejaba caer mi pelo por la espalda y... ¡Qué bien se hundían mis pies en la arena al correr junto a la línea de la espuma! Se apresuraban los

---

[135] A saber: Cádiz, El Puerto, Puerto Real, Rota y la Isla de San Fernando. De esta estancia en Rota se dice algo en *AP* 1, p. 307.

cangrejos. Reuníamos conchillas. Eran nuestra fortuna. Se podían cambiar por besos. Cádiz al frente y toda la playa, todo el mar para nosotros. Un día nos llamaron por teléfono desde Madrid. Una voz muy alegre, la de mi madre, nos gritó: ¡Viva la República! —¿Cómo? ¿Qué?— Que se ha proclamado la República en España. El rey ha salido para Cartagena. —Pero ¿que día es hoy?— 14 de abril.

Nos miramos enternecidos. Para nosotros la República había llegado al pueblecito de Rota, pero Rota no se movió. Era una república que traía con ella hasta a sus héroes: Fermín Galán y García Hernández,[136] fusilados. Salimos para mirar lo que ocurría. Vimos que en el ayuntamiento alguien había izado una vieja bandera, de la Primera República, seguramente. El morado se había desteñido. El sol era demasiado fuerte para que nadie cantase el himno de Riego.[137] Unos guardias civiles se tumbaron sobre las piedras del fortín, como si les hubieran quitado su trabajo. Uno de ellos se tapó la cara con un pañuelo. Le oíamos murmurar: Nada, que no me acostumbro. Y el otro le preguntó: ¿A qué? —A estar sin rey. Por la noche un viejo nos aclaró, tomando una copa: Yo soy republicano, pero... ¡eso de echar a un rey! Uno que lo ha conocido tan chiquitito...

---

[136] Nombres de los dos militares sublevados en el regimiento de Jaca (Huesca) en diciembre de 1930, para instaurar la República, y que fueron fusilados tras sumarísimo juicio de guerra. El primero era casi paisano de Alberti, pues había nacido en San Fernando en 1899, y destacó pronto como militar comprometido con diversos intentos de conspiración (la primera en 1926, contra la dictadura de Primo de Rivera). Alberti exaltó su figura en la obra teatral *Fermín Galán*, a la que más adelante se refiere la autora de estas memorias. El militar Ángel García Hernández había nacido en Madrid en 1903.

[137] Marcha militar estrenada en enero de 1820, cuando se reinstaura, por tres años, el régimen constitucional doceañista. La letra se debe al comandante Evaristo San Miguel y la música a Gomis Colomer. Llegó a convertirse en himno simbólico de la revolución española, por lo que se eligió como himno nacional durante la Segunda República. Se vuelve sobre este "himno de Riego" un poco más adelante, incluso recordando la letra anticlerical y burlesca que popularmente se le adaptó.

Pero, hombre, le replicó una vieja, ¿es que tú todavía crees que es ese niño con cabeza de borrego que está retratado en las pesetas?

El rey y toda la corte salieron de España. Unas elecciones populares limpísimas le dijeron al gobierno y a la monarquía que el pueblo no podía olvidar Monte Arruit ni los desastres de Annual ni la entrega del país a la dictadura de Primo de Rivera ni los fusilamientos de Galán y García Hernández. La conciencia de un pueblo no se calla por sustituir a un general por otro. La dictadura del general Berenguer iba a equivocarse. Se sublevó Cuatro Vientos, se sublevaron en Jaca. Yo recuerdo que el día de la sentencia estaba yo con mi madre en casa de la madre de Dámaso Berenguer. La señora, tan suavemente criolla y acostumbrada al mando militar, no podía contener su angustia. Era contraria a la pena de muerte. Algo le estaba diciendo que su hijo jugaba mal las cartas. Y así fue.

Cuando llegamos a Madrid, ya murmuraba Rafael su romance de Galán y García Hernández[138] que iba a convertirse en el cantar de ciego que estrenaría Margarita Xirgu en el Teatro Español. Comenzaban los años españoles más claros del siglo XX. Era la toma de poder de los intelectuales. La gente que había decidido "mejor que no sepan leer", estaba muda. Los privilegiados iban a ser otros. Comenzaron a movilizarse "Las Misiones Pedagógicas", donde tanto trabajó Alejandro Casona, y "La Barraca", dirigida por Federico.[139] En el trasfondo de la vida española

---

[138]   Antes de escribir la obra teatral antes mencionada, Alberti fue componiendo un romancero sobre el personaje (que luego introdujo al comienzo de cada uno de los cuadros del texto dramático) y que publicaría en 1942, en la Argentina (en el folleto titulado *El poeta en la España de 1931, seguido del Romancero de Fermín Galán y de los sublevados de Jaca*, Buenos Aires, Publicaciones del Patronato Hispano-Argentino de Cultura). *Vid.* el comentario de *AP* 1, p. 307.

[139]   Sobre las actividades de las Misiones Pedagógicas del asturiano y "La Barraca" del granadino, al servicio de la política de difusión cultural

había seres que se tenían que rescatar. Y por primera vez, eso que llamamos los intelectuales, subieron a los riscos donde desde hacía milenios se encaramaban los pueblos de pastores, y alguien les tendía la mano y les decía palabras de comprensión humana. No era la revolución de su pobre vida la que les anunciaban, pero los ponían en contacto con el mundo ignorado de la civilización del siglo XX que se había desarrollado sin tocarlos. ¡Cómo se estremecieron ante el cine! Las fotografías de aquellas caras fascinadas al mirar por primera vez el prodigio, conmovieron hasta cortar la palabra a los doctos. Miren, miren esos ojos. ¿No ven que hay que darles algo más que imágenes en movimiento a esos niños extasiados? Nosotros ya sabíamos que no nos conformábamos con tan poco. Conocíamos lo que era llevar el escándalo por bandera.

Rafael había sido siempre escandaloso, hasta cuando en sus años primeros pintaba en vez de escribir versos. En casa está uno de sus cuadros escandalosos. Es de 1921, se llama: "Nocturno rítmico de un solo verso."[140] Puede

---

entre las clases más ignorantes, propiciada por el ministro Fernando de los Ríos, hay ya abundante bibliografía. He aquí algunas referencias básicas: F. Calvo Serraller, A. González García y F. J. Rocha. *La Barraca y su entorno teatral*, Madrid, 1975; L. Sáenz de la Calzada, *La "Barraca", teatro universitario*, Madrid, Revista de Occidente, 1976; L. García Lorenzo, *Las misiones pedagógicas en Zamora (1933-1934)*, Zamora 1991; E. Otero Urtaza, *Las Misiones Pedagógicas: una experiencia de educación popular*, A Coruña, Do Castro, 1982.

[140] Yerra parcialmente María Teresa, pues el título exacto del cuadro es *Friso rítmico de un solo verso* y está actualmente expuesto en la Fundación Rafael Alberti de El Puerto de Santa María. Fechado efectivamente en 1921, consiste en una línea ondulada que va alternando los tonos negro, rojo, azul y verde entre dos líneas paralelas, a modo de banda sonora, y una especie de segmentos o flechas verticales e inclinadas que las atraviesan, como si fuese el esquema tonal de un verso, en el que se van marcando los ascensos y descensos de las distintas sílabas acentuadas e inacentuadas. Respecto a las exposiciones primeras del joven pintor Alberti, aludidas más abajo por la escritora, las refiere con la gracia acostumbrada el propio Rafael en *AP* 1, pp. 131-132. Allí Alberti también se refiere a ese cuadro, ahora titulándolo *Nocturno rítmico de la ciudad,* y lo describe.

exponerse hoy en cualquier exposición de jóvenes. La línea
se tiende y se quiebra y baila como una escritura, como un
mensaje cifrado. Yo quiero creer, cuando lo miro, que es
la primera llamada de la poesía, su primer poema. Cuenta
que siempre que expuso sus cuadros fueron piedra de escándalo. Los críticos insinuaban chistes y bromas sobre la
pintura que quería desligarse del pasado. Lo mismo sucedió con la poesía. Cuando yo oí recitar a Federico, en Valladolid, su "Romance sonámbulo", al oír el "verde, que te
quiero verde..." hubo un murmullo, unas risas conteni-
das.[141] ¡Y qué no sucedió al representar María Teresa
Montoya, la gran actriz mejicana, *El hombre deshabitado,*
de Rafael![142] ¿Cómo es posible llevar a la escena esa existencia del hombre dominado por sus sentidos, cayendo en
la tentación, yéndose a los infiernos, después de insultar a
su Creador? La sala estaba dividida. Una juventud ardiente y cansada de antiguallas vociferaba contra el viejo teatro español, representado por los Quintero y Benavente.
Noche fabulosa. ¡Pero esto es el estreno de *Hernani*!,[143] decían unos aficionados al teatro, aplaudiendo muy divertidos. ¡Vaya escándalo! ¡Que hable, que salga el autor! Salió el autor de la mano de María Teresa Montoya. ¡Qué

---

[141]   Lorca, invitado por Guillén, dio una lectura-recital de su *Romancero gitano* en curso de composición el 8 de abril de 1926 en el Ateneo de
Valladolid, según se reseña en *El Norte de Castilla* del día 9. Fue presentado en ese acto por el autor de *Cántico* (como lo cuenta el propio Guillén
en el prólogo a la edición de las *Obras Completas* de Lorca en Aguilar).

[142]   A la actriz María Teresa Montoya la conoció Alberti por su mujer:
"Después de no sé qué estreno poco afortunado, la gran actriz quería probar suerte con alguna obra española. María Teresa, que la había conocido
en Buenos Aires, me llevó a verla. Era una mujer pálida, interesante, no
muy culta, pero con un gran temperamento dramático" (*AP* 1, p. 303).
(Para más detalle, puede verse el estudio introductorio a mi edición de *El
hombre deshabitado*, Sevilla, Alfar, 1991.)

[143]   El estreno del famoso drama de Victor Hugo en la noche del 25 de
febrero de 1830 dio lugar a una verdadera batalla entre los defensores del
teatro clásico y los que proponían un teatro romántico, que tenía en *Hernani* un magnífico exponente.

joven!, dijeron junto a mí. Sí, Rafael era muy joven, su cabeza de arcángel se había transformado en algo endiabladamente burlón. Le parecía maravilloso ese público vociferante, con las manos próximas a las bofetadas. ¡Que hable!, seguían pidiendo, mientras María Teresa Montoya le tiraba de la manga para llevárselo a sitios menos peligrosos. Pero Rafael se adelantó con su espada de fuego, contradiciendo todas las iconografías que dan al arcángel San Rafael nada más que un perrillo, y gritó, con esa voz potente que no necesita micrófono: ¡Viva el exterminio! ¡Abajo la podredumbre de la actual escena española!

¡Escándalo! Las plateas casi se volcaron. ¿Hemos oído de verdad eso? Los jóvenes patearon y aplaudieron locamente. Se cambiaron puñetazos. Los hermanos Quintero salieron del teatro. Se desmayaron románticamente algunas señoras, aunque el romanticismo del desmayo no estuviese de moda. Tiraba de Rafael la pobre actriz, pensando que su éxito estaba perdido entre aquel tumulto que amenazaba con dar al traste su temporada de Madrid. Aquello podía terminar mal. Pero, ¿no ves, María Teresa, que los ha herido en sus gustos teatrales? Pues que cambien de gusto. Los que estaban junto a mí aplaudían. Sí, ya es hora. ¡Fuera Benavente! Los jóvenes del equipo de rugby de la Universidad de Madrid avanzaron hacia el escenario para proteger al autor. Uno de ellos gritaba: ¡Se acabó la cursilería teatral! ¡A casa Benavente! Alguien comentó junto a mí, mientras íbamos hacia el escenario: ¡Qué manera tan rápida de cambiar los tiempos!

Era el día 22 de febrero de 1931. Cambiarían los tiempos mucho antes de lo que aquellos espectadores que asistieron al estreno de *El hombre deshabitado,* de Rafael Alberti, lo pensaran. España no podía seguir atrasada, pobre, enferma de aburrimiento histórico, con un rey enmohecido en un reino enmohecido. ¿No se han dado ustedes cuenta de que los mejores hombres de España están en la cárcel? ¿No se han dado cuenta de que desde el año 1922 solamente ha gobernado nuestro país una dictadura? Bueno, dos. Esa carta de adhesión a esta obra escandalosa que ustedes han oído es de Alcalá Zamora y la otra de Don Miguel de Unamuno. Sí, escándalos y protestas. Los obreros protestan y la Universidad y hasta el teatro mismo, ya lo han visto ustedes esta noche. Se acabaron los estrenos tranquilos entre ramos de flores. Es la primera obra de teatro existencial, se diría más tarde. El hombre y su destino y esa existencia de la que no puede desprenderse, tiranizado y rodeado de viejos trajes vacíos, de hombres deshabitados andando por las calles, de fantasmas de vida, de mentiras de vida, de desconcierto... Cayó el telón. Comentaron los periódicos, agriamente. Siguió la batalla en los cafés. Muchas batallas seguirían y no ya en los teatros. Mi madre nos había llamado al teléfono: ¡Viva la República! Una vieja bandera con su morado desteñido... el sol de la playa... las retamas... las conchillas que podían cambiarse por besos...

Todo está presente aquí mientras tú, José Meneses, cantas. Nos has dicho al llegar que nos traías la voz que siempre estamos esperando, la que nos dejamos, la que no queremos olvidar jamás. Y te hemos escuchado con el centro del pecho o con las entrañas o con los ojos, no sé. Pero en un instante reparamos todos los olvidos y corrimos hacia ella, madre común, hacia esa playa tan distante donde se hundían tan blandamente nuestros pies en la arena, justo en el borde en que se vuelve azul.[144]

---

[144] El cante del cantaor español que les ha visitado en Roma —José Meneses— ha servido de determinante proustiano para los recuerdos que se han suscitado desde el párrafo que comienza "Ha cantado junto a nosotros"; de modo que las frases en cursiva deben entenderse como lo que realmente quiere oír María Teresa, al escuchar y ver a alguien que procede de la patria añorada. Por ello puede cantarle Rafael en un poema de *Canciones del alto valle del Aniene*: "Tan solo penando / sin saber que un día/ esa voz que me vino hasta Roma / me consolaría" (*PC* III, p. 253).

La República tenía un himno sin palabras agresivas, porque no tenía palabras, sólo un tarará de música anacrónica, casi desvanecido. De pronto, en abril de 1931, ese himno fue el de la esperanza. Antonio Machado saludó la República con una ronda de primavera:

La primavera ha venido,
del brazo de un capitán.
Cantad, niños a coro:
¡Viva Fermín Galán![145]

Estrenábamos traje. Un traje sin mangas que nos oprimieran. El himno de Riego sonaba como un juego de muchachos alegres, servía para andar más rápidamente sobre la Historia, más de prisa que con la Marcha Real, tan pesada, propia para leones de circo. Con el himno de Riego se podía sentir como en una verbena o en volver del campo, tarareando, porque no tenía palabras y las que sabían los viejos eran de tertulia de café:

Si los curas y frailes supieran
la paliza que les van a dar,
subirían al coro cantando:
¡Libertad, libertad, libertad!

Luego, con ese pequeño himno jubiloso, enterramos a nuestros muertos y vivimos la esperanza. Creo que ninguno de nosotros podrá olvidar nunca sus notas saltarinas ni oírlas sin emocionarse con una dulce angustia. Todo es alegría —¡vaya por Dios!—, antes de ser silencio.

---

[145] El poema machadiano, recopilado entre sus "Poemas de guerra" puede leerse en la sección "Poesías Sueltas", núm. LXXIV de la edición de Oreste Macri, Espasa-Calpe 1989, p. 836. Se había publicado previamente en *Hora de España,* mayo de 1937.

¡Las islas! Han tenido mucha importancia siempre. Sobre todo cuando decidimos irnos porque aquel Madrid del año 1930 nos parecía poco íntimo, poco silencioso. Necesitábamos oírnos. Creo que susurrábamos, y al levantar un poco nuestras voces nos gustaba que nos respondiese el eco. Huimos a una isla, hacia la isla venturosa. Nos acogió un puertecito: Sóller.[146]

Fue el primer viaje del marinero en tierra por el mar. Luego, ¡hemos hecho tantos! ¡Qué maravilla era el Sóller de entonces! ¿Cómo es ahora esa tierra vedada para nosotros? Lo llenarán los yachts de los turistas. ¿Dónde han empujado, amontonándolos en un rincón, los viejos barcos de vela cabeceando con la brisa? Los palos llenos de pájaros se inclinaban con el oleaje, se hablaban del pasado, eran el pasado del mar, urcas y goletas y bergantines que se sabían de memoria el Mediterráneo y las costas de África, barcos de grabado viejo, barcos con las noches en claro vigilando, no que llegaran los piratas sino los carpinteros a desguazarlos, ellos que sabían de memoria el mar y las costas de África y ya tenían el casco lleno de petrificaciones marineras, de algas, de conchillas y sobre la cubierta, de pasos descalzos; barcos que agradecían nuestras miradas desde la ventanita, abierta siempre, adonde se asomaba el amor nuevo, el estreno de dos vidas.

Nuestro segundo quehacer era pasear. Trepábamos las cuestas donde los olivos no se cansan de cumplir años. Tocábamos la tierra. Agarrábamos una naranja, la única naranja que los campesinos baleares consienten a los caminantes que cojan para su sed. ¡Cuánto mirábamos el mar, un mar diferente! Creo que no había visto nunca Rafael

---

[146] Pueblo pesquero de la isla de Mallorca. Alberti también recuerda aquel primer viaje, ya en compañía de María Teresa León: "[...] para dejarme, al fin, después de tanta lucha raptar gustosamente y amanecer una mañana en las playas de Sóller, frente al Mediterráneo balear, azul y único" (*AP* 1, p. 300).

un mar de tantas transparencias, de tantas civilizaciones en el fondo, aunque llegase del Cádiz, fundado por Menesteos, hijo de Peteo, amigo de Ulises.[147] Aquel era el mar embalsado y quieto y feliz sin los vientos atlánticos, libre de la duda: ¿habrá tierras más allá? Al fondo del agua se rizaban los erizos, las estrellas. ¡Dulce mar! ¡Dulces días!

En Madrid alguien se había dado cuenta de la desaparición de un poeta. "¿Quién es la George Sand que ha raptado a Chopin-Alberti? ¿Otra vez idilio en Valldemosa?", escribieron escandalosamente en un periódico. ¡Qué más daba, si todo estaba decidido!

Sí, abuela, me voy, sigo el viaje. He regresado para decírtelo: Rafael y yo no desuniremos nuestras manos jamás. Ya sé, ya sé. Adiós, abuela, adiós madre. Ya no estoy sola, ya no me contesta el eco cuando hablo en voz alta. Empiezo, empiezo por mi cuenta y riesgo la vida. Nos vamos a Francia. Él es un poeta. ¿Le conoces? Abuela, ¿me recibirás cuando regrese? Y mi abuela Rosario contestó: Vuelve. Tú eres mi nieta. Esta casa es tu casa. Nada más.

Mira, ¡Santa Margarita Ligure![148] he gritado hace pocos meses. Rafael ha vuelto la cabeza. Mi hija ni se ha dado por enterada. El mar repetía suavemente sus compromisos

---

[147] Menesteos fue un guerrero, hábil conductor de carros, nombrado en la *Ilíada* por Homero hasta en cinco ocasiones. Personaje unido a la mítica fundación de El Puerto de Santa María, y por tanto es figura que aparece en el mundo albertiano, como por ejemplo en un poema de su libro *Ora marítima* (*PC* III, p. 661).

[148] Santa Margherita Ligure es el nombre de una famosa estación balnearia italiana, en la región de Liguria (provincia de Génova) en el golfo de Rapallo.

con la tierra. Se retiraba y volvía sonriente, discreto. No me dejaron bajar a tocarlo, como yo hacía diariamente entonces cuando hace más de treinta y cinco años Rafael y yo decidimos dejar París para meter nuestros pies en el mar. Dejadme buscar el hotel aquel sobre los riscos, detengámonos un momento, por favor, un solo instante para hilvanarme los recuerdos Nada, no detuvieron el coche y pasó y pasamos sin buscar la huella de nuestros pies sobre la arena, sin darse cuenta ninguno de ellos de que yo lloraba.

Pero eso me ocurre muchas veces, nos ocurre a todos cuando nos empeñamos en tocar los recuerdos. Tampoco conseguí que llegásemos a la isla de Port-Cross, donde Jules Supervielle era el poeta señor del castillo roquero mejor situado que yo he visto.[149] ¡Tiempos felices! Pilar y Jules Supervielle, los niños que jugaban de almena en almena, las islas Hyeres todas tendidas e indolentes y Port Cross, pequeña y tupida y verde y tan enmarañada, donde estaban prohibidos los automóviles y caminábamos entre advertencias para que nadie fumara, para que nadie encendiera fuego, para que los pájaros fueran respetados... Isla con apenas cuatro vecinos. Al otro lado de la isla vivía Jean Paulhan, director de la *Nouvelle Revue Française*[150] en una casa donde por la noche aun se escuchaban los pensamientos atrevidos del amante de Lady Chatterlay, los que Lawrence no se atrevió a escribir y dejó sueltos. Era la soledad con todos sus encantos la que nos rodeaba. ¡Qué felices fuimos! A veces, algún barco de vela pequeñito llegaba

---

[149]   La isla francesa de Port-Cros, en el Mediterráneo, declarada parque nacional, forma parte de las islas Hyères (antiguas îles d'Or) en la costa de Provenza, reconocido centro turístico. Jules Supervielle (1884-1960), escritor francés que residió mucho tiempo en Uruguay, escribió numerosos libros de poesía, así como varias obras teatrales, fechadas entre 1910 y 1950. Alberti tradujo bastantes de sus poemas y lo recuerda en *AP* 2, p. 102.

[150]   Jean Paulhan (1884-1968), crítico literario y ensayista, de gran influencia en la literatura francesa contemporánea. Dirigió la prestigiosa *Nouvelle Revue Française* entre 1924 y 1940, y posteriormente en 1953.

del continente. Uno de ellos trajo a André Gide. Cuánto se divirtieron Julio y Rafael recitándole las comedias que ellos repentizaban. Y cuánto hemos recordado esta visita allá, en el Uruguay, pues Jules Supervielle, nacido en Oloron Saint-Marie, pueblo vecino al Pirineo español, era también americano y lo fue doblemente al casarse con la hermosa uruguaya Pilar, nacida junto al Río de la Plata. Nunca desunimos aquella amistad caballeresca de castillo feudal jurada sobre libros de poesía. Primero en París y luego en Montevideo, donde el gran poeta se retiró, seguimos siendo aquellos jóvenes amigos que llegaron a Port Cross admirándole tanto, admirando a Pilar, aquella mujer que fue capaz de un gesto increíble. Jules, un día, parece ser que no regresó a su casa a la hora de la cena y tardó un año en volver. Él mismo se recontaba la angustia de subir en el ascensor inventándose la excusa que no le dejaban formular sus remordimientos. Llamó al timbre. Acudió la vieja criada; ¡El señor! Y gritando llegó hasta el lugar donde comía Pilar con sus hijos. ¡El señor, el señor ha vuelto! Y Pilar vio entrar a Jules con su mea culpa entre los labios y levantó sus ojos brillantes de perdones. Siéntate, Julio. Ponga un plato al señor. Ninguna lección de orgullo dada por una mujer me ha parecido nunca más hermosa. Los niños besaron a su padre que regresaba de un viaje hacia la libertad, convencido de que solamente la esclavitud del amor consiente a un poeta deslizarse hacia la gloria.

Esos árboles que florecen desde hace más de cien años, apresados por las aceras que siguen al Tíber, ¿adónde llegan con sus raíces? ¿Qué ruina romana están tocando sus manos vivas, hundidas en la noche? ¿Qué tropiezan con sus pies esos viejecitos y viejecitas, únicos en el mundo, con quienes nos cruzamos? Nunca he visto otros tan apretaditos de vejez. Llevan las bolsas de todo cuanto tienen en los brazos y no piden limosna. Se pasean entre mármoles gloriosos y no los miran. Pueden llevar un perro. El perrillo espera a que la vieja coma sus miguitas de miseria porque la reparte con toda equidad: para ti, para mí. Otras alimentan los gatos. Son aún más chiquitas, más engurrumidas. Cuando ellas no estén, ¿quién las sustituirá? Los gatos del Foro Republicano están gordos, relucientes. Son como hijos, me dijo la más pequeña de estas brujas romanas cariñosas y gatunas, mientras la seguía el más hermoso representante de los descendientes de los comedores de ratas que libraron de la peste a Roma. Es como un hijo...[151] seguía balbuceando la vieja. Y luego, melancólicamente, se detuvo a mirarme. Es mejor que un hijo... Y se secó los párpados.

Estas viejecitas compran la pizza de las once de la mañana con los centavos que desatan de un doblez de sus atadijos; luego beben en alguna de las fuentes romanas, y cuando desaparecen, devoradas por las estatuas, no sabemos qué Brueghel o qué Bosco[152] extraño ha salido de nuestros ojos.

Lo primero que dejó Rafael Alberti en mis manos fue un dibujo. "Naufragio y Salvación de Rafael Alberti", está escrito debajo de una Virgen a quien ha rodeado de una cinta: "Nuestra Señora del Amor Hermoso."[153] Cuando

[151] Lo que refiere la escritora se corresponde con lo que se poetiza en el "poema escénico" de Alberti "El hijo", dentro del libro *Roma, peligro para caminantes* (*PC* III, p. 38).

[152] Dos pintores que no pasaron desapercibidos en la literatura de Rafael, pues muchas imágenes visionarias de su libro *Sobre los ángeles* de ellos proceden. Brueghel el Viejo (1525-1569) fue un gran pintor flamenco que reflejó en sus lienzos la vida del pueblo. Sus primeras pinturas recuerdan las fantásticas visiones de El Bosco.

[153] No tengo noticia cierta del dibujo que refiere María Teresa, pero se mencionan algunos detalles que se parecen bastante a un cuadro de Al-

necesito recobrarme, abro el libro donde está el dibujo. Es mío. Es mi propiedad. En ese ejemplar de *Marinero en tierra* están todos mis sueños. No sé cómo lo he conservado. Creo que fue mi madre la que lo salvó al terminarse la guerra de España. No lo enseño nunca. Apenas si nos quedan recuerdos del pasado: unos dibujos de Rafael cuando era pintor y no poeta y algunos poemas de cuando aún era pintor y nadie lo creía poeta. Puede que en alguna revista —*Alfar*— esté.

> *Te saludan los ángeles, Sofía,*
> *luciérnagas del valle.*
> *La estrella del Señor*
> *vuela de tu cabaña a tu alquería.*[154]

Pequeña voz de sus comienzos. Es el paso de la alegría a la angustia. Rafael corrige su lenguaje de adolescente cuando ve a su padre muerto.

> *Tu cuerpo largo y abultado*
> *como las estatuas del Renacimiento*
> *y unas flores mustias*
> *de blancor enfermo.*[155]

Cuenta que ese dolor de la muerte le atacó de pronto, que apenas si había leído y que le costaba tanto escribir.

---

berti que se conserva en la Huerta de San Vicente, y que le hizo a Federico García Lorca, a petición de éste, cuando ambos se conocen en la Residencia de Estudiantes, en el otoño de 1924.

[154] Es el comienzo del poema anterior a *Marinero en tierra* titulado "Balcones", que el poeta recuperó en *AP* 1, pp. 154-155, y que, en efecto, había aparecido en el número 40 de la revista coruñesa *Alfar* (1924) (*vid. AP* 1, pp. 153-154). Y respecto a la Sofía del poema, *vid.* también *AP* 1, pp. 155-156.

[155] Dice Rafael (*AP* 1, p. 136) que fue éste el primer poema que pergeñó ante el cadáver de su padre: "El clavo oscuro que parecía pasarme las paredes del pecho me lo ordenaba, me lo estaba exigiendo a desgarrones. Entonces saqué un lápiz y comencé a escribir. Era, realmente, mi primer poema."

Sus pulmones se le rebelaron. Escupió sangre. Le impusieron el orden de un sanatorio. A mí no me conmueve tanto
cuando leo:

> *Más bajo, más bajo*
> *no turbéis el silencio*
> *de un ritmo incomparable*
> *lento, muy lento,*
> *es el ritmo de esta luna de oro.*
> *El sol ha muerto,*
> *Suena la hora de rezar.*[156]

Lo que me conmueve hoy, volcado de nuevo sobre su
pasión primera, dibujando con su paciencia de novicio de
una orden medieval estricta, es pensar en aquel Rafael Alberti que escribió sin saberlo y sin hoy acordarse de él su
primer poema al color:

> *Voy camino de la aldea*
> *por un sendero morado,*
> *me sigue un tropel de lirios*
> *al son de un arroyo extraño.*
> *Al pasar por mi jardín,*
> *sobre la rama de un árbol,*
> *un verde muere de amores*
> *por un amarillo pálido.*
> *Hay un poquito de ocre*
> *cerca de un siena tostado*
> *y más allá un esmeralda*
> *que sueña en ser azulado.*[157]

[156] En la p. 137 de *AP* 1 ya se transcribían estos versos de Alberti, en
donde recuerda la génesis del poema, que está inspirado en otro de León
Felipe (*Versos y oraciones del caminante*) que dice: "Más bajo, poetas,
más bajo... / no lloréis tan alto."
[157] Con algunas variantes, se trata de la primera parte del poema "De
Matinada", otro de los 48 poemas anteriores a *Marinero* (*PC* I, p. 59) fechado en 1923.

Ya el joven ha leído a Juan Ramón Jiménez, sabe lo que es tener el aliento corto, quedarse en la cama mirando a los montes. Junto a él se cura los pulmones un muchacho francés. No recordará hasta muchos años después que aquel amigo se llamaba Marcel Bataillon y que sería el sabio ilustre que presidiría el *Collège de France* con igual sonrisa juvenil.[158] Como iba pasando el tiempo, Rafael olvidaba también sus poemas iniciales, los dejaba atrás, los perdía. Son la prehistoria de un poeta. No tiene interés. Sí, oye, ¿qué te recuerda esto? Es tu primer poema al color. Debería abrir, en su fecha correspondiente, tu libro *A la Pintura*. Pero no quiere oírme. Tienes la pintura en los dedos, le digo. Y me muestra sus manos casi de muchacho, difíciles, con los dedos algo desbandados, algo artesanales y tan sabias, llenas de una memoria prodigiosa que recobra al cabo de tantos, tantos años, como si saliera de su casa de Madrid para ir a dibujar al Casón. Rafael siempre me sorprende. ¿De dónde saca su juventud sin término? Siente un llamamiento inagotable, levanta su cabeza blanca y responde. ¡Qué milagro!, ¿verdad?

No sé si podemos elegir sitio para morir. Lo que decididamente no elegimos en nuestro complicado mundo de fronteras y pasaportes es dónde vivir. Dicen que desde hace muchos siglos ocurre esto y, a consuelo de tontos... Antes de pasar quince años sin pasaporte, me había tropezado con otros peregrinos: los judíos españoles de Oriente o sefarditas.

Era el momento en que nuestros viajes estaban en su apogeo. Después de aquel poema que Rafael escribió junto

---

[158] Marcel Bataillon (1895-1977), prestigiosísimo hispanista francés, profesor de la Sorbona y del Colegio de Francia. Realizó trabajos fundamentales sobre los hermanos Valdés y sobre el erasmismo (su tesis doctoral de 1937, *Erasmo en España,* ha sido el estudio más sólido sobre el tema).

a mí —"el que no pudo nunca hablar de sus viajes..."[159]
cambió el signo y fueron mares, caminos y carreteras. Volvimos a España de ver el Volga, las planicies de Ucrania, el
paisaje de la Georgia, con el Elbrús ocultándose en las nubes,[160] el mar Caspio tornasolado de petróleo, Bakú, la
ciudad calcinada que nos enseñó sus huesos antiguos y su
carne moderna. Habíamos estado en Crimea, llegado a
Odessa. Quedaron en nosotros, como últimos recuerdos,
una misa en la catedral ortodoxa escuchada con una atención que para sí quisieran los católicos españoles, aunque
los chiquillos la interrumpían y un diácono los ahuyentaba
como suelen hacer en las catedrales nuestras con los perrillos que no saben oír misa. El otro recuerdo corresponde a
la estremecedora escalinata que aparece en *El Acorazado
Potemkin*. Allí estaba sin estar el coche infantil a tumbos
por las gradas y, en carne y hueso, junto a nosotros, el rea-
lizador de tan estupendo film. Dos ojos azules, pálidos,
fulgurantes y fijos, una frente amplia con arbolillo de pelo
y la sonrisa grande, así era Sergio Miguel Eisenstein cuando lo conocimos. Lo encontramos en el Congreso de Escritores de Moscú. Allí conocimos a tantos amigos, unos
desvanecidos ya y otros a quienes abrazamos hoy, estre-
chamente, al encontrarlos. Era para no olvidar nunca eso
de volver la cabeza y encontrarse a Tairof, a Meyerhold, a
Fedin, a Boris Pasternak, a Tretiakov, a Kirsanov... o a Piscator, a Ernest Toller, a Plivier, a Malraux, a Jean Richard

---

[159] María Teresa entrecomilla una cita albertiana que tal vez toma
—con ligera variante— de un verso del poema de *Sermones y moradas* titulado "Ya es así": "con la lejana tristeza del que no pudo hablar de sus
viajes" (*PC* I, p. 475).

[160] El Elbrús, con sus 5.642 metros de altitud, es la cumbre más alta de
la cordillera del Cáucaso. Está rodeado de importantes glaciares. Bakú es
la capital de la república de Azerbaiyán, en la costa occidental del mar
Caspio, levantada en un plano circular, en torno una amplia bahía. En los
años en que la visitaron los Alberti contaba con las más importantes refi-
nerías petrolíferas de toda la antigua URSS.

Bloch... En esa Sala de Columnas de Moscú vimos por primera vez a S. M. Eisenstein, nacido en Riga en 1898. Bostezaba, se aburría, necesitaba distracción. Acababa de pasar una mala experiencia americana. Tanto él como el operador Tisse, como el asistente Gregori habían de ser burlados en manos de la compañía que contrató su talento para filmar la película *Viva México*.[161] El magnífico material cinematográfico era considerado impropio para el público norteamericano. Fue éste uno de los más escandalosos *chantages* de nuestro tiempo. Eisenstein sentía los huesos de su alma doloridos por la aventura. Su paso por México se le había grabado como un sueño angustioso. En realidad, convalecía. Sus amigos lo cuidaban, su mujer lo hacía descansar. Contaban que había intentado suicidarse y que se liberaba de su angustia dibujando ideas para films, que se iban convirtiendo en imágenes eróticas que tiraba al suelo sistemáticamente hasta cubrirlo. A él primero que a nadie se le ocurrió introducir escenas filmadas en una representación teatral. Maiakowski le abrió su revista. El mismo Maikowski se dejó filmar en tres películas cortas. Cuando la salita de su museo, el consagrado a la memoria del poeta, se oscurece y los encargados de cuidar su recuerdo callan, se produce en el saloncillo el estremecimiento de una sesión espiritista. Aparece en alto el poeta, fuerte, hermoso, buen actor, con esas profundas ojeras

---

[161] En 1930 Eisenstein es contratado por la Paramount, y el cineasta ruso llega a Nueva York en mayo de ese mismo año, instalándose inmediatamente en Hollywood. Fuertes presiones americanas obligan a la productora a rescindir el contrato en octubre del mismo año 30, pero seguidamente el escritor y productor Upton Sinclair interesa al cineasta en la realización de un film sobre México. En noviembre del 31 Eisenstein cae en desgracia en su propio país, y las declaraciones de condena contra el presunto "aburguesamiento" de su obra se multiplican. Todo ello obligó a abandonar el proyecto de ¡*Viva México!* en 1932, sin haberlo acabado, pero sí habiendo acumulado bastante material, con el que posteriormente se han hecho varios montajes: *Tormenta sobre México*, *Eisenstein en México* y *Sinfonía Mexicana*.

de los galanes que tuvieron por jefe a Rodolfo Valenti-no.[162] No es una proyección, es una evocación y nos que-damos quietos para no romper el encanto. Lilí Brik se sienta junto a mí. Ella mira con los ojos del amor. Han en-vejecido, pero siguen siendo igual de dulcemente inteli-gentes. Lilí no ve "La señorita y el granuja", libre versión de un cuento de D'Amicis,[163] Lilí Brik ve el Maiakovski de los años de la gran prueba revolucionaria, cuando había que quemar las sillas y los libros para calentar la vida y que siguiera acariciándolos.

Pues bien, Eisenstein, el padre del cine revolucionario del mundo, había sido nuestro alegre compañero por el Cáucaso y por Crimea. Acabábamos de decirle adiós. Era Odessa una línea borrosa en el horizonte y aún veíamos volar sus inquietos mechones rubigrises y el cochecito se-guía ante nuestros ojos cayendo, cayendo...

Seguimos el viaje. Ponto Euxino, mar Negro, tan azul. Primer puerto, el de Constanza, presidido siempre por Ovidio el desterrado. Luego Barnas, Burgas, Istambul...[164]

---

[162] Rodolfo Guglielmi di Valentino (1895-1926), actor norteamerica-no de origen italiano, que emigró a los Estados Unidos a los dieciocho años, trabajando como bailarín de los *night-clubs* antes de convertirse en una estrella del cine mudo. Fue el arquetipo del seductor de belleza latina.

[163] A petición del productor Perski, y para la distribuidora Neptuno, Maiakovski escribió guiones e interpretó varias películas a partir de 1918, entre ellas las tituladas *No nació para el dinero* (sobre la novela de J. Lon-don *Martin Eden*) y *La damisela y el golfo* (guión inspirado en el cuento de D'Amicis "La maestrita y el obrero"). En esta última el poeta encarna-ba al personaje "Saltafinestra", un golfillo de arrabal que se enamora de la señorita Veretti, la maestra de la escuela nocturna a la que asiste. María Teresa pudo verlo, porque es la única película interpretada por Maia-kowski que ha sobrevivido completa.

[164] Por razones no aclaradas del todo, el poeta Ovidio fue desterrado el año 8 d.C. por Augusto a Tomis, junto al Ponto Euxino —o sea, el Mar Negro—, donde murió. En tal suceso se inspira la novela del escritor ru-mano, afincado en España hasta su muerte, Vintila Horia, *Y Dios nació en el exilio*. El Ponto Euxino ("Pontos Euxeinos") era llamado así ('mar hospitalario') por antífrasis, a pesar del miedo que inspiraba a los marinos por ser mar brumoso y a menudo agitado. Los diversos lugares que se ci-

En todos estos puertecitos fuimos encontrándonos con gentes que nos decían en un español recamado de orientalismos: Somos de la Comunidad de Castilla o de Aragón. Un niño, en el patio de una mezquita, se empeñó en vendernos postales "muy chiquirriquiticas" en el idioma que le habían enseñado "su papá y su mamá". Por el zoco de Istambul pareció morirse, de pronto, el vocerío turco para sernos ofrecida en buen romance la mercancía amontonada. Allá, con un gesto amigo, nos invitaron a café. Lleno de afecto, alguien nos habló del doctor Pulido,[165] viejo médico español a quien el problema sefardí traía a mal traer, trabajando porque los españoles se interesen por tantos miles de compatriotas. Tenemos antepasados en Aragón... y hasta la llave de sus tumbas. ¡Ah, ese Aragón fertilizado por su sangre y que ya en 1391 degüella su judería![166] ¡Ese Aragón que guarda el recuerdo de un judío de Zaragoza que cegó por llorar duelos ajenos! De pronto nos encontramos rodeados de españoles, bebiendo en una tiendecita

---

tan, abiertos al mar Negro, son Constança o Constanta, importante puerto rumano (la antigua colonia griega llamada Tomis, que se ha citado antes). Varna (no "Barnas") importante ciudad de Bulgaria, y escala de líneas navales. Burgas, también puerto de Bulgaria, al fondo del golfo de su nombre. A este periplo también se refiere Alberti en *AP*, 2, p. 40. Y a estas circunstancias corresponden los poemas albertianos "Cargadores", "Bakú" y "Mar Negro" del libro *El poeta en la calle* (*PC*, I, pp. 531 y 532).

[165] Ángel Pulido Fernández (1852-1932), médico madrileño que colaboró con el Dr. Velasco en su Museo Antropológico, que llegó a dirigir e impulsar. Académico de Medicina y diputado desde 1893. Fue director general de Sanidad y realizó una gran labor en favor de los sefardíes en libros importantes como *El sefardismo en España* (1919) y *La reconciliación hispano-hebrea* (1920).

[166] Efectivamente el año 1391 supuso un punto culminante en el sentimiento antisemítico que va creciendo a lo largo de la Edad Media, pues fueron varias las matanzas de judíos que se registraron en ese año tanto en Castilla como en Aragón. Amador de los Ríos, haciéndose eco de un relato de Pablo Piferrer Piferrer (*Episodio de la historia de los judíos en la antigua corona de Aragón*), refiere la terrible matanza de judíos que tuvo lugar en el mes de agosto en Zaragoza (*Historia de los judíos de España y Portugal* (reed. Madrid, Turner,1984, vol. II, pp. 374 y ss.).

de tapices de Istambul. Y los sentimos más españoles que
nosotros, más gramáticos para hablar. Nos preguntaban
insistentemente por la República. Les interesaba el retorno. "Allí las casas tienen un pozo o una fuente en el patio,
¿verdad?" Contesté que sí para que conservasen limpia su
tradición toledana o andaluza. Luego nos rogaron que nos
llevásemos un tapiz. No tenemos dinero. Somos escritores. Un poeta nunca puede pisar más que el suelo desnudo. No importa. Manda el dinero desde España. Sobre tan
sorprendente generosidad nos dimos la mano, nos miramos a los ojos y ellos se quedaron con nuestra imagen, llevándonos nosotros la suya conmovedora y tierna.

Pasó el tiempo. Nos horrorizaron las persecuciones nazis. ¿Qué habría ocurrido con aquellos sefarditas españoles de Salónica o con los alegres Behar, Toledo, Perets que
encontramos en los puertos del mar Negro? Un amigo, un
hebraísta, Máximo Kahn,[167] que la República nombró cónsul en Salónica, nos contó la historia terrible. De ochenta
mil judíos españoles de esa ciudad, únicamente se habían
salvado, de la exterminación furiosa del nazismo, los diez
mil de entre ellos que habían pedido la ciudadanía española. Los otros...

> *Ya amanece, ya amanecía,*
> *los que los picó la muerte*
> *no se dormían...*

No se cantan alegrías cuando llega la muerte. Al contrario. Las endechadoras o plañideras se rasgan la cara, las
blusas, aullando el planto.

---

[167] El hebraísta Máximo José Kahn publicó en la revista *Hora de España* (núm. de octubre de 1937) un bello artículo ("Salónica, sefardita") en
donde hace memoria del esplendor de la ciudad de Salónica, sede de una
floreciente comunidad sefardí, que fue arrasada por un voraz incendio en
1917, por la ocupación griega después, y en donde todavía se susurraba el
castellano, pero sin recuperar el perfil de ciudad judía y española que había sido durante cuatro siglos.

> *Muerte que a todos convidas,*
> *dime qué son tus manjares.*

Ya Don Sem Tob, judío de Carrión, cuando escribe las 79 coplas de su danza general, tutea a la muerte en cristiano, puesto que es converso desde 1360:

> *Agora la muerte con su mano dura*
> *traheme en su danza medrosa sobejo.*[168]

Y como un río ininterrumpido de endechas a la muerte, este canto popular, postrer canto de cuna de los sefarditas, lo siguen cantando en castellano, conservando la costumbre de echar flores y confetis, símbolo de dichas no logradas, sobre la caja del mozo muerto sin casar y hojas de parra sobre el cuerpo de la doncella cortada en flor.

> *Si subieras, mi madre,*
> *al campo por la mañana,*
> *pregunta a los corantados*
> *cómo es el trago de la retama*
> *amargo y prieto.*

Trago o trance amargo, sollozo de canción de cuna.

> *No me echéis de la tierra*
> *sobre sus ojos pintados;*
> *se van los ojos chiquitos,*
> *no crían sus deseados.*

Sí, instan a los muertos, los preparan para la vida:

---

[168] El texto que cita María Teresa León pertenece a la *Dança general de la Muerte* y no a los *Proverbios morales* de Sem Tob, pues a pesar de que el códice escurialense contiene ambos textos, se ha descartado la autoría del poeta de la aljama de Carrión que se sugirió en el siglo pasado. Los dos dodecasílabos en cuestión corresponden a la copla adjudicada al Obispo (vv. 221-222).

A la tierra iría.
A la que sembráis cebada,
que le pudran los paños
y no su cara pintada.[169]

Una romántica desesperación aparece en la boca de las endechadoras, que trae a la memoria los pobres versos de despedida que leemos en nuestros tristes camposantos detrás de cristales y trenzas de pelo que se decoloran. Recordamos que en la Edad Media hasta se retorcía el hocico de los caballos y lebreles para que ellos también plañesen al amo, y tanto espanto ponían estos cantos y gritos en los judíos, que los rabinos de las comunidades dispersas por el mundo, después de los edictos de los Reyes Católicos, llegaron a prohibir estos excesos. Pero no pudieron prohibir la muerte, "que no perdona a ninguno y desbarata." Sí, muchas clases de muertes, muchos vestidos diferentes para alcanzarnos. Hasta esa muerte de amor que la tradición judeoespañola se lleva de los cancioneros hacia Oriente en su memoria desterrada.

El rey moro estaba jacino
de dolor de corazón,
ya llaman a los jotores,
cuantos en el mundo son.
Eguay, cuantos en el mundo son.[170]

---

[169] Estos cinco fragmentos ("Ya amanece, ya amanecía"; "Muerte que a todos convidas"; "Si subieras, mi madre"; "No me echéis de la tierra" y "A la tierra iría") son de otros tantos cantos funerarios judeoespañoles, o endechas, recogidos y estudiados por el profesor Alvar en su libro *Endechas judeoespañolas*, Madrid, CSIC, 1968.

[170] No he localizado la procedencia de este texto judeoespañol, pero apunto el parecido de su comienzo con una versión oral sefardí del "Romance por la muerte del príncipe don Juan", acaecida en 1497, localizada en Turquía y dada a conocer por Abraham Galante en 1903: "Hazino estaba el buen rey,/ hazino y echado en cama,/ siete dotores lo rijen,/ los mijores de Grenada". La voz *hazino* es un arabismo que significa 'enfermo'.

Y es que, como decía en su *Libro de las Tres Gracias* Rabbi Abner de Burgos,[171] todo nos lo dan prefabricado y hecho ya en la vida mortal... "Saldrá de mi boca palabra derechurera; yo fiz el mundo, yol crié, yol redimiré." Sí, pero ellos cantarán.

Si tú supieras, madre, cuándo he comenzado a quererte; no fue ese día que me precipité en tus brazos: tenía miedo; ni siquiera en aquella ocasión cuando me subí a tus rodillas: tenía hambre. Mi vida era tan pequeñita entre tus brazos. Yo no te conocía. Venimos de demasiado lejos. En ese lugar donde distribuyen las vidas nuevas a los seres humanos, me dieron a ti y tú te sorprendiste de tener que querer a una niña con los ojos cerrados.

No fue tu rostro, madre, lo primero que se separó de la niebla que me rodeaba, fueron tus manos. Esa herramienta tan útil más tarde fue lo primero que vi. Aún pasaría mucho tiempo antes de quererte. Tu cara tardó en diferenciarse de las demás. Yo tardé muchos meses en distinguir tus ojos, tu nariz, tus labios... me gustaba que me besases.

¿Cuáles siguieron siendo nuestras relaciones? Te identifiqué a la vez que la palabra NO. Eras mamá No. No hagas esto, no te manches el vestido, no juegues con el barro... Tardé mucho tiempo en aprender esa lección, pero después me convertí a mi vez en la señorita No. Un día,

---

[171] Abner de Burgos, llamado también Alfonso de Valladolid (ca. 1270-1340), fue un apóstata y famoso polemista antisemita, conocido como físico, en Burgos, hacia 1295, y que se convirtió al cristianismo cuando contaba cincuenta años. A partir de ese momento vivió humildemente con el empleo de sacristán en una iglesia de Valladolid. Rechazó las entonces vigentes interpretaciones racionalistas de la Torá, y propuso a cambio un sistema teológico muy influido por la astrología, aceptando la predestinación y el determinismo. Alcanzó gran relevancia entre la comunidad judía española, que lo veía como una gran amenaza, y contra el que polemizó el mismo Sem Tob.

riendo, me sacudiste un poco. Otro día... no sé cómo decírtelo, me diste a conocer tus manos, me pegaste. Sentí mucha pena y poco arrepentimiento. Otras veces, qué dulce, me sentabas en tus rodillas y murmurabas yo no sé qué palabras mágicas, qué arrullos maravillosos que concluían con el dolor, la angustia, el miedo de crecer. Y, sin embargo, yo no sabía quererte, porque todo lo de nuestra infancia nos parece que responde a una obligación con nuestra fragilidad. Tardé mucho tiempo en poder seguir tu pensamiento. Era más fácil seguir agarrada a tu vestido, ir sobre tus pasos que entender lo que tú me querías decir. Al crecer, te tuve desconfianza. En un lado, me enteré más tarde, estaba tu mundo de gentes altas, y en el otro, el mío. Yo no podía seguir tus pensamientos porque debía cumplir tus órdenes: aprende a no hacer eso, lee más claro, no haces caso de nada... Fue entonces cuando me di cuenta que todas las madres de mis amigas decían lo mismo y que esa riqueza de tener una madre se había convertido en un bien común. Me desilusioné. Luego dije para contentarme: mi madre es distinta. ¡Cómo iba a ser la madre de los otros chicos como la mía! Hasta aquí podíamos llegar. Entonces comencé a espiarte para encontrar las diferencias. Me di cuenta que caminabas con paso muy seguro, con altivez y que hablabas con una voz distinta. Nadie hablaba como tú. Cuando por primera vez oí la voz de las maestras, se me turbó el alma porque con su sonsonete autoritario barrían el sonido de tu voz, madre, y me dejaban pequeña y sola en el inmenso terror de la primera escuela.

Pero ni entonces yo sabía quererte. Me desorientabas. Si yo creía que me estabas esperando, habías salido; si yo te enseñaba los primeros deberes, pidiéndote ayuda, levantabas los brazos, ahuyentándome con el pretexto de que los habías olvidado. Ya sé, madre, ya sé aquello de que estuve enferma y sé tus pasos de leona desvelada y la lucha contra la impalpable muerte... pero ni entonces supe lo que era mi amor hacia ti. Mi cuerpo, cargado de medicinas y de fiebre, estaba solitario como un caracol abandonado en la resaca de la playa.

Siempre me pareció que tú y yo éramos sonidos iguales, dos consecuencias lógicas, dos colores complementarios. Así que jamás me planteaba el amor a lo que era simplemente yo misma. Al crecer más, comprendí tus palabras, seguí tus pensamientos pero me alejé de ti porque todo, todo, absolutamente todo lo que hacía tu otro yo, ese yo desprendido de ti y que era tu hija, lo encontrabas fuera de propósito, desprovisto de sentido, reñido con tus costumbres, en pugna con tus sueños. ¿Por qué soñaste tanto conmigo, madre? Sentí que me considerabas tu fracaso. ¡Adiós ilusión de una hija perfecta! En un momento yo tuve que elegir entre tú y el mundo, y elegí el mundo. Tú no comprendías la ley inexorable que me separaba las manos de tu vestido. Ya las manitas aquellas, tan chicas, no existían, ni aquellos pasos tan cortitos. Mis pasos son firmes, iguales a los tuyos y mi voz tiene tu mismo eco. Yo no sé si supe alejarme de ti sin lastimarte, llamada por el reclamo de la sangre hacia los orígenes, hacia el misterioso corazón central. Seguramente fui dura contigo al dejarte, igual que lo son los pájaros cuando se alejan al volar solos o los peces al nadar por su cuenta o los hombres al enamorarse. Pero esta mañana...

¡Si tú supieras, madre! Esta mañana al abrir un cajón, entre guantes descabalados y recuerdos marchitos, encontré un retrato tuyo. Hasta hoy no he sabido mirarlo. No, no había mirado nunca el paso de la vida sobre ti, tus vacilaciones, tus trabajos, tus angustias, tus inquietudes... Hay un leve polvo sobre tu cara, el que levanta la existencia al vivirla, suavemente gris. ¡Cuánto te quise de pronto! Eras mía, únicamente mi madre. No te parecías a ninguna, pertenecías a ese claro milagro de la existencia del hombre: Yo era tu carne.

Y sentí como si me llamases para transmitirme tus poderes. La voz tuya, tan admirable, me anunciaba que yo

iba a ser como tú, nada más que como tú. Besé tu imagen y
me senté a quererte.

Cuando llego a París, pongo la mano sobre la amistad.
¿Quiénes esperan aún? No sé si nos aguardan a nosotros o
aguardan, hablando con nosotros, el fin. Una de las veces
que llegamos fue en 1934. La policía de Madrid, siempre
poco republicana, aunque estuviera gobernando la República, había invadido nuestra casa del paseo de Rosales
donde vivíamos entonces. Tal vez esa casa fue la nuestra
como ninguna otra. Nos estaba a la medida, sin ninguna
costura que nos hiciera daño. Podíamos extender los brazos hacia el Guadarrama y pasar los dedos entre los árboles del Parque del Oeste. Tocábamos el monumento a los
pobres héroes de la guerra de Cuba y resbalaban luego por
las encinas del monte del Pardo, siguiendo la vía del tren,
brillante y viva hasta el confín. Y el Guadarrama... Sí, era
nuestra casa a la medida de la imaginación. Corría por la
terraza la perra Niebla. Llegaban los amigos. Llegó un día
Henri Barbusse con su sofocada respiración. Su revista
Monde costaba un franco.[172] Aparecía los viernes. Era un
detector de los preparativos de la guerra que hacían Alemania e Italia. Tengo ante mí las hojas viejas. Una de las
noticias es que el Palais de Bourbon se opone al voto femenino. ¡Dulce Francia! Guerra de Etiopía.[173] Movilización de alemanes e italianos en las fronteras de Austria; los

---

[172]   Henri Barbusse, novelista francés (1873-1935), cuya participación
en la Primera Guerra Mundial se tradujo en la novela *El fuego* (1916), alegato antimilitarista que le mereció el Premio Goncourt, y de la que habla
María Teresa más adelante. La revista *Monde* la dirigía y editaba en París.
[173]   La campaña de Etiopía de 1935 a 1936 fue iniciada por las tropas
de Mussolini, decidido a la conquista del país africano; esta campaña fue
un claro preludio de la Segunda Guerra Mundial, y casi coetánea del comienzo de nuestra Guerra Civil.

sindicatos se movilizan para salvar la vida de Teodomiro Menéndez y de González Peña,[174] acusados de dirigir la insurrección de los mineros asturianos. En las páginas centrales de algunos números van cuentos míos. Uno de ellos se llama "El Barco", otro "Las Bellotas".[175] Todos plantean ya nuestros problemas de españoles cansados de mirarnos pobres y sin luz. ¡Cuánta gente imposible de olvidar! Delia del Carril está en primer término. Nos la habíamos encontrado en París junto a Victoria Ocampo.[176] Habló de sus dificultades de dinero y decidió que España aprovecharía mejor sus rentas. Cuando se quiera dar una definición de belleza y de gracia acudiremos a su imagen. Eran aquellos días —1934— malos para mí. Estaba inmóvil, pasé en una cama inmóvil casi un año. Vi a todos mejor desde mi casi absoluta inmovilidad. Sorprendí los ojos de Delia, los de Pablo Neruda. Pablo Neruda y Delia aparecían a las ocho de la mañana: Venimos a tomar el desayuno con vosotros. ¿Y el sueño? No lo necesitaban. ¿Para qué? Cuando se cansaban de estar con los amigos de la noche, se tomaban un simón y, andando. Madrid amanecía. ¿Adónde ir? Rafael trabaja desde muy temprano. Estará cansado. Y entraban y recomenzaba la vida del día siguiente.

---

[174] Nombres de los dos líderes sindicalistas de la revolución asturiana de octubre del 34. El primero (1879-1978) fue encarcelado y condenado a muerte, aunque tuvo una participación sólo secundaria en los sucesos revolucionarios. El segundo fue un socialista que presidió el comité revolucionario de Mieres al comenzar la revolución, y que llegó a controlar toda Asturias (vid. AP, 2, p. 42).

[175] Dos cuentos que María Teresa incluyó en su colección *Cuentos de la España actual*. El segundo con título distinto, "El derecho de la nación".

[176] Victoria Ocampo (1891-1979) fue una acomodada intelectual y escritora argentina, propietaria de la revista *Sur*, que había frecuentado la tertulia de la *Revista de Occidente* y había colaborado en la revista de Ortega, quien, por cierto, le epilogó su primera obra, *De Francesca a Beatrice* (1924). Francisco Ayala la recuerda con frecuencia en sus memorias y Alberti la evoca también relacionándola con Delia del Carril, como refiere María Teresa (*AP*, 2, p. 295).

También llegaba Bergamín. José Bergamín con su *Cruz y Raya* y su manera aguda de filtrarse por las paredes. Desafiaba con sus visitas a los que nos habían borrado del carnet de sus amistades. Él conocía todos los exorcismos contra el comunismo y no le daba miedo. Nunca vi una inteligencia que chisporroteara más. Y eso que lo que decía lo decía bajito, susurrando. Susurrando pidió a Rafael una antología para *Cruz y Raya,* susurrando fui conociendo cuánto lo quería. Surrurrando vuelvo a encontrarlo en el Café Flore de París, rodeado de floridas muchachas, siempre en sus trece, asombrando a los que se inclinan sujetándose las orejas con la mano para alcanzar el sentido de aquellos susurros susurrados, susurrantes, que dijeron varias veces a la dictadura española: cruz y raya.

Ahora yo soy la cola del cometa. Él va delante. Rafael no ha perdido nunca su luz. A veces, él cree que se eclipsa y se enfada con sus pensamientos. Nuestras amigas Margot y María Carmen Portela,[177] tan videntes y hermosas, dicen que entonces saca un peine del bolsillo y se peina.

Puede que sea de poetas el sentir más hondo cómo se detiene el aliento, cómo se corta y se retira, pero, casi sin transición, se cruza su rabia con la impalpable poesía, salvándose.

¿No te acuerdas, María Teresa, que el día del recital de poesía, durante el Congreso de Escritores de Moscú, la

---

[177] Las hermanas Portela, escritora y escultora respectivamente, de nacionalidad argentina, amigas de los Alberti y madrinas de su hija Aitana. A la segunda Rafael le dedicó un notable ensayo-estudio de arte en 1956 (Buenos Aires, Losada) y un poema (*PC* III, pp. 790-791).

mano grande de un hombre gordo agarró la tuya y te llevó con los otros escritores al Presidium? Pues era la mano de Kruchov.[178]

¿Cuántos años hace que nos conocemos, Vladimir Pozner?[179] Su mujer se ríe porque cuando nos encontramos siempre nos decimos las mismas cosas, mientras vamos envejeciendo. ¿Te acuerdas María Teresa que vinieron a París los primeros españoles desterrados después de la insurrección de Asturias? Sí, me acuerdo que fuimos a vivir a la rue Nicoló, a casa de René Crevel.[180] Lo ocurrido en España era como el ensayo general de lo que había de ocurrir más tarde. Los que huían por la frontera trataban de alcanzar París. Por primera vez nos sentíamos comprometidos hasta los huesos. Iban llegando algunos ferroviarios de la estación del Norte de Madrid. Pablo de la Fuente, hoy novelista,[181] entonces encargado por el sindicato de avivar el proceso cultural de sus compañeros, nos había pedido ayuda para la biblioteca que ellos tenían en la calle

---

[178] Nikita Serguéievich Jruschov (1894-1971) fue un destacado estadista soviético que en los tiempos que rememora María Teresa era el jefe de organización del Partido Comunista de Moscú y miembro del comité central del partido.

[179] Vladimir Pozner fue un escritor ruso, de origen francés (nacido en 1905), miembro del Partido Comunista desde 1932. Empezó publicando en 1929 un conocido *Panorama de la Literatura Rusa contemporánea*, y es autor de varios ensayos sobre la Unión Soviética y sobre Norteamérica, y de varias novelas, entre ellas *España, primer amor* (1965). Fue también el traductor al francés de los diarios de Tolstoi.

[180] René Crevel (1900-1935) fue uno de los iniciadores del surrealismo, y actuó de intermediario entre el Partido Comunista y los surrealistas enfrentados a dicho partido. "En París nos dejó su casa aquel encantador e inquietante joven surrealista René Crevel, de cuyo inesperado suicidio nos enteramos pocos meses después de instalados en México" (*AP*, 2, p. 42).

[181] Pablo de la Fuente, sindicalista de ferrocarriles y escritor próximo al grupo de la revista *Octubre*. Durante la guerra escribió algunas obras de teatro como *El café... sin azúcar* y *Evadidos* (ambas incluidas en el volumen *Teatro de urgencia*, Madrid, Signo, 1938) y un libro de cuentos en 1939, *El hombre solo*. En el exilio chileno continuó una labor de novelista.

de Ferraz. Él nos contó lo que estaba pasando en España. Vladimir Pozner tenía entonces la misma juventud que todos nosotros, los que nos paseábamos por París repitiéndonos las razones del proletariado español para rebelarse, para defenderse. Se sucedían los café-crème y las esperanzas. Cuando, pasados tantos años Vladimir Pozner nos entregó su último libro, nos daba su infancia escrita en él con la misma nobleza y el mismo gesto con que nos aceptó aquel año 1934, primero de nuestro destierro. Los españoles empezábamos a pasearnos sin pan ni patria. ¿Te acuerdas, Volodia? Entonces su mujer se ríe de nosotros: ¡Siempre contáis las mismas cosas! Sí, vamos envejeciendo.

Un día de 1934 Palmiro Togliatti nos dijo: ¿Por qué no sois vosotros los que vais a Norteamérica a explicar lo que acaba de suceder en Asturias? Contestamos, inmediatamente: sí. Entonces el jefe del Partido Comunista italiano se llamaba Ercoli. Era un camarada, un italiano a quien casi no se podía decir que no porque te convencía siempre su don de ser admirable. Os enviará el Socorro Rojo. Lo que allí pasa es necesario que lo sepa la gente. Después de haber combatido, ahora, los mineros y sus mujeres tienen hambre; las familias, separadas; los hombres en la cárcel o muertos... ¿Iréis? ¿Cuándo? Unos días después teníamos en la mano la fotografía y los billetes de un barco espléndido. Se llamaba *Bremen*. Los alemanes lo habían destinado a la ruta Hamburgo-Nueva York. Ni cinco días va a tardar, es el barco más veloz del mundo. Andando.[182]

Así de casual fue nuestro viaje a América del Norte. Y una experiencia más para aquel poeta que había dicho, melancólicamente deprimido, en su libro *Sermones y Moradas*.

> *Con la pena*
> *del que no pudo nunca hablar de sus viajes.*

---

[182] Alberti sigue muy de cerca este pasaje de *Memoria...* en *AP*, 2, p. 42.

Ahora ya no se detenía. Tal vez la unión del marinero en tierra con la mujer de tierra adentro, la conjunción de Scorpio y Sagitario,[183] haya dado a nuestras vidas muchos kilómetros de caminos, unos, voluntarios, y otros, impuestos. El día que tomamos el barco en la Rochelle era gris, y gris y frío y hielos acompañaron nuestra travesía. El enorme transatlántico se movía como un loco, todo tintineaba, campanilleaba, nos pedía auxilio. Era el baile de los vasos, de los platos, de todo lo que no iba sujeto por alguna cadenita. El lujoso movimiento del *Bremen* era tal, que los viajeros nos vimos poco y esto, agarrándonos a las paredes.[184] Recordamos otro de nuestros viajes, también soplado de aquilones y marejadas. El año 1933 fuimos desde Amsterdam a Noruega. Ese viaje sí que acreditó el sueño profundo de Rafael ante las catástrofes y mi ausencia del sentido del peligro. Fue así:

Viajamos desde Berlín en un tren de ilusos, de buena gente, de muchachos de buena voluntad convencidos de que los limpios de corazón detendrían la amenaza latente de la guerra. Estábamos entre ellos. Cantábamos. Gritábamos en idiomas distintos subrayados por el idioma universal de la sonrisa. Iban en nuestro compartimiento unos muchachos japoneses. Nuestra meta, el Congreso Internacional de la Paz.[185] Nos acogieron las banderas de los

---

[183] María Teresa, nacida un 31 de octubre, era del signo de Scorpio, y Rafael, nacido un 16 de diciembre, pertenece al signo de Sagitario.

[184] "El viaje a Nueva York debería hacerlo en poco más de cuatro días. Pero el mar, como siempre, después de una gran calma, se rebeló y casi toda la travesía fuimos dando tumbos, cayendo la gente y vomitando en las inmensas calles y salones de la nave, que crujía y resonaba hasta volvernos locos" (*AP*, 2, p. 42).

[185] María Teresa León se refiere al Congreso Mundial contra la Guerra, celebrado en Amsterdam del 27 al 29 de agosto de 1932, congreso que —según su presidente Barbusse— "marca brutalmente el fin del periodo utópico del pacifismo". Fue la primera toma de compromiso de los intelectuales frente a la amenaza fascista, que se confirmaría en los congresos de París, 1935, y España, 1937.

ilusionados. Un arrebato de voces amigas gritaba por la paz para todos los hombres. Presidía Henri Barbusse. ¡Qué frágil era! Nos dijeron que sus pulmones, gaseados en la guerra del 14, se negaban a respirar y, sin embargo, respiraba, hablaba, convencía. ¡Qué gran amigo nuestro fue! Barbusse ha sido uno de los hombres claves para nuestra generación. Se había atrevido a decir que la guerra no era hermosa, ni las fanfarrias militares la gloria, ni el heroísmo más que el sacrificio inútil y ridículo de la valentía. Mejor emplearse en otra cosa. Mejor la paz, la valentía de defender la paz. Seguramente ahora ya ningún joven lee *Le feu* de Henri Barbusse. La guerra ha cambiado de máscara. Los gases que condenaron los pulmones de Barbusse tienen hoy una dimensión nueva, desconocida e imponente. Todo se ha agigantado. O se ha disminuido tanto, tanto que es apenas un leve impulso antes de la catástrofe. Sólo los hombres son del mismo tamaño, no han variado su estructura, mueren de la misma manera, les acuden los mismos recuerdos. Tal vez griten: ¡madre! como el primer hombre que en guerra cayó muerto. Henri Barbusse debía saber lo que sucede al soldado, que sin consentimiento de su conciencia muere por cosas que no entiende, y por eso en aquel Congreso de Amsterdam se gritaba por la paz, pues ninguno quería morir. Pero nos hemos seguido matando por la estrechez mental de los nacionalismos, por los banqueros, por las grandes empresas, por los trust, por los políticos que no se creen seguros si no hay en sus inmediaciones algún general en qué apoyarse, general que, luego, lo reemplazan gustosos por otro para restablecer el orden. Morir por todo, menos por esa palabra con que nos empujan hacia la muerte; la patria.

Muchas ilusiones echamos a volar en aquel Congreso por la Paz de Amsterdam, muchas ilusionadas palomas. Seguimos creyendo en ese símbolo tan frágil. Se multiplican las armas espantosas. Nos hacen vivir en alerta, sobre un volcán. ¿Y ellas? ¡Pobrecitas! Parecen estar condenadas a no reproducirse mucho en este mundo nuestro al que un día clavarán sobre la puerta un último letrero: CERRADO POR DEFUNCIÓN.

Después de este congreso, tal vez por urgencia de vivir, embarcamos hacia Noruega. ¿Por qué Noruega? No sé. Puede que respondiese a una broma de Rafael cuando se cansaba de oírse llamar poeta andaluz: ¿Andaluz yo? ¡Pero si soy noruego! Un barco, el *Ariadna,* se encargó de devanar el hilo de nuestros sueños de Amsterdam a Stavanger.[186] El barco empezó a tragar mar poco a poco. Cabeceaba como harto, como el que no puede más con la tarea diaria y quiere que lo jubilen. Hicimos escala en Dinamarca. Seguimos. Poco a poco todo se fue poniendo turbio. Las olas nos cortaban las sílabas, el aliento. ¡Adiós los recuerdos de aquella Holanda donde las muchachas en bicicleta sonreían con pena al vernos solamente peatones! ¡Por favor, un poco de tierra firme para una bicicleta! Nadie nos hacía caso. Los marineros se calaron sus impermeables amarillentos, echándose sobre los ojos la capucha de los pescadores de ballenas, volviéndome a los ojos aquel anuncio del horrible aceite de hígado de bacalao, terror de nuestra infancia, con pescador y el pescado a las espaldas. Lo que llevaban a hombros en aquel momento era la tormenta más imponente que yo había visto en mi vida. Todo el barco estaba silencioso. Nadie se había acercado a comer, a pesar de los pesebritos que pusieron para que no resbalaran los platos. Volví al camarote: "Rafael, despierta." Estamos no sé dónde, sube y baja la luz de un faro como si la tierra enloquecida se moviese. Claro que debemos de ser nosotros los del baile. Es fantástico. Rafael siguió durmiendo. Yo volví a cubierta. El espectáculo me mantenía

---

[186] Stavanger es una ciudad del sureste de Noruega, puerto pesquero, comercial y petrolero. Hay antiguas casas de madera, a las que luego se refiere María Teresa. En cuanto al barco *Ariadna* en el que se dice que hicieron la travesía, Alberti lo menciona refiriéndose al viaje anterior por el mar Negro, hacia Italia (*AP* 2, p. 41).

agarrada a un hierro sin acertar a saber si comenzaba la creación del mundo o estaba a punto de concluirse. Todo alrededor mío gritaba. Nunca he escuchado más palabras, más gemidos, más advertencias, más gritos. Las olas se amontonaban voluntariosas, alborotadoras, continuas, golpeando tozudamente contra el casco de la nave: Ganaré yo, gritaban. A veces se subían hasta la cubierta y se largaban luego después de chuparlo todo, dejándolo resbaladizo, posible sólo para los marineros de grandes botas de goma que luchaban por amarrar algo que peligraba. Uno de ellos me vio y, riéndose pesadamente e injuriándome en su lengua, entre dos ráfagas de viento me agarró de un brazo, abrió una puerta y me metió dentro como quien tira un paquete. Tuve que resignarme a mirar por un cristal cómo todo se lo iba tragando la madrugada, la cual puso orden en los horizontes desatados, enviando los vientos a su casa y las nubes a su guarida. Rafael, despierta. Te has perdido una noche extraordinaria. Estamos entrando en Stavanger.

Poco tiempo estuvimos en aquella pequeña ciudad del norte. Zarpamos hacia Bergen.[187] El mar, manso como un perro bien dócil, nos hizo toda clase de juegos nórdicos de luces suaves. Atracamos justo cuando otra vez comenzaba de nuevo el canto de la lluvia. Desde la borda solamente divisamos un horizonte de paraguas. Jamás había yo visto —reunidos— tantos. Puede que al pisar el muelle se nos notase cierta indecisión desconcertada: la verdad es que lo estábamos. ¿Cómo se llamaba el hotel? No sé, contesté culpable de haber perdido la noticia. De pronto, uno de los paraguas se inclinó ante nosotros, alargándolo para darnos protección: ¿Son ustedes españoles? Y ante nuestro asombro aclaró: voy con frecuencia a España. Vendo bacalao.

Bienaventurada la cuaresma que hace consumir baca-

---

[187] Bergen es puerto turístico y comercial noruego, al suroeste del país, especializado en el embarque de arenques, anchoas y bacalo.

lao noruego a la lejana península del sur. Gracias a un ciudadano de Bergen nuestros pasos se dirigieron a un barrio maravilloso de casas como altares de madera, con sus fachadas en escalones casi bordados. Llamó a una de ellas. Pensamos que nos había dirigido hacia un museo, pero no, una señora nos saludó, acompañándonos a un cuartito tan chico que nos parecía no tener lugar ni para una cama. ¿Y la cama?, preguntamos un poco inciertos. Aquí. Y nos abrieron un armario. Detrás de las puertas de madera, todas adornadas, aparecieron dos camitas la una encima de la otra, maravillosamente cómodas, justas para nuestro cansancio. Nunca me ha parecido nada mejor y más lleno de comprensión hacia el sueño del hombre que aquellas paredes de madera. Nada estaba en aquella habitacioncita no confiado al espacio sino al orden. Eran los metros cuadrados mejor aprovechados que jamás habíamos visto. Instalamos nuestra vida nueva colocando amor, recuerdos y pensamientos hacia lo alto. Qué maravilla fue tenderse y cerrar la puerta del armario...

Ahora puede que todas esas ciudades hanseáticas sean museos. Las casitas recibirán visitantes que exclamarán: ¡Oh, oh! El mar seguirá enfadándose, los noruegos abriendo sus paraguas, tan corteses con los devoradores de bacalao. O puede que todo sea de otro modo. No me importa, es la Noruega que yo colgué dentro de mí, la estampa de mis recuerdos. Añadí más tarde los bosques, las ardillas que se divierten tirándote sobre la cabeza la cascarita de los piñones que devoran, las montañas que parecen esperar la nieve y la gente. La gente que encontramos en otro hotel de madera en las montañas vecinas de Oslo, era fácil de trato. A los viejos parecía gustarles nuestra juventud y a los jóvenes el que fuéramos de tan lejos. ¡Oh, ese país de sol! Lo del sol español nos lo repetían cada vez que nos encontraban. Comenzaba el otoño. Un frío misteriosamente diestro en colarse por cualquier resquicio iba apareciendo aún vestido con cierto disfraz de sol que desaparecía apenas

daban las cinco de la tarde. Tendremos que encender la
chimenea, dijeron mis amigas. Al día siguiente se acercaron con gran ceremonia a la enorme chimenea de leña.
Acarrearon astillas, ramas, troncos. Era como mirar un
ballet. De cuando en cuando me sonreían como repitién-
dome: ¡Oh, claro, usted con su país de sol...! Yo me senté
a esperar el milagro. Llegó el momento. Encendieron una
cerilla, después otra y otra y otra. ¡Cuánto humo! ¿Habrán hecho nido los pájaros en la chimenea? Estaban tan
desconcertadas, que murmuré humildemente: ¿Me dejan
intentar a mí? Soy de Burgos. Maliciosamente burlonas,
me tendieron la caja de cerillas. Me arrodillé. Arreglé troncos, ramas y papeles a mi aire. Acerqué la llama y... se en-
cendió.

No volvieron a hablarme de mi país de sol. ¡Pobres! Tuve que aclararles que en Burgos no hay más que dos esta-
ciones, la del invierno y la del ferrocarril.

El marinero en tierra empezaba a tener experiencia de
viajes. El mar o la mar iba a cambiar de nombre para llamarse el Océano Atlántico. El "Bremen" fue quedándose
pequeño de estatura al acercarse al puerto de Nueva York.
¡Qué ciudad gótica escalando el cielo! ¿Y la estatua de la
Libertad? El trasatlántico se dejó atar al muelle como un
perro bueno. Empezó la Aduana. No nos preguntaron, como a nuestro don Ramón del Valle-Inclán, si íbamos a matar al Presidente.[188] Eso lo saben hacer ustedes, no hace
falta. Ni si iba yo a ejercer la prostitución, pues un peque-

---

[188]   La llegada al puerto de Nueva York (marzo de 1935) y la anécdota
de don Ramón también las recuerda Alberti (*AP* 2, pp. 42-43). Valle hizo
su segundo viaje a México en 1921, vía Nueva York-La Habana. María
Teresa, en su apostilla, alude naturalmente a los magnicidios de Lincoln
—en el XIX— y de John F. Kennedy, pocos años antes. Por otra parte esa
entrada en la ciudad de los rascacielos quedó también plasmada en el poema de Rafael "New York" (del libro *De un momento a otro*) con un subtítulo muy elocuente, al respecto: "Wall-Street en la niebla. Desde el
Bremen (*PC* I, p. 639).

ño grupo de amigos de España, llevando al frente una bandera republicana, daba seriedad a nuestras costumbres. Gritaban. Saludamos. Caímos en sus brazos.

Buena gente, gente llena de excelente buena voluntad para comprender los problemas ajenos, ésta que por primera vez encontrábamos. Nunca tuve delante de mí oyentes más atentos ni fotógrafos a quienes preocupase más que se me vieran las piernas al retratarme. Con dos dedos me levantaban la falda hasta que enseñaba la rodilla. ¿Cómo me parecerían hoy aquellos retratos? Luego, más de un mes vivimos entre amigos excelentes. Trabajamos mucho. Fue necesario escribir, hablar de lo que ocurría en España donde se acababa de entregar la joven República del 14 de abril a una ultra-derecha agresiva. Escribí crónicas y crónicas para el *New York Post*,[189] hicimos amigos: Waldo Frank, John dos Passos,[190] nuestros admirables Hahna y Matthews Josephson, debiéndoles los días más claros y limpios de nuestro recuerdo americano al llevarnos a su casita de Church Road, escondida entre árboles. Los acordes musicales de mi recuerdo se los debo al gran renovador Edgar Varese[191] y las imágenes del pasado al fotógrafo

[189] Uno de esos artículos, aparecido en inglés en *The New Republic* con el título "The revolt in Asturias", nos ha llegado a través del trabajo de Alan Swan "Un article retrouvé de M. T. León en anglais", *Bulletin Hispanique*, XC, 3-4 julio-diciembre de 1988, pp. 405-417.
[190] Waldo Frank (1889-1967), hispanista norteamericano, autor de obras como *El redescubrimiento de América* (1929) o *América hispana* (1931). Dos Passos (1896-1970), el famoso autor de *Manhattan Transfer* (1925), tuvo bastante interés por España, reflejado en su juvenil ensayo *Rocinante vuelve al camino* (1922).
[191] Edgar Varese (1883-1965), compositor norteamericano de origen francés, autor de varias obras maestras entre 1920 y 1934. Supo crear música más con ruidos que con notas, revalorizando, dentro de la orquesta, los instrumentos de viento y percusión. Alfred Stieglitz (que no Stigler, como escribe María Teresa) pionero fotógrafo (1864-1946) realizó desde 1893 fotografías que son consideradas como incunables de esta modalidad artística: "La Quinta Avenida un día de invierno" o "El terminus". *Vid. AP* 2, p. 43.

Stigler, que nos dejó mirar lo que él vio con una sonrisa paternal.

Sí, fue una Nueva York de amigos. Íbamos de casa en casa. Se formaban grupos para escuchar nuestras razones. ¿La situación de España es así? ¿Mataron a tantos mineros? ¿Luego España ya no es ni democrática ni libre? No, allí se ha impuesto la represión de una burguesía asustada. Escuchaban las mujeres. ¿No nos han dicho que en España la mujer no participa en la vida pública? ¿Por qué ésta habla tanto? Despertamos, señora. Es un despertar doloroso. A veces siento que me duelen los labios. Las palabras arden. Es triste tener que usar la libertad para denunciar la no libertad. No me miren así, amigas liberadas de América. Soy nada más que una joven española contando lo que de grave y de violento ha ocurrido en un país lejano. Déjenme decirles el mensaje de los muertos de Asturias, aunque sea difícil escucharlo en esta ciudad. Me ha asombrado su ciudad y la sombra de los enormes rascacielos y esas casas que voluntariamente se quedaron pequeñas como arrodilladas. Casi no sabemos caminar las calles cuando nos atropella el gentío corriendo hacia el metro, sin poder más con su cansancio. Nos ha admirado la luz. Todo brilla y brilla desde el crepúsculo hasta el alba. El torrente corre y corre, aturde. Por eso nos gusta sentarnos en esos restorancitos nostálgicos donde se reflexiona frente a una *soupe à l'oignon* o unos calamares en su tinta o los *spaguetti* a la moda de Italia... Luego hemos ido al barrio pobre, al que llaman negro, pero que está lleno también de blancos desahuciados, de vida desamparada. No era mejor que la última aldea de las Hurdes adonde fuimos cuando Luis Buñuel nos llevó en su compañía mientras preparaba su film protestador y agrio. ¿Veis este valle maravilloso?, nos dijo entonces. Pues de aquí en adelante empieza el infierno.[192]

---

[192] Alusión al duro reportaje *Tierra sin pan* filmado por Buñuel en varios lugares de la comarca extremeña de Las Hurdes, en 1932. *Vid. AP,* 2,

Anduvimos por los barrios monótonos y tristes. Las gentes se sentaban plácidamente a las puertas, tan olvidadas de la fortuna como los jurdanos de Extremadura, aunque faltándoles el sol. Los niños iban tan descalzos, tan ausentes de mirada como los viejos. Era el reverso triste de la gran América poderosa. Nos llevaron a visitar las guaridas secretas donde durante la ley seca iban a emborracharse los codiciosos de olvido y luego salían tambaleándose por las calles, calles que se ponían en ciertos sitios y a ciertas horas de la noche tan silenciosas cuando los abandonados de la suerte arrancaban de las paredes los *affiches* para cubrir con ellos el cuerpo hambriento que se les dormía. Era aquel Nueva York que veíamos una ciudad saliendo de una crisis que había dejado a los hombres de Estados Unidos millones de obreros parados. Nos decían: todo esto pasará. Sí, pero los pobres tendían su escudilla, igual que nuestros pobres, ante la sopa de la caridad en el país más rico del mundo... ¿Es que el mundo no tendrá jamás arreglo?

¡Y qué generosos y qué atentos fueron para escuchar la lamentación de los mineros españoles, aquel año 1934, nuestros amigos de América! Ya sé que ninguno de vosotros me recordará. Hay otros problemas corriendo sobre la piel de la tierra, otros lamentos, otros gritos, y están los vuestros, esa sangre de los negros que emblanquece de ira, esos vietnamitas tan suavemente decididos a no dejarse arrodillar..., esos jóvenes que protestan...

Cuba estaba para Rafael dentro de un piano.[193] Durante toda la travesía de Nueva York a La Habana, Rafael fue

p. 262. De aquella visita saldrían poemas de denuncia como el que empieza "Los niños de Extremadura / van descalzos. / ¿Quién les robó los zapatos?" (*PC* I, p. 538).

[193] Así se titula en efecto un poema de Alberti, dentro de la sección "13 bandas y 48 estrellas" (del libro *De un momento a otro),* en el que evoca su

escuchando la suave melodía del piano de su madre. Su madre, como la mía, como todas las madres de cierta altura social, tocaba el piano. A ese aprendizaje, como al de bordar, lo llamaban clases de adorno. Adorno para las manos de las madres, música para el recuerdo.

En cambio, el primer contacto con la Isla de Cuba, en el sueño primero de mi vida, se lo debo a la Tata María que nos arrullaba y nos dormía entre sus brazos de aragonesa fuerte cantándonos habaneras. Es tardísimo, ven. Ya deberías estar roncando.

> *Los de San Quintín*
> *han matado a Maceo,*
> *no revivirá si es verdad*
> *que está muerto.*[194]

Y es que un aliento cubano respiraba por toda mi casa. Era el aliento de mi padre, el olor a hombre de su habano. Para mí un hombre era, en primer lugar, ese olor a buen tabaco de cigarro de marca que fumaba mi padre y que lo llevó, poco a poco, a su angina de pecho. Claro que mi padre era un veterano de la guerra de Cuba; por eso, cuando nos íbamos acercando a la Isla, volví a sentir muy cerca a aquel joven oficial español a quien mandaron a Cuba nada más salir de la Academia Militar de Caballería y regresó enfermo, con el vientre lleno de parásitos, y para quien Cuba no dejó nunca de ser su paraíso. Cuando se enfada-

---

infancia a través de las habaneras que tocaba su madre al piano (*PC* I, p. 645). Recuérdese también la imagen de la madre del poeta interpretando a Chopin en el espléndido poema de *Retornos* "Retornos de Chopin a través de unas manos ya idas" (*PC* II, p. 491-492).

[194]   Antonio Maceo (1845-1896), jefe de las fuerzas de la provincia de Santiago de Cuba durante las luchas independentistas. En 1895 entró en La Habana y obligó a retirarse al general Martínez Campos. Murió cuando dirigía una batalla contra una columna española al mando del comandante Cirujeda.

ba solía decir: Yo me debí quedar allí. No sé para qué volví de la Isla.

El barco iba acercándose al puerto, mientras Rafael oía el piano de su infancia y yo las coplas habaneras, acunándome:

> *Mulata vueltabajera,*
> *dime dónde está la flor*
> *que el hombre tanto venera.*[195]

Rafael pasaba, de pronto, a una idea obsesiva que le acompañaba desde el Mar Negro: ¡Mira que haber matado a Ignacio un toro! Cómo llegan las malas noticias: ¡Ignacio Sánchez Mejías, muerto! Rafael se inclinaba sobre la borda: ¡Y nosotros por acá![196] Ignacio, cuando se escapó de su casa de Sevilla, se vino a Cuba y como no lo dejasen desembarcar porque no tenía papeles, se tiró ahí, al agua. ¿Dónde se había tirado Ignacio? Rafael buscaba el rastro entre el pequeño temblor de la bahía. ¿Para qué volvió a los toros? ¿Por qué se había jugado su prestigio y su vida en la aventura nueva? Rafael seguía buscando su rostro.

Nosotros lo habíamos dejado en Madrid, jugando con los torillos que le ayudaban a regresar al toreo en la placita de Colmenar Viejo. Quería volver a su juventud. Aparecer ante su público. Obligar a las mujeres a que lo mirasen. Le horrorizaba que le recordasen sus triunfos melancólicamente. A Rafael no le gustaba nada el regreso de Ignacio

---

[195] Nueva referencia al poema albertiano mencionado en la nota 193, en el que se introduce esta copla a manera de popular estribillo.

[196] La muerte de Sánchez Mejías en la plaza de toros de Manzanares ocurrió el 11 de agosto de 1934, y los Alberti se enteraron, por carta de Cossío, en Moscú, como se refiere en *AP* 2, p. 40, aunque en una carta de Rafael al polígrafo santanderino, fechada un 22 de agosto, se dice que supieron la noticia por la lectura de un número atrasado de *El Heraldo de Madrid*. La elegía titulada se abre y se cierra con una seguidilla que es aludida, implícitamente, en esa expresión que utiliza María Teresa: *"Verte y no verte. / Yo, lejos navegando, / tú, por la muerte"* (*PC* I, pp. 589 y ss.).

a los toros. Como buen andaluz, cree en la magia juvenil.
Ignacio ya había buscado otros caminos cuando se retiró
del ruedo, yéndose hacia el campo de la literatura, escribiendo una obra de teatro, *Sinrazón*.[197] Durante algún
tiempo se sentó junto a Encarnación López, la Argentinita, y dirigió sus giras y aconsejó sus bailes. Una niña casi,
Pilar, se escurría por los pasillos, deslumbrada por la gloria de su hermana, que luego heredaría ella. En aquella
casa yo conocí a Ignacio. Tenía una cara brusca, bien dibujada, que a veces cerraba con llave para ahuyentar a los
que le estaban mirando. Le gustaban las mujeres. No le
gustaban los curas. Un día, en un camino de Andalucía,
llevándonos hacia Rota, hizo subir al coche a un cura que
le pedía pasaje. Tiempos de la República. Al poco rato de
empezar el camino, Ignacio comenzó a hablar: Padrecito,
¿qué le parece a usted lo que está sucediendo en España?
El hombre se desató en consideraciones: ¡Ay, hijo, es horrible ver lo que está ocurriendo en España! Aquí los obreros faltan al respeto a la iglesia y a los que les están dando
de comer. Hace falta hacer un escarmiento. Ignacio frenó
el coche con brusquedad: Bájese, padrecito, y búsquese
otro chofer.[198]

Cuando nos enteramos de la muerte de Ignacio, estábamos aún en Odessa. Rafael puso de luto su alma. ¡Verte y
no verte! El agua del Mar Negro llevaba nuestro barco y su
pena. No podía conformarse a la inesperada —o demasiado esperada— desaparición de Ignacio.

Por ese verte y no verte de Rafael, al llegar a La Habana
el recuerdo del amigo se unió al piano de doña María Me-
rello. Cuando desembarcamos, un hombre se ofreció a lle-

---

[197] No fue ésa la única incursión de Sánchez Mejías en la literatura
dramática, pero sí la más sonada, como testimonia el mismo Alberti en las
pp. 274-275 de *AP* 1. Las piezas teatrales del torero han sido editadas por
el profesor Gallego Morell en la colección Austral de Espasa-Calpe.

[198] A ese viaje (al que ya se ha referido páginas atrás María Teresa),
pero sin mencionar tal anécdota, alude Alberti en *AP* 1, p. 307.

var nuestro equipaje. Al preguntarle cuánto le debíamos, el hombre contestó: Veinte dólares. Le dimos dos. Gracias, caballero, dijo, y nos saludó militarmente. Habíamos tropezado con la improvisación y la pobreza, pero gracias a él entramos riendo en La Habana.

No era fácil reír. Un dictador, Fulgencio Batista,[199] coronel, había inaugurado el terror en aquella isla venturosa, donde mi padre había dejado sus recuerdos más tiernos. La graciosa ciudad blanca de La Habana cerraba su sonrisa, mientras los negocios azucareros norteamericanos intentaban salir de su crisis sobre espaldas ajenas. Aquel año 1934 iba endulzando poco a poco la Bolsa de Nueva York, mientras se amargaban las horas de Cuba. Nos dijeron: ¿Veis aquella fortaleza? Es el castillo del Príncipe. Está lleno de presos políticos, y la Cabaña, también, y todos estamos vigilados, perseguidos porque la Universidad les da un miedo loco. Siempre nos están acosando. Han tirado estudiantes a los tiburones. ¿Veis? Allí. Han matado a José Antonio Mella. Están en la cárcel Juan Marinello y Pedroso. Hasta la cárcel de mujeres está llena.[200]

Hoy tengo superpuestas dos Cubas diferentes: una desdibujada y triste, otra radiante. Una donde la palabra pueblo se escamoteaba en las linotipias de los periódicos y la otra donde se repite esta palabra diariamente alta y limpia. Son sonidos diferentes. Ya no se baja la voz, ya no se interrumpe el danzón, el trabajo ni la fiesta. Aquel día de nuestra

---

[199] Fulgencio Batista (1890-1973) dominó Cuba desde 1933, como jefe supremo de las fuerzas armadas, y llegó a ser presidente de la isla entre 1940 y 1944. En 1959 sería derrocado por Fidel Castro.

[200] Julio Antonio —que no "José Antonio"— Mella (1905-1929) fue un revolucionario cubano, primer secretario del Partido Comunista en la isla. Miembros de la policía política del dictador Machado lo asesinaron en México. Juan Marinello (1898-1977), escritor de ideología comunista, poeta y ensayista de temas cubanos y sobre la figura de José Martí. Regino Pedroso y Aldama (1896-1983), poeta cubano que evolucionó desde una estética modernista a otra comprometida y antiimperialista. *Vid. AP* 3, p. 179.

llegada se nos desvanecieron muy pronto el ritmo de las habaneras maternales de Rafael y las guajiras de las canciones de cuna de mi Tata María. Abrazamos a Juan Marinello en su cárcel del Castillo del Príncipe. Preguntamos: ¿Y ese Fulgencio Batista, es tan invulnerable?

Viajamos poco por la Isla. Apenas si a ver los tabacales de Vuelta Abajo. Una fábrica de tabaco se anuncia por el olor. Otra vez sentí el olor a padre, a hombre. Nos enteramos que a los trabajadores les leían novelas mientras ellos liaban los habanos. El liar tabaco tiene algo de ritual porque se hace con la mano y eso da la entraña de lo que será el buen cigarro puro. La mano del hombre está presente en el humo. Es una comunión de hombre a hombre. También vimos un ingenio de azúcar. Era un grabado viejo. Giraban ruedas y un olor a melaza o a algo mal definible que no era el azúcar sino la entraña de la tierra que queriendo ser generosa mezclaba algo triste que levantaba el estómago. Tal vez estuviese impresionada por lo que me habían contado antes, al explicarnos el proceso de la caña que es cortada por el machete. Trabajo de esclavos, de negros, de desheredados, me dijeron. Para la cosecha traen negros jamaiquinos, temporeros que son acogidos con mal humor, seres que caminan, por pocas monedas, de sol a sol entre las cañas para llevar el ahorro de su hambre a la familia. El molino viejo o el central moderno organizado, todo era la misma esclavitud. Vimos llegar los carros a la zafra. ¿Y éste será el azúcar? Nos envolvió un crujido de cañas lamentándose. Sentimos que algunos de los que las vendían pasaban rabiosos porque les hacían trampas en el peso y todo podía concluir a machetazos. Ahora todo es diferente. Se ha establecido sobre Cuba la primera revolución social que habla español. Sentimos profundamente este orgullo, pero entonces era así: Cuba tenía una pulsación de angustia, aunque cantase, porque también se canta de rabia o de pobreza. Los intelectuales movían la cabeza. Nos dijeron: Ya cuando era española la isla, en 1812, don Luis de Onís, ministro de España en Washington, comunica que los Estados Unidos miran como próximo territorio de su expansión la isla de Cuba. Y luego, Jefferson,[201] escribe: "Yo siempre he considerado a Cuba como la anexión más interesante que podría hacerse a nuestros estados." Y está aquel señor Monroe[202] que resumió la doctrina de un continente: "América para los americanos", y Mckinley,[203] que habló tiernamente de liberar a Cuba de la dominación española, y luego... Luego, la voladura del navío Maine, el tratado de París y la independencia de Cuba bajo el gobierno norteamericano presidido por el general Leonard Wood, imponiendo la enmienda Platt, que da a los norteamericanos la base permanente de Guantánamo.[204] Se ha olvidado a los héroes, nadie habla de Maceo ni de los muertos ni de la guerra en la manigua, aquélla que contaba mi padre, enamorado aún de la isla de Cuba. Ahora hay que aguantar las intervenciones militares norteamericanas cada vez que un decreto presidencial no les gusta, hay que aceptar que usen a Cuba como campo azucarero y que

[201]   Thomas Jefferson (1743-1826) ocupó la presidencia de los Estados Unidos entre 1801 y 1809 y dejó una notable impronta en la vida económica de su país.

[202]   James Monroe (1758-1831) ocupó la presidencia estadounidense entre 1817 y 1825. Hizo famosa su doctrina (formulada en 1823) acerca de los principios que debían presidir la política exterior de su país, preservando todo el continente americano contra las nuevas intervenciones colonialistas procedentes de Europa, de modo que EE. UU. intervendría en cualquier conflicto que afectara a la totalidad del continente: de ahí lo de "América para los americanos".

[203]   William Mckinley (1843-1901), presidente estadounidense durante la guerra con España de 1898, ocupó oficialmente Cuba en 1899.

[204]   La escritora alude a los primeros años posteriores a la independencia cubana y a lo que se denominó la "república mediatizada" por la injerencia norteamericana, a través de "la enmienda Platt", que establecía el control de EE. UU. sobre los tratados firmados por Cuba, y se concedía el derecho a intervenir militarmente en la isla, quedándose con la base de Guantánamo y la isla de Pinos. Esos apuntes de seguro sirvieron para redactar la primera parte de la novela *Contra viento y marea* (*vid.* Introducción).

utilicen la ley azucarera como arma política. ¿Hasta cuándo? Al llegar nosotros a La Habana ya había nacido un niño que iba a dar todas las respuestas: se llamaba Fidel.

Estos datos están escritos en una libreta vieja y rota conservada por mí. No sé si son exactos. Me gusta tocarla, porque pienso en playa Girón y en la Sierra Maestra[205] y en el asombro fraternal de nuestro segundo viaje a Cuba, al verla tan liberada como una muchacha surgida de las aguas lustrales.

Subía entonces desde Veracruz a ciudad de México[206] un trencito que jadeaba hacia la altura, sintiendo su corazón como yo sentía el mío. Hoy debe ser todo distinto. Por primera vez me dijeron, señalándome unas alturas nevadas: Ves, son los volcanes. Las montañas sagradas nos vigilaron durante once meses; junto a nosotros, la Lupita. La Lupita nos despertaba todas las mañanas dejando en nuestros ojos su cara perfecta, su sonrisa nunca quebrada por la risa, trayéndonos el desayuno como una concesión que nos hiciera su estirpe. ¡Dulce Guadalupita! ¡Dulce tierra, tierno, fuerte y difícil México! ¿Siguen dejando instalarse, sobre tu vestido de gran ciudad, aquel mercadito

---

[205]   Dos lugares de la geografía cubana unidos a su reciente historia revolucionaria, porque en Sierra Maestra se creó el primer frente de lucha de guerrillas de Castro y el Che, en diciembre del 56, y en el segundo (conocido también como Bahía Cochinos) hubo un intento frustrado de contraofensiva anticastrista en abril de 1961.

[206]   La estancia mexicana de los Alberti en el año 35 ha sido bien documentada por Robert Marrast en su libro *Rafael Alberti en México* (Santander, La Isla de los Ratones, 1984). También esa estancia dejó huella en la poesía de Rafael (por ejemplo el poema "El Indio", dentro del largo libro *De un momento a otro* (*PC* I, p. 648) y sobre todo en su prosa ("Encuentro en la Nueva España con Bernal Díaz del Castillo", serie de artículos publicados en *El Sol* en marzo de 1936 (y recogidos luego por Marrast en el volumen *Prosas encontradas*, Madrid, Ayuso, 1973², pp. 166-186).

voceador donde, entre calaveras de azúcar, se celebraba el día de los muertos? Aquel 2 de noviembre, cuando con Lupita salí a la calle, lo primero que escuché a un niño, que tironeaba la falda de su madre, fueron estas palabras ambiciosas: ¡Madre, cómpreme un muertito, madre! ¡Cómpreme un muertito! ¿Sigue la fila de creyentes pobres subiendo a besar, trepándose en los altares, la orla del traje de las Vírgenes cubiertas de oro? Y entre los rascacielos ¿se sientan a bostezar en las esquinas, con su pequeñísimo comercio, los inditos que llevan en sus ojos un desdén ancestral? Recuerdo que compré una tinaja. ¿Me la puede llevar hasta aquella casa? El hombre me miró y midió la distancia, inclinó su sombrerillo sobre su cansancio y me replicó: Pues no la vendo. Así, entre asombrados y perplejos, íbamos girando las miradas hacia los muros cubiertos de sentencias de Marx y de Engels, de retratos o de frases revolucionarias que afirmaban haber hecho una revolución, repartido las tierras, cambiado la hora política de un pueblo.[207] ¿Era exactamente así? Caminábamos asombrados. Esto es Tenochtitlán,[208] la ciudad de las venas de agua, tan bien plantada en lo alto de América para asombro de los españoles. Abrimos los libros de la Historia. Los amigos nos llevaron hacia las piedras sagradas. Los caballeros águilas, los caballeros tigres y sus cantos y, después, la historia hablada en los murales nuevos con los nombres de Orozco, Rivera, Alfaro Siqueiros...

[207] Entre 1930 y 1934 México sufrió los peores efectos de la recesión económica del 29, con la multiplicación de los conflictos obreros. En esa situación se inició una lucha por la presidencia que acabó alcanzando a finales de 1933 Lázaro Cárdenas, quien revitalizó el populismo, afianzándose en el poder durante el bienio 1934-35, sobre todo por la reforma agraria emprendida en todo el país.

[208] Tenochtitlán fue la capital del imperio azteca, edificada sobre el lago Texcoco, con una red de canales de precisa ingeniería. Llegó a ser una de las ciudades más grandes y bellas del mundo, y fue destruida por Cortés en 1521.

Ya había muerto el pintor Orozco.[209] Creo que se vio a
sí mismo yéndose hacia la tierra que siempre recibe, cuando pintó aquel cuadro donde los campesinos llevan a su
muerto envuelto en tela blanca, colgado de unos palos, y
siguiéndolos una mujer apresurada. Todos los muros de la
ciudad habían sido entregados a los pintores, exactamente
como se hiciera siglos atrás cuando los ortodoxos necesi-
taron dejar bien evidente el catecismo de su doctrina por
las paredes. Paredes para contar la historia al pueblo que
no sabe leer. Los muros sudaban pintura, alardes de técnica. Diego Rivera nos recibió en una casa, que recuerdo llena de viejas piedras, donde la presencia de Frida Kahlo,
siempre con su larga falda de china poblana, daba un agudo acento inteligente.[210] Diego Rivera era gordo, lento.
David Alfaro Siqueiros[211] era garboso, con planta de militar y cabeza alta y, no de coronelazo, sino de teniente. Los
tres se habían alzado con la monarquía pictórica de México, llevando la rebelión por bandera, la discusión, el mitin,
el alboroto, los desplantes, hasta el punto de convocar en
el Palacio de Bellas Artes un debate público. María Teresa,
¿quieres presidirlo? Se disentían todas las tendencias, hablará Diego Rivera, hablaré yo... Pregunté, asustada: ¿Y
qué pinto allí? Serás el árbitro neutral.

[209]   José Clemente Orozco (1883-1949), pintor mexicano que al igual
que los otros dos grandes muralistas, Rivera y Siqueiros, evolucionó artís-
ticamente a la par que su personal orientación político-social. Su obra se
inscribe en un realismo muy expresionista, que se concreta en cuadros im-
presionantes, de gran tamaño, que recuerdan las esculturas precolombinas por su geometrismo y su hieratismo. No había muerto en 1935, al
contrario de lo que afirma María Teresa. El cuadro al que se refiere puede
ser el titulado *El fusilado*, de 1928.

[210]   Diego Rivera (1886-1957), pintor mexicano y uno de los fundadores del partido comunista de su país, y del sindicato de pintores, del que
arrancó el movimiento del muralismo mexicano. Casó en 1929 con la pin-
tora Frida Kahlo (1907-1954), de subyugante personalidad.

[211]   David Alfaro Siqueiros (1896-1974) sufrió cárcel en su país entre
1930 y 1931, y en 1932 realizó una gran exposición en la capital, en donde expuso famosos cuadros como *Madre Campesina* y *Zapata*.

Aquella tarde no he podido olvidarla nunca. A la hora señalada, el teatro hervía. ¿Pero tanto interés hay aquí por la pintura? Sí, me asesoró María Asúnsulo, entonces belleza favorita de los cuadros de Siqueiros, sobre todo si pueden pegarse. La pintura y la lucha son artes de masas. Me senté en mi puesto más bien temblando. Se me acercaron unos hombres que me dijeron, remangándose las mangas de la camisa como para empezar un pugilato: ¿Cuándo empezamos, compañera? La "compañera" adelantó la mano protegiéndose el rostro: Ahora mismo. Los rabiosos partidarios de Rivera se retiraron. Miré a mi alrededor. ¿Eran pistolas eso que abultaba en las cinturas de los pacíficos defensores de la pintura? Miré a Siqueiros, quien me hizo un guiño y yo di la salida. No sé con qué palabras puse a andar ese acto presidido por las Musas y Marte. Vi que los oscuros panaderos, guardaespaldas de Diego Rivera, aplaudían las más oscuras palabras técnicas.

No hicieron lo mismo cuando comenzó a hablar Siqueiros con su dialéctica marxista. Nadie podía escuchar lo que decía en medio del escándalo. Desplegaba palabras como murales, y recogía aplausos, insultos. En un momento, yo intenté intervenir con un poco de aceite bondadoso y me gritaron como tirándome una piedra: ¡Gachupina! Sentí en mí los ojos hermosísimos de Lupe Marín,[212] arremetiéndome. Ya no hubo manera de que nadie explicara a qué cenit esplendoroso pensaban los pintores mexicanos llevar la pintura. Mi papel de árbitro comenzó a desteñirse sobre todo cuando un orador sacó su pistola y la colocó sobre el pupitre, diciéndonos con su suave acento mexicano: Compañeros, la pintura de hoy...[213]

Días claros, amistad ininterrumpida. Puede que aquella oración me valiera el retrato que Siqueiros me hizo, perdido

---

[212] Lupe Marín fue la primera esposa de Diego Rivera, anterior a su casamiento con Frida Kahlo.
[213] Alberti recoge el mismo episodio del debate entre pintores en el capítulo VIII de *AP,* 2 (pp. 51-53) incluso con citas literales de este libro,

más tarde al concluirse la guerra de España, esa guerra que conmovió a México hasta hacer desertar a un grupo de jóvenes de la Academia Militar para ir a combatir por la República. Y también apareció Siqueiros, olvidando los espacios pintables para vestirse el uniforme. Dentro de él, atrevido y nervioso, encontraba de nuevo su verdadero ser natural, de combatiente. El famoso comandante Carlos suplicó a los jefes que evitasen la muerte a aquel ser que se les escabullía porque era un gran pintor, pero ¿qué es eso de la muerte para un mexicano? Yo recibía cartas de Siqueiros artillero desde el frente de Extremadura. Hablaba de sí mismo y, como hubiera podido hacerlo Leonardo de Vinci, daba una lección de estrategia coloreada y delineada como un cuadro, desplegando su mural en el paisaje. Cuando a través de nuestra vida volvemos a encontrarnos, nos gusta decirnos que nuestra amistad, si tuvo principio, no tendrá fin.[214]

Nunca más hemos podido regresar a México. ¿Te acuerdas de nosotros, Rodríguez Lozano? Nosotros, sí, y de tu estudio casi monástico. ¿Y tú, Juan de la Cabada, tan apretado a tu gente que tus cuentos parecían estar escritos con tierra de tu tierra? ¿Y tú, Malú Cabrera?[215] ¿Recuerdas Octavio Paz, hoy poeta indiscutido, qué joven eras cuando nos sentábamos a discutir, vivir y beber juntos? ¿Son años

---

pues empieza por reconocer que "mucho mejor que yo los pueda hoy contar, ciertos momentos, anécdotas o episodios de nuestra vida los relata María Teresa en su *Memoria de la Melancolía*".

[214] También hace referencia Alberti a ese retrato y a la participación del pintor en nuestra Guerra Civil, con el grado de coronel, en el frente de Extremadura (*AP* 2, p. 53).

[215] Rodríguez Lozano, pintor mexicano que ilustró la primera edición mexicana de *Verte y no verte*, en 1935, en la imprenta de Miguel N. Lira; Juan de la Cabada (1903-1986), escritor de cuentos de temática social. Es famosa su colección de relatos *Paseo de mentiras* (México, Séneca, 1940). Fundó la Liga de Escritores y Artistas Revolucionarios en los años treinta y colaboró en *Hora de España* y en el núm. 32 de *El Mono Azul* con el relato "El lavatorio de la Virgen".

muy lejanos o los estamos viviendo? Alfonso Reyes era rey de eruditos y de poetas. Las palabras de una revolución triunfadora comenzaban a enfriar sus gritos, nombres y promesas por los muros. Los muros se cubrían de colores, las nubes precipitaban la lluvia momentos antes de empezar la corrida. Salían puntuales el sol y el alguacilillo, la belleza ilustre de México se levantaba cada mañana y, cuando tuvimos que tomar de nuevo el avión, casi concluido nuestro primer destierro, nos sentimos "gachupines" melancólicos y tristes y desesperados.

A veces he comenzado mis palabras diciendo: ¿Saben ustedes lo que es América? Se lo he dicho a hombres y mujeres de ese continente, tan alejados unos de otros por espacios y tiempos infinitos. Los más cultos creen que sus fronteras intelectuales están en Francia, otros, los científicos, piensan con enamoramiento en Norteamérica. Ya pueden llamar gringos a los extranjeros que siempre sentirán al hacerlo un regusto de envidia. ¡Qué tontos! Envidiar cuando ese continente, que no conocen, guarda todo lo que los hombres necesitan para vivir, crecer y progresar. Hace falta despertarlo.

América es geográficamente tal vez el trozo de planeta más favorecido. Está sin lastimar, puro, intacto. Apenas se han escalado sus montañas, pocos han navegado profundamente sus ríos, hay zonas vírgenes, selvas prodigiosas, volcanes, territorios inexplorados. Cuando tomamos en México el avión para ir hacia Centroamérica, nos quedamos aturdidos ante el mapa que nos dieron: selvas, regiones inexploradas, serpientes. Íbamos a volar sobre un trozo maravilloso de planeta por donde no corrían trenes internacionales y las carreteras entre país y país se interrumpían, de pronto, como temerosas de ver trazada de norte a sur la gran vía de la Unión Panamericana.[216] Había un

---

[216] La Unión Panamericana fue una organización interamericana creada en 1910, como resultado de la política norteamericana tendente a

cierto regionalismo, más que nacionalismo, en esa división en cinco países del istmo gigante, cintura de América... Nuestra primera escala tenía que ser Guatemala. Llevábamos rumiando entre los labios dos libros: el *Popol Vuh*[217] y *La Conquista de la Nueva España* de Bernal Díaz del Castillo, jefe de la Antigua capitanía española, cronista de la conquista americana. Toda la espléndida leyenda maya la veíamos bajo las alas del avión. México nos había enseñado a mirar profundamente su cultura, hacia el ánima interna. Guatemala encendía sus fuegos antiguos. Del presente no llevábamos más que un nombre, Miguel Ángel Asturias, compañero de nuestra iniciación parisina con el novelista venezolano Uslar Pietri y con Alejo Carpentier, hoy el escritor mayor de Cuba. Miguel Ángel, autor entonces de *Leyendas de Guatemala,* traducidas por Valery Larbaud,[218] estaría, seguramente, esperándonos. Casi lo veíamos allá abajo mientras pasaban las montañas. Aterrizamos. Nos aguardaban la desilusión y la policía. ¿Quiénes son ustedes? Nos miramos. Rafael, ¿quiénes somos? Casi no nos reconocíamos. ¿Que quiénes somos? El sentimiento de culpa que despiertan las aduanas y los interrogatorios policiales nos mordió la conciencia. Balbuceamos: Miguel Ángel... No pueden entrar en Guatemala. Orden

---

facilitar su penetración en Latinoamérica. A su funcionamiento se opusieron algunos países, como Argentina. Sobre ella presionaron mucho los Estados Unidos, hasta convertirse en un instrumento expansionista. En 1948 fue sustituida por la Organzación de Estados Americanos.

[217] Libro que recoge las tradiciones indígenas precolombinas del pueblo guatemalteco (de la región del Quiché) y que fue recopilado, y traducido de la lengua quiché, por el dominico Francisco Ximénez, en el siglo XVIII. El nombre del documento se debió al americanista Charles E. Brasseur, que editó en 1861 la obra *Le livre sacré et les mythes de l'antiquité américaine.* Una segunda versión del *Popol Vuh* se debió a Georges Raynaud (1925) y fue vertida al castellano en 1935.

[218] Valery Larbaud (1881-1957), escritor francés y traductor de diversos autores españoles, empezando por Gómez de la Serna. Fue también el traductor al francés del *Ulises* de Joyce.

del presidente Ubico.[219] ¿Indeseables? El avión ha detenido su salida. Los está esperando. Suban. Como les parecía que no entendíamos, insistieron: El gobierno de Guatemala les prohíbe la entrada en el país. ¡Pobre Guatemala antigua, sometida a su dictador! Aún Miguel Ángel no había escrito su novela: *El señor Presidente.*[220]

Otra vez el vuelo. Otra vez los ojos atraídos por las extensiones inmensas que nos era negado ver, convirtiéndolas en un mapa vacío, sin esos límites que de niños creemos se marcan con líneas azules de límites o fronteras con crucecitas rosa, pasando de país a país sobre el amarillo o el celeste. Nada es así. ¡Qué desilusión! La próxima parada era Honduras. ¿Bajarán ustedes aquí?, se sonreía la *hostess*. ¡Ay, señorita, no lo sabemos! Debe ser que estos países están acostumbrados a que los españoles llegan a caballo y así, en avión, les caemos de sorpresa. Pero no era cosa de reír. Afortunadamente, nuestro billete llegaba hasta Panamá.

Empezamos a sentirnos incómodos. ¿Por qué nos rehúsan la entrada? ¿Por aquel cónsul de la ciudad mexicana de Tampico que cuando llegamos allá llenó las paredes de letreros: "Han llegado las hordas de la antipatria"? Nos aclaramos la conciencia. Hordas no éramos, apenas si dos intelectuales que creíamos que nuestro pueblo tenía derecho a que se le oyese y los mineros de Asturias eran la voz de protesta de ese pueblo que había sufrido una injusticia y un atropello incalificable y la muerte y la prisión y los hijos estaban hambrientos... En la ciudad mexicana de

---

[219] Jorge Ubico (1878-1946), militar y político guatemalteco, que derrocó a Herrera en 1921, y se alzó con la presidencia de la república diez años más tarde. Suprimió las libertades políticas e individuales y su dictadura favoreció a los grandes terratenientes locales y a la United Fruit Co., además de ceder a Estados Unidos diversos puertos y bases militares. Fue derrocado en 1944. *Vid. CV*, pp. 219-221.

[220] En efecto, la conocida novela de Asturias sobre los regímenes dictatoriales en Centroamérica se edita en 1946.

Tampico se rieron del cónsul de una república española entregada y sumisa a las grandes compañías mineras y nos escucharon, divertidísimos con el soneto que Rafael contestó:

> *Tampico entero sabe que respinga*
> *su excremencia por ser un caballero,*
> *y que un pintor o que un sepulturero*
> *de sepulcro pintándole le chinga...*[221]

Sí, un pintor local dejaba inmortalizado al buen señor, del que he olvidado el nombre, vestido de caballero del Santo Sepulcro. El caso era que poco a poco iba despertándose en Rafael el poeta agresivo. ¿Mira que si no nos dejan bajar en ninguna parte y debemos conseguir una nube para aterrizar? Llegaremos a El Salvador y luego...

Bajen, bajen. Pasen por aquí. Obedecimos. Y esos señores ¿no nos están esperando a nosotros? Recibimos un telegrama de... No, señora, esperan a Clark Gable, que ha viajado con ustedes. Pero ¿por qué nos hacen señas? Parecen amigos. Deben ser de la Universidad... Suban a ese coche. El avión sale mañana a las ocho. Dormirán ustedes aquí.

Yo tengo cierta experiencia de cuarteles, ya lo he dicho, pero no creí jamás que hubiera en ningún sitio del mundo algo tan carcelario y triste como el cuartel de Ilopango[222] de El Salvador. Entren. Siéntense. Están ustedes detenidos. ¿Por qué? No lo sé, nos contestó sonriente el oficial. ¿Le parecemos a usted tan peligrosos? Volvió a reírse. Eso no se sabe nunca, y nos enseñó nuestro cuarto. Era una habitación a medio encalar, con impactos de balas en los muros. Se los señalamos. Sí, hubo una batalla. Pasamos a una especie de comedor con varias mesas. Nuestros ojos vol-

---

[221] Lo cuenta también —reproduciendo entero el soneto satírico— Alberti en *AP* 2, p. 54.

[222] Ilopango, municipio salvadoreño, al este de la capital, a orillas del lago del mismo nombre, y atravesado por la carretera panamericana.

vieron a dirigirse a los muros. ¿Y aquí? También. Por la ventana se veían los muros de un patio. ¿Y allá? Sí, hubo una batalla. ¿Por qué?, preguntamos inocentemente. Pues los campesinos, que no querían trabajar y baleaban. ¿Y allá? Allá fusilaron a algunos... ¿No tiene miedo de que se levanten un día los muertos? El oficial nos miró asombrado. ¿Cuándo?, parecían preguntarnos sus ojos. Y si hubiese resurrecciones parciales y no ese juicio final en montón que nos ha enseñado la Santa Madre Iglesia, ¿qué haría usted? Lo pensábamos al mirarle tan silencioso, comiendo, casi sin hacernos caso. Va a ser difícil dormir aquí con tanto recuerdo. Mis palabras resonaron como en una gruta. La cosa fue fuerte. Murieron miles, miles, murmuró el oficial antes de darnos las buenas noches.

Pasamos casi sin dormir la noche del cuartel de Ilopango. ¿Cien mil, doscientos mil hombres fusilados por orden del presidente Maximiliano Martínez?[223] La poesía de Rafael iba agriándose. Más tarde nos han dicho que El Salvador es un país cultivado, pobladísimo, precioso, en manos de la Bananera, de los especuladores norteamericanos, de los grandes latifundistas, pero hermoso como un rincón oculto y olvidado del cuerpo de la tierra. Para nosotros será una noche nada más. Al día siguiente nos condujeron al avión y alzamos vuelo sobre los volcanes nevados con un regusto amargo en la boca.

¿Dónde aterrizaremos? ¿En alguno de estos lugares donde está marcado zona inexplorada, serpientes? Nadie quería recibirnos. ¡Qué gloria para nosotros! Éramos los levantiscos de España. Pero, decidme: ¿no hicieron vuestra independencia los levantiscos de América? ¿No es hora de que hagamos nosotros la nuestra? Chist, de eso no se

[223] Maximiliano Hernández Martínez (1882-1966), militar y político salvadoreño que derrocó al presidente Araujo en 1931 y se hizo con el poder, reprimiendo duramente durante la revuelta campesina de Izalco, y fue confirmado presidente a partir de 1932, cargo que mantuvo hasta 1944.

puede hablar y, cuando se habla, es para que todas las miradas se dirijan hacia las puertas que pueden tener oídos. Hay que tener en cuenta que alguno, educado en Estados Unidos, puede encontrar vulgar hablar de Independencia. Son cosas del pasado. Los levantiscos de España no deben entrar en esta América dolarizada porque traen mal ejemplo. ¿Protestar de los que les dan trabajo y pan? Eso es anarquía. ¿Cree usted? Volaba el avión sobre Honduras, luego aterrizó en Nicaragua. Nos parecía casi tonto levantarnos del asiento. Aquí hay otro dictador, se llama Somoza. Asombrados, nos sentimos llamar. "Bajen. En la patria de Rubén Darío siempre puede entrar un poeta como Rafael Alberti. La prensa nicaragüense los está esperando."

Qué desoladoramente destruida estaba Managua. Un terremoto había dejado la capital por el suelo y sus bajitas casas coloniales parecían contener el aliento ante el inmenso lago, fuerte como un mar, que la ciudad tiene delante. El lago Nicaragua deja pasar sobre él los cielos, los pájaros, las nubes con absoluta indiferencia. Ya se ha acostumbrado a que siempre los ojos de algún ingeniero estén calculando cómo se podría hacer, a través de su inmensidad, un canal para llegar hasta el gran Mar Pacífico. Sabe que pertenece a la fabulosa naturaleza centroamericana de volcanes, de rocas, de laderas boscosas que van bajando hasta las selvas. En medio del patio, sin atreverse a disputarle la soberanía, van apareciendo los pueblecitos de los hombres, hombres tristes a quienes les arrancan lo que esa geografía les da sin que ellos puedan evitarlo. Junto a ellos hemos levantado los ojos para mirar, para entender, para acompañarlos. Luego, cuando llegaba la noche, todo se cubría de luciérnagas y el valle se convertía en un cielo estrellado. Son nuestro lujo, nos dijeron. Las muchachas se adornan la cabeza con ellas, así, como quien se hace una biznaga de jazmines. Los hombres, si deben andar mucho por el monte, se las atan a los tobillos. En esa magia de amistad y luciérnagas nos dejaron vivir una semana. Cada día, al despertarnos, íbamos a saludar a Rubén Darío, petrificado y quieto frente al lago, con su lira de mármol. Lo mirábamos con gratitud y él nos guiñaba un ojo: hablad, hablad. Ya estoy harto de estar inmóvil y no poder seguir en rotundo español mi poesía antiimperialista:

¿Seremos entregados a los bárbaros fieros?
¿Tantos millones de hombres hablaremos inglés?[224]

Rubén Darío, pensábamos, debe haber perdido el sueño ante tantos capitales norteamericanos colonizando hasta el aliento de la América Española. Ustedes se repartirán los dividendos, pero ¿cómo nos repartimos nosotros la pobreza? Por eso, de pronto, los nicaragüenses se cansan y agarran el fusil y se van al monte, como Sandino, aquel guerrillero que no quería hablar en inglés y para domarlo tuvieron los norteamericanos que enviar sus marines y, claro es, matarlo...[225] Aún estaba caliente. Cuando Rafael dio su conferencia en la Universidad de Managua, rindiendo homenaje al genio poético de Rubén Darío, pues él fue quien cambió el rumbo de la aviejada poesía decimonónica española avanzándola hacia las corrientes europeas nuevas, de pronto, en medio de los que saludaban, aglomerados ante Rafael, se precipitó un hombre con la cabeza encrespada de viento, separándolos autoritariamente, estrechando a Rafael, como a un hermano mien-

---

[224] Cita del poema de Rubén Darío "Los Cisnes", del libro *Cantos de vida y esperanza*. Es el comienzo de la novena estrofa del mencionado poema.
[225] Augusto César Sandino (1893-1934) fue minero en Nicaragua, Honduras y México, y cabeza visible de la revuelta popular contra el gobierno nicaragüense por la excesiva influencia económica y política de los Estados Unidos en su país. Luchó contra las tropas regulares de Nicaragua y contra los marines norteamericanos. En 1933 fue asesinado por el jefe de la guardia nacional Anastasio Somoza.

tras le susurraba: Sòy Jesús Maravillas,[226] bajé del monte para abrazarlos y ahorita allá me vuelvo. Sentimos resplandecer sus ojos, fue como si nos oprimiese un árbol con sus ramas. Luego, en medio de un torbellino de codazos y ademanes autoritarios de sus amigos, Jesús Maravillas desapareció de nuestros ojos y de los alcances de la policía nicaragüense.

Eso fue todo. Nos informaron: Jesús Maravillas es un guerrillero. No importaba que los norteamericanos al matar a Sandino creyeran concluidos los hombres de las peñas y de las selvas: seguían estando presentes, siguen estando presentes, seguirán presentes mientras la segunda independencia de América no sea un hecho. De nuestro paso por Centroamérica —nunca mejor llamado paso, únicamente conocimos Nicaragua donde nos despidió sonriéndonos desde su gloriosa barca de mármol Rubén Darío— nos llevamos la amistad de los poetas, la complicidad cariñosa de los camaradas, los resplandores de las luciérnagas dueñas de la ciudad maravillosa de la noche y aquella mirada de hombre que jamás se volverá atrás, del guerrillero nicaragüense Jesús Maravillas.

Llegamos al aeropuerto. Íbamos a volar hacia Costa Rica. Un empleado nos indicó a un señor que quería saludarnos. ¿Han estado ustedes contentos en Nicaragua? La patria de Rubén Darío no podía cerrarse al poeta español Rafael Alberti. Si algún día se viesen perseguidos, vengan acá. Este país los recibirá siempre. Estas fueron las palabras que nos dijo el general Somoza, dictador, dueño absoluto de las voluntades nicaragüenses, un momento antes de que nuestro avión levantara el vuelo.

La Universidad de San José de Costa Rica había delegado a varios profesores para recibirnos. En el mapa de la

---

[226] ¿Coincide el mencionado guerrillero con el personaje Catarino Maravillas, del que escribe un corrido el poeta mexicano Miguel N. Lira, publicado en el núm. 18 (mayo del 37) de *El Mono Azul*?

cultura americana, Costa Rica es una luz y el único país democrático auténtico, nos habían dicho. Su índice de analfabetismo es muy bajo, la cultura ocupa un lugar de preferencia. Aseguran que los costarricenses hacen una producción cultural de masas y el mercado de consumo poético es inmenso. Pueden escuchar durante horas las invenciones de los poetas, pero la policía está dispuesta a hacer fallar todos los buenos propósitos y hasta el prestigio cultural del país si un poeta extranjero hace peligrar con su presencia las inversiones extranjeras. Nos comunicaron: Ha sido negada la entrada en Costa Rica al poeta Rafael Alberti. ¿Y toda esta gente que está aguardándonos? Está prohibido que hablen ustedes con nadie. ¿Ni en rima siquiera? Ni en rima, deslizó el policía arrastrado a negar sin detenerse ante esa palabra desconocida cargada de significados peligrosos. Le miramos con tristeza y regresamos a nuestro puesto.

Adiós, Costa Rica, no te veremos nunca. Te has quedado detrás de un paisaje trivial al que se llama aeródromo. A veces lo sentimos. Sentimos la tragedia de esta tierna y hermosa América, de esos territorios divididos para poder vencerlos mejor. ¡Con qué inteligencia maniobraron las fuerzas económicas para vencerlos colonialmente! ¡Parece mentira! ¡Qué duros son los amos! No querían —no quieren contactos— ni carreteras ni trenes. No sé si está terminado el tren que une o la carretera que enlaza fácilmente estas repúblicas. Repúblicas, muchas repúblicas desde México hasta Tierra del Fuego, y si hay que inventar una más para abrir el canal de Panamá, para unir los océanos y acortar las largas navegaciones magallánicas, pues se inventa. Panamá nació inventada por el capitalismo. Dos puertos la defienden.

Cuando bajamos del avión nadie nos impidió entrar en una ciudad caliente hasta perder la respiración, donde sus ciudadanos van luminosamente vestidos de blanco. El calor te echa para atrás, te desalienta. ¡Qué lugar tan extraño!

Nos decían: eso es el Canal. Esa la zona militar norte-americana. Estos los cuarteles. Esas las casas de los empleados del Canal. Esas las nobles calles del comercio, la zona residencial, aquello la pobreza, la choza, la jungla... El Canal nos impresionó más que por sus inmensas esclusas por sus cementerios de árboles muertos que levantan los brazos. Nadie puede imaginarse su pena. Es el dolor más grande que yo he visto, naufragado en agua encenagada. Pudiera ser el cementerio de tantas cosas, de tantos seres como llegaron a principio de siglo al trabajo del canal ilusionados por la ganancia y luego... Luego, empezó el infierno. Miles y miles de aquellos hombres que luchaban contra el agua y la selva se fueron muriendo o matándose, dejando a tiras los despojos de su carne en las trampas que les armaban la naturaleza y los hombres. ¿Cuántos miles murieron vomitándose el alma? Miles, miles de seres desaparecidos para que los dos océanos se encontraran. Camino de las Cruces se llama el que dejaron los españoles. Cuando Vasco Núñez de Balboa quiso alcanzar el horizonte por donde tramonta el sol, también abrió un camino, cayendo y levantándose sus hombres, mirados por flores que a nadie habían mirado antes, picados por animales que no tenían nombre. Cuando nos llevaron a conocer el camino de las Cruces, la selva panameña nos sobrecogió tanto como el mar de los árboles muertos. Los guías nos hicieron entrar poco a poco. Perdimos la luz. ¿Dónde ha quedado el sol?, preguntamos. Arriba. Miramos hacia lo alto. Los árboles no terminaban nunca, tenían manos, se les enredaban los pies y había cabezas olvidadas, brazos, cuerdas aguardando su ocasión y momento, dedos verdes. Era como pasar, de pronto, bajo naves inmensas de catedrales que se han quedado silenciosas. Te sobrecoge un miedo primitivo, mezclado con el asombro que debieron sentir aquellos primeros españoles agarrándose, como nosotros, a cuanta rama podían. Nos enseñaron las losas que marcan el camino del oro. Por aquí llegaba el oro del Perú para ser enviado a la Casa de Contratación de Sevilla. Acarrear el oro... ¿de qué manera? Seguramente mulos o caballos, animales llevados como niños en las naves, dándose de cabezazos hasta llegar a tierra firme, como cuenta Bernal Díaz del Castillo que sucedió con los dieciséis primeros caballos desembarcados en el continente nuevo, apenas descubierto. De los dieciséis caballos uno era yegua y parió en el camino...[227] Caminábamos por Castilla del Oro, lugar manejador de imaginaciones como hoy la Bolsa de Nueva York o la de París o la de Londres. Pero ella está muerta de oscuridad. Poco a poco se nos fue definitivamente el sol del mediodía y seguimos caminando sobre ramas caídas y troncos muertos en una noche que no nos habíamos imaginado. Los ruidos eran levísimos. Despertábamos seres dormidos o muertos, lenguas de flores que murmuraban, voces oscuras y sabe Dios qué rastro dejado por un soplo humano que cruzó por allí —¡Arre, borrico!— para extinguirse entre los dientes de una víbora. Sentimos como si poco a poco nos heláramos, como si nos hibernasen para que aguardásemos allí, inmóviles, el paso de los siglos. Nos agarraba la humedad lamiéndonos hasta dejarnos los cabellos pegados a las mejillas. Transpirábamos. ¿No sería de miedo? Volvamos, volvamos. Sí.

Cuando recobramos el sol, nos agarró el sobresalto de amor que debieron sentir las gentes primitivas al encontrarse bajo la mirada de su dios, inundados de sus rayos misericordiosos.

---

[227] También Alberti alude al mismo pasaje de Bernal Díaz: "Quiero poner aquí por memoria todos los caballos y yeguas que pasaron: Capitán Cortés, un caballo castaño zaino, que luego se le murió en San Juan de Ulúa. Pedro de Alvarado y Hernán López de Ávila, una yegua alazana, muy buena, de juego y de carrera [...] Joan Sedeño, vecino de La Habana, una yegua castaña, y esta yegua parió en el navío." En esta última referencia se inspiró María Teresa León para escribir un precioso cuento, "La hora del caballo", incluido en su libro *Morirás lejos*.

Años más tarde recitábamos en casa de Louis Aragon una canción de los indios cunas panameños.

> *Van a usarse los vasos extranjeros.*
> *Van a usarse los vasos azules,*
> *van a usarse los vasos celestes,*
> *van a usarse los vasos blancos,*
> *van a usarse los vasos extranjeros*
> *venidos de las grandes ciudades lejanas,*
> *van a usarse los vasos azules extranjeros*
> *venidos de las grandes ciudades lejanas...*[228]

Sí, van a usarse los vasos extranjeros. En todo el continente, desde los cactus mexicanos a las araucarias del sur, van a usarse los vasos extranjeros, el agua propia en vasos extranjeros. A eso se llamará ayuda a los países subdesarrollados. Se pagarán los vasos extranjeros venidos de las grandes ciudades lejanas y se llevarán a cambio el agua, a la que llamarán petróleo o cobre o salitre o bananas. Las cajas extranjeras se abrirán para guardar los dividendos que produce el agua clara de la clara América y América beberá en vasos azules extranjeros.

Louis Aragon traducía la canción triste de los indios cunas al tropezarse con la civilización de los vasos azules. Nosotros contamos a Elsa y a Louis Aragon una de nuestras mañanas en la capital panameña.

Una mañana estábamos con algunos de nuestros amigos, cuando escuchamos un clamor que se iba acercando. La gente se aglomeraba, se inquietaba, reían algunos, otros acentuaban su seriedad. De pronto, corrieron. Corrimos nosotros. Un automóvil avanzaba lentamente, fre-

---

[228] Con esta misma cita encabeza Alberti el poema "Panamá" de *13 bandas y 48 estrellas* (*PC* I, p. 651). Los indios cunas pertenecen a una tribu amerinda de la familia chibcha, en el istmo de Panamá. El censo actual de indios cunas no supera los 25. 000. Son en un alto porcentaje braquicéfalos y albinos.

nado por la multitud. Dentro de él iba un indio con una hermosa cara triste, asombrada, feliz tal vez de sentirse mirado con tanta curiosidad por los hombres blancos que, desde generaciones y generaciones, no le habían mirado nunca, que únicamente le habían gritado para que se apartase: indio sucio. Era aquello que veíamos como asistir a la transfiguración del sacrificado, porque los policías que le rodeaban decían claramente que aquello iba a concluir con una bala. El indio de las Bocas del Toro[229] puede que únicamente entendiera bien de flechas, pero entonces lo custodiaban fusiles. ¿Qué es lo que ha hecho?, preguntamos. Se ha comido a un ingeniero norteamericano, figúrese. ¡Qué maravilla! Es una forma nueva de hacer antiimperialismo, pero creo que no nos entendieron. Pasó el coche con el vengador de su raza y preguntamos de nuevo. ¿Adónde lo llevan? Al depósito de cadáveres. Seguimos interrogando y poco a poco llegamos a saber que los sabios querían cerciorarse si aquel indio era antropófago, pues había tribus... ¡Pobre Carajasali, indio de las Bocas del Toro! ¡En qué compromiso te iban a poner los hombres blancos! Fracasó la prueba. Nos contaron después que el buen indio, al verse frente al cadáver de una muchacha de su raza, había movido tristemente la cabeza, murmurando: Pobrecita, pobrecita, en su lengua esencial. Allí se acabó el experimento de los cultos, de los civilizados, de los lívidos blancos. ¿Y luego? Luego, nada. Un tiro en la noche.[230]

> *Van a usarse los vasos extranjeros,*
> *van a usarse los vasos azules extranjeros*
> *venidos de las grandes ciudades lejanas...*

---

[229] La ciudad y la provincia de Bocas del Toro, en el oeste de Panamá, en donde viven muchos indígenas todavía vinculados a su cultura primitiva, dedicados a las plantaciones de cacao y de plátanos. Forma parte de esta región un archipiélago, en donde figura la isla Cristóbal.

[230] Esta anécdota del indio Carajasali también la refiere Alberti en *AP* 2, p. 55.

Y siguen usándose en Panamá los vasos extranjeros venidos de las grandes ciudades lejanas.

Esperamos aún unos días junto a ese ancho camino de agua que es Panamá. Cuando conseguimos recuperar nuestro equipaje, embarcamos en el *Colombie*. Habíamos pasado nuestro tiempo comentando: ¿Por qué Norteamérica no ha desarrollado este pequeño país inventado por ella? Pero toda América es una pregunta. Seguían pasando las naves de un mar a otro mar, mientras nosotros nos alejábamos de esta costa donde los errantes descubridores llegaron con la pretensión de encontrar la cuna del sol. Se decían: ¿Verdad que la tierra es redonda? En no sé qué lugar Vasco Núñez de Balboa desenvainó su espada, hundió en el agua medio cuerpo y gritó como loco de júbilo, tomando posesión del océano en nombre de los Reyes Católicos. Vieja estampa, siempre la misma.

> *El cantor entra en la fiesta,*
> *el cantor anuncia que va a repartir la bebida,*
> *el cantor distribuye entre todos la bebida.*
> *Van a usarse los vasos extranjeros,*
> *Van a usarse los vasos azules,*
> *van a usarse los vasos celestes,*
> *van a usarse los vasos blancos,*
> *van a usarse los vasos extranjeros*
> *venidos de las grandes ciudades lejanas...*

Cuando embarcamos en el *Colombie* para regresar a España, los vientos de la península comenzaban a cambiar de cuadrante. Lo que no podíamos adivinar era que un ángel nos había tomado de la mano.

En uno de los puertos, no sé si en Barranquilla o ya en La Guaira, nos enteramos que en tierras de Colombia acababa de estrellarse el avión que hubiéramos debido tomar nosotros si no se hubiese extraviado nuestro equipaje. Ningún sobreviviente. Entre los muertos, Carlos Gardel.

Pienso ahora que debí rezar a todas las vírgenes y acariciar a todos los ángeles. Llorar por Gardel era como guardar luto por el tango argentino, y así se hizo por todo el continente. Puede que hoy ese nombre no diga nada a muchos, pero al oír la noticia algunas mujeres se suicidaron al saberlo muerto. En las dos orillas del Río de la Plata se sigue aún hoy discutiendo cuál de ellas fue su cuna. El lugar donde está enterrado en Buenos Aires se cubre diariamente de flores frescas. Pero lo que cuenta es la supervivencia de su voz que día a día canta por la radio. Es Gardel, nos hemos repetido durante años al despertarnos. Los mayores dicen: Ninguno ha cantado tangos así. Él es el tango.

Rafael se quedó serio, muy serio con la noticia. Pero no le alegraba el haber salvado la vida por casualidad. ¡Con qué alegría nos hubiéramos encontrado en el avión! Figúrate, después de tanto tiempo, recordar nuestro viaje juntos por el norte de España. Fuimos juntos a Palencia y nos divertimos como locos leyendo los nombres extraordinarios: Ubilibrordio Gómez. Cojoncio Hernández... Eso lo has inventado tú, a Rafael. No, te lo aseguro, son nombres visigóticos olvidados en los letreros de las tiendas. Hasta me escribió Gardel una carta recordándolo.[231]

Navegábamos. Puede que todas nuestras palabras de aquellos días estuviesen destinadas a simular la alegría, asustados de estar vivos. Casi se nos habían borrado los recuerdos inmediatos, por ejemplo, el haber atracado en Cartagena de Indias.

De aquel primer encuentro con Colombia guardo un niño. Un niño corriendo y deteniéndose por las murallas que cierran el mar a los piratas para que no avancen sobre la pequeña ciudad aterrada. Murallas, torres de vigía desmanteladas hoy, cautela ante todo lo que puede acercarse navegando. Hay una mirada antigua que sin descanso vela. Cartagena de Indias no se cansará nunca de protegerse y sospechamos que hay piedras que continuamente avizo-

---

[231] En *AP* 1, pp. 267-268 encontramos el correlato de este pasaje.

ran la mar. Detrás de este pasado están los conventos venerables, las casas coloniales, los mercados, la vida. Un niño va delante de nosotros por la muralla, tan perfecto de hermosura que no lo he olvidado. Deja sus cinco años al viento de la fortaleza, navega, mueve los brazos, tiene todos los encantos de los hombres que llegaron en los galeones y de las mujeres que éstos encontraron en la tierra firme. Queríamos detenerlo, pero se nos escapaba como debían hacerlo los silfos si alguien pretendía interrogarlos. No se dejó tocar. ¿No ves?, va roto, va deshilachado, se le cae el pantalón, puede que solamente los dedos lo peinen, pero es el niño perfecto de España y América, la unidad de las sangres. No nos atrevimos a darle una limosna. Hubiera sido como ofendernos. Le compramos unas rosquillas, atrapamos su imagen y la retuvimos dentro de nosotros para siempre.

Después de recorrer las murallas llamamos a una puerta. La entreabrieron para decirnos que no era hora. Respondimos que nuestro reloj marcaba la hora arbitraria de los viajeros que llegan y se van. Entonces fueron a consultar con el superior del convento y regresaron: Pasen ustedes. Yo les había dicho que una de mis tías se llamaba María Claver. Dentro de aquella iglesia tan bien cerrada, está enterrado un Pedro Claver que entregó horas y horas de su vida a los indios de América; un Pedro Claver que había decidido entregarse al prójimo según la doctrina del amor que le habían enseñado en el colegio. El fraile, que era catalán y únicamente se llamaba Pedro, pocos años después de su muerte lo empezaron a llamar santo y, luego, San Pedro, dejándole el apellido Claver para no confundirlo con el buen pescador enterrado en Roma. Así que lo llamaron San Pedro Claver, añadiendo para aclarar su santidad: Apóstol de los indios. Como yo desde muy pequeña había oído hablar de ese bienaventurado apóstol en una ciudad aragonesa, Barbastro, a una serie de parientes míos que conservaban cuadros y reliquias que ya no recuerdo qué representaban, me creí con derecho de familia para llamar a la puerta del convento de los jesuitas de Cartagena de Indias, como quien va a visitar a un pariente.[232]

Las puertas se abrieron ante los visitantes. Prendieron todas las luces. Nos arrodillamos para poder ver a Pedro Claver, tendido en la parte baja del altar. Dicen que su cuerpo está incorrupto. Y me hundí en la contemplación del caballero andante que entregó sus horas a dulcificar las de su prójimo, hundiéndome en los tres siglos que separaban sus sueños y los míos —¡ay, tan parecidos!— con toda reverencia.

Un jesuita se acercó a pedirnos nuestros nombres. No pestañeó. Seguramente eso de "poesía comprometida" no le decía nada. Nos despedimos del buen Pedro Claver. Pensamos al hacerlo: "Ay, si tú supieras cuántos Pedros se necesitan hoy en la tierra! Hacen falta Pedros por todo el mundo: para los indios y para los negros y para los proletarios y para los desahuciados de amor y para los tristes y para los sin pan... Apóstoles que griten a los poderosos y a los ricos y a los hartos y a los desalmados y a los ciegos de corazón y a todos los que son tan poderosos que levantan todos los días, para nuestra vergüenza, el telón del gran teatro del mundo."

¡Ay, Pedro Claver, ay, apóstol de negros y de indios! ¿Qué dirías si supieras que hoy, en la América que te sorbió el alma, acaban de ser aniquilados cientos de miles de aborígenes envenenándoles el agua que les daban, el pan que les tendían con sonrisas, los dulces que cariñosamente repartían a los niños...? Y ha ocurrido esto en Brasil.[233]

---

[232] San Pedro Claver (1580-1654) fue un misionero jesuita de origen catalán. En 1610 pasó a Perú y en 1615 se trasladó a Cartagena de Indias, atendiendo sobre todo a los esclavos negros. Canonizado en 1888, es el patrón de Colombia.

[233] En 1961 el presidente Silva Quadros tuvo que hacer frente, tras su acceso al poder, a una situación económica desastrosa y al estado de miseria extrema en que se vivía en los medios rurales del país. Las medidas

La noticia ha pasado por todos los oídos y ya nadie la recuerda. Pedro Claver, ¿por qué no vas a contarle esto al Señor y reclamas tu vuelta a la Tierra? Pero tal vez lo que necesitaríamos fueran barrenderos de enormes escobas para barrer las grandes empresas, los trusts, las antesalas de los ministros y los Estados Mayores que lo apuntalan todo en esta América donde está tu tumba.

El color del mar Caribe es diferente. No lo habíamos visto antes. Desde la borda del *Colombie* íbamos viendo pasar América. Rafael ya murmuraba algunos de sus primeros versos furiosos y desolados ante estos "hombros de América" donde tantas cosas pasaron, pasan y han de pasar, historia americana hacia adelante.[234] Nos íbamos volviendo rabiosos antiimperialistas, y más aún cuando atracamos una mañana al primer puerto de Venezuela.

¿Quiénes son aquéllos que trabajan encadenados? Porque están encadenados, ¿verdad? Un oficial del barco nos contestó, bastante indiferente: *Mais oui, forçats*. Eran los presos políticos de Venezuela. Reinaba Juan Vicente Gómez,[235] aquel padre de cien hijos que aplicaba bala y pri-

---

gubernamentales fueron contestadas por la extrema izquierda con multitud de protestas callejeras que fueron duramente reprimidas por la policía, especialmente en la localidad de Recife.

[234] Con estas palabras de María Teresa se corresponde el poema albertiano "Costas de Venezuela", escrito "desde el *Colombie*" (del libro *De un momento a otro*) y que empieza y acaba con este verso: "Se ve que estas montañas son los hombros de América" (*PC* I, p. 653).

[235] Juan Vicente Gómez (1859-1935), dictador venezolano y presidente desde 1910, con un gobierno despótico, arrasó cualquier intento de oposición. Su política económica se basó fundamentalmente en la explotación de los pozos petrolíferos que puso en manos de las grandes compañías extranjeras. Una de sus grandes cárceles estaba situada en "Puerto Cabello", título del poema de Alberti (del mismo libro *De un momento a otro*) dirigido irónicamente a tal personaje (*PC* I, p. 653).

sión a toda desobediencia a su dictadura. No podíamos apartar los ojos del camino blancuzco, como regado de huesos humanos, sobre el cual el sol había dejado de ser el astro benéfico, cayendo a latigazos de luz sobre los hombres que picaban piedra. ¡Cuántos son, Rafael! Y los ojos se nos llenaron de una cadena silenciosa de presos políticos custodiados por fusiles. ¿Y esto es Venezuela? Aquel día de otoño de 1935 ¿cuántos años hacía que ya reinaba Juan Vicente Gómez? Nos lo preguntábamos al alejarnos de Puerto Cabello, horrorizados. Al llegar a La Guaira[236] nos declararon indeseables. No pueden ustedes bajar del barco. Perfecto, nos hubiera ofendido lo contrario. Y reímos al sentirnos tan peligrosos para la tiranía de Venezuela. Y tenían razón. Nada es de tanto cuidado para la dictadura como dos personas que se atreven a decir su opinión en verso y en voz alta.

Son cosas que extravían a la juventud. Mejor encadenarla. Y así estaba la juventud venezolana encadenada, sudorosa y seria construyendo caminos hacia ninguna parte, acarreando piedras como pecados, condenados por ser sinceros, libres, jóvenes.

Aquello nos amargó bastante el viaje. Rafael mordía verso a verso su disgusto. Así enhebró poco a poco verdades para su libro: *Trece bandas y cuarenta y ocho estrellas.* Zarpamos de La Guaira, dejando únicamente en su muelle un horizonte de policía uniformada.

El mar Caribe está cerrado por un collar de islas. Podían haberlas llamado afortunadas los navegantes que primero las descubrieron. Tocó a Colón el desposarlas. Cuando

[236] La Guaira, al norte de la capital, en la costa del Caribe. Es el puerto de Caracas, fundamental para la exportación del café, cacao, pieles y maderas. Esta ciudad fue fundada en 1588 con el nombre de San Pedro de la Guaira por el gobernador Diego de Osorio.

nuestro barco ancló en la isla Trinidad,[237] colonia británica, nadie puso objeción a nuestros pasaportes y estábamos ya a punto de bajar a tierra cuando apareció un muchacho alto, decidido y fuerte que iba preguntando a los pasajeros: ¿Rafael Alberti? ¿Conocen ustedes a Rafael Alberti y a María Teresa León? ¿Vienen en el barco? Lo detuvimos diciéndole quiénes éramos y nos abrazó antes de dirigirnos la palabra, luego dijo: Me llamo Miguel Otero Silva.[238]

Y ahí empezó una fraternidad que los Albertis no desatarán nunca. Nos explicó: Vengo en nombre de los venezolanos que estamos aquí desterrados. Voy a preguntar cuánto tiempo se detiene el barco. Luego, andando. Sí, luego andando y de la mano de Miguel recorrimos la isla. En un momento que me incliné a tocar un fruto en uno de los estupendos cafetales que no habíamos visto nunca, el amigo inglés que venía con nosotros se puso pálido: ¡Cuidado! No se toca. Disparan. Eso sí que era defender la propiedad privada. Disparan y matan, ¿no? Son los frutos prohibidos, señora.

Después del recorrido de la isla, Miguel Otero nos condujo donde estaban los refugiados venezolanos. Aún tenían las heridas abiertas, las muñecas lastimadas por las esposas, los tobillos rotos por el cepo. Era difícil para ellos utilizar su libertad, moverse. Dejaban sin querer las manos juntas sobre las rodillas como si aún estuviesen encadena-

---

[237]   La isla de la Trinidad, situada frente a las costas de Venezuela, con una población muy heterogénea (negros, indios, mestizos, blancos y chinos). Fue colonia española hasta 1802, pasó a ser dominio británico en 1814 y no alcanzó la autonomía interna hasta 1962, y al año siguiente, junto con la isla de Tobago, se convirtió en Estado independiente dentro de la Commonwealth.

[238]   Miguel Otero Silva (1908-1985), importante escritor venezolano, que se dedicó —exiliado en Europa— al periodismo entre 1930 y 1936. En 1954 publica una de sus novelas más celebradas, *Casas muertas,* y en 1968 *La muerte de Honorio,* en torno a los prisioneros políticos en Venezuela (ésta debe de ser la novela a la que se refiere luego María Teresa León). *Vid. AP* 2 p. 331.

das. Les costaba creer que habían salido de la cueva de un mal sueño.

La conversación fue animándose, pero era mi primer encuentro con el sufrimiento político y me dejaba llevar por su alegría penosamente. Preguntaron por España. Les contamos lo que sabíamos y encontramos la palabra amnistía. Dicen que el nuevo gobierno dará la amnistía a los presos políticos. Uno de los nuevos amigos murmuró: Yo he pasado ocho años en la Rotunda. ¿Dónde? Así se llama la cárcel de Caracas. Miguel Otero nos iba a dejar más tarde escrita la pesadilla de una cárcel venezolana, pero nosotros inventamos la nuestra al mirar a los amigos, empeñados en olvidar a fuerza de juventud lo que habían hecho con ellos. Era una Rotunda torre redonda y dentro los condenados a ella giraban, giraban sobre una sola palabra escrita: petróleo, petróleo, petróleo, petróleo y, en el centro, la encendida antorcha de la libertad USA.

Zarpaba el barco y tuvimos que separarnos. Quedaba suspendida sobre aquellos muchachos una interrogante: ¿Hasta cuándo? Exactamente igual a la que desde hace treinta años planea hoy sobre nosotros. ¿Qué pacto secreto tienen las dictaduras sobre el tiempo de nunca acabar?

El *Colombie* puso rumbo hacia otras islas. En la de Curaçao[239] nos encontramos con otro venezolano exiliado, Inocente Palacios, y Rafael pidió una copita de licor de Curaçao y nadie supo dársela. Alguien aclaró: Nosotros únicamente vendemos las naranjitas, el licor lo hacen los holandeses. Llegamos a La Martinica,[240] más negra que

[239] La isla de Curaçao pertenece a las Antillas neerlandesas, en el Caribe, al norte de Venezuela. Descubierta por los españoles en 1499, fue ocupada por los holandeses en 1634.
[240] La Martinica es una isla colonial francesa, perteneciente a las pequeñas Antillas; isla descubierta por Colón en 1502, fue colonizada por

blanca, coloreada por los algodones multicolores que visten las mujeres, todo gracioso y ondulante. América de las islas, por la que sentimos predilección desde que tocamos la Cuba ardiente, de Batista y, veintiséis años después, la limpia Cuba de Fidel Castro. Aún alcanzamos a tocar la Guadalupe²⁴¹ y, luego, regresamos y desembarcamos en España.

Nuestro viaje había concluido y también lo que llamaron en España el Bienio Negro, presidido por Alejandro Lerroux y Gil Robles. Los repudiados podíamos volver poco a poco.

Otra vez la Puerta del Sol, la calle de Alcalá, nuestro paseo de Rosales y mi madre contándonos sus aventuras con policías y soldados. Cuando los sucesos de Asturias, nuestra casa de Marqués de Urquijo fue asaltada, convencidos que un poeta no podía guardar más que ametralladoras y fusiles debajo de las rosas de su terraza. Y dicho y hecho, entraron devastándolo todo, arrancando plantas y tirando los cuadros al suelo y hasta abrieron un agujero en el techo, seguros de que escondíamos peligrosos intelectuales directores de la revolución latente en España. ¡Con cuánta gracia contaba mi madre aquella invasión de soldados y policías asustados de ejercer su fuerza! ¿Y esto qué es? ¿Y dónde están los papeles? Todos los libros de la biblioteca fueron tirados bruscamente por el suelo. Luego los patearon, los arrojaron en un montón, los dejaron hechos una lástima. El miedo a no sé qué les hacía obedecer órdenes

---

franceses, que introdujeron el cultivo de la caña de azúcar. En 1946 se constituyó como departamento francés de Ultramar. Actualmente goza de un estatuto de colectividad territorial dotado de asamblea propia. El penúltimo poema de *13 bandas y 48 estrellas* recoge este rápido paso por la isla: "Veinte minutos en La Martinique" (*PC* I, p. 656).

²⁴¹ La isla de Guadalupe pertenece al archipiélago de las Pequeñas Antillas o Islas de Barlovento, descubierta en el segundo viaje colombino (1493) pero dominada por los franceses, por lo que es departamento de Ultramar francés desde 1946.

dadas por el miedo de los que les mandaban. No preguntaban más que tonterías. Figúrate que uno de ellos agarró uno de los retratos que están colgados en aquella pared y me interpeló, bruscamente: Y este ¿quién es? Algún comunista, ¿no? Yo me eché a reír, porque lo que me estaba señalando era el retrato de Baudelaire. Hice que lo miraba atentamente y le contesté: Pues no lo sé. Más que comunista me parece el abuelo de algún comunista por como va vestido. No haga bromas con la policía, señora.

Fue tal vez por eso por lo que siguieron rompiéndolo todo y la llevaron detenida. Mi madre debió sentir una rabia inmensa, pero levantó la cabeza y les dijo: Vamos. Pocas horas pasó en la Dirección General de Seguridad, donde le pidieron cuentas exactas de nuestro viaje por Europa y sus por qué y cuándos. De pronto entró el general Queipo del Llano como una tromba. ¿Dónde está la señora que estos imbéciles han detenido? Y como en España nada se puede negar a un general del ejército, la señora salió de la Dirección General de Seguridad cogida de su brazo como si saliese de un baile.

En el desván donde la loca de la casa[242] guarda sus jirones perdidos, sus recuerdos —¡Oh, Santa Teresa!— tengo yo siempre que encontrarme con la presencia de una isla. Me es muy fácil llegar a ella cuando cierro los ojos. Navego por un Mediterráneo, perdido hoy, y el abra de un desembarcadero se presenta y yo salto.

La isla se llama Ibiza.[243] Forma parte del archipiélago

---

[242] "La loca de la casa" no es otra que "la imaginación". La expresión procede de Santa Teresa (de *Las Moradas*) y fue recogida y glosada por Voltaire (*Diccionario Filosófico*) y por el filósofo Malebranche.
[243] La aventura vivida en Ibiza entre el 28 de junio y el 11 de agosto de 1936, que aquí refiere con bastante detalle María Teresa (y que había adelantado en *Juego limpio*, pp. 169-177), ha sido contada también, y en

balear. Cuando el sol aparece todo reverbera, pues los muros están blanqueados por cales vibradoras. El suelo de la isla forma arrugados pliegues montañosos cubiertos por sabinas y pinos, los valles son huertos y hay un río solamente: el Santa Eulalia. El pie del hombre puede bastarnos para ir de pueblo en caserío, pero no por pequeño el horizonte deja de ser grandioso. Nosotros lo mirábamos desde un molino: Molin de Socarrat. Pero no había únicamente el nuestro con velamen color herrumbre por la cresta del monte. Hasta casi la muralla había, desplegando su gracia, hasta veinte o treinta molinos, unos desarbolados con los muñones muertos, otros enteros, sin mutilaciones, pero todos detenidos en la hora de la última molienda. El mar se aparecía alto, de un azul magistral. La lección azul continuaba en el cielo, campo de nubes redondas y estrías en la gran pizarra que borraba un lebeche fino. Era el mar de Ulises, y hasta la transparencia de sus aguas mansas en calitas de arenas doradas bajaban a beber los algarrobos, los pinos parasol, los almendros y aquellos torturados, gigantescos geranios que jamás hemos vuelto a encontrar. Desde nuestro molino veíamos los barcos redondos que buscan la sal, las canoas finas del recreo, las pesadas urcas de transportar madera y las gaviotas. Desde nuestro molino veíamos las parejas de la pesca y, pensando en los salmonetes carmín y oro tomábamos un balde y corríamos a la Marina, saltando entre las tumbas cartaginesas que cubren la ladera del monte de piedras rodadoras con matas de piadosas alcaparras, tapizando de flores blancas resquicios y hendiduras. Tendíamos el balde que se llenaba

---

varias ocasiones, por Rafael Alberti, tanto en su *AP 2* (caps. X, XI y XII) como en el relato "Una historia de Ibiza", además de referirse al lugar y a aquellos felices y dramáticos días en varios poemas de *Retornos de lo vivo lejano*. Para todo este episodio debe consultarse el libro de Antonio Colinas *Rafael Alberti en Ibiza (Seis semanas del verano de 1936)*, Barcelona, Tusquets, 1995.

por unos céntimos de palpitaciones encendidas, relumbre de aletas y colas, y mirábamos con asombro el ánfora pescada, tan esbelta, tan recamada de moluscos, tan perfecta de antigüedad como una milagrosa Afrodita de barro. Los fenicios las llenaban de aceite y los romanos compraban a buen precio esas hermosas ánforas duras. Los fenicios llamaban a la isla Ebusin, y más de seiscientos años antes de Cristo ya Ibiza gozaba una población de marineros, cortesanos y traficantes. Los griegos, por sus muchos pinos, le dijeron Pitiusa, y los ricos cartagineses de la península trajeron sus muertos a la tierra suave, mecida como una cuna, para que reposaran en medio de sus útiles de trabajo, de sus adornos preferidos, dejándoles a los pies la lámpara que les permitiría alumbrarse por los sombríos corredores del más allá.

Esta precaución ha permitido llenar el Museo Provincial con toda clase de objetos domésticos, estatuillas y collares, haciendo de él un lugar de riqueza arqueológica única. Tanit, la Astarté fenicia,[244] preside con sus ojos asombrados los nuevos tiempos, que no la necesitan ya para acrecentar la sensualidad y proteger la perduración de la vida. Talismanes, amuletos, collares, colgantes, escarabajos, cuentas, figurillas, candiles, vasos y platos de barro se amontonan en dos salas del edificio gótico construido para sala de Consejo por los catalanes cuando conquistaron la isla. Es un museo sorprendente. Para llegar a él se entra en la ciudad vieja por una puerta adornada por la estatua romana de un togado. Allí las calles se empinan, las casas se envejecen. Es la ciudad gótico-catalana, la Vila de viviendas palaciegas donde vivía mi amigo Justo Tur[245] en

---

[244] "Tanit" es la denominación púnica de la diosa Astarté, principal divinidad de Cartago. Tiene simbolismo lunar, por lo que se la relaciona con la fecundidad y se la suele representar como diosa madre.

[245] De Justo Tur Puget (apodado Corb) dice Colinas: "este ibicenco de buena familia —era hijo del notario de la ciudad— habitaba una de las casonas palaciegas de la ciudad alta, en la calle Mayor, la que conduce hacia

una casa de ajimeces gemelos triboldados. Se seguía subiendo, y la puerta del castillo, también adornada por dos estatuas romanas y un gran escudo de España, nos permitía entrar en la ciudadela castrense construida en los reinados de Carlos V y Felipe II, con largas y gruesas murallas mirando a la bahía.

Después retornábamos hacia nuestro molino y, a veces, al pasar, veíamos salir a las muchachas ibicencas de la catedral de Santa María llevando en procesión algunas de sus vírgenes medievales en las andas cubiertas de flores y lazos. Difícil representarse sin verlas esas faldas plisadas que por detrás barren con altivez el suelo, esos mantones amarillos, esos delantales recamados y, sobre el pecho, de hombro a hombro, "la emprendada", colección de cadenas, collares y joyeles de oro y plata que son armadura y adorno y ahorro y dote. Las muchachas ibicencas llevan tendido sobre la espalda el pelo trenzado con cintas largas hasta el filo de la falda, se atan debajo de la barbilla un pañuelo de colores y para entrar en la iglesia se colocan la "mantelina" blanca con bordura de terciopelo oscuro. Son las herederas de fenicios, griegos, romanos, vándalos, árabes, catalanes... Cuando los árabes llegaron, comenzaron a florecer las norias y el regadío hizo brotar miles de hojitas verdes. Pero los inquietos condes catalanes no podían cerrar los ojos y miraban las islas luminosas del mar. Jaime el Conquistador pone el don en Mallorca y Guillermo de Montgrí,[246] obispo electo de Tarragona, pide humildemen-

---

la plaza de la Catedral. Justo Tur fue posiblemente uno de tantos jóvenes ibicencos de uno y otro bando que se vieron impulsados en aquellas jornadas a cambiar la dinámica de una vida de estudios por la fuerza de las ideologías (*op. cit.,* pp. 58-59).

[246] Ibiza o Eivissa, denominada en un principio "Pitiusa" (lugar de pinos), tuvo su primera factoría naval en el año 654 a.C. ("Ibosim"), fundada por los cartagineses. El año 70 de nuestra era pasó a ser municipio de la Hispania romana conocido como Ebusus. En el siglo x se establecieron los musulmanes (entonces la llamaron Yebisah). En 1235, como apunta

te que se le deje la fortuna de desposarse con Ibiza. El día de la Virgen de agosto de 1235 desembarcaron sin grandes batallas, al viento el pendón de las barras carmesíes.

Pasaron de esto muchos siglos. Los tiempos españoles estaban inseguros. Rafael y yo no habíamos vuelto a bajar a la marina para llenar nuestro balde de salmonetes irisados. Era nuestra casa un grupo de pinos parasoles en el Cor Mari. La guardia civil caminera, que ya había fusilado a Federico, nos obligó a dejar la puerta entornada y "las alcándaras vacías"[247] en nuestro molino. Corrimos monte abajo hacia la playa d'En Bossa. Allí encontramos a un extraño veraneante de gafas muy negras. Era Pau, el patrón contrabandista complicado en la voladura de un puente al tenerse noticias de la sublevación de Franco. Le habíamos conocido, con el estudiante Justo Tur, en el bar de la Estrella, donde funcionaba una radio casi clandestina, mientras el dueño, emigrado alemán, hacía marchar hacia la calle el altavoz lleno de cuplets: "Que tengo sangre gitana, en la palmita de la mano."[248] Pero ya eran otras sangres las vertidas, ya se había sublevado el comandante de la plaza y aguardábamos que la sombra nos borrase la cara para subir por entre las piedras hasta nuestro molino. Nos despertábamos muchas noches asombrados de que única-

---

con exactitud María Teresa, Guillermo de Montgrí la conquistó, por concesión feudal de Jaime I.

[247] Referencia al verso cuarto del *Cantar de Mio Cid:* "vio puertas abiertas e uços sin candados, / alcándaras vazías, sin pielles e sin mantos". Las "alcándaras" eran las perchas en donde se colgaban las pieles y mantos, aunque también se usaban para que se posasen en ellas las aves de cetrería.

[248] En ese mismo bar empieza la narración *Historia de Ibiza:* "Cuando algunas tardes bajaba, siempre por las veredas de las tumbas cartaginesas y los olivos seniles, iba a sentarse entre los pescadores del Bar La Estrella, en la cerca de la marina [...] Ya iba a pagar para subirse a su molino, cuando la voz del gramófono fue interrumpida violentamente por la de la radio" (cito por la edición de *El poeta en la calle,* Madrid, Aguilar, 1978, pp. 494-495).

mente llamase a nuestra puerta la aurora. Pero la guardia civil eligió una mañana de sol esplendoroso. Desde la higuera más robusta mirábamos deshacerse la onda marina en la cala correspondiente de nuestro jardín, cuando vimos avanzar, secándose el sudor, a los civiles. Preguntaron a la vecina, gorda y buena, por nuestro paradero. Debió de satisfacerles la contestación: No están, porque volvieron a bajar el monte sin mucha prisa. Nosotros ya no entramos más en la casa. ¡Adiós las adelfas del pozo y los escalones que llevaban nuestros pies descalzos hasta la curva pequeña del agua tornasolada de erizos e ictinias! ¡Adiós almendros, algarrobos gigantes, higueras centenarias! ¡Ya apenas si regresaríamos unos momentos para no volver a verte, molin del Socarrat, estación hacia el cielo, horas sin nubes, amor de perfección! Cuando Pau se hizo cargo de nosotros en la playa, ya la orden de nuestro fusilamiento estaba tal vez decidida, pero ángeles contrabandistas cuidarían de nosotros.

El monte, como en las representaciones shakesperianas, estaba lleno de proscriptos. Al anochecer, nos sentábamos a ver ensombrecerse la torre de la Salrossa, las barcas de regreso, la isla Formentera en la lejanía cercana... ¿Dónde estás, Escandell, tan limpio de ojos, tan desazonado en la tierra sin movimiento, acostumbrado a dejarte llevar por los rumbos? ¿Y tú Pau "contrario de la misma idea",[249] convencido de que "no hay que tener manías", a quien sacaba llanto de los ojos saber que Lenin duerme cubierto de cristal y amor custodiado por dos soldados como piedras

---

[249] Dos habitantes de la isla que siempre recordó María Teresa y que fueron fundamentales para su supervivencia en aquellos días de escondite y peligro. El primero fue un pescador "cuya pista se pierde en los campos de refugiados franceses de la posguerra" (Colinas, p. 57). Y Pau García, un marino que Colinas ha localizado en tierras valencianas, que vivía en La Marina ibicenca, y "era el maquinista de un motovelero que después de la guerra cambiaría su nombre por el de *Teresa Roca* " (Colinas, p. 56). *Vid.* también *AP* 2, p. 63.

talladas, mientras cae la nieve que jamás hace ruido? No leeréis lo que estoy escribiendo de aquellos días fraternales o los habréis olvidado, quién sabe en qué prisión o cárcel, junto al timbre de mi voz. Cantábamos. Nunca los himnos que los hombres compusieron para decir sus esperanzas sonaron como allí desafinados, temblorosos y conmovedores. Apoyados en los troncos de los pinos, seis o siete corazones creían en el valor y la razón del pueblo de su patria. Por la mañana, deslizándome por entre los matorrales, llegaba hasta mis amigos de la aldeíta de San Jorge. En un pozo inutilizado yo oía la radio y escribía las noticias en pequeñísimo papel. Pronto aparecía un ciclista, se colocaba el papel entre el doblez de los pantalones, compraba un pan y volvía, silbando, a su bicicleta. Yo, después de "robar" algunos racimos poco maduros, regresaba al monte. Durante el día, Rafael y yo estábamos solos. Conocimos lo amable que es la pinocha verde para formar una cama de fortuna y cómo, al salir el sol, todo despierta: agua, piedras, pájaros, pinos y pastores. Pastores desnudos en aquel mar turquí de Odiseo lavaban las borregas manchadas de tierra roja y, del nieto al abuelo, se resguardaban del sol con un sombrero de palma a la moda en todos los archipiélagos mediterráneos hasta Grecia. Allí conocimos el valor de las torres de vigía que a medio caer sobrenadan muertas en el agua del pasado, vivas cuando la piratería berberisca razziaba todo en la tierra y apresaba todo en el mar. Tiempos crueles para la isla que obligaron a los ibicencos a armarse para una guerra de represalia. El último valiente tiene una estatua. Es el capitán Riquer. Lo conocen todos los niños de la Isla. Venció al pirata gibraltarino que pirateaba con bandera inglesa —¡qué raro!— en 1806.[250]

---

[250] El hecho más conocido de toda la historia del corsarismo ibicenco fue acometido por Antoni Riquer. Y la acción más famosa de cuantas realizó fue el apresamiento del corsario inglés Miguel Novelli, conocido

Durante veinte días vivimos en el monte. Una noche alguien nos ofreció llevarnos a la península —allí nadie dice España— en el barquito de un pescador que iba hacia Denia. La noche oscura favorecía los planes de Pau y de Escandell. Echamos a andar. Tropezando y cayendo después de más de una hora de marcha, llegamos a la playa El Sagnadors. Algunos pescadores dejaban estrellitas de luces sobre el agua negra. Pau y Escandell se marcharon a buscar al amigo y nos refugiamos en una caseta donde dormía una barca. Nosotros hicimos lo mismo, pero, al poco tiempo, nos despertó un perro. Detrás de él apareció un ser humano que le chasqueó la lengua. El perro se calló y nosotros asistimos a la aparición asombrosa de un hombre con dos tazas de café en una bandejita que nos decía tiernamente: "Ustedes querrán café, ¿no?" La cadena de la camaradería funcionaba, emocionándonos. Pero no todo lo que buscábamos pudo conseguirse. Pau y Escandell regresaron con la poco agradable noticia de que la autoridad, por orden superior, había quitado los contactos de los motores de los barcos de pesca. Saludamos al perrucho, al amigo, y regresamos hacia el refugio del monte enceguecidos por la aurora.

Al llegar a él nos encontramos un joven más. Aquella noche contamos a los amigos la vida de los trabajadores en un lejano país amortajado en nieve. Cantamos susurrada la Internacional emocionante que nos ayudaba en la fe. Dormimos. Al día siguiente aparecieron los aviones leales a la República. Tiraban volantes. La proclama anunciaba con cierto candor que el día 8 de agosto, festividad de la Virgen, aniversario del desembarco de los ejércitos de don Jaime el Conquistador, la República recobraría Ibiza.

El corazón nos daba saltos. Los proscriptos estábamos de iniciativas. Y si fuese alguno... Nunca he vivido horas

---

como "El Papa", hecho que ocurrió exactamente el 1 de junio de 1806, y que dio lugar a una tradición oral de la que se hace eco la escritora.

tan largas. ¿Y qué va a sucederle a Finki Araquistáin, hijo del líder socialista Luis Araquistáin,[251] compañero nuestro en el monte que eligió ir a buscar a su amor y lo detuvieron? El corazón nos daba saltos. Por una necesidad de hacer algo pedí a Escandell que hablara con las payesas que de cuando en cuando nos regalaban pan y sobrasada. Quería bañarme en su alberca. Llegamos, procurando escondernos hasta la casita. Una casita como las demás, gloria arquitectural de ese pueblo. Ya he dicho que todo en esta isla es ponderado y hermoso, todo ocupa el lugar exacto marcado por la belleza. Su arquitectura, hija del paisaje, funcional sin saberlo, sobria por necesidad, es el sueño de la moderna arquitectura. Están las casas hechas para crecer. Sus líneas rectas se desarrollan en planos blancos o en terrazas, con algún ligero balconaje, con un almenado jugando masas y ángulos al ir añadiendo, al crecer la familia, habitaciones que se unen a la unidad tipo... En una de esas habitaciones de cal pura entré aquella mañana. Dos payesas ibicencas me recibieron. En el centro de la habitación ya estaba colocado un barreño vidriado que hoy haría mi sueño el tenerlo. Al lado humeaban cubos de agua hirviente. Me miraron y, luego, me besaron. Creo que quisieron decirme: ¡Pobrecita! Su ibicenco y mi burgalés nos hacía reír. Las mujeres comenzaron a desnudarme como si yo fuese la hija que retorna. Flotaban en el agua del barreño hojitas de menta.

¡Dios, Dios, cómo escuecen en los ojos los recuerdos! Al concluir de refregarme con áspero jabón casero, la

---

[251] Luis Araquistáin (1886-1959), político y escritor español, miembro del partido socialista. Diputado a Cortes en 1931, embajador en Berlín en 1932, fue también consejero político de Largo Caballero, y cuando éste fue nombrado primer ministro en 1936, accedió Araquistáin a la embajada en París. Fue uno de los dirigentes más importantes del PSOE en el exilio. Ramón Araquistáin Grau, su hijo, estuvo también escondido en los mismos montes ibicencos y llegó a ser detenido, como lo documenta Antonio Colinas en *op. cit.*, pp. 98-99.

muchacha me entregó ropa blanca de la suya para cubrirme y en pocos minutos era también yo una payesa con el pelo demasiado rubio. Me encontraron tan a su gusto, que renovaron su contento con risas y manotones. La falda era de percal gris, la blusa blanca, el delantal negro, el chal de colores. Jamás me he sentido más limpia. Pero tuvieron que dejarme descalza... Las tres mujeres nos miramos. Nada teníamos que decirnos ya. Pero Escandell les había contado que yo trabajaba para los pobres. ¿Qué habían entendido de aquella explicación tan vaga? Seguramente todo el problema español, pues su soledad se había roto al encontrarme, al saber que millones de seres pensaban como su hijo y se habían levantado en armas para defenderlas. Alguien de lejos, hablando de distinto modo, había entendido su lenguaje. Pertenecía al pasado el recuerdo de las sabias leyes que diera a la isla, luego de su conquista, Guillermo de Montgrí. En el siglo XIII, el obispo dilecto de Tarragona había dado una Constitución hecha con gran sentido de igualdad y justicia para librar a los campesinos de los abusos feudales. Sin distinción, cada uno de sus habitantes tenía derecho a campos y albergues. Estaban exentos de los servicios militares, si no era para defender la isla, libres de tributos, y para cualquier desavenencia, habían de recurrir al consejo y fallo de los hombres buenos. Ignoraban esos tiempos venturosos mis dos amigas. Ignoraban que las salinas donde su hijo perdía los ojos, habían sido bien comunal y solo sabían de la Salinera que las explotaba, explotándolos. Los hijos hablan poco, pero algunas noches de buen humor, el suyo les había hablado de huelgas y derechos de los trabajadores. Entonces ellas lloraron, pero en aquel momento me sonreían. Vinieron a buscarme. ¿Todo terminará con bien? —"Todo, sí"—, afirmé y Paul me llevó monte arriba casi corriendo.

Desde lo alto, al atalayar el mar, me detuve: Ahí los tienes. En perfecto orden avanzaban dos destroyers republicanos y un mercante. Pronto enfilaron sus cañones al castillo, pidiéndole rendición. ¿Habéis contemplado alguna vez esos grabados de las batallas donde los cañones y los almirantes son tan chicos que parecen juguetes? Así era la estampa que veíamos. Arriaron un bote que se dirigió a tierra con bandera blanca. Lo tirotearon. Vimos bajar la boca de los cañones republicanos y, por la banda de estribor, soltar una andanada al castillo. El cañonazo desplegó una nube de gaviotas que pasó sobre nuestras cabezas. En aquel instante y a toda máquina se interpuso un barco inglés. Comprendimos que iba a tratarse entre los oficiales ingleses que entraron y el comandante insurrecto de la isla cosas graves para nosotros. Luego, para desconsolarnos, sobre el mar de espejos fueron desfilando otra vez hacia Formentera los barquitos que habían venido a liberarnos. ¡No era posible! ¿Nos iban a dejar allí a la lluvia y al viento, con aquel hambre difícil de apagar? ¿Acababan de sentenciarnos un comandante sublevado y un marino inglés? ¡Qué largo fue aquel día! Sentados, sin ganas de hablar, sin esperanzas, llegó la tarde y con ella Escandell y un salinero. Este nos dijo que la escuadra republicana estaba anclada al otro lado de la isla, frente a San Antonio. Comenzaron a aparecer salineros que el monte albergaba sin saberlo nosotros. Fueron llamándose de monte a monte y más de treinta personas se sentaron alrededor de nuestro árbol tutelar. ¿Qué hacemos? Escandell propuso ir al encuentro de los amigos para indicarles el mejor lugar de desembarco. Así se aceptó, y la noche, disimuladora y habilísima en disfraces, se llevó a nuestro amigo.

No pudimos dormir. Las ramas renovadas que Rafael iba pacientemente amontonando para asegurar mi sueño, no eran ya perfumado colchón sino tormento y agujas. Hablábamos en la oscuridad. Decíamos: pronto llegarán la lluvia a mordernos y el viento. Las noches empezaban a ser desazonadas y al alba me dolían las rodillas. Siguiendo nuestra costumbre, no teníamos reloj y nos ayudaban a calcular las horas las estrellas. Desde entonces las quiero fraternalmente. Nunca como aquellas noches mirándolas hemos comprendido mejor Rafael y yo el río único de nuestra sangre. Pasó una noche más. Cuando llegó la aurora, estábamos en pie y vimos un soldado en bicicleta por la carretera y después gente que se apresuraba. Alguien bajó a interrogar. Le dijeron: Se ha entregado el castillo. Y, de pronto, sin saber cómo, me encontré en medio de una columna de milicianos que avanzaba. La mandaba el capitán Bayo. No sé quién iba preguntando por nosotros. He olvidado el nombre de aquel valenciano —¿pintor, poeta?— que nos abrazó en aquel momento. Luego otro me entregó un fusil. Cantando entramos en Ibiza. Al iniciar la subida a la ciudad vieja nos dijeron: Vamos a poner la bandera valenciana en el castillo. Y me dio la señera con las valientes barras amarillas y rojas y *lo rat penat* en el remate del asta.[252]

Así subimos hacia lo alto y la izamos y la vimos batida por la virazón del mediodía. No sé quién trajo una bandera republicana y, usando nuestro tradicional malhumor intransigente, pretendió colocarla más arriba. Intervine para decirle: Déjala, ¿no ves que hoy hace siete siglos don Jaime el Conquistador conquistó esta isla para mayor gloria nuestra? Me miró muy asombrado y miramos todos fraternalmente la bahía, el mar de confines azules, los barquitos minúsculos, los molinos inmóviles, las higueras centenarias y toda la gracia reverberante de la isla de Ibiza. No podíamos negar que éramos felices. De pronto, hacia la parte del museo Cartaginés oímos gritos. Era Rafael que trataba de evitar que manos anarquizantes sacasen de la iglesia santos y ornamentos o que entraran en el museo tan dormido y quieto. Habían encendido una hoguera. Ra-

---

[252] La voz catalana *rat-penat* (= murciélago) alude a la figura heráldica que representa un murciélago que corona el escudo de Valencia, desde la época de Jaime I (aunque la misma figura también se puede encontrar en los escudos de otras localidades catalanas, como Barcelona o Mallorca).

fael iba de uno a otro convenciéndoles de que dejaran vivos los ángeles, los santos. Por no sé qué milagro vimos cómo le obedecían. Sólo uno de ellos se le enfrentó, mostrándole un santuco feo y vulgar. Vamos, ¿no me vas a decir que esto es una obra de arte? Anda, déjame quemar a este tío tan feo. Y Rafael bajó la cabeza y se quemó. Momentos después me encontré en la sala del ayuntamiento. Empezaban a detener gente. Alguien me gritó: María Teresa, ¿quieres ser gobernadora? Me encontré sentada entre militares y paisanos que formaban un tribunal, el tribunal del pueblo, como me dijeron. Entraron a un hombre gordo y viejo. Este había disparado contra las fuerzas republicanas. Su respuesta me dejó sin respiro: Yo no sé leer ni escribir. ¡Ni leer ni escribir! ¿Cómo podíamos exigirles que comprendiesen lo que estaba ocurriendo en España? ¿Es que teníamos derecho a pedirles a unos, que no disparasen contra las fuerzas republicanas que venían a liberar la isla del fascismo, y a los liberadores, que respetasen las obras de arte, si ellos no habían oído esa palabra en su vida?

¿Arte? ¿Teníamos derecho a enfrentarlos con una palabra que no habían oído nunca? ¿Cómo hablar en nombre de la cultura si los habíamos dejado sin cultura? Fuera se paseaban en procesión, en medio de latines y gori-goris inventados. Donde yo estaba, los detenidos nos decían: No sé leer ni escribir... Jamás me he sentido más desgraciada. Sí, todos eran mi gente pobre y mi pueblo. La guerra civil me había enseñado su cara. Dejé mi puesto, volví al Molin del Socarrat y aquella misma noche decidimos regresar a la península. Además, desde Madrid nos estaban llamando.

Pocos días después zarpó el *destroyer Almirante Antequera*. Nuestros amigos ibicencos se desconcertaron: ¿Os vais? Sí. ¡Adiós, Pau! ¡Adiós, Escandell! ¡Adiós, Justo Tur! ¡Adiós, adorable isla pequeña de Astarté! Nos vamos, pero mucho hemos de hablar de ti, hermosa entre las hermosas. Volveremos a mirar tus ovejas bañándose en la madrugada y las tumbas cartaginesas cubiertas de alcaparras

floridas y las retamas y las redes que los pescadores sacan
tan plateadas por sus ánforas griegas cubiertas de moluscos. Tenemos que volver a mirar a las muchachas ibicencas y a envidiarles sus collares; tenemos que besar a las
viejecitas con sus husos en la cintura y a aquella madre
con su hija que nos dejaban *robar* uvas para nuestra hambre... Tenemos que sentarnos en el café de la Estrella —
¿Verdad, Pau? ¿Verdad, Escandell?—, mirarnos, recordar y mezclar aquel cuplet que oíamos: "Que tengo sangre
gitana —en la palmita de la mano" a la Internacional que
confidencialmente cantábamos.

La canoa del *Almirante Antequera* nos iba arrebatando
todo: luces, horas, gestos amigos, ojos que nos miraron
suavemente, palabras de confianza que nos fueron dichas... De pronto apareció Escandell en su barca y agarró
el borde de la nuestra para gritarnos: ¡No os vayáis! ¡Qué
hacemos sin vosotros!... ¡Adiós Pau! ¡Adiós Escandell!
Un inesperado barco de carga alemán que entraba al puerto dejaba sucia el agua. Pronto se nos fue todo fundido en
una pena muy profunda y apenas si veíamos las manos de
los amigos que agitaban sus pañuelos como si partiésemos
para una excursión alegre. Subimos al *destroyer.* Habíamos tomado el primer contacto con la vida que durante
tres años sería la nuestra. Franco ponía en nuestros labios
y en los de todos los españoles un "camarada", reservado
antes para los que estaban unidos por los mismos compromisos políticos. Zarpamos. ¡Adiós, Pau! ¡Adiós Escandell! ¡Adiós, hermosa entre las hermosas, isla de Ibiza!

Llegamos a Valencia.[253] Comenzaba la oscuridad de una
noche traicionera y larga. Nos contaron que habían los
fascistas intentado defenderse en el cuartel de Caballería,

---

[253] La salida de la isla tuvo lugar el 11 de agosto, llegando ese mismo
día a Valencia, en donde pernoctan, y trasladándose al día siguiente a Madrid, por tren, "pues el 13 por la mañana ya tenemos noticias de que se encuentran en la redacción de *Mundo Obrero* dando cuenta de sus
peripecias isleñas" (Colinas, *op. cit.*, p. 231).

pero lo había tomado el pueblo. Todo era diferente. Durante muchos días yo no pude dormir en una cama, acostumbrada como estaba al monte. Durante días me desperté al alba, aguardando que me hablaran los pájaros. Tanto Rafael como yo tardamos en desacostumbrarnos. No sé qué día de agosto llegamos a Madrid. Como había corrido la noticia de nuestro fusilamiento, nos miraban como resucitados. Nos dijeron: En la calle Marqués del Duero os están esperando. Preguntamos: ¿De quién es el palacio donde está instalada la Alianza de Intelectuales y Artistas? Pues de los marqueses de Heredia Spínola. ¿No es un Spínola el que recibe las llaves de Breda en el cuadro de las lanzas de Velázquez? Entonces ninguno de nosotros adivinó que algunos Velázquez iban a dormir una noche en el patio del palacio entregado a los intelectuales.

El caballero que en el cuadro de *Las lanzas* o *La rendición de Breda,* de Velázquez, recibe las llaves de la ciudad es el marqués de Heredia Spínola.[254] Los herederos de este título tenían su palacio en la calle Marqués del Duero, 7. En él encontramos instalada la Alianza de Escritores y Artistas cuando conseguimos llegar a Madrid después de nuestra aventura balear. No sé qué día de agosto del 1936 llegamos. Lo que recuerdo es que aún tenía que tirarme al suelo para dormir pues no podía cerrar los ojos en cama buena y blanda después de pasar veinte días en un monte de Ibiza tumbada sobre la cama de pinocha que Rafael amontonaba todas las noches para mí. El caserón requisado era

---

[254] Ambrosio de Spínola (1569-1630), duque de Sesto y Marqués de los Balbases, destacó como militar en las campañas de Flandes. Su fama se ha inmortalizado gracias a la toma de Breda (1625) y al cuadro de Velázquez que lo conmemora. Acabó cayendo en desgracia ante el Conde-Duque, que le retiró todos sus poderes poco antes de su muerte. Respecto al palacete, sede de la Alianza de Intelectuales durante la guerra, *vid.* nota 31.

feo. Lo hemos oído quejarse, crujir, llorar, estremecerse, pero poco a poco lo fuimos queriendo. Nadie quitó nada de su sitio. Fue respetado todo lo no comible o bebible. Entre lo bebible estaban las botellas que Acario Cotapos se llevó a escondidas a su cuarto de la marquesa porque no quería beber aguas contagiadas de supuestos microbios sino aguas minerales. Un día me llamó muy misteriosamente: María Teresa... ¿tú crees...? tal vez un médico. Claro, Cotapos, alguno vendrá. ¿Qué tienes? Verás. Quédate en cama, le dije, y miré distraídamente alrededor. ¿Qué estaba viendo? ¿Por qué tantas botellas de agua de Carabaña y de Loeches? Pero, ¿tú bebes esto? ¿No sabes que son aguas purgantes? ¿Purgantes?, me dijo espantado Cotapos, y no tuvo más necesidad de médico.[255]

Aquellos salones solemnes y oscuros, pesados de muebles que seguían conservando su negrura a pesar de nuestra risa, fueron durante tres años nuestro escenario. La alegría de nuestra juventud no la empañaba ni el tener que bajar al sótano para refugiarnos durante los bombardeos, ni aquel timbre que jamás conseguimos descubrir quién lo hacía sonar y que me sirvió para apoyar mi novela *Juego limpio*.[256] Los trajes, conservados en los armarios y baúles, que aprovechamos en el Teatro de la Zarzuela, servían para aumentar nuestra capacidad de juego alegre mientras nos acechaba la muerte. ¿Que venían diputados o senadores de países extranjeros? Pues terminábamos la comida

---

[255]   En las novelas de María Teresa *Contra viento y marea* y *Juego limpio* ya sale a relucir el palacete de Marqués del Duero. En la segunda también figura como un personaje más —con sus bromas y su buen humor— el singular y afectuoso músico chileno Acario Cotapos. Koltsov describe el mismo lugar en uno de los reportajes incluidos en su libro *Diario de la guerra de España*, concretamente en un epígrafe fechado el 27 de agosto del 36.

[256]   En efecto, en la mencionada novela se desarrolla la historia del coronel faccioso, totalmente loco, que había quedado encerrado en los desvanes del palacio, y que intentaba comunicarse con el ejército rebelde mediante timbrazos cuya procedencia se afanaban en descubrir los nuevos habitantes del edificio, los "guerrilleros" de la Alianza.

con la entrada de los caballeros calatravos envueltos en capas blancas y cubiertos de penachos y plumas. La vez que aparecieron unos senadores americanos acompañados por una preciosa muchacha aumentó el cortejo de los caballeros. Se acercaron respetuosamente dando teatralmente la mano. Cuando llegaban ante la hermosa muchacha decían, inclinándose: Está usted para comérsela, señorita... Vuélvase de espaldas para ver si está tan bien hecha como por delante... Adiós, preciosa, esta noche no duermo... Y muchas cosas más que se diluyeron en las cortinas y en las paredes que cobijaron las noches alegres. La señorita saludaba feliz, y sus compañeros parecían un poco disgustados de no entender el español y alguien traducía piadosamente aquel lenguaje admirativo de plazuela madrileña, que sonaba graciosamente plebeyo en el palacio Heredia Spínola.

¡Días sin retorno! A nuestra puerta, además de escritores y senadores extranjeros, llamaban con frecuencia los jefes de las Brigadas Internacionales. Eran nuestros amigos. Uno de los más asiduos fue el comandante Carlos con su sonrisa criticona errándole por las mejillas. Creo que le dábamos cierta lástima. ¡Esta pobre gente sin fusil, con una pluma nada más para oponerse a los fascistas! Y nos empujaba y empujaba a los más jóvenes: Vamos, canten. Hagan canciones, hacen falta poemas. No sé quién abrió la puerta militar a los jóvenes escritores y tuvo la feliz ocurrencia de agruparlos y encargarles de hacer los boletines y los periódicos de trinchera. A otro se le ocurrió llamar a estos grupos el "Batallón del talento". Las unidades militares los recibieron alegremente. Se fundieron en el ejército popular y ayudaron, con lo que ellos sabían, a la España milagrosamente en pie.

También aparecía Modesto.[257] El hoy general Modesto

---

[257] El general Modesto nació en El Puerto de Santa María en 1906, en donde pasó la niñez y fue condiscípulo de Alberti en el colegio jesuita de

era un muchacho del Puerto de Santa María, que por los mismos años frecuentaba con Rafael el colegio de los Jesuitas. Tenían —y tienen aún— mucho que decirse y hasta que cantar cuando están juntos. Y lo hacen hoy, como lo hicieron entonces. Enrique Líster,[258] general del Ejército Popular de España, también venía, mirándose de reojo en los espejos con sus ojos vivacísimos para que ni su sombra le sorprendiera. También llegó Paco Ciutat,[259] joven oficial de Estado Mayor a quien le preocupaban las bellas artes. Éste nos dejó a Maruja, su hermana. Ahora, para volverla a encontrar, hay que llegar hasta Nueva York. ¡Vida y caminos de los españoles desterrados! Pasaban, pasaban por la Alianza de Intelectuales gentes e ideas. Todos traían algo que el tableteo de las ametralladoras y la explosión de las bombas no podía interrumpir. Salían consignas para el futuro. Leer. Es urgente aprender a leer. "Aprendizaje urgente." Hay que borrar el bochorno del analfabetismo español. Hay que afrentar así a los que aún piensan que la palabra escrita debe mirarse con desconfianza.

---

su ciudad natal. Ingresó en el Partido Comunista en 1930 y al estallar la Guerra Civil participó activamente en el frente madrileño, y en octubre del 36 fue nombrado jefe del Quinto Regimiento. Posteriormente llegó a mandar la IV División, e incluso fue ascendido a jefe del V Cuerpo de Ejército. Las memorias de aquellos años se recogen en su libro *Soy del quinto regimiento*, París, Ebro, 1969, y Barcelona, Laia, 1988). *Vid. AP* 1, pp. 40-42 y *AP* 2, p. 205.

[258] Enrique Líster (1907-1988), comandante del Quinto Regimiento, de la Primera Brigada Mixta y de la división que llevó su nombre, y que actuó como fuerza de choque en varias ocasiones memorables (Jarama, Brunete, Teruel, etc.), mandó también el ejército republicano en la decisiva batalla del Ebro. Alcanzó el generalato en la URSS durante la Segunda Guerra Mundial. Rompió con el PCE en 1968. Regresó a España en 1977. Escribió entre otros libros *Memorias de un luchador*, y mereció un famoso soneto de Antonio Machado.

[259] El teniente coronel Francisco Ciutat fue jefe del Estado Mayor del Ejército del Norte. Germán Bleiberg le dedicó la pieza teatral de guerra *Amanecer*, publicada en el único número de *Cuadernos de Madrid* (1939, pp. 25-34).

En medio de este va y viene nació *El Mono Azul*,[260] en la biblioteca de la Alianza. Tengo de esa explosión de entusiasmo solamente un número. No sé si fue José Bergamín quien la bautizó jugando con el nombre popular que se daba al traje azul del trabajo. De mono azul vestían nuestras primeras Milicias Populares y nuestro *Mono Azul* estaba destinado a los combatientes. Nada más iniciarlo comenzaron a publicar en sus hojas romances, pues el romance es la forma popular de la poesía española y excelente para contar un suceso y fácil de que quede viva en los oídos. Al poco tiempo, con firma o sin ella, se habían recibido tantos que se decidió publicar el *Romancero de la Guerra Civil*. Se lo dedicamos a Federico García Lorca. Comprobamos una vez más que el metro octosilábico, narrador de hazañas medievales, amado tanto por Lope de Vega, bueno para canturrear crímenes los ciegos de las plazuelas era la manera más prestigiosa de contar lo que todos desean que se cuente. Este testimonio rápido, casi simultáneo a los hechos, se reunió en un volumen, seleccionado entre los más de trescientos que había recibido la dirección. En nuestro *Mono Azul* había entrado la tradición de los héroes nuevos: Lina Odena, Antonio Coll, Fernando de Rosa, Durruti... Algunos romances eran anónimos, otros llevaban firma: Bergamín, Pedro Garfias, Emilio Prados, Manuel Altolaguirre, Luis Cernuda, Quiroga Pla, Vicente Aleixandre... Y más aún, pues está claro que no faltaban Rafael ni Miguel Hernández ni Gil Albert ni Pérez Infante

[260] *El Mono Azul* (órgano de expresión de la Alianza de Intelectuales Antifascistas) fue creación de un grupo de escritores y artistas (Alberti, Bergamín, Rodríguez Moñino, entre otros) bajo un nombre —el que aludía al "uniforme" de los milicianos— que indicaba claramente la toma de postura cerca de los trabajadores que se habían volcado a defender la República del ataque fascista. Vino a unirse a otras publicaciones de guerra como *Milicia Popular* o *Avance,* en las que fundamenta su diseño. Los cuarenta y siete números que conforman su historia fueron apareciendo con formato y frecuencia irregulares, al hilo de los propios avatares de la guerra.

ni Varela ni Serrano Plaja ni Antonio Aparicio ni Camarero... La poesía abría el camino real al pueblo. Creo que Emilio Prados se encargó de la selección.[261] *El Mono Azul* comenzaba a dar buena cosecha. También se publicaron en él muchas crónicas de los sucesos españoles que bautizamos, al recogerlas en un nuevo libro: *Crónica General de la Guerra Civil Española*.[262] Hoy será curiosidad de bibliófilos. Yo tengo un ejemplar mordido y roto. Un día, al volver a casa, encontramos las hojas regadas por el suelo y en medio de ellas a nuestra perra *Mucki,* asentada sobre la historia de los días fraternales y limpios, reprochándonos que como era perra no le habíamos enseñado a leer.

¿Por qué recuerdo hoy esto? Es que aquel caserón que nos albergaba florecía de iniciativas. Era nuestro valor, el valor pequeño, cotidiano, que nadie mira. A veces pienso que esta nuestra pequeña guerra se olvidan de tratarla en tantos libros como se han escrito sobre las campañas militares. ¿No empezamos por perder a Federico, por insultarnos Millán Astray en Salamanca, por morir Unamuno? ¿Y los maestros indefensos de los pueblecitos? ¿No hay que recordarlos?

Nos sentíamos heridos en lo más hondo. Reaccionamos hablando, cantando, escribiendo letras para las músicas

---

[261] En efecto, María Teresa se refiere a la más conocida antología de esta intensa producción romanceril que se publicó en Madrid-Valencia, Ed. Española, 1937, recopilada por Emilio Prados y Antonio Rodríguez-Moñino, y que contó con textos de los principales poetas del momento, que fueron a su vez colaboradores de los primeros números de *El Mono Azul,* tales como Altolaguirre, Bergamín, Alberti, Dieste, Herrera Petere, Rivas Panedas, Prados, Aleixandre, Hernández, Serrano Plaja, Garfias, Gil Albert, Antonio Aparicio, etcétera.

[262] Efectivamente, con relatos y artículos procedentes en su mayoría de *El Mono Azul* se editó el libro *Crónica general de la guerra de España* (sólo un volumen) en 1937, como publicación de la propia Alianza de Intelectuales Antifascistas, y recopilado por Joaquín Miñana, secretario de la Alianza, y la misma María Teresa León, y en donde se recogen varios artículos suyos.

que conocíamos. Y esto sucedía bajo los bombardeos, sentados en la mesa de un café...

> *Puente de los Franceses,*
> *nadie te pasa*
> *porque los milicianos*
> *¡qué bien te guardan!*

Rafael inclinaba la cabeza cada vez que oía las bombas. Seguíamos:

> *Los cuatro generales*
> *que se han alzado,*
> *antes de Nochebuena*
> *serán ahorcados.*

Así esperábamos que pasase el ataque aéreo, luego corríamos hacia la Alianza. Cambiábamos el ritmo:

> *Las chicas del barrio sur,*
> *en el Puente de Toledo,*
> *detienen a los cobardes,*
> *que en Madrid no cabe el miedo.*[263]

¿Estáis seguros?, nos preguntaba Xavier Farías con su seriedad y su pipa en la que ya no había tabaco. Sí, sentíamos miedo, pero cantábamos, escribíamos. Una de las preocupaciones fue la salvación de los tesoros acumulados por los siglos. Se nombró una junta para salvar lo salvable.

---

[263] La primera de las tres canciones de guerra que evoca María Teresa pertenece a las dedicadas a la "defensa de Madrid". Con la música de una tonadilla popular recogida y recreada por Lorca —"Los cuatro muleros"— se cantaron canciones alusivas a los generales facciosos y traidores a la República como la citada en segundo lugar. La tercera correspondería también a las múltiples variantes del primer motivo. Algunas de estas letras —y sus partituras— se difundieron en varios números (14, 19 y 39) de *El Mono Azul*.

Se llamó Junta de Salvación del Tesoro Artístico, a la que nunca se la elogiará bastante.[264] Para conseguirlo, se llenaron los muros de llamamientos extraordinarios nunca vistos. Camaradas, un cuadro, una escultura pueden ser de alto valor artístico. ¡Consérvala! No creo que durante ninguna guerra se hayan preocupado de hacer una movilización tan cabal y completa de los artistas. Los mejores dibujantes extendían transformadas en afiches las consignas. Era la batalla de la retaguardia. Las Milicias de la Cultura se movilizaban, la Junta de Conservación del Tesoro tuvo su primer héroe en Emiliano Barral,[265] escultor, muerto en el frente de Madrid, cuando iba a recuperar no sé qué obra de arte. También se dibujaban los peligros: ¡Oigan! ¡Miren! ¡Escuchen! ¡No hablen! La Quinta Columna está escuchando.[266]

La quinta columna abría despacito los balcones cuando venteaban los aviones franquistas; luego, los cerraba hasta el próximo bombardeo. En algunos barrios tirotearon. Sentimos que la Alianza estaba vigilada. Nos tirotearon una noche al entrar. Parecían gatos dispuestos a saltarnos

---

[264] Una explicación y una defensa de lo que fue la ejemplar labor de aquella Junta persigue el folleto de la misma María Teresa *La historia tiene la palabra (Noticia sobre el salvamento del Tesoro Artístico)*, Buenos Aires, Patronato Hispano-Argentino, 1944 (reeditado con prólogo de Gonzalo Santonja en 1977, Madrid, Editorial Hispamerca, por donde citaré). La Junta se creó por un decreto de 25 julio de 1936 y otros posteriores del mes de agosto y de los meses de enero, febrero y abril del año siguiente.

[265] El escultor Emiliano Barral (1896-1936), formado en París, practicó una escultura de realismo vigoroso, distinguiéndose sobre todo como retratista. Suyos son el *Mausoleo de Pablo Iglesias* o el *Busto de Mujer* en el Museo de Arte Moderno de Barcelona. Murió el 22 de noviembre del año señalado, en el frente de Usera.

[266] En realidad la novela *Juego limpio* explica su título porque se refiere tanto al "juego" teatral de las "Guerrillas del Teatro" como al "juego sucio" que representaban los infiltrados de la quinta columna en el cerco madrileño. También en la novela *Contra viento y marea* se narra un episodio parecido al que seguidamente refiere María Teresa.

sobre los hombros desde los canales de la lluvia. Nos pusimos serios. Una mañana, al salir de la Alianza de Intelectuales con André Malraux, vi de nuevo al hombrecito que fingía esperar a la novia. No pude contenerme: ¿Qué haces aquí? Balbuceó y salió atacándome: Estoy viendo que por esa puerta entran muchos fascistas. Yo me enfurecí. Si eso fuera verdad, deberías haber entrado tú. Contestó una inconveniencia, algo así como emboscados, y antes de que tuviera tiempo de echar a correr, ya lo había yo agarrado violentamente y, ayudada por el gran amigo Antonio que nos servía de chofer, metido a puñetazos en el coche. Malraux, muy divertido, se sentó junto a Rafael y todos nos dirigimos a la Dirección de Seguridad: "Llamas emboscados a tu padre y a tu madre y cállate, porque te conviene eso más que hablar."

Cuando llegamos con nuestro *detenido,* Alfonso Aldave, secretario del Jefe de Seguridad, no podía salir de su asombro. ¿Y éste quién es? Atónito con mi furia, ordenó que dos agentes se lo llevaran y que a nosotros nos sirvieran ese café aguado y sospechoso que se bebía en aquel Madrid nuestro subalimentado y estupendo. No conozco el final de esta historia, pero sí sé que el amigo, general Manuel Muñoz, devuelto a España por los alemanes, fue fusilado cuando se decía que había comenzado la paz...

Aquel día volvimos riéndonos. André Malraux contó el casi sainete a su mujer, Clara. Se había divertido mucho. No nos vamos a dejar asustar por el primero que llegue, le decía yo. Un imbécil es un imbécil. En Madrid había muchos, imbéciles, emboscados, rabiosos, inquietos, que no sabían adónde agarrarse porque siempre les habían obedecido y eran ellos los que disponían de la guardia del orden público. Creían que no había orden público porque no lo tenían en su mano y era el pueblo el que había impuesto su manera de matar pulgas. Sí, los guardias nuevos miraban sospechosamente a los señoritos que fingían ir desastrados y malvestidos. A la legua se veía el disfraz. Uno de ellos sacaba todas las mañanas a pasear por la calle de Serrano una gallina atada a una cuerda. ¿Se la comerá en la Navidad? Sí, sí, y se le atragantó el "señora" para evitar que lo descubrieran, y todos ellos con su carnet sindical en el bolsillo.

Otro día, uno de esos que no saben vivir sin amo, tropezó conmigo. Estas golfas, dijo al mirar mi *casi* uniforme: ¿Qué has dicho? Murmuró no sé qué de muertos y por si acaso aludía a mis antepasados lo agarré del brazo con rabia. Soltó una palabrota. Se enfrentó, pero yo llamé a unos amigos y concluyó detenido y ambos en el juzgado. Di mi nombre. Me miraron con cierto asombro. El bestia seguía hablando pestes de las mujeres. ¿No oyen? Está insultando a las mujeres de Madrid. Esperamos a que viniera no sé quién, y cuando llegó pasamos todos a una sala. La autoridad me pidió: Hable, camarada. Hablé. El furioso interrumpió con una ordinariez y el juez dio un puñetazo en la mesa: ¡Compostura! Guarde compostura ante la dama que está allí. Y señaló, con un ademán solemnísimo, a una pobre estampa donde una conmovedora mujer, la República, guardada por un león, señalaba el camino de la Libertad.

Casi lloré. Miré enternecida al juez, al reo, a los guardias, a la República, al león... cuando salí de allí, todo lo que veía era distinto. Me pasé los dedos por los ojos y pisé fuerte sobre las losas de la calle para que no se enterase mi acompañante.

¡Cuánto íbamos queriendo aquellas calles que defendíamos con los dientes! Calles donde los tranvías circulaban despacio para dejar que en algunas bajasen los viajeros y luego lanzar el vehículo, a toda velocidad, hasta la protección de la otra casa. Así engañaban a las balas, pues el frente se veía desde las azoteas. Calles que llegaban al frente, frentes que permitían descansar, de cuando en cuando, en la cama de la casa cuando se salía con permiso. Calles donde era posible reír o llorar como aquel día que, al ir a subir una escalera, me encontré con unos compañeros anarquistas, luciendo unos graciosos sombreros de señora, cargando con un piano y gritando: ¡Ahora somos los condes! Calles sin condes llenas de la gracia madrileña, cuidadas por el sol, golpeadas de obuses, donde ya no había palomas ni gatos ni perros ni ratas porque el hambre la entreteníamos con el orgullo, con la convicción de que el mundo nos estaba mirando. Y era verdad.

Y es que siempre sucedía lo inesperado por aquellas calles madrileñas donde iban los combatientes adquiriendo marcialidad y gracia de majos goyescos y las mujeres no dejaban nunca en casa el mantón imaginario de su trapío. En una de ellas nos encontramos una mañana con Juan Ramón Jiménez. Venía sonriente, algo bueno parecía haberle pasado. Y así era. Nos contó: Figúrese, Alberti, que acabo de salvar mi vida. Pues me sucedió que llegaron a mi casa unos de la F.A.I. empeñados en que yo era un tal Ramón Jiménez al que iban buscando. Afortunadamente uno de ellos me metió un dedo en la boca y aclaró: Pues este no es, porque este no lleva dentadura postiza. ¡Qué bien comprendimos lo sonriente que iba Juan Ramón, llevando entre los labios su documento de identidad intransferible! ¡Ah, qué Madrid éste![267]

Sí, era el Madrid chispeante donde la broma, la canción y el desplante reaparecían. Yo he oído gritarles a las

---

[267] No he documentado la anécdota referida, pero lo cierto es que durante las pocas semanas que Juan Ramón permaneció en Madrid, iniciada la guerra, fue debidamente atendido y protegido por el gobierno republicano. Una serie de poemas y prosas, derivadas de tan terrible circunstancia, las dejó reunidas Juan Ramón para un libro que sólo hace unos pocos años rescató del archivo de Río Piedras el poeta e investigador Ángel Crespo: *Guerra de España*, Barcelona, Seix Barral, 1985.

muchachas que desfilaban en una manifestación entusiasta: "Así me gusta, las mujeres al frente, a dar el pecho", y ellas contestarles cantando a coro:

> Si me quieres escribir,
> ya sabes mi paradero,
> en el frente de Madrid
> primera línea de fuego.[268]

Cuántas canciones y cuántas bromas se cruzaron. Los milicianos que yo vi aprendieron a manejar los tanques; aquella tarde memorable en que me hicieron conocer el terror de estar metida en uno, cantaron a coro:

> Los muchachos de los tanques
> no nos metemos con nadie,
> si se meten con nosotros...
> en su padre y en su madre.

Claro que este cancionero más íntimo, más deslenguado no se molestó nadie en recogerlo, lo que no quiere decir que no lo hayamos cantado y oído y reído y comentado:

> Estamos hasta los c...
> de tanto comer bacalao,
> pero lo comemos contentos
> porque Stalin nos lo ha mandao.

> Nuestro canto rebelde será
> que menos lentejas
> y vengan tajás,
> por la senda que da al comedor

---

[268] Con una melodía que ya se cantaba en la guerra de África de 1921, se difundieron diversas y numerosas letras con la nueva situación bélica, convirtiéndola en una de las canciones más populares. La más conocida está referida al frente de Gandesa, pero, como se muestra en este caso, era fácil adaptarla a diferentes lugares de la guerra.

hasta el bisteck redentor,
que un mundo nuevo ha de nacer
con el cuchillo y tenedor,
con el cuchillo y tenedor.

A nuestros hijos esta canción apenas les hará sonreír, nosotros hasta la escuchamos con su música y hasta nos conmovemos. ¡Qué mal comíamos! Aprovechábamos estas canciones bruscas, estas bromas para encontrarle la vuelta a la vida, para agarrar la esperanza, para olvidar las penas con la sonrisa que puede estar presente hasta en la muerte. ¿Y los cuentos y los cantos? El humor subía sus grados. Hasta una amiga mía, Sofía Blasco, al regresar nosotros de Ibiza, me llamó al teléfono para decirme: Pues aquí todo revuelto. Claro que los amigos míos se colocaron bien. Uno es de la CNT. Otros son de la UGT. A mí no me han dejado más que la JODT. Y yo le contesté con una canción que habíamos cantado en las manifestaciones de entusiasmo, cuando el pueblo se lanzó por las calles después de las elecciones: Tienes razón, Sofía, es que las generaciones varían y cambian:

San José es radical,
la Virgen es socialista
y el Niño que va a nacer
del Partido Comunista.

¿Y no te han contado lo de los barberos de Madrid? Pues verás, en un café estaban unos madrileños decidiendo su apoyo a la República. Pues como somos los barberos de Madrid nos llamaremos el batallón de los Fígaros. Pero si sois muy pocos para batallón, apenas seréis una compañía. Se presentaron al comandante y éste los aceptó mandándolos que pelasen las barbas de sus muchachos. Volvieron al comandante: A los Fígaros de Madrid no nos toma el pelo nadie; o combatimos o nos vamos. Entonces el comandante ordenó: Teniente, si quedan fusiles que se los repartan. Pero comenzó el ataque y la noche. ¡Ay, qué ofensiva, María Teresa, me contaban, qué forma de localizarnos! A la mañana siguiente los pobres Fígaros regresaron para decirle al comandante: Y para descanso de la nochecita ¿no tendría usted por ahí ninguno a quien rapar las barbas en la retaguardia?

Alegrías cortas, pequeñas, bromas de los que no deben llorar. Con bromas y canciones nos recibieron los muchachos del batallón Alpino cuando llegamos a Guadarrama con "Las Guerrillas del Teatro."

> *En un chozo de la sierra*
> *está el batallón alpino*
> *donde a la hora de comer...*

Callarse, chicos, no escandalicéis a las muchachas. Pero, si lo decimos silbando:

> *Todos se tocan el*
> *pi pi pi pi pi...*

Con los cantos propios de la liturgia soldadesca nos recibieron. Cantaron y bailaron para los valientes, las Guerrillas. Hubo alarma aérea. Terminada la representación comenzamos el descenso, porque a la madrugada empezaba el ataque. Nos despidieron vitoreándonos. Uno de los muchachos se adelantó, corriendo hasta nuestro camión que regresaba a Madrid. ¡Los que van a morir os saludan! y rió con su boca grande, para luego silbotear:

> *En un chozo de la sierra,*
> *está el batallón alpino...*[269]

[269] A *Juego limpio* (p. 89) se transfiere este recuerdo de la presencia de las "Guerrillas del Teatro" en las trincheras de la Sierra de Guadarrama: "Los del Alpino fueron ellos los que nos recibieron con una orquestilla de

¡Risa y llanto del recuerdo! Mientras, Pablo Neruda escribía al mundo tan dormido, tan lejano:

> *Generales traidores, mirad mi casa muerta,*
> *mirad mi España rota...*[270]

Cuando ahora, viejos y no vencidos, nos sentamos los de entonces, los de noviembre de 1936, por ejemplo, nos sentimos soldados napoleónicos que cuentan no sus hazañas, que no las hicimos, sino las *no* hazañas, lo divertido, lo inolvidable. Si se hallan junto a nosotros los muchachos que *están* ahora creciendo, se ríen. ¿Y eso era la guerra? Eso y más, les contestamos sentados en un café de México o de Buenos Aires o de París o de Moscú. Allí donde cuatro españoles se encuentran ¿de qué van a hablar? ¿No comprendéis que son combatientes de una guerra no concluida? Es asombrosamente cierto que nada ha terminado. El paréntesis será muy corto en la Historia de España, muy largo en nuestras horas sin regreso; por eso hablamos y contamos y discutimos y cantamos y nos reímos. Cada uno tiene su guerra personal y su enfoque y sus porqués. No se lo toquemos, porque de ellos se vive. Si alguien hubiese recogido todas las anécdotas, todos los inventos,

---

armónicas cantando la canción más graciosa que oí nunca." Y en la p. 93 el correlato exacto: "El oficial a nuestro lado controló hasta el último camión. 'Los que van a morir os saludan' dijo a las chicas con la cara apenas blanqueada porque era novilunio. Por el tono de voz supe que sonreía."

[270] Los presentes versos corresponden al final de un hermoso poema de Neruda de su libro *España en el corazón* (1938, dentro de su *Tercera residencia*). En el libro citado el poema aparece bajo el título "Explico algunas cosas", alterando el título inicial, "Es así", con el que apareció por vez primera en el núm. 22 (julio de 1937) de *El Mono Azul*. Allí Neruda evoca la felicidad popular de su barrio madrileño de Argüelles, para subrayar cómo todo ha cambiado brutalmente cuando estalla la guerra y sus horribles secuelas de destrucción.

verdades, mentiras y exageraciones de los que allí estuvieron, tendríamos un libro admirable. Oigan hablar a uno:

—En el frente de Aragón hacía un frío que pelaba las ce-
jas. Casi no encendíamos fuego porque podía verlo el enemigo. ¿Ha llegado el convoy? Era nuestra pregunta diaria.
Durante tres días: no, nos dijeron. Saltaba entre los hombres de mi unidad un perrillo que no sé cuándo se nombró
miliciano de nuestra unidad. Era tan graciosamente hijo
de cien madres, que casi no parecía un perro. Nos quería a
cada uno de nosotros como si fuésemos su padre. Comenzamos un día a mirarlo con ojos distraídos. Poco a poco se
nos fue perfilando dentro como un manjar. El perrillo se
desvivía y nosotros lo clavábamos de miradas hambrien-
tas. Un día... un día encontramos carne entre las lentejas.
En medio del silencio la comimos. Cuando rebañábamos
el plato, uno dijo: ¡Pobre! Con lo que le hubieran gustado
a él estos huesitos... y los enterró de una patada.[271]

Gori Muñoz, el gran escenógrafo que llenó treinta años
con su trabajo los teatros de la Argentina, dejaba caer, al
contarlo, un hilo de pena de sus ojos.

Durante algunos meses mostramos a los amigos que llegaban a nuestra casa un cuadro de Gutiérrez Solana. Vivíamos en la calle de Velázquez. El piso nos lo había dado la
Junta de Alojamiento de Madrid para remediar el destrozo
que las bombas habían hecho en nuestra casa de la calle
Marqués de Urquijo. El cuadro dejaba en nuestros ojos un
grupo de mujeres con las faldas remangadas mostrando
unas medias que les rajaban de colores las piernas.[272] Me

[271] En la novela *Juego limpio* se recoge otro episodio del hambre en la
ciudad en guerra, con un caballo que tiraba de un típico *simón* destripado
sobre el asfalto tras un bombardeo, y descuartizado después para saciar el
hambre de los vecinos (pp. 104-105).
[272] Alberti recuerda también ese regalo (*JMV*, p. 58) y teniendo en
cuenta lo descrito, acerca de la pintura, por María Teresa y por Rafael, se

habían dicho una tarde los hermanos Solana: Elija, María Teresa, que bien se lo merece. Yo protesté sólo un momento. Insistieron: Es un regalo. Yo me resistía, claro es, débilmente. Después de lo que usted ha hecho... Los cuadros estaban contra las paredes de la sala de Conferencias de la Alianza de Intelectuales. Rafael los miraba inmóvil y silencioso. Los Solana se limpiaban el sudor de la frente. ¿Cómo habían podido llegar allí aquellas pinturas? Pues, sencillamente, yendo a buscarlas.

No sé ni aún hoy por qué vinieron los Solana a nosotros a pedirnos auxilio. Estaban desconcertados, tartamudeaban, era como si el mundo se les hubiera cerrado bruscamente. Nos dijeron: Ahora las bombas caen en nuestra casa. Sí, todas las casas de Madrid están demasiado cerca... Ellos insistían: No podemos dormir. Sí, todo es objetivo militar, hasta nuestro sueño. Y está la estación del Mediodía... Tienen ustedes razón, también el Museo del Prado... No sé cuál de los hermanos dijo: Ahora no podemos volver a casa. Yo me adelanté a ellos. Denme ustedes la llave, yo iré.

Gutiérrez Solana no era un amigo nuestro, aunque le habíamos visto alguna vez, pero lo importante eran sus cuadros y aquellos libros bruscamente desgarrados donde seguía pintando con palabras su original, goyesco y extraño mundo.[273] Había de Solana una leyenda para contar en las tertulias. Nos sabíamos de memoria aquello de la criada a la que decía cuando llegaba con la sopera: anda, deja eso ahí y da una vuelta de campana. Dejaba la sopera y el

---

puede conjeturar que el cuadro con el que les obsequió Solana pudo ser uno de estos dos: *Mujeres vistiéndose* o *La casa del arrabal*.

[273] Paralelamente a su pintura, Gutiérrez Solana desarrolló una literatura de carácter crítico costumbrista, elaborando con su pluma parecidos aguafuertes a los conseguidos con los pinceles. Tales cuadros literarios se agavillaron en los siguientes libros: *Madrid (Escenas y costumbres)* (1913 y 1918), *La España negra* (1920), *Madrid callejero* (1923), *Dos pueblos de Castilla* (1924) y la novela *Florencio Cornejo* (1926).

tristísimo espectáculo de levantarse las faldas y campanear sus miserias servía de toque de atención para las carcajadas. Sabíamos también que le gustaba cantar y que lo hacía con un vozarrón que atronaba y que eran óperas, trozos difíciles. Sabíamos que una ráfaga de locura azotaba a la familia y que su madre había cruzado toda España una noche de Navidad, cuando las familias están alrededor del fuego y casi nadie viaja en tren, para que la pobre pudiera gritar su locura sin escandalizar a nadie. Sabíamos que era uno de los pintores españoles más importantes, de los que vivían entonces y que tal vez por todo eso y al ver a los hermanos tan aterrados, yo les había dicho: Denme la llave, yo iré. Y como las mujeres españolas tenemos muchas veces arrancada de barrio, casi creo que me tercié el mantón y salí, dejando a los hermanos Solana balbucientes y trémulos.

Hoy no recuerdo exactamente dónde fui, ni calle ni número ni casa. El camión tomó hacia la estación del Mediodía y escuchamos esa sorda advertencia de la guerra que nos acompañó casi tres años. Había muchas casas destruidas. Tampoco sé a qué piso subimos. Entramos en una casa llena de cosas que parecían esperarnos. Se diría que acababa de irse el dueño. Los muchachos que me acompañaban tocaban todo, pero les gustaban los relojes. Estaban muy quietos. Señalaban la hora de España. Seguramente se habían parado de un susto. ¡Acabemos pronto! Bajemos todos los cuadros que podamos porque cañonean más fuerte. Debe ser del Garabitas. O del Cerro de los Ángeles. Pasaban delante de mí los cuadros como gritando, como saltando para ir más de prisa. No sé cuántos bajamos. Al cerrar la puerta, yo dije adiós con los ojos a todas aquellas pequeñas cosas que no podíamos salvar y que habían sido para Solana la alegría que pasa y se desvanece. Creo que echamos a correr, porque uno de los muchachos nos gritó graciosamente: ¡Pronto, vamos! Parece que nos han localizado. Subimos al camión. Saltamos sobre los hoyos de los obuses y los charcos de agua perseguidos por nuestro propio miedo y llegamos a la Alianza sanos y salvos.

Se precipitaron los hermanos Solana a tocar aquellos cuadros que creyeron perdidos. Balbuceaban. Ayudaban a colocarlos contra la pared para mirarlos mejor, casi acariciándolos como si fuesen niños o hijos milagrosamente recobrados. Tengo el vago recuerdo de que no se ocuparon de mí hasta más tarde. Cuando me vieron, uno de ellos dijo: Elija, María Teresa, que bien se lo merece. Yo inicié una débil resistencia porque se me iban los ojos detrás de aquel mundo de seres inquietantes como sueños y elegí —mirando a Rafael, claro es— aquellas mujeres de las piernas rayadas de colores, a las que parecía estar viendo desde una ventana, mejor, sorprendiéndolas.

Así fue; cuando he leído más tarde libros sobre Gutiérrez Solana en ninguno he visto que se hable de esto. Y, sin embargo, nosotros teníamos un hermoso cuadro que mirábamos siempre recordando aquella voz que un día dijo en la Alianza de Intelectuales de Madrid: Es un regalo... Después de lo que usted ha hecho...

Luego, como las cosas de los mortales todas pasan, nos quedamos con las manos vacías y no sé dónde fue a parar el cuadro que me regaló Gutiérrez Solana.

Algunos días la sombra de los campanarios canta. Una Navidad más. Es como si las campanas se quitasen la voz las unas a las otras. Nuestras navidades han sido muy distintas. Pronto nos quedamos sin plaza de Santa Cruz de Madrid, sin los puestos de las mil baratijas, y sin aquella niña pequeña del brazo de la abuela, pedigüeñándolo todo. Nada de misa de gallo que atrae el corazón pequeñito que nos queda dentro del grande. Nada de aquellos villancicos fragmentados en la memoria, cojeando los versos y la música, regresando a nosotros desde tan lejos. Nada de nacimiento oliendo a cola, engrudo, calor materno, manos del tío, de los hermanos mayores, que no te dejan tocar nada, y con aquellos pastores sacados año a año de la caja... Y las lavanderas que no habían dejado de lavar en el río, la vieja de asomarse a la ventana, los Reyes Magos de caminar, sin llegar nunca, la Virgen de mirar a José, disculpándose... Toda nuestra infancia la había desvanecido el bombardeo. ¡Qué miedo se siente en una ciudad bombardeada! Cuando tiemblan los cristales, cuando sientes que las entrañas de la calle se mueven, cuando te caen sobre el cuerpo desnudo todos los azulejos del cuarto donde te estás bañando... Yo hubiera preferido ese año 1936 escuchar las campanas, pero había sobre los tejados de Madrid una amenaza demasiado grande y el corazón de España se encogía, defendiéndose.

Esa primera Navidad de guerra la pasamos en el palacio del Pardo. Sí, en ese palacio, hoy con otro destino. Entonces servía de Cuartel General de las Brigadas Internacionales.[274] Nos habían destinado una habitación de las muchas que, en filas y todas iguales, forman el palacio. Ya no estaban los tapices hechos sobre los cartones de Goya. Los había recogido la Junta de Salvación del Tesoro Artístico. Quedaban los candelabros y los relojes en las consolas. Yo lo recuerdo así. Por todas las salas, no muy grandes, espejos, relojes y candelabros. Todo era poco suntuoso. Más bien un palacio de verano o de cacería o habitación de príncipes. No recuerdo la historia. Tenía algo de íntimo, de fácil, de oculto, se dormía bien aunque a lo lejos, a lo no muy lejos, se oía el cañoneo. Allí he visto cómo vuelan las águilas asombradas de la intromisión de los hombres en su cielo. Huían. Se iban hacia Guadarrama. Creo que los co-

---

[274] El monte de El Pardo, al noroeste de la capital, fue un lugar preferido para las cacerías reales, y allí mandó construir una Casa Real Enrique III en 1405. El palacio fue reedificado entre 1547 y 1558; destruido por un incendio a comienzos del siglo XVII, se reconstruyó en 1614. La siguiente reforma llegó con Carlos III (1772).

nejos y las liebres hacían lo mismo. Solamente permanecían las encinas como mujeres castellanas que no pierden la hoja.

Pienso que hicimos allí como una isla, como un remanso. Iban llegando a él seres distintos de todas lenguas y dialectos, con una sonrisa de entendimiento en los labios. Había pasado el tiempo de nuestros milicianos frenéticos e indisciplinados, alegres y valientes. La guerra se había vuelto una tarea seria, pasando de los gritos desesperados de mando que nadie oía, a la voz serena de las órdenes. En aquel palacio estaban los que habían aprendido a mandar sin levantar la voz. Lo custodiaban muchachos jóvenes y hombres maduros que se sentaban al sol y miraban a los pájaros con cierta envidia. Ya estás mandando cartas, ¿verdad?, dije una vez a uno de aquellos muchachos. No me entendió. Se sonrió. Era fino y alto. Sostenía el fusil como una pluma. Seguramente era estudiante. Puede que muriera mirando, como siempre, hacia lo alto, esperando sin esperanza. Tal vez por eso estuviera entre nosotros y mirase tanto a los pájaros.

¡Navidad en el palacio del Pardo! María Teresa, hay que organizar una buena fiesta. ¿Y el vino? Vendrá del Palacio Real. ¿Y los pavos? Tendrás pavos. Quiero, además de ramas de pino, laurel para los generales y olivo para la paz. Todo, todo. El general Kleber[275] sonrió al entrar aquella noche. Nada faltaba. Platos con coronas reales. Cristales resplandecientes. Todo esperaba a los amigos de España. Creo que se sentaron, además de algunos jefes españoles, el comandante Pacciardi y Carlos Contreras. No sé si Pacciardi entendió bien la lección de España o, mejor dicho, creo que ha olvidado a España. Carlos Contreras sigue con

[275] La XII Unidad de las Brigadas Internacionales estuvo integrada por italianos, suizos y ciudadanos de San Marino, de ideología preferentemente anarquista. Uno de sus jefes fue Randolfo Pacciardi, que intervino en memorables batallas como las del Jarama, Guadalajara, Brunete, Belchite y la del Ebro. Pasó la frontera francesa en febrero del 39.

sus agudos ojos como punzones fijos en su objetivo y, si se habla de España, se abrocha su chaqueta y dice: ¡En marcha! Sí, todo aquella noche fue fraternal. Mis colaboradoras habían sido dos muchachas del mismo pueblo del Pardo. Una de ellas se casó con el general Kleber, la otra... la otra aún la veo y la abrazo con emoción de vez en cuando. ¿Te acuerdas Elisa?, nos decimos.

Fue una noche alegre la que se oscurece en mi memoria nostálgica y triste. Recuerdo la voz de Rafael:

> *Kleber, mi general...*
> *Gentes de mi país, con sus sembrados,*
> *sus aldeas, sus bueyes, sus pajares,*
>
> *con el inmerecido sufrimiento*
> *de sus mejores hombres derrumbados*
> *o desaparecidos en el viento,*
>
> *con mi voz, que es su sangre y su memoria,*
> *bien alto el puño de la mano diestra,*
> *por Madrid y tu nombre de victoria,*
>
> *te saludan: ¡Salud! España es nuestra.*[276]

Dieron las 12. Cantamos la Internacional. Cada cual, en su idioma, decía así a las gentes suyas lejanas el mensaje de la Navidad. Había nacido el Niño Jesús. Firmes y serios, aquellos jefes militares que venían a jugarse la vida por la causa más hermosa del mundo, la de la libertad de los pue-

---

[276] El general Kleber era "alto y robusto, da una gran impresión de fuerza. La frente levantada, los cabellos ligeramente grises, echados hacia atrás, arrogante y decidido, simboliza al hombre de acción que no vacila ante nada" ("Un jefe", *Milicia Popular*, núm. 102, 17 —noviembre— 1936). La cita versificada corresponde al final de un poema albertiano incluido en el libro *De un momento a otro*, sección "Capital de la gloria". El primer verso dice entero: "Kleber, mi general, las populares / gentes [...]" (*PC* I, p. 677).

blos, regresaban sin querer a su infancia, junto al fuego permanente, bajo el árbol protector, apretados a la falda de la madre, frente al niño que dejaron atrás y que año a año les toma de la mano todavía... ¡Oye!, yo, soy tú.

Nos aficionamos a gente que se debe morir y a cosas que se van a quedar. Yo no quedaré, pero cuando yo no recuerde, recordad vosotros las veces que me levanté de la silla, el café que os hice, la indulgencia que tuve al veros devorar mi trabajo sin decirme nada. Recordad nuestra pequeña alegría común, nuestra risa y las lágrimas que dolían o quemaban cuando nos sentíamos desamparados y solos.

Recordad que mi mano derecha se abrió siempre. Recordad que no era fácil el diálogo ni la paciencia y que todo se venció hasta los límites y más allá. Cuando penséis en mis pecados, tenéis que sentir la misma piedad que yo por los vuestros. Cuando yo todo lo olvide y cante como mi abuela con la última luz de la memoria, perdonadme vosotros, los que os agarrasteis a mi vestido con vuestras manitas tan pequeñas.

Gerda Taro llevaba colgados de su hombro los aparatos fotográficos. Ella y Capa, también fotógrafo entusiasta, fueron los huéspedes más queridos de la Alianza de Intelectuales, y eso que hubo tantos.[277] Con toda naturalidad,

[277] Gerda Taro y Robert Capa fueron dos destacados fotógrafos de guerra que estuvieron haciendo su trabajo en Madrid y en los frentes próximos a la capital. Del segundo (1913-1954) son algunas de las más famosas instantáneas de nuestra Guerra Civil, como aquella del soldado republicano en el momento de ser herido mortalmente, con el fusil en el aire, desprendido de su mano inerte, que ha dado la vuelta al mundo (y

después del inesperado recibimiento de León Felipe,[278] se instalaron junto a nosotros. Iban constantemente al frente y regresaban cansados y felices. La fama de buen fotógrafo de Capa era internacional. Creo que una de las instantáneas más famosas de nuestra guerra, aquella en que el soldado herido de muerte comienza a caer en la trinchera abandonando el fusil, es suya. Gerda y Capa eran dos seres alegres y jóvenes capaces de reírse cuando el plato estaba vacío, cuando el fotógrafo americano Harry decía que fumaba "yerbos", cuando Santiago Ontañón decía que las lentejas tenían gusanos que nos miraban, o Darío Cramona hablaba de sus sueños interminables y hambrientos, o Langston Hughes[279] hablaba con diminutivos aprendidos en México. Entre nosotros Gerda Taro se convirtió en la indispensable. A ninguno se le ocurría temer por esta muchacha decidida que con su máquina fotográfica en bandolera se iba al frente como un soldado, y, sin embargo, un día alguien que llamó precipitadamente a nuestra puerta gritó: María Teresa, en el frente de El Escorial han herido a Gerda Taro.

La batalla de Brunete[280] ha sido muchas veces contada. Fue la que libró a Madrid del cerco completo, dejando libre una carretera que nos unió hasta última hora con Levante. Sabíamos que había sido dura y violenta. A pesar de

---

que la recuerda María Teresa en las líneas siguientes). Sobre ambos, *vid.* *AP 2*, p. 82.

[278] La llegada "teatral" del corpulento poeta a la Alianza la recrea la autora en un pasaje de su novela *Juego limpio* (pp. 65-66).

[279] James Langston Hughes (1902-1967), escritor norteamericano, de raza negra, que estuvo en España, y con quien mantuvo fuerte relación Alberti, traduciendo poemas suyos en la revista *Octubre*. Acudió al II Congreso de Escritores Antifascistas.

[280] La batalla de Brunete (pueblo próximo a Madrid) se celebró en el mes de julio del 37 y fue la primera ofensiva de cierta envergadura que llevó a cabo el Ejército Republicano contra las tropas franquistas. La batalla la dirigió el general Miaja, y participaron el V Cuerpo del Ejército, al mando de Modesto, y varias divisiones.

las dificultades de la Unión Soviética por aprovisionarnos de armas y de los barcos hundidos, comenzábamos a tener armamento. Cuando llegaron los primeros tanques con instructores soviéticos me invitaron a ir a la base, situada ya no recuerdo dónde. Nuestros soldados acariciaban el acero como si fuese la piel de un caballo. Me invitaron a dar un paseo, y como la negra honrilla manda siempre, dije que sí y me pusieron un casco en la cabeza y me izaron en el tanque. Apóyate bien. Poco después comenzó el martirio. Los muros se venían encima, la tierra giraba, los árboles cambiaban de lugar, la tierra se levantaba y el agua de un arroyo que cruzamos parecía sumergirnos. Yo sentía un mareo loco, pero cuando la experiencia se terminó y me levantaron la tapa que habían cerrado sobre mi cabeza y me incorporé para huir, resultó que el grupo de tanquistas me vitoreaba y aplaudía. Afirmé mis nervios y sonreí como mejor pude para que no dijeran los soviéticos que las mujeres españolas eran unas cobardes.

Esa fue mi primera experiencia; la segunda llamaba a mi puerta para decirme: En la retirada de Brunete, Gerda Taro iba subida en el estribo de un camión, la rozó un tanque y la han llevado al Escorial, herida.[281] Cuando llegamos al Escorial ya había muerto. Nos dijeron: Era una valiente. Como no había anestesia para operarla nos pidió un cigarrillo. Fumando rabiosamente la operaron, pero no había remedio. Abrieron una puerta y la vimos tumbada en un cuarto vacío, cubierta por una sábana. Qué pequeñita se había quedado. Durante las guerras faltan siempre cajas para enterrar a los valientes. No encontramos ninguna. Por fin nos buscaron un camión y allí, entre cajones, tendieron a Gerda Taro. La guerra, amiga, no tiene miramientos, balbuceamos, y cuando echó a andar el camión nosotros lo seguimos y atravesamos campos ardiendo y

---

[281] En la p. 117 de *Juego limpio* el personaje-actor Claudio narra la noticia que habían tenido en la Alianza acerca de la muerte de Gerda.

casi no nos dimos cuenta que los aviones franquistas nos estaban bombardeando.[282]

Depositamos a Gerda en el jardín de invierno de la Alianza de Intelectuales. Velamos a la pequeña heroína francesa como a un soldado. Los milicianos le dieron guardia de honor y fueron desfilando comisiones obreras, jefes militares, amigos, vecinas que iban enterándose... y hacían un gran esfuerzo para no santiguarse. Yo dije a la mujer de nuestro portero: Santíguate, mujer, quién sabe si le hubiese gustado a Gerda verte. Al día siguiente se llevaron el pobre cuerpecito de Gerda Taro a París donde fue recibido como el de un soldado que regresa con su deber cumplido. Capa, su compañero, siguió su camino de extraordinario fotógrafo, disparando su máquina como una ametralladora rabiosa. No hubo conflicto donde él no estuviese presente. La vida parecía importarle mucho menos que los testimonios que él recogía y mostraba de las torpezas del mundo y de la angustia de los hombres. Creo que la muerte que levantaba tantas veces su mano asombrada de verlo cercado de peligros, un día, creo que en Vietnam, bajó su palma y le tapó los ojos, que eran tan claros como un arma, para siempre.

¿Te acuerdas, Rafael? Luego hemos leído tantas cosas sobre el Alcázar de Toledo, pero para nosotros será diferente; para ti, para mí.

¿Recuerdas aquella noche que dormimos en la Posada de la Sangre? Yo no recuerdo jamás las fechas. Sé que fui-

[282] Se lee en el siguiente párrafo de la misma novela (p. 117): "Se convirtió, para entrar en la muerte, en una niña muy pequeña. Como la batalla llenaba el campo de explosiones y no había forma de traerla a Madrid, se aprovechó la vuelta de un camión, cargado de tanques de gasolina. Arropada en varios capotes y alguna manta la tendieron entre el olor nauseabundo para que hiciera su último viaje hasta nosotros, sus amigos."

mos a Toledo alegremente pobres. Sé que no quisimos hablar de Cervantes sino de ti y de mí. Sé que la Posada de la Sangre disponía de unos cuartitos con apenas una cama. Sé que tampoco quisimos hablar del Greco. Sé que aquello era echarse a dormir en una soledad de siglos. Sé que tampoco hablamos de los siglos. Sé que hablamos de las chinches, bueno, que hablé.

¡Chinches toledanas! ¡Noche toledana! Corrían por y en todas partes aguerridas generaciones de chinches adiestradas sobre los cuerpos de los arrieros. Corrían a tomar posiciones sin equivocarse. ¡Rafael, Rafael, despierta! ¡Me están comiendo las chinches! Encendí la luz. ¡Qué bien dormía Rafael con el pecho cruzado por cientos de animalitos buscando con frenesí el escondite de la poesía! No me hizo caso. Siguió durmiendo. Apagué la luz. Bajé al patio y me puse a hablar con la ilustre fregona, única persona viva a aquellas horas en la Posada de la Sangre.[283]

En aquella Toledo de las chinches estaba instalada también la Academia Militar de Infantería.[284] De ella habían salido varios parientes míos, cuando aquello se llamaba aún Academia General, hechos todos unos oficiales. Así lo contaba mi padre. Los militares, cuando cuentan cosas, casi nunca hablan de batallas o de disciplina. Lo divertido

[283] Ese viaje toledano anterior a la guerra, pernoctando en la Posada de la Sangre (la posada cervantina del Sevillano) se reflejó en el poema de *Retornos de lo vivo lejano* "Retornos del amor en los viejos callejones" (*vid.* mi edición de ese libro en Ed. Cátedra, 1999) y lo cuenta también Alberti —viaje junto con otros amigos: Buñuel, Dalí, Ángeles Ortiz...— en las pp. 215-217 de *AP* 1. Alude a ese viaje la misma María Teresa en el párrafo siguiente, refiriéndose a los "Hermanos de la Orden de Toledo".

[284] La Academia Militar General del Ejército funcionó en Toledo hasta 1893, en una primera etapa; se restableció, en una segunda época, entre el año 27 y el comienzo de la Segunda República, y posteriormente abrió sus puertas en 1942.

para ellos es recordar lo diferente, lo que saliéndose de la disciplina olvida el encajonamiento de las Ordenanzas. De esa Academia General guardaba mi padre un solo recuerdo itinerante que iba y volvía en sus conversaciones. Pues sí, las migas, las mejores migas del mundo. Pero, papá, si en el mundo no se comen migas, únicamente las comíais en Toledo. Me da lo mismo, aquellas migas con huevos fritos eran una maravilla. Para tu hambre, papá, para tu hambre. Yo no sé cómo las hacían pero... Papá, las hacían con las sobras del pan, con mendrugos. Bueno y qué. Con mendrugos demostraban que se puede hacer algo bueno: las migas.

Yo no sé si aquel día recordé las migas de que hablaba mi padre al cruzarme con los cadetes en las calles toledanas. Habíamos ido con Luis Buñuel, con Manolo Ángeles Ortiz y no sé con cuáles compañeros más de lo que ellos llamaban los Hermanos de la Cofradía de la Orden de Toledo. Los Hermanos paseaban las calles de la ciudad más ciudad del mundo, a la que no se la puede llamar villa ni pueblo porque lo rechazarían sus torres y murallas, en la que hay que bajar la voz para que pueda pasar sin eco por las calles tan estrechitas; parece que vas andando por un muro de milagros y balcones y puertas bien cerradas y, de pronto, escaleras. De pronto, aberturas hacia el abismo. De pronto, iglesias, muchas iglesias. Y gente que va andando apresurada por desaparecer en un instante. Los Hermanos de la Orden de Toledo hablaban alto, opinaban, escandalizaban. Hasta cantaban mirando a las chicas o inventaban palabras para lanzarlas como dardos contra los muros y hasta frases que eran alabanza y requiebro. Desbordábamos una alegría que no iba demasiado bien con aquella ciudad amurallada, siempre a la defensiva. Debieron creernos invasores. Invasores que caminaban sobre el pecho de la Historia de España igual que las chinches de la Posada de la Sangre sobre el pecho de Rafael. De pronto, al dar no sé qué hora, justo cuando íbamos visitando algunas tabernas para equilibrar con tanta iglesia, nos dimos de manos a boca con un grupo de muchachos uniformados que, después de comer, seguramente, unas migas de mendrugos como las alabadas por mi padre, se dirigieron hacia mí al verme, tal vez incitados por el ajo con que las aderezan, y me dijeron algunas frases de esas que no sé por qué llamamos los españoles *flores* y en las que se revela el poco ingenio del hombre, ya que son todas repetición milenaria de instintos: Rubia, me la comería a usted con traje y todo. ¿Qué? ¿Qué ha dicho ese animal de cadete? ¿Ha dicho que...? ¿Qué ha dicho usted? Ande, vomite, dígamelo a mí, gritaba Manolo Ángeles con su mejor acento granadino, pues es un pintor de la escuela de París a quien no se le pegó el acento.[285] Luego se remangó las mangas de la camisa Buñuel y al verlo avanzar los chicos salieron corriendo para no comprometerse con Aragón, región donde los insultos son más recios. Los alcanzaron y, después de varios puñetazos, los cadetes salieron vencidos. ¡Qué derrota para las armas españolas!, comentó Rafael. Luego todos se lavaron las manos en una fuente para que no quedaran ni rastros, ya que todos eran antimilitaristas.

Casi aplaudieron los vecinos que se habían asomado a las ventanas a seguir la refriega. Yo, más divertida que ruborizada, abracé a todos feliz de aquel torneo toledano tan gloriosamente vencido. Creo recordar que una vecina nos alargó un botijo. Beban, beban. ¡Ay, esos cadetes siempre armando escándalo! Y se lamía los labios de gusto porque los civiles habían cascado a los militares, esos chicos siempre a caza de las muchachas toledanas. Y entonces fue

---

[285] El pintor Manuel Ángeles Ortiz (1895-1984), aunque nacido en Jaén, estuvo muy vinculado a Granada, cuyos paisajes pintó reiteradamente. Conectó en París con Picasso, en 1922, el mismo año en que realizó el cartel del Concurso del Cante Jondo de Granada, organizado por Falla y Lorca, y también hizo escenografías para espectáculos de Falla y Satie. Se le encuadra en el neocubismo parisino de los años veinte.

cuando comenzó la protección de Toledo sobre aquellos valientes que se habían atrevido a vengar a puñetazos la afrenta de un piropo. —¿Te acuerdas, Luis? ¿Te acuerdas, Manolo Ángeles? — Rafael me apretó contra su costado y seguimos andando. —¡Eh!, oíamos de pronto, saliendo la voz de un ventanuco. —Los cadetes van por la callejuela de en medio. —Gracias, gracias. Y más lejos, casi silbando en la puerta medio entornada: —Cuidado, los cadetes van diciendo a gritos que se van a vengar. Ya bajan por la cuesta. —Gracias, gracias. Y más adelante, como abriéndonos la grieta de un muro: —Pasen, pasen pronto y atraviesen el patio y salgan a la iglesia de Santo Tomé y desde allí... Protegidos por la rabiosa ira de los toledanos fuimos así pasando de calle a calle, de casa a patio por un Toledo misterioso, todo de puertas ocultas, rincones inesperados, patios floridos, manos indicadoras, sonrisas cómplices y recatadas... Sigan, sigan hasta la Puerta Bisagra. Allí...

Nos salvamos. Los Hermanos de la Orden de Toledo se salvaron de la ira de toda la Academia de Infantería gracias a la clandestinidad inesperada que abrieron para nosotros los toledanos, esos seres únicos que viven en un extraño lugar rocoso al cual no se le puede llamar pueblo ni villa sino ciudad y, si queréis añadir algo, imperial.

Paco Ciutat, oficial de Estado Mayor, me dijo: Vengo a advertiros que el frente franquista avanza y que el nuestro puede romperse de un momento a otro. Hemos perdido Oropesa. Debéis hablar con la Junta de Incautación del Tesoro Artístico. Si defendemos Toledo, no quedarán más que ruinas y hay tanto que salvar allí.

Claro que me dirigí al convento de las Descalzas Reales, sede de la Junta. El decreto creándola decía así: "Ejercerá la protección en nombre del Estado sobre toda obra, muebles e inmuebles de interés artístico, arquitectónico o bibliográfico que en razón de las circunstancias anormales se encuentre a su juicio en peligro de ruina, pérdida o deterioro.[286]

Hoy miro conmovida la fecha: 25 de julio de 1936. La República no perdió el tiempo en eso de defender el patrimonio común pues Franco se había sublevado el día 18 de ese mismo mes. Yo no fui a la Junta sino para advertir lo que me habían dicho y, sin embargo, sobrecargados de trabajo como estaban, sus dirigentes me pidieron que fuera a ver lo que podía hacerse para trasladar a Madrid el tesoro de Toledo.

¡Toledo en guerra! Puede que el encontrar otra vez ese viejo destino suyo la volviese más hermosa aún. Nos fuimos acercando a ella entre el rodar de camiones militares y el mulo o el burro o la yunta de bueyes arrastrando el arado que dejaban en aquella guerra nuestra, tan entrañablemente popular, su regusto de vida campesina. Por segunda vez, desde que empezó la guerra, subíamos las callejuelas de la ilustre ciudad, encontrándolas más blancas, como lívidas, como cambiadas. ¿Dónde estarían aquellos toledanos y toledanas que nos protegieron de las iras de los cadetes? Todo estaba como entornado, cerradas las iglesias, la catedral... Las llaves están en el Gobierno Civil. El gobernador se llamaba de la Vega y no permitía que nadie tocara nada ni que se limpiara el polvo de nada ni que ningún técnico se le acercara para decirle cómo debían trasladarse a otro sitio los tesoros incalculables de Toledo. ¿Pero no oye? ¿Son o no son disparos? Pues si

---

[286] La cita que hace María Teresa no corresponde al texto del decreto del 25 de julio de 1936, como dice inmediatamente después, que fue el de la creación de la Junta, sino a otro publicado una semana más tarde —2 de agosto— como ampliación y desarrollo del anterior. Es en el artículo tercero de este segundo decreto donde se lee lo que, más o menos literalmente, copia la autora aquí. En la p. 39 de *La historia tiene la palabra* (*vid.* nota 264) leemos algo que se corresponde totalmente con este pasaje.

son, mejor sería... Y ese avión rebelde ¿puede o no puede
tirar bombas? ¿No me oye? ¡Pobre! Movía la cabeza y fir-
maba bandos pidiendo a la población que se alejase y órdenes prohibiendo la salida de los tesoros artísticos. El
pretexto que a mí me dio, a pesar de demostrarle los des-
trozos que la batalla del Alcázar habían causado al Museo,
era que el excesivo amor del pueblo toledano a sus cosas
pondría en grave riesgo al gobernador que consintiese que
de allí se sacase algo.

Y me mandaron a un lugar que no sé cuál era exactamente. En él estaban algunos hombres de buena voluntad
ayudando a un gran especialista húngaro, Malonay.[287] Claro que antes de verle vi el retrato del cardenal Tavera con
la cabeza separada del tronco por un tijeretazo.[288] ¿Y esto?, grité. Un miliciano que allí hacía guardia con un fusil
entre las piernas me aplacó mansamente: María Teresa, no
te pongas así por un cura. Bajé los ojos. ¿Cómo podíamos
nosotros reclamar respeto por el arte si nadie les había enseñado que existía esa palabra? Pregunté, bajando la voz:
¿Sabes leer? Me contestó, riéndose: No he tenido tiempo,
la siega es tan larga...

¡Toledo en guerra!

Yo soy quien cuida la oveja,
yo soy quien carda la lana,

---

[287] "Junto a los Grecos toledanos, montando guardia con la inteligencia
de un conocedor finísimo, encontramos al inteligente especialista húngaro
Malonyay, que lloró sangre al tenerse que separar de sus Grecos maravillosos perdidos" (*La historia tiene la palabra*, p. 41). Pero lo cierto es que no
he encontrado referencia alguna al mencionado especialista en cuantas bi-
bliografías y monografías básicas sobre El Greco he consultado.
[288] El cardenal Juan Pardo de Tavera (1472-1545) fue gobernador de
la corona de Castilla durante el viaje de Carlos V a Italia (1524) y diez
años después fue nombrado arzobispo de Toledo. En 1540 recibió el título y el cargo de Inquisidor general. El Greco pintó su retrato hacia 1610,
óleo que hoy se conserva en el Hospital Tavera de Toledo. *Vid.* también
La historia..., p. 40.

para hacer buenos colchones
mientras yo duermo en la paja.

De allí pasamos a Santo Tomé. En esa iglesia estaba siempre quieto en su altar un cuadro famosísimo del Greco: *El Entierro del Conde de Orgaz.* ¡Qué inmenso pareció a nuestras posibilidades aquel día que le pedíamos humildemente permiso para tocarlo! Repetíamos. Es para protegerlo. Y el gobernador nos contestaba: No es posible, no es posible. ¿Y los Greco de la catedral? Encerrados, donde estaban, sin que nadie los haya tocado... ¿Y las llaves? Son tres y las tienen tres canónigos... digo, tres camaradas. Pero ¿no oyes el tiroteo? ¿No te das cuenta que el mundo entero se apoya en estos errores nuestros para decir que somos unos salvajes y que vendemos y quemamos las obras de arte? El pobre hombre, desconsolado, creo que deseando morirse, bajaba la cabeza. No se puede, no se puede y, además, ¿cómo lo haríamos pasar por la puerta? Tenía razón. Qué enorme nos pareció el cuadro en aquella luz de catástrofe.

Salimos de Santo Tomé. Solo más tarde supe que Malonay había cubierto el cuadro del Greco con sacos terreros, tendiéndolo sobre las losas de la iglesia.[289] ¿Quieres ver el Alcázar?, dijo alguien, y nos dirigimos hacia allá. De pronto, la guerra.

Hoy me basta cerrar los ojos para ver aquel Toledo que dejaba caer casas destruidas hacia el Tajo. Toledo se despeñaba hacia el río, hacia ese lugar que llaman el Baño de la Cava, pero nada coincidía con nuestra alegre imagen de antes. Todo había cambiado. Ya no sentíamos la misma alegría de cofrades de la Orden de Toledo aunque la Sagra

[289] "Antes de la total retirada del ejército republicano, José Renau, director de Bellas Artes, consiguió, visitando la ciudad después que yo, que se protegiesen con sacos terreros los lienzos. Entre ellos *El entierro del Conde de Orgaz,* al fin descendido de la peligrosa pared donde se encontraba" (*La historia...,* p. 41).

se extiende ante nuestros ojos. No nos importaron, de pronto, las obras de arte ni los campanarios ni la catedral ni nada. La guerra nos había agarrado por los cabellos: Mira, nos decía. Justo al alcance de nuestros ojos estaba un automóvil destrozado y, contra el suelo, muerta, una muchacha que nadie se había atrevido a recoger.[290] El Alcázar, ceñudo y feo, resistía los balazos que los milicianos le enviaban y contestaba con paciencia y mala intención. Me dijeron: Ahí se han metido, arrastrando niños y mujeres. Dicen que se les oye llorar. De pronto, llegó un miliciano gritando: ¡Orden de que ataquemos! ¿Ahora?, murmuraron con sorna como se mira a una mujer que no entiende. Murmuré: Es la guerra. Hablas así porque eres mujer. ¿Mujer?, me revolví. Pues, andando.

Eché a andar y todos se incorporaron y luego todos me siguieron, saltando sobre los escombros. Uno, un guardia de asalto, embravecido de pronto, me dio la mano. Vamos, que no se diga. Corriendo hasta aquella casa, María Teresa.

Fue en aquel momento cuando yo comencé a sentir junto a mis pies algo así como piedrecitas que caían, como esquirlas que golpeasen el suelo. Eran las balas. No las había oído nunca, no me daba cuenta y por eso no sentía miedo. Corría, corría como hacían los demás hacia unas paredes rotas, hacia una casa con todo el techo desplomado sobre una cama de hierro, una mesa con vasos deshechos, una cómoda desventrada, un palanganero... En la pared, la estampita de una Virgen, un retrato... Encima, el cielo. Entonces ¿la guerra alcanza a todos? Las explosiones de nuestros fusiles contestando tenían una voz profunda. La ametralladora que pusieron en la casita me dio miedo, pero sentí vergüenza y sonreí al guardia de asalto que me vol-

---

[290]   Este detalle recuerda el emotivo relato de Alberti, ambientado también en el cerco del Alcázar toledano, *La miliciana del Tajo* (*El poeta en la calle*, Aguilar, pp. 531-537; *Relatos y prosa*, Bruguera, pp. 57-65).

vió a tomar de la mano para saltar sobre las ruinas. Tenemos que seguir, María Teresa. Y seguimos. Pasamos corriendo los espacios descubiertos. Otra vez sentí muy cerca el chasquido que no parece peligroso y mata. Llegamos a una puerta. Entramos en un patio. Al principio no me di cuenta, pero estaba cubierto de muertos. Seguía fuera la batalla y allá, junto a mis pies, la muerte. Toda la alegría que había recorrido mis venas al correr junto a los milicianos se ensombreció. Me detuve para respirar. Vi junto a los muertos, caída y olvidada, una muñeca. Me incliné a recogerla. ¿Cuándo la perdieron las manos de la niña? Luego allá dentro hay niños, pensé confusamente avergonzada: ¿En qué barbarie nos habían envuelto? Levanté la muñeca y la colgué en mi cinturón.[291] Vamos, María Teresa. Salgamos por aquí. Corrimos dejando detrás el tiroteo y salimos a un lugar de árboles. Bajo ellos, un grupo de combatientes aguardaba. ¿Qué?, preguntamos. El rancho, compañera, me respondieron imperturbables. Es la hora.

¡Cómo nos insultamos! Corría hacia nosotros Acario Cotapos. Nos abrazaba, nos besaba. ¡María Teresa! ¡Rafael! Llegó Rodolfo Halffter. Dijo: ¿No iba a venir Ehrenburg? Me costaba regresar de allá arriba. La experiencia había sido extraña. Guerra Civil, me repetía interiormente. Sí, Guerra Civil. El guardia amigo me repetía, al sacarme hacia lugar seguro: Tenemos que ir con tiento, el suelo está lleno de bombas de mano. Corrimos de nuevo y nos dejó a todos en un lugar a salvo donde ya no se oían los chasquidos extraños que había escuchado aquel día de Toledo por primera vez en mi vida y que eran la muerte. Aquel amigo me saludó, cuadrándose, y no lo volvía a ver nunca más.

---

[291] Un episodio similar, también en Toledo, y con el rescate de la muñeca derribada entre muertos por la valerosa y rubia Ana María —personaje en el que hay tanto reflejo de nuestra autora— lo encontramos en las pp. 232-233 de la novela *Contra viento y marea*.

Pero la aventura toledana no había terminado. Pregunté: ¿Es una orden, camarada? El responsable del Partido repetía, llevándose las manos a la cabeza: Y ahora ¿qué hacemos? Los franquistas han tomado Talavera de la Reina. Callamos todos. La noticia achicaba el mapa de la República.[292] El hombre seguía: Dicen que tenemos que volar el puente sobre el Tajo. Los mineros con la dinamita están ahí, pero ¿quién puede ir de responsable? Debimos sonreír a la insinuación porque le contestamos: Pero nosotros somos escritores... Él es un poeta y yo una mujer... ¿Cómo podríamos servir para hacer eso?

Pues servimos. No sé cómo pudo ocurrir aquello, pero la "noche fabricadora de embelecos" de Lope de Vega[293] nos fue acompañando en esa loca aventura. Nunca nos hemos encontrado tan solos. Antonio, el conductor del pequeño coche Hilman que nos llevó de aquí para allá durante toda nuestra guerra, pareció encontrar muy natural aquella carrera hacia lo desconocido. Había sido corredor de carreras de autos y tenía un sentido agudísimo para detenerse o avanzar según los peligros que encontraba. Nos protegía. Hasta el último instante quedó junto a nosotros. ¿Dónde estará ahora? No supe nunca nada más de él. Otro amigo que se desvaneció.

Aquella noche se limitó a preguntar: ¿Adónde vamos? Hacia Talavera. Pero... Sí, sí, por eso. Nosotros iremos delante y los dinamiteros de Puertollano detrás. Y comenzó la noche. ¡Qué extraño que todo el campo nos recibiese con tanta paz cuando la noche era tan densamente noche! De cuando en cuando nos detenía un control. Adivinába-

[292] "La aviación bombardeó aquella tarde. Se habían refugiado todos en un ángulo del Museo de Santa Cruz cuando llegó la noticia: —¡Se ha perdido Talavera de la Reina!" (*Contra viento y marea*, p. 233).
[293] Así empieza un conocido soneto de Lope dedicado a la noche, entre sus *Rimas* de 1609. Le recuerdo al lector el primer cuarteto: "Noche, fabricadora de embelecos, / loca, imaginativa, quimerista, / que muestras al que en ti su bien conquista / los montes llanos y los mares secos."

mos que había un pueblecito, pero todo eran sombras, la noche nos recuperaba cuando perdíamos la luz del candilillo que se inclinaba para ver nuestros papeles. Nos recuperaba la noche... ¿Te das cuenta, Rafael, lo que es volar un puente? No. Rafael refunfuñaba, adormecido. La voz humana sonaba mal. Nos detuvo, de pronto, un control que nos preguntó bruscamente: La consigna. Levantó el candilillo para mirarnos la cara. No debimos de gustarle porque cuando yo le di los papeles el hombre insistió: La consigna. La consigna se dividía en dos trozos de frase. Si, por ejemplo, te preguntaban: ¿Fascistas?, tú tenías que contestar: Cabrones, y cada noche cambiaba. Nosotros, con las prisas por ir nada menos que a volar un puente, habíamos olvidado pedir la frase que nos abriría los caminos. El candilillo se paseaba sobre nuestras mejillas lleno de sospechas. Dimos nuestros documentos. El hombre los volvía de un lado y otro sin poder leerlos. Yo le expliqué quiénes éramos y uno de los campesinos aclaró: A ti te conocemos, pero lo que es a éste... Rafael debió palidecer. Pues si me conocéis a mí y sabéis quién soy, ¿cómo puedo ir con un fascista? Vamos en misión militar. Detrás vienen varios camaradas en un camión. Se echaron a reír. ¿Un camión? ¿Dónde? Vimos cómo relucían las armas de los campesinos apostados a un lado de la carretera. Ellos no se andaban con bromitas. Vamos, vamos, conque os escapabais, compañera. Mejor será que bajéis del auto. Justo cuando yo iniciaba la contraofensiva apareció el camión. Saltaron los mineros. ¿Qué ocurre? Nada, nada, compañero, nada, que la consigna es la consigna y sin ella por aquí ni Dios pasa. Adelante. Y nos saludó con un puño en alto cargado de trabajos.

¡Cuánto reímos, pero qué mal rato habíamos pasado! ¿Te acuerdas que Ernst Toller,[294] nuestro amigo el escritor

[294] Ernst Toller (1893-1939), dramaturgo alemán, defensor de la ideología socialista en su literatura, escribió un teatro expresionista contra el

alemán, decía que era maravilloso un pueblo como el español porque en los controles todos conocían a su poeta? Antes de seguir, pedimos a los mineros que no se equivocasen más de camino, y seguimos hacia Talavera de la Reina.

La noche fue retrocediendo. Con el alba, la carretera comenzó a poblarse de carros, cochecillos, burros, mulos, caballos y de gente que ciegamente huía. Todo lo que podía servir de transporte era utilizado. Se despoblaban las aldeas. Nadie hablaba. Eran sombras, sombras que huían, huían. Detuvimos a un hombre. ¡Que vienen los moros! nos dijo echando a andar, temeroso de retrasarse.[295] ¡Los moros! ¿Y quién no se estremece hasta los huesos más lejanos cuando se oye ese grito por los campos de España? El general Franco, colonialista profesional, los mandaba en vanguardia al asalto de España. La leyenda de un caballo que aparecía en los pueblecitos gritando: ¡Que vienen los moros! hacía que todos corriesen y lo que era su hacienda y su trabajo y su heredad se abandonase por la vida, por ese soplo del aliento que no se podía perder. Y entre tal lamento desgarrado corríamos, corríamos hacia Talavera a cortar un puente para detener el terror. Cuando llegamos a él, vimos al fondo la pequeña ciudad y en la ribera, vivaquendo, los moros con sus fuegos encendidos. ¡Qué

---

viejo orden alemán. La desazón de la etapa de entreguerras se muestra en su pieza *Hinkeman* (1923), que se representó durante nuestra República. Cfr. *AP* 2, p. 19.

[295] "Tomando cuerpo de fantasma iban por los caminos cientos de mujeres, niños sobre burros, ancianos en carricoches. Las mulas no llevaban campanillas ni las mujeres pañuelos bastantes. Los pueblos quedaban lisos de hombres. Nadie quería esperarlos, ni verlos, ni recibirlos. Toledo despoblaba sus aldeas para guarecerse en la otra margen de su río. El cañón, sin descanso, y los incendios encogían el ánimo. '¡Los moros, los moros!" (*Contra viento y marea*, p. 234).

grande era el puente! Por él pasaba el tren. Los mineros movieron la cabeza: Esto no lo volamos ni en quince días. No, no volaríamos el puente. La "noche fabricadora de embelecos" nos había jugado una mala pasada. Nada de lo pensado sucedería. Podían los moros comer tranquilos sus corderos. La dinamita dormiría en el camión su inútil viaje. Pero alguien se iluminó: ¿Y si volásemos los rieles del tren?[296]

Los dejamos trabajando. Habíamos encendido la humilde esperanza y volvimos a la Puebla de Montalbán.

Todo seguía desbandándose: mujeres, niños, soldados, viejos... buscaban la salvación huyendo de no sabían qué hacia no sabían dónde. Ni sé cómo conseguimos llegar. Nos precipitamos a hablar con el responsable. ¿Por qué no hacéis algo? Me miraron muy sorprendidos. ¿Qué podemos hacer? Es una derrota, mira. Ya ni siquiera traen los fusiles. Un teléfono que estaba en la habitación se puso a sonar. Me precipité a contestarle. Era Madrid. "¿Qué pasa, que ocurre por ahí?" Y entonces conté todo: la huida, el éxodo de los pueblos, los fusiles mandados por México, sin estrenar, tirados al río, las gentes enloquecidas de terror. ¿Qué hacemos? Y la voz de alguien que hablaba desde el Ministerio de la Guerra me dio por toda respuesta: María Teresa, hay que ser valiente. Le colgué el teléfono y me fui a la calle.

Hubo que empezar a detener a la gente, a convencerla. ¿No veis que están exhaustos? Fuimos hasta un pueblecín para traer muchachos decididos. Los armamos, se requisaron colchones, mantas, se abrieron las escuelas, la iglesia, ofrecíamos un poco de agua, sitio donde tumbarse, una mano amiga... ¡Ehi!, no se pasa. Camarada, detente. Espera. Ven. Los pueblecitos seguían despoblándose, los

---

[296] "Tendremos que volar las vías. —¿Dónde hay un puente? —Junto a Talavera. —¿Podremos volarlo? Los compañeros se asustaron un poco. —La dinamita servirá para las vías, pero un puente... —Está bien. Vamos" (*Contra viento y marea*, p. 235).

soldados comenzaban a detenerse, tumbándose donde podían, eran como sangre derramándose. Cada vez que llamaba el teléfono de Madrid apretábamos los dientes.
Volaron sobre el pueblo los aviones enemigos, debían de
reírse de aquella masa que iba por la carretera, los caminos hacia Toledo, hacia Madrid... Camarada, el tren no
llegará. Hemos volado las vías. Los mineros de Puertollano habían empleado por fin su dinamita. Eran mi orgullo.
Se plantaron en la carretera para detener a los que casi
muertos se empeñaban en seguir. Pasaban las horas y el teléfono de Madrid se empeñaba en decirme: María Teresa,
hay que ser valiente... ¿Vendréis? Sí, sí. Pasó el día y se
terminó toda una noche en vela. Cuando regresó el sol,
presentimos que algo empezaba a endurecerse alrededor
nuestro. Acudían soldados a reclamar de nuevo las armas
que les habíamos quitado y que estaban amontonadas esperando las manos de los combatientes. Se habían desper-
tado de su cansancio, de la angustia de su derrota y se
ponían de pie. Hablé a gritos en la plaza para decir que no
retrocederíamos un paso porque el pueblo confiaba en nosotros. Los muchachos campesinos que no me abandonaron un momento, los mineros de Puertollano que llevaban
tantas horas sin dormir, se dieron de pronto cuenta que las
muchachas los estaban mirando con asombro.

Alguien gritó: ¡El tren! ¡El tren blindado está llegando!
Qué simples son las palabras que nos hacen llorar. Lloré
por esa palabra tren que llevaba representada en mi insig-
nia, la que no se quitó de mi pecho en toda la guerra porque me la habían dado los ferroviarios en un rapto de
afecto, los ferroviarios de la Estación del Norte de Madrid.
Así serás comandante honorario de las Milicias Ferrovia-
rias, me dijeron. Ahora conservo solamente un retrato, en
el que tengo los ojos casi muertos de sueño porque así me
sorprendió un repórter norteamericano, de no sé qué periódico justo cuando me dijeron: ¡El tren! ¡El tren blindado está llegando!

Y llegó aquel pobre tren cubierto de su pobre costra metálica, y alguien, un oficial, preguntó: ¿Dónde está el jefe del sector? Nos quedamos mirándole sin comprender bien lo que decía y uno de aquellos muchachos me señaló a mí. El oficial se cuadró militarmente y me dijo: Vengo a relevarla. Yo le estreché la mano, Rafael me ayudó a echar a andar. Nos sentamos ante una mesa. ¿Quieres tomar un poco de leche? No oía, no entendía lo que me estaban diciendo porque el sueño me había agarrado por su cuenta. Extendí el brazo, apoyé la cabeza y me quedé dormida horas y horas sin que nadie se atreviera a despertarme.[297]

Y todo aquello nos había ocurrido por seguir las indicaciones de un joven oficial de Estado Mayor, hoy general de un ejército que no es el de España.[298]

La Junta de Incautación del Tesoro Artístico no fue demasiado ayudada por nosotros en aquella ocasión toledana, pero lo mismo había ocurrido a Emiliano Barral cuando fue a convencer al alcalde de Illescas para que le dejara llevar los Grecos a Madrid. ¿Y si luego no vuelven?,[299] le dijo cazurramente el buen hombre. Y tenía razón, porque nuestra guerra nos obligaba a improvisarnos continuamente. Cuando por fin el alcalde se decidió a llevar los cuadros al Banco de España, la cosa resultó peor porque la protección de los sótanos del Banco cubrieron los viejos

---

[297] Lo que se cuenta en esta página tuvo pronto su reflejo literario en la historia de la aguerrida Ana María, la intelectual comprometida en primera línea de batalla, de la novela *Contra viento y marea*, a lo largo de las pp. 233-242. El final de ese pasaje coincide plenamente con el final de este párrafo de *Memoria de la Melancolía*.

[298] Referencia a Enrique Líster, que alcanzó el generalato en la URSS, como se dice en la nota 258.

[299] Compárese este párrafo con lo que se escribe en la p. 41 de *La historia tiene la palabra*.

cuadros de una floración que al añadirse a las velas que-
madas ante ellos durante siglos y a la poca destreza para
limpiarlos, convirtió los Grecos en una oscura sombra de
lo que fueron. Mil doscientos reales habían dado al Greco
por el retablo del Hospital de la Caridad de Illescas, pero
nadie le prometió cuidarlo. Se firmó la compra el 20 de
agosto de 1603; en agosto de 1936, quedaba en depósito;[300] en octubre de ese mismo año la Junta de Protección
del Tesoro Artístico pidió por radio que se presentase el
alcalde del pueblo que era el depositario de las llaves, para
convencerlo del peligro que amenazaba a los cuadros. No
dio resultado y la Junta reclamó autorización de la Dirección de Bellas Artes para que el Director del Banco de España consintiera en abrir las cajas. ¿Y el alcalde? Pues
creo que ni alcalde ni llaves se encontraron jamás. Lo que
sí recuerdo es que los cuadros ilustres estaban cubiertos
por una capa vegetal parásita que daba miedo, habiendo
casi desaparecido la Virgen de la Caridad y, del todo, la coronación de la Virgen. Allí empezó el milagro.[301]

La sala de restauraciones del Museo del Prado puso manos a la obra de restauración. El proceso de recuperación
tiene mucho de magia. Poco a poco fuimos asistiendo al
prodigio. Sobre la piel muerta de los cuadros, las manos
habilísimas iban abriendo rompientes y ventanas por donde iban despertándose ángeles y santos, cubriéndose de
luces y colores. Dicen los especialistas del Greco que éste

---

[300] Uno de los conjuntos más ricos y completos que trazara el pintor
griego, pero también el de más desafortunada historia. Constaba de cuatro
cuadros, aunque ninguno esté en el lugar original para el que fue pintado:
La Caridad, La Coronación de la Virgen, La Anunciación y *Nacimiento.*
En *La historia...* (p. 42) había escrito María Teresa casi lo mismo.

[301] "Desde Illescas se les trasladó al Museo del Prado de Madrid, después de un breve alto en los sótanos del Banco de España, donde el cazu-
rro Concejo exigió que se guardase el patrimonio illescano, llevándose él
la llave" (*La historia...*, p. 42). En ese mismo lugar María Teresa ya había
contado las inútiles pesquisas que se hicieron para localizar al alcalde y la
llave de los arcones.

preparaba sus cuadros con varias capas de temple, "dejando al óleo la tarea de reforzar, retocar y enriquecer." Lo que positivamente nos estaba reservado admirar, en aquella sala del museo tan callada y olorosa a barnices, mientras nuestro Madrid vivía su heroísmo polvoriento de explosiones, era el prodigio de ver un cuadro de Doménico Theotocopulos exactamente como si acabasen de dejarlo sus manos. Así vimos a la Virgen de la Caridad abriendo su manto como una choza para guarecer ángeles con golilla, que no eran más que caballeros pálidos, y tuvimos la sorpresa de ver cambiada en plata la escribanía ante la que San Ildefonso escribe y siempre creíamos de oro.[302] Enmudecimos al llegar los Grecos nunca vistos, por ejemplo, el que descubrió Tomás Malonay, en Daimiel, que era una Adoración de los pastores y otro que no recuerdo quién trajo del convento de las monjas de Cuerva: San Francisco ante la Cruz.[303]

Un día llegaron a Madrid Ivonne y Christian Zervos.[304] Habían venido a mirar nuestro comportamiento con las obras de arte muchos expertos extranjeros, pero aquéllos eran amigos. Recuerdo que para que se dieran cuenta de la situación militar subimos con él al edificio de la Telefónica. ¿Bombardean mucho? Le contestamos con la sencillez de la costumbre: Bombardean. Zervos miraba asombrado

---

[302] Cfr. *La historia tiene la palabra*, p. 183.

[303] En 1937 la Junta Central del Tesoro Artístico emitió un informe desde Valencia acerca de algunos hallazgos notables de pinturas procedentes "de palacios particulares, de clausuras de conventos, de santuarios perdidos en rincones poco frecuentados". Y entre ellos el cuadro sobre la *Adoración de los Pastores* al que se refiere María Teresa. Se trata de un cuadro de la primera etapa toledana del Greco.

[304] Christian Zervos (1889-1970), coleccionista y editor de arte griego, nacionalizado francés y fundador de la revista *Cahiers d'art* (1926-1960) y de la galería del mismo nombre, en 1929, junto con su mujer, Yvonne. Autores de numerosos trabajos sobre el arte moderno, especialmente sobre Kandinsky, Léger, Villon, Brancusi, y especialmente sobre Picasso, además del libro *Les oeuvres du Greco en Espagne*, Paris, 1938.

aquel campo tan próximo del que se levantaban las nubecillas de las explosiones. Esas nubecillas blancas surgien-
do de la oscuridad de las encinas ¿son la muerte? Sí. La
muerte, le contestamos. Entonces ¿todo Madrid es objetivo militar?, insistía nuestro amigo. Todo. ¿Y las obras de
arte? Hemos hecho lo que hemos podido, y bajamos la cabeza humildemente.

Dejamos al director de *Cahiers d'Art* ante los Grecos de
las monjitas de Daimiel, de Cuerva, ante el San Ildefonso
de Illescas, ante la Virgen. La sala de restauraciones se había convertido en el rincón de los prodigios. Zervos se
mordía los labios de gusto, en cambio, Ivonne, su mujer,
se moría de hambre. ¡Cuánta hambre se pasaba en Madrid! Los ácidos iban acariciando la pintura, descubrien-
do maravillas y ángeles mientras nosotros no comíamos.
¿Por qué no nos comemos los ángeles? Vuelan como las
codornices. Y alguien nos contó la historia de un anacore-
ta que cansado de las amonestaciones de un ángel que vigilaba su santidad, terminó comiéndoselo con plumas
doradas y todo. No necesité llegar a tal extremo, porque la
unidad militar del pueblecín del Pardo proveyó de lo más
urgente. Toma, María Teresa, para tu amiga. Y yo agarré
el paquete y lo dejé en las manos de Ivonne Zervos. Toma,
es un regalo del frente. A cambio, Christian Zervos dejó
en manos de la República Española su libro, *Redescubrimiento del Greco,* que creo estaba dedicado en su primera
página: "A los heroicos combatientes de Madrid."[305]

He de añadir que Zervos es griego. Debió sentir muy vi-
vamente el caso del cretense que se vino a vivir a España
cuando era rey de nuestro país un hombre tan serio y grave
como Felipe II, que encargaba cuadros y los desencargaba
por motivos de conciencia, por ejemplo, aquel cuadro del
Greco que rechazó porque las alas de los ángeles eran
demasiado grandes, y los ángeles vuelan únicamente por

---

[305] Compárese con este pasaje de *La historia...*, pp. 43-44.

la omnipotencia de Dios. Tal vez llegó creyendo aquella propaganda contraria que nos borraba de la cultura europea por rojos. Se quedó asombrado. Aún hoy, cuando lo volvemos a encontrar, una luz de simpatía enciende sus miradas. Tanto Ivonne como él son capaces de hacer alto en su trabajo —últimamente nos encontramos en Nôtre Dame de Vie mientras fotografiaban no sé cuántas obras de Picasso para el tomo diecinueve del catálogo de la obra picassiana—,[306] para hablar de *aquello,* del ayer que va siendo ya remoto recuerdo, vida pasada, años heroicos, rastros. Nos dijo: El trabajo de ustedes fue admirable. Sí, y qué mal pago dieron, por ejemplo, a uno de los hombres que más hizo por defender y salvar el patrimonio artístico de España. ¿Tú recuerdas a Carlos Montilla? Pues presidió la Junta del Tesoro Artístico, y cuando acabó la guerra y emigró a Francia, allá lo fue a buscar la policía franquista y los alemanes lo entregaron para que sufriera su merecido por haber hecho tanto bien. Murió en la cárcel de Pamplona.[307] El siempre amigo Christian Zervos baja la cabeza.

Nos están llamando: ¡Eh, váyase! Su papel no da para más. Salga de la escena. Está concluyéndose el último acto. Sí, sí, aún puede decir un parlamento más, pero de prisa. Retírese, por favor, tienen que entrar los otros. Qué insistente es usted. ¿No ve cómo bosteza el público? Basta. ¿Por qué insiste? El quedarse es un abuso de confianza, confianza en usted misma. Es que estoy triste. No se enfade, ya me marcho. Pero "¿quién podrá contar esta triste historia" si yo no lo hago? Ya sé que el verso no es mío,

---

[306] Cfr. *AP 2,* pp. 161-162.
[307] Escribe María Teresa algo muy similar en su folleto *La historia...,* p. 33.

es de un poeta rumano[308] pero, qué quiere usted, todos somos altavoces de alguien, loros repetidores de ideas, de frases. Estamos llenos de frases ajenas, sí, hasta los sabios están hasta el borde colmados de sabiduría a la que ellos añaden una chispa. Eso basta. ¿Piensa que me lamento porque tengo que salir de escena? No, no, es porque he leído el diario de esta mañana y me duelen los huesos y me crujen. ¿Usted no lo lee? ¿Le parece bonito lo que está ocurriendo? Déjeme leer este poquito, estos telegramas, ande. Tienen que enterarse los que no leen. ¿No le da a usted vergüenza pasar todas las mañanas los ojos sobre tantos horrores? ¿Sabe lo que es el napalm y la bomba X, y la H y la V? Yo no, pero me lo figuro todo y tiemblo. Nuestra ignorancia sobrepasa la talla del hombre. El dolor ha cambiado su medida. Despreciable siglo XX de los inventos espantosos. ¿Que me vaya? ¿Para que venga quién? Hable más bajito, como el apuntador debe hacerlo. Que salga otro, ande, diga usted en voz alta que si otro va a hacer el elogio de la opresión, de la violencia... yo me retiro.

Muchos expertos extranjeros vinieron a ver las maldades que cometíamos los *rojos* con las obras de arte. Sir Frederic Kenyon había escrito en *The Times,* 20 de julio 1937: "¿Tiene alguna razón el gobierno republicano de España para no dar a conocer al mundo las medidas que ha tomado para garantizar la seguridad de los tesoros de los cuales es responsable, tesoros que son no sólo de España sino del mundo entero?"[309] Encontré a los ingleses

---

[308] Aunque no he podido corroborarlo, el verso citado tal vez sea del poeta Mihail Eminescu, al que tradujeron María Teresa y Rafael.

[309] Fragmento de un artículo de Sir Frederic Kenyon publicado en *The Times* de Londres, del 20 de julio de 1937. Algunas frases anteriores a la transcrita de ese artículo eran éstas: "Los amantes del arte y de la civilización tienen motivos justificados de inquietud en cuanto a la suer-

que vinieron a tocar nuestras llagas en el Palacio de
Oriente. Vi su mirada dirigirse hacia la plaza donde antes
jugaban los niños entre reyes de piedra. Ya no juegan, los
estamos evacuando hacia donde podemos... Madrid es
una ciudad sitiada, ¿lo sabe usted? Eran dos señores serios, bien vestidos, peinados, limpios, rubios, con las manos cuidadas, tanto, que yo escondía las mías que hacían
meses olvidaba. Se les sentía inquietos. ¿Cómo explicar
al orden inglés aquel desorden que nos habían impuesto
justo cuando España respiraba más libremente? ¿Cómo
explicarles la sublevación militar y la guerra, que obedecía a órdenes extranjeras, colocándonos en el camino de
nuestra historia un obstáculo que se llamaba fascismo?
Dije:
    Sí, el fascismo con la torva cara bigotuda de guardias ci-
viles inciviles, buenos aprendices de todo exceso de orden,
con la inexpresiva disciplina de agresión sin razonamiento
en la cara y detrás sombras de bonetes, de boinas arreba-
tadas, de destellos de oros, de coronas y resplandor de
cuentas corrientes. El fascismo que a estos señores ingleses parecía no decirles nada, abrigados por su primer
ministro Chamberlain, al que debieron más tarde el ver destrozado Londres. Pero aquel día del Palacio de Oriente de
Madrid todo era ¡oh! ¡oh!, sufriendo por las obras de arte
de la España bombardeada, valiente y pobre: ¡Oh, oh!, lo
del palacio de Liria debió ser horrible, insistían para darnos complejo de culpa, pero yo, madrileñamente, asentí:
Claro, como que ha sido una canallada. Eso nos pareció a
nosotros en Inglaterra, me contestaron incautos. Eso digo
yo, con lo bien cuidado que las milicias lo tenían. ¿Está
usted segura que fueron *ellos*...? Y titubearon antes de

_____

te de los monumentos históricos y los tesoros artísticos de España. Se
sabe que hay que lamentar mucha destrucción; destrucción, en parte,
quizás inevitable en circunstancias de guerra, pero en parte también evi-
table."

decirme: señora. Pues claro que lo estoy, tanto que les da
su palabra de honor una *señora* de Madrid.[310]

Y les conté lo que era un bombardeo, la angustia, la im-
potencia, el asombro que produce. Conté cómo habíamos
ido al palacio de Liria,[311] propiedad del duque de Alba,
apenas concluido el paso de los aviones franquistas. Aún
humeaban los techos. Contra un árbol, lo primero que vi
fue un oso, un oso enorme con las garras levantadas al cielo, asombradísimo de que lo sacasen del zaguán tan apre-
suradamente. Y luego, libros, cuadros, muebles, hasta la
jaula de unos pájaros, todas esas cosas que se sacan sin saber por qué se hacen. Venid, venid a ver dónde tiraron los
fascistas las bombas. Y si no hubiera sido más que sobre
un palacio, pero tiraban sobre cualquier parte. Su amigo,
el duque de Alba, conoce por primera vez lo que es la
igualdad.

Los ingleses me miraron con cierta reserva. ¿Leerá los
pensamientos esta miliciana? Sí, los leíamos, leíamos sus
reservas que iban concretándose: la Armería del Museo de
Valencia de Don Juan[312] está mal cuidada, hay que dar va-

---

[310] Los dos visitantes a los que alude María Teresa fueron el ya citado
Kenyon, ex director del British Museum, y James G. Mann, conservador
de la Wallace Collection, y el informe de dicha visita se recoge en el Apéndice referido a la edición moderna de *La historia tiene la palabra*, pp. 83-
93.

[311] El palacio de Liria, en el barrio de Argüelles de Madrid, formaba
parte del rico patrimonio del ducado de Alba, y fue prácticamente destruido en uno de los violentísimos bombardeos a que fue sometida la capital de la República entre el 8 y el 20 de noviembre del 37. Koltsov tuvo
también ocasión de conocer y visitar este palacio y dejar el testimonio correspondiente en su *Diario de la guerra de España*. Por su parte Neruda
cuenta en *CV*, pp. 344 y ss., su visita a este palacio y la heroica defensa que
hicieron de lo poco de valor que quedaba en el edificio, pues el duque había huido a Londres con las objetos más valiosos. Y sale a relucir el enorme oso disecado del que habla María Teresa.

[312] El Instituto Valencia de Don Juan fue un centro cultural fundado
en Madrid en 1916 por Guillermo Joaquín de Osma y su esposa, la condesa de Valencia de Don Juan, con una importante bibioteca y un museo.

selina a las piezas o algo que las libre del óxido... aceite. Yo me eché a reír: ¡Aceite! Eso quisieran los madrileños, y vaselina para tantas manos de mujer despellejadas de trabajos. Hace meses y meses que las mujeres no tenemos ni jabón. Sólo agua fría para lavarnos. Las armaduras pueden esperar. Poco después, en el salón del trono, vi cómo uno de aquellos señores pasaba sus dedos disimuladamente sobre el trono de los reyes de España. Francamente me eché a reír. Sí, está sucio, pero hace varios años que no lo utilizamos. Somos una República. ¿Por qué no nos pregunta usted cuántos niños mató el bombardeo último? Vamos a asomarnos al balcón. Mire. Antes, los niños con sus niñeras o sus madres venían a jugar al pie de esas estatuas, bajo los árboles, ya no. Poco antes de llegar ustedes cayó una bomba en la plaza de la Cibeles, esa que ustedes han debido ver cubierta de sacos terreros; pues cuando ayudamos a meter los heridos en un automóvil vi que quedaba sobre la acera un zapato. Lo recogí. Tenía el pie dentro. ¡Oh![313]

Los ingleses siguieron mirando y visitándolo todo en Madrid y en Valencia. Sir Frederic Kenyon escribió: "Se ha realizado allí una cantidad de trabajo sorprendente para proteger los tesoros artísticos de la nación de los peligros de la guerra. Los que se han empeñado en la tarea merecen el máximo crédito." Siempre que vuelvo a leer estas palabras, pienso en José Renau,[314] que fue Director de Bellas Artes de la República combatiente, y en Carlos Monti-

---

[313] En un pasaje emotivísimo de la novela *Juego limpio* —p. 33— se recoge el episodio de un bombardeo de un barrio madrileño, con idéntico remate final.

[314] Josep Renau (1907-1982), cartelista y pintor español que estudió en la escuela de Bellas Artes de San Carlos de Valencia y en 1937 publicó un importante trabajo sobre "La función social del cartel publicitario" y ocupó el cargo de director general de Bellas Artes. Fue uno de los introductores del fotomontaje en España, que puso al servicio de los carteles de guerra. En México, ya exiliado, hizo murales con Siqueiros.

lla, aquella bondadosa persona que se extinguió en un penal del norte de España.

País el mío de tonos brillantes y oscuras y desconcertadoras simas; país de majestad y miseria, de garbo y pobretonería, de aristocracia popular y plebeyismo aristocrático, de restallantes esperanzas y fantasmales inhibiciones. España era entonces, cuando nos tocó vivirla, un trozo de tierra más bien pobre vivida por un pueblo nacido a la libertad el 14 de abril de 1931. El duque de Medinaceli tenía cincuenta y cinco mil hectáreas de terreno y, en algunos lugares, el valle del Guadalquivir, por ejemplo, la antigua "pradera de plata" para los árabes,[315] el 72 por 100 de la propiedad estaba repartido entre el 5 por 100 de los propietarios. Ahora no sé cuál será el reparto. La vieja piel española se enrojeció de pronto. Hemos sido testigos de uno de los movimientos de ascensión de un pueblo, el nuestro. Lo veíamos cada día disciplinarse, ganar batallas; el hombre español nuevo iba formándose en los sindicatos, en las minas, en las fábricas, en el campo, en las universidades. Sería cerrar los ojos si no recordásemos aquellos años en que la generación del 98 vivía, junto a los poetas jóvenes, un llamamiento de la Historia. Sería cerrarlos aún más si no recordásemos el temblor de protesta del pueblo español ante las viejas estructuras económicas que lo encerraban en un corset casi medieval de depen-

---

[315] María Teresa se hace eco de esa misma imagen, procedente tal vez de la poesía clásica hispanoárabe (¿Almotamid?) en este párrafo de su libro biográfico sobre Gustavo Adolfo Bécquer: "El valle del Betis, la pradera de los árabes, se abre en enorme abanico de pueblos blancos y caminos hasta las marismas engordadoras de toros" (*El gran amor de Gustavo Adolfo Bécquer,* Buenos Aires, 1946 p. 21). También se utiliza la misma referencia en la prosa de Alberti "Almotamid, poeta rey de Sevilla", incluida en *Imagen primera de...*

dencia y servidumbre. No, no podíamos conformarnos
con saber que durante siglos las manos hábiles de canteros,
albañiles, rejeros, vidrieros, bordadores, talabarteros, alfa-
reros, plateros, cumplieron su labor, ni que los jornaleros
varearon la aceituna o vendimiaron el mosto los vendimia-
dores o sembraron los campesinos el trigo o la cebada...
Tampoco nos conformábamos con los bailes que abría un
coro casi litúrgico en la danza prima, una primorosa danza de corte en la sardana, un desahogo violento en la jota,
saliéndose la gente del sur por sevillanas y la del noroeste
por el alegre vivir de la muñeira. No nos bastaba la memoria
tradicional, pareciéndonos el folklore vivo en las provincias un signo de miseria. Hasta las fiestas nos angustiaban.
Los mozos de la Alberca, si están solteros, pasan el día de la
fiesta por una calle angosta donde, a la altura de dos balcones, está colgado un gallo por las patas. El alarde viril es
arrancarle la cabeza de un tirón al pasar al galope del caballo.[316] Puede que sea el símbolo de la guerra declarada del
pueblo de España al señoritismo, pues en otro pueblo de la
provincia de Segovia entierran un gallo en la arena dejándole fuera la cabeza y son las mujeres las que pasan golpe-
ándolo con varitas de avellano bien flexibles. La cortesía
amatoria de antes se hacía por la reja, pero en el valle de
Pas el primer silbo amoroso no era tan fácil pues lo sil-
baban por la gatera, esto es, por un agujero a ras del suelo
abierto en la puerta por donde pasaba el gato. La enume-
ración de cuentos, coplas, conjuros, adivinanzas, pregones, dicharazos y refranes que son la literatura de esas
costumbres, de esa artesanía española elevada hasta el arte, es la que da suelo y aire a la cultura popular de España.
Y bajo esa belleza, bajo esas supervivencias, el hambre,

---

[316] La Alberca es una población salmantina, en la comarca de Las Ba-
tuecas, próxima a Las Hurdes. La costumbre que se refiere de arrancar a
la fuerza la cabeza del gallo vivo la filma Buñuel en el cortometraje sobre
la comarca cacereña referido en la nota 192.

porque nunca hay que olvidar que al ahondar en el folklore nos encontramos con las tristes realidades del retraso, de la ignorancia y de la opresión de las clases que dan las formas de una vida nacional. En 1936 quedaron una vez más demostradas varias cosas: una de ellas un refrán: "El que canta es que rabia o no tiene blanca"; otra: "Los hispanos tienen preparado el cuerpo para la abstinencia y la fatiga y el ánimo para la guerra." Las palabras del historiador romano Trogo[317] servían bien aquel día 18 de julio en que comenzó la resistencia española contra el fascismo internacional. Y cantábamos.

Perdonadme que cuente de manera tan personal mi amor a las cosas inanimadas que se despierta en los que van a morir. Calle a calle, sobre un montón de casas rotas, se paseó la muerte. Abrieron el vientre de mi calle las bombas. La oigo llorar aún con sus cientos de ventanas golpeándose en sus quicios durante toda la noche. Recuerdo como primer elemento el agua que lo encharca todo y el olor, un olor a alquitrán, a humo, a polvo, a ilusiones molidas... Cuando va a comenzar un bombardeo, los gatos desaparecen, sorprendidos de vivir entre las gentes capaces de permitir tales cosas, y los perros aúllan, protegiéndose junto a nuestros pies. A los seres humanos se les ponen ojos suplicantes de niño.

Mi barrio —como tantos otros de tantos países del mundo— se quedó sin puertas. El enemigo de las puertas es la explosión de una granada. Ventanas, balcones, persianas parecen párpados trémulos. Los muros resisten, pero las ventanas parpadean. A veces, como si el pecho de un edificio se dilatase para respirar, vuelan los balcones. El bom-

---

[317] Trogo Pompeyo, historiador latino del siglo I, autor de una especie de historia universal que él tituló *Historias filípicas*, y de la que sólo se conserva un compendio de Justino y una colección de sumarios. La cita en concreto pertenece al capítulo XLIV, el último del compendio elaborado por Justino: "Corpora hominum ad inediam laboremque, animi ad mortem parati."

bardeo de cañón aturde como si millones de manos aplaudiesen o abofeteasen o injuriasen o se riesen de ti o te escupiesen... y tú, sin poder hacer otra cosa que temblar. No importa que las casas sean altas, pues todas se ladean o agrietan o se desmigan como pan. La vida doméstica queda al aire. Se produce una desnudez fea y despiadada que ninguna mano piadosa cubre hasta que llega la paz. El hombre tendrá que sobrevivir hasta la paz. Al llegar el peligro, el hombre huye, procurando librarse instintivamente del infierno que lo cerca; pero un atávico instinto de posesión se le enciende y le hemos visto bajando, enloquecido, la escalera llevándose un jarrón o la jaula del loro o un gramófono o el retrato de alguien que le recordaba la flor del azahar. Yo he visto a la gente huir, atónita, al sentirse expulsada de su centro habitual, barrida por una escoba de fuego, y hacerlo sin gritos en medio de un pueblo de fantasmas moviéndose sin dirección determinada.

Mi barrio se quedó lleno de hoyos enormes colmados de agua. Agua de cañerías quejándose, cicatrices en los muros, astillas, cables y hierros rotos. Los árboles tenían su cabeza al pie del tronco: en el alero, el chal de una muchacha, y un poco más arriba, sobre el techo humeante, una máquina de coser. Estrellada en la acera, una muchacha que tal vez fuese la propietaria de las tres cosas. Y no quiero hablaros de los niños. Los niños que claman porque se cierran las ventanas, los niños que no consiguen nunca olvidar el estruendo de las explosiones y se les queda dando vueltas en su cabecita sin encontrar salida...[318] Pero todos los niños de Europa de ese momento horrible de la última

---

[318] Una vivencia tan intensa como fue la de los bombardeos madrileños y los terribles efectos sobre la población civil dejaron hondísima huella en la memoria de María Teresa León. El más inmediato antecedente de estas líneas se puede encontrar en las pp. 34-35 de *La historia tiene la palabra*... También en sus dos novelas *Contra viento y marea* y *Juego limpio* la imagen del barrio bombardeado, destrozado por la metralla, se recoge con términos y emoción muy parecidos.

334 M A R Í A   T E R E S A   L E Ó N

guerra mundial conocen esto. ¿Cómo explicará la Historia nuestra postguerra que poco a poco vamos convirtiendo en la *preguerra* próxima? Recuerdo que durante uno de los bombardeos de Madrid, una mujer me enseñó un niño que apretaba su mano. La madre verdadera debió quedarse bajo un montón de escombros y él echó a correr y, como todo huía, se agarró a una mano y... confío que nada los haya podido separar nunca.[319]

No me gusta que me hablen de esto, calla, es demasiado triste. No sabes lo chiquito que era cuando María Osten[320] me lo enseñó. Un niño, sí, un niño muy pequeño abandonado en el asiento de un tren bombardeado del que todos habían huido. Un tren que no llegó nunca a la estación del Mediodía de Madrid. Un tren que se quedó ciego y quieto entre los raíles retorcidos y donde, sin embargo, un niño respiraba aún con el dedito metido en la boca, sin sentir miedo, sin llorar. Lloró cuando un miliciano intentó alzarlo. Y María Osten explicaba: Me lo dieron a mí y yo miré a Kholsov y le dije: Nuestro para siempre, ¿verdad?

Ni Mihail Kholsov, nuestro gran amigo ruso, ni María Osten, su amiga alemana, podrán leer lo que estoy escri-

---

[319] Este emotivo detalle se convierte en un leve episodio narrativo recogido en las pp. 286-287 de la novela *Contra viento y marea*: "A la claridad de otro incendio vio un gran árbol, apoyada la copa contra un balcón, como queriendo entrar en la casa, huir... Resbaló en un hoyo. Antes que ella había caído la jaula de un canario. Aquí volvió a oírse la voz cuando una manita se prendió a la suya: ¡Madre! ¡Hijo! Y siguieron corriendo".

[320] María Osten fue una escritora alemana, amiga del periodista Kholsov y muerta en Moscú. Colaboró en algunas revistas de intelectuales exiliados alemanes, como por ejemplo *Deutsch für Deutsche* publicada en París, en 1935. Estuvo en Madrid, durante la Guerra Civil, y llegó a publicar unas emocionadas impresiones personales acerca de los bombardeos de la población civil en el artículo "Primavera en Madrid" (*El Mono Azul*, núm. 34, 30 de septiembre de 1937).

biendo. Están muertos. Muertos no sé dónde ni cómo. Perdidos en la última noche staliniana. Me mentiría si no dijera que sufrí aquel año que llegué a la Unión Soviética y me dijeron que ya no respiraba sobre la tierra de los hombres ni nuestro General Kleber ni Kholsov ni Tretiakov[321] ni María... Cuando pregunté por ellos, vi que los párpados de los preguntados se bajaban con cierta resignación de víctimas salvadas sin razón, así, únicamente por el lado de la suerte. Durante aquellos días, por las calles de Moscú, se detenía el aliento. Por todas ellas estaba escrito: XX Congreso. El Partido Comunista se reunía para ensayar una respiración nueva.[322] Llamó a nuestra puerta una anciana a la que al principio no reconocí. Me dijo: Soy la mujer de Tretiakov. Detrás de ella venía una mujer destruida con su juventud en jirones: ¿No te acuerdas de mí, María Teresa? Soy la hija de Tretiakov, siempre me regalabas tus cosas más bonitas para que fuera a la escuela de aeromodelismo muy a la moda. Se rió con su piel tirante sobre los huesos y sólo entonces la vi como cuando casi una niña venía con su padre, tan alegre, tan buen escritor, a llevarnos a ver su obra de teatro: *Ruge China.* Luego, madre e hija, me contaron su calvario.

Conocimos a Tretiakov antes del Congreso de Escritores de 1934, en 1932. Nos gustaba hablar de teatro. Era el

[321] Serguéi Mijáilovich Tretiakov (1892-1939), escritor soviético que perteneció inicialmente al grupo futurista, y luego exponente, con Ivánov y Maiakowski, del teatro revolucionario de vanguardia en los años veinte; desapareció víctima de las purgas estalinistas. Le interesó fundamentalmente la literatura documental, de los hechos de la vida diaria (factografía), como lo muestra en dos de sus obras teatrales más conocidas: *¿Escuchas, Moscú?* (1924) y *¡Ruge, China!* (1926), a la que luego alude María Teresa.

[322] El XX Congreso del PCUS al que asistieron los Alberti se celebró en febrero de 1956, y en él, tres años después de la muerte de Stalin, se inauguró una nueva fase en la historia del Partido Comunista Soviético, pues se condenaron todos los crímenes cometidos en la etapa estalinista y se rehabilitó a muchos intelectuales represaliados, acallados y asesinados durante el estalinismo.

momento en que Meyerhold reinventaba *La Dama de las Camelias;* cuando Tairov iniciaba por Europa y América sus giras deslumbrantes y Ervin Piscator se encontraba anclado en Moscú, pues Hitler no congeniaba con ideas nuevas.[323] Con Tretiakov y su mujer nos unía una amistad verdadero, como la saben dar los rusos, a corazón abierto. ¿Qué ha sucedido? Por fin balbuceó: Casi no lo sé. Estuve tanto tiempo lejos de las gentes, que olvidé lo que me sucedió. ¡Qué mujer extraordinaria tenía delante, tan pequeñita, tan ocupada en reunir todo cuanto hizo su marido para que ni una línea se perdiera! Había perdonado. ¿A quién? Por Moscú corría un aire nuevo. El discurso de Kruchov cerrando una era y abriendo otra había enmudecido a todos. Un taxista nos dijo: Y ahora ¿qué hacemos? La luz brusca los tenía cegados. ¡Tanto como lloramos cuando se murió Stalin! Fue entonces cuando preguntamos por María Osten. Decidnos la verdad. Murió. ¿Y Kolsov? Murió. ¿Y Kleber? Murió... Pronto se publicará un libro de Kolsov donde habla de España, de los amigos, de ti...[324] Callamos. La radio era escuchada en toda la Unión Soviética, una respiración profunda parecía recorrer el cielo sobre las estrellas rojas, las murallas y las torres del Kremlin. Iban a regresar los olvidados, a aparecer los desaparecidos y los muertos. El gobierno soviético acaba de ponerse de pie para decir la verdad, cosa que otros gobiernos no se hubieran jamás atrevido a hacer. Pero la gran Rusia había sabido arrodillarse, devolviendo la palabra a

---

[323] Sobre estos autores *vid.* nota 63.

[324] El *Diario* se publicó en Moscú, en 1957, y en él se incluyen también las crónicas de guerra publicadas en *Pravda* entre julio y diciembre de 1937. Una versión española de este *Diario* (que es la que utilizo en estas notas) apareció en la colección "España Contemporánea" de la editoria Ruedo Ibérico, en 1963. Y lleva razón María Teresa cuando dice que ella y Rafael Alberti salen a relucir en el texto de Kholsov: en la ya comentada visita a la biblioteca del palacete ocupado por la Alianza de Intelectuales (p. 59), en la campaña de Talavera (p. 71) y en las terribles horas del 7 de noviembre, de nuevo en la sede de la Alianza (p. 197).

los muertos y a los olvidados y a los que sufrieron persecución y a los que nunca se citaba para no sacarlos del sueño de su muerte.

Una gran amiga me extendió un retrato del montón que tenía sobre la mesa. En él saludaba un general sonriente. No regresará y, sin embargo, es como si respirara de nuevo. ¿Te acuerdas de él, María Teresa? Años más adelante. Lilí Brik me diría: Tengo que ir a Kiev, porque descubren el monumento a Poliakov. Y le brillaba la sonrisa.

Otra mujer me diría en Varsovia: Sí, está rehabilitado mi marido; su nombre, Ludkievich, van a escribirlo en letras de oro, pero a mí no me lo devolverán nunca más...

Pregunté por María Osten. Nadie ha sabido decirme nunca exactamente si regresó de su destierro, si murió abandonada, si la pena del fusilamiento de Kolsov la dejó tan malherida que no fue ya más que esa pobre que pide limosna con un niño en los brazos. ¿Y el niño? Alguien supo decirme, en uno de mis últimos viajes: El niño español que trajo María Osten es hoy chofer de taxi. Nadie ha sabido explicarnos más.

Confío que ande también por su mundo de gallos y palomas otro muchachín que conocí. Este niño era de los que venían huyendo desde Talavera de la Reina, en medio de la marea humana que desbordaba por los campos. Llegó a Madrid montado en un burro. Designaron a su familia un quinto piso. El niño preguntó: ¿Y el burro? El burro se quedará en la calle. Gritó, lloró, pateó. Cuando regresamos por la noche, lo encontramos sobre la acera oscura, oscura, recostado contra su burro, durmiendo.[325]

Todo podía suceder en el Madrid de nuestros desvelos militares, tan pobres al comienzo, que el día que pusieron

---

[325] Casi con las mismas palabras en *La historia...*, p. 36.

ametralladoras sobre el Ministerio de la Guerra y salió a
interceptar la aviación enemiga un avión de caza, nuestro
heroico avión de caza, conmovedor pececillo plateado
dando quiebras al mundo, lo aplaudimos como en la plaza
de toros. Bajo alitas tan chicas vivía Madrid. Un pensamiento de orgullo nos mantenía. ¿Resistirán?, pensaba el
mundo.[326] Resistiremos, nos repetíamos, y cuando caían
las bombas cantábamos. Algunas de esas canciones las escribimos Rafael y yo, sentados en un bar de las Cuatro Calles, justo cuando bombardeaban y, seguramente, para es-
pantar nuestro miedo:

> *Las chicas del barrio sur,*
> *en el puente de Toledo,*
> *detienen a los cobardes,*
> *que en Madrid no cabe el miedo.*

> *Puente de los Franceses,*
> *nadie te pasa,*
> *porque tus milicianos*
> *¡qué bien te guardan!*

¿Puedo hablar de una orgullosa alegría? El espectáculo
de nuestra pasión asombró a los intelectuales que llegaron
en agosto de 1937 al Congreso de Escritores.[327] Nuestra literatura de urgencia, graciosa, saltarina, oportuna, iba por
plazas, trincheras y pueblos animando a los combatientes.
Camiones del Altavoz del Frente, de Cultura Popular, de

---

[326] Cfr. *La historia...*, pp. 192-193.

[327] El famoso II Congreso Internacional de Escritores Antifascistas celebrado en España (Madrid, Valencia y Barcelona) durante la guerra, y de
especial repercusión en todo el mundo. En la revista *Hora de España* se
dedicó especial atención al desarrollo de aquel Congreso (en el que tuvo
destacada participación María Teresa León). Cfr. Luis Mario Schneider
(*Inteligencia y guerra civil española*) y Manuel Aznar Soler (*Pensamiento literario y compromiso antifascista de la inteligencia española republicana*), Barcelona, Ed. Laia, 1978.

la Alianza de Intelectuales, ¡cuánto rodaron llevando la buena nueva de la cultura para todos![328] José Bergamín, en uno de los muchos aniversarios que ya hemos celebrado los desterrados de nuestro don Antonio Machado, recordaba la felicidad que sentía el poeta al verse rodeado del respetuoso amor de su pueblo. Ya no tenía que escribir en su "gabinetito angosto" ni por qué recordar las estrecheces económicas pasadas. Le había entregado España un huerto de limoneros y rosales en Valencia, lejos de la guerra.

> *¡Cómo parece dormida*
> *la guerra, de mar a mar!*[329]

Mientras el agua cantaba para Antonio Machado, él cantaba a los hijos del pueblo, aquéllos "con cara de capitanes" que pusieron una mañana clara su vida "por su ley al tablero."[330]

---

[328] En otro párrafo de *La historia...* (p. 37) se dice casi lo mismo. El Altavoz del Frente fue un grupo de agitación creado por César Falcón, en el que se realizaban diversas actividades culturales adaptadas a las circunstancias de guerra: carteles y exposiciones de "arte de guerra"; propaganda por radio para mantener la moral de resistencia de la población y difundir las consignas del Frente Popular; teatro y cine (filmando algunas operaciones de guerra en las trincheras madrileñas) y la edición de una revista también titulada *Altavoz del Frente*, de duración muy corta. Como reflejo de su actuación en el frente pacense de Castuera, se editó un periódico titulado *Frente Extremeño*.

[329] A finales de noviembre de 1936, Machado, con su familia, se traslada —ya bastante enfermo— a Valencia, a una casita de dos pisos a las afueras de la capital levantina, en el pueblecito de Rocafort, llamada "Villa Amparo". Allí, al lado de otros trabajos menores, publicó el libro *La Guerra*, ilustrado por su hermano José, y participó en las sesiones valencianas del II Congreso de Intelectuales Antifascistas. Los dos versos que cita María Teresa pertenecen al poema "Meditación" firmado en mayo de 1937. La redondilla completa dice: "¡Cómo parece dormida / la guerra, de mar a mar, / mientras Valencia florida / se bebe el Guadalaviar!"

[330] María Teresa entrecomilla dos imágenes (una tomada de Jorge Manrique) que don Antonio había utilizado en el discurso "Sobre la defensa y la difusión de la cultura" con el que clausuró el Congreso Internacional de Escritores en Valencia, en el mes de julio de 1937 (núm. 8 de

Yo conocí a don Antonio Machado casualmente. Al regresar de un primer viaje a la Argentina el ceramista Fernando Arránz,[331] que había abierto en Buenos Aires la primera escuela de cerámica, me dijo: Vete a ver a mi hermana en Madrid. Está casada con el escultor Emiliano Barral. Hoy no recuerdo a qué calle llegué. Era un barrio pobre, y una escalera empinada y angosta me llevó hasta una pequeña habitación casi vacía. Cerca de la ventana estaba un hombre sentado, con el abrigo y el sombrero puestos, las dos manos apoyadas en un bastón. Barral me lo presentó inmediatamente: Don Antonio Machado. Balbuceé: Yo he recitado sus poemas. Vengo de Buenos Aires. Emiliano Barral me hizo sentar en una silla bajita, lo que me colocó a la altura de las rodillas de don Antonio, y me quedé asombrada de la pena que ahogaba aquel cuartito. Poco a poco, entre pausas y silencios, me fui enterando de lo que pasaba: unas horas antes, la mujer de Barral se había tirado al Metro con su hijo en brazos. Estaba hospitalizada, malherida. ¿Pero, vive? Sí, me dijeron. Antonio Machado movía la cabeza como pensando: ¡qué valor se necesita para hacer eso! Poco a poco conseguí levantarme para poder salir de aquel cuartito tan pequeño sin molestar. Me llevaba la dirección del Hospital de la Princesa para ver a

---

Hora de España pp. 12-19): "¿Por qué recuerdo yo esta frase de don Jorge Manrique, siempre que veo, hojeando diarios y revistas, los retratos de nuestros milicianos? Tal vez porque estos hombres [...] tienen en sus rostros el grave ceño y la expresión concentrada o absorta en lo invisible de quienes, como dice el poeta, 'ponen al tablero su vida por su ley', se juegan esa moneda única —si se pierde no hay otra— por una causa hondamente sentida. La verdad es que todos estos milicianos parecen capitanes, tanto es el noble señorío de sus rostros."

[331] Eso debió de ocurrir, probablemente, en el otoño de 1928. El ceramista Fernando Arranz (1898-1967) se formó en el taller segoviano de Daniel Zuloaga, que tuvo una excelente crítica en una exposición de 1927, y desde ese mismo año se instaló en la Argentina, donde creó y dirigió a partir de 1939 la Escuela Nacional de Cerámica de Buenos Aires. Alberti le dedica el poema "A la cerámica" en su libro *Abierto a todas horas* (*PC* III, p. 883).

la hermana de Arranz y la voz contenida de Antonio Machado, más bien una presencia arrebujada y triste, sentada cerca del ventanuco para acompañar al amigo.

Luego, más tarde, en Madrid, en el momento en que el Quinto Regimiento prepara a los intelectuales que aún allí vivían la retirada honrosa hacia Levante, vi otro Machado, un hombre en pie ofreciendo sus brazos, ya que sus piernas flaqueaban, para la defensa de Madrid.

Madrid, Madrid, qué bien tu nombre suena,
rompeolas de todas las Españas...[332]

Puede que los que leen hoy estos testimonios de nuestro ayer encuentren que estos versos y todos los que se escribieron en aquellas circunstancias extremas son, como los que nos dejaron los poetas del 2 de Mayo, versos de circunstancias, un "oigo patria tu aflicción"[333] que regresa. Eso no importa. Cuando un gran poeta incorpora su voz a los desastres de su patria, ésta seguirá oyéndose, como la de Goya al grabar, para advertencia de todos los hombres del mundo, el horror de la guerra. Volví a encontrar a don Antonio Machado en Valencia, su "Valencia de finas torres",[334] en su jardín ameno, con sus sobrinas, con sus hermanos, con su madre. Le complació ver de nuevo a Rafael,

---

[332] Comienzo de un serventesio machadiano fechado el 7 de noviembre de 1936, y que dice entero: "¡Madrid, Madrid! ¡Qué bien tu nombre suena, / rompeolas de todas las Españas! / La tierra se desgarra, el cielo truena / y tú sonríes con plomo en las entrañas". Con estos versos acaba Alberti su aguafuerte escénico *Noche de guerra en el Museo del Prado*. Por cierto que también Rafael evoca aquellos días de guerra, en Madrid y en Valencia, vividos con toda dignidad y entereza por don Antonio en una de las secuencias de su *Imagen sucedida de Antonio Machado*.
[333] Octosílabo con el que comienza el famosísimo poema "El dos de mayo" del jienense Bernardo López García (1838-1870), recogido en sus *Poesías*, Jaén, 1880.
[334] En el poema de guerra citado en la nota 321, la última estrofa empieza con esta especie de epíteto épico-lírico: "Valencia de finas torres / y suaves noches."

a quien él había dado el Premio de Literatura del año
1924, escribiendo en un papelito que conservo pegado en
la primera edición del *Marinero en tierra*: "Es a mi juicio el
mejor libro de poesía presentado al concurso."[335] A veces,
paso los dedos sobre la escritura de Machado desvane-
ciéndose, quisiera detenerla. Rafael me hizo con este libro
su primer regalo. Así volvió a mí la imagen de aquel poeta
que yo conociera con los pies sobre el braserillo pobre,
consolando a un amigo. Un día Machado escribió: "Rafael
Alberti, acompañado de su brava esposa María Teresa, va
por los frentes de batalla."[336] Leí esas breves líneas varias
veces. ¡Qué alegría el haber quedado en su recuerdo! Meses más tarde, cuando se empezaron a enfriar nuestras horas heroicas, cuando la guerra se nos fue quedando como
el mapa de España pequeña, sola y sin amigos, cuando Madrid relucía aún y nos obligaron a renunciar a las Brigadas
Internacionales, cuando paso a paso se consumó el sacrificio de un pueblo, ofrecido por las democracias a Adolfo
Hitler, una noche escuchamos en la radio francesa que las
hordas rojas empezaban a pasar la frontera...

¡Ah! esas hordas rojas ¿verdad? ¡Esas unidades de un
ejército vencido, esos hombres y mujeres aterrorizados y
hambrientos, ese desorden que iba a desordenar el orden
de los campos franceses! Y los niños... ¿Qué es un niño en
una guerra sino un estorbo? Pero, reparen: son los valientes de España. Tres años de guerra, señora. Mire, entran
las unidades formadas, cantan:

---

[335] Con lógico y merecido orgullo, Rafael ha contado el espléndido
descubrimiento que hizo al retirar el original de su libro de las oficinas del
Ministerio de Instrucción Pública, en su *AP* 1, pp. 201-202.

[336] En una carta de Machado a David Vigodsky (Leningrado), fechada
en abril del 37, encuentro esta referencia que tal vez sea la que, de memoria, cita María Teresa: "Rafael visita los frentes de combate y, acompañado de su brava esposa María Teresa León, se expone a los más graves
riesgos" (A. Machado, *Prosas Completas*, ed., de O. Macrí, Madrid, Espasa-Calpe, 1988, p. 2182).

Somos los de España,
venimos de luchar,
por nuestra independencia,
por nuestra libertad.

¿No se conmueve? El comandante Carlos nos repite a gritos ese recuerdo en una *trattoria* romana. El comandante Carlos podía haber sido en otro siglo un condotiero italiano o un conquistador de América. Ha elegido su rumbo siempre, nadie le ha empujado. ¿Te acuerdas cuando venías a la Alianza de Intelectuales? No nos tenías mucha fe. El famoso Quinto Regimiento te debe su soplo primero: Vive, le dijiste. Y nosotros escribimos:

Con el quinto, quinto, quinto
con el quinto regimiento,
tengo que marchar al frente
porque quiero entrar en fuego.[337]

¿Y el batallón del talento?[338] ¿Y los periódicos de trinchera? ¿Y ese alegre descanso que era Marqués del Duero para los más tarde generales del pueblo, Modesto y Líster? ¿Te acuerdas, te acuerdas?, les decimos ahora al encontrarlos, porque nunca los podremos ver si no es con los ojos de entonces. Sí, en aquellos días finales, cuando solamente las sombras nos acompañaban por los salones del

---

[337] El Quinto Regimiento fue fundado por los comunistas como una directa contribución del partido a la defensa de la capital; estuvo contituido por milicias populares, y su órgano de difusión fue *El Mono Azul*. A él estuvieron vinculados los militares Líster, Modesto, el Campesino, Francisco Galán y Carlos Contreras. A raíz de la valiente intervención que tuvo para repeler el primer asedio importante de Madrid, en noviembre del 36, surgieron multitud de canciones alusivas, como la que parcialmente cita María Teresa, sobre el esquema musical del "¡Anda jaleo, jaleo!". Con letra de Herrera Petere, el músico Hans Eiler compuso una "Marcha del Quinto Regimiento".

[338] Así se llamaba a los grupos de intelectuales militarizados que desde la Alianza de Intelectuales Antifascistas llevaban a cabo, en frentes o retaguardias, tareas culturales y de propaganda, como en este caso el teatro de las "Guerrillas".

palacio de Heredia Spínola, aún representaba el grupo de "Las Guerrillas del Teatro", en el palacio del Pardo, nuestro último saludo a las Brigadas Internacionales: *La cantata de los héroes*.[339] Mandaba aquel frente el comandante Ascanio, un intelectual al que le gustaba mucho la música, un intelectual a quien su honor de defensor de Madrid le impidió deshonrarse con los últimos manejos de rendición que aceptaron el coronel Casado y el general Miaja;[340] un hombre de verdad a quien fusilaron porque había aprendido que Madrid era el corazón de España y el corazón no se entrega sino con el último latido. Pocos días anteriores a ese final de nuestras horas libres, escuchando la radio francesa, oímos, entre dos anuncios, una pequeña noticia que se deslizaba: "Antonio Machado ha muerto en Collioure." No dijeron nada más. ¡Para qué! Rafael alcanzó a decir: Ahora sí que todo ha terminado. Luego, siguieron los anuncios.

---

[339] Con un montaje musical de García Leoz sobre fragmentos de Beethoven, *La Internacional*, el *Himno de Riego* y dos composiciones del propio Leoz escritas para la puesta en escena de *La Numancia*, y con la dirección escénica de María Teresa León, Alberti escribió esta *Cantata de los héroes y la fraternidad de los pueblos*, representada en homenaje a los brigadistas, en el momento de su marcha, en dos ocasiones: en el Auditorio de Madrid el 20 de noviembre de 1938, y en el Teatro Principal de Valencia al mes siguiente. En ambos casos por las "Las Guerrillas del Teatro del Ejército del Centro". En la novela *Juego limpio* se recrea aquella representación (pp. 258-259).

[340] El mayor Ascanio era jefe de la 8.ª División del II Cuerpo de Ejército en el mes de marzo del 39, división que operaba en el sector de El Pardo, y desde donde se sublevó contra la Junta de Defensa de Madrid, avanzando hacia la capital, y logrando llegar con sus hombres hasta la plaza de Cibeles, en el marco de los cruentos enfrentamientos entre comunistas y casadistas. El coronel Segismundo Casado, después de la caída de Barcelona, tuvo la convicción de que la guerra se había perdido, e inició las gestiones para la rendición. A tal efecto creó el Consejo Nacional de Defensa en marzo del 39. Por último, el general Miaja Menant (1878-1958) fue una de las figuras más controvertidas de la Guerra Civil, ya que fue tanto el heroico defensor de Madrid como el militar traidor que sentenció el vergonzoso final de la guerra.

Todo, todo se nos concluyó aquel día y con aquella noticia. Nos habíamos quedado sin aliento. Nuestra literatura de combate expiraba. Federico, muerto al comenzar la agonía; Antonio Machado, al terminarla. Dos poetas. Ninguna guerra había conocido jamás esa gloria.

Nos dejan en la mano muchos libros. Ande, léalo, suplican a Rafael. Soy un poeta joven como usted lo era cuando Juan Ramón le escribió la carta aquélla[341] que fue como el espaldarazo que los caballeros medievales recibían antes de lanzarlos a la arena de la Historia. Cartas, libros. Se nos ocurre, al leerlos, maravillosas cartas de esperanza. Es como cuando se abre la ventana y hay nieve o todas las flores se han abierto. Son las nuevas generaciones, las que envejecerán mucho más tarde, en otoños diferentes de los nuestros, otoños que no podemos adivinar. Quisiéramos decirles: no penséis más en nosotros, somos nada más aquéllos que perdimos el dulce rostro de España. En alguna carta nos han preguntado: ¿Cómo era Federico?

Federico era el hombre que siempre llegaba tarde. Cuando se le decía: Vente a comer con nosotros, a veces no llegaba nunca. En Buenos Aires, dejó compuesta y sin novio poeta a toda la mejor sociedad reunida en casa de Capdevila,[342] un escritor muy importante. Pero tal vez llegó

[341] En todas las ediciones de *Marinero en tierra* se incluye la carta de Juan Ramón fechada un 31 de mayo de 1925, en la que se alude a una reciente visita que habían hecho al poeta de Moguer los jóvenes Hinojosa y Alberti (hecho que evoca Alberti en el poema "Retornos de un día de cumpleaños") y en la que elogia Juan Ramón sin reticencias (a las que era tan dado) la poesía que le ha presentado el gaditano, porque con ella "ha hecho usted saltar de la nada plena el chorro feliz y verdadero" (*PC* I, pp. 117-119).

[342] Arturo Capdevila (1889-1967), poeta e historiador argentino, de extensísima obra literaria. Los primeros libros poéticos de Capdevila se fechan entre 1911 y 1915: *Jardines solos, Melpómene* y *El poema de Nenúfar,* y cultivó de forma muy destacada el romance histórico.

luego, a las mil y quinientas. Improvisaba su vida. ¿Vienes? Sí, sí. Pero ¿por qué no fuiste anoche a casa de...? Porque es una anfistora. ¿Y qué es eso? Pues, ella. Anfistora fue el nombre que bautizó el teatro experimental que dirigía Pura Ucelay.[343] Cuando se caminaba junto a Federico había que detenerse para reír y para cruzar la calle. Sufría una cierta vacilación al andar. ¡No, no pases! ¡Aún, no! Pero, hombre, si ya no hay ningún coche. Eso no se sabe nunca. ¡Qué grande debía parecerle la calle de Alcalá! Tal vez por esa su incertidumbre en los cruces, Federico iba rodeado de amigos. Los amigos eran la aureola de cierto torerismo, de cierta soledad que combatía hablando. Federico necesitaba ataduras, ligaduras, respuestas, espejos. Su amistad, tierna y flexible, era dicha en voz alta. Si la gente no le gustaba mucho, se la sacudía: ¡zape, zape! Y qué bien escuchaba cuando le hablaban seriamente. Federico, ¿por qué no vienes al mitin que por la libertad de Carlos Prestes[344] se va a celebrar en la Casa del Pueblo? Hablaremos nosotros, estará la madre del líder brasileño encarcelado. ¿Vienes? Fue y dijo uno de los poemas de su libro *Poeta en Nueva York*. Era el año 1936. Algo diferente se respiraba por las calles madrileñas. Federico se sen-

---

[343] Pura Ucelay, una de las fundadoras del Lyceum Club, en 1926, con María de Maeztu. Buena amiga de Federico, fue la directora del grupo teatral de la Asociación Femenina de Cultura Cívica, rebautizado por Lorca como "Club Anfistora". Se trataba de un teatro íntimo, de vanguardia, en el que se representaron las piezas lorquianas *La zapatera prodigiosa* y *Amor de don Perlimplín* (abril del 33).

[344] Luis Carlos Prestes (1898-1990), militar y político brasileño, afiliado al Partido Comunista de su país, que participó en un levantamiento fallido contra el presidente Getulio Vargas, por lo que fue encarcelado durante diez años (1935-1945), circunstancia a la que se refiere María Teresa León. Ian Gibson documenta la referencia a Lorca que hace María Teresa León en la página 424 del volumen II de su biografía del poeta (Madrid, Grijalbo, 1987). Y dos párrafos más adelante Gibson recuerda que el periódico *Mundo Obrero* publicó un reportaje del acto con una fotografía en la que se veía a Lorca recitando enardecidamente. También trata de Prestes Neruda (*CV* pp. 426 y ss.).

taba sin miedo junto a los políticamente comprometidos. Puede que antes los criticase, pero en aquel momento en que comenzaban a prenderse las hogueras, no. Su sonrisa de entonces iba siempre acompañada de un joven muchacho serio y tranquilo que se llamaba Rapún.[345] Parecía un poco asombrado de la predilección que tenía por él Federico. Políticamente era socialista. Cuando el Madrid del Frente Popular empezó a sentir los zarpazos de los falangistas, la agresión organizada del señoritismo madrileño, cuando mataron a Juanita Rico y después a cualquier muchacho indefenso de los que vendían *Mundo Obrero*,[346] Federico se emocionaba y hasta fue con nosotros y con Rapún al entierro de una de estas víctimas en medio de la desazón que iba ganando Madrid y de la que nadie podía librarse.

Federico y Rapún y nosotros llegamos hasta el cementerio. Poca gente recuerda hoy estas cosas. Los libros ya ni las cuentan. Nosotros estábamos en Ibiza cuando se oscureció España. Recibimos allí la noticia del alzamiento militar. Luego de salvarnos de milagro llegamos a Madrid. Nos dijeron que si Federico... Federico se había ido a pasar el verano a Granada a casa de sus padres, pero... Un día llegó a la Alianza de Intelectuales un muchacho delgado y aún trémulo por las fatigas pasadas. Se llamaba Antonio Orgaz,[347] era arquitecto. También consiguió alcanzar Madrid

---

[345] Rafael Rodríguez Rapún (1912-1937), deportista y estudiante de minas, y tal vez el amor más intenso de García Lorca (a él se creen dirigidos los *Sonetos del amor oscuro*). Fue durante algún tiempo secretario administrativo de "La Barraca" y murió en el frente de Santander.

[346] *Mundo Obrero* fue la publicación periódica que sirvió de órgano informativo del Partido Comunista de España. Se creó en 1930, convirtiéndose en diario a partir de 1931, y fue publicación clandestina durante la época franquista. A partir de 1977 volvió a salir como semanario. La mencionada Juanita Rico Hernández fue una joven modista de veinte años, perteneciente al Partido Comunista, que fue asesinada por los falangistas en una calle madrileña, de un disparo desde un coche en marcha, el domingo 10 de junio de 1934.

[347] Creo que María Teresa se refiere al arquitecto madrileño de nacimiento, pero ejerciente en Granada como arquitecto municipal, Alfredo

un diputado comunista cuyo nombre he olvidado. Conta-ron la muerte de Montesinos, cuñado de Federico, alcalde de la ciudad, que había querido organizar la resistencia en el Albaicín. Yo no sé dónde está hoy el arquitecto Orgaz ni siquiera si vive. Él nos dijo que había estado refugiado, con Federico, en casa de los Rosales. ¿Por qué los Rosales no han hablado de él nunca? Orgaz nos contó que Federi-co no quiso huir con él, tratando de pasar a las líneas re-publicanas. Le dio miedo. Tal vez pensó que nadie se atre-vería en Granada a tocarle. Yo me trepé por no sé dónde y salí al campo. Ni sé cómo pude llegar a las posiciones re-publicanas. Al hablar se le acentuaba más la delgadez de las mejillas. Creo que temía no dormir más en su vida des-pués de tantas horas de alerta. Pero ¿lo han matado? Ra-fael recibió una llamada telefónica de la hermana de Fede-rico, de Isabelita: Soy Isabel. Por favor, que los periódicos no hablen de Federico. Está bien. Escondido. Mejor no ha-blar. Pero el diputado comunista insistía: Está muerto. Po-co a poco nos fuimos acostumbrando a que Federico había sido asesinado:

No tuviste tu muerte, la que a ti te tocaba...[348]

Rafael repetía a todos: Es un crimen monstruoso. Si me hubieran matado a mí por mis ideas políticas... pero, ¡a él! Federico era como un niño.

Cuando Wells,[349] en nombre de los escritores del mun-do mandó un telegrama al capitán general de Andalucía,

---

Rodríguez Orgaz, amigo de Lorca, quien se refugió durante los días ante-riores a la muerte de Federico en su casa de la Huerta de San Vicente, sal-vándose de milagro, pues estuvo a punto de ser detenido como el poeta, pe-ró logró huir hasta Málaga (zona republicana) y finalmente hasta Madrid.

[348] Verso inicial de la "Elegía a un poeta que no tuvo su muerte" de Al-berti, incluido en *Capital de la Gloria* (*PC* I, p. 686).

[349] Herbert George Wells (1866-1946), escritor británico, creador de algunas novelas de ciencia ficción (*La máquina del tiempo*, *La isla del*

preguntando por el paradero del poeta, se vio contestado despectivamente: "No conocemos el paradero de dicho señor."

Volvimos a ver a Rapún. Nadie como este muchacho silencioso debió sufrir por aquella muerte. Terminadas las noches, los días, las horas. Mejor morirse. Y Rapún se marchó a morir al frente del Norte. Estoy segura que después de disparar su fusil rabiosamente se dejó matar. Fue su manera de recuperar a Federico.

¿Por qué me han regalado esta reproducción de *San Mauricio,* del Greco? Di las gracias y me quedé mirándola como si el santo y su legión tebana fueran antiguos conocidos entrañables. Dejé la reproducción en el suelo. Dije: así ha estado este cuadro tendido a nuestros pies. Me miraron como si estuviera loca. Era tan enorme. ¡Qué de prisa iba nuestra guerra! Un día, por ejemplo, el alcalde de Móstoles nos invitó para que hablásemos en la plaza y convenciésemos a las mujeres para que dejasen ir a los niños a las colonias de protección que comenzaban a instalarse en Levante. Al día siguiente, el buen hombre llevó varios objetos preciosos a Madrid, entregándolos en el Banco de España. Pocos días después, se perdían Móstoles, Navalcarnero, Villaviciosa y Brunete, quedando amenazado El Escorial.

El Escorial resplandecía siempre de gris hermosura berroqueña. Tan enteramente español, tan incorporado a cualquier locura o circunstancia española, que nos pareció que se indignaba al ver volar sobre sus torres el primer

Dr. Moreau, El hombre invisible, La guerra de los mundos, etc.) y que fue evolucionando hacia una visión pesimista y catastrofista del mundo en su continua crítica de la mediocridad espiritual, la anarquía urbana y la hipócrita moral burguesa.

avión extranjero. Por una circunstancia fortuita, el entonces presidente del Consejo, don Francisco Largo Caballero, me autorizó a retirar cuantos objetos o cuadros pudieran peligrar en El Escorial si éste tenía que ser defendido. Allá fuimos, primero con el archivero Antonio Moñino, y después, con el escritor Serrano Plaja, nacido allí y educado en el monasterio. Fue fácil ponerse de acuerdo con el alcalde Vicente González Carrizo, y las autoridades acordaron el traslado a Madrid de algunos cuadros de las salas capitulares, entre ellos, el casi milagroso cuadro del Greco, *San Mauricio y la legión tebana.*

Como técnico, para descolgarlos y acondicionarlos, fue Marcelino Macarrón, fiel e inteligente, que enrolló en un cilindro aquella inmensidad gloriosa del San Mauricio, porque el cuadro, en fecha no muy lejana, había sido pasado a lienzo, creo que para ser expuesto en una exposición universal. Cuando lo sacaron de la sacristía y el cuadro fue tendido en el suelo de la iglesia, nos sobrecogió el espanto. ¡Qué enorme era! De pronto zumbaron sobre los techos los aviones de reconocimiento. Nadie hablaba. La luz fue enfriando sus amarillos, las losas recibían silenciosamente nuestros pasos. Macarrón pidió telas. Por todo el monasterio no respiraba alma viviente. Ayudábamos lo que podíamos, arrodillados en el suelo. Nadie hablaba. Cuando levanté la vista vi que negros fantasmas enlutados, sosteniendo cada uno un cirio de suave luz monástica, vigilaban el buen trabajo. Tardé en sonreír. Nuestros amigos aprovechaban sotanas y manteos para protegerse del frío histórico de la iglesia de El Escorial.

Al día siguiente, José Bergamín, Rafael y Serrano Plaja fueron conmigo al monasterio para hacerse cargo del traslado y custodia de lo elegido. Creo que era el día 21 de octubre de 1936. Llevamos en aquella ocasión a Madrid: *San Mauricio y la legión tebana,* del Greco; el *Descendimiento de la Cruz,* de Van der Weyden; *La túnica de José,* de Velázquez; *El Lavatorio,* de Tintoretto; *El sueño de Feli-*

pe II, también del Greco, y dos Goyas pequeños de la Casita del Príncipe. También algunos manuscritos, códices árabes, cofrecillos y un portapaz. Recibió los cuadros, en Madrid, el presidente del Banco de España, Nicolau d'Olwer, pues aún creíamos todos en la protección de los sótanos. Imposible hacer entrar los cuadros. Las puertas medían un metro noventa y siete centímetros. Decidieron ingresarlos en el Museo del Prado.

Poco a poco nos íbamos enterando que Madrid era una ciudad sin defensa

> *Madrid, qué bien resistes*
> *los bombardeos,*
> *de las bombas se ríen*
> *los madrileños,*

no servía para las obras de arte. Madrid no fue nunca declarada ciudad abierta, como luego lo fue Roma. Madrid era el corazón de España y supo, por instinto, que hay victorias políticas y hubiera sido una derrota del régimen republicano y del pueblo madrileño perder Madrid. La capital de España, por voluntad de sus ciudadanos, se convirtió en la capital del honor del mundo, y ungidos de gracia, de improvisación y de ternura sus ciudadanos cantaban por las calles bombardeadas:

> *Puente de los Franceses,*
> *nadie te pasa,*
> *porque tus milicianos*
> *¡qué bien te guardan!*

Desde el momento en que quedó decidida la defensa de Madrid, cada edificio podía convertirse en un fortín y, por lo tanto, ser bombardeado. El palacio del duque de Alba, ardió; mi barrio de Argüelles ardió; la Puerta del Sol, el Hospital de San Carlos, el mercado del Carmen... La noche del 16 de noviembre cayeron nueve bombas incendiarias sobre la techumbre del Museo del Prado, tres en los jardines. Bombas de gran calibre destruyeron el Hotel Savoy, situado en el Paseo del Prado, otra rompió una de las fuentes junto al Jardín Botánico, la tercera destruyó dos casas en la calle de Alarcón. Los aviadores enemigos se excusaban de su torpeza diciendo que no conocían Madrid. Claro, eran alemanes.

Era director del Museo del Prado, al empezar la guerra, Ramón Pérez de Ayala, embajador en Londres de la República Española. Era subdirector un hombre culto, hábil crítico de arte, persona más entendida en cuadros que en agradecimientos, el señor Sánchez Cantón.[350] El gobierno de la República, en vista de la peligrosidad de aquellos días decisivos, da orden de evacuar el Museo del Prado y esa orden llega a mí, firmada, como la anterior, por don Francisco Largo Caballero.[351]

Jamás soñé entrar en el Museo del Prado bajando una escalerilla insospechada y, mucho menos, llevando en la mano un documento oficial autorizándome para empresa tan grande: trasladar a Valencia los cuadros del Museo del Prado. Una linterna iluminó nuestros pasos. Rafael se puso tan serio, que sentí miedo al adivinar lo que pensaba: ¿Cómo vamos a poder cumplir lo que nos han ordenado? Entramos en un sotanillo, pasamos silenciosos entre cuadros vueltos del revés, uno sobre otros, bajados de las salas altas a un precario refugio. Arriba todo el Museo estaba en pie de guerra. Las ventanas habían sido protegidas

---

[350] Sánchez Cantón (1891-1971) fue catedrático de Historia del Arte en la Universidad de Madrid y director del Museo del Prado después de la guerra. Es el autor de un monumental repertorio documental, *Fuentes literarias para la historia del arte español* (1923-41).

[351] Una primera redacción, prácticamente idéntica, de todos los párrafos precedentes acerca de la evacuación de los "grecos" de El Escorial y del asedio de Madrid en noviembre del 36, poniendo en serio peligro la primera pinacoteca española, se publicó en *La Historia tiene la palabra* (pp. 47-49).

por maderas y sacos terreros, la larga sala central era como una calle después de una batalla, la huella de los cuadros manchaba de recuerdos melancólicos las paredes
desnudas, hasta la luz que bajaba de las cristaleras rotas
era funeralmente triste. Seguramente habían temblado de
frío y de miedo los cuadros ilustres. Bombas, bombas sobre el Museo del Prado,[352] sobre el de Liria, sobre la Biblioteca Nacional, la Academia de San Fernando... En el
Morning Post del día 26 de julio de 1937 aun se escribiría:
"Se han colocado ametralladoras en el Museo del Prado
para provocar el bombardeo y ensordecer al mundo con
otro bombardeo de quienes ustedes saben..." Sí, sabíamos
bien quién nos bombardeaba. El mismo Sánchez Cantón
calificó aquel bombardeo del 16 de noviembre de 1936 de
"absurdo y lamentable."[353]

Bajo nuestros ojos tristemente asustados iba a comenzar el éxodo. Con un temor casi religioso vimos moverse
hacia la luz aquellos cuadros extraordinarios. Teníamos
que repetirnos interiormente y repetir a cuantos nos rodeaban las trascendentales razones de orden militar y político
de aquel traslado. ¡Qué dificultades para todo! Faltaba
madera de entarimar para hacer los cajones de los emba-
lajes y no teníamos camiones, porque cada camión del
frente tenía su tarea señalada. Recurrimos al Quinto Regimiento, recurrimos a los ferroviarios. Los ferroviarios se
encargaron de traernos la madera de unos almacenes que se
habían quedado entre dos fuegos, en el Cerro Negro. El

---

[352] Sobre el recuerdo de estas imágenes Alberti concibió en 1956 su
obra teatral *Noche de guerra en el Museo del Prado*.
[353] De nuevo se adelantan estas líneas —incluido el texto del *Morning
Post*— en el libro citado en la nota 343, pp. 49-50. Y lo que ahí se describe, la entrada en un museo con la casi totalidad de sus cuadros descolga-
dos, se corresponde con lo descrito en un interesantísimo artículo de
Rafael Alberti publicado en *El Mono Azul* y luego recogido en las parciales recopilaciones de su prosa: "Mi última visita al Museo del Prado" (*El
poeta en la calle*, Aguilar, 1978, pp. 484-492).

Quinto Regimiento y la Motorizada dieron el transporte y la protección para el camino. Fue una batalla.[354] La sala de restauraciones del Museo del Prado se convirtió en nuestra pesadilla. Una mañana casi nos morimos del susto al mirar el cuadro de Velázquez, *El bobo de Coria,* y ver que había desaparecido. ¡Qué horror! El pobre muchacho escondía su cara redonda y parada detrás de un velo gris. Macarrón vino en nuestra ayuda, dándonos una explicación técnica: es el catarro de la pintura. Los cuadros se enfrían al cambiar el ambiente. Pequeñísimos hongos pueden cubrir la superficie. Bastará una limpieza. Jamás he respirado más profundamente.

Poco tiempo bastó para que las obras elegidas, en primer lugar las de escuela española, estuviesen dispuesta a partir hacia Valencia. No recuerdo qué noche del mes de noviembre llegaron al patio de la Alianza de Intelectuales los camiones que iban a trasladar a sitio seguro la primera expedición de las obras maestras del Museo del Prado. *Las Meninas,* de Velázquez y el *Carlos V,* de Ticiano, estaban protegidos por un inmenso castillete de maderas y lonas. Soldados del Quinto Regimiento y de la Motorizada rodeaban los camiones, esperando la orden de marchar. Rafael, tan poco amigo de improvisaciones, trémulo de angustia, detuvo la mano de un soldado que encendía un cigarrillo: No, eso, no. Y habló con voz cortada de miedo, diciéndoles a aquellos jóvenes combatientes que iban a salir hacia Levante, entre la niebla y el frío, que los ojos del mundo los estaban mirando, que el gobierno confiaba a su custodia un tesoro único, que los defensores de Madrid respondían ante la Historia de las Artes del Museo a ellos confiado. Se produjo un gran silencio. Los motores se pu-

---

[354] Cfr. *La historia...,* pp. 50-51. La frase "Fue una batalla" de *Memoria...* se extendía, en aquel folleto, en la siguiente consideración: "Aquello era una batalla, batalla donde se darían normas para que más adelante otros Museos europeos supieran cómo resguardar sus tesoros, y peleábamos sin sueño y sin descanso."

sieron en marcha. Ni una luz ni un reflejo. Poco a poco, todo se lo llevó la niebla.

Y empezó la noche más larga de nuestra vida. Aparecieron los aviones y bombardearon no sé qué barrio. El teléfono iba dándonos la situación de los cuadros en cada alto del camino. El responsable de la caravana llamaba para decirnos: Todo va bien. Pero al pasar el puente de Arganda fue necesario bajar los cuadros y hacerlos cruzar a hombros al otro extremo, pues el andamiaje era demasiado alto. Seguía sonando el teléfono: Todo va bien. Los pueblecitos del tránsito parecían despertarse para irse pasando de mano en mano aquel tesoro, que era su tesoro, el tesoro nacional de su cultura, de la que antes nadie les había hablado. Pueblecitos en vela, voz de los alcaldes: Todo va bien. Y así, en la noche interminable, fuimos corriendo, desvelados y ansiosos detrás de aquellos camiones que llevaban, al buen seguro de las Torres de Serranos, de Valencia, algunas de las principales maravillas del Museo del Prado.

Ellos no durmieron ni nosotros tampoco. Sonó una vez más el teléfono: María Teresa, la expedición ha llegado a Valencia en condiciones excelentes. La voz de José Renau, director de Bellas Artes, nos pareció la de un ángel. ¡Qué descanso! Nos echamos a la calle a comunicar la buena nueva.

Así, bajo mi firma y la del señor Sánchez Cantón, salieron de Madrid los primeros cuadros del Museo del Prado. Creíamos inocentemente, durante aquellos días luminosos, que el mundo nos contemplaba. ¡Qué equivocación! Pronto nos hicieron saber que el mundo estaba escandalizado con nuestra audacia, con nuestra barbarie. ¡Y nosotros que ofrecíamos nuestra vida por evitar a un cuadro del Museo del Prado el rozamiento de una bala! No nos importó entonces ni nos importa ahora. Lo que conviene aclarar es que en aquellos tiempos de improvisación heroica no vino en nuestro socorro, ayudando a nuestra ignorancia, ningún técnico, ningún especialista, ningún director de ningún museo de Europa. Los que no regatearon su ayuda

fueron esos hombres crédulos y magníficos que, a pesar de
no haber pisado jamás las salas de un museo, creyeron en
nuestra palabra y no vacilaron en salvar para los inteligentes y los cultos del mundo la maravillosa pinacoteca de
Madrid, los que, según Antonio Machado, "no hablan de
patria, pero la defienden con su sangre."[355]

Poco a poco pasaron los tiempos de la improvisación. Timoteo Pérez Rubio,[356] Vicedirector del Museo de Arte Moderno, pudo explicar a sir Frederic Kenyon mejor que yo
cómo se protegieron los tesoros de España en la Torre de Serranos, vieja fortaleza gótica, y en el Colegio del Patriarca, de
Valencia. Me gusta recordar a Pérez Rubio, porque fueron
sus ojos los últimos en mirar las obras maestras del Museo
del Prado cuando, cruzando la frontera española en medio
del éxodo de nuestro pueblo, llegaron a Ginebra. Nadie al
mirarlas allí expuestas se acordó, estoy segura, de aquel principio que movió todos nuestros actos: "la más segura garan-
tía de conservación de las obras de arte y monumentos reside
en el respeto y cariño que el pueblo les tenga."[357]

Y para aquel pueblo la guerra comenzó a oscurecerse. El
Museo del Prado pasó de las Torres de Serranos de Valencia
al castillo de Perelada, en Gerona, y de allí, en camiones del

---

[355] Cfr. *La historia...*, pp. 51-52. Si no literal, encuentro una cita de
Machado muy parecida a la aquí entrecomillada en la ya citada "Carta a
David Vigodsky" (nota 328): "En los trances duros, los señoritos —nuestros *barinas*— invocan la patria y la venden; el pueblo no la nombra siquiera, pero la compra con su sangre y la salva" (*Prosas Completas*,
Espasa-Calpe, p. 2180). La evacuación de los grandes cuadros de la pinacoteca y su salida hacia Valencia se recrea también en un pasaje de la novela *Juego limpio* (pp. 143-145).

[356] El pintor extremeño Timoteo Pérez Rubio (1896-1977) fue durante la República subdirector del Museo Español de Arte Moderno. Cumplió una destacadísima tarea en la evacuación del patrimonio histórico
cultural español durante la guerra, ya que en abril del 37 fue nombrado
presidente de la Junta Central para el salvamento del tesoro artístico.

[357] Cfr. *La h istoria...*, pp. 52-53. La cita entrecomillada procede del folleto "Protección del tesoro artístico nacional: disposiciones oficiales", Valencia, 1937. Este párrafo de Machado, tomado de sus declaraciones en la

ejército, en medio del éxodo tristísimo, cruzó la histórica expedición la frontera de Francia. Pues bien, a ninguno de aquellos seres destrozados, a ninguna de aquellas mujeres con los niños prendidos a su cuello, se le ocurrió asaltar los camiones para sentarse junto a las Dianas de Ticiano o los caballeros de Velázquez. Aquellos hombres y mujeres de pies inservibles y ensangrentados, que eran el pueblo español, veían pasar la riqueza como sólo ellos, antiguos y magníficos, saben hacerlo. Así, juntos, unos y otros fueron camino del destierro, "preparado el cuerpo para la abstinencia y la fatiga y el ánimo para la muerte..." Los que desde lejos miraron nuestra angustia, no supieron entonces ver que no era aquella la derrota de la República y el pueblo español sino la del sentido común de los países democráticos.[358]

¡Y será verdad que quieres tanto a España como piensas? Sí, es que yo pienso con la sangre del corazón. ¿Y será verdad que rezas todas las mañanas? Sí, rezo lo que en el poema del Conde Fernán González ya dijeron: Señor, por nuestros pecados, no destruyas a España.[359] Pero la destruían. Yo he oído los últimos latidos de su alma.

Casa de la Cultura de Valencia (noviembre del 36) tiene un significado muy parecido: "El amor que yo he visto en los milicianos comunistas guardando el palacio del ex duque de Alba sólo tiene comparación con el furor de los fascistas destruyendo [...] El pueblo guarda las obras de arte con calor y el fascismo las destruye con saña" (*Prosas Completas,* ed. cit., p. 2169).

[358] Cfr. *La historia...,* pp. 53-54. En efecto, tras permanecer almacenados y cuidadosamente protegidos en la capital valenciana, entre marzo y abril del 38, el grueso de los cuadros del Prado pasó a Cataluña: Pedralbes, Perelada, Darnius y una mina de talco de Lavajol. En *La historia...,* p. 54, acaba María Teresa su informe recordando la última etapa del itinerante museo: "fue expuesto en Ginebra. Entregado —¡oh, con cuántas lágrimas seguramente!— por Timoteo Pérez Rubio a las nuevas autoridades".

[359] La autora hace mención casi exactamente literal del segundo alejandrino de la copla 544 del *Poema de Fernán González.* Dicha copla —dentro

No sé si sabré contar lo que sentíamos los reunidos en aquella posición Yuste que albergaba el último destello del gobierno republicano.[360] Estábamos allí por orden del general Ignacio Hidalgo de Cisneros. Vivíamos con él. Rafael era soldado de aviación. En los momentos graves funcionan las reservas automáticas de nuestro cuerpo y seguíamos en pie, saludábamos, sonreíamos, esperábamos. Yo atendía el teléfono. Un día repicó de forma diferente. Una voz segura y firme y algo irónica me dijo, al saber quién le contestaba: No podré volver a llamar más. María Teresa, estoy detenido por estos *señores.* —¿Qué, qué dices?— Que estoy en el barco. Que se van y me llevan, no sé... al mar. La flota de Cartagena se ha sublevado... ¡Dilo, dilo! La comunicación se cortó antes de que llegara Ignacio. Llamó Ignacio a Paco Galán,[361] llamó. La línea se había interrumpido. El general Cordón,[362] que llegó en ese momento creo que se comió los labios diciendo: ¡Hijos de puta! Fue como si el aliento faltase en aquel cuarto pequeño de una casa del pueblecito de Elda. Un disgusto

---

del pasaje de la batalla de Hacinas y formando parte de una de las muchas imprecaciones del héroe castellano a lo largo del texto— dice lo que sigue: "Sennor, ¿por qué nos tyenes a todos fuerte sanna? / Por los nuestros pecados non [d]estruyas Espanna, / perder se ella por nos semejarya fazanna, / que de buenos cristianos non abrya calanna" (cito por la ed. de A. Zamora Vicente, Madrid, Espasa-Calpe, Clásicos Castellanos, 1970, p. 159).

[360]   En las últimas semanas de la guerra (febrero del 39) el gobierno republicano, que ya no tenía sede fija, se estableció en una finca próxima a la población alicantina de Elda, a la que se denominó "posición Yuste". Allí —una vez conocida la dimisión de Azaña— se reunió el presidente Negrín con los generales Casado, Matallana y Miaja.

[361]   El capitán Francisco Galán Rodríguez (hermano del famoso Fermín, el de la sublevación republicana de Jaca) combatió primero en Somosierra y luego tomó parte en la batalla de Teruel, al mando de la 22 Brigada Mixta. El final de la guerra lo vivió en la base de Cartagena, de la que había sido nombrado jefe en marzo del 39. Cuando tomaba posesión de su cargo, le sorprendió la sublevación de la flota.

[362]   El coronel Cordón García (1895-1969) fue nombrado subsecretario del Ministerio de la Guerra cuando se preparaba el asedio de las tropas

más. Los generales se marcharon a dar la noticia al Presidente Juan Negrín, que se alojaba en otra casa. Rafael y yo nos miramos. ¿Otra vez echar a andar como al comienzo de la guerra? Sí, otra vez, pero ¿hacia dónde? Estrechamos aún más nuestras vidas. Nunca le he querido tanto como durante aquellos días últimos transparentes, rodeados de una vegetación en joven primavera, la guerra tan lejana, mirándonos una luz cristalina... Rafael creía en nuestra estrella, yo creo aún lo que Rafael cree... Un día...

Un día llegó a Elda el general Pérez Salas.³⁶³ Las reuniones se multiplicaban con las malas noticias. El general que mandaba el frente del sur había venido a recibir órdenes. El general Cordón, ministro de la Guerra, compañero suyo, le estrechó la mano. Los dos eran militares de carrera, así que se miraron y a medias palabras se comprendieron. Todo perdido. Sí, y la evacuación del gobierno hacia Francia comenzará mañana. Caía la tarde. El jardín iba yéndose hacia la noche paso a paso. La conversación entrecortada de los dos militares parecía acompañarse de este descenso de la luz. ¿Qué vas a hacer? Yo, volverme con mi gente. La conversación continuaba ensombreciéndose y el día, también. Se les acabaron las palabras a los dos generales tan fieles. El general Pérez Salas se levantó. ¡Qué alto parecía y qué grande con su capote

---

franquistas a Cataluña, si bien sólo le dio tiempo a organizar la retirada. Desde Elda asiste Cordón a los últimos acontecimientos —sublevación de la flota, traición de Casado— antes de abandonar el país.

³⁶³ Joaquín Pérez Salas era teniente de artillería al comenzar la guerra, y combatió inicialmente en el frente andaluz (en el asedio al santuario de la Virgen de la Cabeza, en Andújar, Jaén). Posteriormente tomó parte en las operaciones de Córdoba y finalmente fue destinado a Valencia, al frente del Quinto Regimiento ligero, y casi al final de la guerra fue jefe del Ejército de Extremadura. Los últimos días de la contienda —momento al que alude la autora— los vivió en Cartagena, cuando era jefe de la base naval, pero se negó a abandonar España, por lo que fue fusilado el año 39.

militar y su dignidad envolviéndole! El general Cordón insistía con su voz bondadosa: No hay nada que hacer. Han traicionado Casado y el general Miaja...[364] Pérez Salas se llevó la mano a la frente: a tus órdenes, y salió al campo completamente oscuro y se fue alejando de nuestros ojos, saliendo de la escena como un héroe de tragedia antigua, llevando detrás de él nuestra admiración humildísima hacia aquel jefe que quería dar a sus hombres una esperanza con su vuelta.

Y, claro es, al llegar la paz, el general Pérez Salas fue fusilado. Qué desdeñosamente habrá sonreído a los vencedores.

Creo que poco se ha hablado en los libros que sobre nuestra guerra se han escrito, de esta fidelidad que se produjo en nuestras filas republicanas. Estoy hablando de los oficiales que permanecieron fieles al juramento dado a la República. Casi nunca encuentro referencia a ellos. Claro que ante la traición militar se produjo el fenómeno de los jefes populares que levantaron el entusiasmo de las masas, pero ¿y los otros? ¿y los que no quisieron mancharse, renegando su palabra? Porque hay que decir la verdad, hubo en nuestras filas muchos militares de carrera, que si fueron algunas veces mirados con sospechas y con temores, su comportamiento ejemplar les valió, al tomar el franquismo el poder, la cárcel y el fusilamiento. Y ellos aceptaron su destino. ¿Quién escribirá más tarde los nombres de tantos militares como su-

[364] En el mes de enero de 1939 el coronel Casado, encargado de la defensa de Madrid, había iniciado contactos con agentes de Franco para ir preparando la entrega del último reducto que tan bravamente había resistido, cosa que hace en contubernio con el general Miaja. Aquellos sucesos los ha relatado el propio militar Casado en su libro *The last days of Madrid*.

frieron años y años el pozo de la cárcel, la segregación, la angustia? Yo tengo entre los retratos que envejecen conmigo, esos que se amarillean antes de desaparecer, el de un hermano de mi madre, Federico de Goyri, comandante de caballería. No abandonó su puesto, fue detenido, zarandeado, acosado hasta que con los pulmones deshechos por la poca caridad cristiana de la cárcel de Zaragoza se acabó. ¿Y los otros? ¿Cómo se llamaban? ¿No sería una recuperación honrosa el que alguien hiciera el recuento de estos hombres que sostuvieron el honor militar, mientras otros lo traicionaban? ¿O es que en España, como decía una vieja tía mía, no se podría dormir hasta que arroyos de sangre republicana no bajasen por la calle de Alcalá? ¿Hasta dónde puede llegar el odio? ¿Qué límites tiene?

¡Qué poca tierra nos quedaba y cuántos continentes íbamos a tener que caminar los españoles leales! Eran los últimos latidos del corazón de España. La traición del general Miaja, aquél que me había dicho en Madrid cuando la capital de España se defendía con los dientes: Pero, María Teresa, si son unos sinvergüenzas. ¡Mira que sublevarse estos canallas sin decirme nada a mí! Las noticias eran angustiosas. ¿Cómo hacer una guerra civil dentro de otra guerra civil? Porque en Madrid se empezó a combatir calle a calle. La brigada de Ascanio llegó del Pardo. ¿Quién era el comandante Ascanio? Pues un ingeniero a quien no le gustaba dejar paso libre a la traición. Un día llegó alguien diciéndonos: Que dice el comandante Ascanio que si quieren ir las Guerrillas del Teatro a representar al Palacio del Pardo. Claro que sí. Y allá fuimos y por primera vez en ese teatrito rococó y precioso, propio para princesas, representamos *La cantata de los héroes y la fraternidad de los pueblos* que Rafael había escrito como despedida a las

Brigadas Internacionales. Nos recompensaron nuestro trabajo con un ternerillo a quien hicieron subir en el ascensor de nuestra casa. ¡Pero, Juan Morillo, dije al oficial que nos traía el animalito, si yo soy de la sociedad protectora de animales! ¿Qué hago con esto? ¿Ponerle un collar y pasearlo por la calle? Nuestro hombre se reía entonces, nuestro recuerdo llora hoy. La Brigada de Ascanio luchó contra la Junta en las calles de Madrid, cayó prisionero y el coronel Casado entregó a los franquistas los encarcelados defensores de Madrid. ¡Qué mal ha debido dormir el coronel las últimas noches de su vida! En cambio, con qué altivez levantó el comandante Ascanio su pequeña estatura ante el pelotón de ejecución y gritó: ¡Fuego![365]

¡Noches últimas de España! ¿Cuántas veces no hemos hablado de ellas? ¿Te acuerdas?, me decías y yo contestaba a Cordón en su casa de Roma mientras Rosa, la inteligente Rosa nos servía el café y ayudaba a nuestra memoria. Sí, sí recuerdo aquellos últimos días radiantes cuando se iban desmoronando nuestros sueños, cuando Ignacio sonreía aún, cuando Rafael hacía planes de cómo llegar a pie hasta el Pirineo, y cómo asentía yo: sí, sí, porque estaba dispuesta a que nuestra vida quedara unida hasta la muerte. ¿Y recuerdas que salimos juntos de España en un avioncito pequeño y rojo? Sí, sí...

> *Miré los muros de la patria mía,*
> *si un tiempo fuertes, ya desmoronados...*[366]

El general Cordón no vive para espigar recuerdos. Ni Ignacio Hidalgo abrirá más su sonrisa para recibirnos. Po-

---

[365] "El primer acto del gobierno casadista fue fusilar a los mejores jefes de la defensa de Madrid, entre los que se encontraban los coroneles Barceló y Ascanio, con el joven jefe de brigada Juan Morillo..." (*AP* 2, p. 11).

[366] Los dos primeros endecasílabos de un conocido soneto quevediano, el "Salmo XVII" del *Heráclito cristiano*, en el que figuraba este epígrafe, "Enseña cómo todas las cosas avisan de la muerte". Soneto que recuerda el tono de las elegías ovidianas en el poemario *Tristes*.

co a poco iremos dejando de cantar lo que fue nuestra muerte de amor fiel, porque cuando la vida se va acabando los que vivieron juntos casi nada se dicen...

Al aterrizar en Orán, nuestro avión tenía la gasolina suficiente para no estrellarse en el suelo. Habíamos dejado atrás los azules de España, la blanca mancha de los pueblos levantinos y, sin embargo, cuántas cosas nos llevábamos en aquel *dragón* rojo y pequeñito que había levantado vuelo en un aeródromo improvisado, ante cuatro amigos y un camarada estupendo a quien habían dado la orden de quedarse en España para salvar a quien se pudiera. ¡Salvarse! Volábamos, salvándonos, seis personas: los pilotos, un general, un ministro, un poeta y yo.[367] ¿Diste cuerda al reloj? Quién piensa en eso. Algo se nos había detenido para siempre a todos... a todos.

Bienaventurados lo que os llevasteis a cuestas la dulce carga del recuerdo de España, los que salvasteis la palabra más alta de nuestro idioma, esa que tantas penas costó siempre a los que hablamos español, por la que el español ha muerto tantas veces, esa ¡Libertad! que no alcanzaremos nunca. Dicen que fuimos nosotros los españoles, los que pusimos en circulación por Europa la palabra liberalismo. Esta palabra mágica aparece a comienzos del siglo XIX, cuando las Cortes de Cádiz votan la constitución más liberal del mundo.[368] La vocación de libertad ataca de

---

[367] En la tarde del 6 de marzo de 1939 despegaron del aeródromo de Monóvar (Alicante) tres aviones Douglas, en los que iban Negrín y sus ministros, salvo Uribe; en un cuarto aparato marchaban, según unas versiones, el general Cordón, los Alberti y Dolores Ibárruri, y según otras, el ministro del aire Núñez Mazas en lugar de Pasionaria (cfr. *AP* 2, p. 13).

[368] Como han señalado diversos autores, y entre ellos Vicente Llorens ("Sobre la aparición de *liberal"*, *NRFH*, XII, pp. 53-58), fue en las Cortes de Cádiz (1811) en donde nace el vocablo "liberal" con la acepción política que hoy le atribuimos (dato filológico que ya señaló Alcalá Galiano).

cuando en cuando a mi pueblo, y los mejores hijos de España por decirla pasan a través de fusilamientos, cárceles, destierros y angustias. Vivir para la libertad significa para un español condenarse a la incomprensión y al exilio. Dicen que los románticos españoles tenían siempre preparada una pistola y una onza de oro. Nosotros llevábamos tan solamente la pistola. Al aterrizar en el aeródromo militar de Orán, me señalaron la cintura: Señora, su pistola. La entregué, con una pequeña melancolía, mordiéndome los labios. Serví de intérprete: Ese señor es el general Antonio Cordón, ministro de la Guerra, y este otro, es el señor Núñez Mazas, ministro del Aire. Aquél, un poeta y yo... una miliciana. Nos creyeron sin dificultad. La radio daba todas las noticias de la traición del coronel Casado y las Cancillerías de Europa respiraban contentas. Pero yo hubiera querido decirles: Somos los que hemos conseguido sacar de España una palabra para conservarla sin mancha. La hemos defendido a tiros, bajo una bandeja roja, morada y amarilla, al son de una musiquita candorosa, el himno de Riego, a cuyos sones de polquita popular combatimos tres años y enterramos a nuestros muertos. Pero no dije nada. Separaron a los aviadores porque iban de uniforme. Afortunadamente, Rafael no llevaba el suyo de soldado de aviación. Notamos que iban llegando más soldados a mirarnos. ¿Compasión, curiosidad? Pregunté con insistencia: ¿Qué esperamos aquí? Órdenes, me contestó el oficial. Llegarán pronto. Ustedes son pocos. Si fuera como lo del Pirineo... ¡Oh, la, la!

Sí, claro, aquello era un pueblo, un pueblo que echó a andar. ¿No encuentra usted que fue un plebiscito que debió haber conmovido al mundo? ¿Que cómo es España? "España es abundante de mieses, viciosa de pescados, sabrosa de leche y de todas las cosas que se hacen de ella, llena de venados y caza, cubierta de ganados, plena de caballos, provechosa de mulos, segura y fuerte de castillos, alegre de vinos, holgada de abundamiento de pan, rica de

metales, plomo, estaño, de argento vivo, de hierro, de arambre, de plata, de oro, de piedras preciosas, de sales de mar y
de salinas de la tierra, briosa de sirgo y de quantas cosas se
hacen de él, dulce de miel y azúcar, alumbrada de cera,
cumplida de óleo, alegre de azafrán. Pues bien, este reino
tan noble, tan rico, tan poderoso, tan honorado fue derramado y estregado en una revuelta de los de su tierra que
tornaron sus espadas unos contra otros, como si les mandasen enemigos, e perdieron todo."[369]

El que así habla, señor oficial, es Alfonso el Sabio, rey
de España en el siglo XIII, y no ninguno de nosotros, los
que sufrimos una guerra civil, pero nos reconocemos en
esta antigua lamentación de la sangre. Así ha sido "tornaron las espadas unos contra otros, como si les mandasen
enemigos..." Ahora, dígame: ¿Puedo mandar un telegrama a París? Es para Louis Aragon.

Creo que hablé mucho entonces para estar tranquila,
para que no se me notase el temblor que sentía al ver dónde nos había precipitado el cainismo español, como decía
don Miguel de Unamuno, cuando los que quieren imponer
sus dogmas desenvainan las espadas. ¿Cuándo terminará
esa horrible manera de tener razón? Ellos son los que durante siglos han negado al pueblo el derecho a enterarse de
por qué y por quién se muere, sacando así provecho de su
ignorancia, dejándolo envuelto en sus andrajos, para
mejor despreciar lo que ignoran. España ha sido siempre

---

[369] Fragmento del "Laus Hispaniae" de Alfonso X, perteneciente a la
Primera Crónica General, parágrafo 558 ("Del loor de Espanna, como es
complida de todos bienes"). Al finalizar la expresión "alegre de azafrán"
María Teresa da un salto de unas veinte líneas, y prosigue copiando, algo
a la ligera, el fragmento que voy a reproducir del original alfonsí: "Pues este regno tan noble, tan rico, tan poderoso, tan onrrado, fue derramado et
astragado en una arremessa por desabenencia de los de la tierra que tornaron sus espadas en sí mismos unos contra otros, assi como si les min-
guassen enemigos; et perdieron y todos, ca todas las cibdades de Espanna
fueron presas de los moros et crebantadas et destroydas de mano de sus
enemigos." La voz *arambre*= 'cobre o bronce'.

como una plaza partida en sol y sombra. ¿Qué lleva usted? Preguntó alguien. Abrí las manos. Nada. Así que ¿entra usted sin nada en Francia? Ah, no señor, traigo conmigo todo el mapa de España. *Vous blaguez.*[370]

Avisaron que llegaba un avión más. Aterrizó un avión mucho más grande que nuestra libélula roja. Todos los soldados del aeródromo se movilizaron. Alguien se inclinó para decirme: Ha llegado *vuestra Dolorés.* Un soldado que indudablemente sabía bien de quién se trataba exclamó: *Oh, celle la!*

Al mirarla, sí que los ojos se me llenaron de lágrimas. Todo lo que había fabricado por dentro para sostenerme, toda la geografía española que me había inventado durante el vuelo del avioncito, se me fue de la cabeza ante Dolores y me senté en un rincón para que no me viera flaquear. Sentí pena y me avergoncé de sentirla. Dolores miraba todo con la misma serenidad de siempre, dándonos una lección de cómo se lleva la cabeza alta. Yo deseé en aquel instante la respuesta de cómo se resiste altivamente las miradas ajenas. Dolores estaba segura de representar algo que jamás podría ser vencido ni aniquilado: nuestro pueblo, y Dolores era ya un momento de su historia. El diputado francés que llegó con ella y otros camaradas parecían borrados detrás de aquel símbolo. El oficial que estaba cerca de mí me dijo confidencialmente: Un poco de paciencia. La orden no puede tardar. Ha llegado *votre Pasionaria.*

Los soldados parecían preguntarse: ¿Y esta mujer, tan bien plantada, es la famosa Pasionaria? Se habían topado con una leyenda y abrían la boca ante la verdad. La leyenda de Dolores Ibarruri estaba, como el día, dividida en luz y sombra. Unos la negaban, convirtiéndola en el monstruo que aparecía por la noche con su chal negro terciado y un cuchillo afiladísimo entre los dientes, con el que sacaba los ojos a los curas. Otros la veían luminosa, gritando ver-

---

[370] *Vous blaguez:* 'usted bromea'.

dades a los cuatro vientos, reuniendo, como algunas madonas italianas, las multitudes bajo su manto. Nunca se le concedió a ninguna mujer de nuestro tiempo actual nada parecido. España, país de pobreza, país de milagros, fabricó su milagro revolucionario matriarcalmente para dar confianza a todos. Cuando en 1936 hablé junto a ella en un mitin, allá en Asturias, para reclamar la parte de reparaciones que se debía a los mineros asturianos por la horrible represión del año 1934, las mujeres casi se santiguaron al ver aparecer a Dolores, mujer de minero. ¡Qué hermosura nueva tan alta y tan fuerte nos traía! Estaba casada con un minero vasco, vasca ella también, fuerte de palabras, entendida de miserias. Su historial revolucionario había empezado en el fondo de una mina, donde un grupo de descontentos se había atrincherado, bajando a las entrañas de la tierra como símbolo de su negativa, porque es mejor enterrarse que vivir peor que las bestias, que al menos pueden pacer al sol. Dolores, exaltada y hermosa, abandonó el dedal y la aguja, olvidó los libros de oraciones, dijo adiós a las monjitas amigas, y empezó el difícil camino que anda el proletariado.

Ser un revolucionario es cumplir un servicio, se necesita un aprendizaje, tenemos que volver a la obediencia, al abecedario del amor al prójimo. Hay oscuridades que se iluminan poco a poco con resplandores que os enmudecen. Es un oficio antiguo el rebelarse, lo moderno es el saber por qué. Debemos retroceder muchos siglos para vernos a nosotros mismos como esclavos, como siervos, como miserables hambrientos, moribundos de injusticias. Algunos temblaron sólo de pensarlo y se dirigieron a Cristo, otros apretaron los puños. Dolores apretó los suyos aquella mañana de huelga en el país vasco y desde entonces así habla, los puños cerrados, segura y firme de decir a las multitudes las eternas palabras nuevas.

Cuando hoy la reencontramos en su casa de Moscú, nos parece cumplir una devoción ritual. ¡Qué hermosa es siempre esta mujer viril de inteligencia, siempre al servicio del pueblo de España! Mirarla nos corta el aliento. Poco a poco lo recuperamos. Dolores ¿recuerdas aquel mitin de la Plaza de Toros de Madrid cuando salió de la cárcel Companys, presidente de la Generalitat de Cataluña? Arruga un poco los ojos. ¡Fueron tantas las veces que habló! En la foto que tenemos, Rafael está junto a ti. Yo debo andar cerca, pero el fotógrafo me olvidó.[371] La miro, juego con sus nietas. Me estremece pensar que su hijo cayó con su avión junto al ejército soviético durante lo que los rusos llaman la Gran guerra patria.[372] ¡Cuántos españoles participaron! La hija de Dolores, casada con un general de aviación soviético, escucha nuestros cuentos. Irene Falcón[373] y Clarita Sancha, la mujer del escultor Alberto Sánchez, están junto a nosotros. Recordamos que Stalin nos dijo: ¿Olvidan ustedes que los aviadores que caen en España no pueden ser enterrados ni siquiera con su nombre? Los hombres nuestros tampoco, camarada.

Y hablamos entre mujeres de aquel cementerio de las Brigadas Internacionales. Estaba replegado en unos declives de Fuencarral, barrio entonces con pequeños desmontes y algún árbol. Se abría la verja y en el muro de ese gran patio o corral se leía: "Muertos por la libertad y el honor

---

[371] Foto muy conocida, en la que aparece Alberti en plena alocución desde una barrera de la plaza de toros de Madrid, el 2 de febrero del 36 (cfr. *Imagen sucesiva de Rafael Alberti*, Diputación de Cádiz, 1989, p. 35). Rafael ha recordado cómo conoció a Pasionaria al finalizar una lectura de sus poemas en una modesta biblioteca proletaria madrileña (*AP* 2, p. 130 y *AP* 3, p. 87) y le dedicó un emocionado poema en *Signos del día* y unas "Coplas de Juan Panadero de saludo a la Pasionaria" (*PC* II, pp. 414 y 599 respectivamente).

[372] El hijo de Pasionaria, Rubén, murió en la defensa de Stalingrado en 1942.

[373] Secretaria de Pasionaria durante sus años de exilio, Irene Falcón fue una conocida escritora y dramaturga vinculada, junto con otras autora como Carlota O'Neill, al grupo de teatro proletario "Nosotros" fundado por su padre, César Falcón. Entre sus títulos destaca la pieza *La conquista de la prensa*, sobre el control de los medios de comunicación y propaganda.

del mundo"; luego, apenas una piedra, un nombre: Carlos, François, Walter, Johans, Jack... Dicen que ya todo está distinto. Los que buscaron el cementerio de las Brigadas Internacionales, en Madrid, no han podido encontrarlo.

Nos cuesta dejarla. Es como si hubiésemos estado sentados junto a uno de esos árboles que desafían el mar y no se dejan convencer por los vientos. Dolores Ibarruri no desaparecerá ya nunca. Ella lo sabe y sigue jugando con su nieta, dictando cartas a Irene, sonriéndonos a todos los de entonces con la serenidad de los inmortales.

¿Recuerdas, Dolores? Los del barco querían hacernos comer en los camarotes para que no nos vieran los pasajeros, pero tú dijiste: ¿No hemos pagado nuestro pasaje como todos? Pues, al comedor. Antes de esto habían aparecido las gentes del fondo del barco, los que cuidan las máquinas, los que limpian, los que aseguran los servicios, los marineros, y todos te estrecharon la mano como si apretasen y se condoliesen con la tierra de España, y pasaron saludándonos con una chispa de emoción en los ojos porque... ¡lo que habían hecho los españoles!... Y después, un oficial se acercó a ti y dejó en tus manos un envoltorio donde estaban todas las pistolas que entregamos, desde la grande que quitaron al piloto mientras blasfemaba injurias, hasta la mía tan pequeñita. Las miraste con ternura y pasaste el contrabando al diputado francés Catelas con palabras parecidas a éstas. Ahora pueden serviros a vosotros, y abrazaste al oficial, firme y valiente.

¡Ay, qué pronto iban a necesitarlas! Hitler no esperaba más que el final de la guerra española para poner en movimiento sus sueños de devorador de pueblos.

En esta aventura-desventura de nuestro destierro ha habido de todo: frustrados y felices, egoístas y generosos, olvidadizos y constantes, los que supieron perder y los que ganaron. A cuestas nos llevamos nuestros defectos y virtudes, como cualquier pueblo que echa a andar. Algunos de aquellos españoles errantes se han desvanecido voluntariamente en la niebla del olvido de sus antiguas y generosas posiciones: otros, aunque buscan de encontrarse, tratan aquello de *entonces* como quien habla de los pecados de juventud. Los hay que rehúyen todo contacto con los partidos políticos en el destierro y los que prefieren las críticas de café al trabajo común. Y están los que no han cedido ni cederán ni uno de sus derechos de españoles, los bravos, los fuertes. Con todos ellos hemos ido encontrándonos, en un café, en una reunión de partido, en un salón, en una conferencia, en un teatro. Sentimos ante ellos emociones diversas. A algunos los hemos tenido muy cerca: a Álvarez del Vayo,[374] por ejemplo. Álvarez del Vayo, cuñado de Luis Araquistáin, es socialista. Él fue el ministro que sostuvo en Ginebra, ante una sala vacía —solamente lo escuchó el embajador soviético— el derecho a defenderse de la agresión que tenía la República Española. Da alegría encontrárselo. Es el optimista. María Teresa, no llega a noviembre. Aquello se acaba. Cuando estamos con él nos ponemos a soñar en voz alta, perdidos en un entusiasta retorno. Y de lo mismo hablamos en Roma, en París, en Pekín... Van pasando los años. ¿Cuándo llega ese noviembre? Álvarez del Vayo abre su escaparate de ilusiones: Pero ¿no saben ustedes que para noviembre...?

¡Gente de España! Guerra de España que aún se cuenta o se canta o se discute. ¿Por qué esa persistencia en la memoria de los hombres? Han pasado años y años y, sin em-

---

[374] Julio Álvarez del Vayo (1891-1975) fue embajador en México y la URSS y ministro de Relaciones Exteriores durante la Guerra Civil; colaborador directo de Negrín, favoreció especialmente la política del PCE a pesar de que, inicialmente, estuvo afiliado al PSOE, partido del que fue expulsado en 1944. En 1951 fue elegido Presidente de la Unión Socialista Española y en 1964 fue uno de los fundadores del Frente Español de Liberación Nacional.

bargo, como el problema del pueblo español no ha sido re-
suelto, ahí está en pie. Los hijos no nos han dicho aún: Dejadnos de vuestras historias viejas. No, buscan hundir su
mano en ellas, en esa sangre derramada para encontrarse
por qué los han extraviado, los han dejado sin historia, tu-
telados por ideas derrotadas, sin voto y sin voz. Por eso
nos preguntan: Madre, ¿cómo fue aquello? Y nosotros
parpadeamos un poco antes de responderles: Hijos, fue
una luz.

Los primeros pasos de nuestro destierro los dimos en el
puerto de Marsella. Atracó el barco que nos traía de Orán
y nos confiamos a unos amigos que nos estaban esperando. El coche dio varias vueltas para disimular nuestro destino y se detuvo ante una casa tranquila —perdón por
haber olvidado vuestro nombre, camarada—, donde todo
se desarrolló según las más suaves leyes familiares. No recuerdo bien si pudimos dormir. Al día siguiente, teníamos
que salir hacia París en el primer tren. Elegimos el tren
más caro, el de más lujo, propio para gente sin pasaporte,
sin documentos, sin equipaje. Núñez Mazas aprobó el plan
y sacó el dinero francés que tenía en el bolsillo. Rafael le
imitó. Poco era, apenas, lo que nos había quedado del viaje que habíamos hecho a París y a Moscú el año 1937, pero bastante para camuflarnos. *Trois billets pour Paris sur
le Fleche de Argent.* Subimos divertidos y sonrientes. En
aquel pullman viajaban los hombres de negocios, las señoras que habían pasado los días invernales en la Costa Azul,
algunos extranjeros y nosotros. Nos divirtió durante un
poco de tiempo el engañarlos. ¡Ay, si hubiesen sabido que
éramos de esa banda de españoles piojosos, antifascistas
que nos habíamos puesto de pie ante Hitler, ese dueño del
centro de Europa que tenía sobre la mesa de su Estado Mayor la invasión de Checoslovaquia, de Hungría, de Polonia,

de Francia...! Pero nadie ve los males ajenos y Francia no había puesto sus barbas a remojar al ver nuestro destino.

¿Comeremos o no? Si comemos, no tenemos para el taxi al llegar. ¿Tenéis sed?, nos preguntaba Núñez Mazas sacando los últimos francos. De pronto, el señor sentado a mi lado me susurró sigilosamente: Madame, pardon. El señor que acaba de levantarse ¿es el poeta español Rafael Alberti? Debí dejarlo un momento suspendido de mi asombro. ¿Poeta? Y pensé: Ya está: ¡la policía! Puede que tartamudeara un poco al responderle: Sí, señor. Y el señor se puso contentísimo, me tendió la mano y se levantó a recibir a Rafael que regresaba. Me llamo fulano de tal, arquitecto y gran amigo de Louis Aragon y... de la España Republicana, claro es.

Jamás me alivió más un suspiro. Fue él quien solucionó todo, el que nos invitó a comer, el que repartió cigarrillos, el que hubiera querido que el vagón no se moviese cuando, rendida, me adormecí. Al llegar a la estación de Austerliz el arquitecto francés acentuó aún más su gentileza: El coche me está esperando. ¿Dónde los puedo dejar? ¡Fantástico! Íbamos a entrar en París en automóvil particular. Pero otros amigos nos esperaban. Gracias, gracias, gracias. ¡Ay, cuántos años he tardado en dar verdaderamente las gracias al arquitecto francés y a los amigos de Marsella y a los marineros y fogoneros del barco que hace la carrera Orán-Marsella y a los soldados de la base militar de Orán! ¡Treinta años! ¡Vaya por Dios!

Está visto que los españoles formamos un cuerpo difícil de desintegrar. ¿Quién dijo que puede vencerles la soledad del destierro? Claro que tardamos mucho, mucho en habituarnos a ser ese paria a quien se llama refugiado y se le hace ir cada ocho días o cada dos a la policía para verificar su buen comportamiento. Recuerdo que los alemanes, cuando Adolfo Hitler subió al poder y tantos eligieron irse, solucionaron muchas veces su inadaptación con el suicidio. El español, no, el español ha sido siempre un errante. Los españoles, en esa primera época de su destierro, mordieron duro. Los españoles en campos de concentración fueron un hueso malo de roer. ¿Por qué no se han escrito las cosas que se cuentan los que estuvieron juntos cuando se reúnen? ¿Podríamos olvidar el nombre de Nancy Cunard, la escritora inglesa que fue espigando campo a campo para llevar a los intelectuales a un castillo que había alquilado para protegerlos?[375] Nosotros, no. ¿Y a Renaud de Jouvenel? Tampoco. ¿Y a los cuáqueros que ayudaban a liberarse a los enfermos? No, a ninguno de los que tomaron contacto con la camaradería internacional se les olvidará nunca. ¿Cómo no abrazar fuertemente a Madeleine Braun, la que habla de España con los puños cerrados? Quédate aquí, espera. En este pueblecito estarás tan ricamente. Javier Farías llegó al pueblecito, amanecía. ¿Dónde estará el castillo de Nancy Cunard?, se preguntaba. Ni alma viviente. Nadie, ni el policía de la esquina ni los carros hacia el mercado ni siquiera el viento porque era un día hermosísimo iluminándose. ¡Vaya si se levantan tarde estos franceses! Cuando decidió sentarse en el cordón de la vereda, oyó que se abría una puertecilla. Un hombre dejó contra la fachada una escalera. Regresó al piso, abrió la ventana y tirando con cierta energía militar desenrolló el letrero de su propaganda: *L'hernie guerie avec le soutien sans pelotes.*[376] ¡Estoy salvado! Y Javier Farías aplaudió,

---

[375] Nancy Cunard fue una curiosa mujer, amante de Louis Aragon y protagonista del anónimo relato *El coño de Irene* (*vid. AP* 2, p. 98, y *CV*, pp. 176-180).
[376] Se trata probablemente, por el anuncio, de una ortopedia: "La hernia se cura con un braguero", pues el autor del reclamo publicitario juega con la doble acepción del vocablo "pelote", ya que —y referido al ámbito ortopédico— significa también 'utensilio con el que se comprimía la parte del cuerpo en donde había una hernia'.

casi al compás de *La Marsellesa*. Monsieur, ¿dónde está el castillo de la señora Nancy Cunard?

¡Ah! los españoles, esa gente sin definición posible. Claro que nuestra emigración no fue perfecta. El español no sabe qué hacer con la perfección, como no sea torear un toro. Le molesta ceñirse a normas como si le dijesen que todos los días iban a ser jueves. Cuando es insensato alcanza cimas prodigiosas, y cuando se arrepiente de su insensatez, está dispuesto a todas las tristezas, a todas las penitencias. Estamos fabricados a fuerza de fracasos históricos que no sé si hicieron del español un ser heroico o testarudo. Le gusta salirse con la suya. Pues bien, esa gente difícil aceptó su destino, fueron pocos los que repasaron la frontera francesa, fueron miles de millares los que cubrieron el mundo con su testaruda lealtad al pueblo donde habían nacido.

> *¿Qué hacemos hoy sin ti, rostro de España,*
> *dolor de amor, romántica hermosura,*
> *balcones del regreso, miradores*
> *al ancho mar que nos separa tanto...?*

La historia de la democracia está escrita con tinta blanca sobre papel blanco. Es muy difícil de seguir. Los republicanos españoles nos perdemos en ese desierto. Nos dijeron: las democracias europeas ayudarán. Nos abandonaron. En 1946 los periódicos seguían escribiendo: "No se puede prever cuándo se instalará la democracia en España." Al reorganizarse Europa después de la guerra, las cancillerías sintieron vergüenza. Dijeron que tenían todo previsto para que en España resplandeciese una sociedad libre y justa. Tenían la lista de los objetivos primeros: fin de la dictadura de Franco, restablecimiento de la justicia pisoteada, amnistía total, libertad de reunión y prensa, elección de un parlamento representativo... Han pasado treinta años. Las cancillerías occidentales encuentran que se debe saludar con reverencia a ese campeón del anticomunismo, regente de la simbólica monarquía española, fabricado entre todos: unos apoyándolo abiertamente, otros, consintiéndolo.

¿Quién habla ya de las traiciones en cadena del campeón del anticomunismo? Nadie. Nadie recuerda. Franco atacaba al comunismo desde un pacto Anticomintern que tenía por representante de Alemania a von Stohres, por Italia a Campalti, por Japón a Makoto Yano.[377] Con la otra mano tocaba Franco la sensibilidad de las democracias. Franco estaba convencido de que si Hitler organizaba Europa, América del Sur le tocaría organizarla a él. Sueños imperiales. Hay una aleccionadora fotografía sobre las amistades transitorias y es la que Hitler y Franco se hicieron juntos en Hendaya, en 1940. Allí se pide que Himler[378] vaya a Madrid para enseñar a la policía española a ser Gestapo. Y comienzan los discursos en apoyo a la victoria nazi. "Los aliados están perdidos..." 1941. Claro que es posible siempre variar el tono, sobre todo cuando se ha tomado contacto con Inglaterra: "Las hostilidades están en punto muerto, el momento es venido de hacer la paz." Pero dos años antes de esta declaración de 1943, se ha comenzado la cruzada contra el bolchevismo iniciando la *Cooperación espiritual* con los nazis, mandando a Hitler la División Azul.[379] La bendice el obispo de Madrid. Van

---

[377] María Teresa alude al Pacto Tripartito (pacto germano-italiano-nipón) que se negoció en Tokyo y se firmó en Berlín en septiembre de 1940, por el que se aseguraba a Italia y Alemania, por un lado, la posibilidad de organizar un "orden nuevo" en Europa, y lo mismo a Japón en Extremo Oriente, así como ayuda mutua en caso de ataque a uno de los firmantes.

[378] Heinrich Himmler (1900-1945) fue jefe de la Gestapo desde abril de 1934, y formó junto con Hess y Göring el triunvirato nazi en torno a Hitler. Puso en marcha los terroríficos campos de exterminio.

[379] La División Azul se llamó a la unidad militar española, que, integrada en el ejército alemán (División 250) combatió en el frente del Este durante la Segunda Guerra Mundial. Estaba formada por voluntarios que partieron de España a mediados de julio de 1941 y combatieron en el sec-

dieciocho mil hombres. Ahora, en los libros del recuerdo, se dice con cierta sorna que sirviera para propagar la raza española en los países eslavos. Yo puedo añadir que estando en Polonia me contaron algo sobre la existencia, en las montañas de los Cárpatos, de extraños pastores que apenas se dejaban ver y que hablaban un lenguaje desconocido. Pastoreaban en la alta montaña, tenían hijos, el pelo negro. De la investigación habían resultado ser desertores de la División Azul...

Cuando se lanzaron a vuelo las campanas de la Victoria de los países democráticos, Franco presentó su cuenta: el consentimiento del espionaje inglés, el aprovisionamiento de barcos, los acuerdos aéreos con Estados Unidos. ¡Cuántas efusiones con el vencedor! Vengan, vengan a tomar posesión de los bienes alemanes en España. Hitler está muerto. ¡Vengan!

Pero dicen que se destruyeron documentos, se camuflaron equipos. Los enormes intereses británicos dictaron una nueva política comercial. Franco sabía jugar a dos barajas. El pueblo español había sido burlado nuevamente. ¡Hasta cuándo! ¿Hasta cuándo?

A veces, cuando volvemos a la Unión Soviética, nos tropezamos con un amigo de barba puntiaguda, vieja estampa de revolucionario que vive de recuerdos. Nos mira. Sonríe. Nos estrecha la mano sin saber bien quiénes somos. Yo siento ternura por su manera incierta y olvidadiza de mirarnos. Aparece siempre en las reuniones donde se habla de España. ¡Aún se celebran reuniones donde se habla de España con el corazón apretado! ¡Qué emoción se siente! El viejecito escucha a los oradores moviendo la cabeza. Luego mira a las muchachas que bailan flamenco con acento moscovita y se va, estrechando las manos de

---

tor de Leningrado en el mes de octubre de ese mismo año. Estuvo mandada por el general Muñoz Grandes y después por el general Esteban Infantes.

todos. ¡Cuánto se desvivió por España cuando estaba mi pueblo cercado por la ceguera de los países libres! El embajador Maiski formó parte, representando a la Unión Soviética, del Comité de Londres.[380] Allí se batió por nosotros. Este personaje tiene en la historia de Europa el puesto quijotesco de defensor de los débiles agredidos por los gigantes. Sospechamos que vive todavía rodeado de aquellos clamores, de las voces, las medias palabras, las risas de los que iban decidiendo nuestra suerte ante una mesa cargada de responsabilidades. Para él somos gente de España, aquel país desangrado hasta la última gota de sangre. Sí, ¡qué equivocados anduvieron los inteligentes! Aquel Lord Plymouth, por ejemplo. Cómo se rieron los grandes cuando el buen Lord confirmó que no existían pruebas de la intervención de Alemania o Italia en los asuntos españoles. Le premiaron con una ovación. Así, puntada a puntada, empezaron a tejer el sudario con que enterrarían a sus propios muertos. El embajador Maiski les gritaba que el precio que iban a pagar por creer las palabras de Hitler y Mussolini iba a ser demasiado alto. Nadie lo escuchaba. ¿Para qué? El embajador Maiski sigue por dentro rumiando hoy todas aquellas equivocaciones. Se ha parado allí. Para él todo lo que vino después tiene aquella cara maligna del Comité de Londres que perdió todo al pretender ganar. Si alguien le pregunta por el presente, sonríe. Una bomba de tiempo dejaba en la parte más

---

[380] Iván Mijaílovich Maiski, diplomático e historiador soviético, fue embajador de su país en Gran Bretaña desde 1932. En 1943 regresó a Moscú y se dedicó al estudio de la historia de España y de las relaciones internacionales. El Comité de Londres, que se creó en septiembre de 1936, acordó el Pacto de No Intervención en la Guerra Civil española. Pero tal acuerdo de neutralidad —al que únicamente se opuso México— y de no facilitar armamento ni ayuda militar a ninguno de los dos bandos fue incumplido de inmediato, lo que provocó la denuncia de Álvarez del Vayo y la amenaza de la URSS, por medio de su embajador Maiski, de retirarse del Comité en caso de que las potencias del Eje no observaran una estricta neutralidad.

occidental de Europa, eso es España habitada por uniformes ajenos, careada por bases militares donde no es obli-
gatorio hablar el español. Pero la culpa de esto está en
Yalta,[381] ¿no? ¿Y en Yalta no estaba Stalin para defender
el papel que España debía representar en una Europa democrática recobrada? ¿Por qué se dejaron convencer?
¿No habían muerto los soviéticos —él mismo nos lo dijo— cayendo sobre la tierra de España, sin derecho a un
nombre propio escrito sobre sus cenizas? ¿Por qué no se
exigió a aquellos que habían mandado la División Azul a
combatir durante la guerra al frente ruso que fuesen dejando a España su derecho a elegir su gobierno y se autorizó complacientemente que España fuese el único país
totalitario de Europa cuando los otros países desaparecí-
an? ¿Tantos servicios hizo Franco a las democracias? Pues
en el pecado está la penitencia. Allí los tienen sentados y
felices a los nazis alemanes y a los fascistas italianos y a los
franquistas españoles, dispuestos a reorganizar la nueva
marcha contra las libertades humanas cuando llegue el
día, su día de la venganza. ¡Alerta los pueblos! El embajador Maiski baja la cabeza. Escucha. También él se avergüenza un poco de esta carta blanca que se dio en Yalta
para que un país, España, fuera el jardín tranquilo de reyes
destronados y jefes nazis. Estrecha nuestra mano. Está
contento cuando se halla entre españoles. No nos recuerda bien. Nos mira. Somos gente de entonces. Esto le basta.
Somos los que no nos dejamos vencer ni convencer. Por
eso Maiski sonríe y sigue andando.

---

[381] La Conferencia de Yalta entre Roosevelt, Stalin y Churchill se celebró en el mes de febrero de 1945 y en ella se decidió sobre el reparto en
zonas de influencia de la "Europa liberada", acordándose, entre otras decisiones, la división de Alemania. La posterior "guerra fría" demostró la
falta de acuerdo que, en el fondo, hubo en la reunión de Yalta.

Cuento de nuevo la historia, cuento otra vez y la recuento si el cuento me gusta. Este es el de un libro donde se lee: "Rafael, María Teresa: con los años, aunque no os escribo, os voy viendo mejor, más luminosos y más llenos de amistad y gracia. Un abrazo con todo el corazón. León Felipe."

Hoy ha muerto León Felipe.[382] Nos sentimos apretados y pequeños hasta dejar de palpitar y de ser. Suspendida de los recuerdos he pasado la noche y la mañana. ¡Conque te nos has ido por el escotillón, como buen actor que fuiste, para suspendernos mejor el aliento! Por eso bajabas la escalera de la Alianza de Intelectuales como un príncipe, rascándote la barba, envuelto en el abrigo de pieles encontrado en los desvanes del palacio. ¿Qué has sido en tu vida, León Felipe: cómico, farmacéutico o vendedor de fusiles en Fernando Poo o Muni, como Rimbaud?[383]

Oh, viejo caballo sin estirpe.
No tienes pedigree...,[384]

te dirás, incorporándote a los poetas ilustres de tu época; pero otras veces,

---

[382] León Felipe murió en México, en el mes de septiembre de 1968.

[383] León Felipe Camino Galicia había nacido en Tábara (Zamora) en 1884. Regentó una farmacia en Santander y luego en Balmaseda (Vizcaya). Poco tiempo después, libre ya de sus cargas familiares y ocupaciones farmacéuticas, se entrega a su vocación de actor, ingresando en la compañía de Tallaví y trabajando con actrices de la categoría de Carmen Cobeña o María Gámez, y luego se incorporó a la compañía de Juan Espantaleón, con la que se pasea por pueblos de España y Portugal. Pero acabó alternando sus papeles de actor con la regencia de farmacias por varios pueblos castellanos, al tiempo que iba escribiendo sus *Versos y oraciones de caminante*. Y entre 1920 y 1922 se marchó a África, residiendo en Fernando Poo como administrador de hospitales del golfo de Guinea.

[384] Esta cita, como la siguiente, proceden del libro último de León Felipe ¡*Oh, este viejo y roto violín!* (1965), en concreto del poema "La gran aventura" (ampliación del poema anterior *Rocinante)*: "Y también a ti te saludo, Rocinante... / Oh, viejo caballo sin estirpe. / No tienes pedigree... / Pero tu gloria es superior a la de todos los 'pura sangre' del mundo".

Dios es el padre de Cristo,
pero también es mi abuelo.[385]

Esos son tus prontos, tus arrebatos. Un día, llamado por su sangre, León Felipe alborotó sus venas y escribió: "Good bye, Panamá",[386] y se separó de América, donde tanto había vivido, y vino a sentarse dócilmente junto a todos nosotros en aquel palacio de la calle Marqués del Duero 7.

Días felices. ¿Felices los días de guerra? ¿Está usted loca? Y yo añado, para evitar la agresión de los que no entienden: los mejores de nuestra vida. León Felipe parecía estar siempre preocupado por la felicidad. Así lo preguntó a los dos muchachos franceses que lo vieron bajar la escalera tan engabanado, tocando al pasar la mejilla de Gerda: ¿Sois felices? ¿Sois felices? Y los muchachos gritaron, locos de júbilo mientras el poeta desaparecía en el patio: ¡La casa de los locos! ¡Qué maravilla!

Sí, era una maravilla de fraternidad, de comunicación, de paridad en los peligros. Había comenzado la defensa de Madrid. Atraídos por nuestro equilibrio vital, poético y político, habían venido a acompañar nuestras horas de guerra algunos escritores extranjeros, entre ellos Langston Hughes, quien contestaba con su risa oscura la sonrosada de un fotógrafo norteamericano que nos gritaba ale-

---

[385] Cita, con alguna variante, que procede del "libro tercero" "Un poeta-payaso angelical y estrafalario" del libro *¡Oh, este viejo y roto violín!*: se trata de un poema titulado precisamente "Ahora voy a decir un chiste", en el que se lee: "Dios es el padre de Cristo, / y también de mi abuelo. / —Pero usted... ¿qué edad tiene? / —Verá usted. Tengo las encías vacías, / sin un hueso."

[386] Desde 1923 León Felipe alternó las estancias americanas con las españolas. En 1935 el poeta había viajado a Panamá como profesor de su Universidad y agregado cultural de la embajada española. Allí recibió la noticia de nuestra Guerra Civil, y decidió salir al paso del confusionismo y la calumnia con que se estaba interpretando la traición a la República, intentando emitir un apasionado alegato desde la radio panameña con el título "Good bye, Panamá"; seguidamente se embarcó rumbo a España.

gremente: ¡yo fumo *yerbos*! mientras nos apestaba el palacio. Luego, poco a poco, la Alianza se fue quedando vacía. Avanzaba la guerra hacia nosotros. Madrid, objetivo militar y político, noche a noche era bombardeado.

León Felipe comenzó a sentir la soledad de la casa inmensa. Se paseaba con ella de la mano, iba de un ángulo a otro sin querer dar su brazo a torcer, sin querer irse. Gritó airado y valiente y le respondió otro poeta: Estoy aquí. Los dos se sentaron en la estupenda biblioteca de Heredia Spínola a esperar. ¿Qué esperábamos aquella noche del 7 de noviembre de 1936 mirándonos, casi asombrados de vernos? Mentiría si dijese que esperábamos el fin cuando lo que esperábamos era el milagro.

León Felipe nos dijo, siempre consultando a su barbilla: Yo creo que lo mejor es que prendamos fuego a todo. Ceniza, eso. Ser ceniza. ¿Cómo dices?, le preguntaba a su vez Rafael. Sí, morir aquí entre los incunables y los manuscritos preciosos y toda la sabiduría acumulada por los siglos. Pero estás loco, León. Tú no sabes lo que tarda en arder el papel. Tendríamos tiempo de arrepentirnos veinte veces. ¿No has visto lo caprichoso que es cuando arde? Se levanta, se dobla, se chamusca un poco, se arquea... No, no. Pues yo creo en la hoguera, insistía León Felipe. ¿Con todos estos miles de libros?, le respondía Rafael. Con todos los libros. ¿Pero no es feo llorar ante la muerte? ¿Y el humo? ¿No nos haría llorar el humo? La noche iba alargándose. Nuestra voz humana sonaba con la angustia teatral que el hombre reserva para las escenas finales. Sí, la hoguera, insistía León Felipe adormilándose. Nuestras máscaras comenzaron a desteñirse con el amanecer. Continuaba el cañoneo que nos había servido de fondo. Luego, nos tendimos sobre nuestro cansancio.

El pueblo de Madrid tampoco había dormido. Cuando apareció completamente el sol, llenas las venas de una fe intuitiva, salimos a la calle, paseo de la Castellana adelante. Nos asombramos al ver, tumbados bajo los árboles del

paseo, gente arropada en buenas mantas. Y estos ¿quiénes
son? Nos contestaron: Las Brigadas Internacionales. León
Felipe se acarició más que nunca la barba, la atusaba, sonreía. La capital de la gloria cambiaba su signo. ¿Cómo eran
aquellos hombres que venían románticamente a morir por
España? El pulso de la ciudad se fue afirmando. Pasamos
entre los dormidos. Uno de ellos se inclinó a preguntar a
otro: La ville est belle? Sí, era hermosa como los sueños
donde los hombres dejan la vida. Luego los vimos levantarse, avanzar con la luz de la aurora hacia la muerte.
¿Dónde cayó aquel muchacho?[387]

> Puente de los Franceses,
> nadie te pasa...

No pasaron los franquistas el puente hacia Madrid. Acabábamos de aprender quiénes éramos. Éramos el muro,
debíamos defender el muro de los hombres libres. Lo hicimos.

Pocos días después, una mañana de aquel noviembre de
1936, León Felipe se nos fue hacia Levante. Nosotros no
lo recobramos totalmente hasta años después, en la Argentina.

Nuestro maravilloso amigo no llevaba ya puesto el capote de pieles. Dedicó su tiempo en Buenos Aires a decir
sus poemas proféticos. Se agolpó la multitud. Espantada
la policía al ver el éxito, preguntó a Rafael durante un recital: ¿Qué dice? ¿Qué dice? Ha dicho: Tic tac, tic tac en el
tamboril del cerebro.[388] ¡Qué éxito el de León Felipe! Una

---

[387] Cfr. *Contra viento y marea*, pp. 266-267, en las que se describe la
llegada de los brigadistas a Madrid en términos muy parecidos a estos.
[388] María Teresa podría referirse a cualquiera de estos dos poemas de
León Felipe en los que aparece irónicamente la conocida onomatopeya re-
lojera: "Retorno (del sueño, de los sueños)" de *Drop a star*: "Tic-tac, tic-
tac, tic-tac... / Otra vez el reloj"; y el poema "El reloj" del libro *El ciervo*:
"Contamos el Tiempo con las cuentas amargas de las lágrimas, / tic-tac,

noche nos reunimos todos los entusiastas en una gran comida. Cuando León Felipe se levantó para hablar, con un gesto de actor que saca del bolsillo el asombro para las grandes ocasiones, comenzó: Cerrad las puertas, que vamos a blasfemar. Y como movidos por un resorte, todos los camareros se precipitaron a puertas y balcones, cerrándolos herméticamente.

Su destino humano estaba lleno de misteriosas virtudes. Cuando su mujer murió, él encontró sus manos llenas de fidelidades a su memoria. Le fue difícil vivir, nos dijeron. Luego siguió viviendo absorto en lo que es la dramática paradoja última de la vida del hombre.

> ¿Y hacia dónde caeré?
> ¿Hacia dentro?
> ¿En el cero...
> dentro de la nada?
> ¿o hacia afuera...
> dónde estáis vosotros para recogerme?
> —Estás delirando, León Felipe,
> pero... ¿por qué lloras?[389]

Las últimas palabras se las habrán dicho al oído los ángeles. Los telegramas que creen cumplir con los poetas dando la noticia de su muerte en los periódicos nos han dicho: "León Felipe, desterrado poeta español, ha muerto en México." Cervantes ya nos lo había escrito: "Juntos salimos, juntos fuimos, juntos peregrinamos..."[390]

---

tic-tac, tic-tac... El pequeño reloj." En el libro *Ganarás la luz* acaba así un poema de León Felipe: "Llamadme publicano. Llamadme publicano vosotros también. Llamadme todos publicano. Y anotad esto claro: Que estoy en el infierno. / Y llamadme, si queréis, el gran blasfemo. Sí..."; y en efecto, el siguiente poema lleva por título "Yo soy el gran blasfemo".

[389] Cita que corresponde al poema "Delirio" del libro *¡Oh, este viejo y roto violín!*, y que viene a ser una imagen premonitoria de su propia muerte.

[390] Copio el pasaje —*Quijote* II, 2— en el que se inserta esta escueta cita: "En tanto, don Quijote se se encerró con Sancho en su aposento, y

No, no se quedan solos los muertos, nos vamos quedando solos los vivos. Ahora persigo sombras. Tengo miedo de ser como esos muchachos que en mi tiempo veían a una chica y perseguían su silueta en el hueco de las puertas, en los balcones, en los tranvías, en el cruce de las calles, y no se conformaban con correr detrás de una sombra incierta; preguntaban a todos, pero era inútil, porque sólo corría delante de sus ojos lo que no era, lo que no volvería a ser nunca porque lo había barrido la mano de la noche.

Pío Baroja, a quien yo admiré tanto por esa memoria sin fin que le permite nombres, fechas, acontecimientos, plazas, fuentes y no sólo de Madrid sino de Europa, dice que nos vio un día en la Radio de París apenas acabada nuestra guerra. Así fue. Nos cruzamos. Casi ni nos miró. Éramos las ovejas negras, aunque pensamos que en su conciencia de anarquista inconfesado debía sentir cierta amargura al no haber participado en un momento de la Historia de España que hubiera conmovido a Aviraneta.[391]

---

estando solos, le dijo: "—Mucho me pesa, Sancho, que hayas dicho y digas que yo fui el que te saqué de tus casillas, sabiendo que yo no me quedé en mis casas: juntos salimos, juntos fuimos y juntos peregrinamos; una misma fortuna y una misma suerte ha corrido por los dos" (cito por la ed. del Instituto Cervantes, dirigida por Francisco Rico, Barcelona, Crítica, 1998, vol. I, p. 641).

[391] En el capítulo XVIII de "La Intuición y el estilo", del segundo volumen *Desde la última vuelta del camino*, Baroja refiere que al terminar la guerra tenía que acudir con excesiva frecuencia a la Gendarmería para obtener la prórroga del permiso de residencia, y recuerda que en una de esas gestiones, tras sentarse en un sillón para esperar, "delante de mí, y dándome la espalda, había sentadas dos personas, hombre y mujer, los dos fuertes. Él, sobre todo, tenía la espalda ancha, y ella un gabán de pieles claro y pomposo. Yo no les vi la cara. De pronto me vino la idea de que eran Alberti y María Teresa León [...] Luego, una noche que acompañé a una señora de mi hotel a la oficina de la Radio-París, me señalaron a Alberti y a María Teresa León, y vi que eran los que semanas antes estaban en la ofi-

También cuenta Baroja que veía con frecuencia a Corpus Barga, excelente como amigo, como escritor.[392] Nosotros vivimos cerca de Corpus en esa calle Nôtre Dame des Champs donde cuenta Ernest Hemingway que él vivió feliz por coincidir con la Closerie des Lilas, el café de los poetas hacia el año veintitantos, convertido en los puntos claves de los norteamericanos en su descubrimiento de París. La casa de Corpus Barga fue para nosotros el rincón amigo que se busca desesperadamente cuando tantas cosas nos fallan. Sus ojos, tan certeros para quedarse con lo digno de mirarse o para abandonar lo superfluo, nos acompañaron durante muchos meses. Era el tiempo de nuestro trabajo en *París Mondial*. Dormíamos tanto. El día se nos iba en sueño.[393] La Panchita, nuestra martiniquesa

---

cina de la Conserjería" (cito por la edición de José Carlos Mainer, Galaxia Gutenberg- Círculo de Lectores, 1997, vol. II, p. 395). Aviraneta es el personaje de las *Memorias de un hombre de acción* (saga barojiana escrita entre 1913 y 1935).

[392] Cuenta en efecto Baroja que, después de publicar *Las inquietudes de Shanti Andía*, inició, en París, la redacción de *El árbol de la ciencia*, en un "pequeño hotel de la calle de Vaugirard", donde solían visitarle algunos amigos o conocidos, y entre ellos Corpus Barga, con quien solía comer en un "restaurante de la calle de las Escuelas" (*Desde la última vuelta del camino*, ed. cit., vol. I, pp. 931-932). Corpus Barga (seudónimo de Andrés García de la Barga, 1887-1975) publicó su primera novela en 1910, *La vida rota*. A partir de 1914 se estableció en París como corresponsal de guerra, entrando en contacto con Valéry y los surrealistas y enviando diversas crónica a *El Sol*, que fueron recogidas en el libro *París-Madrid*.

[393] Corpus Barga, después de acompañar a Machado hasta Colliure, se instaló en París hasta 1940, y del 41 al 44 vivió en Marsella y Niza, desde donde envía colaboraciones a *La Nación* de Buenos Aires y escribe la novela *La Baraja de los Desatinos*, editada mucho después (1968) en Lima. En la capital francesa reanudó sus relaciones con Ehrenburg, Neruda, los Alberti y otros exiliados, colaboró en diversas revistas del exilio, como *Romance*, y tuvo un papel relevante en la constitución de la Unión de Intelectuales Españoles (1944) y en la revista *Independencia*. Vid. el IV volumen de sus memorias *Los pasos contados*. Alberti recuerda otra faceta de aquella amistad con Corpus Barga en los meses parisinenses, antes de embarcar para América, lo que hizo en 1948, rumbo al Perú (*AP* 2, p. 103; y *AP* 3, p. 54).

cariñosa, andaba descalza para no perturbarnos. Aún llevaba sobre su cabeza oscura el madrás anudado y algunos días nos alegraba vistiéndose su bata larga de colores, otros, tenía miedo: "Ya está ahí el monsieur Hitler bombardeando." Nos rodeaban las sirenas de alarma. Los soldados no se despedían de su paz y su gente cantando himnos patrióticos. El velo de tristeza se acentúa, ¿verdad, Corpus? Y Corpus nos contaba su vida de corresponsal de guerra durante los años 14 al 17, y Marcelle lo miraba con sus recuerdos todos vivos y Ninoche jugaba a crecer como hacen los arbolitos aunque soplen los vientos. Luego... luego Corpus también dejó Europa y estableció la continuidad de su vocación aceptando ser director de la Escuela de Periodismo de la Universidad de Lima. También allí, ya con sus nietos, recomenzamos la amistad, la charla. ¿Escribes tus memorias? Sí. Y no se olvida de nada, sus recuerdos son precisos —qué envidia le tengo—, da nombres, señas, referencias. Se ha vuelto niño en este primer tomo que releo para admirarlo más, y juega y habla con su abuelo, con el cochero, con los criados y se mira en los ojos de los caballos y se descubre siempre tan pequeño que debe frotarse las manos de alegría seguro de no haber envejecido.

Ante esto siento una gran vergüenza. Jamás hubiera Corpus Barga escrito sobre sus recuerdos: *Memoria de la melancolía*. ¡Pobre libro mío desarreglado como memoria de vieja! ¡Qué desasosiego!

> *Que yo no sé lo que tengo*
> *ni sé lo que a mí me pasa,*
> *que siempre espero una cosa*
> *que no sé como se llama.*[394]

---

[394] En la compilación de cantares hecha por Rodríguez Marín no encuentro ésta, pero sí otra parecida (núm. 5261), dedicada al mismo asunto de "lo inexplicable" del sentimiento o de la preocupación amorosa: "Yo no sé lo que me pasa / ni tampoco lo que quiero. / Digo y no sé lo que digo, / siento y no sé lo que siento".

El filósofo Julián Marías quiere llamar a la generación ilustrada de la España precursora de tanto cambio, generación de 1886. Da lo mismo. Esa generación y la siguiente y la que vino después han sido dispersadas. El pensamiento español, tan azotado de peregrinaciones, no ha querido limitar su destino y reflorece allá donde aún románticamente cree y espera. El libro de Cipriano Rivas Cherif sobre Manuel Azaña está publicado en México.[395] Basta tocarlo para que el horror de aquellos años nos hinque las uñas. Sí, el presidente de la República Española murió desterrado, acosado, consumido de horror en Francia. Francia invadida, entregada a los alemanes, entregó a la Gestapo, matizada de policías españoles, al presidente de la Generalitat de Cataluña y a Zugazagoitia y a Teodomiro Menéndez[396] y a Manuel Muñoz y a Cruz Salido y a Carlos Montilla y a Cipriano Rivas Cherif, entre los que recuerdo.

[395] María Teresa se refiere a la monografía sobre el Presidente de la República *Retrato de un desconocido (Vida de Manuel Azaña)*, editada en México en 1961, pero que se había empezado a redactar entre 1941 y 1943, mientras su autor cumplía condena de treinta años en diversas prisiones españolas. Rivas fue excarcelado en 1946, pero al marchar al exilio dejó los cuadernos del original en España, por lo que tuvo que rehacer el texto, abreviándolo, para publicarlo en la editorial Oasis en la fecha arriba indicada. La edición preparada por Ediciones Grijalbo (1981) está hecha sobre el manuscrito que había quedado en España.

[396] Julián Zugazagoitia (1899-1940), periodista, novelista y destacado militante del PSOE, fue fusilado. Entre sus principales biografías noveladas y novelas sociales destacan las dedicadas a Pablo Iglesias y Tomás Meabe, y las novelas *El botín* (1929) y *El asalto* (1930). También debe señalarse su temprana novela sobre la Guerra Civil *Madrid, Carranza 28* (1940). Teodomiro Menéndez (Oviedo 1879-1978), tras haber sido condenado a muerte por su actuación en la revolución de Asturias, fue excarcelado en febrero de 1936, y desempeñó durante la Guerra Civil diversos cargos en el Ministerio de Hacienda. Fue entregado en 1940 a las autoridades españolas, y una nueva pena de muerte fue conmutada por cárcel hasta 1950. Por último Francisco Cruz Salido, redactor y director del periódico *El Socialista,* que había emigrado a Francia, fue devuelto por la policía francesa y ejecutado en 1940.

Mientras esto ocurría, Largo Caballero, jefe del Partido Socialista Español, enfermaba en un campo de concentración alemán. En Auschwitz está izada hoy en memoria de los allí desaparecidos la bandera de la República. De todos los despropósitos y errores cometidos, ninguno parece tan horrible como éste de ir a buscar a los que se creen a salvo, a los que respiran después de tanta angustia para fusilarlos en España, justo para que sus ojos se la lleven en la muerte. ¿Y por qué tanta furia, por ejemplo, contra Carlos Montilla, presidente de la Junta de Salvación del Tesoro Artístico que tanto bien hizo? Sí, hay que contar y recontar la historia para que los que la escuchen sepan el precio que costó ese trozo de Historia inacabada aún en un momento de España. A veces he leído que los mataban, que nos mataban por ateos. "Nadie puede ser obligado a aceptar o rechazar la verdad", dice la encíclica *Mater et Magister*,[397] pero aún no estaba entonces publicada en España, y José Bergamín se revuelve contra los obispos españoles: "¿Cuál es el poder constituido cuando se produce el complot de la sedición, la rebelión armada que combatimos? ¿Cuál la legalidad constituida? Los paladines de la lucha legal y el acatamiento a los poderes públicos ¿qué se hicieron?"[398]

¡Ay, los obispos de entonces han quedado para siempre justificados en una fotografía donde sonríen con el brazo fascista en alto, saludando a los sublevados contra la lega-

---

[397] La encíclica *Mater et magistra* fue promulgada por Juan XXIII en mayo de 1961, y en ella se actualiza la doctrina social de la iglesia.

[398] La cita en cuestión procede de un breve artículo, "Palabras proféticas", incluido en el número 6 de *El Mono Azul* (octubre de 1936). Allí Bergamín comenta párrafos de una pastoral de los obispos, redactada al advenimiento de la República, en la que se recuerda la obligación del católico de obedecer y respetar el poder civil legalmente constituido, condenando cualquier forma de sedición y de complot. La reflexión que copia María Teresa se completa con este otro párrafo escrito a continuación: "Aquella lealtad que corresponde a un cristiano, ¿en quiénes estuvo? ¿Quiénes han mentido? ¿Quiénes han traicionado?"

lidad constitucional española. Son las mismas manos que escribieron: "Hemos sido y seremos paladines de la lucha legal y el acatamiento a los poderes constituidos." Habían cambiado los tiempos. 1936. Bendecían los cañones.

En el libro de Cipriano, por un pudor de hombre, no insiste en la tragedia que sufrió, junto a otros republicanos entregados como reos de delito común, ni cómo murió diariamente en los calabozos de la Dirección General de Seguridad de Madrid insultado soezmente, ni su calvario bajo esa condena a muerte suspendida sobre su cabeza tanto tiempo, ni lo que pasó en la horrible prisión de Porlier o en la cárcel del Puerto de Santa María o en la prisión de Deusto. Y mientras, moría Azaña, su cuñado, y crecían sus hijos. Y es que el final de nuestra guerra fue el horror de lo implacable. Recuerden.

El fin de nuestra guerra fue tan espantoso como esas tragedias colectivas que luego ocupan su lugar en la escena. Pensad en los miles y miles de seres que se acercaron en Alicante hasta la orilla del mar convencidos de que no iban a ser abandonados por los países democráticos, convencidos de que llegarían los barcos que no llegaron nunca. Pensad en los suicidios de la desesperación. En la agonía de los que se tiraban al agua para alcanzar la lancha del barco inglés que llegó con la orden de no recoger estrictamente nada más que a los miembros de la Junta de Defensa de Madrid. ¿Y los otros? Gustavo Durán,[399] coronel del cuerpo, se tiró al agua y agarró el borde de la lancha, gritando a los marineros tantas cosas en inglés, que consintieron recogerlo. ¿Y los otros? Comenzó por toda España la caza del hereje, del masón, del comunista, del soldado republicano, del que no estaba casado por la iglesia, del que leía libros prohibidos, del que expresaba su descontento hasta por escrito... ¿Cómo fiarse de esta gente que

---

[399] Sobre Gustavo Durán (Barcelona, 1906-Atenas, 1969) *vid. AP 2*, p. 304.

ha combatido a Dios?, decían las viejas. No servía ningún argumento. Dios únicamente está con Franco, le contestaron a una amiga mía que tenía sus hijos en ambos campos. Y es que el frenesí español no se parece a ningún otro. Así lo vio Rivas Cherif, que ahora está revisando aquella gran tragedia con las manos sobre el pecho, cerrados los ojos para ver mejor.

Hubiéramos querido escupir sangre a la cara del que nos estaba contestando: "Las cuestiones de España no interesan, señora." Eso lo repitieron muchas veces a ministros y a generales y a profesores y... a mí, poco después de salir de España. Habíamos conseguido reponernos, trabajar, escribir. Mi novela se llamaba *Contra viento y marea*. Creo que fue la primera que se escribió, pues el año 1939 estaba terminada, y se publicó en 1940, gracias a una excelente, inolvidable amiga, Sima Kornblit, de la Argentina. Las cuestiones de España sí que nos interesan, señora.[400]

Aquella novela mía, hoy inencontrable, comenzaba su relato en la isla de Cuba. Dos de sus personajes llegaban a España desde la Isla, porque yo repetía siempre: ahora no son episodios nacionales los que hay que escribir, porque son internacionales, porque el mundo entero participará en el horror que se está avecinando, aunque los franceses no crean que la experiencia española debían hacerla suya y no deben pensar que somos un pueblo incivil que pisa sus cuidados campos del sur con las sucias alpargatas rotas. Pero la verdad es que aquellos valientes de las alpargatas rotas, desarmados y perdidos en su sueño deshecho, iban a dar a Francia, más tarde, el núcleo principal de la primera

---

[400] *Vid.* lo que se comenta sobre esta novela en la Introducción a la presente edición y en la bibliografía de María Teresa León.

resistencia. Pero... las cuestiones de España no interesan, señora. Yo he preguntado muchas veces: ¿Cómo vivíais en Argelés, en Saint Cyprian? Pues cantábamos, jurábamos, bailábamos, nos moríamos y cuando algún senegalés se extraviaba dentro del recinto... no salía. ¿Bailabais? Pues no que no. Hasta levantamos un tablado para bailar y nos disfrazábamos de mujer y todo. Lo último que un español debe perder es la gracia. Claro que otros, morían. ¿Por qué no se han escrito más libros sobre aquellos hombres que morían sobre la desolación y la arena? Lo peor era no tener noticia de nada, y eso de que el día y la noche no se terminan nunca. Los que se habían quedado en España nos preocupan más que nosotros mismos. Yo no tuve la sensación exacta de lo que era mi familia hasta que me comí todas las uñas de las dos manos en Saint Cyprian, pensando en ellos. Nos preocupaba sobrevivir, porque la disentería se llevó a tantos... Claro que sacábamos bromas hasta de eso. Creo que fue Javier Farías el que un día, mirando la raya del mar dijo muy pensativo: A mí lo que me molesta es tener siempre enfrente este horizonte de culos. También nos hacía blasfemar eso de oír gritar los nombres de los que salían y que jamás en la lista estuviese el nuestro. Claro que se necesitaban agarraderas altas. Renaud de Jouvenel organizaba el salvamento de los intelectuales. Nancy Cunard llegaba a arrebatar de las manos policiales a otros y hasta los cuáqueros se portaron magníficamente. Pero éramos tantos, tantos, y cada uno con nuestra fijación, con nuestra guerra, con nuestro cuento, con nuestra desesperanza. Había los que enloquecieron, como aquel que se empeñaba en cantarnos la Marcha Real porque había olvidado que no se daban vivas a la República con aquella música, y el que había abierto en el campo una barbería, afeitando a diestro y siniestro a los precios que había colgado escritos a la entrada del barracón. Y esto qué son, ¿versos? Y no le pagaba nadie, exactamente igual que sucede siempre a la poesía. ¿Y los otros, los que hablaban

del cañón, pues eran artilleros que habían empujado su cañón hasta la frontera porque no querían abandonarlo en
una cuneta? Nos lo quitaron los guardias, maldita sea... ¿Y
para qué queríais ya un cañón? Para volver, respondían
siempre. ¡Ah, gente de España!

Hasta los campos de concentración, hasta nuestra angustia iban llegando las noticias. Aun había incrédulos
que meneaban la cabeza: Eso no es posible. Pero lo era. La
represión más brutal conocida se extendía por España.
¿Será verdad que hay más de trescientas cárceles, que más
de veinte mil mujeres están detenidas, que los campos de
concentración son como rediles de ovejas sobre las que se
dispara sin aviso? Comenzaban a llegar las noticias de la
violencia horrible, de la venganza como ni la imaginación
la pensó nunca. Las cuestiones de España no interesan, señora. El mariscal Pétain, embajador de Francia en Madrid,[401] cerraba los ojos y estrechaba la mano del general
Franco charlando de los problemas coloniales africanos,
de los que ambos conservaban tantos recuerdos. Puede
que en el fondo Petain admirase y envidiase profundamente aquel acierto militar del general Franco de invadir España no con fuerzas españolas sino con marroquíes y del
Tercio, tratando a España como una colonia a la que hay
que someter. Era el momento en que todos los gobiernos
de Europa se vendían por una paz falsa, cambiando mentiras y engaños en la bolsa internacional. Era muy sencillo
cerrar los ojos a lo que en España estaba sucediendo, aceptando la farsa de la legalidad, de la tradición religiosa de la
España una y eterna, de que la victoria militar se cimenta

---

[401] El mariscal Philippe Pétain (1856-1951) alcanzó notable fama militar durante la batalla de Verdún (1916) y en 1925, ya como mariscal, se
trasladó a Marruecos para sofocar el levantamiento de Abd el-Krim. La
embajada en España la ejerció entre 1939 y comienzos de 1940, pues en
junio de ese año fue nombrado presidente del Consejo de Ministros, y luego jefe del Estado francés. Al final de la guerra mundial fue juzgado por
colaboración con Hitler, y condenado a cadena perpetua.

siempre sobre los muertos. Volvió a usarse el nombre de Dios para matar. En las cárceles hubo curas que abofeteaban a los condenados a muerte porque no querían confesarse. Pero ¿para qué quiere usted encontrarse con ése en el cielo, padre? Déjelo que se condene. La burla y la muerte. Durante años ha habido condenados a muerte hundidos en la sombra, sin derecho a la luz como en la Edad Media, aguardando como una liberación que pronunciasen su nombre y salir a morir bajo el cielo. ¡Años y años! Condenas de años y años acumulados. Por blasfemar, un año más. ¿Y qué quieren ustedes que hagan si los condenan en nombre de Dios? Recuerdo que el padre de un amigo nuestro cayó sin vida al oír la condena a muerte de su hijo de diecisiete años. Y tantos, tantos... No podíamos dormir. Nos parecía que traicionábamos con nuestra suerte de respirar aún a tantos compañeros hundidos en la sombra de las cárceles. ¡Cuántos cientos de miles de muertos! ¡Cuántas fuerzas perdidas! ¡Cuánto dolor inútil! Y nunca una palabra de piedad dicha por nadie...

Con la mano tendida íbamos las mujeres españolas por las calles de América: "Y desde los huecos vacíos de nuestras filas y desde los camaradas que son ya polvo y duelo para nuestros corazones, llegamos hasta ti para abrazarte"..., nos escribían de una cárcel de Madrid.

¡Qué poco hemos escrito sobre ese mar de angustia! Las cosas de España no interesan, madame.

Estas cuartillas que voy escribiendo se me han volado todas dispersándose, jugando a la mala pasada de huirme. Voy hacia ellas, amarillas o verdosas aún. Cómo se han reído siempre delante de mis pasos todos los otoños. Se las lleva el viento, los vientos que nos soplan en los oídos las medias palabras. No sé ya qué me cuentan. Sé que silabean corriendo, juntando puntas de palabras, hasta palabras

caminando pequeñas, persuasivas, enhebrando una verdad que jamás comprendemos. Vuelas, vuelas bien, memoria, memoria de la melancolía. Puede que sean los falsos
recuerdos, los amores menudos los que hayan decretado
que te lo diga en este otoño. Un otoño más... Basta, no
quiero números, no he sabido jamás qué debo hacer con
ellos. Dirán las hojas que me faltan manos para agarrar mi
verdadera vida o dientes para morderla. No, no, es que
amarilleo también y doblo la cabeza cuando comienzan
los otoños. Miro cómo corren hasta los papeles creyéndose pájaros o ese mensaje por el cual se ha pagado más para
que llegue como el viento. Papeles en la calle... ¿Los habéis visto volar? El mal humor ciudadano levanta su cuerpo leve y vuelan hasta que las ruedas del automóvil los
detiene y aplasta con la ley del más fuerte. ¿Así me ocurrirá? En esta poco arrulladora vida, ¿volarán las hojas de mi
recuerdo hasta que alguien las aplaste por inútiles?

Hoy todas se me han dispersado con vida propia y no
con la que yo les impuse al escribirlas. ¿Cuándo caerán de
nuevo? Es la bandada que huye al llegar mordiendo el frío
y apenas dice adiós.

Un día voy a decir a mi perro: Anda, vete, te dejo en libertad. Pero me da pena pensar que bajaría la cabeza, me
miraría dulcemente con sus ojitos de oro y volvería para
acurrucarse a mis pies.

Hoy vuelvo a mirarla. ¡Me duele tanto! No baja la escalera según era su costumbre, esbelta, morena y alta. Va
tendida en un ataúd a hombros de sus amigos. Reconozco
a su hermano, Neneo Mom, y a Rodolfo Aráoz Alfaro y a
Manuel Ángeles Ortiz. Nosotros no llegamos a tiempo.

Todo sucedió mientras navegábamos. Y no debió de haber sido así, porque nos esperaba y dio órdenes para que nos recibiesen, para alojarnos, para que fuese más dulce nuestro destierro. Habló hasta el último instante de lo que debía hacerse con aquellos españoles que iban a llegar a Buenos Aires. María Carmen Portela, tan hermosa, tan alta, nos lo contó después y nos aseguró que éramos la última imagen que quedó en los ojos fijos de Amparo, muerta.[402] Y todo sucedió porque las travesías aquel año de 1941 eran lentas, lentas, y estaban condicionadas por el miedo a los submarinos alemanes. Nuestro barco era francés y se llamaba "Mendoza".

Tuvimos que renunciar a París, a nuestro departamento de la rue Nôtre Dame des Champs, a nuestra Panchita martiniquesa, al lujo de su piel oscura y de sus manos buenas, cuidándonos. Tuvimos que decidir una vez más. Había que irse. El frente avanzaba. Tiramos una moneda al aire —México, Argentina— y decidimos nuestro viaje. Los españoles se iban de Europa a través de dos organizaciones: el SERE y el JARE.[403] Se encontraban poco seguros.

---

[402] Aráoz Alfaro fue un abogado y correligionario de los Alberti, que les facilitó una casa de madera en El Totoral, "un pueblo todavía algo disimulado de la provincia de Córdoba" (como se dice repetidas veces más adelante) durante los primeros meses de la estancia argentina. Amparo Mom, esposa del escritor Raúl González Tuñón, fue otra bonaerense que procuró ayudar al matrimonio desterrado en los meses previos a su desembarco, y a la que no llegaron a conocer, pues murió poco antes de la llegada de Rafael y María Teresa. Alberti le dedicó el primer poema escrito en América, y que cierra su libro *Entre el clavel y la espada* (*PC* II, p. 140).

[403] El SERE y el JARE fueron las dos organizaciones que, desde París, canalizaron la marcha de los exiliados españoles a Hispanoamérica, preferentemente a México. El primero (Servicio de Emigración de los Refugiados Españoles) fue creado en abril del 39 por el gobierno de Negrín, en tanto que el segundo (Junta de Ayuda a los Republicanos Españoles) se constituyó, en julio del mismo año, por la Diputación permanente de las Cortes republicanas en el exilio y fue presidido por Lluís Nicolau d' Olwer, ministro del gobierno provisional de la República en el exilio.

La línea Maginot[404] había sido rota. Los soldados franceses se despedían de sus familias sin ningún entusiasmo.
Volaban los aviones. Nos despertaban las alarmas. Bueno,
a nosotros, no, porque estábamos despiertos toda la noche. Trabajábamos hasta la madrugada en el tercer sótano
del Ministerio de Telecomunicaciones. ¡Qué recuerdo sonoro es el del trote de los percherones, enganchados a los
carros que llevaban a repartir por París la cerveza! Creo
que ya los han jubilado. Para mí seguirá siendo el momento de meterme en la cama, después de correr bien las cortinas para no ver el sol, cansada de lo largas que eran nuestras noches.

Pero había sido una experiencia más. ¿Cómo conseguimos que se interesasen por nosotros en el PTT?[405] Hay una
fiesta en el origen. Una noche, en casa de Elisabeth de Lanux, nos encontrábamos unos poquísimos españoles de
esos sin *récépissé,* de los que atravesábamos por los clavos
indicadores de las calles para que nadie, ningún *flic,*[406] nos
reprochase que no sabíamos andar sobre la civilización.
Había que evitar a toda costa la policía francesa si no queríamos terminar en un campo de concentración. Aquella
noche hubiera sido difícil. Estaba sentado junto a los españoles Albert Sarraut,[407] ministro del Interior de Francia.
Con sus ojos estupendos clavados en los que cantaban y

---

[404] La Línea Maginot se llamó al conjunto de fortificaciones de 200
km construido desde 1927 a 1936 en la frontera francesa del NO para
proteger las provincias de Alsacia y Lorena de una nueva posible invasión.
El nombre se tomó del diputado A. Maginot, de quien surgió la iniciativa.

[405] Siglas del Ministerio francés de Postes et Télécommunications, antes "Postes, Télégraphes, Téléphones".

[406] *récépisse:* 'recibo, resguardo', es decir 'sin la cobertura legal ni la
seguridad necesarias'; *flic:* 'polizonte'.

[407] Albert Sarraut (1872-1962), diputado y senador radical-socialista,
de una destacadísima presencia en la política francesa desde comienzos
de siglo, pues ocupó varias carteras ministeriales y llegó a presidir el gobierno en dos ocasiones. En el momento en que lo evoca María Teresa, Sarraut dirigía el Ministerio del Interior.

bailaban, Pablo Picasso. Andrés Mejuto,[408] como nunca divertido, se disfrazó de mujer y cantó los cuplets que hacían exclamar a Picasso: Ça c'est de mon èpoque! Elisabeth de Lanux, amiga fiel de los años de la guerra, una de las más hermosas mujeres que he conocido, no escatimaba ni la simpatía ni el whisky. Al día siguiente los españoles que estábamos allí acudimos a la Prefectura y, por arte de magia, nos fue entregado el *séjour*[409] para París. Poco más tarde nos recibió Monsieur Fraisse, y Rafael y yo entramos a formar parte del equipo de traductores de la Radio Francesa.

Pasábamos la noche en vela. Traducíamos los partes del frente. Leíamos. Hablábamos con los otros traductores. En una ocasión entró uno de lengua inglesa, que nos dijo muy afectuosamente: ¿Españoles? ¡Ah!, yo tengo muchos recuerdos de España. Fui yo quien llevó en una avioneta al gran hombre. Volamos desde Canarias a Melilla. Fue espléndido. No comprendíamos bien. ¿Quién era el gran hombre? Franco, claro es. Perdón, señor, somos republicanos. Otro día nos llamó Monsieur Fraisse.[410] Amigos, tengo que comunicarles a ustedes... ¿Qué? Por favor, dígalo pronto. Nos echan, ¿verdad? Ayer, el *maréchal* Pétain ha hecho una intervención en el Parlamento hablando... Bueno, ya saben ustedes que es el embajador de

---

[408] El actor Andrés Mejuto, que ha tenido una importante carrera en el teatro español desde los años sesenta, había nacido en Olivenza (Badajoz) en 1909 y formó parte, muy joven, de aquellas "guerrillas del teatro" que dirigió María Teresa León, interviniendo en la memorable representación de *Numancia* y en la no menos importante de *La tragedia optimista*. Tras la guerra formó parte, en el exilio americano, de la compañía teatral de Margarita Xirgu antes de regresar a España. Murió en 1991.

[409] *séjour*: 'permiso de estancia'.

[410] M. Fraisse era el director de la Radio Nacional francesa en la que los Alberti trabajaban como traductores de los partes de guerra para Hispanoamérica. El despido por presiones del gobierno español sobre el gobierno del mariscal Pétain ha sido comentado también por Alberti, de forma similar, en su *AP 2*, p. 104.

Francia en Madrid. Bajó como avergonzado la cabeza. Relaciones diplomáticas inevitables. Sí, claro, sí. Y dijo que estas no podían ser ni buenas ni normales mientras Francia ayudase a los refugiados españoles. Sí, sí, ya sabemos cómo los ayuda... Argelès, Saint Cyprian... —Y citó el nombre de ustedes diciendo que enemigos del régimen franquista hablan por la radio de Francia—. Sí, sí, y los aliados de Franco invaden Francia, ¿no? —Fueron ustedes defendidos por el ministro Sarraut. Gracias, gracias. Les he llamado para confirmarles en sus puestos y decirles que no se preocupen. El derecho de asilo para los españoles es total. Gracias, gracias. Sí, monsieur Fraisse, gracias, gracias conmovidas, pero nos vamos. Nos vamos... hacia Chile. Pablo Neruda puede arreglarlo todo. Es el cónsul encargado en este conflicto. Al fin América, en todo tiempo, desde Cervantes, ha sido y es el refugio y amparo de los desamparados de España.[411]

Dos pasajes de tercera para el barco *Mendoza,* rumbo a Buenos Aires. Don Juan Negrín nos invitó a comer una última noche. Me regaló una hermosa cartera de cocodrilo para el viaje, que conservo aún. Se había empañado un poco su cara redonda y optimista. Hablaba de hacer un gran centro cultural donde pudiesen trabajar muchos de los intelectuales que habían elegido irse. Hasta visitamos con él un palacio para sede, en cierto modo, de la cultura española y del gobierno en el exilio. Nos habló de Chile. Sí, tal vez en Chile... No tendríamos ocasión de volver a vernos. Murió en Londres. Cuando alguien habla de Negrín, yo no lo veo comiendo junto a nosotros —¡y qué hábil gourmet!— la última noche de París, lo veo en la posición Yuste escuchando, con los ojos caídos detrás de los cristales de sus lentes, la defección del general Miaja. Luego le oigo hablar. Le oigo explicarnos matemáticamente, como un vidente, las razones del pacto germano-soviético. Louis

[411]   Para esta cita de origen cervantino, *vid.* nota 573.

Aragon gritaba en *Ce Soir*: ¡Aún es tiempo! ¡Ayudemos a Polonia! Gritos en balde. Nuestra guerra no había servido para nada. Las democracias seguían muertas. Rusia no estaba, como se vio más tarde, en condiciones de detener al nazismo. Nadie se daba cuenta de que todos habían sido derrotados junto al pueblo español. Las democracias comenzaron a vestirse de luto. Pronto iban a vestirse de muerte.

Y dejamos nuestra casa de París con sus libros, con nuestras sombras... Dejábamos detrás la tragedia de los campos de concentración que luego los alemanes iban a perfeccionar en el más rabioso experimento de exterminio del enemigo que conoce la historia; dejábamos nuestra historia escrita por miles de pies, de ojos, de manos... Una costra de errantes iba a extenderse sobre la tierra, buscando sobrevivir. Cientos de seres, miles ni vivos ni muertos, íbamos por los caminos en un estado de incertidumbre, como si tuviéramos dormidos los pies o insensible el alma. Nos sabíamos expulsados de algo más que de España. Miraban a los intrusos, unos compasivos y otros, rabiosos. Las dos cosas estrujaban nuestra decencia de combatientes por la libertad del mundo. Habíamos ido por las calles de Francia así, tironeados por las penas, sin acertar, indecisos, aunque de repente alguien nos elegía para abrazarnos: ¡Camaradas!, y de sus manos seguíamos avanzando un paso más y otro y otro hacia la costumbre de ser desterrados. A veces cantábamos aquellas canciones que aún se cantan cuando nos recuerdan. De la casa del Quai de l'Horloge, donde vivimos a poco de salir de España, con Delia y Pablo Neruda, nos echaron por cantar a destiempo. El que cantaba era un asturiano que iba a embarcarse en el *Winnipeg*,[412] el barco salvador de tantos españoles

---

[412] El barco *Winnipeg* —atracado en el puerto de Trompeloup, cerca de Burdeos— fue adquirido por el gobierno español en el exilio para trasladar a casi 2.000 refugiados españoles en Francia hasta tierras chilenas

recibidos por Chile. Aquel asturiano sentía tanto agradecimiento, que atronaba los muelles. Su largo lamento de
montaña pasaba el Sena de orilla a orilla. Hasta Ehrenburg y Luba, que paseaban con sus perrillos, se quedaban
escuchándolo; hasta la gente de *las peniches*,[413] navegando su ropa tendida, todos, todos, menos madame la concièrge. Madame la concièrge decidió que, por muy poeta y
por muy cónsul de Chile, teníamos que irnos porque de-
sorganizábamos los ruidos de la calle. Nos echaron, y
nuestro cantor se fue hacia Burdeos, enfermó y murió, llevándose nuestra alegría de escandalizar franceses con su
hermosa voz de montaña.

Después nos tocó viajar a nosotros.

> *Y el miércoles del Havre sale un barco,*
> *y este triste allá lejos se quedará más lejos.*
> *Yo a Chile,*
> *yo a Colombia,*
> *yo a la URSS,*
> *yo a México con J. Bergamín.*
> *¿Es que llegamos al final del fin*
> *o que algo nuevo comienza?*[414]

El nuestro no salía del Havre sino de Marsella. Ya Rafael
había escrito la *Vida bilingüe de un refugiado español en
Francia*. Nuestro destino nos estaba esperando. Tuve fie-

---

atendiendo el ofrecimiento de asilo del gobierno de Chile, asunto para el
que comisionó a su cónsul en París Pablo Neruda, en estrecha colaboración con el SERE (*vid.* nota 403). En *CV,* pp. 206-207, se refiere aquel
embarque rumbo a Valparaíso. Los datos básicos sobre aquel viaje se pueden consultar en el libro de Jaime Ferrer Mir *Los españoles del* Winnipeg.
Santiago de Chile, Ediciones Cal Sogas, 1989.

[413] *las peniches:* 'gabarra' ('embarcación dedicada al transporte de
mercancías'); *la concièrge:* 'la portera', 'la gendarme'.

[414] Del libro *Vida bilingüe de un refugiado español en Francia*, fragmento del primer poema (*PC* II, p. 38)

bre. Una altísima fiebre. Rafael pidió para mi sed una naranja. ¿Una naranja? ¿Cree usted que van en primera clase? No, íbamos en tercera, casi en la bodega de un barco que, poco a poco, se fue vaciando de pobre gente. Hasta albergaba en él españoles desesperados prontos a enrolarse en la Legión Extranjera. Total, eso de morir... No recuerdo bien si fue el médico quien vino a tercera. Creo que no, porque los de tercera no tenían derecho ni a la mirada compasiva de la ciencia. Lo que sí sé es que Rafael vació su cartera en la mano del Comisario. No importa, desembarcaremos limpios del asqueroso dinero. Nos trasladaron a segunda. El barco iba casi vacío. Los viajes de placer habían sido cancelados.[415]

Y llegamos al Río de la Plata. Nuevamente ese río deslizándose ante mí con su mansedumbre de agua pesada, indolente. Atracamos. ¡Cuánta gente aglomerada, esperando! Vimos subir a una señora joven con gafas que preguntaba y se reía. Tardó muy poco en atropellarnos con sus preguntas: Rafael Alberti, ¿verdad? Y María Teresa. Soy el cónsul de Chile, por eso me han dejado pasar. Bienvenidos. Me llamo Marta Brunet. ¡Qué extraño que estéis aquí! Y nos abrazaba. ¡Martita Brunet!, la llamaríamos más tarde. Sólo Martita. No olvido la mirada primera de sus ojos chiquitos de miope. No olvido su voz. Le preguntamos: ¿Y Amparito? No nos contestó. Una hermosísima mujer consiguió pasar la barrera y nos abrió sus brazos. Soy María Carmen. ¿Y Amparito?, seguíamos preguntando, mientras descendíamos cargados de paquetes. No nos contestó María Carmen Portela. Poco a poco fueron terminándose los trámites. Íbamos, según nuestros pasaportes, de paso para Chile. La gente del barco nos miraba, asombrada. ¡Cuántos amigos esperándoles en el muelle!

---

[415] Desde Marsella, y camino de la Argentina, los Alberti embarcaron en el *Mendoza* en febrero de 1940. En *Vida bilingüe...* recoge Alberti esa importante fecha y circunstancia (*PC* II, p. 49).

Y hasta fotógrafos. Mais, monsieur, ça il faut le dire. Ya era tarde. ¡Me habían negado una naranja! El barco se llamaba el *Mendoza*. Como el Atlántico se había vuelto campo de batalla con el *Graf Spee* hundido frente a Montevideo, el Mendoza ancló y no navegó más.[416]

¿Y Amparito?, volví a preguntar varias veces a Marta Brunet, mientras enseñaba en la Aduana de Buenos Aires los cuatro libros y los tres trajes viejos. No me contestó directamente. Dijo: su hermano Arturo Mom os está esperando. ¿Por qué adiviné? ¿Por qué no habían respondido a las voces que dio desde la borda Rafael preguntando por ella? De pronto sentí que me abrazaban. Era Manolo Ángeles Ortiz, el pintor español. ¿Por qué lloraba? Arturo Mom apretó mi cabeza contra su pecho ancho para que yo no le viera las lágrimas. Para qué preguntar más. ¡Adiós amable llegada a la orilla nueva! ¡Adiós alegría de sentirse seguros! ¡Adiós felicidad de ver tantos amigos levantando el puño, saludándonos! Amparito no podría venir... estaba muerta. ¿Por qué Rafael me había dicho al señalarme el muelle: Mira, Amparo Mom está allí, y la había saludado con la mano? Pero no estaba. Tres días antes la muerte la había dejado inmóvil, llevándonos con ella, ya que nos nombró instantes antes de cerrar sus hermosos ojos oscuros.

Por eso entramos en Buenos Aires de su mano. Nos alojaron en su casa, como ella había querido. Todo tenía que suceder según su previsión. Manuel Ángeles nos dio la fotografía última de Amparo. La bajaban hacia la tierra. Llegamos tarde... Demasiado tarde.

Contad vuestras angustias del destierro. No tengáis vergüenza. Todos las llevamos dentro. Puede que la fortuna os haya tendido la mano, pero ¿y hasta que eso sucedió?

[416] Cfr. *AP* 2, pp. 107-108.

Contad vuestras noches sin sueño cuando ibais empujados, cercados, muertos de angustia. Habéis pertenecido al mayor éxodo del siglo XX. Ha llegado el momento de no tener vergüenza de los piojos que sacábamos entre el pelo ni de la sarna que nos comía la piel ni de la avitaminosis que nos obligaba a rascarnos vergonzosos en el cine. Nos habían sacrificado. Éramos la España del vestido roto y la cabeza alta. Nos rascábamos tres años de hambre y buscábamos una tabla para sobrevivir al naufragio. Contad cada uno el hallazgo de vuestra tabla y el naufragio.

Nosotros habíamos conseguido llegar a París. Hasta trabajábamos. Pero figúrense ustedes que un día, mejor, una noche de las noches interminables que pasábamos en los sótanos de *Paris Mondial* transmitiendo para América, Rafael comenzó la lectura de los partes de la guerra diciendo: Queridos camaradas de América del Sur... Yo me quedé petrificada. Rafael rectificó: Amigas y amigos. Concluyó la transmisión y lo vi entrar desconcertado y pálido. ¿Y ahora? Pues ahora pensarán que intentabas decir algo... sabe Dios qué. Estamos en guerra. Sí, en guerra, contestó preocupadísimo.

Salimos cuando empezaba el alba. ¡Qué pálidos íbamos hacia la rue de Nôtre Dame des Champs! París se desertaba y nuestra sangre iba retrasándose en las venas. No recuerdo si pudimos dormir. Hacia las 11 de la mañana un mensajero llamó a nuestra puerta. Era una carta de *Paris Mondial*. La abrimos temblando. El director nos esperaba a las cuatro de la tarde en su despacho. Ya está. Éste es el fin. ¿Dónde terminaremos? No te preocupes. Salgamos a la calle. Tienes que decirle que "camarada" era nuestra palabra de todos los días, el pan de nuestra amistad humana. Nos reconocíamos por ella. Te quedó en los labios... No te preocupes, Rafael. Durante tres años la repetimos. Es una de las pocas hermosuras que sacamos de España. Dile que ayer, impensadamente, habló tu corazón. Tu disculpa debe ser la verdad.

Cuando entramos casi temblando en el despacho de
monsieur Fraisse, la voz del director de *París Mondial* era
más suave que nunca. Nos elogió. Nos dijo que las últimas
traducciones, sobre todo el *Britanicus* de Racine, eran es-
pléndidas. También elogió al grupo español. Les he llamado a ustedes para que se hagan cargo de... Pagaremos las
traducciones literarias aparte. J'espere que vous êtes contents avec nous. Oui, monsieur Fraisse, tres contents.

Salimos bañados de felicidad. ¡Ves, pesimista! ¡Qué
suerte, Rafael! Rafael me miraba desconcertado, ausente.
Al fin dijo: Sí, sí, pero vámonos pronto, María Teresa, porque los franceses van a perder la guerra.

Y la perdieron. Aquella falta de vigilancia sobre la radio
le pareció a Rafael —que se había salvado gracias a ella—
un signo negativo. Años más tarde, terminadas las batallas, vencido el nazismo, cuando los nombres de Francia
se recontaron, se dieron cuenta de que faltaba monsieur
Fraisse, asesinado por los alemanes en un camino... y Jean
Prevost y Robert Desnos[417] y tantos, tantos, tantos...

Sí, desterrados de España, contad, contad lo que nunca
dijeron los periódicos, decid vuestras angustias y lo horrorosa que fue la suerte que os echaron encima. Que recuerden los que olvidaron.

¡Abrid el camino y dejadme volver a mi antigua libertad! Sancho ha agarrado el ronzal de su burro, abriéndose
paso entre los duques.[418] ¡La antigua libertad! ¿Cuál? Es-

---

[417] Jean Prevost (1901-1944), escritor francés, héroe de la resistencia
y autor del libro *Plaisirs des sports* (1925). Robert Desnos (1900-1945)
fue uno de los primeros surrealistas y el más destacado representante,
desde 1922, del automatismo, relatando en trance hipnótico sus sueños
en interminables diálogos. Un texto clásico de este rabioso surrealismo
automatista fue *Deuil poru deuil* (1924), en el que se abandona todo control racional, así como el erotismo onírico, con pretensiones de escándalo,
que se plantea en la novela *La liberté ou l'amour!* (1927).
[418] Referencia clara —porque es otro modo de recuperar la antigua libertad después de una mala experiencia— de Sancho cuando abdica de su
condición de gobernador de la Ínsula Barataria (*Quijote* II, 53): "Y en tan-

paña apenas si ha tenido en su Historia respiros, pequeñas bocanadas de aire libre y fresco. Inmediatamente que escuchaban su alegría, le cubrían la boca. Hemos vivido como Sancho, añorando la antigua libertad, que a lo mejor casi no era libertad, pero la recordábamos como un bien perdido. Hoy pienso con ternura en una época en que se voceaban a gritos cosas que hoy no podrían vocearse en España: ¡Ha salido *El Motín*! ¡Ha salido *El Cencerro*![419] Y el hombre de la campanilla, escuchado en mi primera infancia, seguía animando a los compradores: "Una monja en Almería se ha metido a ama de cría." Luego se alejaba satisfecho de haber dejado en los oídos de las criadas que iban a la compra la simiente de la anarquía.

Época pasada. Reino de Alfonso XIII. Pregones que cantaban. Palabras que podían decirse sin bajar la cabeza: democracia, liberales, libertad, república. Ahora... Ahora no sería posible, pues las palabras han cambiado de signo: represiones, censuras, arrestos, cárceles, leyes de excepción... No se puede vocear una revista ni siquiera entre cuatro rejas. ¿Y este es el paraíso? ¡Dejadme tornar a mi antigua libertad! Sancho Panza, harto de duques, harto de orgullos, intransigencias, mentiras y embrollos y burlas, agarra a su buen burro del ronzal para alejarse hacia su pobreza. ¡Dejadme volver a mi antigua libertad! ¿Cómo

---

to que estas razones iba diciendo, iba así mesmo enalbardando el asno, sin que nadie nada le dijese [...]." "Abrid camino, señores míos, y dejadme volver a mi antigua libertad; dejadme que vaya a buscar la vida pasada, para que me resucite de esta muerte presente" (ed. cit., vol. I, p. 1065).

[419] Dos periódicos satíricos y fuertemente anticlericales del siglo pasado. *El Motín* fue un semanario fundado por el periodista de ideología proanarquista José Nakens junto con el también periodista Juan Vallejo y el dibujante y caricaturista Eduardo Sojo, "Demócrito". Se publicó entre 1881 y 1920. *El Cencerro*, periódico cordobés fundado en 1863 por Rafael Arroyo, de larga pero intermitente existencia, a lo largo de varias épocas. Persiguió una finalidad muy parecida a un clásico del género, como fue *Fray Gerundio*, y que expresa muy bien en su subtítulo , "Periódico semanal, satírico, burlesco, que pasa de castaño oscuro".

vivir sin ella? La conseguiré con mis puños. Cuidado con mis puños cerrados.

Oigo el silbido del tren que viene del Adriático. Nuestra terraza da sobre el valle del Aniene. El tren corta en su fuga la montaña que tenemos enfrente. Me gusta pensar que en el siglo próximo nadie oirá este latido del viento. Eso se perderán los que vengan. Ya ha pasado el tren de las 7. ¿Está usted seguro? Sí, sí. Pues viene con retraso. Ese trencito que yo veo ya no lo verán. El último apresurará sus motores. ¡No me quiero morir, pero llegará con retraso!

Dicen que primero nacieron por aquí los guerreros y después los pastores. En la plaza —place de la Ville, a la francesa— cuentan que estaba un cuartel de los zuavos defensores del Pontificado;[420] otros dicen que soldados de Napoleón. El caso es discutir, para eso viven en un pueblecito tan pequeño. Las casas se desploman por dos vertientes. Las más viejas se dirigen hacia la torrentera y no hacia el río, hacia la quebrada protectora y no hacia el valle abierto. Al valle mira el castillo. Era antes los ojos vigilantes y protectores. Hacia el despeñadero se amontonaban los protegidos. El monumento más antiguo de Anticoli Corrado es la iglesita de San Roque, que alcanza al siglo XI, pero hay muros más viejos, muros que debieron ver tantas cosas, tantas penas.[421]

---

[420] Con este nombre se conocía preferentemente a los soldados del ejército francés destacados en África (sobre todo en Argelia). Pero María Teresa se refiere exactamente a los "zuavos pontificios", formados por Pío IX entre 1860 y 1871, y que combatieron por Castelfidardo y Mentana.

[421] A partir de este momento María Teresa evoca —cosa que ya hacía al comienzo del libro— la estancia italiana de ella y Rafael, y los veranos pasados en el pueblecito de Anticoli-Corrado, en el valle del río Aniene, afluente del Tíber por su orilla izquierda, y sobre el que Rafael escribió un precioso libro de canciones, editado en 1973 (*AP* 2, p. 182).

Anticoli, ante las colinas, era propiedad de la familia Hohenstaufen que aquel Federico Barbarroja hizo subir tan alto. Después vino la exterminación de la casta germánica cuando murió Corradino, tan jovencito, a manos del Papa.[422] Pero estas cosas ya no suceden en el valle del Aniene. Todo es paz. Tiene la talla justa de un paisaje. No hay que entornar los ojos para ver la lejanía. Enfrente nos han colocado tres pueblecitos. Los han debido construir las cabras. Oricola marca el fin del Lazio y es en la noche una coronita de estrellas. Roviano ha colocado a media montaña su caserío, justo enfrente de nuestro jardín. A la derecha queda Cervara,[423] pura roca esculpida silenciosamente no sabemos por quién. Las carreteras cruzan de cintas el paisaje. A la noche, se cuajan de luces blancas o rojas que se cruzan. Son los automóviles de la gente que vuelve. Y están los árboles. A ciertas luces las laderas se amansan y parecerían acariciables, las encinas y los robles. Nos dicen que no hace mucho tiempo estos montes protegían a los bandidos. Estamos en el cruce de la frontera con Nápoles; enfrente, los Abruzzos.[424] Los Estados Pontificios

---

[422] La dinastía alemana de Hohenstaufen o Staufen, originaria de los alrededores de Göppingen, en el Jura de Suabia, aparece en la historia centroeuropea a finales del siglo XI con la figura de Federico de Beuren. Un descendiente, Lotario, se proclamó rey de Italia en 1127, pero fue destronado en 1135, y sus partidarios recibieron el nombre de *gibelinos*, frente a los *güelfos*, que eran los seguidores del duque de Baviera. La dinastía alcanzó su mayor gloria con Federico I Barbarroja, emperador entre 1152 y 1190. Otro miembro de la familia, Corrado V o Corradino, chocó con la oposición de Inocencio V, y en la marcha contra Roma fue vencido y decapitado (1268) por orden de Carlos de Anjou.

[423] Los tres pueblitos del valle nombrados por María Teresa tienen su atención correspondiente en las primeras canciones del referido libro de Rafael *Canciones del alto valle del Aniene* : "Oricola. / Corona / diminuta y lejana / contra el cielo"; "Cervara di Roma. Vive / solo, esculpido en la cima / de una montaña de piedra"; "Roviano me mira siempre / serio, en la mitad del monte" (*PC* III, pp. 190 y 191).

[424] Región de Italia central, de aspecto pobre, arcaico. Cuenta con un parque nacional en la provincia de L'Aquila.

montaban la guardia. Los *briganti* más o menos generosos hasta se atrevían a sitiar los pueblecitos. Uno de ellos, no muy lejano de Anticoli, celebra todos los años la fiesta de la gata. Sí, cohetes en recuerdo de una gata. Los *briganti* habían sitiado la aldea, comenzaba el hambre. Uno de los pastores encontró la solución. Había que sacrificar los silos llenos de mieses. Entonces agarró la gata, la untó de pez, puso alcohol en el trozo de papel que le ató al rabo, le prendió fuego... ¡Ahí va la gata!, gritaron a los bandoleros dormidos, y la paja empezó a arder. Todo empezó a arder mientras las estrellas miraban subir al paraíso de los gatos a la gata blanca, asustada de la crueldad de los hombres. ¡Tanto como parecían quererme!

Este es el país que miramos, en el que vivimos. Corren anécdotas y cuentos. Suelta su fantasía un agradable pintor viejo que pasea su nostalgia por la plaza. Es hijo de un pastor anticolano. La casa donde nació es una grieta, pero allí se criaron ocho hijos. Se llama Mario Toppi.[425] El padre tuvo la fortuna de nacer en los tiempos en que los pintores necesitaban modelos vivos para sus cuadros. Un pintor llegó al pueblo, buscando color local y vio ese hombre tan hermoso. Lo llevó a Roma. Prosperó. Los hijos se inclinaron hacia las bellas artes. Unos son pintores, otros, ceramistas. El más pequeño de ellos es el que pasea su sabiduría por la plaza. Da gusto oírle hablar. Conoce, desde el lugar donde estuvo la quinta del poeta romano Basso,[426] hasta el último chisme del pueblo. Puede expli-

---

[425] El apellido Toppi se corresponde con el de varios artistas italianos. En *AP* 2, pp. 180-181, se habla de un "Franco Toppi, genial imaginativo estampador". Y en *Canciones del alto valle del Aniene* figura un "Villancico para Carlo Toppi" (*PC* III, p. 193).

[426] Pienso que la autora se refiere a Caesius Bassus, amigo y editor del poeta satírico Persio. Quintiliano lo menciona también como poeta lírico, emparejándolo incluso con Horacio. Se le atribuye la autoría de un tratado de métrica. Claro que también podría aludir a Saleius Bassius, un poeta épico muy estimado que murió joven, y del que también da noticias el mismo Quintiliano. Fue protegido del emperador Vespasiano.

car el nacimiento de la fuente que el escultor Martini[427] regaló a la plaza y la historia de la viejuca que hace pocos días llevaron al asilo de ancianos porque se había quedado tan sola...

Cuentan que Rodin llevaba a Margarita a posarle a Villa Medici donde estaba y está la Academia Francesa. Un día nevó. Una de esas nevadas romanas que son un ballet de copos inesperado. Solamente los árboles se horrorizan, doblan y se caen. Rodin miraba con entusiasmo la transformación del jardín. ¡Ah, cómo me gustaría ver una mujer desnuda sobre ese césped blanco! Y la Margarita, que estaba como un lebrel fiel junto a August Rodin, dio un tirón al corpiño, otro a la falda y corrió a tumbarse sobre la blancura de la nieve para que los ojos de Rodin vieran el prodigio.[428] Estas son las historias viejas. La placita sigue siendo la misma. A veces aparece el circo. La jaula de los leones queda junto al puesto de verduras. El león es viejo. Juega con su cola. Los niños trapecistas son como los demás chiquillos de Anticoli. Corren. Mi perro tira de mí para arrebatarles la pelota con que juegan. Pasa el párroco. Don Vittorio es un don Camilo que encuentra divertido que los comunistas le lleven las varas del palio cuando hay procesión.[429] A veces las relaciones se vuelven tirantes.

---

[427] Arturo Martini (1889-1947), escultor pionero de un cierto gusto arcaizante basado en la Roma antigua y medieval y al mismo tiempo innovador sutil, perteneció al movimiento de los *valori plastici*. Alberti menciona esta fuente en dos momentos del capítulo XXXI de *AP* 2, con motivo de la filmación en el pueblo de Anticoli Corrado de la película *El secreto de Santa Vittoria*, del director Stanley Kramer (1969).

[428] Augusto Rodin (1840-1917) fue un perfecto estudioso de la anatomía del cuerpo humano. Buena parte de su obra está recogida en el "Museo Rodin" de París. La anécdota que cuenta María Teresa la refiere también, con algún detalle distinto, Alberti en *AP* 2, pp. 178-179.

[429] Alusión al conocido y divertido cura de las novelas de Giovanni Guareschi (1908-1968) en eterna pugna con el alcalde comunista del pueblo en donde ejerce su labor pastoral. El personaje se creó en 1948 —*El pequeño mundo de don Camilo*— y ha sido divulgado a través de diversas adaptaciones cinematográficas.

¿Cómo? ¿Que los niños van a recibir los juguetes del Comune antes que las estampitas de Navidad de la parroquia? El alcalde comunista interviene. Todo queda en amistad y calma. Las casas se van poniendo más viejas. Los hijos trabajan en Roma o en Tivoli; los padres aún van a los campos montados en mulos, pero no hay cabras ya ni vacas. Se vendieron todas, señora mía. ¡Qué mal negocio! Pero vino gente diciéndonos que eso de criar ganado se había concluido porque... Ahora pagamos doble la carne. ¡Qué mal lo hemos hecho todo! Y ni siquiera podemos cultivar la vega del Aniene porque está en manos de ellos, de los capitalistas, ¿me entiende?

Aún nos saludan mujeres vestidas con sus faldas plegadas, viejas que llevan gargantillas de corales. Se acuerdan de los otros tiempos, cuando los pintores venían a buscar su belleza. Dicen que las hermosísimas nereidas de la fuente de plaza Esedra, de Roma, eran anticolanas.[430] Dicen que por aquí anduvieron Corot, Kokoschka y tantos otros.[431] Más de cien estudios abrían sus cristales bajo la luz de Anticoli. Los ojos miraban atentamente a las mozas arreando los burros, mozas que hilaban, tejían, lavaban en la fuente comunal, cantando. Ellas lo sabían y coqueteaban porque algún pintor al acecho podía estar mirándolas. ¡Qué viejecitas son hoy! Una de ellas me ha confiado: Señora y cuánto sufríamos. Figúrese que yo, desnuda, posaba para un escultor. Tenía que ponerme en el hombro unos paños. Para que cayeran bien los pliegues, los mojaban. Hacía frío. Me castañeteaban los dientes. Cuando se secaban, los mojaban de nuevo... Y era bueno el hombre, se lo digo yo, señora. Mi hijo es suyo... Y la viejecita se lava las manos con las lágrimas.

Hoy Anticoli recibe siempre gentes forasteras. Se sienten —nos sentimos— atraídos por esa gallardía de casas

---

[430] Cfr. *AP 2*, p. 178.
[431] Cfr. *AP 2*, p. 179.

hacia el cielo. Llegan pintores de Alemania, de Canadá, de Finlandia, de París, de Inglaterra. Están seguros de poder trabajar abstraídos y solos. Cuando necesitan un apretón de manos, van a la placita de la fuente. Hay en ella dos bares. Uno es de un rabioso que dice: Lo que necesitamos aquí es un Fidel Castro. El otro calla. El rabioso besa la mano de don Vittorio cuando lo encuentra, el otro, calladamente, vota contra. Nos sentimos felices en este paraíso de discordia que no llevan la sangre al río sino a todos a la procesión o al mitin. Participamos en los llantos y en las fiestas. La última tuvo un hermoso nombre: "Poesía y cantos de amor." Han venido a ella hasta los pastores más lejanos, con sus zaleas sobre los hombros, y las mujeres que bailan púdicamente y los niñitos que se inician en el saltarello. Y todos los capaces de mirar ese noble escenario que forma el palacio de Corte, el castillo y la iglesia. Allí hemos escuchado Dante y Petrarca y Guido Cavalcanti y Jacopone da Todi y Leopardi llegando a Ungaretti y Quasimodo; la flauta dulce y la canción de Monteverdi,[432] el lamento de amor y la alborada de la montaña, el baile de los faunos y las plegarias de la fiesta grande a San Pedro. El pueblo congregado escuchaba y lo miraba todo con asombro. Era la primera vez que los notables lo congregaban para hablarles de algo diferente de las elecciones. ¡Poesía y cantos de amor! Aún estarán hablando. Para conservar su tradi-

---

[432] Cavalcanti, poeta florentino autor de unas cincuenta *canzoni* de tema amoroso, fue el más influyente de los poetas del *dolce stil nuovo*. Jacopone da Todi en cambio fue un poeta de corte religioso, autor de *Laude*, e ingresó en la rama más rigurosa de la orden franciscana. Giuseppe Ungaretti (1888-1970), poeta influido por Mallarmé y Valéry, se concentró en el cultivo de la forma y el lenguaje, y en la fuerza evocadora, religiosa, ritual de cada palabra. Salvatore Quasimodo (1901-1968) alcanzó el Premio Nobel en 1959. Muy influido por los poetas clásicos italianos, sus poemas poseen la calidad del mito y de la fábula. Poeta muy admirado por Alberti. Claudio Monteverdi (1567-1643) músico de la corte de Mantua, en donde fue maestro de cámara y de capilla del duque Gonzaga. Luego fue nombrado maestro de capilla de San Marcos en Venecia.

ción, el pueblecito maravilloso ha fundado el Centro Histórico y Artístico de Anticoli Corrado. Tendrá un museo que perpetúe el recuerdo de los que allí trabajaron. Tengo el honor de pertenecer a la Junta. Es Italia que me toca la frente. Descansa, dice. Y yo obedezco.

Los montes cubiertos de almendros, que vimos al embarcar en Alicante hacia la isla de Ibiza, esa sierra Aitana, diariamente la nombramos al hablar a mi hija. No hemos vuelto a verlos. Son solamente una ilusión de retorno. Ese año, 1936, elegimos Ibiza por pura casualidad. Nuestro primer proyecto era ir a Galicia, pero el tren descarriló unos días antes y Rafael, como buen andaluz, decidió viajar en sentido opuesto. Tal vez esto influyó para llamar Aitana a la niña que nos traía la esperanza.

Todos los amigos, desde el hoy venerable doctor Troise,[433] se vieron complicados en nuestra aventura. Un día, justo cuando yo calculaba los gastos de mi situación nueva, llegaron dos amigas a solucionarlo todo: Martita Brunet[434] y la Rubia Rojas Paz. Esta última, mujer del escritor argentino Pablo Rojas Paz,[435] a quien perdimos demasiado pronto poco más tarde, es aún una mujer decidida y fuer-

---

[433] El doctor Emilio Troise era un médico argentino de origen judío, al que Alberti le dedicó un soneto en alejandrinos en su 70 aniversario (*PC* III, p. 794). Atendió a María Teresa en el laborioso parto de su hija Aitana, un 9 de agosto de 1941.

[434] Marta Brunet (1901-1967), novelista chilena que desempeñó cargos consulares en Argentina, Brasil y Uruguay. En su obra narrativa hay una parte dedicada a la temática criollista —*María Rosa, Aguas abajo*— y otra de referencias más generales. Había nacido en el pueblecito chileno de Chillán, y murió en Uruguay.

[435] Pablo Rojas Paz (1896-1956), escritor argentino, cofundador con Borges y Güiraldes de la segunda revista *Proa*. Su obra narrativa se suele adscribir al "realismo mágico", con títulos como *Hombres grises, montañas azules* o *Mármoles bajo la lluvia*. A su muerte —un primero de octubre— Alberti le dedicó un emotivo soneto en el que recuerda la presencia

te, de impulsos amplios, que aún recuerda su amistad con
Federico, emocionándose; Marta Brunet, cónsul de Chile,
acaba de morir por los días en que escribo estas líneas.
¡Ay, Martita, cuánto me duele recordarte hoy y saber que
caíste al empezar tu discurso de nuevo académico de la
Academia Uruguaya! Nos dejaste tu Chillán chileno, tus
novelas, tus cuentos, tus sinsabores del corazón, tu manera valiente de tantear la vida cuando tus ojos se negaban.
Recuerdo aún tu voz al volver de Barcelona: María Teresa,
¡ven en seguida! Quiero verte, saber cómo eres de verdad,
porque ahora ¡veo, veo, veo! Pues bien, estas dos fuertes
mujeres americanas aparecieron en mi casa un día de
1941, y me dejaron las manos cubiertas de bordados, de
encajes, de sedas, de campanillas, de todo lo que una criatura feliz va a necesitar al abrir sus ojitos.

Siempre tengo que regresar a mis cuentos viejos, besar
las sombras... decir: mi patria son mis amigos. Y no me
equivoco jamás.

Cuando la niña Aitana nació y la llevamos a Totoral,
aquella quinta llena de pájaros que nos había prestado Rodolfo Aráoz Alfaro,[436] vino a cuidarla una mujer hermosa
y fuerte. Se llamaba Ramona. Si la niña lloraba, Ramona
levantaba el cuerpecillo de Aitana en sus brazos y se sentaba en una senda del jardín sin mirar a la niña, sin ver los
árboles ni las flores ni las nubes. Era una indiferencia, un
rechazo de todo su cuerpo, una repulsión contenida. Aitana levantaba sus manitas intentando acariciarla y, ella, sin

---

del argentino en la guerra española (*PC* III, p. 794). Sara Tornú —conocida en efecto como "la Rubia Rojas"— era la esposa del escritor.

[436] Cfr. *AP* 2, p. 112. El libro albertiano *Pleamar* se abre justamente
con un extraordinario poema en alejandrinos (alternados con algunos
heptasílabos) dedicado a la hija recién nacida, titulado "Ofrecimiento
dulce a las aguas amargas" (*PC* II, p. 153).

notarlo. La he mirado durante horas intentando comprender por qué una criatura tan chica, tan linda de mirar, de ver cómo se abría impetuosamente como una flor, para Ramona no transparentaba más que un gesto agrio y lejano. Pasaron algunos días y la llegada de no sé quién ayudó a descifrar mi ignorancia. Pero, señora, si Ramona llega del hospital. Ha perdido a su hija.

Todo le fue perdonado. Yo traté de no acariciar demasiado a mi hija. Dejé que ella la vistiese, la tendiese en la cuna, la ayudase a dormir. Casi le traspasé mis pensamientos por alejar los suyos, y poco a poco Ramona se fue agarrando a ese pequeño ser que comenzaba sus experiencias, dedicándole sus primeras miradas. Un día la vi jugar con las manitas de la niña; otro día casi la besó, pero la noche que la oí cantar para dormirla, me fui despacio bajo otros árboles para que nadie me viera. Ramona rescatada, dije cuando se me pasó el temblor, después... Era tan posesiva, que iba a recibir a su marido cuando venía a verla con la niña en brazos. No quería dejarla en la cuna. En cuanto yo daba la vuelta, la levantaba para sentirla contra su pecho. Así fue mi hija creciendo. Crecía Aitana y Ramona vigilaba sus pasos con sus ojos tan oscuros, hablándola dulcemente con la dulce pronunciación cordobesa. Fuimos a Buenos Aires. Pasaron años. Aitana seguía reclinándose sobre el pecho de Ramona. Aparecía el marido de cuando en cuando. Ramona se quejaba: ¡No sabe vivir! Y era verdad, porque un día sucedió lo imprevisto, sin explicaciones, sin aviso, como son todos los crímenes: el marido de Ramona apuñaló en la calle a su amante y a la hermana de su amante que la acompañaba. ¡Ay, señora, si no sabe vivir! Ahora aprenderá. Las cosas de los hombres son así, señora.

Aquel *aprenderá* no se me ha olvidado nunca. La condena era a cadena perpetua. Ramona no lo abandonó. Iba a verlo a la cárcel. Le pareció más suyo entre las rejas, por fin, suyo del todo, y cuando saliese...

Ramona, no sabemos aún por qué, decidió abandonarnos. La niña había crecido y le daba vergüenza mirarnos o, tal vez, no quería que Aitana se manchase. Dejamos casi de verla, y un día...

Un día vinieron a decirnos: ¿Ustedes tenían en su casa sirviendo a una mujer que se llamaba Ramona? Y sin avisarme el corazón me enteré bruscamente de su muerte. Estaba, como todos los muertos, muy tranquila, muy joven, recobrada su hermosura, aguardando a que él *aprendiese* a ser bueno, para luego... Entonces me dirigí a la cárcel de la calle de Las Heras y pedí que aquel hombre encarcelado besase un poco más fielmente a aquella mujer tan profundamente enamorada. Y así fue. Llegó esposado, con dos policías. Le quitaron las esposas. No lloró. Cayó de rodillas. ¿También esto es la muerte?, parecía preguntarse. Luego de un rato se lo llevaron y nosotros fuimos a enterrar aquel pobre corazón cansado de querer.

Como la cárcel estaba en la calle de Las Heras, justo donde nosotros vivíamos, yo he levantado muchas veces los ojos hacia las ventanas, pensando en el preso a quien ya no visitaba nadie.[437]

Yo también he tenido un niño que me mandó el viento. Se llamaba Josecito. ¿Por dónde andará? Era pequeñuco, morenito, ratón de calles, despejado como la primavera.

---

[437] La misma Aitana Alberti ha recordado su nacimiento en un artículo titulado "Hija de desastres" (*ABC cultural* del día 17 de septiembre de 1993). Y dedica la parte final de su texto a evocar la figura de aquella Ramona, "una cordobesa de amplio pecho, fuertes caderas, voz melodiosa y semblante entristecido", contando su historia y elogiando los maternales cuidados que le dedicó durante años. Así, refiere que su marido —Froilán— era un hombre extraordinariamente violento, que enviaba anónimos amenazantes a los Alberti y hasta llegó a matar por celos a su amante y a una hermana de ésta, por lo que fue condenado a cadena perpetua. Poco después —dice Aitana, corroborando lo evocado por su madre— "desapareció de súbito y durante mucho tiempo lloré su deserción. Era una criatura seráfica, de clara inteligencia y desbordante maternidad".

Un día, en esa calle de Las Heras sombreada por los árboles más hermosos del mundo, esos árboles que se desnudaban de sus flores azules para ofrecerlas a nuestros pasos, llamó a la casa donde Aitana comenzó rabiosa y rebelde, donde decidió que jamás iría a un colegio, un niño que levantaba del suelo lo justo para verle. Me dijo: Señora, tengo hambre y tengo frío. Pues pasa, le dije. Pasó y sorbió un tazón de café con leche y su pan con dulce con la confianza de un animalito nuevo. Apenas nos sonreía de ocupado que estaba. A la tarde siguiente llamaron a la puerta. La abrí. Señora, ¿a qué hora dan aquí el café con leche?

Claro que Josecito se quedó. Era nuestro vecino. Vivía en un hotel, no de buena fama, dos casas por medio. Necesitaba un rincón propio porque el de su madre estaba demasiado ocupado. Apenas parecía enterarse de que Josecito había nacido, que había crecido y que se iba por las calles como un gato, restregándose contra los muros. Creía Josecito que tenía cinco años, tal vez. Era delgado como una aguja y por eso se colaba tan fácilmente por cualquier resquicio del alma. ¿Cuándo dan el café con leche? El personaje se sentó a la mesa, entendió lo que era una servilleta, se chupó los dedos y sonrió. Días y días llamó, comió, sonrió, jugó. A veces arrastraba sillas por el pasillo, que era muy largo, y le gritaba a Rafael que escribía en el fondo de la casa, hacia el jardín: ¡Señor, soy el sonido! Para conseguir que se sentara le poníamos música. ¡Qué oído maravilloso tenía! Recuerdo que la criaturita escuchaba *Santa Juana en la Hoguera,* de Honegger,[438] más que absorto. Le habíamos contado algo de la historia, conocía los momentos más dramáticos, y cuando éstos llegaban, me arañaba la mano, estremecido: Señora, señora, oiga. Aho-

---

[438] Arthur Honegger (1892-1955), compositor suizo. La parte más conocida de su producción la forman las obras líricas y los oratorios. Una de ellas, de 1935, es precisamente *Juana en la hoguera.*

ra la van a quemar a Juanita. ¿Qué era para él esa Juanita de Arco, santa a quien quemaban entre músicas? No sé, lo que sé es que aprendía todo y lo repetía con una agudeza de chiquillo de los zaguanes y las calles. Estaba muy tranquilo con nosotros. No desconfiaba. No estaba incómodo sino cómodo entre libros, cuadros y flores del jardín y aquellos pájaros como centellas que se llaman colibríes y que hicieron —igual que él— nido en una estrella federal, ese árbol que da flores rojas en Pascua.[439]

Josecito no se dejaba nunca vencer ni convencer si no entendía las razones. Un amigo nuestro se lo llevó a cortar el pelo, y al entrar en la peluquería dijo bromeando: Vengo a que le corte usted el pelo al cero a Josecito. Josecito se desasió de sus manos, echó a correr y volvió con un guardia. ¡A él con bromas! Había aprendido a defenderse. Luego vino conmigo a ver la ciudad donde había nacido. Lo llevé al centro de Buenos Aires, a la calle Florida donde los escaparates son resplandecientes. Josecito me arañaba las manos, me retorcía los dedos. ¡Mire, mire! Y me mostraba la fachada de Harrods[440] toda ella dedicada a un inmenso Papá Noel. Tuve que explicarle detalladamente la fiesta de la Navidad, y entramos al paraíso de los juguetes. Allí nos encontramos con muchas más cosas que deseos tenía y fuimos apuntando en un papel todo lo que le gustaba para escribirlo en una carta. De pronto, en no sé qué piso, apareció el auténtico Papá Noel en persona que se dirigía a alguna fiesta. Josecito me descoyuntó un dedo: Señora,

---

[439] "Luego, durante el mes de mayo de aquel hemisferio austral, comprobé que el árbol que llamábamos en El Puerto *árbol de Pascua* era llamado allí *estrella federal*, porque sus flores, abiertas en estrellas rojas, lo hacían en coincidencia con la época de la Revolución de Mayo" (*AP* 2, p. 121).

[440] Las tiendas Harrods de Buenos Aires fueron —y son— unos populares almacenes de origen londinense ("Harrods Ltd.") creados, en 1849, por el panadero Henry Charles Harrod. Inicialmente fue un gran almacén de productos de alimentación.

señora, ¿ha visto? Es Papá Noel y me ha tocado la frente y
me ha dicho: Josecito, tienes que ser bueno.

Me cuesta escribir, aunque es el elogio de su maravillosa imaginación, que Papá Noel ni le había visto, ocupado
en remangarse sus faldas y llegar al ascensor. Pero Josecito era el prodigioso inventor de su vida pequeña y, al día
siguiente, se colocó en la puerta del patiecito de la casa a
ver llover, mientras cantaba esto:

> Adiós, Papá Noel.
> No te veo. Estás muy alto.
> Papá Noel, ¿dónde está tu casa?
> Ya no puedo aguantar más la lluvia.
> Vení vos en el helicóptero de los truenos.
> Estás muy alto.
> Habla.
> No te veo la cara ni la barba.
> No te siento la voz.
> Ya veo unos ojos, Papá Noel.
> Voy a ver. Allá hay unas barbas,
> blancas como el cielo.
> Nunca te vi.
> ¿Dónde vivís, Papá Noel?
> Yo vivo aquí, al lado de María Teresa.
> Yo escribí una carta.
> Chau, chau.
> Manda una motoneta, una pistola, una cartuchera
> japonesa.
> Papá Noel, no te veo ya.
> ¿Dónde estás?
> Papá Noel, ¿sentís la voz mía?
> Yo estoy muy lejos del cielo. No te siento la voz.
> ¿Podés venir, Papá Noel?
> Veniiiií...
> ¡Ay! Papá Noel, ahora la hago venir a la señora.

Josecito le gritó esto a la lluvia torrencial que caía. Nosotros lo registramos. Hoy lo escribo. Me vio. Se acercó a

mí como un conejito y me dijo algo turbado: Las barbitas
blancas apenas se le veían.

Pasó cierto tiempo. Cambiamos de casa. Josecito ingresó en un colegio. Yo iba a ver aquellos chiquillos tan solos
y me volvía desolada. Un día se escapó y lo echaron. Aún
llamó muchas veces al timbre de mi casa. ¿Te gustaría estudiar música? Crecía. Dejamos Buenos Aires... No sé cómo podemos separarnos de los que queremos, pero es así.
Qué fracaso el de mi voluntad. Hoy Josecito será un muchacho, tendrá novia, será soldado... se habrá olvidado de
Papá Noel y de mí.

No tengo juicio claro sobre Buenos Aires. ¿Cómo tenerlo si no es ahogada por una ternura inmensa? Veintitrés
años vividos en una ciudad marcan. Hoy todo lo que recuerdo me estremece y agita: horas radiantes, angustias,
amistades claras ininterrumpidas, la felicidad, el temor
que llama a la puerta y todo lo no olvidable porque son los
años centrales de mi vida. Y me asomo al balconcillo del
primer departamento, calle Tucumán, en una casa de Victoria Ocampo, la que jamás será olvidada porque fue y es
la gran mujer que se desvivió por animar la cultura de su
ciudad. Allá, la *Tusca,*[441] primera de su raza, junto a nosotros velaba sin ladrar los primeros sueños de nuestra hija
Aitana. Más tarde, en la calle de Santa Fe, la niña corrió
por vez primera haciéndome sentir ese temblorcillo de terror y asombro que se siente ante los milagros. Luego llegó el jardín. Un jardín de enormes estrellas federales
enrojeciendo justo al revés de como Rafael decía, porque

---

[441] La perra *Tusca* es una de las nombradas por Rafael al comienzo del
emocionado poema dedicado a *Niebla* en *Retornos de lo vivo lejano*
("aquel *Jazmín* angélico, ni *Tusca* misteriosa") y en *AP* 2, p. 115, "La *Tusca* tan enana y *Jazmín* tan gigante".

para él esa flor es el árbol de Pascua. Esta casa de la calle de Las Heras empezaba a ser de verdad nuestra casa, nos afirmábamos, conocíamos cada hoja de las trepadoras que cubrían las paredes de las casas vecinas, los pájaros que nos devolvían las primaveras en ese milagroso colibrí que colgaba de un hilo su impaciencia y su nido. Por primera vez volvían a ser mías las butacas donde nos sentábamos, la cama donde dormíamos. Rafael iba clasificando libros nuevos en bibliotecas nuevas y otra vez sobre su tablero de dibujo había pinceles, lápices... Únicamente los que se vieron con las manos totalmente vacías podrán comprender mi asombro. Teníamos ganas de entonar laúdes. ¡Alabada seas, ciudad hermosa de América, por habernos resucitado![442]

Y todo esto se lo debíamos a uno de los amigos que nos recibió en el puerto y que con su aire de hombre de mando e iniciativa nos dijo de pronto, al saber que continuaríamos nuestro viaje hasta Chile: ¿Y para qué ir a Chile si estoy yo en Buenos Aires? ¿No soy yo el que va a editar vuestros libros? —Tenemos únicamente un permiso precario—. —Todo se arreglará—. Y se arregló y tuviste razón tú, Gonzalo Losada, y en todos los momentos, cuando pensamos en ello, te sentimos cómplice de nuestra existencia argentina, así como vemos en Pablo Neruda, cónsul de Chile, la protección solar americana caer sobre nosotros, españoles de las manos vacías, sin pan y sin techo.

¡Cuántos años han pasado desde aquel renuevo de vida que vivimos! Nuestra juventud permanente me impide contarlos. A Losada lo sentimos en todo momento cerca. Le gustaba sentarse a nuestra mesa, que Aitana le llamara padrino, tener próxima a nuestra casa del Parque Leloir

---

[442] Casi a la par que Rafael escribía su particular homenaje a la ciudad de su infancia —Cádiz— en su trimilenario, rendía homenaje poético a la capital argentina, en vecindad con los dibujos de Attilio Rossi, en el libro *Buenos Aires en tinta china* (1951).

una finca que aún hoy florece para sus nietos...: Gonzalo Losada es un personaje de esos que España da a la luz de cuando en cuando. Al comenzar la guerra civil trabajaba en la Editorial Espasa-Calpe y para que su convicción republicana no sufriese el ahogo de otra manera de pensar, decidió cambiar de camino y fundó lo que hoy es una de las editoriales más importantes de la lengua española.[443] Junto a él solía venir a nuestra casa el amigo Saint Jean, hoy imposible de alcanzarle mi recuerdo en la muerte. Hace pocos días hablábamos de todo nuestro pasado americano con Attilio Rossi, el pintor que entiende tanto de lo que debe ser la cara de un libro, su prestancia exterior, la gracia del vestir y verter sobre papel los pensamientos.[444] Attilio soñaba lo que Gonzalo Losada agarraba fuertemente con sus manos de hombre de negocios. Gonzalo Losada, el que se cultiva y cultiva una manera de ser diferente a la de los otros editores: sonríe, adivina, sabe respetar el talento, alardea de cierta modestia que suele gustar mucho a los orgullosos intelectuales. Recuerdo junto a él la franqueza alegre del filósofo Francisco Romero y la grata presencia de Felipe Jiménez de Asúa y la sonrisa difícil del inteligente Guillermo de Torre.[445] Durante años y

---

[443] El editor Gonzalo Losada creó en 1938 una potente editorial con filiales en Chile, Colombia, Perú y Uruguay, que fue fundamental para difundir la literatura española, y en especial la obra de los exiliados. A ella se debe la primera edición en sucesivos volúmenes de la *Obra Completa* de Lorca (*AP* 2, pp. 108-109).

[444] Attilio Rossi, dibujante argentino, de origen milanés, con el que Alberti hizo el largo poema, junto a sus dibujos, *Buenos Aires en tinta china*, que se ofrecen en su primera edición (Buenos Aires, Losada, 1951).

[445] Francisco Romero (1891-1962), filósofo argentino de origen español (había nacido en Sevilla), sucedió a Alejandro Korn, de quien fue discípulo, en la cátedra de Metafísica de la Universidad de Buenos Aires. Jiménez de Asúa (1889-1970), jurisconsulto y político, que había sido profesor de Derecho penal en la Universidad de Madrid, durante la Dictadura de Primo de Rivera, diputado socialista durante la República y embajador en Praga durante la Guerra Civil. A partir de 1939 continuó su actividad docente en la Universidad de La Plata, y en 1962 fue designado

años, Gonzalo Losada no ha hecho más que abrir libros y presidir consejos, durante años y años ha dado el pase y edítese a nuestros libros. ¿Cómo no darle las gracias?

Pero es a Sima Korblit a la que yo debo la publicación de mi primer libro en la Argentina. Sí, Isaac y Sima nos tomaron la mano y la apoyaron en sus hombros. María Teresa, ¿cómo dices que se llama tu libro? —Pues *Contra viento y marea*— ¿Y es una novela? —Sí, la escribí en España, trata del comienzo de nuestra guerra... No, no, empieza en Cuba y... en fin, léela. Yo subtitulo a esta primera novela mía *Episodios Internacionales.* Ahora los intereses de fuera se mezclan tanto con los de dentro de las naciones... Bueno, léela. Y contrariamente a lo que me dijeron en París: las cuestiones de España no interesan señora, en Buenos Aires una mujer tomó el manuscrito y en 1941 apareció *Contra viento y marea.*[446] Claro que lo que una mujer no hace... Y aun hoy espero de ella la carta y las noticias de todos los que dejamos tan lejos... Sí, ¡Carta de Sima!

¡Qué Buenos Aires aquel de nuestra primera amistad con la vida nueva! En las mesas de los cafés de la Avenida de Mayo se discutía y se gritaba como si aún Madrid estuviese defendiéndose. Hubo un periódico: *Crítica,* que no

---

Presidente de la República en el exilio. Guillermo de Torre (1900-1971), destacado crítico literario (ahí ha quedado su famoso tratado de *Literaturas Europeas de vanguardia* de 1925) y uno de los mejores poetas ultraístas, que nos dejó el libro *Hélices* (1923). A partir de 1927 marchó a Buenos Aires (en donde casó con Norah Borges) y volvió a España durante la República, siendo uno de los colaboradores más destacados de *Gaceta de Arte.* Fue uno de los mejores colaboradores de Editorial Losada, en donde, por ejemplo, dirigió desde 1937 la edición de las obras de Lorca.

[446] Con respecto a esta novela de 1941, *vid.* lo que se dice en la Introducción a la presente edición. También puede consultarse mi libro de 1996 *Los espacios de la memoria* (pp. 121-146).

admitió ni la caída de Madrid el 7 de noviembre de 1936, ni el fin de la guerra de España en 1939. Cuando llegaron al puerto de Buenos Aires los primeros expatriados españoles fue el propietario de *Crítica,* Natalio Botana, dueño también de un caballo lo suficientemente republicano como para decirle a su amo: Te gano la carrera si haces quedarse en Buenos Aires a ese puñado de españoles, el que dio la primera mano.[447] Y hoy yo querría recordarlos a todos: A Luis Jiménez de Asúa a quien encontraba en el ascensor de nuestra casa de la calle de Pueyrredón, pues en ella también vivía el jurista sabio en leyes y mariposas, con su colección de alas bellísimas, transparentes e inmóviles, Juan Cuatrecasas, el personaje doctorado en medicina y esperanzas: María Teresa, lo de España dura poco, ahora sí que se acaba, a Sánchez Albornoz con su sabiduría medieval y su leve carga de Presidente de la República en exilio... Rocamora, el doctor Trigo...[448] ¿Dónde volveremos a reunirnos para soñar España?

[447] De aquel "capitalista poderoso, dominador de la opinión pública" Neruda nos ofrece un recuerdo del lujo asiático en que vivía, con una monumental biblioteca integrada sólo por ediciones antiguos y con el piso cubierto de pieles de pantera (*CV*, pp. 161-162). El diario bonaerense *Crítica* dirigido por Natalio Botana apoyó desde un comienzo el asilo de los republicanos españoles, y de hecho anunció la llegada a Buenos Aires de Rafael Alberti como "el más ilustre representante de la joven poesía española", según se puede leer en el número correspondiente al 6 de marzo de 1940. Y en ese mismo número el poeta declaraba: "Tanto María Teresa como yo buscamos en tierras de América aparte de la lección que el continente encierra, el sosiego para poder escribir."

[448] Juan Cuatrecasas y Rocamora eran dos médicos argentinos que frecuentaban la amistad de los Alberti. Nada he averiguado de ese doctor Trigo que cita finalmente María Teresa, pero pienso que tal vez podría tratarse de un error por Troise, médico judío ya mencionado anteriormente (*vid.* nota 433). Claudio Sánchez-Albornoz (1893-1984) insigne medievalista, exiliado en la Argentina desde 1940. En los años cincuenta y sesenta mantuvo una famosa polémica con Américo Castro acerca de la identidad histórica de España, defendiendo la decisiva influencia del elemento germánico en su obra *España, ese enigma histórico* (1957). Regresó a España al producirse el cambio político de 1977.

Nuestra llegada a América, nuestra vida en Buenos Aires, nuestra hija americana, tan nueva, tan pequeña, nos ayudó a salir otra vez hacia la superficie. Un día encontramos un río. Ese río inmóvil e incansable fue nuestro paisaje. Unos cariñosos amigos nos habían prestado su casa. La llamaba la gente la Quinta del Mayor Loco. Todo lo que la rodeaba, el barranco, los naranjales, los huertos, tenía una atracción misteriosa. Nos pegamos, conmovidos, a aquel paisaje tan nuevo. Alguien nos contó que el Mayor Loco, antiguo dueño, había sido Mayor del ejército argentino y que el loco no era él, sino su mujer. La mujer dormía ahí, exactamente donde ustedes duermen, pero el Mayor había tapiado el balconcito. Sí, señora, la dejó sin luz y ella gritaba, gritaba, pero él no la oía porque siempre andaba de caza. Un día la mujer se murió y el Mayor siguió cazando, sin oír a la gente, preguntando a los campesinos que se encontraba: ¿Dónde quiere que ponga la bala? Y mataba exactamente el pobre pájaro que le era indicado. Un día alguien vino a buscarlo, dejó la casa, se fue y no volvió. Nadie se atrevió a acercarse a la casa. Tiene ánimas, decían. Comenzaron a caerse las tejas. Nuestros amigos compraron el campo. Tiene ánimas, seguían diciendo.[449]

El campo argentino está lleno de ánimas, de desaparecidos, de soledad, de muertos. La tierra inmensa se ha dividido en pocos propietarios. Entonces esos propietarios, hablan de miles de hectáreas, que formarían en nuestros pequeños países europeos una provincia. Estancias de miles de hectáreas, campos vacíos, miles de animales co-

---

[449] El río aludido es, por supuesto, el Paraná, y respecto a la Quinta del Mayor Loco, también Rafael Alberti cuenta algo de ella en *AP* 2, p. 123. Y en su gran libro poético *Baladas y canciones del Paraná* hay una sección —la primera— titulada justamente "Baladas y canciones de la Quinta del Mayor Loco", y a una poética visión de su historia se dedican varias de esas "baladas" (*PC* II, pp. 677 y ss.).

rriéndolas, seguidos de jinetes, animales pastando después del arreo; de cuando en cuando, la casita, aislada, del peón. Y silencio. Otras veces, llanuras sin fin, de trigales, de maizales, todo tan fértil que da angustia. Entonces, ¿por qué el hombre del campo vive como cuando Don Segundo Sombra lo galopaba? Por algo se llamaba Sombra aquel hombre que vio Ricardo Güiraldes; por algo se llamaba Fierro el héroe del poema de la desobediencia, de José Hernández. ¿Quién sino una sombra, quién sino el hierro puede enfrentarse con la enorme soledad de la riqueza argentina? Pero están también las pequeñas bandas verdes, estábamos frente a una de ellas, la zona verde de los ríos madres, y alcanzábamos con la mano los limones y las naranjas. Aitana crecía. Iba familiarizándose con las iguanas, con los caballos; aprendía a conocer el rastro de las víboras. La Quinta del Mayor Loco era nuestro mirador sobre América. Debíamos sentirla más adentro, entrarla en nosotros. No basta tomar mate para sentirse hijo del árbol, de la barranca, amigo de la isla. Nosotros lo fuimos. Entramos en la vida de las hojas, del río que nos huía, quedándose tan quieto, ocre y parado. Don Rafael, ¿le gustaría ver una carrera de potros? Y allá iba Rafael con el gallego de la quinta de enfrente, aquel buen hombre que nos decía diariamente: Vengan, vengan y llévense las naranjas que necesitan. ¡Tengo cinco mil plantas! Y se miraba a las manos y se las estrujaba de gusto, levantándolas luego hacia el sol de América. ¡Cinco mil plantas! Luego bajaba los ojos, él, que en su aldea no tenía ni un terrón de tierra donde morirse. Íbamos aprendiendo a querer aquel paisaje. Crecía la niña americana. Íbamos entrando en el aprendizaje de la paz. ¿Cuántos años tardamos en no estremecernos al oír un avión? Montábamos en un tílburi desvencijado para ir de vez en cuando a la pequeña ciudad vecina, de casitas bajas iguales, pequeña ciudad colonial con sus iglesias y su vida menuda y mucho cielo encima. Poco a poco nos íbamos convirtiendo, como todos los europeos que llegan, en gente de bombacha y rebenque[450] y botas altas. Nuestros ponchos los habíamos traído de nuestra primera experiencia cordobesa.[451] Añadíamos a la Argentina de tierra adentro la de los grandes ríos. El Paraná iba hacia el Río de la Plata, desdeñándonos, mientras lo mirábamos con la primera mirada de la mañana desde el balcón de la quinta del Mayor Loco. ¡Ay, ese Mayor y esa loca con la vela encendida y el balcón tapiado, aullando y pegando puñetazos en las paredes, sin que alma viva la pudiese oír eran nuestros compañeros! Tampoco nos escuchaban a nosotros, los españoles desterrados de España en las conferencias internacionales donde, una vez acabada la guerra, se repartían la riqueza, las zonas de influencia, el prestigio... También nos han tapiado la ventana. Mira los pájaros de las islas.

> La eternidad bien pudiera
> ser un río solamente,
> ser un caballo olvidado
> y el zureo
> de una paloma perdida.[452]

Iba Rafael escribiendo *Baladas y canciones del Paraná.* Le hablaban el viento, el horizonte, aquel perro *Don Amarillo,* los caballos, los barcos que cruzaban la línea de los sauces. Todo era presencia de ranas, de loros, de sapos que podían ser...[453] Señora, la casa está embrujada. Vivía-

---

[450] *bombacha* es el pantalón bombacho, de pernera ancha y ceñido fuertemente por el tobillo (propio de los gauchos), y *rebenque* es el látigo fuerte del caballista.

[451] Naturalmente se refiere a la ciudad y región argentinas de Córdoba, en el interior del país, en plena Pampa.

[452] Primera estrofa de la segunda balada del libro albertiano antes citado, "Balada de lo que el viento dijo" (*PC* II, p. 679).

[453] Otro perro que también tiene su poema en *Baladas y canciones...*: "Balada de *Don Amarillo*" (" Pobre está *Don Amarillo* / pobre está. / Pobre a la lluvia y al viento. / Pobre al sol, *Don Amarillo.* ¡Qué pobre está!"; *PC* II,

mos en el embrujamiento. ¿Me quiere decir que el ánima de la mujer del Mayor...? No, no. Y se iban porque estaba oscureciendo. Comenzamos a sentirnos incómodos. Nos deben mirar con lástima. Pobre gente, un día... ¿Es que el embrujamiento se contagia? Dígame. Bajaban la cabeza. Han sucedido tantas cosas en esta casa. ¿Cuáles, por ejemplo? Y callaban. Comenzamos a desconfiar de los crujidos de la madera, a soportar mal la arremetida del viento en los muros. ¿Has visto cómo chillan hoy los escalones? ¿Y eso? Nada, la lechuza que habrá entrado. Debe andar por el techo. No, puede que sea ese caburé, el pájaro tan pequeñito que al caer la tarde se pone de vigilancia en cada palo de las cercas. ¡El caburé![454] Sí, nuestro caburé de Totoral, aquel que se rompió una pata y se la compusimos y lo dejamos agarrarse con ella al retrato de Baudelaire que estaba sobre la mesa. Lo alimentamos con insectillos, con pizcas de carne y él creía que nos arrancaba los dedos a picotazos. Poco a poco se dejó rascar la cabeza, esa cabecita que giraba en redondo para seguirnos por el cuarto. Debía pensar qué bichos raros serán éstos que no tienen alas. En cuanto se sintió seguro, echó a volar sin darnos las gracias. Bueno, sí. Se detuvo un instante en la rama de un árbol a mirarnos, pero hacía demasiado sol para sus ojitos de ave nocturna. Sacudió sus plumas y se fue. En la Quinta del Mayor Loco se multiplican las alarmas. ¿Y si nos fuésemos? Tonta, irnos ahora que tenemos amigos que nos respetan, porque somos los únicos que se han atrevido a enfrentarse con los fantasmas. Pero un día llegaron los fantasmas. Nadie los vio más que el perro. La *Mucki* em-

---

pp. 680-681). María Teresa está aludiendo a otras "baladas" del mismo libro, sin nombrarlas directamente: "Balada de lo que el viento dijo", "Balada que trajo un barco", etcétera.

[454] El caburé es un ave de la familia de las estrigiformes, de tamaño pequeño, de color pardo grisáceo, de tono rojizo a veces y el vientre blanco manchado de puntos negros. Vive en América meridional, y su plumaje es muy apreciado.

pezó a ladrar ante la puerta de la cocina. Ladraba, gemía, aullaba. ¿Qué te ocurre? Y seguía corriendo, lanzándose sobre la puerta. Nunca he visto tanta angustia, tanta deses- peración. *Mucki*, ¡si no hay nadie dentro de casa! Rafael y Aitana se han ido a las carreras de potros. Pero el perrucho seguía el baile de su miedo, agitado y convulso. Como pase- se un camión de la quinta de enfrente, corrí detrás de él. Mi- re, venga. ¿Habrá alguna víbora dentro de la casa? Estoy sola. ¿Me quiere ayudar? El peón miró al perro que, casi desvanecido y con la lengua fuera, seguía aullando. Se ras- có la cabeza. Es que aquí ocurrieron cosas... Deben ser las ánimas. ¿Qué ánimas? Las de los amantes. ¿Amantes? Se mordió las manos temeroso de haber hablado demasiado. ¿Qué amantes? Hable, hable. Propio él cayó aquí. Y señaló el lugar donde la perra ladraba ante la puerta. Ella cayó den- tro. ¿Quién? ¿Quiénes? Los amantes. Y huyó. Yo agarré en mis brazos al perro y me fui a contárselo todo al gallego de los naranjos. Sí, él mató a ella en la cocina; luego, en la puerta, se clavó el cuchillo. ¿Por qué? Eran novios, sabe us- ted, pero... eran hermanos. Cosas de los pueblos.[455]

Poco a poco nos fuimos sacudiendo los ruidos, las som- bras. Fue una experiencia el escribir a la luz de las velas, el comer con la luz de un farol de carburo sobre los platos. Cocinábamos con leña que recogíamos nosotros mismos. Dábamos de comer al potrillo que se quedó sin madre y tropezaba sus hocicos hambrientos contra la puerta y en- traba a despertar a nuestra hija y a comerse las sábanas. Quería jugar. Aitana lloró cuando se lo llevaron. Nos íba- mos acostumbrando a las tormentas casi increíbles, con todo el cielo combatiendo. Aprendimos a escribir bajo el aliento húmedo del Paraná.

---

[455] A esta trágica historia parece aludir la balada albertiana "de lo que sucedió en la cocina de la Quinta del Mayor Loco" (*PC* II, p. 682). Y re- cuérdese que otra historia de incesto trágicamente resuelta es lo que se dramatiza en la obra teatral *El Adefesio*.

La eternidad bien pudiera
ser un río solamente...

Todo parecía estático y durable para toda la vida, pero nosotros hemos ido siempre perdiendo nuestras eternidades, dejándolas atrás a lo largo de nuestra vida, siempre con los zapatos puestos para echarnos a andar.

Un día tuvimos que abandonar el río para siempre, dejar solas a las ánimas de los amantes, a la mujer emparedada del Mayor Loco. ¿Han colgado ustedes la ramita de yerbas que les di? Claro, claro, la puse detrás de la puerta para alejar los espíritus. ¡Qué valientes son ustedes! Así nos ha hecho la vida. ¿Se marchan? Sí. Dejamos el ramito detrás de la puerta y el río y los huertos y todo lleno de nuestras miradas. Una última vez, mamá. Sí, hija, sí. Acarició el caballo. Estaba segura de regresar al año siguiente. Echó a andar el tílburi que nos llevaría a la estación. La quinta del Mayor Loco volvió a su silencio entre los huertos, frente al río Paraná. No sé si los barcos que van hacia el puerto de Rosario ven esta casa. Seguramente, no, pero los cristales de sus ventanas deben mandar reflejos y señales como espejos. En el sendero nos encontramos a un amigo. ¿Se van ustedes ahora que han desembrujado la casa? ¡Qué lástima! ¡Sabe Dios quién vendrá! Sí, sabe Dios. Arrancó el caballito y nosotros agarramos una naranja de las que nuestro amigo el gallego del huerto nos había dado para la sed del camino, pero la Quinta del Mayor Loco había dejado en nuestros labios una sed sin término.

En aquella soledad tan poblada, Rafael escribió su libro *Baladas y canciones del Paraná*. Para nosotros los lugares tienen nombres de libros. Los hemos ido escribiendo como quien viaja y hace altos vivaqueando, para seguir viviendo. Los saludamos con cierta timidez, con cierta angustia. Nos vamos sentando con ellos, poco a poco. Luego, algunos lugares nos palpitan en las entrañas, otros nos respiran en los pulmones durante largo tiempo. Yo he sentido vivir a la gente de mis libros junto a mi respiración. No me dejaban hasta que no escribía el cuentecillo. Otros, mi pueblo o sus gentes, me agarraban la mano: "Escribe." Aun durmiendo me comían el sueño. Al despertarme me encontraba con lo que me habían contado y les obedecía. Rafael rumia y rumia y se queda sordo y no contesta a nadie cuando escribe. Yo hablo. Creo que me llevan en vilo o en una de esas barcas que empuja el viento. No sé. Escribo con ansia, sin detenerme, tropiezo, pero sigo. Sigo porque es una respiración sin la cual sería capaz de morirme. No establezco diferencias entre vivir y escribir. Ni recuerdo cuándo empecé. Debía tener catorce o quince años. Escribí las cosas que yo me había contado en sueño, y *Cuentos para soñar* los llamé cuando se publicaron en Burgos en una editorial que acogió con simpatía tan poca cosa. Una amiga los ilustró. En la portada vuela una cigüeña.[456] En la Quinta del Mayor Loco, junto al Paraná, volví a ver pájaros de enormes alas. Allí escribí las páginas de *Doña Jimena Díaz de Vivar*. Mientras Rafael navegaba por el río su angustia española, yo regresaba a mi infancia donde el cuento del Cid aparece siempre. Y no por ser burgalesa mi madre, sino por las horas de mi infancia pasadas en la casa de mi prima Jimena. No sé por qué pienso en aquellas mujeres a quienes la ausencia de sus hombres de España habían dejado en tanta soledad como a Doña Jimena, desolada y triste, en medio de Castilla dejó el destierro del Cid Campeador. Una amiga mía, María Luisa Molero, se había quedado sola, con su niña en brazos, mientras nos empujaba a nosotros hacia el avión que debía llevarnos a

---

[456] Para esta primera colección de cuentos de María Teresa León *vid.* lo que se dice en la Introducción y en las pp. 61-70 de mi libro *Los espacios de la memoria*.

Orán. Ella se quedó y nosotros nos alejamos, enganchándonos el alma contra los últimos naranjos de los huertos. ¡Cuántas mujeres españolas se quedaron así una mañana cualquiera de su vida cuando los hombres se dispersaron! También Doña Jimena se quedó sin Rodrigo, un Rodrigo rebelde, un Rodrigo que nos representará a todos siempre cuando haya que hacer respetar —como él hizo al rey— los derechos del pueblo de España. ¡Jimena en soledad! Jimena rehén encarcelado. Jimena dejando pasar noches y auroras sin gemir porque había que ser tan fuerte como el que *en buen ora nació,* el desterrado.[457] Hasta que un día llegaba una carta. Venía de México, de la Argentina, de Chile... Ven. Ven, mujer, con los niños. Venid a recomenzar la existencia. Atravesaréis el mar. Doña Jimena llegó hasta el mar de Valencia y lo miró con asombro y Rodrigo le ofreció un reino a cambio de su valor para criar los hijos y cuidar de la hacienda.[458] Los desterrados españoles, también a su manera, habían conquistado un reino y lo ofrecían a las mujeres que dejaron con los hijos en el anca o en el vientre, hijos que ellas hicieron crecer altos sólo con un poquito de pan y sus trabajos. Por ellas, cuando fui escribiendo la vida de Doña Jimena Díaz de Vivar, sentí junto a mí a las mujeres de mi casta para que las escuchasen. Siempre ha ocurrido igual, ¿comprendéis? Siempre ha habido que luchar contra los que nada entienden de los derechos de los hombres honrados, y los hombres honrados tenían que alejarse para conquistar de nuevo la vida, toda

[457] Sobre esa preciosa biografía imaginada de la esposa del Cid, *vid.* lo que se dice en la Introducción, dentro del epígrafe "Las biografías noveladas". Es uno de los libros más hermosos de la autora, en el que María Teresa acaba identificándose con la biografiada a partir de una circunstancia que las aproxima: sentirse mujeres de desterrados, y ellas desterradas también.

[458] María Teresa tiene en mente el pasaje del cantar II (vv. 1610 y ss.), momento que también recrea la autora en su biografía de Jimena (pp. 126 y ss. de la edición de Biblioteca Nueva).

hecha de trabajos, en lugares lejanos e inhóspitos. En esta dispersión española le ha tocado a la mujer un papel histórico y lo ha recitado bien y ha cumplido como cumplió doña Jimena, modesta y triste. Algún día se contarán o cantarán las pequeñas historias, las anécdotas menudas, esas que quedan en las cartas escritas, a veces, por otra mano, porque no todas las mujeres españolas saben escribir... Y se contará la pequeña epopeya diaria, el heroísmo minúsculo de los labios apretados de frío, del hambre, de los trabajos casi increíbles. Esto fue capaz de hacer mi madre, dirán algunos hombres. Así crecí. Crecí con sabañones en los dedos que sólo el aliento de mi madre curaba. Cuando crecí, yo le leía las cartas de mi padre. Estaba lejos. Nos decía que ahorraba para nuestro viaje. ¡Qué va a ahorrar!, decía mi madre. ¡Con lo que le gusta vivir! Pero ahorró y un día... Así he ido escuchando las penas ajenas como propias y he salido a recibir a las mujeres que llegaban a Buenos Aires y encontraban al marido tan cambiado que les daba una inmensa vergüenza sus ropas pueblerinas. Se comían las lágrimas. ¡Cuánto me he mareado en el mar! ¡Qué vieja estoy!, ¿no? Y dejaban caer sus miradas como hojas secas sobre tantas cosas desconocidas como las estaban esperando. Otras llegaban fruncidas, silenciosas. ¿Conque tuvo otro hijo...? ¿Conque vivió con otra mujer? No sé para qué vine. Le dejo los hijos y me vuelvo. Para morir más vale la tierra de uno. Pero no volvían porque perdonaban, porque ya habían pasado todas las pruebas, todos los infiernos y no había que añadir uno más. Un hombre es un hombre, ¿verdad, María Teresa?

Pensé en Doña Jimena, ese arquetipo de mi infancia, que yo había visto en San Pedro de Cardeña, de Burgos, tendida junto al señor de Vivar como su igual y tejí mis recuerdos de lecturas, de paisajes, de horas vividas para apoyar en Doña Jimena las mujeres que iban pasando ante mis ojos. Llegaban con sus cestillos al brazo, con sus pañuelos en la cabeza y se encontraban. —Jimena bajó de su hacanea. Rodrigo la recibió en sus brazos. —No tengas miedo, mujer, tu estatura es más alta que la del hombre que te está esperando. Tú eres el fundamento, la fuerza, la madre. —Rodrigo decía a Jimena: Ven a ver el mar que nunca has visto. —Sí, ven a ver el mar y luego no preguntes, siéntate y vive. ¡Qué fácil era decirlo, pero hacerlo...! Mujeres de mi casta, ¿cómo no echar sobre los hombros de Francisco Franco la acusación de vuestros labios secos, fruncidos para siempre?

Federico de Hohenstaufen cuenta en su libro de cetrería cómo duermen los pájaros. Milagro de observación. En aquella casa de la Cuesta del Zarzal, donde se habían respetado los olivos y traído matas de cantuesos y retamas de la sierra, los pájaros dormían y se despertaban tranquilos con el alba. Era el momento en que Ramón Menéndez Pidal cerraba sus libros y se marchaba a dormir a su vez.

Las miradas de Ramón y las de María no podían apartarse de los libros. Era necesario un acontecimiento, por ejemplo, la llegada de mi madre. Olivita, cuéntanos algo divertido. ¿Qué sucede por ahí? Otras veces, quien conseguía contener el silencio con su presencia, con su simpatía era Carmen de Mesa. Su voz hacía temblar y acurrucarse los libros. Era el aire fresco recorriendo aquella casa de persianas cerradas. Había estado casada con el coronel Ibáñez Marín, sus hijas fueron amigas mías y de Jimena. Poco a poco todas habíamos ido creciendo y algunas se casaron. Carmencita eligió a Cipriano Rivas Cherif. Hace pocos días alguien encargado de las malas noticias me llamó para decirme: Cipriano Rivas Cherif acaba de morirse en México. Pocos se habrán desconsolado tanto con la noticia.

Era Cipriano Rivas Cherif un hombre de teatro. Creo que le costaba respirar fuera de los pasillos estrechos y el laberinto de los bastidores. Su voz cantarina de tonos altos juzgaba las escenas y su juicio era escuchado silenciosamente. Una gran actriz, Margarita Xirgu, lo retuvo junto a ella. Claro que Margarita creía primero en su juicio y, después en el de Cipriano, pero hoy son imágenes inseparables. Margarita llegó a la escena española desde la lengua catalana. Ha sido la actriz más ponderada, la que no quería jamás equivocarse. Le gustaba parecer modesta y sencilla, sentarse dignamente a escuchar aunque tal vez nunca haya seguido pareceres ajenos. Claro que Cipriano Rivas estaba lleno de tactos y no rozaba nunca los orgullos propios de las mujeres, eso se lo dejaba a la criada de Margarita. La criada de Margarita, la que la vestía y calzaba para la escena, rezongaba siempre. ¡Ay!, qué ganas tengo de que vengan los *míos* para que la señora me vista a mí y salir yo a escena a hacer comedias. Los *suyos* no venían, pero había llegado la República.[459]

Margarita aceptó una obra de Rafael: *Fermín Galán*. Eran Fermín Galán y García Hernández los mártires, los héroes de esta transformación de España. Los habían fusilado, sí. Toda revolución se apoya sobre los que mueren... Se levantó el telón con el teatro repleto, pero como cada una de las representaciones de las obras de Rafael ha sido un escándalo, pronto comenzó a hervir desde el gallinero

---

[459]   La gran actriz catalana Margarita Xirgu había nacido en 1888 en Molins de Rei. Se formó en el teatro catalán de finales del siglo pasado, a través de sus muchas sociedades de aficionados, la mayoría de extracción obrera. Su primer éxito en la Barcelona de 1906 llegó con su interpretación de la *Teresa Raquin*, de Zola, aunque su debut profesional lo hizo con la pieza de Guimerá *Mar i cel*, encarnando el papel de Blanca. Como apunta su más destacada estudiosa, Antonina Rodrigo, se perciben tres etapas en la trayectoria artística de la Xirgu: la dedicada en exclusiva al teatro catalán (hasta 1912); la consagrada al teatro en castellano, hasta su exilio (estrenando importantes textos de Galdós, Marquina, Benavente, Valle, Lorca, Casona, Unamuno, los hermanos Machado), y una tercera y última, hasta su muerte en 1969, en Hispanoamérica, actuando y enseñando interpretación, en lugares como Cuba, Colombia, Perú, Chile, Argentina, México y finalmente Uruguay.

a la platea. Hoy, pasado el tiempo, se puede leer sin mayor susto esta estampa popular, casi religiosa, donde la Virgen republicana entrega la bandera para unirse a la rebeldía. Esto era apenas un milagro. Luego bailaba un obispo, pero eso también entra en las tradiciones de la buena vida, no siendo la primera irreverencia que se escribiera en nuestra literatura sobre las costumbres eclesiásticas. La exaltación de los mártires apoyaba y justificaba la adhesión que España había dado a un cambio de frente en su política. En fin, cuando hoy se relee esta obra, se encuentra gracioso ese baile de obispos y generales en la cuerda floja de los mitos, entonces...[460]

Margarita y Rivas Cherif, con admirable espíritu aceptaron representar *Fermín Galán*. Cipriano reía entre bastidores al pensar en las banderillas de lujo que aquella noche se clavarían en la mohosa tradición española. Yo creo que la conciencia republicana aún no había formado su primer capullo. Era una novedad absoluta. El escándalo tuvo cola. Paseándose por el Retiro unos días más tarde, Margarita Xirgu se vio abordada por una señorona que la abofeteó, diciéndole furiosa: —¡Toma, por cochina republicana![461]

¡Qué valiente fue siempre Margarita y qué segura de su personalidad! Fuera de la escena, ella es Margarita, dentro

---

[460] El "romance de ciego" *Fermín Galán* se estrenó el 1.º de junio de 1931 en el Teatro Español de Madrid. Pedro López Lagar interpretó el personaje del militar sublevado en Jaca, y Margarita Xirgu el de la madre del héroe y el de la Virgen de Cillas, que cobra vida y se pone —arma en mano— al lado de los soldados rebeldes que se han encerrado en su monasterio (episodio séptimo). Y en el episodio décimo, ambientado efectivamente en un "salón de baile en el palacio ducal", se representan escenas burlescamente anticlericales, pero que no tienen mayor alcance ni pueden calificarse de perjudicialmente irreverentes. En *AP* 1, pp. 314-315, se cuenta también el escandaloso y accidentado estreno.

[461] También Alberti, en el lugar indicado en la nota anterior, refiere el mismo incidente acaecido a la actriz por encarnar el personaje de la "Virgen republicana".

de ella es la actriz que acepta todo lo que le parece teatralmente bueno aunque —como en el caso de *Fermín Galán*
esté rozando sus opiniones religiosas. No retrocede nunca. Más tarde, en Buenos Aires, llevó a escena *El Adefesio,*
también de Rafael. Cuando apareció con sus negras
barbas, signo de la autoridad total sobre la familia, herencia de su hermano muerto, el público la premió con una
ovación que no terminaba nunca.[462] Muchas veces la he
visto en la cumbre de sus éxitos teatrales. Su voz extraña
que canta en tonos altos llegando a patetismos increíbles,
especie de do de pecho cumbre, se dirá es lo que esperan
sin aliento los espectadores, se le quebraba de cansancios
al sentarse a recibir nuestras felicitaciones. Era enorme el
esfuerzo físico que hacía. Aseguraban que desde joven le
faltaba un pulmón. No lo sé. Lo cierto es que comenzaba
su recitación en tono reservado y bajo para ir creciendo
poco a poco hasta ser su autoridad matriarcal la que llenaba la escena, oscureciendo a todos. La monotonía del comienzo bien podía pagarse por sentir el estremecimiento
final.

Hoy Margarita está lejos. No volvió a España. Vive en
un lugar admirable del Uruguay que se llama Punta Balle-
na. Allí un arquitecto, también catalán como Margarita,
urbanizó magistralmente un trozo del bosque que se pierde en el mar. Fue uno de los muchos trabajos que cumplie-

---

[462] *El Adefesio*, escrita en 1943, se estrenó en el Teatro Avenida de
Buenos Aires el 8 de junio de 1944, el mismo día en que está fechado el
colofón de la edición del texto por la Editorial Losada. Los decorados se
debieron a Ontañón. Con motivo del estreno de la pieza en España
(1976), Alberti rememoró la escritura y la representación de aquel texto
en estos términos: "El Avenida estaba lleno, y Margarita volvía a Buenos
Aires después de muchos años [...]. Al salir se produjo un silencio. Porque
a todos soprendió la figura de Margarita, que esperaban bien distinta. Pasado el silencio, se produjo una ovación de varios minutos, con el público
puesto en pie, como no se ha visto jamás" (José Monleón, *Tiempo y teatro
de Rafael Alberit*, Madrid, "Primer Acto" y "Fundación R. Alberti", 1990,
p. 418).

ron los desterrados hijos de España. Antonio Bonet impuso la nueva arquitectura, el gusto por las ideas diferentes.[463] Creo que la primera casa que construyó fue la nuestra, levantada entre los pinos que bajan hacia las dunas de la playa de Punta del Este. La bautizamos *La Gallarda* porque todas las que tuvimos se llamaron con alguno de los títulos de los libros de Rafael.[464] Qué narcisismo, ¿verdad? Esta Gallarda va unida al primer dinero que gané en América. Sucedió que un día Luis Saslavsky, director de cine, tal vez el más dotado de la Argentina,[465] me dijese: María Teresa, ¿te gustaría hacer conmigo una película? Tema español. Yo le contesté: ¿Tema español?, sí, y de este modo puedes aprovechar a los excelentes actores españoles que blasfeman en la Avenida de Mayo delante de una taza de café, hablando todavía de la guerra.

Poco tiempo después tenía sobre mi mesa el guión de *La dama duende*.[466] La protagonista, me dijo Luis, será Delia Garcés.

---

[463]   Antonio Bonet (1913-1989), arquitecto y urbanista barcelonés, discípulo de Sert y de Torres Clavé, colaboró en el plan de urbanización de su ciudad natal (1935) y en la construcción del Pabellón Español en la Exposición Internacional de 1937, celebrada en París. En Buenos Aires fue cofundador del grupo "Austra" (1957) y proyectó un plan urbano para el sur de la capital. Regresó a España en 1963. Alberti compuso un soneto en su honor (*PC* III, pp. 785-786).

[464]   *La Gallarda* es el título de la tercera pieza teatral de Alberti integrada en lo que se ha llamado "Trilogía del Exilio". Fue escrita en 1945 y estrenada en 1992, dentro de los actos culturales coincidentes con la Exposición Universal de Sevilla, en una adaptación con ilustraciones musicales, que acercaban el texto a la ópera, y bajo la dirección de Miguel Narros.

[465]   Luis Saslavsky, director y crítico de cine argentino, que debutó en los años treinta —tras un corto aprendizaje en Hollywood— con el largometraje *Sombras*. Su primera película comercial fue *Crimen a las tres* (1935), a la que siguieron otras quince en los años sucesivos, y entre las que se pueden destacar *Puerta Cerrada* (1939), *Historia de una noche* (1941) y *La dama duende*, la adaptación de la obra de Calderón de la que se habla en la nota siguiente.

[466]   Tanto la adaptación de la obra calderoniana como el rodaje de la película son de 1944. En una carta fechada el primer día de ese año y

Delia Garcés, hoy una mujer siempre preciosa, era entonces la palma de la juventud. Aquella muchacha, española por sus padres, casada con Alberto Zavalía, que también dirigía cine,[467] parecía hecha para hacer el personaje de *La Dama Duende,* la que es y no es, la que está y no está, la que se presenta y se desvanece. Luis dijo que no le gustaba el siglo XVII calderoniano sino el XVIII goyesco y que había que reinventarlo todo. Así lo hice, alegrando las escenas con cantos y bailes. Lo primero fue convencer a los Estudios San Miguel, que aceptaron la película, de que aquello no era una zarzuela, que el pueblo debía ser el pueblo con toda su seriedad y su gracia, sin caricatura ni exageraciones; los duques y su palacio podían aumentar los tonos divertidos. Gori Muñoz, con inmensa paciencia, inventó un pueblecito sobre un río y extendió sobre la mesa los figurines para una cantidad de primeras y segundas figuras, bailarines y estrellas, como jamás se había hecho en la Argentina. Luis y yo barajamos duques y pueblo. Se eligieron los tipos. Diosdado vistió su uniforme de húsar, igual uniforme recibió Andrés Mejuto; Amalia Sánchez Ariño aceptó ayudar a la Dama Duende en sus *nocturni-*

---

dirigida a Juvenal Ortiz Saralegui, María Teresa comenta: "Nosotros, marido y mujer, seguimos trabajando. Rafael en una obra de teatro y yo en mi novela [probablemente *Juego limpio*]. Creo que voy a poder escribir más, por lo menos hasta que empiece la filmación de *La dama duende.*" Esta película, por lo que inmediatamente cuenta María Teresa, fue una verdadera "película de exiliados" y hasta el poeta Alberti colaboró escribiendo alguna canción para el film, que rememoraba sus felices inicios como poeta.

[467] Alberto Zavalía (1911-1988), autor teatral y director de teatro y de cine argentinos. Fundó el grupo "Teatro de Buenos Aires". Una de sus piezas más importantes fue la titulada *El límite* (1959), estrenada en París e interpretada precisamente por Delia Garcés. Esta actriz interpretó en el Teatro Nacional Cervantes, en Buenos Aires, la versión que hizo León Felipe de la pieza de Shakespeare *Noche de reyes,* con el título *No es cordero... que es cordera,* y a ella le dedicó Rafael un poema de elogio y circunstancia, con motivo de la filmación de la comedia calderoniana (*P C* III, pp. 779-780).

dades. A Maximino —¿quién que lo conoció no lo recuerda?— lo hicimos alcalde y a la hermosísima Elena Cortesina, alcaldesa. Hoy me gustaría estar junto a Antonia Herrero, junto a Vilches, sentarnos sobre aquella yerbecilla junto al río a descansar de los pesares y atragantos que da siempre la filmación de una película. Era tan real todo aquello para los actores desterrados de España, que nos asombraba regresar a Buenos Aires todos los atardeceres. Luis Saslavsky consiguió resultados excelentes. Dicen que aún después de tantos años *La dama duende* sostiene su prestigio, asomándose de cuando en cuando a la televisión. A mí me han quedado entre las manos algunas fotografías y una copia del guión que escribí y el recuerdo del tormento alegre del cine. Memoria de la melancolía, calla.

Pero algo más también. Fue la primera vez que alguien dejó en mis manos eso que llamamos dinero. ¿Para qué sirve el dinero? Para comprar, tonta. Y para comprar aquellos pinos altos y ya crecidos de Punta del Este sirvió *La dama duende.* Sí, necesitábamos sentarnos sobre la pinocha, apoyarnos en los troncos para que Aitana escuchase cómo pasaba el viento, la voz de la madera, los insectos incansables del verano y aquellas alas de ángeles o de pájaros o de sueños que volaban sobre nuestros días. ¿Y la casa? Antonio Bonet extendió ante nosotros el plano. Dijo: Delia Garcés os ha pagado la primera cuota del terreno. ¿Te gusta? Sí, como me gusta la esperanza. ¿Cómo llamaréis a esa esperanza? "La Gallarda",[468] intervino Rafael, y la Gallarda creció poco a poco hasta llenarse de amigos como todas nuestras casas pasadas, presentes y

---

[468] La estancia en "la Gallarda" va unida a la escritura del poemario de Rafael *Poemas de Punta del Este* ("Este libro de canciones y pequeños diarios en prosa lo escribí durante los veranos uruguayos en Punta del Este, y en la Gallarda, mi casa vecina al mar", decía su autor en 1967). No encuentro esa cita, que probablemente procede de un fondo popular, pero sí un "Poema para matar hormigas" (*PC* II, pp. 445-446).

futuras. Rafael plantó los rosales y escribió contra las hormigas que se los devoraban:

> *Hormiguita, mierdecita.*
> *¿Adónde vas tú, m'hijita?...*

Esa cantilena se repitió por todo Cantegril,[469] donde comenzaba a levantar cabeza desde un club hasta un barrio. Todo elogio de ese instante y de aquellos pinares me parece pequeño. Carmela y Toño Salazar se quedaron deslumbrados. Qué lástima, no tenemos dinero ni para comprar un pino. Esto de hacer caricaturas y tomar el mundo a broma... Pero, por entonces, a la tía Pepa de Toño se le ocurrió morirse en El Salvador, dejando heredero a su sobrino, ese muchacho que se fue de El Salvador porque no dejaba en paz a los políticos ni los políticos le dejaban en paz a él. El heredero se compró sus cuatro árboles y colocó el cartel de su alegría: *Viva la Pepa*. Este será el nombre de la casa, nos decía frotándose las manos de gusto. Pero ni él ni Carmela hicieron allá su refugio porque el general Perón encontró descorteses sus retratos. La tía también se enfadó con el sobrino alegre y justo un día que estábamos preparando en el Club de Cantegril una fiesta que bautizamos según el título de la conferencia mía: "El Mar y lo demás... son trajes", Toño Salazar[470] se rompió una pierna. Cuídese las piernas, señor embajador, no vaya a ser que la tía Pepa...

---

[469] Cantegril se llama la playa de Punta del Este, en el extremo norte de la desembocadura del Río de la Plata, convertida en el primer centro turístico del país, y sede actualmente de un celebrado certamen cinematográfico. A esa playa va dedicado el primer poema del mencionado libro, jugando con la eufonía del topónimo, y alguna prosa (*PC* II, pp. 437 y 445).

[470] "Me he sentado también en el Café L'Escurial, en donde me reunía, hace ya mucho tiempo, con Toño Salazar, el gran caricaturista salvadoreño " (*AP* II, p. 294). Salazar fue embajador de su país en Italia y posteriormente en Francia.

María Teresa León y Rafael Alberti con un grupo de amigos argentinos, entre los que se encuentran Borges y Sábato.

María Teresa León en un viaje a China en 1957.

María Teresa León en Roma.

¡Qué camaradería más limpia y azul de mar fue la que encontramos por aquellas playas, filtrándose con el sol entre los pinos! Un día llegó Cándido Portinari.[471] Nos dejó sobre el muro una mujer pescadora, un niño y un pez. Otro día pasó Gerard Philippe[472] con su simpatía desbordante de príncipe. Tal vez por esa ráfaga de su presencia yo escribí al frente de mi *Doña Jimena Díaz de Vivar* esta dedicatoria: *A Gerard Philippe, enterrado con el traje de Cid Campeador que vistió en las noches de su gloria escénica.*

¡Ah, aquel bosque sagrado donde se cruzaba la amistad como en los sitios bendecidos y mágicos! ¿Recordáis cómo nuestro juego temporal de vivir alcanzaba una plenitud de duración casi divina? ¿Recuerdas, Inés Bonadeo, cómo llegabas hasta nosotros bella y alta? ¿Recuerdas, Gloria Alcorta,[473] cargada con tus versos y tus ideas teatrales cómo aparecías en aquellas reuniones que Rafael, por ser de tantas mujeres solas, llamó de Lesbolandia? Aitana iba creciendo como todos los niños del mundo, empeñados en huirnos años arriba. Rafael se iniciaba con ella en el arte de amaestrar alguna foca pequeñita de las que a días se arrastraban por la arena de la playa. A mí me bastaba mirarlos. El efecto del amor es transformar a los amantes y

---

[471] Cándido Portinari (1903-1962), pintor brasileño hijo de emigrantes italianos, que residió en París entre 1928 y 1930. Autor de importantes murales (entre otros el titulado "La guerra y la paz" en el edificio de la ONU, en Nueva York). A partir de 1940 su arte se orienta hacia un violento expresionismo. Ese mural que pintó Portinari en el ancho muro del comedor de "la Gallarda" lo refiere —con mayor detalle— Rafael en una de las prosas de *Poemas de Punta del Este* (*PC* II, pp. 453-454)

[472] El actor francés Gérard Philippe (1922-1959) inició su brillante carrera en el Teatro Nacional Popular de París con sus interpretaciones memorables de *Calígula* de Camus, *Lorenzaccio* de Musset, *Ruy Blas* de Víctor Hugo y sobre todo *Le Cid* de Corneille, en 1951. También hizo varias películas entre 1943 y 1957. Para el libro de María Teresa sobre *Doña Jimena, vid.* la Introducción a esta edición.

[473] Gloria Alcorta fue colaboradora de la revista argentina *Ficción*, fundada en 1957 por Juan Goyanarte, editor de origen español que precisamente editó la novela de María Teresa *Juego limpio*.

hacerlos parecerse al objeto amado, dice el Petrarca.[474] Si eso fuese así yo sería Rafael Alberti.

Sobre la biblioteca, entre los libros vive un búho de papel viejo ya, doblado por el tiempo, aplastado, pero con el ojo vigilante. Llegó a nosotros por sorpresa. Cayó sin avisar en casa de los Alberti. Gritó. Aquí estoy. Soy un hijo de las manos de Unamuno, uno de esos animalitos de papel que él colocaba sobre las mesas y dejaban de ser pajarita de papel para convertirse en ranas, en búhos...

Las manos de Unamuno necesitaban esta creación de padre eterno pequeñito. Mientras hablaba sabio y torrencial, sus dedos se movían. Un día de 1925 y en París y en febrero le nació un búho sobre la mesa de un café. Estaba desterrado. Aquello de Primo de Rivera dictador de España le había parecido tan poco serio como un despropósito histórico. Lo desterraron y él se fue a hacer paseos por la place des Vosges y animalitos de papel y pajaritas sobre las mesas de París. Este que yo miro está dedicado. Sobre las alas lleva un traje de letras. Ha pensado Unamuno que a Francis de Miomandre,[475] tan amigo de lo español, le gustaría recibir ese pájaro de tradicional sabiduría que llevaba a cuestas un mensaje. Qué serio está. Trae para nosotros imágenes que no volverán a repetirse. Hoy me ha mirado el búho con su ojo centelleante, su círculo de tinta trazado por la

---

[474] Procedente de la filosofía del amor trovadoresco, que dignificaba al amante, es la formulación más difundida de la poesía petrarquista. Entre multitud de textos del *Cancionero* que podrían aducirse al respecto, recuerdo, por ejemplo, el soneto CCXXVIII, en el que se expone esa metamorfosis del amante por directa acción de la amada.

[475] Francis de Miomandre (1880-1959), escritor francés galardonado con el premio Goncourt por su novela de 1908 *Escrito sobre el agua*. Fue asiduo traductor de textos españoles al francés. Se repite en estas líneas lo evocado páginas atrás y ya comentado en la nota 104.

mano amiga de Unamuno. He sentido casi mi voz: Hasta pronto, don Miguel. Vuelva, vuelva. Y casi lo he visto alejarse por el paseo de Rosales en la noche de Madrid, tan tersa. Este búho sagrado que duerme entre nuestros libros lleva escrito sobre sus alas de papel este poema, tal vez inédito, de Unamuno: *"El búho, el pájaro de Atenea, el símbolo de la ciencia, ve en lo oscuro, pero no ve en pleno día, bajo el sol de Dios. Es el águila lírica de San Juan, el águila de Patmos la que vive en pleno sol y en el sol mismo."* Pero traiciono al transcribirlo porque está en francés este manto unamunesco escrito sobre el ave de papel oscuro. Dice: *Celle ci est en papier et nôtre Athene, en papier aussi. Au jour tombant, entre chien et loup, elle recitera par coeur ce quelle croit avoir vu dans la penombre avec ses yeux lunettes, scientifiques. Et elle dialoguera avec l'ami Fritz, la vache de l'âge d'or, Peaudegant... le cierge... et les chimères. Et en l'écoutant vous Francois de Miomandre, vous vous souviendrez de votre ami Miguel de Unamuno.*

Unamuno ha muerto repentinamente como el que muere en guerra. ¿Contra quién? Leíamos esto que escribiera Antonio Machado[476] y nos volvimos a mirar a María Luisa Vicens. María Luisa, la estupenda amiga, bajó los ojos y nos hizo temblar. Dijo: ¿Será posible que mi miedo haya sido tan grande, tan grande hasta hacerme romper la carta que Don Miguel me dio para Ortega? La Salamanca de aquellos días de guerra era de hierro ardiendo. No se podía tocar nada. Cuando al irme a dar el pasaporte me preguntaron los franquistas si sabía leer, contesté, tartamudeando. Poco. No dije que era maestra. Puse "mis labores" como profesión, fingí entender mal. Todos sentíamos terror a que nos

---

[476] Unamuno falleció en Salamanca el último día del año 1936. En "Madrid. Cuadernos de la Casa de la Cultura" Machado publicó un texto que vuelve a copiar —subsanando alguna errata— su carta a David Vigodsky (abril del 37) en el que encontramos la referencia que hace la autora. Vid. *Prosas Completas*, ed. cit., p. 2182.

colgasen la palabra intelectual en la solapa. Habíamos escuchado el "Abajo la inteligencia", gritado contra Unamuno por el general Millán Astray. Don Miguel palideció antes de contestar: ¡Venceréis, pero no convenceréis![477] Todos nos dimos cuenta que la persecución había comenzado.

El testamento de Unamuno no lo conoceremos nunca, sabemos únicamente que los que asistieron a su entierro fueron fichados, sabemos que agonizó España, sabemos que durante años, cuando alguno pronunciaba su nombre muchos temblaban y que algunos obispos se santiguaban horrorizados. Por mucho que los franquistas hayan querido hacer olvidar su aversión a la inteligencia, el estigma les ha quedado. Tal vez por eso, desde los primeros días de nuestra guerra, la simpatía del mundo inteligente estuvo por la causa de España. Cuando una tarde Rafael y yo acompañamos a Albert Camus a tomar el avión en el aeropuerto de Buenos Aires, nos dijo: Si quiero conocer a alguno le pregunto: ¿Con quién estaba usted cuando la guerra de España? Si me dice con Franco, no vuelvo a saludarlo. Voló hacia Francia y no lo volvimos a ver.

De ese paso fugaz, de esa conversación que no se concluyó o esas palabras escuchadas se alimenta nuestra memoria. Se oye hasta la voz. Regresa. Cuando nos recibió Bertolt Brecht nos pareció encontrarnos ante uno de esos frailecitos de franja lisa sobre los ojos, compañeros de San Francisco. Y como en aquellos tiempos lejanos, nos aco-

---

[477] Se trata de un pasaje tan dramático e irritante como conocido. El 11 de octubre de 1936 se celebró en el Paraninfo de la universidad salmantina un acto literario en conmemoración del "Día de la Raza", que presidió Unamuno, como rector de la institución, y acompañado por el general Millán Astray. Don Miguel cerró el acto con una severa crítica de la situación que la guerra había generado, haciendo alusión a que se había intensificado el odio a la inteligencia, y a que los sublevados podrían tal vez vencer, con la fuerza bruta de las armas, pero nunca convencer. A gritos pidió la palabra el militar Millán Astray, quien acabó su enardecida alocución con las terribles frases que pretendían contrarrestar la tesis unamuniana: "¡Mueran los intelectuales!" y "¡Viva la muerte!".

gió una hospitalidad ejemplar. Berlín, mes de enero, 1956. Vengan a desayunar conmigo, ¿verdad?[478]

Las calles de Berlín estaban heladas. Las habíamos conocido mucho antes, en 1932.[479] Acababa de ser elegido presidente el mariscal Hindenburg, y por toda Alemania ya nacían pequeñas cruces gamadas sobre banderitas que iban enganchándose por todas partes. Las primeras que nosotros vimos navegaban el Rhin, sostenidas sobre las aguas con un pequeño artificio que las hacía flotar. Eran innumerables. Iban bajando como nuestro barco, hacia Colonia. Aún no tenían para nuestros ojos ningún significado. Luego las vimos crecer, ondear, extenderse, multiplicarse. Comprobamos que cuando iban en la solapa de la gente o en el brazal de los S.S., los ciudadanos de Berlín temblaban y hasta los viejos cedían las aceras y bajaban a la calzada para que pasasen aquellos jóvenes impetuosos que, pisando militarmente, iban a comprar tabaco o a beberse una cerveza. Todos los actos de la vida estaban regidos por ese paso militar y por fanfarrias invisibles. Poco a poco se enrareció el aire. La gente hablaba menos. Un día, estando Rafael en la Universidad de Berlín dando una conferencia sobre la poesía tradicional española, pisotearon a una muchacha. Pero ¿por qué? Y nos dieron una contestación cortante: Es judía. En otra ocasión, cuando el profesor Ángel Rosenblat,[480] argentino, preguntó en el metro: ¿Ha ocurrido algo? Le contestaron: No hablamos

---

[478] El encuentro con Brecht, poco antes de morir el gran dramaturgo, estuvo propiciado por el propio director del Berliner Ensemble, interesado en hacer un montaje de la obra de Alberti *Noche de guerra en el Museo del Prado*. Rafael cuenta en su *AP* 3, p. 21, esa visita y en *Retornos de lo vivo lejano* recupera ese encuentro en uno de sus poemas de la tercera parte (*PC* II, p, 540).

[479] Cfr. *AP* 2, pp. 19-20.

[480] Ángel Rosenblat (1902-1984), filólogo venezolano, de origen polaco, y autor de importantísimos trabajos sobre el español de América (*Nuestra lengua en ambos mundos*, 1971) y de estudios sobre los clásicos españoles, como su magistral *La lengua del Quijote* (1971).

con judíos. Y a nuestra Rosa Chacel, tan luminosamente morena e inteligente, los jóvenes nazis la miraban desdeñosos, extendiendo luego sobre sus caras el periódico para que ella no pudiera mirarlos. Eso se perdían. La calle empezó su viacrucis. ¿Tomaría Hitler definitivamente el poder? La persecución comenzaba a quitarse la máscara.[481] Era embajador de España en Berlín el socialista Luis Araquistáin. Estaba casado con una alemana. A los dos debieron la vida muchos escritores, entre ellos Ernst Toller, quien decidió perderla, poco tiempo después, suicidándose en Nueva York. Trudy Araquistáin, transparentemente rubia y aria, pasaba su contrabando por la frontera y regresaba con la conciencia tranquila por haber salvado un hombre, pero ¡quedaban tantos! Empezó a ser difícil respirar. Vivíamos en la Rankestrasse, en la Pensión Latina. Su propietario era un catalán. Un día asistimos a una manifestación imponente. Oímos discursos inflamados. Jóvenes socialistas y viejos comunistas y gente sin partido gritaban por la unidad de todos los hombres que estuvieran contra Hitler. Faltaba tan poco tiempo, había que reaccionar, porque si no... Recuerdo que alguien me dio el brazo. Vamos canta. Y salimos por las calles de Berlín llenas de jóvenes, de banderas rojas, de himnos que nunca más volverían a oírse. Sí, nunca más. Algunos viejos se tragaban junto con sus lágrimas las palabras de *La Internacional*. ¿Sería la última? Sí, nosotros hemos cantado esa última Internacional, después... Después llegó Hitler.

---

[481] Desde el mismo Alberti (*AP* 2, p. 25) hasta la propia Chacel, son varios los testimonios que certifican la verdad de aquel encuentro en el Berlín asustado por las bravuconerías nazis. Ha recordado esta última: "En aquel invierno, a veinte grados bajo cero, la traté muy de cerca. Aquella niña que había desarrollado tanta belleza, estaba allí, en un cuarto de hotel, vestida elementalmente, escribiendo a máquina horas y horas, durante una larga gripe de Rafael" ("María Teresa", artículo incluido en el volumen dedicado a la autora que editó, en su homenaje, la Consejería de Cultura de Castilla y León en 1987, pp. 49-54).

Lo hemos escuchado hablar en el Sport Palace. Algunas mujeres se desvanecían de entusiasmo. Hemos acudido a ver en el Reichstag[482] aquel poquito de humo que permitió destrozar tantas cosas. Se cerraban los teatros, ardían los barrios, se temblaba cuando se movía una puerta. En plena noche abrieron la puerta de nuestro cuarto y nos enfocaron una linterna: Sus papeles. Daba vergüenza levantarse ante aquellos ojos policiales. Extranjeros. Apagaron la linterna.[483] Todo en nombre de aquella cruz gamada, tan antigua, que habíamos visto flotar sobre el Rhin como si iniciase una navegación alegre... Después... Después, Berlín destruida. Dos Alemanias. Nuestros recuerdos divididos también, allá y acá. ¿Adónde ir? Regresamos a España. Años después Hitler diría: "La tierra es como un trofeo ambulante. Su destino es caer en manos del más fuerte." Iba a comenzar la operación militar más grande que conocieron los siglos. Hoy esas operaciones de exterminio continúan haciéndose sobre la tierra y se llaman: "Operación a la blanca", "Operación plato de arroz", "Operación búsqueda y aniquilamiento". El gran país se llama...

Pero aquella mañana, sentados junto a Brecht y Ana Weigel, Erich Arendt y Katia,[484] su mujer, poseedores de un español perfecto, nos parecía estar a punto de que nos repartiesen los papeles para una escena de familia. Senti-

---

[482] Palacio que era la sede de la Cámara legislativa alemana, destruido por un incendio provocado por los nazis el 27 de febrero de 1933, aunque ellos se lo atribuyeron a los comunistas, a los que persiguieron ferozmente.

[483] "No se podía continuar en Berlín. Por dos veces, a altas horas de la noche, mientras dormíamos, se abrieron las puertas del cuarto de la pensión en que nos hospedábamos y una bestia policía alemana, enfocándonos una linterna contra los ojos cerrados, nos pidió la documentación" (*AP 2*, p. 25).

[484] María Teresa retorna al encuentro matutino con Brecht, en 1956; alude a varias de sus obras más conocidas, entre ellas *Madre Coraje*, escrita en 1939 y estrenada en 1941. El Berliner Ensemble es el nombre de la compañía teatral fundada en 1949 y dirigida por Brecht. Su esposa y colaboradora, la gran actriz Helene Weigel, la dirigió desde 1956 hasta su muerte en 1971.

mos que aquellos ojos pequeñitos que de cuando en cuando se cerraban para economizar su luz y que con sus destellos habían fabricado *La ópera de cuatro centavos* y *El círculo de tiza* y *Los fusiles de la madre Carra,* estaban a punto de lanzarnos a escena. La noche anterior habíamos visto *Madre Coraje,* ese desconsuelo del alma universal. La ausencia de decorado, el círculo donde el carro se moviliza, la tierna luz normal, hacían que todo tuviera que ser así y no de otro modo. Nos parecía oír cómo el destino llega y el hombre, de diversas maneras, lo cumple. Creíamos oírle: "Durante largo tiempo las obras populares han sido un género desdeñado y abandonado. Ya es hora de asignarles los elevados destinos del nombre que ostenta." El Berliner Ensemble representaba noche a noche este juego de verdades con una maestría asombrosa. Helen Weigel, la prodigiosa actriz que ardía como el manojo de sarmientos, como la zarza bíblica, escuchaba nuestra charla, nuestros elogios con una pequeñísima sonrisa en los labios tan finos. Nos servía té. Era la mujer de su casa, sentada, cuidando la paz doméstica, pero nosotros seguíamos viéndola girar, girar con su carro hasta la extinción total de la luz en el cielo poético de su soledad. También a Angelita Hurwicz[485] con el tambor de su voz de muchacha muda, también a Ernst Busch, viejo amigo de los días de la guerra española, cuando enseñaba a cantar a los soldados del Quinto Regimiento. ¿Recuerdas? Entonces Brecht no pudo venir a ese Congreso de Escritores que organizamos en medio de la tempestad, arrasándonos. En Valencia se leyó su mensaje.[486] Todos estuvieron de acuerdo, al ovacionar su nombre, que Bertolt Brecht era el hombre que había sacado de las manos pequeñas de los empresarios teatrales,

---

[485]   La directora de teatro Angelita Hurwicz destacó en 1969, dentro del llamado "teatro de lo horrible", con el montaje del texto de David Rudkin *Antes de la noche.*

[486]   En la puntual crónica que hace de ese Congreso Luis Mario Schneider (nota 327) no encuentro referencias al texto enviado por Brecht.

de los grupos de elite, el teatro para la multitud. ¡Qué fácil era estar sentados en su casa! La crueldad del invierno había dejado escarcha en los cristales. Era lo único que tenían en común las ventanas del Este y del Oeste de Berlín.

Habíamos llegado de nuevo a Berlín para asistir al Congreso de Escritores Alemanes. Abrazamos a los que aún balbucean un español pintoresco, cruzado de nostalgia. ¿También ha sido *aquello* lo mejor de vuestra vida? Sí, nos contestaban los internacionales Ludwig Renn y Kanterovio y Kurt Stern.[487] Luego escuchamos la ciudad. Fuera del recinto, un Berlín medio destruido, medio arrodillado. Goebbels[488] había dicho en sus calles *"La absoluta confianza del Führer y su dominio de los problemas nacionales, de los asuntos internacionales y de las cuestiones bélicas, es algo verdaderamente maravilloso..."* Lo estábamos viendo, rodeados de ruinas. En cuanto nos separábamos de algunas avenidas centrales, sentíamos miedo a los ojos ciegos de tantas ventanas. Unter den Linden[489] temblaba de hojas secas; de la Cancillería no quedaba más que un hueco vacío. *Las cosas de los mortales todas pasan... y si no pasan, somos nosotros los que pasamos.*[490] Nos oprimía todo el alma. Estáis entre amigos. Sí, pero ¿y las sombras? Mi hija Aitana, con sus quince años, no veía más que las sombras. *"El soldado, en un*

---

[487] Ludwig Renn era el seudónimo de Arnold Freidrich Vieth von Golsseanu (1889-1979), novelista alemán, miembro del Partido Comunista desde 1928 y comisario de la XI Brigada Internacional en la guerra civil española, experiencia que dejó registrada en su obra *Der Spanische Krieg*, 1955. Kurt Stern fue el delegado alemán en las sesiones del II Congreso de Escritores Antifascistas, en cuya intervención elogió la difusión cultural que se estaba procurando entre milicianos y soldados.

[488] Josep Paul Goebbels (1897-1945) fue Jefe de Propaganda del Partido Nacionalsocialista desde 1928 y Hitler le encargó dirigir la acción psicológica sobre el pueblo alemán, por lo que en 1933 fue nombrado ministro de Propaganda e Información, cargo que conservó hasta su muerte.

[489] "Unter den Linden" ('Bajo los tilos') es el nombre de la avenida central de Berlín, entre las puertas de Brandeburgo y Alexanderplatz.

[490] Se trata de la cita de Luciano que se comenta en la nota 1.

momento crítico, es más seguro y sólido que ningún otro.
Me considero verdaderamente dichoso de que me haya
sido concedido ver en mi existencia al soldado alemán re-
compensado por la providencia." Hitler. Sí, los cementerios rebosan, las hazañas de esos soldados de elite las
habíamos visto, por ejemplo, en Auschwitz. ¿Cómo no
mirar con los labios fruncidos la desolación que se transparentaba en cada esquina, en cada gesto de la vida diaria,
detrás de cada ventana o cada puerta, en cada ciudadano
que se dirigía al trabajo cargado de culpa, manchada inevitablemente su conciencia individual por el gran crimen
de Hitler? Hitler había dicho: *A la larga las guerras se ol-*
vidan, sólo quedan las obras del genio humano. Para ayudar a este olvido, para olvidar ese nombre, los escritores
de la Alemania popular habían convocado un congreso de
sus poetas, de sus escritores. Pero Aitana no podía dejar
de pensar y de sentir en su alma aún pequeña la angustiosa experiencia de su paso junto a los hornos crematorios,
la desolación sin límites de aquellos campos tocados por la
muerte donde no crecían flores ni regresaban los pájaros.
Aún sentía en sus dedos jóvenes el tacto de aquel hueso
que levantó sin querer de entre la tierra pisoteada de
Auschwitz y no le era posible reaccionar ante las sonrisas
amables ni ante las florecillas protegidas por los vidrios de
las ventanas. Tenía presentes los cabellos cortados, los
dientes en montones, los zapatos sin dueño... y escribió.
Escribió su poema a las calles de Berlín, porque cada hueco, cada puerta, cada paso que escuchaba hacían regresar
a ella la tortura de varios millones de seres humanos. Por
ese poema, Helen Weigel acaricia la mano de mi hija, le
sonríe, alentándola, porque el gran poeta alemán Stefan
Herlim[491] ha anunciado al Congreso de Escritores: Ahora

---

[491] Stephan Hermlim (seudónimo de Rudolf Leder), poeta alemán, comunista, que se inició bajo la influencia del surrealismo francés (Aragon,
Eluard) y del expresionismo (Rilke). Posteriormente se orientó hacia las

van ustedes a oír al poeta más joven de los que están entre nosotros. Es argentina. Se llama Aitana Alberti. Claro que Aitana se echó a llorar. Tonta, tonta. Helen Weigel la abrazaba, le acariciaba la frente. Anda, niña. Alguna vez se empieza a hablar a los demás hombres. Vamos. Yo te llevo. Y la llevó hasta las candilejas para que los poetas alemanes conocieran la lección tristísima que daba Berlín a las nuevas generaciones. Aquella mañana que pasamos en su casa, Helen Weigel repitió con cierto orgullo: Ella fue el único poeta que escribió un poema a Berlín, los demás se conformaron con decirnos cosas anteriores a nuestra horrible experiencia alemana. Gracias, pequeña.

Se nos fue devanando la mañana: ¡Qué de prisa pasó el tiempo! Erich Arend habló a Brecht de la obra de teatro de Rafael: *Noche de guerra en el Prado,* Brecht interrumpió: Digamos mejor: *Noche de Guerra en el Museo del Prado."* Hay espectadores que necesitan precisar dónde exactamente se sitúa el drama. Contó Rafael lo que era su obra. Constantemente Brecht lo interrumpía con ideas estupendas. "Yo veo una escenografía agrisada, dibujada, grabada." Le divertían los desplantes lingüísticos que le traducía Arend. "Los personajes no tienen que hablar con un papel rosa en los labios", dijo. Luego trajo un libro con grabados de Goya. Rafael señaló los que más le gustaban. Brecht llamó a su secretaria. Tome nota de esto: "Ericht Arendt entregará la primera versión de esta obra en mayo."

Gracias, gracias. Era una alegría inesperada. Creo que algún reloj dio doce campanadas. Sería estupendo si estrenásemos en noviembre. Y Rafael se conmovió de pronto. Noviembre... Veinte años de la defensa de Madrid. "Hasta noviembre", dijo Brecht. "Hasta noviembre", repitió Helen Weigel, abrazándonos. Hasta noviembre...

---

propuestas estéticas del realismo socialista. Algún poema suyo —como "El recuerdo"— fue traducido por Neruda.

Y, de pronto, sin avisar, como llegan las tormentas, la muerte de Brecht nos dejó sin hablar. En el Berliner Ensemble debió de hacerse un gran silencio porque nadie puede representar donde ella hace su representación y su escena. Años más tarde alguien nos enseñó un programa. En el trabajo futuro de Brecht estaba el estreno de *Noche de Guerra en el Museo del Prado,* del poeta español Rafael Alberti, por el Berliner Ensemble de Alemania Oriental. No se representó nunca. Siempre puede morir alguien inesperadamente como se muere en guerra.[492]

Rojo. Todo lo veían rojo. Buenos Aires al rojo. Sí, hay momentos en que esto ocurre y el mundo no tiene más que ese color ante la vista, no ve otro, igual que los toros bravos. Y embestían. Nos embestían. Las calles de Buenos Aires se empezaban a mimetizar con las de Europa y fruncían los labios haciendo vivir a millares de seres humanos siempre en guardia como los guerreros de los museos. Buenos Aires repetía una aventura política ya superada en Europa. Entonces ¿para qué tanto muerto? ¿No leen las estadísticas? Sólo los rusos han tenido veinte millones de muertos. ¿Para qué insistir? Pero insistían y se alzaban de hombros asegurando que los microbios llegan de lejos y se filtran en las universidades entre las hojas de los libros. Por eso es mejor escribir sobre los muros: Alpargatas, sí. Libros, no. Pero reflexionen. No podían. Enrique Amorim, aquel escritor uruguayo todo entusiasmo de vivir, nos contó un día lo que le sucedió en un ranchito cerca de su pueblo. Le alargaron el mate de la amistad: Tome, don. Un poquito de yerba ayuda. Y matearon entre la pobreza del campesino mientras duró la ira de los cielos. El viejo le contó vida y milagros: su vida montada en un caballo, las llanuras interminables, la servidumbre solitaria y altiva de un jinete de estancia. Luego... luego, ya viejo, se quedó tan

---

[492] "Todavía, una vez que coincidí en Moscú con su compañía de teatro, vi que en sus programas anunciaba el estreno de mi obra" (*AP* 3, p. 21).

solo. Ya ve, don, la pena se me cayó encima. Amorim[493] movía la cabeza comprendiendo. ¡Ah, estos gauchos cuando se ponen viejos y descabalgan para morir! El hombre insistía. Mire, mire lo que tengo que aguantar diariamente. Salieron afuera y le mostró con el dedo las paredes de su guarida: Vea, vea. ¡Todas son rusas!, le dijo mostrándole las latas de kerosene que formaban las paredes del ranchito. Comunismo hasta sobre la cabeza. ¿Le parece a usted poco castigo?

Las enseñanzas de la guerra pasaban sobre la Argentina sin tocarla. Un día, mientras estábamos ensayando una obra de teatro de Federico, *Mariana Pineda,* para recoger fondos y ayudar como podíamos a los refugiados de Francia, alguien llegó corriendo: El general Perón ha tomado el poder.[494] ¿Así que de aquella junta de generales pasaba la Argentina al dictador único? ¿Y todos los muertos que a diario caen en Europa por liberar el mundo de la obsesión fascista? Nada, lo que quieren es el poder. Además, están seguros de que Hitler gana. Al día siguiente levantamos el telón sobre la última escena de libertad que se representó en Buenos Aires.

¡Qué pálidas sonaban las palabras! Eran los actores Andrés Mejuto, Helena Cortesina y otros que no recuerdo, mezclados con Alejandro Casona, Juan Paredes, Rafael, Javier Farías... El teatro estaba lleno y el público se dejaba

---

[493]   Enrique Amorim (1900-1960), escritor uruguayo afincado en Buenos Aires. Sus mejores novelas están ambientadas en la Pampa: *El paisano Aguilar* (1934) y *El caballo y su sombra* (acerca de un ganadero que quiere impedir la implantación de la agricultura en sus posesiones).

[494]   Juan Domingo Perón (1895-1974) alcanzó el máximo poder en la Argentina al ganar las elecciones municipales de febrero de 1946, instaurando así una semidictadura, mediante la depuración de la Universidad, del poder judicial, la censura de prensa, aumento del control policial; en una palabra, una intensa burocratización del régimen. Con la fundamental participación electoral de Eva Duarte, Perón consiguió revalidar su mandato en 1951, pero pronto su poder empezó a decaer, hasta obligarle a presentar su dimisión en 1955.

arrastrar por aquella especie de réquiem a la libertad del hombre que estábamos recitando. Comprendíamos que fuera se representaba un teatro verdad hecho con soldados que iban ocupando los lugares estratégicos de Buenos Aires, tomando posesión de las palabras, de los gestos, de las viejas banderas. Juan Perón había eliminado con un ademán todo cuanto le hacía sombra. Con mi mando basta. ¿Para qué otros generales? Hizo retroceder a todos. La resistencia civil fue casi nula. La guerra europea condicionaba todos los gestos, ya que los millones que la Argentina iba recibiendo hablaban de cómo un país neutral puede enriquecerse con la sangre ajena. Igual hizo España durante la guerra del 14.

Cuando en 1940 nuestro destino nos hacía navegar en el *Mendoza* hacia la Argentina, al llegar a la altura de Punta del Este nos dijeron que allí acababa de librarse una batalla naval. Ingleses y alemanes. Al *Graf Spee* lo vimos hundido en aquel mar Atlántico que nos iba a ser tan familiar, justo donde sus aguas se mezclan con las del río de la Plata.[495] Años más tarde veríamos pasar los despojos mortales de una mujer, Eva Perón,[496] y zarpar el barco paraguayo donde todos los sueños del general Perón tocaron fondo. ¡Qué manera de pasar la Historia! "Si ellas no pasan, somos nosotros los que pasamos." ¡Ay, cosas de este mundo! Los españoles, aquella noche de la última libertad, estábamos conmovidos. Decididamente siempre somos inoportunos. Cuando salimos silenciosos a la calle, los tanques patrullaban sin enterarse de nuestros gritos y nosotros, calladamente, como buenos cómicos, llevando

[495] *Vid.* lo indicado en nota 415.

[496] Eva Duarte de Perón murió en 1952, después de tener una notable actividad política junto a su marido, y erigirse en portavoz de la tendencia más radical del peronismo. Tras el golpe militar del 55 que derrocó a Perón, el cadáver de Evita fue secuestrado por las fuerzas armadas y trasladado a Italia y luego a Madrid, por miedo al fervor popular que aquella mujer había suscitado entre las masas argentinas.

bajo el brazo nuestros trajes de apasionados de la Libertad, nos fuimos a dormir nuestros sueños.

Empezó para los españoles una época extraña. Las consignas con regusto nazi agrupaban a un proletariado y a un campesinado a quien pocas veces nadie se había dirigido a no ser para pedirles el voto. Las masas trabajadoras argentinas miraban el balcón de la Casa Rosada como un milagro. ¡Cuántas cosas les ofrecían desde ese balcón! Conmovedora fe seguía la voz del hombre que ofrecía tanto, doblado por una voz femenina: la de Eva Perón. Eva Perón había comenzado su carrera de cine en los tiempos que el cine se fijaba primero en la belleza. La vi una mañana llegar a los estudios San Miguel. El coche era enorme y coronel el amante. La acompañaban un perrito y un policía. El policía renegaba porque tenía que pasear al perrito mientras la actriz trabajaba. Este perro no sabe más que orinar. Los directores encontraban que Evita era guapa, pero la seriedad de su rostro no variaba. Ríase usted o llore un poquito daban el mismo rictus de máscara inmóvil. Pero eso pasaba en el set, porque asombrosamente segura de sí iba caminando hacia las candilejas resplandecientes del gran teatro del mundo. ¡Con cuánta soltura lo hizo! Avanzó hasta los límites permitidos a una mujer en la alta política que hacen los hombres. Recitó su papel mucho mejor que ante la pantalla, y sus compañeras no volvieron a reírse de ella. Los ricos argentinos decían: ¡Una mujer cubierta de esmeraldas, hablar así! ¿No es un contrasentido? Y el pueblo respondía a los comadreos: Se las hemos dado nosotros. Siempre serán pocas. Y la cubrían de presentes como a la virgen Macarena los sevillanos. La última vez que la vi, se tambaleaba junto a su marido, el Presidente de la República Argentina, casi muerta ya. No le servían de mucho los exvotos con que la cubrió su pueblo ni las pieles ni los aplausos ni la veneración de la multitud. Moría lentamente casi sola. La utilizaban hasta el límite, eso era todo. Pocos meses después cruzó lo que quedaba de su pobre cuerpo, tendido en la cureña de un cañón, el Buenos Aires que la había aclamado tanto.

Eva Perón tuvo un entierro de hombre. La ciudad entera tembló. Hemos visto arrodillados a los hombres cuando pasaban aquellos silenciosos despojos, llorar a las mujeres. Sollozaban: ¿Qué haremos ahora? Las calles estaban tensas como si todos los peronistas se hubieran agarrado del brazo para formar un cordón infranqueable que protegiese su mito. Un mito que casi sin quererlo había cumplido la misión de agrupar las masas argentinas en torno a una voz. Una voz que gritaba contra los terratenientes, los multimillonarios de la Argentina, los bien sentados en la mesa del banquete, pero...

Evita, con sus matices de provocación y de insultos, había hecho más camino que ningún político lo hizo nunca en el Río de la Plata. Por eso sus gentes la llevaban en hombros para luego empezar la leyenda.

Pasó cierto tiempo. La desilusión llovió sobre mojado. No, no respondía nada a los ofrecimientos hechos. La equivocación de hacer una industria ligera para una guerra que debía durar cien años, comenzaba a pesar políticamente. En una conferencia el general Von der Becke aseguró que los aliados jamás desembarcarían en Europa. Al día siguiente fue el desembarco de las primeras unidades aliadas. Algunos dijeron: ¿Y si ensayásemos una democracia? Contestaban: Ya la teníamos, pero ¡aquel general Uriburu![497] Y luego, el otro y el otro... ¡Hay tantos generales! ¿Se acuerda usted de aquel letrero: "Haga patria, mate a un estudiante"? Ahora los estudiantes...

Los aliados seguían marchando sobre París. Un día entraron los tanques en la capital de Francia. El primero lle-

---

[497] José Félix Uriburu (1868-1932), militar y político argentino, acaudilló el golpe de Estado que derrocó a Yrigoyen (1930) y, tras asumir el poder, practicó una política antiobrera y represora, intentando establecer un régimen fascista que no pudo controlar. En 1932 se exilió en París, pocos meses antes de su muerte.

vaba escrito en letras grandes: GUADALAJARA. Corrimos a la calle. La plaza de Francia estaba tomada por el entusiasmo. Se cantó La Marsellesa. Algunos escépticos decían: Mucho ruido para nada. Otros: dos o tres añitos más de guerra para afirmar los negocios... Y sucedió la decisión de Stalingrado. ¿Y ahora? Las caras de la gente comenzaban a aclararse. Poco tiempo después, el general Juan Perón encontró más adecuado marcharse para "no ensangrentar el país", y se alejó hacia el Paraguay.

Durante todos estos años ¿qué habíamos hecho nosotros? Hicimos un balance: nada, no habíamos hecho nada. Mejor dicho: nos habían prohibido todo. Yo, que había trabajado en varios guiones cinematográficos, por ejemplo, en *La dama duende* y en *El gran amor de Bécquer*,[498] el primero con Luis Saslavsky y el segundo con Alberto Zavalía, siendo protagonista Delia Garcés, me encontré, como los demás, mano sobre mano. Si durante años mis "Charlas de María Teresa León" habían sido transmitidas por Radio el Mundo y, luego, otras audiciones por Radio Splendid, todo se acabó. Yo tropecé pronto con el oficial destacado en Radio El Mundo para censurar los programas. Un día me llamó: Esta poesía no puede recitarse. ¿Por qué? Es de Rubén Darío. Esta es solamente una estrofa del "Canto a la Argentina" que compuso en honor de esta tierra el gran poeta nicaragüense. El hombre, imperturbable, me contestó: ¿Pero no ve que dice veinte veces libertad? Pero así es el himno argentino, le repliqué, échele a él la culpa. Y además, ¿quién me dice que usted no ha cambiado las cosas? Me miró con lástima. Ustedes son capaces de todo. Suspendió la audición. Pocos días más tarde, me hizo subir de nuevo. Tiene que borrarse de aquí

---

[498] No estoy seguro de que este guión se convirtiese efectivamente en una película, como sí lo fue el basado en la comedia calderoniana, pero sí que —desarrollado— pasó a ser uno más de los ejemplos de "biografías noveladas" que, al frente de una edición de las *Rimas* becquerianas, se editó en 1946 y en 1951 (Ed. Losada). *Vid.* Introducción.

hasta aquí. Me señaló varias líneas de un texto de Federico García Lorca. Aún me asombré más. Pero ¿por qué? Y el oficial impertérrito me señaló una palabra. Con asombro leí *cama*. ¿Por qué no se puede decir esa palabra? Se echó a reír mirándome de arriba abajo como si yo fuese una cualquier cosa. Porque es incorrecta. La radio entra en todas las familias. No se lo olvide. Yo no pude más y le lancé a la cabeza: Y usted ¿dónde duerme? Y me contestó fríamente: En el lecho. La alta cultura del oficial encargado de la censura me dejó atónita. Pues ahí le dejo a usted en su lecho y le aconsejo que lo llame cama cuando se acueste usted con su querida. Salí corriendo y creo que me persiguieron por la escalera abajo.

Se acabó la radio,[499] se acabó la televisión, el cine... Y ahora ¿qué hacemos? Únicamente un amigo sostuvo mi nombre contra viento y marea en una revista, *Mucho Gusto,* para las amas de casa. Jacobo Muchnik había sido mi dador de trabajo en estas aventuras. A él le debo el haberme familiarizado con el público que oye, mira y atiende. No se ha roto jamás esa amistad de trabajo, convertida más tarde en una fraternidad transeúnte, pues viaja y viene y vuelve en este vasto mundo donde él también rueda. Su mujer avisa: Estamos aquí, y la labor cotidiana se detiene ante esa voz que nos manda abrazarlos tal día, a tal hora, en tal sitio.

Esto sucede ahora, pasados los años. Aquellos días de Buenos Aires fueron duros. Ni siquiera nos quedaba el recuerdo de ir a nuestro rincón de Punta del Este, porque las relaciones entre los dos países que separa el agua se habían roto. ¿Qué hacemos? Las horas peronistas las pasamos bastante amargas, aunque no solos. Nosotros jamás he-

---

[499] Cfr. *JMV*, p. 119. Los guiones de estas emisiones radiofónicas encaminadas a la formación, ayuda y distracción de la mujer argentina, se recopilaron en el curioso libro misceláneo de María Teresa titulado *Nuestro hogar de cada día* (Buenos Aires, Unión Fabril Editora, 1958). *Vid.* Introducción.

mos estado solos. Veíamos extenderse las sombras. Se acentuaban las divergencias. Perón retrocedía. Cada uno quería cosas distintas para la Patria. Como en el Diccionario Filosófico de Voltaire,[500] los ricos querían la república aristocrática, los pobres la democracia, la monarquía nada más que el rey. La monarquía de Perón empezaba a desmoronarse en varios frentes. La guerra mundial que él necesitaba fuese más larga se le acabó de pronto. Un día nos asomamos a un balcón de la calle Santa Fe y vimos cómo la multitud avanzaba cantando todas las canciones prohibidas antes. Juan Domingo Perón había decidido abandonar puesto y amigos. En no sé qué momento volví la cabeza porque alguien estaba sollozando detrás de mí. Era la criadita norteña de mis amigos. ¿Qué te pasa, mujer? Levantó la cabeza y lágrimas más grandes le rodaron por las mejillas oscuras de hija de la tierra. ¿Por qué lloras? ¿Por Perón? Movió la cabeza y me dijo con su acento pequeño y suave: Sí, señora, sí. Él nos dio colchones a todos los de la casa y nos enseñó a no dormir en el suelo. ¿Dormías en el suelo?, le pregunté acariciándole la cabeza. ¿Cuántos hermanos erais? Once, me sollozó. Los mayores se iban a la zafra del azúcar y entonces nosotras nos tirábamos en los colchones como unas princesas.

Al entrar en una iglesia, siempre murmuraba algún rezo por mi madre. Ahora ¿por quién rezar? Repetía por ella el padre nuestro que ella me enseñó. Por si sirve, me decía, por si alivia alguno de sus dolores, por si alguien le sopla al

---

[500] El *Diccionario filosófico portátil o la razón alfabetizada*, de Voltaire, apareció anónimo en 1764. Se trataba de una obra, pareja a la *Enciclopedia*, fácil de consultar y de ocultar. Trata, en forma coloquial, de los temas más diversos y por supuesto de aquellos que resultarían más subversivos (desde entradas dedicadas a "el alma" o a "Dios" hasta las que versan sobre "fanatismo", "guerra", "jesuitas", "inquisición", "milagros", "superstición", etc.). Esta obra fue condenada en 1765 por la corte de Roma. María Teresa estaba familiarizada con la obra del gran polemista francés, del que tradujo su *Cándido* (ed. española, Barcelona, Mario Muchnik, de 1978 y 1995).

oído que estoy aquí, recordándola. Mi madre murió en el año 1961. Era un personaje. Concluyó su vida hablando sola, olvidando, tocando el piano, queriendo repetir el ciclo de su belleza clara, de su vida de salón. No estuve junto a ella en ese instante en que la monjita dijo a su inesperada lucidez final: Doña María Oliva, a lo mejor esta noche está usted en el cielo. Mi madre aceptó sonriente: Que sea pronto. Suspiró y se fue.

Esto sucedía en Madrid. Yo no pude acercarme. ¡Qué sencilla fue su muerte! Salió de la escena de la vida con el mismo temple con que en Buenos Aires tomó el avión para irse a España. Altiva, fuerte, tan segura de sí con sus ochenta años, levantando la cabeza como una diva en la última escena. Los amigos nuevos que dejó la miraban sin poderlo creer. Yo entonces debí gritarle: ¡No te vayas, te necesito! No discutiremos más. Te dejaré entrar y salir a tu antojo y marcharte al bar para hablar con los albañiles y convidarlos a una copa de cognac, dejando luego sobre el mostrador billetes grandes de los que nunca te daban la vuelta. Te dejaremos ser la vieja señora que va canturreando por las calles y no teme a los coches y habla con los seres minúsculos de los troncos de los árboles. Sí, la que recogía en la calle de Las Heras las flores azules que los altos árboles regaban, calle hermosísima antes de que los cortaran despiadadamente, calle donde tú no tenías ni amigos ni recuerdos. ¡Qué valiente eras! No te dejabas ni peinar, eras la insurrección permanente, el gracioso desorden, la que nos sobresaltaba continuamente hasta precipitarnos todos en su busca. ¡Pero mamá, si tienes jardín! ¿Jardín? Yo no soy un banco para quedarme aquí quieta.

No supe jamás bien qué camino ibas haciéndote por dentro, hacia dónde te dirigías. Sé hoy que debí detenerte cuando subiste al avión. Pero no te detuve. Me había vuelto cobarde. Tenía que defender la paz de los que viven bajo mi custodia. Los últimos recuerdos que tengo de ti son demasiado deslumbrantes. Me ciegan. Sé que después de

vivir junto a tu hijo general, te llevaron a casa de las monjitas que son pacientes con los últimos destellos de la pobre vida de algunas pobres señoras, que pagan esa caridad
mientras ellas ganan el cielo aguantando manías de viejas.
Antes de cerrar tus ojos, te miraste las manos... Ya no to-
caré más el piano, ¿verdad, hermanita? Le sonreíste. Allá,
señora, están los ángeles. ¿Y qué pueden saber los ángeles
de Mozart, de Beethoven, de Liszt...? La monjita se escan-
dalizó.

Acercó los dedos a los párpados de mi madre alguien
que no conozco. Fue todo tan sencillo. ¿Dentro de sus ojos
estaría aún nuestra imagen o nos había olvidado como había olvidado nuestros nombres?

Y seguimos estando en Buenos Aires. Vivimos allí vein-
ticuatro años. No puedo pensarlo sin estremecerme. Vuelvo a inclinarme sobre mi balcón lleno de flores, aguardo la
llamada de mi hijo, la de mis amigos. El Río de la Plata, en
el fondo y, acercándose las vías del tren, la universidad, el
Museo de Bellas Artes, el asilo de ancianos, los muros de
la Recoleta... Aún no me he sacado de la piel aquella lluvia
que parecía iba a destruirlo todo y únicamente nos lavaba
los ojos, los tejados y hacía florecer ¡tan preciosos! los ja-
carandás y los palos borrachos... Aún el tejido de aquellos
años —¡tantos!— me envuelve. Y me equivoco y digo: tengo que ir a Buenos Aires o a Castelar en vez de decir Roma
o Anticoli. Estoy siempre yendo hacia aquellos pasos dados por allá durante tantos años, mientras me voy envejeciendo, emblanqueciendo, retirándome como quien se
va de la escena después de cumplido su papel. Ha sido el
destino de los españoles desterrados. Cada cual se está
marchando por un escotillón diferente. Alguien nos dice:
Basta, basta, y nos vamos. Es un cuento terrible éste de la
emigración española. Cosa de llorar, de gritar. Los vamos

dejando en todos los cementerios. Aunque hemos querido ser alegres, demostrar quiénes éramos, crecernos, algo nos cercena los pies, las manos y nos deja como espectadores de nuestra propia pena. Un día seremos una leyenda más. Nos inventarán hechos fabulosos. Puede que los niños comenten las historias de los españoles que no se dejaron convencer. Se han escrito miles de páginas sobre nuestro sí y nuestro no, afirmándonos o negándonos. Están los libros que escribió la comprensión y los que dictó el odio. Da un poco de paz a nuestras almas el pensar que hizo hablar tanto la guerra española. Pero ¿y nuestro destierro? ¿Quién ha comentado nuestro destierro? Aseguran que el español es un ser aclimatable fácilmente. ¿Fácilmente? Diría otra cosa si hubieran entrado en el pozo de nuestra angustia. Con qué rudeza nos han separado de lo que más queríamos. Tú allá y yo aquí. No me llegan tus cartas. Escríbeme. ¿Y los niños? Me dices que los del pueblo no te saludan porque yo... Bueno, mándalos a la m. Estoy bien. Puede que empiece a trabajar. Nos socorren. ¡Somos tantos! De aquello del campo de concentración prefiero no decirte nada, para qué... Ahora estoy tranquilo. No, limosna no he pedido... pero casi. Cuídate. ¿Me recordaba mamá antes de morirse? Sí, estoy muy lejos, en América. Estamos bien, aunque se ha muerto el niño... No puedo dormir sin ti, amor. ¿Hasta cuándo durará este martirio? Nos han quitado la casa porque dicen que somos rojos. A tu hermano le han echado veinte años de cárcel. No te aflijas, dicen que puede haber algún indulto. La madre se empeñó en ir al penal y... se murió de frío en la puerta. Crecen los niños, un poco delgaditos, pero crecen. Te llevan esta carta unos amigos, ellos te contarán. No sé describir, ya lo sabes. Yo pongo la firma. Y firmaban María y Antonia y Angustias y Carmen y Dolores... Yo he visto cartas y cartas con esa letra incierta y me he hundido en ese mar de penas. Era como si todos anduviésemos de rodillas, pero, de pronto, nos levantábamos. ¿Quién habla de derrota? Y se fueron con el general Leclerc[501] a seguir combatiendo y desembarcaron con los ingleses en Narvik y enseñaron a los patriotas franceses lo que era la guerrilla y murieron en Auschwitz, en Dachau... ¡Qué leales fueron consigo mismo! En una lejanísima aldea de la Unión Soviética hay un monumento donde está escrito: "Al camarada español que salvó este pueblo." ¿Cómo se llamaba? No lo supimos nunca. Llegó, combatió y lo mataron. Nada más. ¿Y cómo se llamaba ese niño que se tiró del tren cerca de Bélgica para volver a España? ¿Y aquel otro español que consiguió burlar a los alemanes, librándose de los horrores del campo de concentración y que se lamentaba con nosotros porque a él, como se escapó, no le llegaba la compensación económica que dieron a los sobrevivientes...? ¿Y aquel sacerdote vasco a quien un naufragio del barquito donde se salvaba dejó sin documentos, desnudo, en una playa de Francia? Llegó a Roma, caminando. Soy sacerdote, decía, pero nadie le hacía caso. Y tuvo que mendigar una limosna —que nadie le daba— por amor de su Dios. Dicen que se murió de pena justo, justo el día que por fin le dejaron rezar una misa.

Sí, hay tanto, tanto que hablar de todos, de todos. Estaban felices los que habían perdido cuanto tenían, menos la vida. Respiraban aún. Podían enseñar, dar clases, curar a los enfermos, levantar casas, pescar... "Yo a Chile, yo a la URSS, yo a Colombia, yo a México..." Demasiados, demasiados. ¿Cuántos? Miles, cientos de miles. Llegábamos los

---

[501] El general Leclerc (1902-1947) logró, al mando de una división desembarcada en Normandía, la liberación de París en 1944, firmó la capitulación del Japón e instaló las tropas francesas en Hanoi. Narvik, puerto del norte de Noruega, ocupado por los alemanes desde abril del 40, fue liberado por las tropas británicas y las francesas en mayo del mismo año. El poeta Juan Aparicio (*vid.* nota 519) compuso un poema a ese lugar y a esa batalla, incluido en su libro *Fábula del pez y la estrella*, 1946. Dachau fue el primer campo de deportación abierto por el III Reich, y fue liberado por el ejército norteamericano en abril de 1945. Alcanzó una desgraciada fama, similar al campo de exterminio de Auschwitz.

que llegábamos, los que no moríamos con el alma desencajada. Nos costó mucho, mucho dormir bien, trabajar seguros, pensar... Los que se quedaron en Francia sufrieron el horror de la ocupación nazi. Los nazis devolvían a España a quienes les estorbaban. Un dictador siempre se entiende con otro dictador. Desde el destierro hubo años y años que de España no veíamos más que las cárceles. Los desterrados no creen nunca que su puesto en el país nuevo es definitivo. Hay una interinidad presidiendo todos los actos de su vida. Por eso no comprábamos muebles. Para qué, si pronto regresaríamos a España. Y hay una entrega casi infantil a la alegría para combatir nuestro remordimiento de habernos salvado mientras los otros... Nos reconstruíamos con fatiga. Sentíamos el aliento corto. Teníamos miedo de no dar bastante para merecer aquel trozo de descanso. Éramos como niños envejecidos, como niños absortos. A veces la gente nos miraba con recelo, éramos rojos españoles terribles, españoles arrebatados de cuchillo. ¿Y las ideas? ¿Dónde me deja usted las ideas? Sólo nos faltaba esto. Muchos países americanos les han dado con la puerta en las narices. Únicamente les han dejado entrar Chile y México, ya sabemos. ¡También son buenos los mexicanos! En la Argentina se han limitado a recibir vascos. Los vascos son gente honesta. ¿Recuerda aquel vasquito que nos traía la leche? Tardaron mucho en Buenos Aires en darse cuenta de que habían desembarcado un jurista como Luis Jiménez de Asúa, un medievalista como Sánchez Albornoz, un médico como Juan Cuatrecasas...

No quisiera olvidarme jamás de ninguno de los que conocí. Habían conservado su fe intacta. De pronto me parece que estoy contando una historia vieja, la de aquellos españoles que emigraron en 1813, en 1823, en 1832. Goya murió en el destierro. Miraron hacia España desde balcones lejanos, aunque no tanto como nosotros. También se habían ido sin su casa a cuestas y soñaban noche a noche con volver, alumbrados por pabilos de mecha en aceite y velas que se les apagaban. Aprendieron inglés, francés, alemán... Tuvieron protectores ilustres como lord Wellington y publicaron en Londres *Los ocios de los emigrantes.*[502] ¿Ocios me diréis? Sí, si no, hubieran tenido que titular su revista con una palabrota. En México también José Bergamín siguió el camino editorial de los españoles desterrados fundando la Editorial Séneca para advertir que miraban con ojos imperturbables su destino. La primera revista de los emigrados se llamó *Nuevo Romance,* la dirigió Lorenzo Varela.[503] El grupo mexicano zarpó con las velas tendidas. Hubo un general que les abrió las puertas... ¡Que entren los gachupines! Éstos no se santiguan, ca... Y por esa palabra decidida, el general Cárdenas será bendecido mientras vivan aquellos españoles, sus hijos, sus nietos... Se instalaron y florecieron. León Felipe, por ejemplo, se sentó allí a envejecer. Verdaderamente lo único inmortal es el hombre.

Seguramente los que llegamos a América fuimos los más felices. Nos encontramos con un idioma vivo, con nuestro español de los mil aderezos lingüísticos, la maravilla

---

[502] Casi con seguridad María Teresa alude al periódico editado en Inglaterra entre 1824 y 1827 *Ocios de Españoles Emigrados.* Lord Wellington (1769-1852) infligió a las tropas napoleónicas la derrota de Vimeiro (1808) e intervino en la Guerra de la Independencia, al mando de las tropas españolas e inglesas, si bien se opuso a las Cortes de Cádiz y facilitó la restauración absolutista de Fernando VII.

[503] María Teresa se refiere exactamente a la revista *Romance (Revista popular hispanoamericana)* que empezó a publicarse en México el 1 de febrero de 1940 y duró hasta el 31 de mayo de 1941, con un total de 24 números. Fue una de las más interesantes revistas del exilio por la excelente plana de colaboradores que logró reunir en diversas materias como poesía, ensayo, narrativa, teatro, música, ciencia, etc. La dirección la ejerció realmente Juan Rejano y en el Comité de Redacción figuraron Lorenzo Varela, Herrera Petere, Adolfo Sánchez Vázquez y Antonio Sánchez Barbudo. A este último se debe una emotiva y enjundiosa semblanza y valoración de la revista al frente de la reedición facsimilar de la misma por la editorial Verlag Detlev Auvermann KG, Nelden-Liechtenstein, 1974. El índice de autores lo elaboró Francisco Caudet.

que nos permitía entendernos. América no recibió a los emigrados políticos del siglo XIX, olvidada, no sabemos por qué, de las Cortes de Cádiz y del General Riego, aquel que al alzarse en Cabezas de San Juan evitó la llegada a Buenos Aires de veinte mil soldados del rey de España que hubieran retrasado la independencia de un continente. No, no los dejó entrar, pero nos recibió a nosotros. Nuestros hijos han nacido en aquel continente. Varían sus acentos, la forma de usar los diminutivos cariñosos, pero todos ellos son iguales. En cambio los que nacieron en la Unión Soviética van perdiendo poco a poco su español, aunque yo les haya visto bailar un baile flamenco pasado por las lágrimas y un cante hondo aprendido en los discos y una jota oída a la madre cuando lavaba sus delantalillos de escolares y caía la nieve... Los padres, en cambio, balbucean el ruso, aunque llevan allí treinta años. ¡Cuántos de ellos se nos van muriendo! Casi no nos atrevemos a preguntar por los amigos. Se nos van hacia ese cementerio donde dicen que esperan la vuelta a la patria, donde puede que se oiga cantar por la noche a Alberto Sánchez con su voz toledana recordando los días de España a los que están tan silenciosos, tan callados.

Todos hicieron tanto. ¿Dónde nos hemos dado cita? ¿No tendremos regreso? Es una historia de la que no conozco el fin.

Queríamos detenernos y nos dice: anda, camina, pasa... Ahora ya todo fue... No, aún tiene que pasar. Me siento invadida por todos los cansancios. Me he quedado con las manos vacías y a mis pies, un perro me lame cariñosamente las manos, me habla y se ríe de mí. Se ríe de gozo, de alegría de verme porque le parezco la suma de las perfecciones. Me lame la mano, me besa para explicarme su felicidad de mirarme. Es un perro más en mi vida, pero él no lo sabe. Está convencido de ser el primero que desvive su cola cuando entro. A veces tiene rabia, siente envidia. Rabia porque echo pan a las palomas de los techos de las casas vecinas, porque me voy sola a la calle y la *Babucha* [504] se queda casi llorando, creyendo que es el castigo por una falta que no cometió. Ella quisiera ser una niña. Muchas veces me lo ha dicho: quiero ser como esas niñas que sacan las madres de paseo y hasta van al colegio. Ha aprendido dos idiomas, pero ladra en uno. Ladra para avisarme que la pelota con que juega está debajo de la cama y ella, tan gorda, tan grande no cabe. La *Babucha* llegó de la mano de una Navidad. Fue regalo de Linucha Saba, una mujer inteligente que todo lo convierte en algo positivo. Nuestro perro desciende de un linaje nobilísimo. Hemos dibujado su escudo. Carlo Levi es el responsable directo de esos perros lanudos que deben llamarse con nombres empezados con be. Nos ha contado... pero no importa la historia de Babucha sino su presencia. Vive, ladra, lame, acaricia y se acaricia, es la aparición de la belleza matinal, de la gratitud, de la fiel amistad hasta la muerte. ¿La muerte? ¿No es la reencarnación, la presencia, el regreso de todos nuestros perros? Allí están todos en sus orejas largas, en su mirada redonda, cubierta de lanudos rizos, tan terrenal, tan de nuestro mundo de los hombres, tan redondos sus ojos mirando esa pelota que corre y persigue como nosotros perseguimos los sueños que nos corren delante...

Sí, muchos perros ladraron en las horas de nuestra vida, desde la *Tusca* hasta la *Babucha,* pasando por la *Niebla* inolvidable, primera entre las primeras, y aquella *Catalina* dulce que se arrodillaba como un caballito entre nosotros, sus amos los hombres, para que le pusiéramos el collar de

---

[504] La perra *Babucha* sale a relucir en el apunte en prosa "Diario de un día" del libro albertiano *Canciones del alto valle del Aniene*: "A *Babucha* no le gusta el jardín, quiero decir, las pidrecillas de la alta terraza sobre el valle, piedrecillas rodadas, rechinantes de los ríos" (*PC* III, p. 196).

la esclavitud... ¿Qué hará hoy, ciega y vieja y lejana? ¿En qué rincón melancólico de su memoria pequeñita estaremos? Hubo un hombre y una mujer que me acariciaron durante las primeras horas de mi existencia y me llamaron *Catalina. Katty* ¡la *Katty*! Dulce, pequeña, negra rizada.

También están aquellos perros que llegaron a llamar a la puerta sin aviso. Aquel *Alano,* hermoso amigo, tierno errante, caballero de toda perra en celo del bosque de Castelar. Llegó a la puerta y se quedó. Nos dijo: Yo guardaré "La Arboleda Perdida." Vosotros sois gente que vive en Buenos Aires y tenéis los bosques para reconciliaros con el silencio. Yo soy el guardián del bosque. Conozco todas las hamadríadas, todos los silfos, todas las libélulas. Sé cuándo la abeja reina vuela, si ha regresado el picaflor, si suben los caracoles por los troncos de los rosales. Sé quién va cantando por el camino. Ladro a los que tienen fea el alma, no ladro al que huele a amigo de perro. Si me dejáis entrar en esta casa pequeña como un barco anclado entre cipreses, en esta casa de madera como las que dan a los perros los hombres, yo me tenderé a vuestros pies y os lameré eternamente las plantas. ¡*Alano,* fiel amigo! Un día, al regresar, lo encontramos muerto. Lo habían atravesado con una bala. ¿Por qué? ¿Por rondador? ¿Por enamorado? Clavamos su collar en el tronco del ciprés más hermoso. Mis nietos lloraron sin consuelo. Quedó su nombre grabado en el tronco: "A *Alano,* fiel amigo." Los niños seguían llorando. Rafael escribió un poema despidiendo al vagabundo maravilloso que se detuvo ante nuestra puerta una mañana: ¿Se puede entrar? Los niños, temblando, oyeron a Rafael. Cuando concluyó, yo les dije: Todo está terminado. ¿No veis que ha entrado en la inmortalidad?[505] Se les llenó el alma de algo nunca oído y dejaron de llorar.

---

[505] El perro *Alano* mereció, en efecto, diversas referencias en algunos de los poemas de la sección tercera del libro de Alberti *Abierto a todas horas* y es el personaje central del poema escénico "El que llegó en verano"

Hoy leemos con los ojos asombrados los telegramas que nos llegan de China. Acuden a nuestra memoria recuerdos lejanísimos. 1937. ¡Treinta años! Hace treinta años nuestros saludos de combatientes españoles iban hacia Chu De,[506] jefe del octavo cuerpo del ejército de liberación chino, que combatía contra los japoneses. Eran los valientes que desde muchos años antes luchaban por los excluidos del banquete de la vida, por los que tomaban un bol de cáscara de arroz, por los que eran menos que perros y no los dejaban entrar en los jardines, los que vivían en tugurios de puertas bajitas para que tuviesen que doblar la cintura, aprendiendo a doblegarse a las decisiones de los extranjeros. Y tantos países extranjeros tenían allí sus concesiones que no quedaba espacio para andar por las calles de China. ¡Cuánto calvario humano! Pero los combatientes españoles saludaban a la China en armas. Un coronel español, Enrique Líster, apretaba sus puños en alto y les gritaba: ¡Camaradas! En el diario de su brigada aparecía la foto de un Mao Tse Tung joven. Nuestros soldados, sin mucha preparación geográfica, lo habían contemplado con asombro. Más tarde, algo les habrá dicho ese nombre.

Cuando nosotros en el año 1957 llegamos a China,[507] el pueblo ya había conquistado su poder total. Nos enteramos que nos saludaban con reverencia porque pertenecíamos a un país del extremo oeste, donde el sol declina para

---

(*PC* II, pp. 859-860 y 922-923 respectivamente). Y en *AP* 2, pp. 133-134 el poeta esboza una semblanza del perro, en unos términos muy parecidos a la evocación de *Memoria de la Melancolía*.

[506] Zhu De, Shu The o Chu-Teh (1886-1976), político y militar chino, fundador con Mao Zedong del Ejército Rojo, en 1928, y comandante del I Ejército que protagonizó la Larga Marcha. En el momento en que lo evoca María Teresa, era comandante de la VIII división que, bajo el mando formal de Chang-Kai-shek, luchó contra los japoneses. Fue miembro del politburó del Partido Comunista chino, en el que había ingresado en 1934.

[507] A partir de este momento la autora rememora el viaje a la China de Mao, viaje que ya dejó ampliamente testimoniado en un hermoso libro, con poemas de Rafael, titulado *Sonríe China* (*vid.* Introducción).

descansar de sus trabajos. Este país se llamaba: Sipañá. Sipañá era a sus ojos de nacidos en el sol naciente, el país donde no se triunfó. Nos miraban con sus ojitos pequeños y los estudiantes corrían a observar discretamente a mi hija que nos acompañaba. Era un momento de plenitud de la China Popular. Se hablaba de represas gigantescas, de trabajos sobrehumanos, de miles de jóvenes que habían ido a las montañas a clasificar el sin número de plantas que allí crecen. Y todo lo que íbamos viendo nos parecía hecho con la perfección con que trabajan el marfil esas manos chinas únicas, albergadoras de la infinita paciencia humana. Era el momento en que se repetía aquello de: "Que se abran las mil flores."[508] Cuando los escritores abrían los libros antiguos para seguir trenzando la cultura nueva. Cuando el poeta Ai Ching nos saludaba con la amplia mirada cariñosa y Emi Siao,[509] presidente de la Unión de Escritores, contestaba a nuestra gratitud con discursos llenos de indulgencia, abriéndonos su país de mil pétalos, de mil tornasoles, de mil caricias nuevas, de mil sonrisas diferentes.

Nos contaron su historia varias veces milenaria. Nos llevaron a ver sus templos. Nos recibieron los monjes budis-

---

[508] Con ese estribillo Alberti compone un breve poema en octosílabos asonantados para saludar la nueva cara esperanzada de China: "Se abran ya todas las flores, / y que revele el poeta, / libre y al fin sin temores, / hasta la flor más secreta/ de sus campos interiores" (*PC* II, p. 817). "[...] de nuestro maravilloso viaje a China, en el momento en que estallaba la consigna *Que se abran todas las flores*, que se convirtió en nefasta al poco tiempo" (*AP* 2, p. 344).

[509] Ai Qing (Ai Ching) ha sido considerado uno de los más destacados representantes de la lírica china contemporánea. En 1939 publicó el poema *Norte*, en el que canta las luchas revolucionarias en el norte del país. Fue expulsado del Partido Comunista y de la Unión de Escritores en 1958 —muy poco después de la visita de los Alberti— y rehabilitado en 1978. Ha destacado también como teórico de la poesía moderna. Emi Siao inició su carrera literaria en la Unión Soviética, en donde escribió libros de poemas titulados *Escritos con sangre*, *Vasütino* o *Regalos*, y en donde canta la revolución china, la lucha del proletariado frente a la amenaza y la agresión fascista.

tas y los sacerdotes católicos de Shanghai.[510] Los guardianes inmensos y petrificados, policromos y de grandes ojos abiertos que protegen los templos, miraban a los niños que entraban a dejar una varita de incienso encendida. Y nos cruzábamos con las madres, con las abuelas apoyadas en el brazo de los soldados, abuelas que aún conservan de la esclavitud los pies pequeñísimos, deformados inmediatamente después de su nacimiento, vendados para que no crecieran, indicándolas así que la mujer ha de permanecer en la casa. La multitud llenaba todo, pero nadie se empujaba, era como un oleaje continuo que al vernos se separaba con curiosidad porque yo tenía el pelo blanco y ellos apenas si conocen esa vejez; porque nuestra nariz era larga y fea, nuestros ojos grandes, la forma de andar inconveniente. Cuántas veces se agolparon para mirarnos y cuántas nos saludaron con un: Tiíto soviético... Tiíta soviética, conmovedor. Fue aquel viaje una maravilla, una lección de cordura y de maneras, un asombro. Vimos los campos, volamos sobre los ríos, sobre las montañas. En China las montañas no son como las nuestras, son como las de las pinturas vistas en los rollos de seda. Todo nos pareció pulido por los siglos: las manos de los artesanos, las mejillas de porcelana de los niños, la graciosa juventud anhelante, la sonrisa de marfil de los viejos. Nosotros, gente extraña del lejano país de Sipañá, estábamos felices. Nuestra intérprete respondía en un perfecto español a nuestro entusiasmo. Había estudiado en el Instituto de Lenguas Extranjeras con profesores españoles. Una de las profesoras, lo había sido antes del Instituto Escuela,[511] de Madrid. ¡Qué lejos ha llevado la dispersión a estos españoles! Para nuestro asombro, recibimos en Pekín un telegrama de otro

---

[510] *Vid.* del libro de María Teresa León y Rafael Alberti *Sonríe China*, pp. 116 y ss. (*vid.* además Introducción).

[511] El Instituto Escuela fue una institución pedagógica creada en Madrid en 1918 y tutelada por la Junta para la Ampliación de Estudios y con ideas pedagógicas inspiradas en la Institución Libre de Enseñanza.

español de los aventados por el mundo. Llegaba de la Nueva Caledonia,[512] nos había oído hablar por la radio y decía que el corazón le había dado un vuelco, pues él era un combatiente de Madrid...

China se nos presentaba floreciente allí donde pisábamos. Era el momento de la deslumbrante fraternidad. Cuando nos sentíamos más felices, mi hija Aitana cayó enferma en Cheng Tu.[513] Cayó fulminada por una gripe horrible que le atacó los centros cerebrales. Perdió el conocimiento. Durante día y noche gritó, desvariando. ¡Y esto ocurría cerca del Tíbet! No comíamos, no dormíamos. ¡Qué angustia! Llegó a visitarla un médico manchú con un intérprete. ¿Por qué un intérprete? Por si no entiendo bien. Aquí hablan algo distinto. Yo vi que nuestra Chu estaba aterrada ante la responsabilidad que le había caído sobre los hombros. Balbuceaba al comunicarme lo que le iban diciendo. ¡Pobre Chu con sus veinte años y su novio que la estaba esperando...! El médico había dicho: En el hospital tenemos una pequeña cantidad de penicilina para experimentar. Los ingleses se niegan a vendérnosla. La Dirección del hospital ha decidido darla para la curación de la pequeña amiga extranjera. Una enfermera se encargará día y noche de la pequeña amiga extranjera, camarada. Yo me mordí los labios y ellos sonrieron, saludándome, mientras yo oía el grito hiriente, el lamento constante de mi hija. Se me olvidaron las palabras de agradecimiento. Me quedé sentada, cubierta de sudor frío, de

---

[512]   Nueva Caledonia es una isla de Oceanía (territorio francés de Ultramar) en el Pacífico, que fue descubierta por James Cook en 1774.

[513]   Chengdu o Ch'eng-Tu es la capital de la región de Sichuan (la provincia del cielo) y antigua capital del reino de Shu en la época de los Tres Reinos (hacia el siglo X). Su peculiar trazado urbanístico en torno a una ciudad imperial, en su centro, le han merecido el sobrenombre de "pequeño Pekín". Es el punto de partida de las carreteras que conducen al Tíbet y al Yunnan. Alberti escribió un poema a la "Primavera en Cheng Tu" (*PC* II, p. 821).

emoción. Comenzaron las inyecciones, y un día Aitana volvió en sí. Aquella mañana el médico manchú me tomó de la mano y me llevó al balcón, señalándome los cerezos del jardín. ¡Habían florecido!

Florecerán los cerezos. No puede ser de otra manera. Se alejará el mal sueño de leer en los periódicos todas las mañanas la división del campo socialista. Nos despertaremos y los diarios no traerán más noticias insidiosas sobre Oriente. Todo habrá sido sueño. Y otra vez por China se oirá gritar a los niños, confiados. Tiíto soviético... Tiíta soviética... Todo volverá, los aplausos al país que consiguió primero que ninguno la gran revolución de la vida del hombre. Sí, tienen que volar otra vez los globos en la plaza de Tien En Men[514] sobre el cielo de mayo de Pekín, con su caudal de saludos para todos los pueblos de la tierra. ¿No ve que los cerezos han florecido? Y nosotros, los de Sipañá, el país hacia donde el sol declina para descansar de sus trabajos, sentiremos entonces que sí, que de verdad, la paz ha florecido.

Un día escribimos a Marcos Ana, preso en el penal de Burgos.[515]

Querido amigo nuestro, de Rafael y María Teresa: Hoy sabemos lo que es el júbilo. Estamos contentos. Has salido

---

[514] La plaza de Tian'anmén ("plaza de la paz celestial") es el nombre de la gran plaza pública de Pekín, desgraciadamente famosa por la brutal represión ejercida en la noche del 3 al 4 de junio de 1989 contra los estudiantes chinos concentrados para protestar contra la política antirreformista de Deng Xiaoping.

[515] Marcos Ana (Salamanca, 1920) es un viejo comisario del ejército republicano que durante veintitrés años sufrió prisión en las cárceles franquistas y escribió un par de libros de poesía: *Te llamo desde un muro (poemas de la prisión)* y *Poemas en la noche,* ambos reunidos en el libro colectivo *España a tres voces,* Buenos Aires, Ed. La Roca Blindada, 1963. Allí figura, y dedicado a María Teresa, el poema titulado "Mi corazón es

de los años amargos, con tu juventud intacta. Estrenas la vida. Has ingresado por la puerta grande al amor de tus gentes. Tus gentes somos nosotros, tu familia, los que sufrían esperándote.

A veces ocurren estas cosas, y un hombre con sus sufrimientos de hombre, aunque existan otros con las mismas penas, resume en él los símbolos dispersos. Esto te ocurrió a ti. Durante estos años tu nombre ha corrido con sus pequeñas sílabas al rojo, despertando a los que dormitaban. Tuvo ese poder. Tus palabras rítmicas fueron las voces de muchos hombres, la angustia de las casas sin fuego, de las mujeres sin varón, de los niños llenos de preguntas sin respuesta. Nos acostumbramos a tender la mano por los encarcelados. Dos lágrimas en la mano derecha. Oyeron mucho, tanto que asombró a algunos lo vivo del recuerdo de nuestra lucha inacabada en los corazones mejores del mundo.

Durante años, te digo, hemos tendido la mano para detener a los que parecían tener prisa por olvidarnos. No, no, aunque parezcamos mendigos, los españoles debemos seguir pidiendo, contando, hablando, iluminando las cárceles oscuras para que la gente mire, vea y compare. Has de saber, Marcos Ana, que tus compatriotas vigilaron siempre. Hubo mujeres tan llenas de coraje que hubieras debido verlas contando, hablando, protestando con el valor que da el amor al prójimo, protegiendo de lejos, desde América, vuestras noches de encarcelados. Pedían para vosotros la justicia, la luz, todo eso a lo que tienen derecho los hombres que están en libertad.

Así pasó tu nombre de boca en boca desde la universidad a la calle de vecinos sentados al fresco. Eras para ellas,

---

patio". Fue probablemente el autor de la valiente y emotiva carta anónima que les llegó a los Alberti "desde una cárcel de España" en la Navidad de 1958 (y reproducida en el núm. 61-63 de la revista *Litoral* —noviembre de 1976— dedicado a la "poesía en la cárcel").

mujeres, el hijo que les salió poeta, el amante encadenado. España para todos nosotros, voz del alejamiento, hablaba otra vez. Tus palabras nos permitían presentar a las gentes una generación joven de españoles. Era la generación blanca, los hijos de vencedores y vencidos. Había protestado. Estaba encarcelada.

Pongo la mano sobre España y quema,

nos decía López Pacheco.

Pongo la mano sobre España y tiembla.[516]

Ellos estaban libres y tú en un patio, en el frío patio de la cárcel de Burgos, pero tu voz y su voz eran el mismo llamamiento.

Tres largos años rojos,
poblaron la ancha tierra de simiente infinita...

Pensamos que era nuestra simiente la que se levantaba de las penas y nos sentíamos orgullosos. ¡Qué difícil resulta andar por la ancha tierra de la patria cuando parece ajena! Sí, nos hemos quedado sin patria. Ahora lo sentirás más porque estás libre, porque habrás de vivir tierras ajenas, porque tendrás que fiarte de tus recuerdos y no ya de tus ojos. Pero cantarás la tragedia inacabable de España, mientras nosotros seguiremos deteniendo a las gentes que pasan, tendiendo la mano por los que quedaron aún sin libertad: ¡Eh! ¿no ven ustedes? En mi mano derecha llevo dos lágrimas que ningún viento puede secar. Se llaman España.

---

[516] Dos versos del breve poema de Jesús López Pacheco "Pongo la mano sobre España en agosto de mil novecientos sesenta" perteneciente a su libro *Pongo la mano sobre España*, libro que apareció en edición bilingüe hispano-italiana en 1961 y fue reeditado dentro el volumen *España a tres voces*, referido en la nota anterior.

Me gusta cuando los franceses dicen *femmes de lettres*. Eso, mujer de letras, una junto a otra, no de palabras, letras sueltas como aquellas que nos servían en la sopa del Colegio del Sagrado Corazón. Letras que flotan perseguidas por la cuchara, donde iban a morir. ¿Compusieron alguna vez en el plato mi nombre? *Femme de lettres*. Nunca me he sentido más letrada, nunca he sentido mas reverencia por el estado de mi inquietud, por esa comezón diaria en carne propia que me da el escribir. Decimos al hacerlo casi en voz alta lo que las pequeñísimas células interiores nos dictan. El dedo, la mano que hace la letra son la alegría de nuestros ojos, casi como el cepo, pues si se pudiera gritar y escribir se gritaría: ¡Ya lo tengo, ahí te quedas, te atrapé por fin! El escribir puede dejarnos tan exhaustos como una noche de amor. A veces parece que la mano corre, corre y canta. *Femme de lettres*. Pero a veces me descalzo de la alegría al releer lo que voy escribiendo y no me gusta, y todo se me deshace y no veo nada y mis ojos me parecen los de los topos a quienes ciega la luz. Entonces cruzo todo lo que he escrito con rayas y me parece que estoy tendida sobre la cruz en aspas de San Andrés y me sorbo poco a poco la pena de no ser ni siquiera esa pequeña *femme de lettres* que merece un saludo amable, una sonrisa.

No alcanzamos a conocer en la ribera del Mar Dulce de América a Alfonsina Storni, decidida a perderse por el agua yendo a su cita última. En la otra orilla del Río de la Plata, otra gran poetisa nos recibió sentada en su salón, como dentro de su caracol sonoro, bajas las cortinas, moderada la luz y tal vez los espejos, como los de casa de mi hermosa abuela, vueltos contra la pared. Se rehusaba a sí misma Juana de Ibarbourou muchas de las ventajas del crepúsculo. Apenas si salía de casa. Tal vez la molestaban los ojos comentadores de las vecinas: ¿Te acuerdas lo linda que era nuestra poetisa nacional? El caso es que Juana había decidido vivir dentro de su caracol sonoro reclinada en su pasado como en un diván de terciopelo.

Y es que su juventud y su talento habían sido saludados con todas las palmeras americanas en alto y, por eso, cuando nosotros entramos en su casa a conocer a la cien veces coronada Juana de América, la encontramos cubierta de veladuras de luz y de gloria, abandonada voluntaria y simplemente a su renombre. Era su momento entre dos luces. Puede que hoy, ya pasados inexorablemente los años que nos sacan del tiempo, haya vuelto a recobrar la calle y su amor al sol, a las golondrinas, a las abejas, a los serafines, espigas y nardos, aceptando Juana de Ibarbourou que la miren de nuevo los ojos de los hombres y la saluden con toda reverencia.

Nos pareció que la habíamos conocido siempre. Cuando leíamos el primer libro suyo ya le estrechamos la mano sin podernos desasir más de ella. Fue como si oyéramos su voz, la voz del hombre hablando por los que no pueden hacerlo, la transmisión perfecta del perseguido que al huir advierte que hay otras persecuciones que no sospechaba más que a medias y de las que, de pronto, se convierte en testigo... y en voz. En esa persecución despiadada del hambre y la miseria hunde la suya propia y la libera y la transforma y nos la da, nos la entrega, la hace nuestra. Hace suyo —y nuestro— todo lo que le va filtrando por la sangre. Es el momento de su metamorfosis. Puede que de ese deber cumplido le venga su felicidad sorprendente, la que nos asombró al estrecharle la mano y mirarle la cara. Comparada con la suya, las felicidades que vemos en los demás hombres no merecen ese nombre. Hay en Carlo Levi una presencia permanente de la alegría, algo como un ilusionado vivir, como una seguridad de que al sucederse las horas no es él el que pasa sino el que permanece y ve y denuncia, cumpliendo al hacerlo su destino de hombre libre. Carlo Levi no es el escritor que se desentiende sino el que entiende y en esa libertad de entendimiento apoya el signo de su esperanza, su gesto definitivo de hombre.

Aunque su sangre corra y mane como la nuestra, fugitiva en este mundo donde todo pasa, sentimos junto a él una permanencia, la razón del que dijo la estricta verdad. Nos contagia su seguridad de ser libre, su afán de ser justo. Es el que al ver escucha y al escuchar ve, como hacen los pintores. Le gusta rodearse de rumor público. Tiene fe, antes que en nadie, en él. Puede que esa fe sea la base de su alegría, de su humana seguridad terrestre. Los que caminamos peregrinos nos hemos quedado admirados, contemplándola.

¿Será verdad que el ser humano se basta a sí mismo? Así, sobre lo incierto y tenebroso, admiramos el horizonte encendido.

Hay que acudir al cuidado de los recuerdos. ¿Qué sería de la vida vivida si los abandonásemos? Recuerdo que Miguel Hernández apenas contestó a nuestro abrazo cuando nos separamos en Madrid. Le habíamos llamado para explicarle nuestra conversación con Carlos Morla, encargado de negocios de Chile.[517] Miguel se ensombreció al oírlo, acentuó su cara cerrada y respondió: Yo no me refugiaré jamás en una embajada. Me vuelvo al frente. Nosotros insistíamos: Ya sabes que tu nombre está entre los quince o

---

[517] Carlos Morla Lynch, diplomático chileno acreditado en España, muy amigo de Lorca y de casi todo el grupo de escritores de la época. Aquellos contactos y aquellas experiencias las dejó registradas en su libro *En España con Federico García Lorca (Páginas de un diario íntimo, 1928-1936)*, Madrid, Aguilar, 1958. Su mujer, Bebé, organizó numerosas fiestas y recepciones, que servían para poner en contacto a los más destacados representantes de la intelectualidad y de las artes del momento.

dieciséis intelectuales que Pablo Neruda ha conseguido de
su gobierno que tengan derecho de asilo. Miguel se ensombreció aún más. ¿Y vosotros?, nos preguntó. Nosotros
tampoco nos asilaremos. Nos vamos a Elda con Hidalgo de
Cisneros. Miguel dio un portazo y desapareció.

La escena fue ésta: Carlos Morla, cariñoso y casi balbu-
ciente, nos había insistido: la guerra ha terminado. Ya los
ingleses han tomado contacto con los dos campos para hacer la paz. Es necesario, para terminar con la tensión internacional, concluir con la guerra de España. Figuraos lo
que yo lo siento, pero es así. Mi gobierno os ofrece asilo...
Yo le interrumpí: Ahora vais a proteger a quince o dieciséis intelectuales republicanos, ¿no? Carlos Morla hizo lo
imposible por convencernos. Era el final. ¿Comprendéis?
No. Cuando se despidió de nosotros repitió: Ya lo sabéis,
mi gobierno... Gracias, gracias por la limosna, murmura-
mos. Nos abrazó. No entendía bien por qué nosotros re-
chazábamos su ayuda. Puede que sintiese piedad, estaba
conmovido, conmovido sobre sí mismo porque a él también se le cerraban los años claros de la amistad perfecta
con aquel grupo luminoso de escritores y artistas de España.[518] Ya Bebé Morla no abriría su salón de hermosa mujer
inteligente para que Federico leyese una obra suya o cantase o riese; para que Federico y Acario Cotapos mimasen
sus pequeñas ocurrencias: la confesión, el entierro de Hindenburg... Cuando aquella mañana Carlos Morla llegó a
nuestra casa de la calle Velázquez, el encargado de borrar
de las pizarras de la vida las horas hermosas de los hombres, había pasado su mano inexorable sobre varios años
del más feliz momento de la inteligencia española.

Miguel iba a desaparecer también como había desaparecido Federico. Sentí mucha pena. Pocos días antes yo había
discutido violentamente con él: No tienes ningún derecho a

---

[518] Lo que cuenta aquí María Teresa lo repite de forma muy parecida
(incluso reproduciendo algún diálogo) Rafael Alberti en *AP 2*, pp. 10-11.

hablar así de una mujer y extender ese juicio a todas las mujeres de la Alianza. Eso no es de hombres. A la contestación suya, yo le pegué una bofetada. Antonio Aparicio[519] y Rafael se precipitaron. ¡Qué absurdo! Los ojos de Miguel se habían empequeñecido. La última vez que los vi a la puerta de la Alianza de Intelectuales eran aún más pequeños.

Cañoneaban Madrid. Miguel Hernández, la cabeza rapada, todo sacudido por una rabiosa decisión, nos repitió: Me voy al frente. No olvides lo que dijo Carlos Morla. Miguel era como un fruto de la tierra. Cuando llegó a Madrid traía de sus campos un estupendo oído capaz de versificar clásicamente cualquier cosa. Nuestro primer encuentro no pareció alegrarle mucho. Tal vez porque éramos de la revista *Octubre,* un grupo de descontentos sociales, tal vez porque los amigos le indicaran que era mejor vernos poco. No sé, pero la realidad fue que un día Miguel Hernández llamó a nuestra puerta de la casa de Marqués de Urquijo, descompuesto y verde de ira. ¿Qué te ocurre, Miguel? Cuando se tranquilizó un poco, nos contó su primera experiencia con los defensores del orden establecido.

Miguel, aquella mañana, se había paseado mientras escribía por las orillas del Henares. Hay allí silencio de égloga, árboles. Es un lugar, en fin, donde la soledad se acerca a los poetas para protegerlos de ruidos y de extraños. Miguel escribía sabe Dios qué en aquel momento y era feliz, pues así de aislada había sido su vida campesina y así de solo había iniciado su camino de hombre, guardando las cabras de la casa paterna. Pues bien, en ese sotillo junto a

---

[519] El escritor Antonio Aparicio tuvo notable actividad durante la Guerra Civil, pues actuó —desde su militancia comunista— como comisario político de la Brigada de El Campesino, dirigiendo la revista *Al Ataque,* y fue herido en la batalla del Jarama. Aparece su firma en las revistas más importantes de la época, con poemas y obras teatrales, y fue uno de los cofirmantes de la Ponencia colectiva en el II Congreso de Intelectuales Antifascistas. Su libro más conocido se titula *Fábula del pez y la estrella* (Buenos Aires, Losada, 1946).

las riberas de Henares, lugar tan cercano a la docta Alcalá de Henares, no era posible pasearse ni sentarse ni mirar la corriente sin que la guardia civil caminera no sospechase del gato encerrado de la revolución capaz de colarse por cualquier agujero. Le dieron el alto. Miguel comprendió mal. Corrió. Insistieron. Se resistió. ¿Qué llevas ahí? Versos. ¿Versos?, le contestaron agresivos y burlones. Le arrancaron de las manos los papeles. Los insultó. Le golpearon, le amenazaron con la culata de los fusiles. Cuando lo dejaron marchar, ya no quedaban ni paz del río ni soledad sonora ni canto de pájaro, solamente los horribles guardias civiles en sus ojos, esos que no lloran porque Federico García Lorca adivinó que tienen "de plomo las calaveras."[520] Puede que todo durara poco tiempo, pero le bastó a Miguel para rebelarse. Por eso, cuando corrió hacia Madrid, llamó en nuestra casa. Venía a decirnos: Estoy con vosotros. Lo he comprendido todo.

Ese Miguel con su cara encendida de rabia es el que yo con más gusto veo. Me emociona más que el de la guerra con su uniforme del V Regimiento, cuando escribía estrofas para los periódicos de trinchera, cuando junto al comandante Carlos aprendió a desear el futuro.[521] Del último Miguel, el que no se refugió en la Embajada de Chile y después de intentar mil remedios para huir cayó en manos de esos mismos guardias civiles que lo llevaron hacia nuestra causa, no tengo ya imágenes, solamente palabras.

[520] Cita de un conocido octosílabo de otro no menos conocido romance lorquiano, "Romance de la guardia civil española": "Tienen, por eso no lloran, / de plomo las calaveras."
[521] Cfr. *AP 2*, p. 89. Entre sus poemas sueltos de guerra encontramos uno en décimas titulado "Memoria del 5.º Regimiento", publicado inicialamente en la revista *Al Ataque*, núm. 5 (6-2-37). El borrador de este poema se acompañaba de una carta del oriolano dirigida precisamente a Carlos Contreras, en la que le dice que ha visitado el cuartel de la calle madrileña de Francos Rodríguez, totalmente abandonado por los desperfectos de los obuses, pero eso no le impide evocar el espíritu combativo y esperanzado de aquel regimiento.

Sí, palabras pronunciadas por mí más tristes y rabiosas que elocuentes en una cena que en París y ya acabada la guerra el Pen Club[522] dio a Pablo Neruda, a Rafael y a mí. Vivíamos con Neruda en el Quai de l'Horloge[523] y no sé por qué me confiaron los dos poetas la tarea de contar, entre otras desventuras, la desventura de un poeta encarcelado.

Así regresé otra vez a Miguel Hernández. Su imagen se me había dulcificado. Esa nueva víctima no podían consentirla los intelectuales franceses, tenían que salvarla y así lo hicieron. Anne Marie Commene asentía con su cabeza a mis palabras. Sí, sí, debemos salvar a Miguel Hernández. Cuando terminé de hablar, todo estaba decidido. El intermediario del Pen Club para esta petición sería Monseñor Baudrillart y lo libertaron. Seguramente sorprendería a Miguel su libertad, tanto que dicen sus amigos que no pudieron detenerlo y corrió a su pueblecito para abrazar a su hijo y a su mujer. Y aquí empieza a nublarse la vista de los que miramos los últimos días de Miguel Hernández. ¿Por qué fue detenido? ¿Por qué si lo habían puesto en libertad se la quitaban si las razones eran las mismas? La verdad es que Miguel Hernández murió en la cárcel y nadie pudo conmover la *Injusticia* española.[524]

---

[522] El Pen Club (de las voces inglesas *poets, playwrights, editors* y *novelists*) es una asociación internacional de escritores fundada en Londres, en 1921, e impulsada por la escritora C. A. Dawson Scott (1865-1934).

[523] En *CV,* pp. 75-76 Neruda habla de ese barrio parisino, "un barrio quieto y maravilloso": "Frente a nosotros veía el Pont Neuf, la estatua de Henri IV y los pescadores que colgaban de todas las orillas del Sena. Detrás de nosotros quedaba la plaza Dauphine, nervaliana, con olor a follaje y restaurant. Allí vivía el escritor francés Alejo Carpentier [...] Desde mi balcón, a la derecha, inclinándose hacia afuera, se alcanzaba a divisar los negros torreones de la Conciergerie. Su gran reloj dorado era para mí el límite final del barrio".

[524] Cuando Miguel Hernández fue entregado por la policía portuguesa a la española en la localidad fronteriza de Rosal de la Frontera (mayo de 1939), fue conducido a la prisión madrileña de Torrijos, desde donde el poeta escribe a su protector y valedor José María de Cossío para que ges-

Aquí, en Antibes,[525] la otra tarde, he vuelto a ver a Miguel. Apareció en la pantalla donde se proyectaba la *Pasión de Juana de Arco,* de Dreyer.[526] De pronto, Rafael murmuró: ¡Cómo se parece a Miguel! Era exacto. La cabeza de Juana de Arco —de la Falconetti— iba repitiéndonos a través de su desventura todos los rostros de la agonía final de Miguel Hernández. Ninguno de los que nos acompañaba comprendió por qué al encender la luz teníamos los ojos tan serios.

Tengo entre mis manos la esquela fúnebre que nos dice de la muerte de Paul Eluard. Medalla de la Resistencia, escrito debajo, junto a los nombres de sus amigos. Y nada

---

tione su liberación. También le escribe con el mismo encargo a Neruda, quien ha referido las circunstancias en que se consiguió la excarcelación del poeta de forma parecida a como la recuerda María Teresa: Anne Maria Commene sabe que el poeta español había escrito un texto de exaltación católica como es su auto sacramental *Quién te ha visto y quién te ve...* y se lo lee parcialmente al cardenal e historiador francés Alfred Braudillart (1858-1942), quien pidió inmediatamente a Franco la libertad del poeta. El crítico Juan Guerrero Zamora ha concluido cosa diferente al analizar el expediente carcelario de Hernández, achacando su liberación a una simple confusión; sea lo que fuere, lo cierto es que el poeta abandonó la prisión madrileña en septiembre, pero disfrutó de aquella libertad por muy poco tiempo.

[525] Antibes es una ciudad francesa, en la Costa Azul, que alberga un museo Picasso, ubicado en un antiguo castillo de los Grimaldi. "Después de unos días en Roma y en Milano, vuelvo a Antibes. Las palomas del Museo Picasso nos han reconocido. Tienen hambre. Al vernos aparecer en la mañana, todas se han arrojado sobre nosotros desde las torres y las troneras del castillo" (Alberti, *PC* III, p. 221).

[526] El director de cine Dreyer (1898-1968) filmó la película aludida en 1928, que es considerada una obra maestra del cine mudo. Dreyer se basó en las actas del proceso contra la santa, y consiguió un patético drama basado especialmente en los primeros planos de los rostros de la doncella y de sus jueces, enmarcados por una escenografía enormemente austera que potenciaba la intensidad del drama humano. Se la considera como una obra maestra del cine mudo y fue interpretada por Sylvain, Antonin Artaud, Michel Simon y por la actriz Renée Falconetti, que hizo una interpretación magistral.

más. Los otros honores de su poesía vigilante quedan en segundo término ante este que lo fija en la hazaña mayor de su tiempo. Tenía 57 años y una fragilidad de hombre obligado a curar periódicamente entre las nieves sus pulmones. Sus restos han sido velados en la Maison de la Pensée y en la redacción de *Les Lettres Françaises*.[527] Miles de seres se han inclinado ante el mayor poeta de Francia que se va...

Hacía muchos años que Paul Eluard vigilaba los pequeños acontecimientos: "Los pobres recogían su pan en la calle..." Más que las grandes voces, las pequeñísimas verdades. Y le preocupaba la paz y por qué se hacen las guerras. ¡1914! luego. "Poemas para la paz."[528] La paz aquella de 1917 trajo, como la lluvia, proliferaciones poéticas inesperadas y deslumbramientos. Unanimistas o dadaístas, ultraístas españoles o maquinistas italianos, de todo hay hasta que luego llegan los surrealistas, con André Breton como pontífice máximo, y Aragon y Soupault y Desnos como "enfants terribles", a arrebatar la atención de los jóvenes. Aterrar a los burgueses era el oficio de Benjamín Peret, de Buñuel, de Dalí. Todas las artes van en busca de los mundos de los sueños, de los trasmundos automáticos. *Nadja,* de Breton, *Capital de la Douleur,* de Eluard, *Le paysan de Paris,* de Aragon, son las tres magníficas bi-

---

[527] *Les Lettres Françaises*, prestigiosa revista literaria que surgió como una revista de la resistencia francesa, fundada por Jacques Decour, y dirigida después por Claude Morgan. Entre 1942 y 1944 se publicaron veinte números clandestinos, y Louis Aragon pasó a dirigirla en 1953. Dejó de publicarse en 1972.

[528] En el prólogo que redactan María Teresa y Rafael Alberti para una antología de la poesía de Eluard se insiste sobre esta faceta solidaria del gran poeta francés: "La noble y hermosa cara de Paul Eluard transparentaba ya su misericordia y amor hacia el hombre castigado en su labor diaria, siempre amenazado por algún poder previsto o imprevisto que lo acorrala en la vida" (*Poemas*, Barcelona, Argonauta, 1990, p. 9; es reedición de la que apareció en Buenos Aires, Ed. Lautaro, 1957). *Poemas para la paz* fue el título del segundo poemario de Eluard.

blias. Eluard vive y se desvive entre manifiestos, revistas, discusiones sin fin, polémicas ardientes y cortantes cuchillos al rojo. La juventud bulle arrastrada por Max Ernst, por Chirico. Picasso es siempre caso aparte. Pero Paul Eluard sufre una crisis de amor —"À Gala Toujours"— y desaparece. Nosotros lo conocimos a su regreso de no sé qué islas de las Especies cuando todos comenzaban a desertar del sueño surrealista, siendo Louis Aragon el primer desilusionado, seguido por Eluard y el bondadoso y sincero René Crevel.[529]

René Crevel, también herido en los pulmones, nos dejó su casa de la calle Nicoló la primera vez que nos persiguieron en España. Era el año 1934. Regresábamos del Primer Congreso de Escritores Soviéticos. Habíamos tomado un barco en Odessa. Al llegar a Istambul, un telegrama de mi madre nos señaló la prudencia de detenernos en Italia. Allí recibiríamos la explicación de lo sucedido. Y lo sucedido era que los mineros asturianos se habían rebelado. Años y años de miseria, de engaño, de vida amenazada e incierta habían hecho crisis. Pero era el tercer año de la República. Sí, pero la República española guardaba en su vientre todos los malos fermentos. La represión había sido uno de los episodios más dolorosos de la lucha de clases españolas. Fueron mandados tambores marroquíes a parar la tormenta obrera. Entre los jefes de esta represión, el

---

[529] Con escasas diferencias, este párrafo ya se había adelantado en el breve prólogo a la Antología indicada en la nota anterior. El libro *Capital de la Douleur* de Eluard es de 1926: relatos fantasiosos, de escritura surrealista, poemas en verso libre o en prosa, componen un libro discretamente autobiográfico en el que habla de su tormentosa pasión amorosa por Gala. Los otros dos libros mencionados son *Nadja* (1928, novela en la que Breton describe los principales temas y métodos surrealistas, incluida la inmersión en el mundo del subconsciente) y *El campesino de París* (de 1926, novela en la que la técnica del *collage* sirve para elaborar una meditación sobre el mundo de lo cotidiano). Las Islas de las Especias son las Islas Molucas, en Indonesia, famosas por su producción de especias como clavo, nuez moscada o copra.

comandante Francisco Franco. Iniciaba bien su carrera. Llegamos a Italia, luego fuimos a la casa de René Crevel a París. ¡Qué ser maravilloso, que no podía respirar, que se negaba a vivir! Cuando regresó a su casa de la rue Nicoló le dolió tanto, tanto la vida, que abrió la llave del gas...[530]

Con Paul Eluard nos habíamos tropezado por primera vez vendiendo entradas en una improvisada garita que los escritores montaron ante la Exposición Colonial para explicar el sentido colonizador del país que había inventado "los derechos del hombre". Fotografías y documentos anticolonialistas gritaban su protesta. Las manos largas, la cabeza fina y rubia de Paul Eluard transparentaban misericordia y amor hacia el hombre negro de África o amarillo o blanco traqueteado, empujado, amenazado siempre, desalojado por algún imprevisto. "El tiempo ha llegado en que todos los poetas tienen el derecho y el deber de sostener que están profundamente hincados en la vida de los otros hombres, en la vida común." ¡Qué lejos se había quedado la busca interior del surrealismo! Pero de ella había nacido la conciencia más rigurosa que el hombre ha conocido jamás.[531]

Sentimos desde entonces por él una gran amistad. Tradujimos poemas suyos, pero cuando Paul Eluard fue a España, nosotros peregrinábamos ya por México, donde habíamos ido después del alto en casa de René Crevel. Allí escribió su *Canción Española* e hizo gran amistad con Federico y Bergamín.[532] De pronto, nuestro cielo arde y Paul

---

[530] María Teresa vuelve sobre un personaje —Crevel— y un acontecimiento —el Primer Congreso de Escritores Soviéticos— ya mencionados anteriormente (notas 180 y 48 respectivamente) y sobre unos hechos —la represión de la revolución asturiana del 34— ya evocados páginas atrás.

[531] Transcripción casi literal de otro párrafo del prólogo a la antología citada antes (pp. 8-9). La aludida Exposición Colonial tuvo lugar en 1931.

[532] En la página 9 del mencionado prólogo se añade que "España le interesó profundamente. No son ajenas a este interés sus conversaciones con Picasso, quien también descubre por estos años que sus arrancadas de pintor genial le vienen mucho de la Málaga blanca y roja donde nació".

Eluard descubre que esa rara Península Ibérica se ha convertido, al ser atacada por el fascismo, en uno de los polos de atracción del mundo, y viendo los cartones y los bocetos del Guernica que pintaba Picasso en su estudio de la rue des Grands Augustins, Eluard escribe su *Guernica*. "Las mujeres, los niños tienen iguales rosas en los ojos. Cada uno muestra su sangre."[533]

En 1937 hablamos largamente de España con Picasso, con Aragon, con Tristán Tzara, con Eluard... La sangre derramada de España está presente. Luego se concluyó el problema español. Las cancillerías democráticas respiraron. Llegamos desterrados a París. Nos quedamos como vacíos. De pronto, otra vez la guerra. ¿Será posible?, decía la gente de París y del mundo. ¿Y el sacrificio de España? ¿Por qué no resiste la línea Maginot? Nosotros navegábamos hacia América cuando Paul Eluard y la poesía francesa tuvieron que vestirse de uniforme. Su lenguaje comenzó a ser el de la Resistencia. Los alemanes consideraron a Paul Eluard enemigo público, pero sus poemas recorrieron Francia. Uno de ellos llevaba el título de un grabado de Goya: "Enterrar y callar..."[534] Llegó a refugiarse a Suiza. Ni la nieve ni el frío de Saint Alban eran suficientes para detener su corazón, pero ahora, 1953... Sí, sobre su corazón la medalla de la Resistencia. Eso ha sido todo. ¡Y cuánto![535]

[533] Así traducen Rafael y María Teresa el fragmento décimo del poema "La victoria de Guernica", del libro *Curso natural* (1938), cuyo original dice: "Les femmes, les enfants ont les mêmes roses rouges dans les yeux. / Chacun montre son sang." El poema se publicó inicialmente en la revista *Cahiers d'art* (1937, 1-3) y sirvió de tema a la película de Resnais *Guernica*.

[534] El poema con título en español y tomado directamente de las palabras de Goya (grabado 18 de *Los desastres de la guerra*) se publicó inicialmente en "Traits" (núm. 3, marzo de 1944) y luego fue reproducido en diversos lugares (como por ejemplo en el libro *Quelques peintres et sculpteurs espagnols*, París, 1945) y pasó finalmente al libro de Eluard *El lecho y la mesa* (1944).

[535] Eluard muere en París el 18 de noviembre de 1952 y añade María Teresa en el prólogo varias veces mencionado de la antología del poeta

Por el poder de una palabra
ya recomienzo mi vida;
nací para conocerte,
para nombrarte,
LIBERTAD.

Pasará el tiempo. Pasaremos. Un día la tradición oral re-
petirá estas palabras sin saber el nombre de quien las escribió. Ese es el triunfo total de un poeta.[536]

Ernest Hemingway nos abrazó a la entrada de su casa de
la Isla de Cuba. Nadie se adelantó a decirnos: Es vuestro
último encuentro. Aquel hombre de barba blanca y traza
de Papá Noel bondadoso nos volvía a abrazar aún más
afectuosamente que hacía veinte años. Su mujer, Mary
Welsh, inteligente y viva, nos saludaba llevando siempre
la flor de la inteligencia en los ojos. Nos quedamos como
fascinados viendo a aquellos dos seres y más aún porque el
encuentro era en Cuba, porque a lo lejos se veía el mar y se
balanceaba una barca y dentro un viejo.[537] El parque que

francés (pp. 11-12): "Aquel poeta rodeado de su pueblo, que llevaba sobre su mortaja, como único trofeo de su vida, la medalla de la Resistencia,
había dicho a sus compatriotas en los más agrios momentos de confusión
nacional el canto que cada ciudadano francés quiere oír en el aire: *"Por el
poder de una palabra* /[...]".

[536] Y sobre el tan famoso poema que se acaba de citar —en traducción
de Rafael y María Teresa—, "Libertad", apunta este "retrato" Vicente
Aleixandre: "Playas humanas tienden a la música arenas. / La libertad. Y
cantan. La libertad. Responden" ("Voz lejana", *Obras Completas*, Aguilar, p. 1029).

[537] En este espléndido pasaje evocativo del gran novelista americano,
María Teresa juega con la glosa de varios de sus más notables títulos, empezando por *El viejo y el mar*, que Hemingway escribió en 1952. Se trata
de una novela en la que, a partir de un viejo pescador cubano (del pueblecito de Cojimar), se plasman los grandes temas de la obra del autor: el
hombre y la naturaleza, la lucha por la supervivencia, la grandeza del fracaso, etcétera.

nos rodeaba era verde penetrante como lo son las arboledas en el clima de la Isla, y todo giraba del pasado al presente, tierno y dramático como un capítulo más que leeríamos después conmovidos.

Nos acompañaba Nicolás Guillén. Nicolás Guillén no ríe como los otros poetas guardándose estrofas o rimas o pensamientos. Nicolás se abre y ríe a toda vela porque es reír como su oficio preferido. Rafael estaba serio o era la sonrisa seria y tenue que se da a los recuerdos la que usaba aquel día. ¿Te acuerdas? ¿Te acuerdas de *aquello*? ¿No habéis vuelto a Madrid? Yo fui a ver *aquello* y ya no sirve, no es como lo *nuestro,* decía Hemingway. Yo fui a ver a Baroja. ¿No lo sabéis? Un tipo grande. Injusto no darle el Nobel.[538]

Nos acordamos de todo. Te vemos con frecuencia en una foto hecha en el frente de Guadalajara. Estamos con el general Walter,[539] aquel que luego mataron justo cuando entraba victorioso en Varsovia después de besar la tierra dos veces suya. También está John Dos Passos y Rafael y yo. Era el momento de las cosas extraordinarias. Se abrían las flores de la camaradería internacional y en la calle de Marqués del Duero...

Pasé por ella. Ah, sí por Marqués del Duero, 7. ¿La Alianza de Intelectuales, no? ¡Qué alegre era aquella tensión dramática de la vida!

Tú la regulabas con aquella botella llena de whisky que

---

[538] Ernest Hemingway volvió a España —después de la guerra— en 1953, tras quince años de ausencia, para presenciar corridas de toros en Pamplona. De nuevo lo hizo en 1956, permaneciendo en nuestro país desde septiembre hasta finales de año. El día 9 de octubre visitó a don Pío Baroja, ya moribundo, y el 30 del mismo mes asistió a su entierro.

[539] Karl Swierczewslki (1896-1947), militar polaco que estuvo al mando de la XIV Brigada Internacional con el nombre de "Walter" y al frente de las Brigadas que combatieron en la batalla de Teruel, en 1938. Durante la Segunda Guerra Mundial, ya como general, luchó primero en el ejército polaco y luego en el soviético. Fue asesinado por los nacionalistas ucranianos.

llevabas en la cintura. Era una cosa que si tú no nos dabas, ya no bebíamos nunca. Y Hemingway se ríe, se ríe al ver que no le olvidamos aquel gesto de mojarse los labios. ¿Y cómo se llamaba aquel hotel de la Gran Vía donde vivías tú y que bombardearon? Aún se ríe más al ver que recordamos la historia. La verdad es que me dijeron: Señor Hemingway, el bombardeo ha deteriorado tanto su habitación que creo que tendrá que cambiarse a una del patio. Sí, claro, le contesté yo: ¿Y cuánto cuesta? Él me dio una cifra alta. Yo insistí: ¿Y las que dan a la calle? Hizo un ademán amplio con sus brazos, contestándome: Esas, la mitad. Pues me quedo con la mitad, y seguí durmiendo en la habitación sin cristales tan ricamente.[540]

Claro que para Ernest Hemingway eso no era nada porque las armas habían sido sus juguetes de muchacho. Conocía todas las marcas, adivinaba el ruido de la explosión, el calibre de los cañones que nos bombardeaban. Para él, el peligro... Durante años y años había insistido en cazar y en asistir a corridas de toros. No había visto ni conocido escritores sino toreros durante años y años de sus visitas a España. Llevaba dentro una estampa de España donde se moría alegremente en la tarde[541] y su español estaba veteado de interjecciones de mozo de estoque. Se decía que su manera de andar le venía de no sé qué resortes y metales que unían sus huesos desunidos por la metralla de la guerra del 14. Se decían muchas cosas de él y él decía muchas de nosotros en sus crónicas de la guerra de España. Le respetábamos, le queríamos porque era un paladín de nuestra causa, porque iba madurando en él algo más que una amistad, porque lealmente escuchó por quién iban a do-

---

[540] En un hotel inspirado en ese madrileño (el "Florida", en la plaza del Callao), en donde se alojó el escritor americano durante casi toda la guerra, se sitúa la acción de la pieza teatral de Hemingway *La quinta columna* (1938).

[541] Alusión a la novela *Muerte en la tarde* (1932) sobre las corridas de toros, a las que era gran aficionado y hasta notable entendido.

blar las campanas.[542] A esa fe que tenía en nosotros debíamos su recibimiento, sus abrazos, el temblor de emoción que enturbió sus ojos cuando aquel día en Cuba nos dijo: Vivo aquí desde que se acabó lo *nuestro*. Lo *nuestro* era nuestra guerra, que fue también *su* guerra, y al escucharle sentimos en los labios un regusto romántico de orgullo.

Sí, puede haber patrias de adopción, y lo español fue la patria adoptiva de Hemingway, y para no perderla se rodeó de jardineros españoles y de cocineras españolas, de gentes fieles que le recordaban con su acento *aquello* que marcaba el punto más alto de su fe en la vida. Para acercársele únicamente había que pasar un papelito que dijese... Soy un refugiado español. Eso le franqueaba la entrada y... unos dólares...

También aquella tarde hablamos de toreros. Prefería Ordóñez a Dominguín. No olvidaba los nombres de las suertes del toreo. Entre él y Rafael desplegaron una serie de imágenes que parecían estampas de la lidia. Nunca podremos olvidar aquel Hemingway aureolado de cabellos blancos, escarolada de blanco la barba como la que usan algunos santos barrocos en las pequeñas iglesias perdidas. Nos contó sus cacerías en África.[543] Intervino Mary, mujer a quien no asustaban las selvas ni las fieras. Nos llevó a mirar los trofeos que colgaban por todas las paredes de la casa. Inmensos leones africanos abrían la boca, incapaces ya de cerrar sus dientes sobre nosotros. Yo señalé a uno magnífico y dije jugando con mi apellido: Éste debe ser mi pariente. Mary aclaró con su voz tenue: Lo maté yo. Seguimos mirando. ¿Y éste? Lo maté yo, volvió a decir Mary Welsh. Cuando llegamos a los antílopes Mary aclaró: Estos los mató Ernesto. Reímos todos mirando con mucho

---

[542] Alusión a una de sus novelas más famosas, la ambientada en la Guerra Civil española, *Por quién doblan las campanas* (1940), que luego sería llevada al cine en 1943 por Sam Wood.

[543] Estas palabras recuerdan la novela *Las verdes colinas de África* (1935).

respeto a la mujercita valiente, celebrándola por usar las armas de fuego tan hábilmente como las agujas de coser.[544]

Todo fue tomando aire de fiesta. Comimos, miramos el paisaje, Rafael hizo fotos. Allá a lo lejos está La Habana. Hemingway nos dijo abiertamente: Estoy muy contento aquí. Nunca tuvo esta isla un gobierno tan honrado como el de ahora.

Fidel Castro debió saludar a lo lejos. Tarde única. Reflorecíamos. ¿Ves a ésta? Pues era una miliciana rubia con pistola y todo, explicó Hemingway a su mujer. ¿Y el teatro? ¿Ya no te ocupas de él? Yo dejé atrás como un gesto toda mi vida pasada. ¿Y tú qué haces? Escribo, me contestó. No es fácil ahora ganar dinero. Reímos muy divertidos con su contestación. Pues si eso te pasa a ti, ¡figúrate a nosotros en la Argentina! Nos compadeció por vivir en la Argentina, país sin corridas de toros. Realmente para ti, Rafael, esto de no vivir en España es un contratiempo, y le palmeaba el hombro para consolarle de esa falla de no ver más corridas de toros que tenía su vida. No te preocupes, lo nuestro se arreglará. Lo *nuestro* volvía a ser España.

Nos separamos conmovidos. Pocas veces nos costó tanto separarnos de un lugar y de una persona. Nos salió a despedir con toda la claridad de su barca blanca y levantando su mano nos gritó: ¡Hasta la vista! Hemingway quedó en el pórtico y poco a poco se nos fue desprendiendo de los ojos. Atravesamos el parque, y el jardinero español cerró la entrada.

Algún tiempo después nos llegaba la noticia: Ernest Hemingway ha muerto, mejor dicho: ha decidido morir.

---

[544] Hemingway conoció a la periodista del *Times* neoyorquino Mary Welsh en Londres, en 1944, adonde había acudido el escritor como corresponsal de guerra para la revista *Colliers's*. En ese momento las relaciones con su tercera esposa —Martha Gellhorn— estaban muy deterioradas. Durante los días de la liberación de París se ve a menudo con Mary, con la que se casa —obtenido el divorcio de su tercer matrimonio— en marzo de 1946, ya en La Habana. Fue su inseparable compañera hasta el final.

¿Por qué esa bala le llegó al corazón si estuvo tanto tiempo respetándole el peligro?[545] Este voluntario adiós a las armas[546] nos dejó desconsolados. Una vez más tuvimos que mirar una última foto. En ella estamos, bajo la piel del león que mató Mary Welsh, Rafael, Hemingway, yo... Aún le oímos asegurarnos: Cuando lo *nuestro* se concluya...

Cárceles, cárceles. Todas las cartas nos llegaban bajo ese signo. Cárceles de España donde estaba prohibido leer, fumar, cortarse el pelo, dormir... Donde a culatazos, llevaban los presos a oír misa. Cárceles, cárceles. El pasado se nos iba muriendo, aún acurrucado en esa palabra: cárceles, cárceles... y condenas horribles y fusilamientos y terror. ¿Cuándo se podrá olvidar aquel castillo de penas[547] que levantaron? Trescientas cuarenta y cinco cárceles —dicen— dieciséis campos de concentración, veinte mil mujeres encarceladas... ¿Estaba en una de ellas Rosario del Olmo?[548] ¿En cuál? ¡Cuánto imploramos por nuestra

---

[545] El reencuentro en la isla de Cuba fue hacia 1960. Hemingway se suicidó de un tiro de escopeta en 1961.

[546] Otra alusión a otra novela de Hemingway: en este caso la temprana *Adiós a las armas* (1929), novela antibelicista que cuenta la historia de un soldado americano voluntario en sanidad, como conductor de ambulancias, que en un hospital de Milán se enamora de una enfermera inglesa; cuando parte de nuevo al frente, decide desertar, habiendo perdido todos los ideales belicistas que le habían impulsado incialmente a enrolarse como voluntario.

[547] Con el sintagma "castillo de penas" (metáfora de la España franquista, ayer "castillo de gloria") se recuerda una antología de poemas que se dolían por la España perdida, editada en Buenos Aires, Imprenta Librería de Marcos Sastres, 1941. El mencionado libro se abría con una "Ofrenda y petición" de Alberti, poema que termina aludiendo al sintagma-metáfora que origina esta nota: "Se abran las manos, lo mismo / que ayer se abrieron las venas / para un castillo de gloria, / hoy de penas" (*vid.* en *PC* III, p. 776).

[548] Rosario del Olmo fue una intelectual comprometida eficazmente con la causa republicana. Tras ejercer la crítica literaria en el diario *La Li-*

amiga!, ¿verdad, Elisabeth de Lanux? Horas y horas inacabables que no amortiguaban ni la resignación ni la blasfemia, ni la esperanza...

¡Ay, María Teresa, si tú supieras lo que era tener como perro de presa a un carcelero que se llamaba Amancio Tomé!: Quería cristianizarnos. La obsesión de cristianizar la cárcel de Porlier de Madrid lo tenía sin sueño. En ella recuerdo que se encontraba con nosotros Diego San José.[549] ¿Te acuerdas de aquel escritor? Le faltaban las piernas, no podía levantarse cuando entraba el *amo*. Un día apareció el Tomé en la sala y al ver a aquel hombre leyendo le dijo: Bien, bien, vejete. Conque aprendiendo a leer. Alguien le insinuó pero, don Amancio, si es San José. Me da lo mismo, contestó feliz, que sea San José o San Nicolás, la cuestión es que aprenda a leer.

¡Qué tristes son las anécdotas que nos cuentan riendo! Son los recuerdos que no tienen fin. No, María Teresa, para nosotros, no; también lloramos. Figúrate que un día fusilaron, estando yo allá, a Ricardo Zabalza,[550] director de la Reforma Agraria. Su mujer, al oír la noticia, se desmayó. En aquel momento entraba Tomé. La hizo pasar a su despacho. Pero señora, levante el corazón, si no pasa nada. Y la señora, creyendo en la esperanza, levantó los ojos y el cristianizador de la cárcel de Porlier le dijo: Señora, debe usted sentirse feliz. Su marido está en el cielo.

---

bertad, fue jefe de censura de prensa extranjera durante la guerra. Colaboró bastante en *El Mono Azul* .

[549] Diego San José (1885-1962) fue un periodista, poeta y dramaturgo, que tuvo la habilidad de imitar asuntos y maneras de escribir de nuestros clásicos. Fue uno de los componentes de la llamada "Promoción del Cuento Semanal". Entre sus títulos destacan *Doña Constanza* (1914), *Cuando el motín de las capas* (1919) o *Una pica en Flandes. Memorias de un pícaro que no llegó a ser pícaro* (1924).

[550] Ricardo Zabalza fue un dirigente socialista que organizó la Federación de los Trabajadores de la Tierra al comienzo de la II República, y seguidor de Largo Caballero. Llegó a ser gobernador de Valencia y terminó con la escisión de la UGT.

La noticia llega sorprendiéndonos hoy, treinta años después. La amnistía ha sido concedida en España.[551] ¿Cómo? ¿Qué? ¿Ahora con perdones cuando ya tantos combatientes están muertos? ¿Ahora olvidando aquello que el general Franco dijo en un discurso en 1942?

"Es preciso liquidar los odios y pasiones, pero no al estilo liberal con sus monstruosas y suicidas amnistías, que encierran más de estafa que de perdón, sino con la redención de la pena por el trabajo, con el arrepentimiento por la penitencia."[552]

¡Qué generoso, qué excelente carcelero! *Me registran mi traje de poeta y me quitan la pluma, el corazón, la patria,* gritó un poeta preso que sufrió la *piedad* franquista contra la monstruosa práctica de olvidar el pasado con las amnistías a lo *liberal.* La palabra libertad y sus derivados pueden y deben suprimirse de los diccionarios españoles para no dar ilusiones. ¡Treinta años segando ilusiones! Realmente, sí, León Felipe, nos llevamos la palabra libertad[553] y ahora, treinta años después, la llaman con los *silbos*

---

[551] En noviembre de 1966, en el marco de la aparente renovación política que supuso la "Ley Orgánica", se publicó un decreto en el que se declaraba una relativa "amnistía total" para los vencidos en la Guerra Civil, si bien todo el gesto de reconciliación no quedó sino en un simple indulto que no se aplicó más que a las multas y a las confiscaciones, permaneciendo vigentes los tribunales militares y en peligro los exiliados que se atrevieran a volver en una situación tan ambigua. Se trató sobre todo de un gesto de propaganda exterior, sin un verdadero contenido legal.

[552] La cita está tomada exactamente del mensaje de Franco, "a todos los españoles", del fin de año de 1939 (y no del 42), dentro del epígrafe "Justicia serena y generosa". El texto del pasaje en cuestión decía exactamente lo que sigue: "Necesitamos una España unida, una España consciente. Es preciso liquidar los odios y pasiones de nuestra pasada guerra, pero no al estilo [...] sino por la redención [...] con el arrepentimiento y con la penitencia; quien otra cosa piense, o peca de inconsciencia o de traición" (discurso editado en Madrid por la Nueva Imprenta Radio S. A.).

[553] En el libro de León Felipe *Españoles del éxodo y del llanto,* y dentro de la sección "El Hacha", se leen unos versos en los que resuena la libertad que ha perdido España tras la derrota republicana ("¡Libertad, libertad, / hazaña prometeica, en tensión angustiosa y sostenida / de equilibrio y

amorosos de una amnistía para hacerse la ilusión de que el clima democrático de España es el mejor para el turismo.

Sigo escribiendo sobre los muertos. Memoria para el olvido. Hoy, Luis Cernuda, de Sevilla.[554] He encontrado entre tantos papeles como la vida nos deja dormidos en los cajones de la casa una revista: se llama *Octubre* y comenzó a publicarse en Madrid en el año 1933. En dos de sus números he encontrado algo escrito por Cernuda. Puede asombrar a algunos por qué esta revista llevaba por subtítulo *Escritores y Artistas Revolucionarios*.

Bajo el título de "Los que se incorporan", leo estas palabras: *"Llega la vida a un momento en que los juguetes individualistas se quiebran en las manos. La vida busca en torno, no tanto como para explicarse las desdichas como para seguir con nuevas fuerzas el destino. Mas lo que ven los ojos son canalladas amparadas por los códigos, crímenes santificados por la religión y, en todo lugar, indignantes desigualdades en las que siempre se encuentra favorecido el estúpido. Se queda pues en peor disposición de espíritu. Este mundo absurdo que contemplamos es un cadáver cuyos miembros remueven a escondidas los que aún piensan nutrirse con aquella descomposición. Es necesario, es nuestro máximo deber enterrar la carroña. Es necesario acabar, destruir la sociedad caduca en que la vida actual se debate aprisionada. Esta sociedad chupa, agosta, destruye las energías*

---

amor!"), aunque creo que se trata de una reflexión a partir de unos conocidos versos del mismo libro que ya ha evocado María Teresa páginas atrás (*vid.* nota 21). También se alude a los "silbos amorosos" de Miguel Hernández, en clara referencia al poeta preso y muerto en una cárcel española en 1942.

[554] Luis Cernuda falleció en México en 1963. Concha Méndez ha recordado las circunstancias de su estancia mexicana y de su muerte (puesto que compartió vivienda con los Altolaguirre) en el cap. XV de sus *Memorias habladas, memorias armadas* (Madrid, Mondadori 1970, p. 137).

jóvenes que ahora surgen a la luz. Debe dársele muerte, debe destruírsela antes que ella destruya tales energías y, con ella, la vida misma. Confío para esto en una revolución que el comunismo inspire. La vida se salvará así."[555]

Al leer esta declaración muchos se rasgarán las vestiduras. Dirán: esto es imposible. ¿Ha escrito esto Luis Cernuda, el poeta todo canto interior? Pues, sí. Es el mismo que dijo *"estoy cansado de estar vivo"*,[556] al que se le ha acusado de frío, de caso snob, de indiferente, hasta de cierto dandysmo en su persona. Y tendrán todos razón. Cernuda parece siempre querer dirigirse "hacia donde habita el olvido",[557] a un becqueriano lugar inalcanzable y hace una rendida corte de amor a la soledad y al aislamiento. Pero si escribe *"No sé nada, no quiero nada, no espero nada"*,[558] en 1933, hace una profesión de esperanza pública en la revista *Octubre* que tengo ante mis ojos, y en 1934 se vuelve agresivo e impertinente y publica en la misma revista un poema, creo que inédito, al que el gran poeta tan alejado de los sentimientos extremistas llama "Vientres sentados."[559]

---

[555] En los núms. 4-5 (octubre-noviembre del 33) de la citada revista. El texto va precedido de la siguiente entradilla: "Luis Cernuda, poeta andaluz, de quien la burguesía no ha sabido comprender su gran valor, se incorpora al movimiento revolucionario". Se reproduce —con alguna pequeña variante sin importancia— en la edición de *Prosa Completa* II (Madrid, Siruela, 1994 [al cuidado de D. Harrys y L. Maristany], p. 63).

[556] Verso procedente del poema "Estoy cansado" del libro de 1929 *Un río, un amor*: "Estoy cansado de estar vivo, / aunque más cansado sería el estar muerto" (fue uno de los poemas que seleccionó Gerardo Diego en su famosa antología de 1932-34).

[557] Como bien se sabe, un libro de poemas de Cernuda (1932-33) toma por título un verso becqueriano extraído de la rima LXVI, y así también el poema que lo abre: "Donde habite el olvido, / en los vastos jardines sin aurora; / donde yo sólo sea / memoria de una piedra sepultada entre ortigas/ sobre la cual el viento escapa a sus insomnios".

[558] En la *Poética* facilitada para la *Antología* de Diego, referida en nota anterior, escribía Cernuda: "No sé nada, no quiero nada, no espero nada. Y si aún pudiera esperar algo, sólo sería morir allí donde no hubiese penetrado aún esta grotesca civilización que envanece a los hombres."

[559] El poema "Vientres sentados" fue la segunda colaboración de Cernuda en la revista *Octubre*, en el último número, fechado en abril de 1934.

Con satisfacción
Como quienes saben
Como quienes tienen en su puño la verdad
Bien apresada para que no se escape
Y con orgullo
Como vigilantes de vosotros mismos
Domináis a lo largo y a lo ancho de la tierra
Vosotros vientres sentados.

No hay gas
No hay plomo
Que tanto levante
Que tanto lastre proporcione
Como vuestra seguridad deletérea
Esa seguridad de sentir vuestro saco
Bien resguardado por vuestro trasero.
Miráis a un lado ya a otro
Sonreís rasgando maliciosamente la hedionda boca
Y desde allí emitís como el antiguo oráculo
Henchidas necesidades
Dictámenes que se escurren entre las rendijas como ratas.

Alabo el pie vigoroso
El pie juvenil y vigoroso
Que derrumbará bien pronto
Ese saco henchido de fango de maldad de injusticia
Arrastrando consigo vuestro trasero y vientre
Vuestra triste persona que mancha el aire
El aire limpio y justo
Donde hoy nos levantamos
Contra vosotros todos

Contra vuestra moral, contra vuestras leyes
Contra vuestra sociedad, contra vuestro Dios
Contra vosotros mismos, vientres sentados
Con una firme espiga
A quienes su propia fuerza empuja desde la tierra
Para que se abra al sol
Para que se dé su fruto

Fruto de odio y de alegría
Fruto de lucha y de reposo.

La verdad está en la lucha y en ella os aguardamos
Vientres sentados
Vientres tendidos
Vientres muertos.

Comprendo que para muchos resultará asombroso este poema. Nosotros, sin embargo, volvemos a verle tan juvenil, tan bien vestido. Sonreía con cierta reserva irónica. Esperábamos siempre de él un exabrupto o la manera insólita de juzgar algo o a alguien. Nos hemos encontrado a menudo junto con Rosa Chacel, la excelente escritora, y la inseparable amiga de Luis, Concha Albornoz. Eran tres personas muy diversas pero que sabían estar juntas. Rosa estaba casada con el pintor Pérez Rubio, escribía con seguro talento una prosa fuerte de novelista nata. Concha, hija de don Álvaro Albornoz, ministro de la República, no tenía talento creador sino acompañador y crítico, yendo muy bien con Luis Cernuda, quien escuchaba su hermosa voz tajante y sabía valorizar la paz que aquella mujer pequeña y ponderada sabía dar a las tormentas amorosas que se precipitaban sobre Luis como verdaderas avalanchas. Sí, entre la realidad de Cernuda y sus deseos estaba el tironeo romántico de una vida en vilo interior, difícil y complicada.

No parecía muy feliz entonces. ¿Lo fue luego? Cuando estalla la guerra de España, nadie tuvo que pedir a Luis Cernuda certificado de lealtad porque estaba cien por cien con nosotros. Se ha dicho siempre que despreciaba el mundo, que el tono de su poesía es de desgarradora soledad e incompatibilidad con su medio ambiente. Puede que sí, pero hubo unos años en que él creyó en su salvación junto a la salvación de los seres pequeños, de los sin nombre, de los innumerables, de los que se levantaron en armas

al sentir atacada hasta su pobreza. Luis Cernuda, valientemente, dejó un día la Alianza de Intelectuales de Madrid
para irse de soldado al Batallón Alpino. Ninguna de estas
cosas veo nunca en sus biografías. Estrechamos nuestra
amistad. Hizo una traducción de *Ubu roi* para mi teatro
que yo dirigía, aunque no tuvimos ocasión de representar-
lo nunca,[560] y cuando regresaba del frente al palacio de
Heredia Spinola, donde vivíamos, no se encontraba solo
ni se sentía triste. Cuántos poetas albergó. Y cuántos andaluces: Rafael, Altolaguirre y Pedro Garfias[561] y Emilio
Prados... Antonio Aparicio... Verdaderamente que aquéllos
eran los días luminosos de la fe. Ya no podía decir Cernuda:
*"La caricia es mentira, el amor es mentira, la amistad es
mentira."*[562] Para Luis, como para tantos, la esperanza fue
una camaradería. Camaradería se llamó nuestra esperanza de tres años cuando nos obligaron a defender la poesía,
el arte, la cultura de España.

Los vientres sentados ganaron la batalla, y se concluyeron aquellos días luminosos de la Alianza de Intelectuales

[560] Cernuda fue otro de los autores que salieron al paso del pobre teatro que se hacía en Madrid durante los días de guerra y la necesidad de
aportar algo distinto y mucho más digno a aquella programación de urgencia. Así se expresó en un par de artículos aparecidos en los núms. 36 y
38 de *El Mono Azul*, titulados respectivamente "Sobre la situación de
nuestro teatro" y "Un posible repertorio teatral" (*vid. Prosa completa* II,
Madrid, Ed. Siruela). En el segundo Cernuda proponía montajes sobre *Li-
sístrata*, *Ubú Rey* o *El canelobre* de Musset (cfr. Marrast, *El teatre durant
la guerra civil espanyola*, p. 58).

[561] Pedro Garfias (1901-1967), de origen salmantino, pero afincado
en Andalucía y muerto en el exilio mexicano, fue primero poeta ultraísta,
después destacadísimo poeta comprometido y combativo durante la guerra y finalmente —a partir de un sentido y bello poema de desarraigo,
"Primavera en Eaton Hastings"— una voz plena en el exilio hasta su último silencio. Sus libros más notables fueron *El ala del sur* (1926), al comienzo, y *Río de aguas amargas* (1953) al final. Sobre Aparicio, *vid.* nota
501.

[562] Cita tomada del poema "Los fantasmas del deseo" (de *Donde habite el olvido*): "Como la arena, tierra, / como la arena misma, / la caricia
es mentira, el amor es mentira, la amistad es mentira".

y aquella gracia en la desgracia y aquella embriaguez de tristeza alegre. Comenzaron a hacerse sentir los pasos de la angustia y cada uno de nosotros los sentía de manera diferente. Nos desenraizaron de distinta manera y todos comprendimos, de pronto, que hay una soledad compartida que se llama destierro. Cada uno añadimos a ella una amargura diferente.

Luis Cernuda se alejó de nosotros. Llegó a Inglaterra. Cambió su acento. Quiso olvidar más que lamentarse. *"España —dijo—, un nombre, España ha muerto."*[563] Se le murió España entre las manos cuidadas y finas de hombre a quien le preocupa la galanura externa, y yo creo que quiso, y no pudo, perdernos a todos los amigos. Dicen que se dedicó a la enseñanza de la literatura española en Glasgow, en Cambridge, en el Instituto español de Londres y luego se fue más lejos, a Estados Unidos y a la ciudad de México...[564] Allí estaba su amiga Concha Albornoz, la tan simpática mujer que podía pasarse horas a su lado, escuchándole. En 1963 Luis Cernuda murió. Dicen que su corazón iba negándose desde hacía tiempo. Le advirtieron: La altura de la meseta mexicana no es buena para ti, pero no lo creyó. Tal vez pensase que era una manera de morir menos desterrada esa

[563] La cita pertenece a la secuencia final del poema "Impresión de destierro", del libro *Las nubes* (1940). En el libro *Pleamar* Alberti retrató su hastío inglés en un poema "A Luis Cernuda, aire del sur buscado en Inglaterra", jugando con el título del primer libro del sevillano *Perfil del aire* (*PC* II, p. 220).

[564] María Teresa resume en pocas palabras la cronología de exilio de Luis Cernuda, que se inicia en el mes de febrero del 39 en Inglaterra, como profesor y conferenciante: primero en la Universidad de Glasgow (1939-43) y los veranos en Oxford; del 43 al 45 fue lector de español en Cambridge y hasta 1947 profesor del Instituto Español de Londres. En marzo de ese mismo año recibe una oferta del Mount Holyoke College, gestionada por Concha Albornoz, marchando el 10 de septiembre a Nueva York, y permaneciendo como docente en Massachusetts hasta el año 1952. Su primera estancia en México se fecha en el verano del 49 y se instala definitivamente en el país mexicano en noviembre de 1952.

de caer sobre la tierra de México. A los españoles de otro
mundo nos pareció así. Cuando esto sucedió nos preguntaron: ¿Quién era Luis Cernuda? Y nosotros, creo
que con lágrimas, contestamos: Uno de los más altos
poetas de España.

Realmente así lo creemos. Así pensamos los que alguna vez nos acercamos a quien fue inevitablemente poeta
desde que nació. Su lucha íntima entre la realidad y el deseo se le trasparentaba en medio de un leve becqueria-
nismo que le trasminaba desde su niñez sevillana y del
que nunca él renegó, pues hablando de las continuidades
poéticas dice de Bécquer: *"Él es quien dota a la poesía española moderna de una tradición nueva y el eco de ella se
encuentra en nuestros mejores contemporáneos."*[565] Este
poeta, uno entre los más refinados que España tuvo fue,
además, de los poetas más leales al pueblo español y algo
más que otros y, por lo que hemos transcripto, mucho
antes que otros. Por ello alcanza Luis Cernuda, tan cerrado y distante, una dimensión humana que muchos
desconocen.[566]

[565]   Cita incluida en el capítulo sobre el poeta sevillano contenido en el
conocido libro de Cernuda *Estudios sobre poesía española contemporánea* (1957) y que había sido adelantado en una serie de colaboraciones en
la sección "México en la cultura", suplemento del diario *Novedades*. La
colaboración consagrada a Bécquer se dio a conocer en el número del 9 de
mayo de 1954. Se trata de una cita del párrafo final, que reproduzco con
más amplitud: "Y si de Garcilaso se nutrieron dos siglos de poesía española, estando su nombre detrás de cualquiera de nuestros poetas de los siglos XVI y XVII, lo mismo se puede decir de Bécquer con respecto a su
tiempo. Él es quien dota a la poesía española [...]"

[566]   Con anterioridad a este texto, María Teresa León había plasmado
sendas semblanzas del poeta sevillano en los siguientes artículos: "Luis
Cernuda entre la realidad y el deseo" (*Unión*, La Habana, IV- 4, octubre-
diciembre de 1965, pp. 104-108) y "Un aspecto desconocido de Luis
Cernuda" (*"La Cultura en México"*. Suplemento de *Siempre*, México, núm.
190 [1965], pp. 6-7). Este último fue reproducido en el núm. triple 79-
80-81 (1978) de la revista malagueña *Litoral* (pp. 188-192), en homenaje a Cernuda.

Hay un hermosísimo retrato de un caballero, pintado por Holbein. Lo llaman "El hombre del clavel". Tiene en la mano uno finísimo, de pocos pétalos, llevado como quien acaba de conseguir atrapar una mariposa.[567] En el mundo hay estos hombres que llevan en su mano derecha la flor de la vida y son entusiastas, amplios de alientos, buenos.

A Clemente Cimorra lo llamábamos el hombre del clavel. Su postura en la vida era clara y abierta, como su risa, como la mano de su amistad. Llevaba siempre un clavel en su solapa que parecía el mismo, un clavel que no se moría nunca. Pero hoy ya no está. Clemente Cimorra se nos ha muerto.[568]

No comprendemos bien la noticia los españoles que vivimos en Buenos Aires. El teléfono que tantas veces funciona mal, esta vez llama a unos y a otros para decirnos que Cimorra ha muerto. Un desgarrón en nuestra colonia de emigrados de España y ese montón de imágenes de nuestra vida pasada que regresa. Clemente Cimorra era un periodista de los más ágiles que he conocido. Paseaba su clavel arriba y abajo de la calle de Alcalá, por donde dice la copla que suben y bajan los andaluces y, de cuando en cuando, algunos asturianos, como Cimorra, adheridos al cante hondo. Clemente Cimorra, asturiano de estentórea risa, cantaba cante hondo con su voz de montaña que atronaba. Y llegó a saber tanto de canto, canción y cante y juerga,

---

[567] María Teresa León se refiere al Retrato de Simon George de Cornualles (Francfort, Städelsches Kunstinstitut) de Hans Holbein (1497-1543) "el Joven", considerado como uno de los grandes retratistas de todos los tiempos, que supo captar muy bien la psicología del modelo.

[568] Clemente Cimorra (1900-1958), escritor asturiano muerto en la Argentina, autor de una amplia obra narrativa de interés testimonial precisamente para la vida del exilio en Buenos Aires: *El bloqueo del hombre (novela del drama de España)* (1940), *Gente sin suelo (novela del éxodo civil)* (1940) o *Cuatro en la piel de toro* (1952). También dedicó un estudio al flamenco (*El cante jondo: origen y realidad*, 1943) y redactó hasta una *Historia de la tauromaquia. Cronicón español*, de 1945.

que todo ello lo fue pasando a sus libros. Claro que tal vez la letra escrita no puede darnos ni una mínima parte de lo que es el abismo de la pena andaluza. Algunas noches de la guerra, nuestro Clemente Cimorra se ponía a cantar como si fuera niño y atravesara la sombra de los bosques. En una ocasión llegó muy triste porque en nuestro Madrid, muerto de hambre, se habían concluido los claveles para su ojal. Corrí a la yedra que cubría un muro de la Alianza de los Intelectuales y formé un clavel verde para que se confundiese la mala suerte, sustituyendo aquel "deténte infortunio" que nuestro amigo oponía a la adversidad en la solapa de su chaqueta. Tal vez las hojas se petrificaran el tiempo justo para que naciera un clavel. Luego, claveles y claveles florecieron y se marchitaron al compás del latido del corazón de Cimorra. Conoció los claveles de Francia y, luego, los de América. Una florista de Buenos Aires tenía siempre preparado el clavel matinal para el periodista de *Crítica*. El periodista de *Crítica* pasaba a recoger de aquellas manos su buena suerte diaria. Piropeaba, dejaba unas monedas y, andando, a tropezarse con lo que viniera. Hablaba mucho. Su anécdota, también diaria, desarrugaba todos los entrecejos, tan abundantes en la labor diaria de un diario. Lo mismo ocurría en el café. Porque Cimorra en el café resplandecía como un veterano. Contribuía a mantener viva la tertulia, conocido invento español, con la chispa de su ingenio, con su risa tumultuosa. Las preocupaciones le resbalaban de los hombros en cuanto encontraba a los amigos, y los amigos se sentían rescatados por el agua lustral de sus ocurrencias. Sería largo hablar de los cafés bonaerenses y de lo que ocurrió en ellos sobre todo durante los años de nuestra guerra, la división que se produjo, el escándalo con que se siguieron las operaciones fascistas sobre la pobre España a la que había caído la inmensa responsabilidad de no dejar morir la libertad del hombre. Hay en la Avenida de Mayo viejos cafés oscuros, íntimos, muy siglo XIX, propios para conspirar, para pasarse de mesa a mesa revelaciones sorprendentes, y están los iluminados y amplios con terrazas para ver pasar el mujerío. Todos llenos de españoles, esos seres que terminan de comer y huyen de la casa dejando a la mujer con la palabra en la boca para ir a reunirse con los amigos de la tertulia, a beber su tacita de café, a sentirse hombres. En la mala educación española entra ese gesto cotidiano de huir de la casa para buscar otra casa, otro útero materno, el del café. Y allí se arreglan la religión, el gobierno, el mundo. Y se puede hablar sin el tapabocas de las mujeres y decir lo que sale del alma en cuanto a interjecciones, acompañamiento obligado de la conversación española. Cuando nuestra guerra levantó el clima y las voces, ¡lo que allí debió de oírse! Al llegar nosotros, sentimos por esa Avenida de Mayo y por esos cafés una ternura inmensa. Era el único lugar de Buenos Aires donde jamás se había aceptado que Madrid había caído el 7 de noviembre de 1939; el único lugar donde, al terminarse nuestra guerra, se había llorado de rabia; el único lugar donde no se habló nunca de nuestra derrota ni de Franco. De Franco, sí, pero no puedo escribir aquí lo que decían de él.

Clemente Cimorra llegó a la tertulia con un cargamento de anécdotas. Contó su guerra y luego habló de toros, de política, de bailaoras, de cante. Hasta se echaba a cantar. Tenía un comunicativo júbilo humano. Este andaluz honorario habló por la radio, escribió convencido de que a la gente no le hace falta lo profundo, porque se ahoga, sino lo superficial para que respire mejor. A veces le podía su bondad de hombre y escribía una novela, por ejemplo, *Cuatro en la piel de toro,* que es la novela del perdón. Sí, cada español debe perdonar y hacerse perdonar sobre todo por lo que ambos dejaron de hacer. Este perdón generoso, esa demostración de que los hombres encuentran siempre una plaza moral donde encontrarse, fue el éxito de su novela. Muchos españoles se miraron por dentro.

Cimorra cambió, en honor de la paz de las conciencias, su clavel rojo por un clavel blanco.

La noticia de su muerte nos llegó en domingo. Y ahora, Cimorra, ¿cómo tenemos que mandarte los claveles? ¿Negros, blancos? No, no, rojos siempre. Clemente Cimorra únicamente puede llevar en su solapa eterna el clavel rojo de la lealtad. Yo sé que si hubiera sido yo la muerta, él me hubiera devuelto entonces el clavel inventado que una vez le di. Sé que se hubiera sentado en la mesa de la redacción, jurando alto, para luego escribir unas líneas sobre la amistad. Pero tuve que ser yo la que escribiera, la que recordara a todos la luminosa estela de una vida española más, la que deja en su solapa este clavel que no le pudo llegar de España. Y, sin embargo, nosotros teníamos un hermoso cuadro que mirábamos siempre, recordando aquella voz que un día en la Alianza de Intelectuales de Madrid: Es un regalo... Después de lo que usted ha hecho...

Luego, como las cosas de los mortales todas pasan, nos quedamos con las manos vacías y no sé dónde fue a parar el cuadro que me regaló Gutiérrez Solana.[569]

Esto que escribo hoy es apenas una carta. Tendría tanto que contar y que contarme... Sería regresar a tiempos idos cuando se produjeron tantas cosas... pero apenas será una carta. Dirección: Norah Lange, Argentina. Comenzaría con este nombre nada más; Oliverio...[570]

---

[569]   Como no es inusual, un leve recuerdo basta para que María Teresa León vuelva sobre algo que ya ha sido recordado, pero sobre lo que no cesa la melancolía: *vid.* nota 272.

[570]   Oliverio Girondo (1891-1967), escritor argentino que se inicia con el poemario *Veinte poemas para ser leídos en el tranvía* (1922), de claro talante futurista, e inaugurador de la vanguardia en su país (dirigió la revista *Martín Fierro*), si bien fue vanguardista durante toda su tra-

Oliverio: el extremismo de los ultras, lo que queda de la cosecha, lo que se lleva el viento aventándolo... la reverencia a los que dan en el clavo de la herradura de la suerte... los limpios de corazón a los que no les salen las ojeras de la envidia... los que tienen como tú la suerte de poder escribir "angelnorahcustodio"...[571] los irreverentes ya nacidos antes de los nacidos hoy... los que creen que la felicidad es una función sin rito, te saludan y llaman a los otros que se sentirán requeridos a leerte.

Oliverio Girondo —apreciaciones mías— es el personaje que interrumpe una época dando saltos mortales porque se ha encontrado a sí mismo. Es el que ha desenvuelto la servilleta para hacer volar el pajarito de la poesía, piándole. Y así lo acatará su generación. Es uno de los grandes poetas argentinos, un dislocador de posturas cómodas, un desfacedor de entuertos pasados, un joven siempre descontento. ¿Cómo era? Yo lo vi siempre sonriéndonos su cara antigua, barbuda, entre sátiro y santo, más bien apareciendo que siendo, acariciándose el pelo ceniciento de la barba con una mano sabia de coleccionista que sabía cerrarse sobre todo lo que le interesaba, agarrándolo. Así sujetó las

yectoria literaria, pues hace de su obra un continuo despliegue de neologismos y metaforizaciones encadenadas y sorpresivas. El otro libro que más adelante cita María Teresa, *Espantapájaros (al alcance de todos)*, es de 1932. Y Alberti le dibujó la portada para su libro *En la masmédula* (1956).

[571] Norah Lange (1906-1973) autora argentina, adscrita a la vanguardia, cultivó la poesía y la novela. Su más celebrado libro de relatos fue *Cuadernos de infancia* (1937) y las novelas, basadas en sus recuerdos, *Antes que mueran* (1944) y *Personas en la sala* (1950). María Teresa alude a un poema suelto de Girondo titulado exactamente así: "Angelnorahcustodio", basado en el la novedad de la palabra compuesta. En 1926 conoció a Girondo, con quien se casó en 1943. Sobre el primer libro citado —*Cuadernos de la infancia*— María Teresa publicó un artículo entusiasta en el número X de *Romance* (15 de junio de 1940) porque encuentra en él un excelente ejemplo de la reviviscencia de la infancia personal a través de la memoria; algo que ella procura hacer también en una parte de *Memoria de la Melancolía*.

palabras. Las acalambró y las dio vía libre como libres dejaba a sus pensamientos, mientras angelnorahcustodio dirigía la orquestación de su existencia.

¡Qué difícil es hablar de la gente a quien se admiró y se quiso tanto! Hoy nos queda sola sobre la tierra Norah Lange, rubia y alta, la inseparable de las mejores ocasiones de la vida de aquel Oliverio que se nos fue.

Toda nuestra amistad ocurrió en Buenos Aires. El primer libro de Oliverio al alcance de mi mano lleva la fecha 10-3-1940. *A Rafael Alberti con el primer abrazo y la vieja admiración.* Muy pocos días antes, el día 3 de marzo de ese año, desembarcamos nosotros en el puerto de Buenos Aires muy cargados de penas. ¿Qué haríamos solos y sin patria? Nuestra patria iba a ser desde ese momento en adelante nuestros amigos. ¡Ay, abrazos de Raúl González Tuñón,[572] de Marta Brunet, de María Carmen Portela, de Arturo Mom, de Rodolfo Aráoz Alfaro...! Río de la Plata... *América, refugio y amparo de los desamparados de España.*[573] Amistad de Oliverio, de Norah, y muchos años después, el último abrazo en una estación de ferrocarril en

[572] Raúl González Tuñón (1905-1974), escritor argentino, colaborador en su juventud de la revista *Martín Fierro* (como Girondo); también participó en el ultraísmo argentino, que fraguó en su primer libro de 1925 *El violín del diablo*. Derivó posteriormente hacia una poesía social, concretada en poemarios como *La calle del agujero en la media* (1928), *La rosa blindada* (1936), *Demanda contra el olvido* (1964), etcétera.

[573] El texto en cursiva es cita cervantina, como lo indica la misma María Teresa, entre paréntesis, cuando la repite un poco más adelante, pero con una variante textual que enseguida comentaré. Al comienzo de la novela *El celoso extremeño* se dice que el pródigo Carrizales se vio obligado a embarcar para las Indias, cuando había malgastado todo su caudal, y tal decisión la comenta Cervantes de este modo: "Viéndose, pues, tan falto de dineros, y aun no con muchos amigos, se acogió al remedio a que otros muchos perdidos en aquella ciudad se acogen, que es el pasarse a las Indias, refugio y amparo de los desesperados de España, iglesia de los alzados, salvoconducto de los homicidas [...]" Nótese que, al repetir la cita, María Teresa alterna el adjetivo "desesperados" por el mucho más positivo de "desamparados".

Roma. Un tren iba a llevarse a Oliverio hacia Francia. Angelnorahcustodio dirigía la difícil operación de embarcar a un poeta a quien un accidente, ocurrido en una noche oscura de Buenos Aires, había dejado casi muerto contra la acera de una calle horas y horas. ¿Qué nos contaba Oliverio Girondo, el gran poeta americano, el amigo de las primeras horas en el Río de la Plata, a quien se le amontonaban en los labios difíciles de mover las últimas imágenes oscilantes que apresaba su inteligencia? No lo sabemos ni podemos inventarlas, pero no nos perdonamos el no haber captado aquel último resplandor. Ahí os dejo mis libros. Y no solamente *El espantapájaros al alcance de todos,* sino esos *20 poemas para ser leídos en el tranvía.*

> *Por ochenta centavos los fotógrafos venden los cuerpos de las mujeres que se bañan.*[574]

Es un tranvía que lo lleva mientras él se murmura: *Hay árboles pederastas* o *Al llegar a una esquina mi sombra se separa de mí, y de pronto, se arroja ante las ruedas de un tranvía.*[575]

Hoy recordamos su voz, su casa, sus amigos rodeándole, su mesa bien abastecida y cómo eran sus ojos con la primera aurora al despedirnos en la puerta.

> *Pero escucha ese grillo*
> *esa brizna de noche,*
> *de vida enloquecida.*
> *Ahora es cuando canta.*

---

[574] La cita procede del poema "Croquis en la arena", del mencionado libro *Veinte poemas para ser leídos en el tranvía.*

[575] Dos nuevas citas de *Veinte poemas...* La primera corresponde al poema de 1920 "Río de Janeiro" ("Hay viejos árboles pederastas, florecidos en rosas de té; / y viejos árboles que se tragan los chicos que juegan al arco en los paseos"). Y la segunda es el final del poema "Apunte callejero".

Ahora
y no mañana.[576]

Durante muchos "ahoras" escuchamos el canto de la
madrugada. Nada se nos ha desvanecido. Son años sagra-
dos los que pasamos en América. Tú lo dijiste: *Basta que*
alguien me piense para ser un recuerdo.[577] ¿Te acuerdas,
Oliverio, que nos llevaste una vez a tu casa del Tigre,[578] ese
río que se despereza en mil brazos antes de darse al Río de
la Plata? Si yo dijera que nunca ni en el Danubio ni en el
Yan-se-kian tuve más sensación de volverme nereida o pez
o esa caña que se deja arrastrar por la corriente, repetiría
lo que pensé entonces, agarrada al barandal de madera,
sujetándome, porque todo navegaba y flotaba y corría alrededor nuestro. Aquel rincón de soledad de Oliverio y
Norah se volvía con la correntada un navío cabeceante. Es
el río que sube, nos dijisteis. Sube... ¿hasta dónde? Por
esas escalerillas de madera, ¿no lo ves? Pero, ¿hasta dónde? Eso no se sabe nunca.

Mirábamos fascinados el tumulto del agua, la insurrección del oleaje. El río subía su pecho pretendiendo los pies
de Norah o tal vez entrar en la tertulia para poner los puntos sobre las íes de lo que Oliverio había escrito aquella
tarde o decirnos a nosotros húmedamente tierno: Este es
el único poeta argentino verdaderamente florecido de is-
mos. Oliverio se rascaba la barba mirando con sus ojos de

---

[576] Fragmento del poema de Girondo "Puedes juntar las manos", del
libro *Persuasión de los días* (1942).

[577] Así acaba el poema "Comunión Plenaria", dentro del mismo libro
citado en la nota anterior.

[578] El río Tigre es un subafluente del Amazonas, de 550 km de lon-
gitud, en gran medida navegable. Nace en Ecuador, penetra en Perú y
desemboca en la orilla izquierda del Marañón, aguas abajo de Santa
Clara. Parece que María Teresa León se confunde de río, pues no se
corresponde su referencia con la exacta situación geográfica del mencionado.

experto las hazañas del río que se iba tragando las orillas, lamiéndolas con furia.

> *Muchas gracias, gusano.*
> *Gracias huevo.*
> *Gracias fango,*
> *sonido.*
> *Gracias piedra.*
> *Muchas gracias por todo,*
> *muchas gracias,*
> *Oliverio Girondo*
> *agradecido.*[579]

Oliverio miraba con enternecimiento gruñir su río Tigre, pero nosotros sosteníamos un diálogo sordo con el miedo. Nos habías dicho que no podríamos en muchas horas desenlazarnos de aquellos brazos flexibles y precipitados, tiernos con los poetas. Norah agarró su acordeón cantando con la pretensión de calmar las aguas. Tenemos que quedarnos toda la noche aquí. No importa, es una cuna. Siento que andan las islas. Aumentaba el vocerío de los árboles agitados ante la ocurrencia del agua. ¿Y esto cuándo se termina? No importa cuándo, tenemos provisiones. Rafael, marinero en tierra, interrogaba: ¿Y si sube y sube? Pues, si sube... ¿No ves que la barca está alcanzando ya casi el primer piso?

¡Horas y días argentinos! Amistad y fiesta. Fiesta en casa de Oliverio Girondo. Cuando alguien pregunta hoy: ¿Y quién es Oliverio Girondo?, contestarán: Pues Oliverio Girondo es el poeta que hoy los más jóvenes saben que nació en Buenos Aires en 1891 y no vaciló nunca en eso de ser el entusiasta, el asombrado, el exultante, el vital, el atrevido. Su obra se ha apoderado de un palco de primera fila para ver la crecida de los jóvenes argentinos a quienes la poesía de Oliverio toca *En la masmédula.*

---

[579] Final del poema de Girondo "Gratitud", que cierra el libro ya citado *Persuasión de los días.*

> *Mas santo hartazgo grávido de papa rica rima de tanto lo-*
> *rosimio implumo vaterripios.*[580]

Los vates, las rimas, los ripios, Oliverio los cortó, los aderezó, los sacó de sus casillas porque él era el ultra, el surrealista, el modernista, pero sin olvidar que trasoñaba por la Pampa, que ensillaba y desensillaba su caballo, que abrazaba al amigo con la vieja manera fraternal de los hombres. Sí, fue todo ternura y por eso abría su entusiasmo de ver diversamente, de oler, de tocar todo de un modo nuevo porque...

> *Hay que agarrar la tierra*
> *calentita o helada y*
> *comerla.*[581]

No sé cómo pudo dejar Oliverio la tierra, donde Norah resplandecía, él que era la encarnación del placer de existir. Aún no puedo —no podemos acostumbrarnos— cuando leemos su insistente protesta:

> *Y de los replanteos*
> *y contradicciones*
> *y reconsentimientos*
> *sin o con sentimiento cansado*
> *y de los repropósitos*
> *y de los además*
> *y de los reademanes y rediálogos idénticamente*
> *   [bostezables...*[582]

---

[580] Fragmento del poema "Maspleonasmo" del original libro *En la masmédula* (1956).

[581] Volvemos a una cita del libro *Persuasión de los días*, que corresponde al final del poema "Dietética".

[582] Primeros versos del poema "Cansancio" con el que acaba el libro *En la masmédula*.

Sí, no sé cómo pudo dejar su ciudad golpeado contra la cinta de la acera y todo tan oscuro y tan inflexiblemente inhumano, tan abandonado de los hombres, mientras huía el que le entreabrió la puerta de la muerte al más extraño y poderoso de los poetas de América. La calma de la noche no gritó, luego...

Diariamente enterramos muchas cosas. Estamos hechos de pequeñas muertes tanto como del tejido de los sueños. A veces llegan telegramas que precipitan hasta el fondo de nosotros imágenes que no podemos sujetar. Una vez llegó uno que estaba perdido entre otros muchos de los que mandan las agencias telegráficas: *Zenobia Camprubí de Jiménez ha muerto en San Juan de Puerto Rico.*

Zenobia Camprubí acababa de recibir el Premio Nobel. Me diréis: No, estás confundida, el Premio Nobel fue para Juan Ramón. Pero yo contestaré: ¿Y sin Zenobia, hubiera habido premio? Y abriría una interrogación grande como sus vidas. Pasa tú primero. Todo está solucionado ya. ¿Qué era lo que Zenobia solucionaba tan imperiosamente? Pues la vida. La vida de los poetas no se soluciona como la de los pájaros, no provee sus alimentos aquel que cuida las golondrinas viajeras. Los poetas comen, duermen, se agitan y desean como cualquier hombre. Bueno, no, peor, son más difíciles que cualquier hombre. Zenobia Camprubí sabía muy bien esto. Si Juan Ramón era el hilo tejedor de la más alta poesía española, si era el padre de la generación estupenda que nació después del año 1920, en España, Zenobia era para Juan Ramón la urdimbre. En su fuerza segura se trenzaba la existencia diaria de Juan Ramón. Dentro de mi juventud se han quedado algunos nombres de mujer: María de Maetzu, María Goyri, María Martínez Sierra, María Baeza, Zenobia Camprubí... y hasta una delgadísima pavesa inteligente, sentada en su salón:

Doña Blanca de los Ríos.[583] Y otra veterana de la novelística: Concha Espina. Y más a lo lejos, casi fundida en los primeros recuerdos, el ancho rostro de vivaces ojillos arrugados de la condesa de Pardo Bazán... ¡Mujeres de España! Creo que se movían por Madrid sin mucha conexión, sin formar un frente de batalla, salvo algunos lances feministicos, casi siempre tomados a broma por los imprudentes. Ya había nacido la Residencia de Señoritas,[584] dirigida por María Maeztu e inaugurado el Instituto Escuela sus clases mixtas, hasta poner los pelos de punta a los reaccionarios mojigatos. Pero las mujeres no encontraron un centro de unión hasta que apareció el Lyceum Club.

Por aquellos años comenzaba el eclipse de la dictadura de Primo de Rivera. En los salones de la calle de las Infantas se conspiraba entre conferencias y tazas de té. Aquella insólita independencia mujeril fue atacada rabiosamente. El *caso* se llevó a los púlpitos, se agitaron las campanillas políticas para destruir la sublevación de las faldas. Cuando fueron a pedir a Jacinto Benavente una conferencia para el Club, contestó, con su arbitrario talante: No tengo

[583] María de Maeztu Whitney tuvo una formación claramente institucionista, de fe absoluta en el progreso europeo; de ahí sus frecuentes viajes formativos a Inglaterra y Alemania, en donde estuvo becada bajo la directa tutela de Ortega, que llegó a calificarla de "la primera pedagoga española". A ella se debe, principalmente, la creación en 1915 de la Residencia de Señoritas. Blanca de los Ríos (1862-1956) fue escritora y erudita cuya labor más conocida fue la de estudiosa y editora del mercedario Tirso de Molina. Divulgó también sus interesantes ideas feministas en la revista *La raza española*. Sobre María de Maeztu y Blanca de los Ríos publicó María Teresa sendos artículos en el *Diario de Burgos* (22-XII-1926 y 14-IX-1927).

[584] La Residencia de Señoritas fue una institución pionera en la promoción educativa de la mujer, que fue creada por la Junta para Ampliación de Estudios, en 1915, bajo la dirección de María de Maeztu, y estuvo vigente hasta 1936. Fue un proyecto que nació en estrecha relación con el espíritu que había creado la Residencia de Estudiantes en 1910. Ofrecía —según la descripción de la *Memoria* fundacional— ejercicios prácticos de lenguas vivas y clases, cursos breves o conferencias de pedagogía, fisiología, literatura, música, etcétera.

tiempo. Yo no puedo dar una conferencia a tontas y a locas. Pero otros apoyaron la experiencia, y el Lyceum Club[585] se fue convirtiendo en el hueso difícil de roer de la independencia femenina. Se dieron conferencias famosas. No la de menos bulla, aquella dada por Rafael Alberti: "Palomita y Galápago."[586] Eran los tiempos en que por las calles madrileñas corría la subversión y la burla. La caprichosa monarquía de entonces sostenía a su dictador jacarandoso para cerrar el paso a algo que se avecinaba. El Lyceum Club no era una reunión de mujeres de abanico y baile. Se había propuesto adelantar el reloj de España. Creo que fue María de Maeztu la primera presidenta y Halma Angélico[587] la última. Al volver de mi primer viaje a la Argentina, yo conocí a todas. Zenobia, entre ellas. Juan Ramón tuvo que ir a Nueva York a buscar a Zenobia. Se embarcó en 1916 y fue en el barco escribiendo su: "Breve guía de amor por tierra, mar y cielo".

> *Ya sólo el agua nos separa*
> *el agua que se mueve sin descanso.*
> *¡Oh, el agua, sólo, el agua!*

[585]   El Lyceum Club Femenino se fundó en 1926, a imitación de otros similares existentes en Europa y Estados Unidos. Estuvo integrado por mujeres de heterogénea ideología, pero unidas por un común interés de reivindicación feminista. Lo dirigió María Maeztu, Zenobia Camprubí fue su secretaria, y a él pertenecieron las más destacadas mujeres del pensamiento y del arte de aquellos años, como Carmen Baroja, Ernestina de Champourcin, Elena Fortún, María Martínez Sierra, Concha Méndez, Isabel Oyarzábal, Pura Ucelay, Halma Angélico (de la que se habla en una nota posterior), etcétera.

[586]   En *AP* 1, pp. 282 y ss. Alberti recuerda lo que fue aquella travesura juvenil de la conferencia —*épater le bourgeois*— pronunciada en el Lyceum Club Femenino, con el título "Palomita y Galápago (¡No más artríticos!)".

[587]   Halma Angélico fue el seudónimo literario de María Francisca Clar Margarit (Palma de Mallorca, 1888-Madrid, 1952), que presenta un perfil biográfico —hija de militar, educación en colegio de monjas, matrimonio temprano y fallido, dos hijos, etc.— bastante parecido al de María Teresa León: autora teatral de tendencias anarquistas (estuvo afiliada a la CNT) y al mismo tiempo profundamente feminista. En ese sentido destaca su pieza teatral *La nieta de Fedra*.

Y cablegrafía su impaciencia:

*Dos cables: "Madre, novia, Moguer, Long Island; Flushing.
Naufragué en tierra, en mar de amor."*[588]

Zenobia, en el otro continente estaba esperando su destino. ¡Qué bien lo cumplió! ¡Qué agradecidos deben estar
los veladores del Parnaso! Los días de aquella mujer admirable han sido todos pequeñas victorias donde su inteligencia se aplicaba a las batallas de la vida, punto a punto.
Casi nadie se enteraba de esto y así se producía el milagro
de Juan Ramón. Zenobia, con su pálida belleza rubia, su
arrebol de extranjerismo, dejaba que sobre ella trepasen
las hojas difíciles de la vida de Juan Ramón. ¡Qué sencillo
parece abrir un libro de poesía...! Pero antes... Zenobia
firmó junto a Juan Ramón las traducciones que hicieron
del poeta hindú Tagore, pero al final de cada libro, como
una sombra blanca, pudo haber dejado esa vaga tristeza
melancólica de los pájaros que al cantar en la tarde creen
haber ayudado al sol.

No dijo Juan Ramón a Zenobia lo que Horacio a Lidia,
Tibulo a Delia, Ovidio a Corina,[589] pero al morirse lo ha
dejado tan solo, tan solo... Ella se ha ido justo cuando corona el Premio Nobel la obra así alentada, la del poeta de
su sacrificio. Fue la suya una decisión hermosísima: vivir
al lado del fuego y ser la sombra.

---

[588] Citas del *Diario de un poeta reciencasado* (1917), concretamente
de los poemas XXVI (que cierra la primera parte del libro, fechado en las
murallas de Cádiz el 28 de enero) y del poema XX "Dos Hermanas".

[589] Tres poetas clásicos y sus correspondientes amadas, referentes o
motores respectivos de sus obras poéticas. Así el nombre, probablemente
inventado, de Lidia se encuentra en varias odas de Horacio, de su libro
primero, como la octava, la décimo tercera, la vigésimo quinta (en donde
incluso se sugiere que es una prostituta ya madura) y en la novena del libro tercero.

Todos los españoles que le conocimos entonces conservaremos el recuerdo de aquel rostro pálido, casi transparente. Ilya Ehrenburg no hablaba nunca el primero, miraba con la saeta azul de sus ojos que perturbaba tanto y, luego, con una voz aguda cortaba lo dicho en dos o lo ampliaba o lo dejaba destruido, por el suelo.

Yo tengo varios retratos suyos en mi memoria. Le he visto sonreír al mirar ciertas debilidades humanas casi perversamente. Le he visto conmovido bajar los ojos, brillante y agresivo, triste y con cansancio, como si no valiera la pena ocuparse demasiado de los otros. Pero su vida entera fueron los otros. Ahora ha muerto. Tenía 76 años. Su pueblo lo ha acompañado hasta el último instante, el mundo intelectual ha reconocido su inmenso valor de testigo de nuestra época.

La última vez que yo lo he visto fue en su casa de Moscú. Cuando llegábamos a esa ciudad telefoneábamos a Luba. Luba abría los brazos para recibirnos. Abría la puerta. Las paredes estaban literalmente cubiertas de cuadros y dibujos de Picasso. Si nevaba fuera, hacía un calor de casa confortable dentro; si era el sol el que castigaba, alguno de los dos decía: Vámonos a la dacha. Nos sentábamos junto a Ehrenburg frente a Luba. Abrían las mejores botellas para Rafael. La mesa era espléndida. Sois los de España, nunca será bastante. Reíamos, recordando. Sí, éramos los de España, los de la no vencida España. Éramos el recuerdo de los frentes de Aragón, de Andalucía, de Madrid, del Ebro, de Cataluña. Por todos el corresponsal de la *Isvestia* había ido recogiendo voces, palabras, enseñanza de las batallas. Nosotros lo conocimos entonces, cuando Madrid sacudido por las bombas temblaba de ira. Pero antes ya había estado en España y polemizado y disgustado a muchos y hecho rabiar a otros. Al poco tiempo de llegar la República el día 14 de abril de 1931, Ilya Ehrenburg llegó a España. Nosotros andábamos por Europa tomando

contacto con el teatro de entonces. Ehrenburg[590] hizo amigos, conoció a Federico, a Pablo Neruda, a Bergamín... Miró,
juzgó, criticó. Criticó amargamente en un libro: *España,
República de trabajadores.* En la Constitución de nuestra
República se leía como introducción: "España es una República de trabajadores de todas clases." A Ehrenburg le
pareció divertida tal afirmación en un país semifeudal,
donde había tantos ricos que no trabajaban y tantos pobres que no tenían dónde trabajar. Escribió el libro amargo
y, siguiendo su camino de polemista, consiguió que nadie
se quedase contento. Yo no recuerdo lo que dijo. El primer libro que leí fue *Julio Jurenito,* lectura de nuestra juventud. No tuvo presencia viva para nosotros hasta el año
1934, en el Congreso de Escritores Soviéticos. Pero también entonces pasó de largo por nuestra vida. Mientras
otros novelistas soviéticos, entre ellos Máximo Gorki, se
incorporaban a nuestra amistad, Ilya Ehrenburg fue apenas un rostro. Luego, durante mucho tiempo, tuvo el perfil que le había dado Picasso. Pasó más tiempo. Un día apareció en la Alianza de Intelectuales de Madrid, ya
empezada nuestra guerra. Parecía descontento. Debía tener razón. Iba a los frentes, escribía, hablaba, contaba
nuestros aciertos y desaciertos, al regresar traía anécdotas
que nos hacían reír. Un día dijo a unos anarquistas del
frente: "¡Cómo vais a ser anarquistas si todo el día estáis
hablando de organizarse y hasta habéis acuñado moneda!
Un anarquista organizado no es un anarquista. Me han
mirado como si estuviera loco." Luego, Ehrenburg continuaba su camino mirando, enterándose, escribiendo.
Siempre se iba. Durante el Congreso de Intelectuales cele-

---

[590] Ehrenburg tuvo amplio conocimiento de la República española,
como lo demostró en su libro *España, república de trabajadores* (Ed. Cé-
nit, 1932). También por esos años publicó algunas colaboraciones en la
revista *Leviatán.* Durante la Guerra Civil fue corresponsal de guerra para
el periódico *Izvestia* (fruto de esa estancia fue su libro de 1937 *¡No pasarán!,* editado en Londres, pero traducido al castellano al año siguiente).

brado durante la guerra española en Barcelona, Valencia y Madrid lo tuvimos más cerca. No estaba contento. Cuando se emocionaba por algo, pestañeaba molesto de sí mismo. Quería ser testigo y no actor. Nos fuimos acostumbrando a su crítica y a su forma adivinatoria de ver el futuro en las equivocaciones del presente. Había presenciado demasiadas miserias. Cuando concluyeron nuestros años de fe heroica, nos lo encontramos en París.

¡Qué raro era pasear a la orilla del Sena con Pablo Neruda y vivir tranquilos, sin sobresaltos, en el Quai de l'Horloge! Pablo estaba encargado de fletar un barco de españoles errantes y mandarlo a Chile. Así nacería la leyenda del "Winipeg".[591] Volvimos a encontrar a Ehrenburg, esta vez con Luba, con sus dos perros. Callaba y sus ojos no eran tan claros. Aquel París que él tanto había vivido y que tan bien conocía, presagiaba tormenta. Pronto ninguno de nosotros estaría seguro, y las alarmas aéreas nos harían bajar la cabeza. Europa iba a pagar un alto precio por haber abandonado España. Los franceses levantaban los ojos hacia los peligros que habían olvidado. ¿Será posible que haya guerra? Nos sentábamos muchas tardes junto a Ehrenburg, junto a Luba, junto a sus perros... Se sentía más solo que nunca. No sé en qué momento, seguramente en el momento propicio del pacto germano-soviético, cuando ya todo estaba decidido, los Ehrenburg pudieron dejar París. Había comenzado la dispersión de los españoles. Desaparecieron de nuestros paseos con Ilya y Luba, tan graciosamente hermosa, con los dos perros... Trabajábamos en la Radio París Mondial y nos acostábamos cuando los caballos percherones que transportaban la cerveza iniciaban el reparto matinal. Nos desacostumbramos a ver a nuestros amigos. Guerra de ondas se llamaba a nuestra noche en vela... Apenas podíamos saludar a Corpus Barga, que vivía un piso más abajo que nosotros, en la

591 *Vid.* nota 412.

rue Nôtre Dame des Champs, lo demás todo eran traducciones, partes de guerra, horas largas, largas en un sótano. No volvimos a saber nada de Ilya Ehrenburg. Tardaríamos muchos años en encontrarlo. Para nosotros aquel triste más lejos se nos volvió más lejos cuando tomamos en Marsella el "Mendoza", que nos llevaría a la Argentina. América nos pareció un paraíso silencioso. La gente vivía con el sol y dormía de noche, cosa que nosotros habíamos olvidado. La guerra era cosa del otro lado del océano. Nos internaron más, en Córdoba de América. Regresamos a la primera edad infantil del hombre. Todo era sorprendente. Otra vez los pájaros, el agua del río, las mentas para restregarnos las manos... Aquel descanso se lo debimos a María Carmen y Rodolfo Aráoz Alfaro. Toma, Rafael, éstas son las llaves, nos dijeron. Abrimos una nueva etapa de la vida. Para siempre se llamará América.

En América, creo que hacia 1954 o 1955, volvimos a encontrar a Ehrenburg que iba camino a Chile. Había recobrado el azul de sus ojos. Estaba contento. Se había batido junto a los suyos, venciendo. Le preguntamos por tantos amigos. A veces callaba. Pero su contacto con América fue casi un descubrimiento. En su país las cosas iban transformándose rápidamente. Leímos *El Deshielo*. ¡Qué valiente nos pareció! Llegamos de nuevo a su casa en Moscú. Ya no estaban los perros. María Teresa, ¿venís a almorzar? Sí, sí, claro. ¿Cómo no ir a hablar o a callar junto a los recuerdos? La última vez no estaba Ilya Ehrenburg. Había venido a Italia a traer el Premio de la Paz para el escultor Manzú.[592] Años antes había llevado el mismo premio has-

---

[592] El escultor Giacomo Manzoni, que adoptó el sobrenombre de Manzú (1908-1991), muy influido por la estatuaria antigua (por la obra, en concreto, de Donatello) desarrolló a partir de los años treinta una notable obra de formas simples y depuradas, fundamentalmente en bronce: realismo expresivo, sensibilidad y espiritualidad. Una parte importante de su obra la constituyen los retratos, siempre al servicio de un constante humanismo en su obra.

ta el jardín de Pablo Picasso. Picasso, el esclavo del color y la línea, el endemoniado sorbido por la pintura, vive en esa cárcel de amor que se ha fabricado, sin querer que lo distraigan de ella. El calabozo está en Nôtre Dame de Vie, Mougins, en una colina arbolada, con un cancel y un cancerbero que casi nunca abre. Llegó Ehrenburg y se cuenta que gritó: Mira que traigo esto. Si no lo quieres, se lo pongo al perro. Picasso mismo abrió para que pasase el amigo. No sé si ésta fue la última vez que se vieron. La última imagen que yo tengo de Ehrenburg es el retrato que tengo delante. Está hecho en nuestra casa de Roma. Yo estaba en Moscú. Luba me telefoneó: Ven. ¿Sabes lo que hago ahora, María Teresa? Pues organizo exposiciones con los cuadros que tenemos de Picasso, hasta en las regiones más alejadas de Rusia. ¡Tienen un éxito! Cuando regresó Ehrenburg yo ya no estaba allí. Nos cruzamos. Estamos acostumbrados a cruzarnos con los amigos, a verlos, a saludarlos, a alejarnos... Unas veces son Aragon y Elsa, otras son Pablo y Matilde, otras, Guttuso y Mimise, otras, Picasso y Jacqueline, o Miguel Otero y María Teresa, o Jorge Zalamea.[593] Luba y Ehrenburg... Hoy hemos perdido para siempre la posibilidad de un encuentro. No veremos más a Ilya Ehrenburg. Nos ha quedado esa fotografía. Es la de uno de los más grandes escritores de la verdad de nuestro tiempo. Miradla.

Días soleados, calientes al horno del estío, pero ya Ramón Gómez de la Serna no tiene que refugiarse en los cafés de Buenos Aires, busca los del cielo.[594]

¿Un desterrado más que muere? ¡No!..., pero, sí.

[593] El escritor colombiano Jorge Zalamea (1905-1969) es autor de una obra narrativa basada en la parodia y la ironía (*La metamorfosis de su excelencia*, 1949), además de varios títulos teatrales (como *El rapto de las sabinas*) y ensayos tanto de asunto histórico como artístico o literario.

[594] Gómez de la Serna murió en Buenos Aires, en 1963. Había vivido en la capital argentina desde el final de la guerra, salvo una pequeña escapada a España en 1949 (*vid.* notas 600 y 601).

Dos espumas frente a frente,
una verde y otra negra.
Lo que la verde pujaba,
lo remitía la negra.
La verde reverdecía.
Rompe, furiosa, la negra.
Dos Españas frente a frente.
Al tiempo de guerrear,
se perdió la verdadera.
Aquí yace media España.
Murió de la otra media.[595]

¿A cuál de estas dos unamunescas Españas pertenecía Ramón? Es casi imposible contestar que a ninguna. Por esta incógnita, a pesar de sus viajes, elogios e insensateces políticas, Ramón fue despedido en su última hora por un grupo de la España *verde* desterrada.

No es poco decir que se ha muerto un genio de la literatura española, no sé si muy leído hoy por la juventud, pero también los clásicos son de lectura difícil para su apresuramiento. Sufrió Ramón una larga agonía a la que dicen quiso burlar un poco poniendo sobre su cabecera un cartel avisador, de reto muy español: "peligro de muerte."[596] Como español, también, en las postrimerías, pidió un cura y dejó caer su última mirada sobre Luisa Sofovich.[597]

---

[595] No he logrado localizar esta cita. En cualquier caso los dos últimos octosílabos son copia literal de una frase de Larra incluida en su fantasmagórica visita al cementerio en "El día de difuntos de 1836" (*El Español*), en donde al frente del gran mausoleo que forman los Ministerios se puede leer "Aquí yace media España; murió de la otra media".

[596] Ramón —como insinúa la ocurrencia que cuenta María Teresa— hizo greguería permanente de su vida y de su pre-muerte. Así se manifiesta en el tono general que recorre el último capítulo de su libro *Nuevas páginas de mi vida* y que quiso ser —en la voluntad del autor— un complemento a su impagable *Automoribundia*, que se cita en la nota siguiente.

[597] A Luisa Sofovich (Buenos Aires, 1905-1970), su esposa, la conoció Ramón en su primer viaje a la Argentina en 1931. En *Automoribundia* rememora aquel encuentro y aquel casorio. Y en ella se inspiró para trazar el personaje de Leonor de su novela *¡Rebeca!* (1936).

Durante años, nos hemos cruzado con esa pareja, furtivamente, en esos cafés donde encendía Ramón su llama creadora y una pipa vieja cebada con un tabaco de olor horrendo que respondía al nombre de "La hija del toro de América". Ramón fingía no vernos o habernos olvidado. Nosotros nos pasábamos la vida disculpándole. Debilidad de admiradores tal vez o equilibrio. La verdad era que no nos resignábamos a verlo vivir entre la indiferencia y el encono de la gente. El español genial de las letras, esa especie de Picasso de la prosa española, nos conmovía y desesperaba a la vez con su posición ante el drama de España. Cuando llegó Juan Ramón Jiménez, el universal español entristecido de sentirse bloqueado por el idioma inglés en Norteamérica, fue a ver a Ramón. Ramón —dicen— se asomó a la puerta de su departamento, deteniendo al poeta que subía: "Párate, Juan Ramón. Antes de que subas, dime: ¿Por qué escribes siempre Dios con minúscula en tus últimos poemas? Si hasta eso le quitan, ¿qué le va a quedar?" Y Juan Ramón, ante la desesperada sorpresa de Zenobia —otra mujer impar—, retrocedió y no subió.[598]

Pasaron años. Losada, el editor común, nos hablaba de cuando en cuando de Ramón. También lo hacía nuestro amigo el ilustre Oliverio Girondo. Sabíamos cosas de él, a veces no muy agradables, como cuando viajó hacia el Generalísimo.[599] ¿Quién le aconsejaba? Nadie. Fabricaba mitos él solo y solo los deshacía. Puede que le asustase la

[598] Cuenta también esta anécdota —presenciada por él mismo— Alberti en *AP* 2, p. 127.

[599] Invitado por el presidente del Ateneo de Madrid, Ramón volvió durante unos meses a España en 1949, y llegó a entrevistarse con Franco, en un acto que se entendió como vergonzante acatamiento de la dictadura, si bien ya en la Argentina se había manifestado favorable a la rebelión fascista durante la guerra. Ese comportamiento lo denuncia —junto con una sincera admiración por su escritura— Alberti en un soneto de abigarrada suma de sustantivos ("Por qué franquista tú torpe Ramón") como el abigarrado mundo de objetos que el escritor gustaba reunir en su cuarto de trabajo, en el libro *Fustigada Luz* (*PC* III, p. 407).

existencia. Por fin, una noche, después de muchos años, nos sentamos a la misma mesa. ¡Qué maravillosos fuegos artificiales! Lució, desplegó todos sus encantos. Habló juvenil y ocurrente. De cuando en cuando alargaba su mano derecha hacia Luisita: "Pajarito, súbase aquí." Y ella apoyaba dulcemente su mano. Eran como escenas minúsculas.[600] Teatro para amigos. La suave expresión de Luisa se rizaba de alegría al verlo alegre. ¿Cuántos años junto a él? La escritora argentina, tan inteligente, hace un gesto vago de eternidad. Era una noche con la magia de la inteligencia presidiendo. No se habló de España. Nosotros los españoles sabemos callar cuando nos deslumbramos. De pronto, Ramón sacó un cuchillo que llevaba, jugó con él. No pararé hasta que me paguen mil pesos por una greguería. ¿Y esa arma? Levantó como un prestidigitador su brillo hacia la luz: "Esta la llevo para después del tres mil... Las calles de Buenos Aires son tan largas..." Y miraba a Luisa como diciéndole que él era siempre su celoso caballero.

Al separarnos, le pedimos que fuera a nuestra casa. Nos atajó: Dentro de seis meses. Yo a los amigos no puedo verlos más que de tarde en tarde.

¡Tarde! Siempre es todo tarde en la vida de los hombres como Ramón. Tan tarde, que hasta en la muerte sus amigos y admiradores iban llegando tarde al entierro, al traslado... Parece que la Argentina también se ha dado cuenta tarde de que vivía en Buenos Aires uno de los más grandes inventores de la literatura en lengua española. Poca gente, pocos escritores argentinos y cuatro inteligentes republicanos españoles asistieron junto a la familia. Ningún lector... Cuando lo llevaron en el furgón al aeropuerto de Ezeiza, se quedó solo bajo el sol del verano durante varias

---

[600] Alberti nos ha dejado una semblanza y un recuerdo emotivo del Ramón afincado entre los republicanos bonaerenses en la página 126 de su *AP 2*. Sobre todo el recuerdo de la visita a su casa de Buenos Aires, a la que alude María Teresa.

horas. ¡Ramón en esa soledad tan brillante cuando a él le gustaba la penumbra del café y el humo de la pipa cargada con un tabaco de olor horrendo que respondía al nombre de "La hija del toro de América!".

Un avión lo ha llevado a España.[601]

> *Dos espumas frente a frente,*
> *una verde y otra negra...*

Lo va a recibir el Ayuntamiento de Madrid como a uno de sus hijos más ilustres. "Vi que aquel ómnibus se llevaba todas las colas. En su tablilla ponía: 'Al Cementerio'."[602] Y le seguirá el "doctor inverosímil", quien por ausencia no lo pudo curar.

Otra vez las dos Españas juntas en el camino de la muerte. No porque Ramón supiera bien a cuál de ellas pertenecía sino por esa expatriación suya que tuvo mucho de desconcierto de inadecuación, como si al ser derribado el café de Pombo,[603] mito madre de los cafés ramonianos, el escritor

---

[601] Ramón pasó sus dos últimos años gravemente enfermo por su dolencia diabética, pero sacando fuerzas de flaqueza para continuar su trabajo, fundamentalmente centrado en la invención incesante de greguerías (que seguían apareciendo en *ABC*). La muerte le llegó el 12 de enero de 1963, y el 22 del mismo mes, y acompañado por su mujer Luisa Sofovich, vuela el cadáver hasta Madrid, en donde se le recibe con honores oficiales, concediéndosele la Medalla de Oro de la capital. Fue enterrado en el cementerio de San Justo, en el Panteón de Hombres Ilustres, junto a Larra.

[602] Se trata de una greguería de la última etapa (*Flor de greguerías*, Buenos Aires, Losada, 1958, p. 196). La novela *El doctor inverosímil* (1914) es un ensamblaje escasamente articulado de varios casos clínicos resueltos por el doctor Vivar, que constituye una de las pioneras manifestaciones en la literatura de las nuevas perspectivas abiertas por la psiquiatría y los primeros atisbos de las enfermedades alérgicas.

[603] El café de Pombo estaba situado en la calle de Carretas, donde se albergó, por obra y gracia de Ramón, entre 1912 y 1916 la tertulia literaria más famosa de Madrid. En el capítulo XLI de *Automoribundia* se recuerda el hallazgo del café y la creación de dicha tertulia que inmortalizó Solana en un famoso y tamaño cuadro, y que generó, en efecto, dos espléndidos libros primerizos del escritor: *Pombo* (1918) y *La sagrada cripta de Pombo* (1923).

se hubiese desorientado, sucediéndole lo que a los pájaros después de la tormenta pulverizadora de sueños.

Hoy nos hace el efecto de que en España han escrito pensando en nosotros todos un cartel: "Al Cementerio", para que lleguen a él los cadáveres de ultramar. Así van llegando muchos de los que vivos pasaron la mar hacia aquí, hacia América, "Refugio y amparo de los desesperados de España" (Cervantes). Así llegaron don Manuel de Falla, Juan Ramón, Ramón... ¿No dijo usted que quería volver a España para morir?, le preguntó el jefe de policía a José Bergamín, el peregrino en su patria. No, para vivir, le contestó al agudísimo español.

Ramón, en España, no se sintió vivir. Le habían barrido junto al otoño las hojas de sus libros geniales. Madrid se lo habían cambiado, aunque él no lo confesara... Por eso dejó Madrid por Buenos Aires, donde la gente nos decía: Ahí va Ramón, o los que no lo decíamos y admirábamos tanto no lo saludábamos, aunque nuestro amanecer a la literatura hubiera estado presidido por este prestidigitador de las alegres palomas inmortales. Éramos la España que camina por la otra acera. Pero hoy esa España ha acudido a despedirlo al avión que se lo lleva a reposar definitivamente bajo el suelo de la patria donde ya no hay litigio.

Llegar hasta Picasso es hoy uno de los milagros de nuestro tiempo que puede pedirse al cielo. Hay diferentes intermediarios a quien encomendarse. Algunos viven en los pueblecitos vecinos. Cuando desde la carretera que va a Mougins[604] ves los ventanales enmarcados de hojas ver-

---

[604] En las alturas de Mougins, en el palacio de Nôtre Dame de Vie (en la Costa Azul) vivió Picasso sus últimos días, desde 1961 hasta su muerte, acaecida en 1973, a los noventa y dos años, a pocos días de la inauguración en el Castillo de los Papas de Aviñón de una magna exposición de las últimas pinturas del genio malagueño.

des, has de saber, si quieres entrar, que en lo alto de la colina de Nôtre Dame de Vie te están esperando. Si no es así, mojarás inútilmente los pies en el canalillo que acuchilla el monte y apoyarás el dedo en el timbre con una angustia previa de fracaso. Una voz anónima te responderá con el ¡NO! tajante de los que no desean ser interrumpidos. Así es. El mágico prodigioso trabaja.

Cuando se han andado tantas leguas por este mundo nuestro, nos acostumbramos ya a todo. Por ejemplo, a que una señora o un señor se vuelvan como si les hubiera picado una avispa cuando se dice: El pintor español Pablo Picasso. ¿Español? Sí, fíjese usted qué raro. Le acompañan el Greco, Velázquez, Zurbarán, Goya... También yo soy rubia y no morena y cuando usted me preguntó, confidencialmente: ¿Pero es verdad que ustedes las mujeres de la península llevan la navaja en la liga?, yo le contesté: Lástima que se haya perdido costumbre tan beneficiosa. Español, sí. Nació en Málaga. Algunas veces, al encontrarse con Rafael, canta cantarcillos de su infancia con su acento cada vez más recobrado al avanzarle la vida. Un ligero deje catalán, cierta nostalgia de sus días de Barcelona, acompañan sus días de hoy. Nos conmueve oírle, abrazarle.

Nos encontramos la primera vez con el genial fabricador de monstruos y maravillas en un teatro, el Teatro Atelier, que dirigía Dullin[605] y donde se representaba una versión de *Como gustéis,* de Shakespeare, debida al poeta franco-uruguayo Jules Supervielle, tan amigo nuestro. Creo que era el 1931. De pronto, nuestros ojos tropezaron

[605]   Carles Dullin (1885-1949), actor y director teatral, colaborador de Copeau y de Gémier, fundó el mencionado teatro del Atelier en 1922. La pieza shakesperiana referida, *Como gustéis,* fechada hacia 1599, fue una de las primeras piezas representadas en el famoso teatro del Globo. Alberti ha recordado en su *AP* 2, p. 194 esta circunstancia en el primer encuentro con Picasso, y en un poema del libro que le dedicó al gran pintor, titulado "Cuando te conocí" (*PC* III, p. 116).

con la cara del andaluz universal, deslumbrándonos. Era tan difícil de encontrar, tenía tanta mala fama o fama nada más de antipático, de huraño, que toda la gente de mi generación quería verlo y hablar con él por lo menos una vez en la vida. Supervielle y Pilar, su mujer, se reían de nosotros. ¿Por qué no vais? Claro, ir. Vacilamos entre los temores y los deseos. Dicen que a los incautos que llaman a la puerta de su taller les da con la paleta en los nudillos. Puede, también, que Picasso tuviese su razón al cerrarse a piedra y lodo para que no le invadiesen su trabajo, ya que está prohibido hacer la defensa de la pintura con ametralladora.

Nos sentimos atraídos. Pablo Picasso, inventor del cubismo, Pablo Picasso, el que pintó los arlequines flacos, las gentes azules como las venas del destino adverso, las mujeres gordas, repletas de futuro, el que propuso a su generación aventuras extraordinarias, miradores, ventanas, tragaluces para mirar lo nunca visto, estaba allí, unas butacas más adelante, como un espectador cualquiera. Sin consultarnos, nos lanzamos a su captura. ¿Picasso?, le dijimos mirándole, precipitándole encima nuestra curiosidad. Creo recordar que se incorporó receloso, un poco automáticamente al oír nuestros nombres, nos clavó unos redondos ojos como dos botones de azabache insufrible y nos tendió la mano. ¡Qué respiro! Repuestos del susto, hablamos un momento, le dijimos no sé con qué palabras tontas que lo admirábamos, asegurándole que nos haría felices si nos dejara visitarle. "Claro que sí. Llamen a este teléfono mañana por la mañana. Vivo en 25 rue de la Boetie."

¡25 rue de la Boetie! Ya lo sabíamos nosotros. Justo en la planta baja estaba la galería Rosemberg, *marchand* de los cuadros de Picasso, y allá habíamos ido con frecuencia a mirar los Juan Gris, los Matisse, los Bracque. Nos repetíamos por dentro: Allá arriba vive Picasso. Un día, hasta lo vimos asomado al balcón. Estábamos enfrente. Cantaba

Conchita Supervía[606] en casa de no recuerdo quién. No sé si atraído por la voz maravillosa, Picasso se asomó al balcón. Lo que recuerdo es que Pilar Supervielle me lo señaló discretamente. Míralo. Pronto los ojos de Jules Supervielle siguieron los nuestros. Pilar sonrió maliciosamente. Entremos, Jules se pone celoso. Dice que Picasso me mira demasiado. La hermosa Pilar acentuó su cantito uruguayo al decirlo.

Al día siguiente de nuestro encuentro en el teatro, nos recibió Pablo Picasso, abriéndonos él mismo la puerta. Cuando este hombre aparece, hay una fosforescencia rodeándole. Puede que le viniese entonces de la onda de sus cabellos, encanecida ya. Suele vestir casi al descuido, con corbatas llenas de luz. Nos aceptó cariñosamente, bondadosamente. Notamos que seguía el rumbo de nuestros ojos atraídos por seis butacas de raso, cada una de color distinto, como toreros esperando. Hablamos un momento y nos invitó a subir a su taller.[607]

Cualquiera pensaría que Picasso pintaba en un taller suntuoso. El taller de la rue Boetie era una simple guardilla abarrotada, con un tablero colmado de libros y cartas abiertas y sin abrir, seguramente todas sin contestar. En un caballete, ya no recuerdo qué cuadro sin concluir. Creo que era uno de esos monstruos que metiéndosele desde la mano al mango de los pinceles, se le pasan vivos y maravillosos al lienzo. Nos enteramos que tenía otro taller. Pero cuando llegó de España a París, pintó en ese cualquier rincón donde al calor de la amistad se incubaban los ingenios para florecer los genios. Por los principios del siglo, aquel hombre que mirábamos estaba dando vueltas en un caracol,

---

[606] Conchita Supervía (1891-1936), *mezzosoprano* española formada en el Liceo de Barcelona. Por las cualidades de su voz fue una gran intérprete de las obras de Rossini, de la ópera *Carmen* de Bizet y de las canciones españolas, tanto cultas como populares.

[607] Aquella visita la evoca también Alberti en la p. 194 de su *AP 2*, en donde recicla un texto antiguo de 1941, "Imagen primera de Pablo Picasso".

en el laberinto donde se madura el talento que nos daría la sorpresa de ver y descubrirnos lo que nuestros ojos torpes son incapaces. En el caso de Picasso es la gracia andaluza que le entrega Málaga al nacer en 1881 la que trabaja. Poco a poco consigue que toda su época se tiña de su nombre. No se podrá nunca explicar la pintura de este siglo sin él, sin el reajuste del color y la forma y la línea descubiertos por este astuto sin par que se llama Pablo Picasso.

Seguimos encontrándonos mucho después de aquella tarde. Uno de los alicientes de volver a París era sentarnos cerca de él y de Dora Maar, nacida en Buenos Aires, fotógrafa excelente.[608] Cuando comenzó la guerra de España, ya nadie pudo preguntar con asombro: ¿Pablo Picasso es español?, porque jamás ningún hombre alejado de su patria volvió más precipitadamente a ella. Hubiera parecido que sus antepasados lo miraban con ternura. Un día, frente a la tumba de Apollinaire, muerto de las consecuencias de una esquirla de metralla durante la guerra del 14, el poeta futurista italiano Marinetti tendió la mano al pintor español Pablo Picasso. Pablo la retiró, diciéndole: ¿Ha olvidado usted que mi país y el suyo están en guerra? Nuestra guerra subía de tono y a Picasso se le exaltaba el corazón. Era el español ofendido. No recuerdo dónde ni cuándo se le ocurrió un día decir a Rafael, al hablarse de a quién nombrar director del Museo del Prado: Pues a Pablo Picasso. Hace meses, recordándolo en Mougins, nos replicó: Y todavía lo soy, porque nadie me ha destituido.

¡Ah!, Pablo Picasso, el que nos dijo un día del año 1937: Vamos a ver lo que estoy pintando. Y nos enseñó los primeros balbuceos de *Guernica*.[609] Aún no estaba concluido

---

[608] Dora Maar fue una de las últimas musas picassianas, famosa fotógrafa y gruesa mujer a la que retrató en varias ocasiones el gran pintor malagueño.

[609] Picasso empezó a preparar los múltiples bocetos del cuadro *Guernica* a comienzos de mayo del 37, dos días después de que se difundiese el bombardeo de la población vasca que da origen a la pintura, y quedó con-

el gran cuadro que aterraría los ojos de las gentes mucho
más que cualquier verdad fotografiada. Era el primer cuadro político donde gritaba el horror de nuestro tiempo.
Fue el asombro del pabellón español en la exposición de
París, junto a la fuente de mercurio de Calder y a la columna que llevaba hasta una estrella, de Alberto Sánchez, que
creo es anterior a la columna sin fin de Brancusi. Después
se exhibió en Norteamérica. Como Pablo donó este cuadro a la República española, las exhibiciones de *Guernica*
beneficiaban a los niños malcomidos. Hasta pensábamos
que podíamos abrir en Madrid un comedor "Pablo Picasso." Pero la guerra se apresuraba. Los desolados españoles
un día nos fuimos separando. Todo concluido. Pronto dejamos detrás el París del primer año del destierro. Saludamos una última vez a Picasso y a aquel perro afgano a
quien le compraba todas las noches *Paris Soir* para que
hiciera pipí en medio de la calle,[610] abrazamos a Dora
Maar... ¡Vaya por Dios! ¡Cuántas veces hemos dicho adiós
a todo el mundo!

Después, pasado más tiempo, entre los lacónicos telegramas de la Francia acorralada por los nazis, nos llegó
uno donde se nos decía que Picasso estaba fuera de París.
Más tarde contaron que Otto Abetz,[611] aquel embajador

---

cluido a principios de junio. *Guernica* fue presentado en la exposición internacional de París. Alexander Calder, escultor y pintor norteamericano
(1898-1976), hizo famosos sus *móviles*, esculturas abstractas compuestas
de varas y placas de metal, pintadas de colores vivos, en equilibrio inestable
y animadas por los movimientos del aire. Constantino Brancusi (1876-
1957), escultor rumano de la escuela de París, influido inicialmente por Rodin. Con diversos materiales, Brancusi consigue llevar la forma de sus
esculturas a una gran perfección, buscando las geometrías más puras y esen-
ciales, con eliminación de todos los atributos accesorios. Destaca entre sus
obras la mencionada *Columna sin fin*. Para Alberto Sánchez, *vid.* nota 61.

[610] Encontramos la misma anécdota contada por Alberti en *AP 2*,
pp. 194-195.

[611] Otto Abetz (1903-1958), político alemán que después del armisticio
de 1940 se encargó de preparar el terreno para "una colaboración oficial

de Hitler que coleccionaba cuadros de la pintura contemporánea que Hitler desdeñaba, había ido un día a verlo a su taller. Silencio. "Maestro, muéstreme usted sus mejores cosas." No sabemos qué murmuraría Picasso en su gracioso malagueño-catalán, pero dicen que enseñó algún dibujo o reproducción de *Guernica*. El embajador murmuró diplomáticamente: ¡Oh, maestro!, es lo mejor que ha hecho usted. Y el gran español le contestó: Esto no lo he hecho yo, lo han hecho ustedes. La luminosa onda gris de repente se revolvía como las astas de un toro magnífico, defendiendo la verdad, la belleza, los hombres, los árboles de España, la luz, la esperanza.

Pocos días después recibimos un telegrama firmado por él, donde pedía ayuda para el hospital español de Toulouse. La organización de mujeres donde yo trabajaba en Buenos Aires, escuchó la lectura: "...Estos hombres cuyo delito es amar la libertad, conservan su fuerza moral al mirar hacia el sur..." Así lo tengo escrito en un viejo cuaderno. Habla también de sesenta camas desnudas, de necesidades sin cuento... Sí, la angustia cubría todo un continente, cubriría al mundo. Guernica iba a multiplicarse. Recuerdo que hicimos colectas, mandamos zapatos. Alguien compró unos espléndidos zapatos y los depositó frente a nosotros. Estos son para Pablo Picasso, también él puede necesitarlos, ¿verdad? Sí, sí, ¿por qué no? Todos los presentes firmamos una tarjeta que, como los zapatos, no le habrá llegado nunca.

¿Qué es trabajar para Picasso? Creo que es vivir, respirar. Claro que gana siempre la batalla. Cuando subimos la cuesta de Nôtre Dame de Vie para encontrarnos con él,

---

y se puso en contacto con Darlan y Laval. Fue condenado a prisión al finalizar la guerra mundial.

somos como peregrinos anhelantes. ¿Recuerdas la de manchas que llevabas en el traje aquella noche de gala cuando fuimos contigo a ver una representación de *El sombrero de tres picos*,[612] de Falla, que se hizo en París, con tus decorados? Era una función de gala, se exigía la etiqueta, pero, para él... Subimos hacia la casa riéndonos, felices. Llamamos y nos abren. Jacqueline aparece con su juventud. Toda ella contra un fondo de buganvilias, retamas, geranios. ¿Y el monstruo? Aparece Picasso. Jacqueline espía nuestros ojos. ¿Verdad que está muy bien? Claro, es un toro, está magnífico. Y es verdad, la operación que acababan de hacerle ya había desaparecido de su memoria, aunque estuviera aquel día en la casa *mon colonel,* esto es, la mujer del gran cirujano que había operado a Pablo. Está muy bien, ¿verdad? Mi hija ayuda a acercarle una taza. Es que toma esa "reina de los prados", hoy tu rival, que él se bebe en tu presencia. Pablo nos asegura que él no ha bebido nunca. Fumar, sí, pero ya no fumo. ¿Estáis cómodos?

Esa comodidad de los amigos ha sido siempre una preocupación para Picasso. Le gusta que la gente se divierta, se ría. Le encanta la improvisación, el disfraz. Dicen que fue estupenda su entrevista con Chaplin. Se miraban: ¿Qué le gustará a éste? Pablo Picasso se puso plumas, sombreros. Al principio, Chaplin se quedó perplejo, después comprendió y, chaplinescamente, dio como respuesta aquella famosa danza de los panecillos que encantó nuestra juventud. A veces Picasso escucha horas y horas cantar, bailar. Así sucedió cuando sus generosos ochenta años fueron celebrados por toda la costa francesa como un acontecimiento mundial. Hubo corrida de toros. Llegaron Dominguín y

---

[612] Sin duda María Teresa se refiere a una reposición muy posterior, porque el estreno del ballet de Falla, con libreto de Martínez Sierra sobre la deliciosa novelita de Alarcón, se estrenó en Londres en 1919, con decorados de Pablo Picasso para la compañía del ruso Diaguilev.

Domingo Ortega. Durante todo el día se comentó en la casa: ¿Dejarán o no matar los toros? En el departamento de les Alpes Maritimes está prohibido. ¿Entonces? Vallauris[613] rebosaba de gente. Todo era exposiciones, banderines, bandas de música. La plaza estaba convertida en una verdadera arena para lidiar toros bravos. ¡Cómo acompañaba el sol! Pero faltaba algo, porque la banda seguía tocando pasodobles. Por fin, después de bailes y más bailes, se despejó el ruedo y habló el clarín. Detrás de nosotros estaba José Herrera Petere con su gente; delante, Pablo, Jacqueline, Lucía Bosé, Jacques Duclos...[614] ¿Dejarán o no dejarán matar los toros? El público aplaudía. Aquí la *mise à mort* no está permitida. Cuando terminaron de lidiar el primer torillo, Dominguín se aproximó a ofrecerlo a Picasso. Picasso, como un emperador romano bajó el pulgar. ¡A muerte! Hubo un alarido en la plaza. La que más aplaudía era una elegante señora sentada junto a Pablo. Nos dijeron, confidencialmente, que era la Presidenta de la Sociedad Protectora de Animales. El torito se defendió un momento y cerró los ojos, desilusionado para siempre con las protecciones de los hombres.

¿Y aquel otro muchacho? Dijo que durante años no había pensado más que en dos cosas: conocer a Picasso y a Rafael Alberti. Los encontró juntos. Comimos en un restaurante con toda la compañía de bailarines. Poco a poco

---

[613] Vallauris es un municipio francés de los Alpes Marítimos, cerca de Cannes, lugar en el que destaca la producción de cerámica artística, precisamente por impulso del mismo Picasso. Desde 1968 celebra bienales de cerámica.

[614] Jacqueline Roque fue la última esposa de Picasso, con quien se casó en 1958, pero ambos estaban unidos desde 1950. La actriz Lucía Bosé (Milán, 1931) ha sido dirigida por grandes directores italianos como Antonioni, de Sanctis, y españoles, como Bardem (con quien rodó *Muerte de un ciclista* en (1955) y Buñuel. Estuvo casada con el torero Luis Miguel Dominguín. Jacques Duclos (1896-1975), fundador del Partido Comunista francés en 1921 y secretario general del mismo entre 1931 y 1964. Dirigió la lucha comunista durante la resistencia.

aquello se caldeó hasta cerrarse la puerta del restaurante y quedamos dueños del espacio. Bailaban las gitanas con el pelo suelto, se batían palmas, se cantaba angustiosamente, porque una juerga, en el sentido estricto andaluz, no es la alegría sino el examen profundo de la conciencia, el momento del asalto de los recuerdos. Todo regresa.

> *Tu amor es como el del toro,*
> *que donde lo llevan va,*
> *el mío es como la piedra,*
> *donde la ponen está.*[615]

El muchacho bailaba con ansia, sudando. El cuerpo se le adelgazaba a ojos vista al levantar los brazos. ¿Qué quería alcanzar Antonio Gades?[616] Por un momento pareció casi desvanecerse. Desapareció. Picasso y Rafael lo fueron a buscar. Lloraba ante el toilette desvencijado que dejaba caer un hilillo de agua. Era conmovedor mirarlo. ¡Pero, hombre! Toda esa emoción le devolvía su infancia de chiquillo andaluz que no se había atrevido siquiera a soñar aquello. ¡Figúrate! ¡Así es nada! ¡Picasso y Alberti! Pablo Picasso le decía: Si bailas muy bien. Cuando bailas tienes que pensar que estás pintando. Las artes se complementan. A mí me gustaría bailar cuando pinto.

---

[615] Esta copla, con alguna variante, la registra Rodríguez Marín en su monumental compilación de cantos populares españoles con el número 3819, dentro de la sección "Celos, quejas y desavenencias": "Es tu queré como er toro / qu'adonde lo yaman ba, / y er mío como la piedra: / donde lo ponen s'está" (Rodríguez Marín, *Cantos populares españoles*, 1881, Buenos Aires, Bajel, 1984). También la recoge Demófilo en sus *Cantes Flamencos*, en la sección de "Cantares".

[616] Antonio Gades (Antonio Esteve Ródenas), bailarín y coreógrafo español (1936), que formó en la compañía de Pilar López. Entre 1978 y 1980 fue director del Ballet nacional español y formó nueva compañía con Cristina Hoyos en 1981. Con el director de cine Carlos Saura ha filmado varios ballets basados en textos de Lorca y una versión de *El amor brujo* de Falla. Alberti le ha dedicado un poema en *Canciones del alto valle del Aniene* (*PC* III, pp. 251-252).

Si se está junto a Picasso siempre sucede lo inesperado. Rafael, cuando entra en aquella casa, pregunta siempre: ¿Es que te mudas o te quedas? Entras o sales. Luego, nos ponemos a quitar libros de encima de las sillas para poder sentarnos. Es un desorden fingido, claro está. En medio de ese desorden, el radar de Jacqueline encuentra todo lo que Pablo le pide. Tendremos que buscar otra casa. Aquí no cabe ya nada, dice Picasso, y Jacqueline se aterra. ¡Cómo que no cabe nada! ¿Y la casa de la entrada que he arreglado yo y...? Tienes razón, Jacqueline, pero, ¿no te das cuenta de que estás en la casa del monstruo? Su obra va ser inmensa. ¿No piensas en los cuadros futuros? Sólo están esperando su llamamiento. Yo, cuando antes abrí la ventanita que da al estudio, ese por donde entran las trepadoras por entre los vidrios para tapizar el techo, vi todos los que estaban esperando. Había hasta mosqueteros y frailes y orejas escuchando y preces. ¿No te das cuenta que estás viviendo una vieja fábula al revés? Antes era Polifemo el que cuidaba la cueva de la hermosura, ahora es la hermosura la que cuida al inenarrable mágico prodigioso, al monstruo que todo lo transforma y cambia, lo levanta, lo muda o colorea según su grado diario de prodigiosidad. Tú tienes la llave de la cueva de las maravillas. Por allá vive en sus muros un ejército de cuadros no vistos, no nacidos hasta que Pablo los toque y se produzca el asombro. Cuando entramos en tu casa, Jacqueline, todo reclama nuestra mirada. Los ojos no se dan tregua. Cosas imprevistas se sientan en los sillones. Únicamente una silla muy moderna y blanca con almohadones negros está siempre vacía. Es donde se sienta Pablo a comer. Todos la respetamos. Le encanta porque gira sobre sí misma. ¡Cómo le gusta que suenen campanillas cuando se abren las puertas! Puertas y campanillas y campanas y una jaula vieja que encontró en un camino y toda la seriedad de su escultura en el piso que da al jardín, vigilando que ningún murciélago entre.

Tu casa es la casa de las sorpresas. Parecería que en todos los rincones está algo por nacer o alguien que entra a meterse en esos trajes de noruegos o de finlandeses, o esos sombreros de charros mexicanos o de hombre del Far West que están perdidos sobre las sillas. Siempre amanece algún asombro. Dice Pablo que él está delgado porque no se sienta nunca y pinta, pinta. Es el hombre feliz de medir su vida por cuadros y no por años. ¿Te acuerdas cuando se pone a cantar como cantaban los chiquillos de Málaga, cuando él era chico? Yo no olvidaré la cara seria que puso al entregarle nosotros la paloma pintada por su padre que le traíamos de regalo. No habló. La paloma zureó un momento entre sus manos y luego la dejó abandonada. Creo que estuvo a punto de volverse a su palomar, pero no, cuando estuvo solo se puso a conversar con ella. Mi padre, dijo luego, pintaba palomas, y cuando se fue quedando ciego, casi ciego, él pintaba lo más grande y yo perfilaba el pico, las patas... Está toda hecha por él. Yo debía ser muy pequeño...[617] Poco a poco Rafael y Pablo fueron regresando a Andalucía. Picasso cantó una especie de romance torero donde se contaba que el matador famoso se había ido a Cuba. ¡Qué tonto! Y se murió. Luego dice, ¿te acuerdas, Rafael, de los cuentos que nos contaban? Había uno que era el de un niño tan chiquito que le llamaban Cominito y un día se lo tragó la burra. "¿Dónde estás, Cominito? En el vientre de la burra estoy!" Y así seguía. No lo he olvidado. Hace ya tantos años... ¿Cuántos?

A Pablo no le gusta viajar. Alguna vez fue a Roma. Dice que vio la Sixtina. Pero Braque era peor que yo. Ese mandaba a su mujer a los museos para que se los contase y luego él hablaba. Juan Ramón Jiménez, le decimos, se sentaba en el balcón de su casa para oír la ciudad, no para verla.

---

[617] Esta emotiva anécdota de regalarle a Pablo Ruiz Picasso la pintura de una paloma debida a su padre, José Ruiz Blasco, la refiere también Alberti al comienzo del capítulo XXVII de *AP* 2 (p. 158).

Ahora hubiera desistido de oírla. Los museos... ¡Bah!, los museos. A mí lo que más me impresiona es esa gente que se empeñó en hacerse un retrato para pasar a la posteridad y ahora el pobrecito está en un museo colgado y con un letrero que pone: "Retrato de un desconocido".

Hacía años que Picasso no había ido a París. Doce años, ¿verdad? Mon colonel, Miriam, la mujer del cirujano que operó a Picasso, interrumpe: ¡Y todo lo que hubo que hacer para llevarlo! Lo llevaron envuelto en bufandas para que nadie se diera cuenta de que subía al tren. Jacqueline tiene aún los ojos llenos de angustia. Pero sonríe. Sabe que el tiempo besa la mano de Pablo, respetuosamente, todas las mañanas. El doctor dijo: Si hubiera venido antes aquí no me habría atrevido a operarlo. Y es que el mágico prodigioso da un poco de miedo así, rodeado de esa obra que estamos acostumbrados a ver en los libros, en los museos. Pero este es el laboratorio donde se producen las transformaciones. Picasso abre la marcha y bajamos la escalera blanca acaracolada. Abajo, una copia del esclavo de Miguel Ángel y las esculturas de Picasso: ese cochecillo o la auténtica cabra o el pastor con el corderillo preferido al cuello. Allí hay de todo. Nos atraen las tejas pintadas con ojos, caras, orejas, destino feliz de un trozo de barro que Pablo Picasso se inclinó a recoger para que no murieran. Estamos contentos de pasearnos entre todas las cosas arbitrarias que él toca para darles un destino personal e intransferible, felices de que Pablo meta las manos en su pantalón de cuadros que lo vuelve tan joven, que mi hija Aitana y la hija de Jacqueline envidian. ¿Cuántos años han pasado desde aquella primera visita a la rue de Boetie con su cuadrilla de toreros sentados en el salón? No quiero ni pensarlo. ¿Cuántos ya desde aquel día que, por la defección de Pérez de Ayala, Director del Museo del Prado de Madrid, se le ocurrió a Rafael proponer a Picasso? Pablo Picasso, director del Museo del Prado. Aún lo soy. Nadie me ha destituido. ¿Verdad? Verdad.

¡Adiós, Jacqueline! ¡Adiós, Pablo! Volveremos. Tal vez a las corridas de Frejus. ¡A Fréjus! Parece un grito de guerra. Allí, bajo su castillo, cayó el pobre Garcilaso de la Vega al dirigir el asalto en nombre del emperador Carlos V.[618] Nuestra batalla va a ser más pacífica. ¿Vendréis? Nos hemos separado. ¡Adiós, Jacqueline! ¡Adiós, Pablo! Hemos vuelto a cruzar la verja, a bajar el montecillo... Desde la carretera se ven los ventanales encendidos en lo alto de la colina de Nôtre Dame de Vie. No te acerques si no estás seguro, porque inútilmente apoyarás tu dedo en el timbre. Una voz anónima te contestará: ¡NO! El mágico prodigioso trabaja.

Tengo miedo de que me pregunten: Abuela ¿qué es la vida? y tenerles que contestar: No lo sé. Luego, con las mismas rabias mías, con las que sentí yo cuando arranqué la toca a la monja de mi colegio, me volverán la espalda casi con lástima, tomándome apenas por un trasto inútil que permanece.

Luego...

Hoy cada uno de ellos trae su sonrisa. Abre, abuela. Yo voy a ser médico, hacen ahora tanta falta. Pues yo, no, le contesta el hermano, ya grande y alto. Me gusta primero el baile y luego la electrónica. Y el hermano pequeño, dulcemente asombrado, mirará a Rafael, a quien llama nieto, mientras a Pablo le llamamos en italiano el Nono. Están sentados todos en ese pequeño espacio que va de mis manos al corazón. La niña Isabel ni se ha movido, muerde un lápiz. Me mira. No siento que me separa de ella el Atlántico.

---

[618] Fréjus es una ciudad francesa del departamento de Var, y en efecto, el poeta Garcilaso falleció de una herida de guerra en el asalto a la fortaleza de Le Muy, a cuatro millas de dicha ciudad, en donde se había hecho fuerte un grupo de franceses frente a las tropas imperiales.

Tiembla la niña Isabel como si estuviese cubierta de alas, de élitros. Escribe, Aitana, dice su vocecita nueva. Si no entiendes lo que he escrito yo te dicto. Y dicta:

"Hay una jaula con muchos pájaros de colores. Un gato se los quiere comer, pero María Teresa León se lo impide. De pronto se abren las puertas del mundo a la Humanidad y se acaban las guerras y ya no hay papeles en Roma. ¡Qué bien! Las guerras del Vietnam han desaparecido, el gato ya no come al pájaro y tampoco vuelca la pecera. Fue un gran invento abrir las puertas a la Humanidad, antes era animal, no era Humanidad. Ahora las puertas están abiertas y todo el mundo es diferente. Ya no pelean los hombres porque les chocaron el coche. Ya ven, señoras y señores, las puertas se abren de noche. ¿Cuándo ha logrado el hombre recorrer la felicidad, conocer esas puertas, las que le han dado la felicidad?

Ya no pelean las mujeres en la plaza del mercado ni los hombres van a toda velocidad. Vivan las puertas mágicas, las que dieron felicidad a la Humanidad. Las plantas crecen flores en invierno. Las mariposas están también en invierno. El invierno es primavera. Ya se abrieron las puertas. ¡Felicidad! ¡Felicidad! ¡Felicidad! Ya se han abierto las puertas, ojalá no se cierren de nuevo. Ya han visto germinar la naturaleza, ya reina la paz. ¡Adiós! Felicidad, hombres, felicidad y ¡Paz!"

ISABEL

FIN

Se levantaron Gabriel y el Nono y mientras Gabriel insistía en alejarse —Abuela, me espera une jeune fille— Isabelita tiraba al suelo el cuadernillo donde pretendía hacer un dibujo para Rafael y lloraba sin consuelo: No me sale, no me sale. ¡Yo no sé hacer arte moderno!

Dicen que la juventud mira desdeñosamente nuestro ocaso. Tienen razón. Todas las mañanas, al abrir los periódicos, recuerdo a Lope de Vega:

> No puede durar el mundo
> porque dicen, y lo creo,
> que suena a vidrio quebrado
> y que ha de romperse presto.[619]

Sí, el mundo de vidrio vibra y tiembla. Se ha roto la confianza en el futuro. Creo que se ven, cuando se miran al espejo, vestidos de uniforme, sangrando. Se me cierra el alma pero entonces siento las manos de mi hijo Enrique, manos de obrero, manos de hombre que tantos trabajos conocieron para convencerme de que aún perdurará por los siglos de los siglos la palabra Madre.

Sí, quiero a Buenos Aires. Esta es una declaración de amor, no sé si correspondido pero por mi parte sí que lo es. Algunas veces confundo los nombres y digo: Voy a Buenos Aires o vivo en Buenos Aires. Con frecuencia echo a andar por Santa Fe o por aquella calle de Las Heras, sombreada de árboles o subo por Pueyrredón. Me sorprendo diciendo entre amigos: Todos somos argentinos y si llega Cecilio Madanes[620] soy capaz de proponerle ir juntos a Caminito para ver el estreno. He pasado

---

[619] Se trata de los versos 41-44 del romance de Lope, incluido en el acto primero, escena cuarta de *La Dorotea*, y puesto en boca de Fernando: "A mis soledades voy / de mis soledades vengo." Es uno de los romances más célebres y estudiados del Fénix. María Teresa se identifica —en estas páginas finales del libro— con el tono melancólico, un poco triste y meditabundo, de los males y defectos del entorno que el romance sugiere.

[620] Cecilio Madanes es un conocido director teatral argentino. En 1976 dirigió —en el prestigioso Teatro Odeón de la capital argentina— a la actriz Nati Mistral en la interpretación de la obra de Antonio Gala *Anillos para una dama*.

muchos años, muchos aprendiendo el nuevo amor de las esquinas y el apoyo que prestan los troncos de los árboles a la fatiga y recordar cómo, después de la lluvia torrencial, se sacuden al sol.

Buenos Aires es una ciudad sin finales. No se la puede recorrer echando a andar porque su numeración no tiene la modestia de las calles europeas, ya que pasa del 20.000 y llega al 30.000... o más, seguramente. Buscar la casa de un amigo es echarse a correr detrás de los números que corren delante de ti y te burlan. Más, más, más... En esa ciudad todas las razas del mundo se saludan. Hay una elegancia bonaerense y una belleza —hasta la masculina— que lleva su etiqueta. Desde 1527 se acercaron a su orilla los hombres que soñaban con El Dorado.[621] Siguen soñando, aunque los sueños retroceden según los períodos políticos que vive la ciudad. Buenos Aires es el tejido de los sueños de millones de seres ilusionados con el nombre de su río: Río de la Plata. Y como ciudad a la que tantos millones de seres humanos dieron suelo y cielo de sueños Buenos Aires es una de las más extraordinarias capitales del mundo. Para nosotros será siempre la hermosa mañana de la amistad ininterrumpida. Será la voz duradera que aún escucho, escuchamos, escucharemos.

Si quieres vivir libremente, nos ha dicho José Bergamín, procura vivir encadenado. Y encadenada vivo a los recuerdos abusando de la paciencia de los que me escuchan. Ayer añadí a los muchos un recuerdo más. En la iglesia de San Dámaso, en el palacio de la Cancillería de Roma, cantó ayer el Coro Polifónico de Santa Fe (Argentina). Y la

---

[621]   La primera presencia de españoles en el territorio que en un principio se llamó Santa María de los Buenos Aires tuvo lugar en febrero de 1536, cuando el adelantado Pedro de Mendoza fundó aquel primitivo fuerte en la orilla derecha del Río de la Plata. La alusión que hace María Teresa a El Dorado se refiere a la expedición de Jiménez Quesada, en 1537, hacia las tierras situadas entre el Orinoco y el Amazonas, a la búsqueda del mítico oro.

Argentina regresó inundándonos el alma porque, de pronto, se levantó hacia los techos dorados un zureo que convirtió todo en aire libre. Las palomas —la Paloma— volaba. Sí, esa Paloma que se nos quedó sobre los hombros como un símbolo. Zureaba la Paloma equivocándose, tratando de elegir entre el sur y el norte, entre la noche y el día, entre la blusa y la falda, entre las estrellas y el rocío, entre el calor y la nevada... creyendo que tu corazón era su casa... Zureaba la Paloma la canción de las equivocaciones[622] y las voces argentinas conquistaban al público, rindiéndolo en una ovación. Abrazos y emociones. Claro que el más emocionado era Rafael.

Antes de cerrar y volver la hoja me gustaría decir a Gori Muñoz: anda, Gori,[623] hazme la escenografía de mis recuerdos. Sí, tú has sido el más valerosamente dueño de la escena de mis años argentinos, te he visto treparla, tenderte por el suelo, morderte las uñas, lanzar gruñidos y rabias por la boca, que luego sonreía paternalmente en los estrenos mientras el eco de la voz de Margarita Xirgu se columpiaba por todo el teatro. Sí, en ti se reclinaban las actrices famosas y los altos directores de cine —¿recuerdas a Luis Saslavsky y nuestra *Dama Duende*— pues tú eras su fe y creían que la marea mediterránea y mansa de tu talento

[622] Hermoso parafraseo de una no menos hermosa canción de Rafael: "Se equivocó la paloma / se equivocaba", incluida en el libro *Entre el clavel y la espada* (*PC* II, p. 90).
[623] Gori (Gregorio) Muñoz, experto pintor y escenógrafo, nacido en Banicalap (Valencia) en 1906. Se formó en las academias valencianas y madrileñas, y en el extranjero, llegando a exponer en París con cierto éxito. Estuvo muy implicado con la Alianza de Intelectuales, colaborando codo con codo en las actividades teatrales que dirigía María Teresa León. Se exilió a Argentina en 1939, en donde trabajó bastante como escenógrafo de los principales teatros de la capital y en los decorados de un centenar de películas.

iba a levantar más altos los aplausos. Y hoy, qué pena, ya no me puedo sentar en tu casa ante la paella magistral de María Carmen a quien sus hijas, pensando no imitar a nadie, han imitado tanto. ¿Verdad, Gorita? ¿Verdad, Toñica? Sí, Gori, tú has hecho de tu vida el recorrido lógico de un hombre libre de España. Nosotros, también. Por eso, por estas vidas paralelas, yo pienso en ti hoy, en esta Roma iluminada de elecciones libres. Sí, tú hubieras sido el único escenógrafo posible de mi memoria recordando. Pero, aún tengo la ilusión de que mi memoria del recuerdo no se extinga, y por eso escribo en letras grandes y esperanzadas: CONTINUARÁ.[624]

> *Porque conozco cosechas de alegría,*
> *ancha tierra de España,*
> *si sembramos libertad con el trigo.*
>
> Carta de una cárcel de Burgos

---

[624] Aitana Alberti, hija de María Teresa y de Rafael, iniciaba una serie de colaboraciones en el suplemento cultural del diario *ABC* —bajo el marbete tan albertiano de "La Arboleda compartida"— copiando este párrafo final de *Memoria de la Melancolía* ("En algún lugar del cielo", artículo aparecido en la entrega 97 del suplemento correspondiente al día 10-9-1993, p. 20). Allí en la autora del artículo lamenta que la amnesia senil que poco después de terminar este libro se apoderó de María Teresa, y luego su muerte, le impidieran hacer posible ese "CONTINUARÁ" que se yergue con letras mayúsculas al final de *Memoria*, pero al mismo tiempo nos facilita el testimonio de que María Teresa León dejó algún material inédito para una futura segunda parte de su libro. En el mismo artículo se transcriben fragmentos de dos cartas enviadas por María Teresa a su hija, en las que ya alude al título y subtítulo que tendría esa continuación: así en la primera, de la Pascua de Resurrección del 71, dice María Teresa: "yo he abierto un compás de espera porque ya llegó *Memoria de la Melancolía*, primer tomo, y quiero pensar si el segundo pueda llamarse *Desmemoria de la alegría*". Y en la segunda, datada en el verano del año siguiente, se afirma complementariamente: "Yo sigo mi libro de memorias. *La calle larga de la vida* como subtítulo."

ÍNDICE DE LÁMINAS

ESTE LIBRO
SE TERMINÓ DE IMPRIMIR
EL DÍA 20 DE OCTUBRE DE 1999